모 두 를 위 한

클라우드 컴퓨팅

모두를 위한 **클라우드 컴퓨팅**

ⓒ 2022. 노서영 All rights reserved.

1쇄 발행 2022년 8월 26일
2쇄 발행 2023년 3월 10일

지은이 노서영
펴낸이 장성두
펴낸곳 주식회사 제이펍

출판신고 2009년 11월 10일 제406-2009-000087호
주소 경기도 파주시 회동길 159 3층 / **전화** 070-8201-9010 / **팩스** 02-6280-0405
홈페이지 www.jpub.kr / **원고투고** submit@jpub.kr / **독자문의** help@jpub.kr / **교재문의** textbook@jpub.kr

소통기획부 김정준, 이상복, 송영화, 권유라, 송찬수, 박재인, 배인혜
소통지원부 민지환, 이승환, 김정미, 서세원 / **디자인부** 이민숙, 최병찬

진행 및 교정·교열 송영화 / **내지디자인** 이민숙 / **내지편집** nuːn / **표지디자인** 최병찬
용지 신승지류유통 / **인쇄** 해외정판사 / **제본** 일진제책사

ISBN 979-11-92469-25-6 (93000)
값 39,000원

제이펍은 독자 여러분의 아이디어와 원고 투고를 기다리고 있습니다. 책으로 펴내고자 하는 아이디어나 원고가 있는
분께서는 책의 간단한 개요와 차례, 구성과 저(역)자 약력 등을 메일(submit@jpub.kr)로 보내주세요.

모 두 를 위 한

클라우드 컴퓨팅

HTC 개념부터 가상화, 컨테이너, CI/CD, AWS 프로그래밍까지

노서영 지음

제이펍

PART 1 클라우드 컴퓨팅 개론 1

CHAPTER 1 클라우드 컴퓨팅 개념 3

CHAPTER 2 클라우드 컴퓨팅의 역사와 모델 31

추천사

클라우드 컴퓨팅 시장이 본격화됨에 따라 많은 기업이 그 전환을 위해 노력하고 있습니다. 클라우드로 전환의 목적은 기업이 요구하는 모든 것을 반영하여 기업이 추구하는 서비스 방향을 이루고 이로인한 기업의 발전일 것입니다. 또한, 클라우드 도입으로 기존의 레거시 애플리케이션 배포를 현대화된 애플리케이션 배포 방식으로 변화함으로써 급속도로 발전하고 있는 LOB(line of business) 요구사항을 반영하는 개발 도구와 인프라를 제공받을 수 있습니다. 이러한 클라우드 네이티브 아키텍처 도입으로 기업은 시장 경쟁력을 높일 수 있고, 고객은 더 나은 디지털 경험을 얻을 수 있게 됩니다. 이 책은 IT를 추구하는 기업과 인재들이 클라우드의 A부터 Z를 이해할 수 있도록 클라우드와 가상화의 개념을 잘 잡아주며, 현대화된 애플리케이션의 핵심 중 하나인 컨테이너 서비스와 관리 도구인 쿠버네티스의 활용법, 그리고 자동화된 배포(CI/CD) 방식을 실습으로 제공하여 클라우드를 효율적으로 설계하고 활용하는 좋은 방법들을 보여줍니다. 기존 방식에서 벗어나 클라우드 전환과 사용 계획이 있다면 이 책이 좋은 아이디어를 제공해줄 것입니다.

이현용 데이터스토리허브 대표 / AWS 테크니컬 트레이너

소프트웨어 개발이 대규모 서버를 통해 기존의 여러 서비스와 연계하여 작동하는 최근 추세를 고려하면, 클라우드 컴퓨팅에 대한 기본적인 지식은 모든 소프트웨어 개발자들이 알아야 하는 필수 소양이 되었습니다. 노서영 교수님께서 복잡한 개념과 어려운 용어가 난무하는 클라우드 컴퓨팅의 기초에 대한 길잡이를 제공하겠다는 목표를 이 책을 통해 완수하셨습니다. 클라우드 컴퓨팅의 개념과 역사에서 시작하여 클러스터, 가상화, 컨테이너, 도커 등에 대한 상세한 설명과 함께 실습을 통해 무한한 네트워크에 펼쳐진 클라우드의 실체를 보여주는 가이드북으로 충실한 역할을 할 것입니다.

김태형 삼성전자

기업에서는 VM 환경에 도커와 쿠버네티스를 이용해서 서비스 배포를 하는 것이 일상이 되었습니다. 이 책은 제목처럼 클라우드에 대해서 배우고픈 학생들과 현업 개발자들에게 클라우드의 기초 개념부터 도커, 쿠버네티스와 같은 최신 기술까지 알기 쉽게 설명하므로 개발 관련 일을 하는 모두에게 추천합니다.

고병일 카카오엔터프라이즈

클라우드 컴퓨팅 기술에 입문하고자 하는 이들이 기본적인 기술을 익히고 환경 구축 및 활용에 대한 폭넓은 이해와 지식을 얻는 데 도움이 될 만한 책이라고 생각합니다. 클러스터, 가상화, 컨테이너, 도커 등의 클라우드 컴퓨팅과 관련된 세부적인 기술 개념뿐만 아니라, AWS 및 쿠버네티스 활용 등의 실무적인 내용들이 다채로운 실습 예제와 잘 어우러져 있습니다. 클라우드 컴퓨팅에 대해 전반적으로 이해하고 싶은 이에게 권합니다.

송원준 강원대학교 컴퓨터공학과 교수

이 책은 클라우드 컴퓨팅에 대한 지식이 없는 독자들에게 클라우드 컴퓨팅 기술의 핵심을 소개하고 클라우드 컴퓨팅 환경을 직접 구축하고 운용할 수 있도록 도와줌으로써 클라우드 컴퓨팅이라는 미지의 세계를 잘 헤쳐 나가기 위한 좋은 길잡이가 될 것입니다.

박경현 ETRI

이 책은 여러 방식의 클라우드 환경을 소개함으로써 독자가 다양한 현장에서 필요로 하는 지식을 쌓게 도와줍니다. 클라우드 컴퓨팅에 대한 핵심적인 개념 설명뿐만 아니라 실무에서 많이 사용하는 사례를 제공하므로, 클라우드 컴퓨팅 적용을 고민하는 모두에게 좋은 가이드북이 될 것입니다. 특히 대규모 분산처리를 할 수 있는 HTC 및 HTCondor를 국내에 처음 소개하는 점이 신선합니다. 기초부터 실무까지 클라우드 컴퓨팅에 필요한 많은 영역을 다루고 싶은 분들에게 적극 추천합니다.

윤희준 KISTI 대용량데이터허브센터 센터장

클라우드 컴퓨팅의 기본 개념을 잘 설명하고, 아마존 AWS, 도커, 쿠버네티스, 젠킨스 등 실제 소프트웨어 개발을 위해 필요한 실습을 포함하고 있습니다. 개념에서부터 실습까지 공부하는 분들에게 꼭 필요한 책입니다.

신승은 SKT

5년 전 국내에서 번역 서적 이외의 클라우드 컴퓨팅 기술에 관한 책을 찾기 어렵다는 이유로 《오픈스택 기반의 프라이빗 클라우드 서비스》라는 책을 집필하였습니다. 5년이 지난 시점에서 《모두를 위한 클라우드 컴퓨팅》이라는 책을 접하게 되니 반가운 생각이 듭니다. 10년 넘게 클라우드 컴퓨팅 관련 업무를 하고 있고, 클라우드 컴퓨팅 관련 책을 집필하였던 경험이 있다 보니 주변에서 '어떻게 공부해야 클라우드 컴퓨팅을 이해할 수 있느냐?'라고 질문하는 경우가 많습니다. 업무를 하다 보면 클라우드 서비스는 다양한 기술 기반으로 구성되어 있고, 활용되고 있다는 것을 매번 느끼게 됩니다. 따라서 클라우드 서비스를 이해하고 활용하기 위해서 많은 기술을 이해하고 있어야 합니다. 이번 《모두를 위한 클라우드 컴퓨팅》 책은 가상화, 컨테이너, 쿠버네티스 등 다양한 분야의 기반 기술과 CI/CD, 데이터 센터 등의 활용 측면의 기술을 설명하고 있어 클라우드 컴퓨팅 분야의 기술에 대한 지식을 습득하고자 하는 독자에게 많은 도움이 되겠다고 생각합니다.

강남규 국민은행 클라우드 엔지니어링 팀장

머리말

이 책은 '클라우드 컴퓨팅이란 무엇인가?'라는 근본적인 질문에 답을 하기 위해 IT 전문자들이 알아야 할 이론과 실무를 담았다. 따라서 이 책은 클라우드 컴퓨팅에 관한 단편적이고 파편화된 정보를 일관된 관점으로 서술한 종합 안내서이다.

이 책은 클라우드 컴퓨팅의 개념부터 깊이 있는 내용까지, IT 전문자가 클라우드 컴퓨팅을 이해하고 전문가로 성장할 수 있도록 도와줄 것이다. IT를 전공하는 대학생과 대학원생뿐만 아니라, 클라우드 컴퓨팅에 관심이 있는 일반 독자도 클라우드 컴퓨팅에 대해 종합적으로 이해할 수 있는 내용으로 구성하였고 클라우드 컴퓨팅과 관련된 실제 기술을 습득할 수 있도록 실습도 포함하였다.

이 책에서는 클라우드 컴퓨팅을 HTChigh throughput computing라는 일관된 관점으로 풀어내고 있다. 클라우드 컴퓨팅의 개념부터 가상머신, 가상화, 컨테이너 같은 기반 기술을 살펴보고, 클라우드 컴퓨팅을 활용한 CI/CD, 데이터 센터의 응용도 소개한다. 모든 실습은 버추얼박스VirtualBox를 이용하여 단 한 대의 컴퓨터에서 전부 가능하도록 구성하였다. 가상머신을 네트워크로 연결하여 가상 클러스터 시스템을 구축하는 방법, KVM과 같은 하이퍼바이저를 이용한 가상머신 생성과 라이브 마이그레이션 방법, 오픈스택 같은 가상머신 관리 툴과 자동화를 다루고, 리눅스 컨테이너 실습을 통해 컨테이너의 핵심 개념을 익혀 도커나 쿠버네티스 같은 툴이 등장한 배경도 이해하게 될 것이다.

가상머신, 컨테이너에 대한 실습 예제뿐만 아니라 프로그래밍 프로젝트도 포함한다. 아마존 AWS 같은 퍼블릭 클라우드의 웹 인터페이스로 가상머신을 단순하게 사용하는 수준이 아니라, AWS에서 제공하는 API를 활용하여 가상머신을 동적으로 컨트롤할 수 있는 프로그래밍 방법을 소개한다. CI/CD를 클라우드 환경으로 구축하는 예제에서는 클라우드 컴퓨팅의 다양한 활용과 응용을 확인할 수 있다.

클라우드 컴퓨팅이 다양한 영역에 걸쳐 활용되면서 많은 기업에서 기존 IT 인프라를 클라우드 환경으로 전환하거나 클라우드 기반의 프라이빗 데이터 센터를 새롭게 구축하고 있다. 따라서 데이터 센터의 구성 요소와 클라우드 컴퓨팅이 어떻게 데이터 센터 인프라에 적용되는지에 대한 이해가 필요한 시대다. 이를 위해 가장 기초적인 IT 인프라부터 심화적인 클라우드 활용까지 전체적으로 클라우드 컴퓨팅에 대한 숲을 볼 수 있도록 설명한다.

이 책을 통해 클라우드 컴퓨팅의 개념과 활용법을 이해하고, 지식과 경험의 폭을 넓혀 클라우드 컴퓨팅 분야 전문가로 성장할 수 있는 기본적 역량을 갖출 수 있기를 바란다.

노서영 드림

클라우드 컴퓨팅과 관련된 다양한 책들이 시중에 많이 존재한다. 그럼에도 불구하고 책을 집필해야겠다는 생각을 한 것은 클라우드 컴퓨팅이라는 전체적인 숲을 보여주면서 숲을 이루는 다양한 기술을 일목요연하게 설명하는 책을 찾기 어려웠기 때문이다. 이러한 생각을 하게 된 것은 클라우드 컴퓨팅 과목을 수강하는 학생들에게 정보를 좀 더 체계적이고 쉽게 전달하고 싶다는 온전히 개인적인 바람에서였다.

단순한 마음가짐에서 이 책의 집필이 시작되었지만, 책을 펴내는 모든 작업이 그렇듯이 클라우드 컴퓨팅이라는 대주제의 전개 방식, 콘텐츠 라인의 설계, 콘텐츠에 맞는 자료 정리, 실습 내용 설계와 검증을 하고 탈고 단계까지 오는 데는 많은 시간과 노력이 필요했다. 저자 본인의 노력은 말할 것도 없고 이 책은 많은 분의 수고와 관심, 격려가 투영된 결과물이라고 할 수 있다.

충북대학교 소프트웨어학부 데이터컴퓨팅연구실 대학원생이었던 네이버 클라우드의 김문현, 이준영 군과 현재 석사과정 학생 김경준 군이 콘텐츠를 구성하고 자료를 정리하는 데 많은 도움을 주었다. 콘텐츠를 정리하는 초기 집필 작업은 LaTeX을 이용했는데, 문서를 출판에 가능하도록 변경하는 데 충북대학교 정보통신공학부 이지웅 학생이 많은 수고를 해주었고, 제이펍의 이상복 팀장님과 송영화 편집자께서 부족한 원고를 무사히 책의 형태로 나올 수 있도록 구성과 편집에 많은 도움을 주셨다.

《모두를 위한 클라우드 컴퓨팅》은 10년 전 《코드로 알아보는 ARM 리눅스 커널》을 집필할 때의 인연으로 제이펍을 통해 출판하게 되었다. 그 당시 책을 출판해줄 출판사를 찾지 못해 어려움을 겪고 있을 때, 책의 불확실성에도 불구하고 이런 전문 서적이 우리나라에서도 출판되어야 한다고 IT 전문 출판사의 사명감을 말씀하셨던 기억이 아직도 생생하다. 그때의 인연으로 《모두를 위한 클라우드 컴퓨팅》이 나올 수 있도록 도와주신 제이펍의 장성두 대표님께 감사의 말씀을 드리고 싶다.

빠듯하게 돌아가는 바쁜 일상에서 시간을 쪼개어 책을 집필한다는 것은 가족의 응원과 희생 없이는 불가능한 일이다. 많은 격려와 응원을 아끼지 않은 나의 가족 모두에게 감사의 마음을 전하고 싶다. 특별히 사랑하는 아내와 생각이 많은 중학생 노을, "아빠 놀아줘"를 입에 달고 사는 에너지가 넘치는 초등학생 노솔에게 미안함과 감사의 말을 전한다.

PART

I

클라우드 컴퓨팅 개론

## CHAPTER 1

클라우드 컴퓨팅 개념

클라우드 컴퓨팅에 대한 다양한 정의가 존재한다. 클라우드 컴퓨팅을 설명할 때 참조되는 정의에 대해 알아보고 이로부터 **High Throughput Computing** 관점에서 클라우드 컴퓨팅을 알아볼 것이다. 이번 장에서는 클라우드 컴퓨팅의 전체적인 구조를 파악해보는 것이 주요 목표이다.

1.1 클라우드 관련 용어

'**클라우드 컴퓨팅이란 무엇인가?**'라는 질문에 어떤 **용어**가 떠오르는가? 가장 먼저 생각나는 단어가 아마도 여러분이 클라우드 컴퓨팅을 정의하고 있는 가장 가까운 개념이 될 것이다. 일반적으로 다음과 같은 용어들이 클라우드 컴퓨팅을 설명할 때 빈번하게 나온다.

- **온디맨드 서비스**on-demand service
- **유연성**flexibility
- 자원의 재활용
- Amazon EC2, Google Cloud, Microsoft Azure
- **가상화**virtualization
- IaaS, PaaS, SaaS
- **프라이빗 클라우드**private cloud, **퍼블릭 클라우드**public cloud, **하이브리드 클라우드**hybrid cloud
- **데이터 센터**data center
- …

3

위키피디아[1]는 클라우드 컴퓨팅을 다음과 같이 정의하고 있다. 이 정의로부터 클라우드 컴퓨팅과 관련된 중요한 용어와 개념에 대해 생각해보자.

> **클라우드 컴퓨팅**은 사용자의 직접적인 관리 없이 데이터 스토리지와 컴퓨팅 파워와 같은 컴퓨터 시스템 리소스를 필요시 바로 온디맨드 방식으로 제공하는 것(on-demand availability)을 말한다. 클라우드 컴퓨팅이라는 용어는 일반적으로 인터넷을 통해서 사용자가 사용할 수 있는 데이터 센터를 설명하는 데 사용된다.

위키피디아의 정의를 살펴보면, **온디맨드**on-demand라는 용어를 볼 수 있다. 온디맨드의 의미는 우리가 원하는 시점에 원하는 자원을 쓸 수 있다는 것을 말한다. 클라우드 컴퓨팅을 이야기할 때 자원의 **유연성**flexibility이 자주 언급되는 이유가 바로 이 온디맨드의 특성을 클라우드 컴퓨팅이 가지고 있기 때문이다.

또 다른 중요한 용어는 바로 **데이터 센터**data center이다. 데이터 센터는 컴퓨팅 인프라를 인터넷을 통해서 사용자가 필요로 하는 자원을 제공한다. 이 때문에 클라우드 컴퓨팅을 바라볼 때 자원을 제공하는 데이터 센터의 관점과 데이터 센터 자원의 효율성을 높이는 관점에서 살펴볼 필요가 있는 것이다.

클라우드 컴퓨팅은 영어단어 'Cloud'와 'Computing'의 합성어다. 먼저 **컴퓨팅**computing에 대해서 알아보자. 위키피디아는 컴퓨팅을 다음과 같이 정의하고 있다.[2]

> **컴퓨팅**은 컴퓨터를 사용하는 모든 활동으로 다양한 목적을 위해 정보를 관리, 처리, 전달하는 것이다.

컴퓨팅은 컴퓨터를 활용하는 모든 활동(계산)으로 지칭하고 있다. 이런 정의에 기반하면 **차분기관**difference engine(그림 1.1-(b)) 또한 컴퓨팅으로 볼 수 있다.[3]

---

1 https://en.wikipedia.org/wiki/Cloud_computing
2 https://en.wikipedia.org/wiki/Computing
3 1822년 찰스 배비지가 영국 왕립 천문학회에 〈매우 큰 수학적 표를 계산하는 기계적인 방법〉이라는 제목으로 이 내용을 발표했다. 이 기계는 십진법을 사용했고 핸들을 돌려 동력을 얻도록 설계되었다.

(a) 클라우드 형상화　　　　(b) 다항함수 계산용 차분기관[4]

그림 1.1　클라우드 컴퓨팅

클라우드 컴퓨팅에서 컴퓨팅이 의미하는 바를 알아보았다. 클라우드는 눈으로 보는 것처럼 존재를 인지할 수 있지만 그 실체를 직접 가까이서 확인할 수 없는 것으로 생각해볼 수 있다(그림 1.1-(a)). 앞서 위키피디아의 클라우드 컴퓨팅에 대한 정의처럼 클라우드라는 용어가 **손에 잡히지 않는**intangible 존재로 생각해볼 수 있는데, 그 실체인 컴퓨팅 리소스는 인터넷을 통해 접근할 수 있다는 것이다. 그리고 그 실체가 바로 컴퓨팅을 한다고 말할 수 있다.

1.2 클러스터링

클라우드 컴퓨팅을 통해서 우리는 직접적으로 볼 수는 없지만 컴퓨팅을 할 수 있는 자원을 확보할 수가 있다. 다음과 같은 질문을 생각해보자.

컴퓨터 1대가 주어진다면 무엇을 할 것인가?

이 질문에 여러분들은 쉽게 답변할 수 있을 것이다. 컴퓨터 1대가 주어진다면 인터넷 서핑, 인터넷 쇼핑, 친구와 채팅, 문서 작업, 음악 감상, 게임, 프로그래밍 등 여러 가지를 생각해볼 수 있다. 쉽게 답변할 수 있는 이유는 우리들 대부분이 컴퓨터가 1대인 상황에 많이 놓여 있고 이러한 환경이 매우 익숙해서, 크게 어려움 없이 답변을 할 수 있을 것이다.

이제 다음과 같은 질문을 받았다고 생각해보자.

컴퓨터 1,000대가 주어진다면 무엇을 할 것인가?

컴퓨터를 친구에게 한 대씩 나누어 준다는 답변도 있을 것이고, 좀 더 적극적으로 활용하고자 하는

4　https://commons.wikimedia.org/wiki/File:Babbage_Difference_Engine_(Being_utilised).jpg

사람은 **비트코인**Bitcoin을 채굴하는 데 활용하겠다는 답변도 있을 것이다. 그렇지만 대부분은 아마도 이런 질문을 받았다면, 쉽게 답변을 할 수 없었을 것이다. 그 이유는 우리가 이러한 환경을 쉽게 접해볼 기회가 없었거나 이러한 환경이 필요한 경우가 없었기 때문이다. 쉽게 생각하면 일반적인 환경에서는 이렇게 대규모의 자원을 생각할 필요가 없다.

우리가 클라우드 컴퓨팅이란 주제로 자원을 이야기할 때 이러한 **대규모의 자원은 2가지 관점에서 살펴볼 필요가 있다.** 하나는 사용자 관점에서의 대규모 자원이고 다른 하나는 자원을 제공하는 데이터 센터에서의 대규모 자원이다. 전자의 경우는 하나의 작업을 하기 위해 필요로 한 대규모의 컴퓨팅 자원이고 후자는 다양한 사용자의 요청에 의해 생성되는 대규모의 자원이다. 이렇게 요청되거나 제공되는 자원은 컴퓨팅의 성능과 밀접하게 관련되어 있고 우리는 기본적으로 좋은 성능의 컴퓨팅 자원을 제공받길 원한다.

컴퓨팅의 성능을 높이기 위해서는 기본적으로 컴퓨터의 하드웨어적인 성능을 높여야 한다. 컴퓨팅의 성능은 처리 속도와 처리량과 밀접하게 관계되기 때문에 컴퓨터를 구성하는 여러 가지 하드웨어 중에서 **CPU**central processing unit**와 메모리**memory를 주요한 하드웨어 성능 개선 포인트로 생각할 수 있다. CPU의 **클록 스피드**clock speed를 높여 처리 속도를 개선할 수 있고 메모리의 크기를 증가시켜 처리량을 높일 수 있다. 그중에서도 CPU의 성능은 컴퓨팅의 속도에 가장 중요한 요소이다. 하지만, CPU의 속도와 메모리의 크기를 확대하여 성능 개선하는 방식은 한계가 있다.

그림 1.2는 CPU의 클록 스피드가 시간이 지남에 따라 어떻게 증가되었는지를 보여준다. 우리가 주의 깊게 살펴보아야 할 부분은 **CPU의 성능에 중요한 부분인 클록 스피드가 2005년도부터 정체되기 시작**했다는 것이다. 클록 스피드를 계속해서 올릴 수 없는 가장 큰 이유는 바로 **발열**heat이다. 클록 스피드가 높아질수록 CPU의 온도는 상승하게 되고 상승된 온도는 반드시 **쿨링**cooling을 해주어야 한다. 전자장치인 CPU는 허용 온도를 넘어설 경우 오동작을 하게 되므로 반드시 일정 온도를 유지해야 하기 때문에 **냉각 팬**cooling fan을 통해 냉각을 해주어야 한다. 발열이 많이 발생할수록 냉각 팬은 열을 방출하기 위해 더 많은 에너지(전기)를 필요로 하고, 결국 비용이 상승하게 되는 문제가 발생한다.

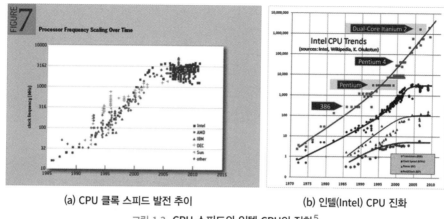

(a) CPU 클록 스피드 발전 추이   (b) 인텔(Intel) CPU 진화

그림 1.2 **CPU 스피드와 인텔 CPU의 진화**[5]

메모리는 어떨까? 1대의 컴퓨터에 무한정 메모리를 추가할 수 없다. 컴퓨터 **메인보드**mainboard에 장착할 수 있는 **메모리 뱅크**memory bank의 수는 정해져 있기 때문에 메모리를 무한대로 높이는 것은 불가능하다.

결국 컴퓨터 1대의 성능은 컴퓨터의 하드웨어적 구성에 영향을 받을 수밖에 없다. 컴퓨팅의 성능을 높이기 위해서 우리는 다른 방법을 생각해볼 수 있다. 바로 그것이 컴퓨터를 병렬로 묶는 **클러스터링**clustering이다.

클러스터 컴퓨터cluster computer**는 독립된 컴퓨터를 네트워크로 연결하여 마치 하나의 컴퓨터처럼 활용하는 방법이다.** 이러한 구조를 이용하여 컴퓨팅에 활용한다면 **클러스터 컴퓨팅**cluster computing으로 부를 수 있다. 위키피디아의 클러스터 컴퓨터에 대한 설명을 다음과 같이 요약할 수 있다.[6]

> **컴퓨터 클러스터**는 느슨하게(loosely) 또는 강력하게(tightly) 연결되어 작업을 처리하는 컴퓨터로 마치 하나의 단일 시스템(single system)으로 보인다.[7]

위키피디아의 설명처럼 컴퓨터를 네트워크로 연결할 때 **느슨하게**loosely 연결할 수도 있고 매우 **강력하게**tightly 연결할 수도 있다. 느슨하게 연결된다는 의미는 서로 다른 **기관**organization 또는 데이터 센터에 속한 컴퓨터를 연결할 경우를 가정해보면 쉽게 이해할 수 있다. 이 경우는 컴퓨터가 속한 데이터 센터의 정책에 따라 컴퓨터의 활용이 제약을 받을 수 있기 때문에 이러한 연결을 느슨한 연결이라고 한다. 반대로 강력한 연결은 동일한 데이터 센터 내의 컴퓨터를 연결하는 경우이다. 일반적으로 강력

---

5   https://www.quora.com/Why-hasnt-CPU-speed-gone-up-and-price-gone-down-for-past-2-years-December-2014

6   https://en.wikipedia.org/wiki/Computer_cluster

7   위키피디아에서는 컴퓨터 클러스터(Computer Cluster)로 되어 있지만 클러스터 컴퓨터도 동일한 개념으로 설명한다.

한 연결의 경우는 동일한 성능을 가지는 컴퓨터를 동일 데이터 센터 내에서 연결하는 경우가 일반적이다.

컴퓨터를 어떠한 방식으로 연결하든지 간에 클러스터 컴퓨터는 네트워크로 연결된 컴퓨터가 마치 하나의 컴퓨터로 보이게 하고 대용량의 컴퓨팅 용량을 확보할 수 있다는 것이다. 이러한 자원을 이용하는 컴퓨팅이 바로 클러스터 컴퓨팅의 핵심 개념이 된다.

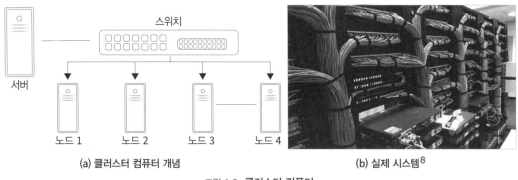

(a) 클러스터 컴퓨터 개념   (b) 실제 시스템[8]

그림 1.3 **클러스터 컴퓨터**

클러스터 컴퓨터는 네트워크로 연결된 논리적인 컴퓨터이다. 그림 1.3은 클러스터 컴퓨터의 개념과 실제 네트워크로 연결된 시스템을 보여준다. 한 개의 **작업**job이 완료되는 데 걸리는 시간이 1시간이고 400개의 작업을 처리해야 한다고 생각해보자. 한 대의 컴퓨터를 이용한다고 하면 400시간이 필요하다. 그림 1.3과 같은 환경이라면, 4대의 컴퓨터에서 각각 100개의 작업을 수행하면 되므로, 작업을 완료하는 데 걸리는 시간은 100시간이다.

1.3 컴퓨팅 자원의 효율적 활용

지금까지 컴퓨팅의 개념에 대해서 그리고 컴퓨팅의 성능을 높이는 방법에 대해서 알아보았다. 이제 컴퓨터 자원을 효율적으로 사용하는 방법에 대해서 알아볼 것이다. **컴퓨팅 자원을 효율적으로 사용한다는 것은 무엇을 뜻하는가?** 자원이 낭비 없이 사용된다면 우리는 컴퓨팅 자원이 효율적으로 사용되고 있다고 말할 수 있다. 물론 컴퓨팅 자원이 쓸모없는 일에 쓰이고 있다면 효율적이라고 말할 수는 없지만, 여기에서는 문제를 단순화하기 위해서 컴퓨팅 자원이 어떤 작업을 위해서 계속해서 쓰이고 있다면 효율적으로 자원이 활용되고 있다고 간주하자.

---

8 https://www.ccl.ie/services/comms-room-fit-outs/

1.3.1 특정 시간 동안 사용되지 않은 컴퓨팅 자원의 활용

다음과 같은 시나리오를 생각해보자. 내가 처리해야 하는 많은 작업이 있고 내가 소유한 컴퓨터는 이 작업을 처리하는 데 24시간 풀full로 가동되고 있다. 그런데 내 친구의 컴퓨터는 오전 6시부터 자정 12시까지만 풀로 가동이 되고 자정 12시부터 오전 6시까지 자원이 활용되고 있지 않다고 생각해보자 (그림 1.4).

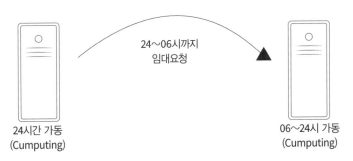

24~06시까지
임대요청

24시간 가동
(Cumputing)

06~24시 가동
(Cumputing)

그림 1.4 **특정 시간 동안 유휴한 상태의 컴퓨팅 자원**

컴퓨팅 자원을 효율적으로 활용하기 위해서 특정 시간 동안 유휴한 자원이 있다면 이 자원을 활용해보는 방법을 생각해볼 수 있다. 어떻게 하면 가능할까? 친구의 허락을 얻어 친구의 컴퓨터가 활용되지 않은 시점에 컴퓨터 자원을 활용하면 될 것이다. 그런데 만약 친구의 컴퓨터가 물리적으로 멀리 떨어져 있고 또 다른 친구들의 유휴한 컴퓨터를 활용하고자 한다면 어떻게 될까? 친구들의 컴퓨터가 각기 다른 시간에 유휴한 상태라면 컴퓨터를 활용하는 데 더욱더 난감한 상황이 될 것이다.

유휴한 컴퓨팅 자원에 대해 내가 직접 파악하고 내 작업을 가용시간에 맞춰 처리한다는 것은 시간 소모적인 일이다. 어떻게 하면 좀 더 쉽게 유휴한 컴퓨팅 자원을 활용할 수 있을까? 방법은 **중재자** broker를 이용하는 것이다. 나는 중재자에게 필요한 자원을 요청하고, 중재자는 요청 시점에 필요한 자원이 있는지 확인하고 유휴자원이 있다면 요청한 곳에 자원을 할당하여 작업을 처리할 수 있도록 해준다(그림 1.5).

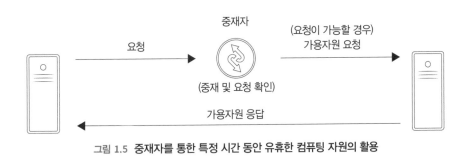

중재자

요청   (요청이 가능할 경우)
              가용자원 요청

(중재 및 요청 확인)

가용자원 응답

그림 1.5 **중재자를 통한 특정 시간 동안 유휴한 컴퓨팅 자원의 활용**

중재자가 존재한다면 내 컴퓨터에 많은 작업이 수행되고 있고 현재 대기 **큐**queue에도 처리해야 할 작업이 가득 차 있을 때 중재자의 도움을 받을 수 있을 것이다. 중재자에게 유휴자원이 있는지 확인을 하고 만약 있다면 유휴자원을 활용할 수 있도록 요청하여 조금 더 효율적으로 작업을 처리할 수 있다. 이는 작업 처리 속도를 증가시킬 뿐만 아니라 유휴한 컴퓨팅 자원을 활용하여 컴퓨팅 자원의 낭비를 줄일 수 있게 된다.

중재자를 통해서 특정 시간 동안 유휴한 컴퓨팅 자원을 활용하는 대표적인 사례가 **SETI@HOME** 프로젝트이다.[9] SETI@HOME 프로젝트에 참여자는 인터넷을 기반으로 컴퓨팅 자원을 자발적으로 제공한다. 이 프로젝트는 외계에서 온 신호를 수집하고 분석하여 외계 생명체를 탐색하는데, 외계 신호 데이터를 분석하기 위해 매우 큰 컴퓨팅 자원이 필요하다. 프로젝트에 참여한 사용자의 컴퓨터가 **유휴상태**idle에 들어가면 화면보호기 소프트웨어가 동작하게 되는데, 이 화면보호기 소프트웨어를 SETI@HOME과 통신하고 외계 데이터를 처리할 수 있도록 한다면 전 세계의 유휴한 컴퓨팅 자원을 활용하여 대규모의 데이터를 처리할 수 있다는 것이 기본 개념이다(그림 1.6).[10]

그림 1.6 **외계에서 온 신호를 탐지하고 분석하는 SETI@HOME 프로젝트**

1.3.2 작업의 로드가 작은 컴퓨팅 자원의 활용

이제 다음과 같은 상황을 가정해보자. 내 컴퓨터의 리소스는 24시간 100% 사용 중이고 내 친구의 컴퓨터는 24시간 가동 중이기는 하나 전체 컴퓨팅 리소스의 30%만 사용한다고 하면, 내 친구의 컴퓨터의 리소스 70%는 유휴한 자원으로 볼 수 있다(그림 1.7). 이러한 경우는 일반적으로 매우 흔하게 발생한다. 우리가 컴퓨터를 사용하여 작업을 하더라도 가용한 컴퓨팅 자원을 100% 사용하는 경우는 일반적이지 않다.

---

9   https://setiathome.berkeley.edu/

10 https://en.wikipedia.org/wiki/SETI@home

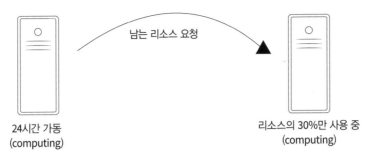

24시간 가동
(computing)

남는 리소스 요청

리소스의 30%만 사용 중
(computing)

그림 1.7 **30%의 컴퓨팅 자원만 활용하고 있는 경우**

아무리 많은 문서 작업을 하고 여러 개의 브라우저를 동시에 띄워 놓고 서핑을 한다고 하더라도 리눅스 명령어 top을 통해서 본다면 컴퓨팅 자원을 100% 활용하고 있지 못하고 있음을 쉽게 확인할 수 있다. 다음은 필자의 데스크톱 컴퓨터의 CPU 사용량을 보여준다. 사용자 레벨(us)에서 3.8%, 시스템(sy)에서 11.8%이고 CPU의 84.3%가 유휴상태(id)임을 알 수 있다.

```
rsyoung@kant:~$ top

top - 20:35:51 up 10:08,  1 user,  load average: 3.37, 3.17, 2.94
Tasks: 515 total,   1 running, 514 sleeping,   0 stopped,   0 zombie
%Cpu(s): 3.8 us, 11.8 sy,  0.2 ni, 84.3 id,  0.0 wa,  0.0 hi,  0.0 si,  0.0 st
MiB Mem :  63970.4 total,   1270.7 free,  38689.3 used,  24010.5 buff/cache
MiB Swap:  31250.0 total,  31245.7 free,      4.2 used.  24052.9 avail Mem
```

우리가 만약 이러한 유휴자원을 활용한다면 좀 더 많은 컴퓨팅 자원을 이용할 수 있을 것이다. 결국 이 경우에도 유휴한 자원을 활용하기 위해서는 **중재자**가 필요하게 된다(그림 1.8).

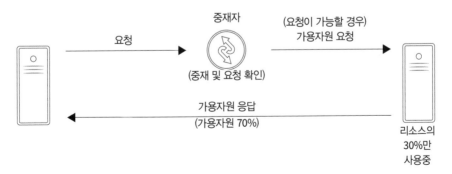

요청

중재자

(요청이 가능할 경우)
가용자원 요청

(중재 및 요청 확인)

가용자원 응답
(가용자원 70%)

리소스의
30%만
사용중

그림 1.8 **중재자를 통해 30%만 사용 중인 컴퓨팅 자원 활용**

중재자가 개입된 경우에 내 컴퓨터에 대기 중인 작업의 일부를 내 친구의 컴퓨터로 보내서 처리할 수 있도록 한다면 처리량과 속도를 개선할 수 있게 된다. 물론 이 경우에도 불특정 다수의 작업을 처리하는 것이 아니라 사전에 정의된 프로토콜과 인증을 통해서 작업을 처리하게 된다.

지금까지 살펴본 2가지 방법은 모두 컴퓨터의 **활용성**utilization 관점에서 살펴본 것이다. 첫 번째 경우는 특정 시간 동안 컴퓨팅 자원이 유휴한 상태인 것이고 두 번째 경우는 컴퓨팅 자원의 작업량이 **낮은 활용성**under utilization 상태인 것으로 모두 컴퓨팅 자원이 유휴하다고 말할 수 있다. 두 상황 모두 특정작업이 다른 컴퓨팅 자원으로 이동해야 하고 수행된 결과가 다시 전송되어야 한다. 결국 다른 컴퓨팅 자원으로 보내지는 작업이 성공적으로 수행된다면 좋겠지만, 컴퓨팅 환경의 차이로 인해 작업의 안정성을 보장할 수 없는 상황이 발생할 수 있다. 이러한 경우가 발생한다면 컴퓨팅 자원의 활용성을 높이려고 한 시도가 오히려 작업완료의 시간을 더 늘리는 상황이 되어 이에 대한 대책이 필요하다.

1.3.3 컴퓨팅 자원의 활용과 안정성

낮은 활용성 상태의 컴퓨터에 일부 작업을 전송하여 처리한다고 가정해보자. 컴퓨터 A에 대기 중인 작업을 70% 자원이 가용한 컴퓨터 B로 전송하여 처리할 수 있다(그림 1.9).

이 경우 컴퓨팅 자원의 활용도를 높일 수 있지만, 작업의 속도와 안정성은 담보할 수 없다. A에서 전송된 작업의 일부가 컴퓨터 B의 환경과 맞지 않아 작업이 완료되지 못할 경우에는 A의 작업을 B로 보내서 처리하는 이점이 사라지게 된다. 작업은 네트워크를 통해 보내지고 다시 결과가 전송되기 때문에 작업이 실패할 경우 전체적인 작업완료 시간만 늘어나게 된다. 또 다른 중요한 요소는 바로 안정성이다. 만약 A의 작업이 B로 전송되어 실행되는 중에 시스템 전체에 영향을 주는 작업을 수행했다면 A의 작업뿐만 아니라 B의 작업에도 심각한 영향을 미칠 수 있다. 최악의 경우는 컴퓨팅 자원 B가 재부팅되고 이전에 수행했던 작업을 처음부터 재시작해야 하는 상황이 발행할 수 있다. 결국 이러한 상황은 A와 B 모두의 처리시간이 늘어나는 결과를 초래해 유휴자원의 활용이 무색하게 된다.

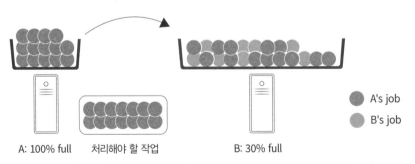

A: 100% full   처리해야 할 작업   B: 30% full   ● A's job   ● B's job

그림 1.9 **A에서 B로 작업 전송 후 B에서 A와 B의 작업이 혼재된 상황**

그렇다면 이러한 상황을 만들지 않기 위해서는 어떻게 해야 할까? 가장 문제가 된 부분이 A의 작업이 컴퓨팅 자원 B에 영향을 준다는 점이었다. 그렇다면 A의 작업과 B의 작업을 분리해서 관리해야 할 필요가 생긴다. 분리해서 관리하는 것에 추가하여 A의 문제가 있는 작업이 B에 영향을 미치지 않도록 해야 한다. 이러한 상황에서도 역시 중재자가 필요하게 된다. 이 중재자는 A의 작업과 B의 작업이 섞이지 않도록 해야 하고, 만약에 A의 작업에 문제가 생긴다면 B에 영향을 주지 않도록 해야 한다. 이전에 살펴본 중재자는 모두 네트워크를 통해서 요청하고 작업을 보냈다면, 이번 중재자는 컴퓨팅 자원 B에서 수행될 필요가 있다. 이러한 중재자를 **하이퍼바이저**hypervisor라고 한다(그림 1.10).[11]

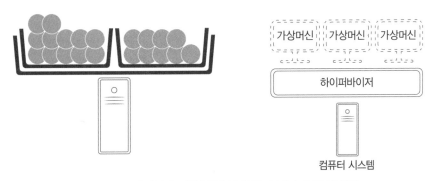

그림 1.10 **A의 작업과 B의 작업을 분리하는 중재자 하이퍼바이저**

하이퍼바이저는 **물리적 자원**physical resource을 여러 대의 **가상 자원**virtual resource으로 관리할 수 있다. 가상 자원이라는 것은 단순하게 독립된 논리적인 컴퓨터이다. 물리적 시스템에 설치된 하이퍼바이저를 통해서 독립된 가상컴퓨터[12]를 만들 수 있고 이 가상컴퓨터를 이용하여 작업을 처리할 수 있다. 가상컴퓨터에서 수행되는 작업이 문제를 일으키더라도 해당 문제는 오롯이 해당 가상컴퓨터에만 귀속되고 다른 가상컴퓨터에는 영향을 주지 않는다. 즉, 하이퍼바이저에 의해 분리된 가상컴퓨터들은 서로 영향을 주지 않고, 물리적 시스템에도 영향을 주지 않아 시스템의 안정성을 높일 수 있다.

유휴자원을 활용하여 컴퓨팅 파워를 높이는 방법은 클러스터링을 통해서 성능을 높이는 방법과 유휴한 컴퓨팅 자원을 논리적으로 분리하여 처리량을 높이는 방법으로 구분할 수 있다(그림 1.11).

---

11 https://www.redhat.com/en/topics/virtualization/what-is-virtualization
12 가상컴퓨터와 가상머신(virtual machine)은 동일한 의미로 사용된다.

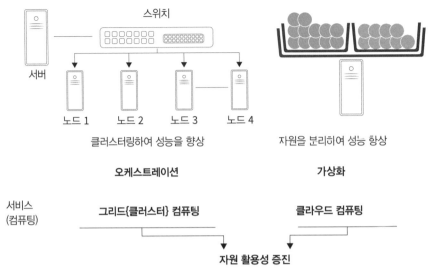

그림 1.11 **컴퓨팅 파워를 높이는 기술과 차이**

클러스터링을 통해 컴퓨팅 성능을 향상시키는 방법의 기반이 되는 기술은 **오케스트레이션**orchestration이다. 오케스트레이션은 유휴한 컴퓨팅 자원을 네트워크를 통해 연결한다. 대표적인 예가 **그리드 컴퓨팅**grid computing, **클러스터 컴퓨팅**cluster computing이다. 클러스터링과 다르게 자원을 분리하여 유휴자원의 성능을 향상시키는 방법의 기반 기술은 앞서 살펴본 바와 같이 하이퍼바이저가 개입되는 방법이다. 하이퍼바이저의 기반 기술은 바로 **가상화**virtualization이다. **가상화 기반으로 자원의 효율성을 높이는 대표적인 예가 바로 클라우드 컴퓨팅이다.**

그리드 컴퓨팅과 클라우드 컴퓨팅 서비스의 핵심기술이 각각 오케스트레이션과 가상화로 다르지만, 이제까지 우리가 살펴본 것과 같이 이 두 서비스의 궁극적인 목표는 활용성을 높이기 위한 것이다. 여기서 한 가지 주의해야 할 점은 그리드 컴퓨팅과 클라우드 컴퓨팅을 기반이 되는 기술의 차이로 설명할 수 있지만 서로가 완전히 배타적 관계가 아니라는 것이다. 많은 데이터 센터들이 가상화를 기반으로 한 클라우드로 구축되고 있고 클라우드를 통해 제공된 컴퓨팅 자원들이 네트워크를 통해 그리드 컴퓨팅으로 구현될 수 있다. 활용성을 높이기 위한 그리드 컴퓨팅과 클라우드 컴퓨팅을 우리는 **HTC**high throughput computing이라고 부른다.[13] 그림 1.12에서 설명하는 것처럼 유휴자원의 활용성을 높여 처리량을 높이는 컴퓨팅기술이 바로 HTC이고 그리드 컴퓨팅과 클라우드 컴퓨팅이 이 범주에 속한다.

---

13 High Throughput Computing을 대용량 처리 컴퓨팅으로 해석할 수 있지만 영어 그대로 사용한다.

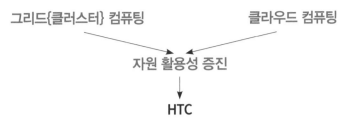

그림 1.12 **그리드 컴퓨팅, 클라우드 컴퓨팅, HTC의 관계**

HTC와 대비되는 개념은 **HPC**high performance computing이다. HPC는 슈퍼컴퓨터와 같이 **빠른 계산** fast computation을 목적으로 하는 컴퓨팅으로 얼마나 많은 자원을 오랫동안 사용했는지가 중요한 목표가 아니라 오직 빠른 계산이 가장 최상의 목표이다. 예를 들어, 태풍의 진로를 예측하는 문제가 있고 이를 슈퍼컴퓨터를 이용한다고 해보자. 아무리 슈퍼컴퓨터 자원을 효율적으로 사용하여 태풍의 진로를 계산하였다고 하더라도 계산 결과가 태풍이 지나가고 난 후에 도출된다면 아무런 의미가 없다. 하지만 HTC는 조금 시간이 걸리더라도 유휴한 자원을 최대한 활용하여 많은 양을 처리하고자하는 것이 기본이다.

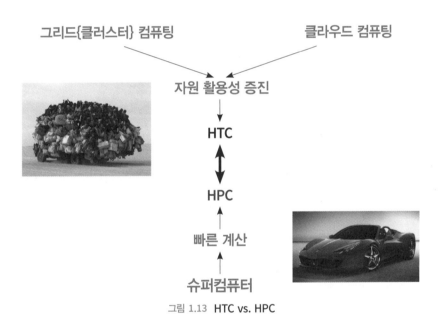

그림 1.13 **HTC vs. HPC**

그림 1.13은 HTC와 HPC의 차이를 비유적으로 보여주고 있다. HTC는 화물을 최대한 많이 실어 나르는 화물차, 그리고 HPC는 빠르게 달리는 스포츠카에 비유할 수 있다. 물론 화물을 가득 싣고 빠르게 달릴 수 있다면 제일 이상적이겠지만 둘 중의 하나를 선택해야 한다면 HTC는 많이 실어 나르는 것에 중점을 둔다. 이와 반대로 HPC의 스포츠카는 화물을 실어 나르는 목적의 자동차가 아니고 빠르게 이동하는 것을 위해 만들어진 것이다. HPC 목적으로 도입된 시스템에 HTC와 같은 역할

을 기대하는 것과 HTC와 같이 활용하는 것은 비용 측면에서 매우 비효율적인 방식이다. 일반적으로 HPC로 대변되는 슈퍼컴퓨터는 고가의 컴퓨팅 장비이고 대부분 **인피니밴드**infiniband와 같은 고속 네트워크로 연결되어 있다. 하지만 HTC의 경우는 범용 장비를 **이더넷**ethernet과 같은 일반적인 네트워크로 연결하여 사용하기 때문에 HPC를 HTC에 맞는 작업에 활용해서는 안 된다. 이는 마치 스포츠카를 구입해서 화물차로 사용하는 것과 별반 차이가 없다.

컴퓨팅 자원의 활용성이라는 관점에서 지금까지 살펴본 내용을 기반으로 클라우드 컴퓨팅을 어떤 관점에서 바라봐야 하는지 명확해졌다. 클라우드 컴퓨팅은 유휴한 컴퓨팅 자원의 활용성을 높이는 것이 목표이고 이는 HTC의 범주에 속한다는 것이다. 바로 이러한 **통찰**insight을 기반으로 우리는 이 책의 전반에 걸쳐 클라우드 컴퓨팅을 HTC의 관점에서 설명할 것이다.[14] 클라우드 컴퓨팅을 HTC로 보는 관점은 클라우드 컴퓨팅을 이용한 서비스의 관점과는 구분되어야 한다. HTC의 관점은 자원의 효율성에 초점을 둔다면, 클라우드 컴퓨팅 서비스의 관점은 편의성과 유연성에 초점이 있다.

클라우드 컴퓨팅과 그리드 컴퓨팅 모두 유휴자원을 최대한 활용하겠다는 개념에서 시작된 것이라고 했다. 하지만 이 두 컴퓨팅 방법은 기반 기술의 차이가 있다. 그림 1.14에 보이는 것처럼 클라우드 컴퓨팅과 그리드 컴퓨팅은 놀고 있는 컴퓨팅 리소스를 활용하는 관점, 즉 자원의 활용성 관점에서 둘은 동일한 범주의 HTC에 속한다. 하지만 구현하는 방법이 기술적인 부분에서 그리드는 네트워크를 기반으로 한 오케스트레이션을 기반 기술로 삼는 반면에 클라우드는 가상화를 기반 기술로 하여 컴퓨팅 리소스의 활용성을 높인다.

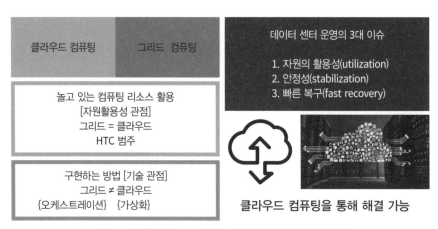

그림 1.14 **클라우드 vs. 그리드, 데이터 센터 운영의 3대 이슈**

---

14 클라우드 컴퓨팅을 HPC로 활용하려는 시도가 있고 슈퍼컴퓨터의 자원의 효율화 관점에서 가상화를 적용하기는 하지만, HPC의 근본 목적은 자원의 유휴성을 최소화하는 것 보다는 빠른 계산이 목적이다.

클라우드 컴퓨팅의 기반 기술인 가상화 기술은 데이터 센터 운영에서 3대 이슈를 해결할 가장 좋은 방법으로 떠오르고 있다.

1. **자원의 활용성**utilization: 데이터 센터의 자원의 활용성을 높이는 것이다. 데이터 센터에 도입된 인프라는 비용을 투자한 시설이기에 비용적 관점에서 낭비 없이 활용되기를 원한다. 바로 가상화 기술을 중심으로 한 클라우드 컴퓨팅은 자원의 활용성을 높일 수 있다.

2. **안정성**stabilization: 작업을 분리하여 서비스의 안정성을 높이는 것이다. 데이터 센터에서 제공하는 수많은 서비스들 중에서 하나가 문제가 생겨 다른 서비스들까지 영향을 준다면 데이터 센터의 운영에 큰 문제가 된다. **SLA**Service Level Agreement가 작성된 서비스의 경우는 막대한 비용적 손해를 끼칠 수 있다. 가상화 기술을 적용한 데이터 센터는 이렇게 문제가 되는 서비스를 다른 서비스와 쉽게 분리해 냄으로써 안정적인 서비스가 가능하다.

3. **빠른 복구**fast recovery: 서비스에 문제가 발생하여 복구가 필요할 때 빠르게 복구해야 한다. 서비스를 복구할 때 수많은 서비스에 대해 필요한 패키지들을 하나씩 설치하고 테스트하여 재실행하는 것은 많은 시간과 노력이 필요하다. SLA가 적용되는 서비스는 최소한의 **다운타임**downtime으로 비용적 손실을 최소화해야 한다. 앞으로 살펴보겠지만, 가상화 기술을 통해 서비스들은 모두 **이미지**image로 만들 수 있고 이미지는 단순한 파일이기 때문에 쉽게 이동과 관리가 가능하다. 이미 충분히 검증된 가상컴퓨팅 자원을 이미지화하여 서비스에 문제가 발생한다면 검증된 이미지를 이용하여 새로운 서비스를 생성하면 그만이다.

많은 데이터 센터와 대규모 컴퓨팅 인프라를 운영하는 기업과 연구소에서 클라우드를 도입하여 기본적인 컴퓨팅 인프라를 운영하려고 하고 있다. 이처럼 클라우드 컴퓨팅의 기반이 되는 가상화 기술을 통해 우리는 데이터 센터가 가지고 있는 3대 주요 이슈를 해결할 수 있다.

1.3.4 클라우드 컴퓨팅 서비스

클라우드 컴퓨팅을 이용하여 다양한 서비스를 제공하고 있는데 서비스는 궁극적으로 이윤창출이 핵심이다. 즉, 다음과 같다.

서비스 = 비즈니스 = 이익창출

클라우드 컴퓨팅에는 어떤 서비스가 있을까? 다양한 서비스가 존재하지만 크게 3가지 서비스를 기반으로 하여 다양하고 복합적인 서비스를 제공하고 있다(그림 1.15).

- **Infrastructure as a Service**IaaS: **물리적인 머신**physical machine을 가상머신으로 제공해주는 서

비스이다.

- **Platform as a Service**PaaS: IaaS 서비스 위에 플랫폼을 만들어 서비스를 제공하는 것이다. 예를 들면 소프트웨어 개발환경을 플랫폼으로 제공하여 모든 개발자들이 동일한 환경에서 개발할 수 있는 플랫폼을 제공할 수 있다.

- **Software as a Service**SaaS: 소프트웨어를 서비스하는 것을 의미한다. 예를 들어, 웹 기반의 워드프로세서, 엑셀, 구글의 Gmail 등이 이 범주에 속한다. 소프트웨어를 구매할 필요가 없어 설치와 업데이트를 신경 쓸 필요가 없다.

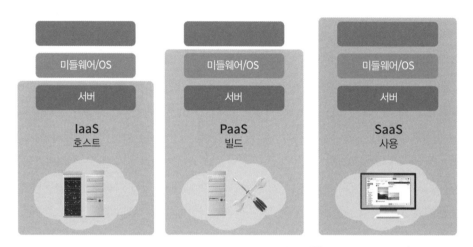

그림 1.15 **IaaS, PaaS, SaaS의 개념**[15]

이러한 서비스를 클라우드 컴퓨팅을 통해 제공받고 활용한다고 했을 때 사용자 관점에서 어디까지 접근할 수 있고, 서비스 제공자가 어디까지 서비스를 제공하는지 알아보자. 그림 1.16은 IaaS, PaaS, SaaS에 대해 서비스 제공자가 제공해주는 부분과 사용자가 직접 관여해야 하는 부분을 보여준다.

---

15 https://zetawiki.com/wiki/IaaS,_PaaS,_SaaS

그림 1.16 **클라우드 컴퓨팅 서비스 관리 부분**[16]

그림 1.16에서 **온프레미스**on-premise의 의미는 물리시스템에 모든 서비스와 기능을 사용자가 직접 구축하는 것을 의미한다. 이는 마치 새 PC를 구매했을 때 필요한 기능과 소프트웨어를 설치하는 것과 유사하다고 할 수 있다.

IaaS의 경우는 클라우드 서비스 제공자가 가상서버를 생성할 수 있는 가상화 기능이 탑재된 물리머신을 제공한다. 사용자는 클라우드 서비스 제공자가 제공하는 기능을 이용하여, 자신에 맞는 가상서버를 생성할 수 있다. 이렇게 생성된 가상서버에 필요한 기능과 서비스는 모두 IaaS 사용자의 몫이 된다.

PaaS의 경우는 클라우드 서비스 제공자가 가상서버를 생성하고 가상서버에 필요한 플랫폼까지 제공하는 것이다. 사용자는 가상서버와 플랫폼에 관여하지 않고 오직 플랫폼에서 동작하는 애플리케이션과 데이터만을 관리하고 설정한다.

SaaS의 경우는 사용자 서비스에 필요한 애플리케이션을 포함한 모든 환경을 제공하는 것이다. 사용자는 서비스를 위해 관리할 부분이 전혀 없이 오직 클라우드 서비스 제공자가 제공하는 애플리케이션을 활용하면 된다.

---

16 https://www.bmc.com/blogs/saas-vs-paas-vs-iaas-whats-the-difference-and-how-to-choose/

사용자 관점에서 관리 부분을 알아보았다. 사용자가 처음부터 끝까지 모든 것을 관리해야 하는 것이 온프레미스이며, 가상머신에 대해 직접 관여하는 것이 IaaS, 가상머신에 설치된 플랫폼에서 동작하는 애플리케이션과 데이터를 관리하는 것이 PaaS, 관리의 포인트가 없는 것이 SaaS로 요약할 수 있다.

관리의 관점이 아닌 비용의 관점에서 알아보자. 온프레미스를 제외한 IaaS, PaaS, SaaS는 모두 클라우드 서비스 제공자에 의해 제공되는 서비스의 일종이다. 서비스는 비즈니스로 비용이 발생한다고 우리는 정의하였다. 결국 IaaS, PaaS, SaaS로 대변되는 클라우드 서비스는 사용자가 사용한 만큼 비용으로 청구된다.

- IaaS → 인프라를 쓴 만큼 청구
- PaaS → 플랫폼을 쓴 만큼 청구
- SaaS → 소프트웨어를 쓴 만큼 청구

여기서 우리는 IaaS, PaaS, SaaS 서비스가 **서비스 스택**service stack처럼 구조를 갖는다는 것을 눈 여겨 볼 필요가 있다. 즉, IaaS 위에 PaaS를 구성하고, PaaS 위에 SaaS를 구성하는 식이다. 가장 바탕이 되는 IaaS는 상대적으로 서비스 제공자가 적다. 반면에 SaaS를 제공하는 서비스 제공자는 상대적으로 많다(그림 1.17).[17]

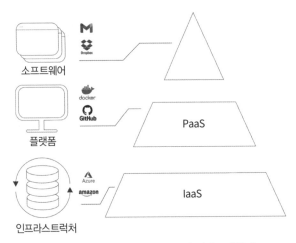

그림 1.17 **클라우드 서비스 스택과 서비스 제공자**

클라우드 사용자 관점에서는 클라우드 서비스 제공자가 제공한 서비스를 사용한 만큼 비용을 지불하게 된다. 클라우드 서비스 제공자의 서비스를 활용하는 것에는 여러 가지 장점이 있다. 시스템을 도

---

17 https://wadahsehre.blogspot.com/2016/03/jenis-layanan-cloud-computing.html

입하고 구축하여 활용하기까지는 많은 시간과 비용이 발생하는데 이를 절약할 수 있다. 또한 규모가 큰 문제를 해결하기 위해 짧은 시간 동안 대규모의 컴퓨팅 환경이 필요한 경우라면 비용과 시간을 절약할 수 있다. 예를 들어 1,000대의 컴퓨터를 한 달간 사용하고자 한다면 1,000대의 컴퓨터를 구입해서 문제해결에 활용하기까지 컴퓨터 도입에 소요되는 행정적인 시간 낭비가 발생하고 노력이 필요할 것이다. 또한 전기료와 같은 부대비용이나 유지보수에 들이는 비용과 인력까지 고려한다면 클라우드 서비스 제공자의 서비스를 활용하는 것이 여러 측면에서 좋은 선택이 될 수 있다.

그림 1.18은 클라우드 서비스 제공자를 보여준다. SaaS는 PaaS 위에서, 그리고 PaaS는 IaaS상에서 서비스 스택처럼 동작하기에 PaaS와 SaaS 서비스를 위해서는 대규모의 IaaS를 운영할 데이터 센터가 필요하다. 현실적으로 대규모의 IaaS를 제공할 만큼의 데이터 센터를 운영할 수 있는 회사는 그리 많지 않기 때문에 IaaS의 경우는 대규모 데이터 센터를 구축 운영할 수 있는 아마존, 구글, 마이크로소프트와 같은 몇 개의 회사가 시장의 지배력을 강화해 나가고 있다. IaaS를 기반으로 플랫폼을 구성하여 서비스를 제공하는 IT 기업은 IaaS보다는 많다. 하지만 플랫폼의 속성상 일반 사용자가 활용하는 범용의 서비스이기보다는 특수 목적의 소프트웨어인 경우가 많아 플랫폼 서비스의 경우는 SaaS보다 그 숫자가 월등히 적을 수밖에 없다. SaaS는 PaaS를 기반으로 일반 사용자에게 친숙한 서비스를 제공하는 것으로 SaaS 형태의 서비스를 제공하는 IT 기업은 상대적으로 규모가 크다.

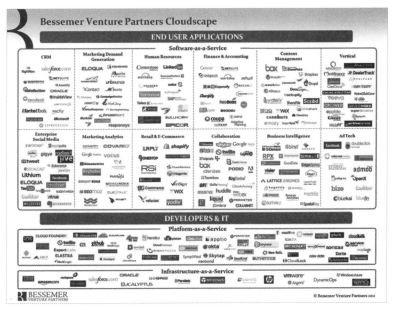

그림 1.18 **클라우드 서비스 제공자**[18]

---

18 https://www.pinterest.com/pin/173881235583223100/

1.3.5 아마존과 클라우드

클라우드 서비스하면 대표적인 기업이 아마존Amazon이다. 아마존은 온라인으로 서적을 판매하는 기업에서 출발한 인터넷 상거래의 대표적인 기업이었다. 이러한 기업의 태생과 수익창출 영역을 본다면 다소 클라우드 서비스와는 거리가 있다고 생각할 수 있다. 그렇다면 어떻게 아마존은 클라우드 서비스의 대표기업이 되었을까?

그림 1.19는 아마존의 2007년부터 2012년까지의 매출실적을 보여준다. 아마존은 전자상거래 기업이다. 즉, 매출이 늘어난다는 것은 **판매**sale가 늘어났다는 것이고 그만큼 전자상거래 **트랜잭션** transaction이 많이 발생함을 의미한다. 이는 자연스럽게 트랜잭션을 처리할 컴퓨팅 파워가 필요하게 된다.

그림 1.19 **아마존의 매출추이(2007~2012)**

아마존은 늘어나는 트랜잭션을 처리하기 위해 컴퓨팅 파워를 갖춰야 했을 것이다. 그림 1.20은 2009년부터 2013년까지 분기별 매출을 보여준다.

그래프에서 유독 **4분기**Q4에 매출이 많이 발생하고, 2분기에 매출이 가장 낮다. 4분기에는 미국의 추수감사절, 크리스마스, 연말연시 등으로 온라인 매출이 급격하게 증가되는 것을 볼 수 있다. 그렇다면, 아마존은 늘어나는 트랜잭션을 처리하기 위해 컴퓨팅 파워를 4분기에 맞춰야 할 것이다.

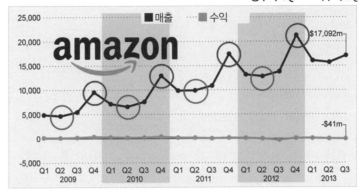

그림 1.20 **아마존의 분기별 매출추이 (2009-2013)**

4분기 트랜잭션의 수요에 맞게 컴퓨팅 파워를 맞춘다면 1분기, 2분기, 3분기 동안에 컴퓨팅 파워의 낭비가 발생한다. 그런데 더 큰 문제는 다음 해의 1분기와 2분기, 3분기에도 이전 년도의 4분기만큼의 트랜잭션이 발생하지 않는다는 것이다. 예를 들어 2010년 4분기의 트랜잭션의 규모는 2011년 1분기, 2분기, 3분기의 트랜잭션보다 규모가 크다는 것을 알 수 있다. 결국 최악의 경우에 해당 년도의 1분기부터 3분기까지 9개월, 다음 해의 1분기부터 3분기까지 근 9개월, 총 18개월 동안 자원을 충분히 활용하지 못하는 컴퓨팅 자원의 낭비가 발생한다고 볼 수 있다. 이렇게 낭비되는 자원은 아마존 입장에서는 매우 큰 손실이다. 컴퓨팅 자원을 유지하기 위한 유지보수 비용과 더불어 많은 전력비용, 관리에 필요한 인력 등이 기업의 입장에서는 문제점이 될 수밖에 없다.

아마존은 기본적으로 인터넷을 통해 물건을 판매를 하는 기업이다. 그렇다면 인터넷 서점에서 온라인 쇼핑몰로 영역을 확장하며 변화한 것처럼 남아있는 컴퓨팅 자원을 판매할 수 있다면 아마존은 일거양득의 효과를 볼 수 있었을 것이다. 그리고 아마존이라는 기업의 정체성과 맞는다고 할 수 있을 것이다.

1.3.6 클라우드 서비스를 가능하게 하는 기술

아마존의 경우처럼 유휴한 컴퓨팅 자원을 판매한다고 할 때 어떤 기술이 필요할까? 그것은 바로 **가상화 기술**virtualization technology이다. 가상화는 컴퓨터 시스템을 여러 개의 가상컴퓨터로 만들 수 있는 기반 기술이다. 결국 컴퓨터를 가상화해야 하기 때문에 컴퓨터의 기본시스템을 가상화해야 한다. 아무리 복잡해 보이는 컴퓨터라고 하더라도, 컴퓨터를 이루고 있는 수많은 장치들을 크게 CPU, 메모리, I/O 장치 3개로 구분할 수 있다. 즉, 가상화를 한다고 하면, CPU 장치를 가상화하는 CPU 가상화, 메모리 장치를 가상화하는 메모리 가상화, I/O장치를 가상화하는 I/O 가상화가 된다. 이런 가상화 기술을 이용하여 실제 **구현**implementation한 것이 **하이퍼바이저**hypervisor이고 대표적으로 **KVM**kernel virtual machine, XEN, VMWare 등이 있다.

위키피디아에서는 하이퍼바이저를 다음과 같이 정의하고 있다.

> **하이퍼바이저** 또는 **가상머신 모니터**virtual machine monitor, VMM는 <u>가상머신을 생성하고 실행할 수 있는 소프트웨어</u>, **펌웨어**firmware, **하드웨어**hardware를 말한다.

위키피디아의 정의에서 확인할 수 있는 것처럼, 하이퍼바이저는 가상머신을 실행할 수 있는 소프트웨어, 펌웨어 또는 하드웨어를 총칭한다.[19] 하이퍼바이저는 가상머신 모니터로도 불린다. 즉, 하이퍼바이저와 가상머신 모니터는 동일한 것이다.

그림 1.21은 가상화와 하이퍼바이저, 그리고 이를 통한 클라우드 서비스의 관계를 보여준다. 가상화를 기반 기술로 하여 하이퍼바이저를 구현하여 IaaS, PaaS, SaaS 서비스를 구축할 수 있는 것이다.

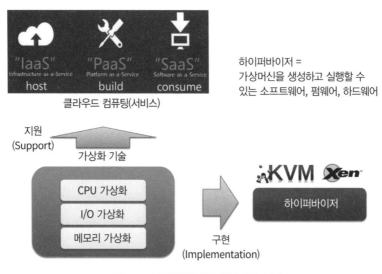

그림 1.21 **클라우드를 가능하게 하는 기술**

그림 1.22는 가상화를 구현하는 방식과 타입에 대해 기술하고 있다. 가상화는 크게 2가지 타입인 **전가상화**full virtualization과 **반가상화**para virtualization로 나눌 수 있다. 즉, 전가상화 방식이든 반가상화 방식이든 가상화를 구현한 것이 하이퍼바이저가 된다. 이렇게 구현된 하이퍼바이저는 다시 2가지 타입으로 구분된다. **베어 메탈**bare metal방식과 **호스티드**hosted 방식으로 나누어지는데, 베어 메탈 방식

---

19 http://en.wikipedia.org/wiki/Hypervisor

을 **타입 1**, 호스티드 방식을 **타입 2**라 한다. 타입 1 하이퍼바이저는 **네이티브**native 방식이라고도 하며 물리시스템 위에 하이퍼바이저가 설치되는 방식을 말한다. 타입 1 하이퍼바이저로 Xen, KVM, 마이크로소프트사의 Hyper-V 등이 있다. 반면에 타입 2 하이퍼바이저는 물리시스템 위에 **운영체제** operating system가 올라가고 운영체제 위에 바로 하이퍼바이저가 설치되어 동작하는 방식을 말한다. 타입 2 방식의 하이퍼바이저의 대표적인 예로서 **버추얼박스**VirtualBox, **VMware Player** 등이 있다.

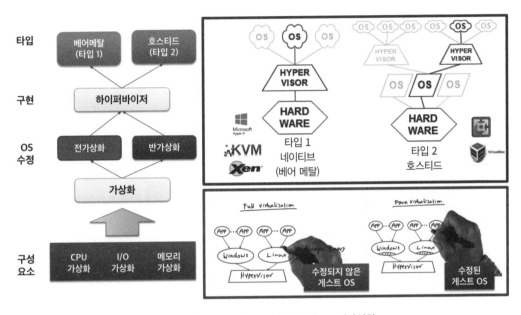

그림 1.22 **타입 1 vs. 타입 2, 전가상화 vs. 반가상화**

전가상화 방식으로 구현된 하이퍼바이저는 **게스트 OS**guest operating system가 수정되지 않는 상태로 동작한다. 반면에 반가상화 방식으로 구현된 하이퍼바이저에서는 수정된 게스트 OS가 동작하게 된다. 전가상화 방식은 하이퍼바이저상에서 동작하는 게스트 OS가 자신이 가상화 환경에서 동작하고 있음을 인지하지 못한다. 즉, 물리시스템에 접근하기 위해서는 반드시 하이퍼바이저의 개입이 필요하게 되어 성능 측면에서 오버헤드가 필연적으로 발생할 수밖에 없다. 이에 반해 반가상화 방식의 하이퍼바이저에서 동작하는 게스트 OS는 자신이 가상화 환경에서 동작하고 있음을 인지하고 있다. 이를 위해서는 게스트 OS의 수정이 필요한데, 이는 하이퍼바이저가 제공하는 API를 **하이퍼 콜**hypercall을 통해 호출하게 함으로써 성능을 개선하는 것이다. 반가상화의 경우는 성능 개선에는 효과가 있다고 볼 수 있지만 게스트 OS가 수정되어야 하기 때문에 리눅스와 같은 오픈소스 운영체제에 주로 적용되고 있다.

1.3.7 가상머신 관리 툴

가상머신은 하이퍼바이저상에서 동작하기에 하이퍼바이저를 통해서 가상머신을 관리할 수 있다. 하지만, 하이퍼바이저는 모든 물리시스템에 설치되어야 하고 해당 시스템의 가상머신만을 해당 하이퍼바이저가 관리하기 때문에 대규모의 물리시스템을 운영하고 있는 데이터 센터에서 직접적으로 하이퍼바이저를 통한 가상머신의 관리는 어려울 수밖에 없다. 이를 해결하기 위해서는 가상머신을 관리할 수 있는 툴이 필요한데, 대표적으로 **오픈스택**OpenStack과 **오픈네불라**OpenNebula와 같은 가상머신 오케스트레이션 툴이 있다(그림 1.23).

그림 1.23 **가상머신 관리 툴**

오픈소스 소프트웨어로 배포되는 다양한 가상머신 관리 툴들이 있다. 관리 툴들은 저마다 장단점을 가지고 있지만, 오픈소스를 기반으로 한 클라우드 환경을 구축하는 경우라면 **레드햇**Red Hat이 지원하는 소프트웨어에 대해 관심을 가질 필요가 있다. 레드햇은 리눅스 커널에 가장 많은 컨트리뷰션을 하는 회사이다(그림 1.24). 따라서 리눅스 기반의 솔루션과 서비스를 해야 할 경우, 레드햇의 영향력이 클 수밖에 없는 상황이다. 하이퍼바이저의 경우도 Xen이 초창기에 많이 활용되었으나, KVM이 리눅스의 메인 스트림에 포함되고 레드햇에서 인수함에 따라 그 영향력이 지속적으로 커지고 있다. 가상머신 관리 툴인 오픈스택 또한 레드햇이 가장 많은 컨트리뷰션을 하고 있기 때문에 가상머신 관리 툴 또한 오픈스택이 활발하게 사용되고 있다.

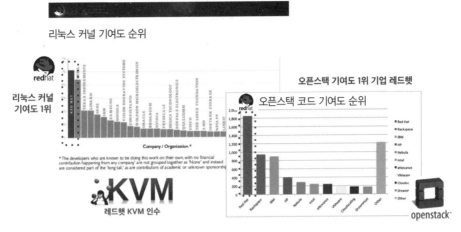

그림 1.24 레드햇이 지원하고 있는 KVM과 오픈스택

1.3.8 HTC의 또 다른 예 그리드 컴퓨팅

앞서 살펴본 것과 같이 우리는 클라우드 컴퓨팅을 리소스 활용성을 높이는 HTC 관점에서 바라볼 것이다. 클라우드 컴퓨팅 외에도 **그리드 컴퓨팅** 또한 HTC 범주에 속한다. 그리드 컴퓨팅의 핵심 개념은 전 세계적으로 유휴한(놀고 있는) 컴퓨팅 자원을 네트워크를 통해 활용해보자는 것이다.

그렇다면 이런 개념이 탄생하게 된 배경은 무엇일까? 프랑스와 스위스 국경에 위치한 **CERN**Conseil Européen pour la Recherche Nucléaire[20] 연구소는 세계 최대 입자 물리 연구소이다. 여기에서는 힉스 입자 등과 같은 과학사적 위대한 발견을 하기 위해 거대 실험장치를 이용하여 실험을 진행하고 있다. 지하 100m 아래에 설치된 둘레 27km 강입자가속기 **LHC**large hadron collider를 이용하여 입자를 빛의 속도로 가속시킨 후 충돌실험을 수행하고 있다. 초당 400만 번의 충돌이 발생하고 연간 50PB 이상의 데이터가 생산된다. 이렇게 생산된 대규모의 데이터를 특정 연구소나 국가의 데이터 센터를 통해 독자적으로 처리하기에는 그 규모가 상당하다. 따라서 이를 극복하기 위해 국제 컨소시엄을 통해 데이터를 처리하게 된다. 전 세계적으로 참여할 수 있는 데이터 센터를 네트워크로 연결하여 데이터를 처리하는 방식을 활용하는데, 이때 리소스가 가용하거나 유휴할 경우 필요한 실험에 제공하는 방식이다(그림 1.25).

---

20 프랑스어이다. World Wide Web이 CERN에서 발명되었다.

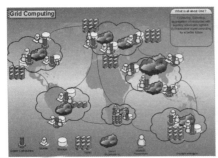

전 세계적으로 놀고 있는
컴퓨팅 자원을 사용해보자.

초당 약 400만 번 충돌,
연간 50PB 이상의 데이터 생산

방대한 데이터 분석에 리소스 부족

그림 1.25 그리드 컴퓨팅과 사례[21]

그리드 컴퓨팅의 중요한 점은 자원을 제공하는 데이터 센터 간 연계가 **느슨하게 연결**loosely coupled된다는 것이다. 그리드 컴퓨팅에 속한 데이터 센터는 자신이 지원하는 실험 데이터를 분석하는 **작업**job이 없을 경우 자신의 자원을 외부에 공유하고 컴퓨팅 자원이 유휴상태가 되는 것을 방지한다. 만약다른 실험의 작업이 데이터 센터의 자원을 활용하고 있는 도중에 지원해야 할 실험의 작업이 들어온다면, 이전 작업들은 일반적으로 종료가 되거나 우선순위가 뒤로 밀려나고 지원해야 하는 실험의 작업을 우선적으로 처리한다.

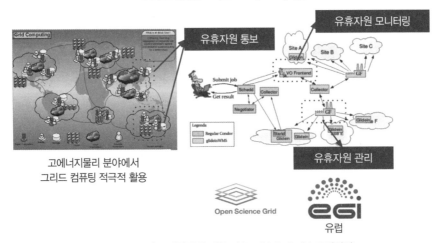

그리드 컴퓨팅 = 리소스 오케스트레이션

고에너지물리 분야에서
그리드 컴퓨팅 적극적 활용

그림 1.26 그리드 컴퓨팅의 기반 기술: 리소스 오케스트레이션

---

21 https://sites.google.com/site/ism6021group2spring2012/home/write-up-1

그리드 컴퓨팅은 네트워크를 통해 자원을 제공하는 데이터 센터들을 연결하는데, 가용한 자원을 찾는 것, 가용한 자원을 알리는 것, 그리고 작업들을 가용 자원과 매칭하는 것이 핵심 기술이 된다. 이러한 기술을 **리소스 오케스트레이션**resource orchestration이라고 부른다(그림 1.26). 대형 오케스트라가 협연을 하는 것과 유사하게 지역적으로 분산되어 있는 자원을 효율적으로 활용하기 위한 것이다. 실제 사용자는 작업을 제출할 때 내 작업이 어디에서 동작해야 하는지 일반적으로 지정하지 않고 작업을 제출한다. 그러면 그리드 컴퓨팅에서는 작업의 속성과 요구사항을 분석하여 제출된 작업을 처리해줄 수 있는 데이터 센터의 컴퓨팅 자원과 매칭을 하는 것이다. 매칭을 하려면, 그리드 컴퓨팅에서는 어디에 있는 컴퓨팅 자원이 유휴한 상태인지 확인할 필요가 있다. 그렇기 때문에 끊임없이 네트워크를 통해 통신을 하면서 자원의 활용 상태를 확인하고 모니터링하게 된다. 한국에서 제출된 작업이 미국이나 유럽의 데이터 센터에서 실행될 수 있다.

그리드 컴퓨팅을 실제로 구현한 대표적인 사례가 미국 중심의 **오픈사이언스그리드**Open Science Grid, OSG와 유럽연합 중심의 **EGI**European Grid Initiative이다. 두 그리드 미들웨어는 다양한 분야에서 활용되고 있으며 주로 **고에너지 물리**high energy physics **분야**에서 활발하게 활용되고 있다. 그리드 컴퓨팅이 HTC의 범주에 있는 만큼, 그리드 컴퓨팅 환경을 클라우드 컴퓨팅 환경으로 이전하는 데이터 센터가 증가하고 있는 추세이다. 앞서 살펴본 바와 같이 데이터 센터의 유휴한 자원을 활용하는 측면에서 그리드 컴퓨팅과 클라우드 컴퓨팅이 동일하다고 할 수 있지만, 시스템의 안정성 측면, 관리의 효율성 측면에서 클라우드 컴퓨팅이 더 우수하기 때문이다.

연습문제

1. 클라우드 컴퓨팅에 대한 정의를 기술해보라.
2. 컴퓨팅의 성능, 용량을 늘리는 방법들은 무엇이 있는가?
3. 클라우드 컴퓨팅과 그리드 컴퓨팅의 공통점은 무엇이고 차이점은 무엇인가?
4. 자원의 **활용성**utilization을 높이기 위한 방법에 대해서 설명하라.
5. **가상화**virtualization와 **오케스트레이션**orchestration에 대해 설명하라.
6. HTC와 HPC의 차이점을 설명하라.
7. 아마존과 클라우드의 관계에 대해 설명하라.
8. 컴퓨터를 가상화할 때 크게 3개의 범주는 무엇이고 각각 가상화는 어떻게 되는지 조사하라.
9. 그리드 컴퓨팅의 개념에 대해서 설명하라.

10. HTC, HPC, 그리드 컴퓨팅, 클라우드 컴퓨팅, 활용성, 오케스트레이션, 가상화, 슈퍼컴퓨터와 같은 **용어**keyword를 논리적으로 연계하여 설명하라.

11. 데이터 센터 운영의 3대 이슈를 설명하고 클라우드 컴퓨팅을 통해서 해결할 수 있는지 논하라.

12. 클라우드 컴퓨팅에 대한 다양한 정의가 존재한다. 클라우드 컴퓨팅을 정의할 때 가상화 기술은 필수적인가? 이에 대해 논하라.

13. 클라우드 컴퓨팅을 자원 활용이 관점에서 보는 것은 지엽적인가? 지엽적이라면 활용성 관점이 아닌 다른 관점에서 클라우드 컴퓨팅의 응용은 무엇이 있는가?

## CHAPTER 2

클라우드 컴퓨팅의 역사와 모델

클라우드 컴퓨팅은 근래에 각광을 받고 있지만, 실제로는 이미 오래전에 나온 개념이다. 기술적으로 성숙해지고 클라우드 컴퓨팅이 서비스로 활성화되면서 클라우드 컴퓨팅에 대한 개념을 구체적으로 정의하려는 시도가 있다. 이번 장에서는 클라우드 컴퓨팅의 개념에 관한 역사적인 내용과 다양한 정의를 알아보자.

2.1 클라우드 컴퓨팅 개념의 탄생

다양한 의견이 있지만, 클라우드 컴퓨팅의 개념은 **존 매카시**John McCarthy[1]가 1961년에 MIT 100주년 기념연설에서 공개적으로 제안했던 **유틸리티 컴퓨팅**utility computing에서 나온 것으로 볼 수 있다. 유틸리티 컴퓨팅은 컴퓨터의 **시분할 기술**time sharing technology이 컴퓨팅 파워, 심지어 소프트웨어까지 수도 및 전기와 같은 유틸리티 모델로 판매될 수 있다고 했다. 현재 우리가 보는 클라우드 컴퓨팅도 결국은 컴퓨팅 자원을 분할하여 필요한 사용자에게 요구한 만큼의 자원을 할당하고 비용을 부과하는 모델이라는 점에서 존 매카시가 제안한 유틸리티 컴퓨팅과 유사하다.

존 매카시가 제안한 유틸리티 컴퓨팅은 1960년대 활발하게 논의되었지만, 그 후 1990년 중반까지 관심을 가질 만한 결과를 도출하지 못해 논의는 점차 시들해졌다. 하지만, 2000년대 들어서면서 실제 아이디어가 네트워크의 발전과 더불어 실현되었다. 그 대표적인 예가 그리드 컴퓨팅과 가상화 기술을

---

1   존 매카시는 인공지능(artificial intelligence, AI) 용어를 처음 만들어낸 사람이다.

기반으로한 클라우드 컴퓨팅이다.

그림 2.1 존 매카시(John McCarthy)[2]

클라우드 컴퓨팅과 관련된 인물로는 **레너드 클라인록**Leonard Kleinrock을 들 수 있다. **아파넷**Advanced Research Projects Agency NETwork, ARPANET의 연구자였던 레너드 클라인록은 네트워크의 기술이 유아기를 벗어나 성장을 하게 된다면, 마치 집에서 전화기와 전기를 쓰듯이 집과 사무실 어디서든지 컴퓨터를 유틸리티처럼 사용하게 될 것으로 예측하였다.

그림 2.2 레너드 클라인록(Leonard Kleinrock)[3]

다른 역사적인 인물로는 **켄 올슨**Ken Olsen **DEC**Digital Equipment Corporation 사장을 들 수 있다. 켄 올슨은 1977년 가정용 컴퓨터의 시대가 열리는 시점에, "개인이 집마다 컴퓨터를 둘 필요가 없다"고 했다. 그의 말은 집에 대형 컴퓨터를 둘 필요 없다고 말하는 것으로 PC를 의미하는 것은 아니었지만, 안타깝게도 IT 분야에서 손에 꼽히는 망언으로 선정되기도 했다. 하지만, 다른 한편으로는 클라우드 컴퓨팅 시대를 예측했다고 할 수 있을 것이다.

---

2   https://en.wikipedia.org/wiki/John_McCarthy_(computer_scientist)

3   https://newsroom.ucla.edu/releases/5-million-gift-ucla-center-on-future-of-computer-networking-connection-lab

그림 2.3 켄 올슨(Ken Olsen)[4]

2.2 클라우드 컴퓨팅의 정의

클라우드 컴퓨팅이 활성화됨에 따라 클라우드 컴퓨팅 또는 단순히 클라우드에 대한 정의가 필요한데, 다양한 기관에서 다양한 정의를 하고 있다. 하지만, 온디맨드라는 개념과 활용성이라는 관점에서는 대동소이하다고 할 수 있다. 이에 대해 가트너, 포레스터 리서치, 위키피디아, **미국국립표준기술연구소**National Institute of Standards and Technology, NIST를 중심으로 살펴보기로 한다. 특히 NIST의 정의는 일반적으로 통용되는 정의로 NIST에서 기술한 내용을 중점적으로 이해해야 한다.

- **가트너**Gartner**의 정의**: 클라우드 컴퓨팅은 인터넷 기술을 이용하여 IT 기반의 기능들을 확장 가능하고 탄력적인 서비스 형태로 제공하는 방식이다.

- **마이크로소프트**Microsoft**의 정의**: 클라우드 컴퓨팅은 인터넷을 통해 서버, 스토리지, 데이터베이스, 네트워크, 소프트웨어, 분석, 지능 등과 같은 컴퓨팅 서비스를 빠른 혁신, 유연한 자원, 규모의 경제를 통해 제공하기 위한 것이다.

- **IBM의 정의**: 클라우드 컴퓨팅은 클라우드 서비스 제공자가 제공하는 데이터 센터의 애플리케이션, 서버, 데이터 스토리지, 개발 툴, 네트워킹 기능과 같은 컴퓨팅 리소스를 온디맨드로 서비스할 수 있는 것을 의미한다.

- **구글**Google**의 정의**: 클라우드 컴퓨팅은 독자적으로 데이터 센터를 구축하고 관리하는 대신 클라우드 제공자로부터 IT 자원을 탄력적으로 유틸리티와 같이 서비스로 제공받아 쓰는 것을 말하며, 스토리지, 컴퓨팅, 네트워킹, 데이터 처리, 분석, 애플리케이션 개발, 머신러닝과 같은 서비스를 포함하고 있다.

- **아마존**Amazon**의 정의**: 클라우드 컴퓨팅에서는 IT 자원을 제공받고 사용한 만큼 지불하는 방식이

---

4 http://archive.boston.com/news/local/massachusetts/articles/2011/02/08/computer_pioneer_ken_olsen_dies/

다. 물리적인 데이터 센터와 서버들을 구축하고 소유하는 것 대신 아마존과 같은 클라우드 제공자를 통해 필요한 만큼 컴퓨팅 파워, 스토리지, 데이터베이스 등의 기술 서비스를 사용하는 것을 말한다.

- **위키피디아**Wikipedia**의 정의:** 클라우드 컴퓨팅은 데이터 스토리지와 컴퓨팅 파워와 같은 컴퓨터 시스템 자원을 사용자가 직접적으로 관여하지 않고도 온디맨드 방식으로 사용할 수 있는 것을 말한다 (그림 2.4).[5] 인터넷을 통해 사용자들에게 IT 자원을 제공하는 데이터 센터를 설명할 때 사용된다.

그림 2.4 **위키피디아의 클라우드 컴퓨팅 개념**

미국국립표준기술연구소NIST**의 정의:** 클라우드 컴퓨팅은 네트워크, 서버, 스토리지, 애플리케이션, 서비스 등과 같은 컴퓨팅 자원을 설정 가능한 **공유 풀**shared pool로 구성하여 서비스 제공자가 제공하면 서비스 제공자의 간섭과 컴퓨팅 자원 관리를 최소화하면서 언제 어디서나 필요에 따라 컴퓨팅 자원을 네트워크를 통해 편리하게 접근할 수 있는 모델이다.

이처럼 다양한 기관이 다양한 방식으로 클라우드 컴퓨팅을 정의하고 있다. 다양한 정의에도 불구하고 몇 개의 공통점이 있는데, **온디맨드 방식, 확장성, 인터넷, 컴퓨팅 자원** 등이다. 결국, 클라우드 컴퓨팅은 다양하게 정의되고 있지만, 컴퓨팅 자원을 인터넷을 통해 온디맨드 방식으로 확장성 있게 접

---

5   https://en.wikipedia.org/wiki/Cloud_computing

근하는 모델인 것이다.

하지만, 여기서 우리는 한 가지 주의해야 할 점이 있다. 이 모든 정의는 철저하게 서비스라는 관점에서 기술되어 있다는, 즉 사용자 관점에서 정의된 것이라는 점이다. 클라우드를 제공하는 데이터 센터 관점에서도 살펴볼 필요가 있고, 이 책에서는 전반적으로 컴퓨팅 자원의 효율화 관점에서 기술할 것이다.

2.3 클라우드 컴퓨팅의 특성과 배포 모델

NIST는 클라우드 컴퓨팅을 하나의 모델로 정의를 하고 클라우드 컴퓨팅 모델이 갖는 **5가지 특성**과 실제 서비스로 배포되는 **4가지 배포 모델**을 제시하였다.

2.3.1 클라우드 컴퓨팅의 5가지 특성

NIST는 클라우드 컴퓨팅의 특징으로 다음과 같이 5가지로 설명한다.[6]

1. **온디맨드 셀프서비스**on-demand self service[7]: 클라우드 컴퓨팅 사용자는 클라우드 서비스 제공자의 직접적인 관여 없이 원하는 컴퓨팅 파워, 네트워크 스토리지와 같은 자원을 자동으로 프로비저닝provisioning할 수 있다.[8]

2. **광대역 네트워크 접근**broad network access: 네트워크를 통해서 모바일 폰, 노트북, PDApersonal digital assistant와 같은 다양한 이기종 클라이언트 플랫폼을 통해 클라우드 컴퓨팅 자원에 접근할 수 있다.[9]

3. **리소스 풀링**resource pooling: 클라우드 컴퓨팅 서비스 제공자의 컴퓨팅 자원은 풀링되어 서로 다른 사용자가 컴퓨팅 자원을 나누어서 사용하는 **멀티테넌트 모델**multi-tenant model[10]로 다양한 사용자에게 제공된다. 풀링된 물리적 컴퓨팅 자원이나 가상화된 컴퓨팅 자원은 사용자들의 요구에 맞게 제공되고 회수되어 다른 사용자에게 재할당된다.

   클라우드 컴퓨팅 사용자는 실제 클라우드 컴퓨팅 자원이 어디에 있는지 알 수 없고 실제 시스템에 대한 직접 제어를 할 수가 없다. 다만, 클라우드 컴퓨팅의 자원이 어느 국가, 어느 지역, 어느 데이터 센터에서 제공되었다는 정도의 개략적인 정보는 알 수 있다. 리소스 풀링에서 리소스는 스토리

---

6 https://nvlpubs.nist.gov/nistpubs/legacy/sp/nistspecialpublication800-145.pdf
7 온디맨드 셀프서비스를 주문형 셀프서비스로 부르기도 한다.
8 프로비저닝은 서비스를 제공하기 위해 필요한 IT 자원을 사전에 준비하여 제공하는 프로세스로 생각하면 된다.
9 NIST 원문의 'thin or thick client platforms'은 클라우드 컴퓨팅 자원에 접속하는 기기들의 다양성 정도로 이해하기 바란다.
10 또는 **멀티테넌시**(multitenancy) 모델이라고도 한다.

지, 데이터 처리를 위한 프로세싱 파워, 메모리, 네트워크 대역폭, 그리고 가상머신 등을 포함한다.

4. **신속한 탄력성**rapid elasticity: 클라우드 컴퓨팅 자원을 신속하게 프로비저닝하여 배포할 수 있고 사용자의 요구량에 따라 자원의 규모를 확장하고 축소할 수 있다. 사용자에게는 클라우드 컴퓨팅 자원이 언제든지 원하는 만큼의 자원을 제약 없이 제공되는 것처럼 보이게 한다.

5. **사용량 측정**measured service: 클라우드 컴퓨팅 자원의 사용량을 측정할 수 있다. 클라우드 컴퓨팅 자원에 대한 모니터링, 제어, 사용량 등이 클라우드 서비스 제공자와 사용자에게 모두 투명하게 제공된다.

NIST가 정의한 클라우드 컴퓨팅의 5가지 특성에 대해 살펴보았다. 그중 3번째 특성인 리소스 풀링의 특징은 **멀티테넌시** 모델을 사용하여 제공한다는 것이었는데, 멀티테넌시는 기본적으로 다양한 사용자들이 동일한 자원을 공유하여 활용하는 것을 말한다. 각자 구축되는 인프라를 중앙 집중화하여 구축의 비용을 줄이고 필요에 따라 분리하여 사용할 수 있으며, 또는 대규모의 자원을 한 번에 활용할 수 있다는 장점이 있다.

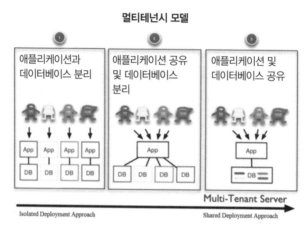

그림 2.5 **멀티테넌시 모델**

그림 2.5는 멀티테넌시 모델을 보여준다.[11] 멀티테넌시의 핵심은 얼마나 많은 하부의 자원, 즉 물리 시스템이든 다른 서비스 등을 사용자들이 공유하는가에 달려있다. 사용자 그룹별로 애플리케이션과 데이터가 독립적으로 관리된다면, 자원의 활용률은 떨어질 수밖에 없다. 한쪽의 그룹은 자원을 거의 활용하지 못하고 있는 반면, 다른 그룹은 자원을 풀로 사용하고 있다면 자원 활용률의 불균형을 초래할 수밖에 없다.

---

11 https://www.researchgate.net/figure/Multi-tenancy-models-10_fig1_311922746

따라서 사용자가 사용하는 애플리케이션과 데이터 관리를 통합하여 여러 그룹이 공유하여 활용하게 한다면 시스템의 활용과 효율성을 개선할 수 있다. 결국 이러한 일련의 모델들은 서비스 관점에서 보다 적은 비용으로 대규모의 자원을 활용하는 것도 크지만, 자원을 제공하는 서비스 제공자 관점에서는 최소의 자원으로 최대의 효과를 볼 수 있는 자원 최적화의 일환으로 볼 수 있는 것이다. 바로 이러한 이유로 클라우드 컴퓨팅을 서비스 관점과 자원의 관리 관점, 이 두 가지 관점에서 살펴보아야 한다.

2.3.2 클라우드 컴퓨팅의 3가지 서비스 모델

클라우드 컴퓨팅의 특성을 기반으로 NIST는 다음과 같은 3가지 서비스 모델을 제시하였다. 3가지 서비스 모델은 **서비스로서**as a Service라는 수식어가 붙는데, 클라우드 컴퓨팅을 통해 제공 가능한 자원을 서비스한다는 의미이며, 서비스는 결국 비용과 연관되어 있다.

1. **Software as a Service(SaaS)**: SaaS는 '서비스로서의 소프트웨어'를 의미한다. 클라우드 컴퓨팅의 5가지 특성을 대입해보면, SaaS는 소프트웨어를 광대역 네트워크를 통해 소프트웨어를 서비스받고 사용한 만큼의 비용을 지불하는 것이다. 즉, 전통적인 방식으로 소프트웨어를 구매하고 설치하여 사용하는 대신, 클라우드 컴퓨팅 서비스 제공자가 소프트웨어를 서비스하는 모델이다.

   사용자는 다양한 클라이언트 장치 또는 웹 브라우저와 같은 인터페이스를 통해 소프트웨어에 접근하고 사용할 수 있다. 직접 설치하지 않기 때문에 업데이트 등과 같은 관리로부터 자유롭게 된다.

2. **Platform as a Service(PaaS)**: PaaS는 '서비스로서의 플랫폼'을 의미한다. SaaS가 소프트웨어를 서비스하는 것이라면 PaaS는 플랫폼을 서비스하는 모델이다. SaaS가 개별 사용자에 중점을 두고 있다면 PaaS는 프로그램 개발자와 같은 특정 그룹에 중점을 두고 있다.

   예를 들어, 프로젝트를 수행하는 데 필요한 프로그래밍 언어, 라이브러리, 툴 등의 프로그램 개발환경을 구축하는 경우를 생각해보자. 프로그램 개발자별로 개발환경을 구축한다면 서로 다른 개발환경이 구축될 수 있고 이로 인해 개발을 진행하는 데 예기치 못한 상황에 직면할 수 있다. 이를 방지하는 방법은 모두가 동일한 개발환경을 이용하는 것이다. 바로 이 **동일한** 개발환경을 플랫폼으로 만들어 모든 개발자가 플랫폼을 이용한다면 개별 구축을 했을 때 발생할 수 있는 문제점들을 제거할 수 있다. 이러한 환경은 개발의 속도를 높이고 개발환경의 문제점에 대해 신속하게 대처할 수 있는 장점이 있다.

   서비스를 제공받는 입장에서는 플랫폼을 비롯한 하단의 시스템에 대해 고민할 필요가 없어 관리의 수월성을 보장할 수 있다. 클라우드 컴퓨팅의 특징처럼 PaaS 또한 광대역 네트워크를 통해 서비스에 접근하고 사용량에 따라 과금이 된다. 플랫폼의 경우 개발자의 수와 사용량이 다를 경우에 탄력적으로 플랫폼의 자원량을 늘리는 방법이 사용될 수 있다.

3. **Infrastructure as a Service(IaaS)**: IaaS는 '**서비스로서의 인프라스트럭처**'를 의미한다. 여기에 서 인프라스트럭처(또는 컴퓨팅 인프라)는 컴퓨팅서버, 네트워크 자원, 스토리지 자원과 같은 물리적 인 시스템을 의미하고 이러한 물리시스템을 서비스로 제공하는 것을 의미한다.

앞서 살펴본 것과 같이 물리시스템을 직접 제공할 수도 있겠지만, 일반적으로 클라우드 컴퓨팅에 서는 가상화 기술을 이용하여 컴퓨팅 인프라를 가상 자원으로 세공한다. 클라우드 컴퓨팅 서비스 제공자는 가상화된 컴퓨팅 자원을 제공하고 사용자는 제공된 자원에 필요한 운영체제, 미들웨어, 데이터, 애플리케이션 등을 직접적으로 컨트롤할 수 있다. 우리가 필요한 서버를 직접 구매해서 필 요한 소프트웨어를 설치하듯, 가상의 시스템을 클라우드 컴퓨팅 서비스 제공자로부터 임차하여 사용하는 것이다.[12] 필요한 만큼만 서버를 사용하고 비용을 지불하기 때문에 서버 구축 비용 대 비 저비용으로 필요한 성능을 확보할 수 있는 장점이 있다.

NIST가 제시한 3가지 모델은 일반적으로 클라우드 컴퓨팅 서비스 제공자의 대시보드를 통해서 서비 스를 얼마나 활용하고 있는지 어떤 상태인지 등을 실시간으로 모니터링할 수 있다.

한 가지 주목할 점은 서비스 모델이 서비스를 받는 사용자 관점에서 기술되어 있다는 것이다. 즉, 여 기서 설명한 서비스 모델에서는 서비스를 구현하기 위한 기술적인 내용은 핵심 포인트가 아니다. 그 리드 컴퓨팅을 통해 서비스를 구현할 수도 있고, 물리머신만을 이용하여 서비스를 구현할 수도 있으 며, 가상화 기술을 이용하여 서비스를 구현할 수도 있을 것이다.

사용자 관점에서 3가지 서비스 모델을 제공받을 수 있다면 서비스 모델을 구현하는 방법에 대해서는 의미를 두고 있지 않다. 하지만, 우리는 사용자의 입장뿐만 아니라 서비스를 개발하는 개발자나 제공 자 입장에서 3가지 서비스 모델을 구현하기 위한 방법들에 대해서 고민해야 한다. 다양한 기술을 통 해 서비스 모델을 구현할 수 있겠지만, 가장 효과적이고 효율적인 방법은 가상화 기술을 이용하는 것 이다. 그렇기 때문에 비록 기술에 대해서는 언급이 없다고 하더라도 클라우드 컴퓨팅과 가상화를 떼 어놓고 설명하기는 어렵다.

2.3.3 클라우드 컴퓨팅의 4가지 배포 모델

클라우드 컴퓨팅의 3가지 모델에 대해서 알아보았는데, 이제 3가지 서비스 모델을 실제 서비스로 배 포하는 모델에 대해서 알아보자. NIST는 4가지 서비스 배포 모델을 제시한다. 즉, IaaS, PaaS, SaaS

---

12 일반적으로 필요로 하는 운영체제까지 패키징되어 제공된다.

를 다음에 소개할 4가지 클라우드 컴퓨팅 배포 모델로 제공할 수 있으며, 여기에서 소개하는 배포 모델은 클라우드 컴퓨팅의 인프라를 구축하는 것으로 쉽게 이해하면 된다.

1. **프라이빗 클라우드**private cloud: 클라우드 인프라가 특정 기관의 사용자에게만 오픈되어 있는, 즉 **배타적**exclusive으로 클라우드 인프라가 사용되는 것을 의미한다.

   예를 들어, 특정 기관에서 클라우드를 위한 인프라를 구축한다고 했을 때 내부 사용자에게만 오픈되어 있고 외부 사용자는 사용할 수 없게 한다면, 이 클라우드 인프라는 프라이빗 클라우드가 된다. 이렇게 구축된 프라이빗 클라우드는 일반적으로 인프라를 직접적으로 소유하고 자체적으로 관리한다. 이러한 환경에서 클라우드 컴퓨팅 인프라의 규모를 동적으로 늘리고 줄이는 것은 상대적으로 많은 시간이 소요된다.[13]

2. **커뮤니티 클라우드**community cloud: 클라우드 인프라가 특정 목적의 커뮤니티의 사용자에게만 오픈되어 커뮤니티만이 배타적으로 사용하도록 구축하는 것을 의미한다.

   프라이빗 클라우드도 배타적으로 사용되지만, 프라이빗 클라우드는 동일한 기관에 속한 사용자가 배타적으로 사용하는 반면에 커뮤니티 클라우드의 경우는 사용자가 동일 기관에 속할 필요가 없이 이 특정 커뮤니티의 소속의 사용자를 위한 클라우드 인프라로 생각하면 된다.

   예를 들면, 소프트웨어학부 전용 클라우드를 구축하고 소프트웨어학부 학생들에게만 오픈된다면 클라우드 인프라는 프라이빗 클라우드가 될 것이다. 만약에 학교 전체의 소프트웨어 동아리를 위한 클라우드를 구축한다고 한다면, 이 클라우드 인프라는 소프트웨어 동아리에 속한 학생들에게만 오픈될 것이고, 학생들의 소속은 매우 다양할 것이다.

   이러한 형태를 커뮤니티 클라우드라고 한다. 사용자가 다양한 기관에 속할 수 있기 때문에 커뮤니티 클라우드는 여러 기관이 인프라를 소유하고 관리하게 된다. 따라서, 서로 다른 기관의 인프라를 하나의 논리적인 클라우드 인프라로 구성하는 기술과 공동으로 활용하는 보안 정책이 반드시 수반되어야 한다.

3. **퍼블릭 클라우드**public cloud: 클라우드 인프라가 일반 사용자에게 오픈되는 것을 의미한다. 퍼블릭 클라우드의 인프라는 클라우드 서비스 제공자가 구축하여 제공하는데, 일반적으로 비즈니스 영역에서 이루어지기는 하나 꼭 비즈니스 목적일 필요는 없다. 즉, 클라우드를 사용할 수 있는 것이 일반 사용자에게 오픈되어 있기만 한다면, 퍼블릭 클라우드라고 할 수 있다. 구축하는 주체는 일반적으로 중요하지 않으며 퍼블릭 클라우드를 공공기관에서도 얼마든지 구축할 수 있다.

4. **하이브리드 클라우드**hybrid cloud: 서로 다른 종류의 클라우드 배포 모델을 혼합한 형태의 클라우

---

13 일반적으로 인프라를 구축하기 전에 인프라 도입에 필요한 예산을 산정하고 예산이 확보된 후에 실제 구매가 이루어진다.

드 인프라를 의미한다. 프라이빗 클라우드와 퍼블릭 클라우드를 혼합하거나, 커뮤니티 클라우드와 퍼블릭 클라우드를 혼합하여 클라우드 인프라를 구축하는 것이다.

예를 들면, 프라이빗 클라우드로 구축한 인프라를 동적으로 확장하기에는 일반적으로 예산 문제와 시간적 제약 요소가 있다. 이 경우 퍼블릭 클라우드의 인프라를 필요에 따라 확장하여 사용한다면 효과적일 수 있다. 기본적으로 프라이빗 클라우드의 인프라를 사용하고, 자원이 더 필요할 경우 퍼블릭 클라우드의 자원을 활용한다면 적은 비용을 들이면서도 인프라 도입 등에 대한 시간적 제약도 극복할 수 있을 것이다.[14]

지금까지 살펴본 프라이빗 클라우드, 커뮤니티 클라우드, 퍼블릭 클라우드, 하이브리드 클라우드를 확장성, 복원성, 보안, 성능, 비용 측면에서 비교 요약하면 테이블 2.1과 같이 정리할 수 있다.

테이블 2.1 **클라우드 배포 모델 비교**[15]

구분	프라이빗 클라우드	커뮤니티 클라우드	퍼블릭 클라우드	하이브리드 클라우드
확장성	제한적	제한적	매우 높음	매우 높음
복원성	매우 높음	매우 높음	중간	중상
보안	높은 보안 수준	준수한 수준	서비스제공자 의존적	준수한 수준
성능	좋음	매우 좋음	중하	좋음
비용	매우 높음	높음	매우 높음	높음

2.4 클라우드를 활용하는 이유

IT 인프라를 구축하여 비즈니스를 하기 위해서는 중요하게 고려해야 할 사항이 있다. 규모, 비용, 신속성 등과 같은 다양한 측면에서 클라우드가 왜 광범위하게 활용되고 있는지 알아보자.

2.4.1 인프라 규모 산정의 용이성

아마존의 컴퓨팅 자원 규모는 세일즈의 트랜잭션의 수와 밀접하게 관련 있음을 이전 장에서 확인했다. 컴퓨팅 자원의 규모를 산정하는 것은 매우 어려운 일 중의 하나이며, 비즈니스 관점에서 중요하게 고려해야 할 사항이다. IT 자원은 결국 비용과 직결되기 때문에 최적의 IT 자원의 규모를 산정할 수

---

14 클라우드 자원을 동적으로 확대하는 것을 클라우드 버스팅(cloud bursting)이라고 한다. 클라우드 버스팅이 적용될 경우는 반드시 로드 밸런싱(load balancing)이 수반되어야 한다. 프라이빗의 용량을 초과하여 퍼블릭 클라우드를 사용할 경우 과금이 발생하기 때문에, 이를 최소화하는 방향으로 로드 밸런싱이 이루어져야 한다.

15 https://www.researchgate.net/publication/270958592_Cloud_Computing_A_Paradigm_Shift_in_IT_Infrastructure

있다는 것은 비용을 줄이면서 비즈니스를 최상의 상태로 유지할 수 있음을 의미한다.

IT 자원을 최대 **피크**peak에 맞춰 구축을 하게 된다면, 피크타임이 아닌 경우 자원 낭비가 발생할 수밖에 없다. 이러한 낭비를 줄이기 위한 3가지 방법이 있다.

1. **단계적 확장**: 수요를 예측하여 단계적으로 IT 자원을 확장하는 방법이 있을 수 있다. 이전 데이터를 활용하여 분기별로 수요량을 예측하여 컴퓨팅 자원을 확보하는 방법이다.
2. **피크타임 확장**: 피크타임이 될 때까지 기다린 후 피크 시점에 IT 자원을 증설하는 방법이다. 이 경우는 IT 자원 관점에서 낭비 요소를 제거할 수 있지만, 비즈니스의 안정성은 확보되지 않는 단점이 있다.
3. **동적 확장**: 자원이 필요할 때 필요한 만큼만 동적으로 자원을 확보하여 서비스에 할당하는 방법이다.

동적 확장 방식이 비용적인 면과 비즈니스의 안정성 면에서 가장 바람직하다고 할 수 있다. 이처럼 자원을 동적으로 할당할 수 있기 때문에 많은 비즈니스에서 컴퓨팅 자원을 클라우드를 통해 확보하려는 시도를 하는 것이다.

2.4.2 비용의 절감

인프라 규모 산정의 용이성 측면에서 컴퓨팅 자원을 필요에 따라 동적으로 할당하고 해제하는 방법은 비용적인 측면에서도 효과적이다. 클라우드 컴퓨팅에서 동적으로 자원을 할당할 수 있는 것은 가상화 기술을 사용하기 때문이고 필요한 IT 자원을 퍼블릭 클라우드를 통해 확보한다면 인프라를 구축할 비용을 절감할 수 있게 된다.

인프라 구축 비용의 절감뿐만 아니라 IT 자원을 직접 운영했을 때 필요한 운영 비용 또한 절감할 수 있다. 운영 비용에는 인프라를 직접 운영하는 인력에 대한 비용뿐만 아니라 서비스의 테스트와 배포와 같은 시간적 비용도 포함된다. 또한, 소프트웨어의 구입과 유지보수 비용을 절감할 수 있다.

2.4.3 탄력성

그림 2.6은 시간에 따른 IT 자원의 요구량을 보여준다. 요구량 변화에 따라 온디맨드 방식으로 IT 자원을 동적으로 확대하고 축소할 수 있다. IT 자원의 탄력적인 운영은 인프라에 대한 투자비용 절감과 관리비용 절감을 달성할 수 있다.

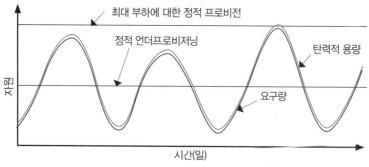

그림 2.6 **시간별 IT 자원의 요구량 변화**[16]

2.4.4 가용성

IT 자원을 기반으로 한 비즈니스에서 IT 자원의 **가용성**availability과 IT 서비스의 중단은 비즈니스 수익성에 직접적인 영향을 준다. 클라우드 컴퓨팅 인프라 기반으로 IT 서비스를 한다면, 예측되지 않은 서비스 중단을 최소화하거나 동적으로 IT 자원을 증설할 수 있어 서비스의 가용성을 증가시킬 수 있다. 가용성을 높이는 것은 **신뢰성**reliability을 높이는 기반을 제공한다.

인프라의 가용성은 인프라가 활용 가능한 시간을 기준으로 측정한다. 시스템 유지보수와 같은 시스템 **셧다운**shutdown 상태를 모두 포함하여 실제 인프라가 임의의 시간에 활용 가능한가를 측정하는 것이다. 이에 비해 인프라의 신뢰성은 예측된 서비스 다운 시간을 제외하고 인프라의 가용성을 측정하는 것이다. 가용성과 신뢰성을 수식으로 나타내면 다음과 같다.

$$Availability = \frac{T_{operation}}{T_{total}} = \frac{T_{total} - T_{shutdown}}{T_{total}}$$

$$Reliablity = \frac{T_{operation}}{T_{available}} = \frac{T_{total} - T_{shutdown}}{T_{total} - T_{scheduledshutdown}}$$

운영 시간($T_{operation}$)은 전체 시간(T_{total})에서 셧다운 시간($T_{shutdown}$)을 빼준 값이 된다. 가용 시간($T_{available}$)은 전체 시간에서 계획된 셧다운 시간($T_{scheduledshutdown}$)을 빼준 값이 된다.

가용성은 인프라의 런타임 예외 발생 상황에 대한 대처가 얼마나 잘되고 있는지 지표로서 활용될 수 있다.

---

16 https://www.bankinghub.eu/innovation-digital/cloud-computing-financial-services-providers-hype-opportunity/
attachment/capacity

2.4.5 신속성

IT 인프라를 기반으로 한 서비스에서는 IT 자원의 시의적절한 준비성이 비즈니스의 성패에 중요한 요소이다. 새로운 영역으로 확장이나, 신규 서비스를 위한 테스트와 같은 가변적인 IT 자원의 요청에 대해 신속한 대응이 필요하다. 필요로 하는 컴퓨팅 자원을 신속하게 준비할 수 있는 능력뿐만 아니라 서비스 측면에서도 신속성이 중요한데, 특히 자원의 안정성 측면에서 서비스의 **신속한 복구**는 비즈니스의 안정성을 높이는 중요한 요소 중의 하나이다. 서비스의 안정성은 인프라의 안정성과 밀접하게 연계되어 있다. **인프라의 안정성**은 인프라의 **가용성**과 **신뢰성**으로 측정할 수 있다.

2.4.6 투명한 사용량 측정

클라우드 컴퓨팅 인프라에 대한 사용량은 투명하게 사용자에게 공개된다. 사용자에게 실시간으로 클라우드 컴퓨팅 인프라를 사용한 사용량을 대시보드 형태로 정보를 제공함으로써 사용자는 예측 가능한 비용을 산정할 수 있다. 그림 2.7은 아마존 AWS EC2 모니터링 대시보드를 보여준다.

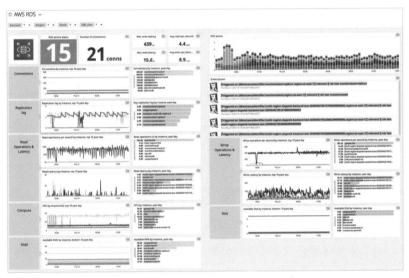

그림 2.7 **아마존 AWS EC2 사용량 측정**[17]

2.4.7 복원성

클라우드 컴퓨팅 인프라를 기반으로 서비스를 구축할 때 가상머신을 통해 서비스가 제공된다. 가상머신은 기본적으로 파일시스템상의 파일이다. 즉, 가상머신을 통한 서비스에 장애가 발생할 경우, 손

---

17 https://aws.amazon.com/blogs/apn/how-to-proactively-monitor-amazon-rds-performance-with-datadog/

쉽게 가상머신 파일을 이동하거나 공유 스토리지를 통해 클라우드 컴퓨팅 인프라에서 서비스를 복구할 수가 있다.

그림 2.8은 아마존 AWS의 **복원성**resiliency에 대한 개념을 보여준다. 메인 서비스(직접 연결 위치-1)에 문제가 발생하여 접근이 불가할 경우, 서브 시스템(직접 연결 위치-2)에 접근하도록 하여 서비스 문제가 발생할 경우 서비스를 복원할 수 있도록 할 수 있다.

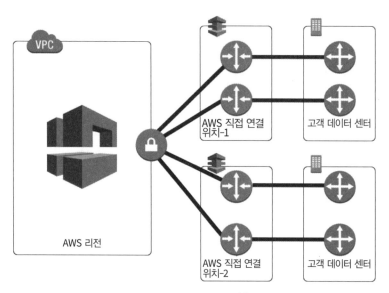

그림 2.8 **AWS의 복원성**[18]

2.5 클라우드 컴퓨팅에 영향을 준 기술들

클라우드 컴퓨팅은 특정 몇 개의 기술에 의존하는 것이 아니다. IT 전반에 걸친 거의 모든 기술들의 집합체라 해도 과언이 아니지만, 그중에서 핵심적인 기술인 클러스터링, 그리드 컴퓨팅, 가상화에 대해서 간략하게 살펴보자.

2.5.1 클러스터링

클러스터링clustering은 말 그대로 여러 자원을 묶어 마치 하나의 거대한 자원으로 활용할 수 있는 기술을 말한다. 자원은 **동일한**homogeneous 자원일 수도 있고 스펙 등이 다른 **상이한**heterogeneous 자원

---

18 https://aws.amazon.com/directconnect/resiliency-recommendation/

일 수도 있다. 하지만 일반적으로 클러스터링을 할 때는 동일한 IT 자원을 네트워크로 연결하는 것을 의미하고 네트워크도 광대역 네트워크보다는 동일한 물리적 공간에서 연결된 형태를 의미한다.

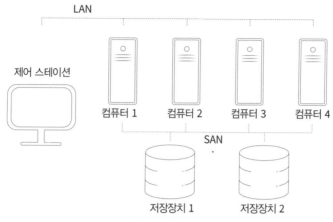

그림 2.9 **컴퓨팅 자원의 클러스터링 예시**

그림 2.9는 일반적인 클러스터링 구조를 보여준다. 컴퓨팅 자원은 **LAN**local area network 네트워크를 통해서 서로 통신을 하게 되는데, 컴퓨팅 자원을 통제하는 **마스터**master 노드가 존재한다. 마스터 노드는 별도의 컴퓨터로 분리될 수도 있고, 일반 컴퓨팅 자원에 마스터의 역할을 부여하여 구축할 수도 있다.

컴퓨팅 자원뿐만 아니라 스토리지 자원에 대한 접근도 필요하다. LAN을 통한 스토리지에 접근할 수도 있지만 스토리지 전용 네트워크인 **SAN**storage area network을 통해서 컴퓨팅 자원이 스토리지 자원에 접근할 수 있게 한다. 여기에서 중요한 포인트는 네트워크를 통해서 IT 자원을 거대한 하나의 자원으로 보이게 한다는 것이다. 이렇게 네트워크를 이용하여 IT 자원을 클러스터링 함으로써 우리는 부족한 컴퓨팅 파워를 늘릴 수 있고 상황에 따라서 자원과 분리해서 활용할 수 있게 된다.

네트워크를 통한 IT 자원을 연결한 후에는 반드시 이를 통합적으로 관리해줄 수 있는 소프트웨어가 필요하다. 이러한 특수 소프트웨어는 클러스터링의 목적에 부합되게 인프라를 관리하고 운영할 수 있도록 해준다. 여러 독립적인 IT 자원을 연결하여 하나의 거대한 컴퓨팅 자원으로 관리하는 소프트웨어로는 HTCondor, SUN Grid Engine, Univa 등이 있다.

그림 2.10은 HTCondor의 개념을 추상화하여 도식화한 것이다. HTCondor 이외에 다른 클러스터링 시스템도 동작 방식은 대동소이하다. 실제 작업을 수행하는 컴퓨팅 노드를 **워커 노드**worker node라고

하는데, 워커 노드가 **작업**job을 실행하게 된다.[19]

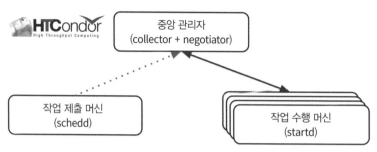

그림 2.10 **HTCondor을 이용한 클러스터링**

그림 2.10에서는 Executor Machine이 워커 노드 역할을 수행한다. 사용자는 작업을 클러스터에 제출해야 할 것이다. 이렇게 사용자로부터 작업을 받아주는 역할을 하는 것이 Submit Machine이고 우리가 보통 말하는 **큐**queue 시스템이 동작한다. 사용자로부터 제출된 작업이 큐에 들어가고 가용한 워커 노드가 있을 경우 해당 작업이 워커 노드에 할당된다. 여기에서 어떤 워커 노드에 할당할지 결정하는 시스템이 필요하다. 이러한 중재 역할을 하는 것이 바로 Central Manager이고 사용자로부터 제출된 작업과 이 작업을 수행하기에 가장 적절한 워커 노드를 매칭해주는 역할을 한다.

네트워크를 통해 인프라를 클러스터링한 후 HTCondor와 같은 클러스터링 소프트웨어를 통해서 개별적으로 분산된 독립적인 하드웨어적 인프라를 **하나의 시스템**single system으로 통합하여 하나의 큰 IT 자원으로 활용할 수 있다.

2.5.2 그리드 컴퓨팅

그리드 컴퓨팅grid computing은 분산된 이기종의 컴퓨팅 자원을 광대역 네트워크를 이용하여 하나의 단일 시스템으로 만들어 컴퓨팅 자원을 공유하는 시스템을 말한다. 클라우드 컴퓨팅이 활성화되기 이전에 유휴한 컴퓨팅 자원을 활용하려는 다양한 시도가 있었지만 그중에서도 그리드 컴퓨팅이 대표적인 성공 사례라고 할 수 있다.

그리드 컴퓨팅이라는 용어는 **전력망**power grid에서 차용한 은유적인 표현이다. 컴퓨팅 파워를 전기처럼 언제 어디서나 접근할 수 있다는 의미이다. 이 개념은 **존 매카시**John McCarthy의 유틸리티 컴퓨팅과 그 맥이 닿아 있다. 따라서 그리드 컴퓨팅은 클라우드 컴퓨팅을 설명할 때와 같이 기술될 수밖에 없다. 그리드 컴퓨팅은 1990년대 후반 광대역 네트워크의 발전과 부족한 컴퓨팅 자원을 활용하고자 하는 여러

---

19 워커 노드 또는 워크 노드(work node)로 불린다.

요구에 의해서 탄생된 것으로, **이언 포스터**Ian Foster와 **칼 케슬먼**Carl Kasselman이 1999년도에 발표한 논문 〈The Grid: Blueprint for a new computing infrastructure〉가 그리드 컴퓨팅의 표준이 되었다.[20]

그리드 컴퓨팅은 클라우드 컴퓨팅과 동일하게 HTC의 하나이다.[21] 따라서 컴퓨팅 자원의 효율성을 높이는 것에 중점을 두고 있다. 그리드 컴퓨팅은 주로 **고에너지 물리**high energy physics와 같은 기초과학 분야의 부족한 컴퓨팅 자원을 국제적인 협업을 통해서 해결하고자 하는 노력의 일환으로 활발하게 활용되는 중이다.

그리드 컴퓨팅의 대표적인 미들웨어는 미국 주도의 **오픈 사이언스 그리드**Open Science Grid, OSG와 유럽 주도의 **EGI**European Grid Initiative가 있다. 그림 2.11은 OSG의 **그리드 사이트 맵**grid sitemap을 보여준다. 녹색 표시는 데이터 센터가 정상 동작하고 있음을 나타내고 있으며, 그리드 컴퓨팅은 이런 데이터 센터를 네트워크를 통해서 연결한다. 각 데이터 센터의 가용 자원을 확인하고 작업이 그리드에 제출되었을 때 그리드 미들웨어가 가장 적절한 컴퓨팅 자원을 가지고 있는 데이터 센터에 작업을 할당하여 처리하는 구조이다.

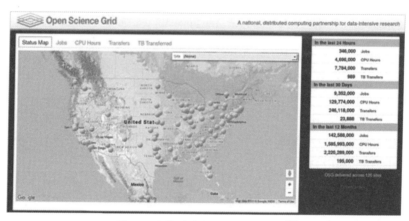

그림 2.11 **오픈 사이언스 그리드 사이트맵**[22]

그림 2.12는 OSG 그리드 미들웨어의 역할을 보여준다. OSG Submit Host로 사용자가 작업을 제출하면, OSG 그리드 미들웨어가 컴퓨팅 자원의 사이트와 필요한 정보를 교환하면서 사용자가 제출한 작업을 처리해줄 수 있는 가장 적합한 사이트를 선택하여 작업을 해당 사이트로 보낸다. 그림 2.12

---

20 그리드 컴퓨팅에 관한 역사는 〈The History of Grid〉를 참고하기 바란다.

21 그리드 컴퓨팅을 병렬 컴퓨팅으로 구분할 수도 있지만, 우리는 클라우드 컴퓨팅과 같이 HTC으로 구분하여 기술한다.

22 https://osg-htc.org/

는 OSG에 속한 컴퓨팅 자원뿐만 아니라 XSEDE[23]에 속한 컴퓨팅 자원, EGI[24]에 속한 컴퓨팅 자원, 아마존의 AWS 자원까지 그리드 미들웨어로 연결할 수 있음을 보여준다. 작업을 제출한 사용자는 OSG Submit Host에 작업을 제출할 뿐이며 본인의 작업이 어느 컴퓨팅 자원에서 처리되는지는 신경 쓸 필요가 없다. 따라서 사용자는 로컬로 작업을 제출하나, 실질적으로 작업은 글로벌하게 처리된다고 할 수 있다(submit locally – compute globally).

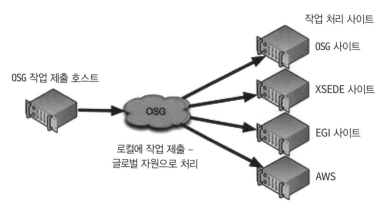

그림 2.12 **OSG 그리드 미들웨어 역할**[25]

일반적으로 그리드에 포함된 데이터 센터는 특정 그룹만이 사용하는 것이 아니라 다양한 커뮤니티를 지원한다. 앞에서 살펴보았던 커뮤니티 클라우드와 개념적으로 동일하다. 커뮤니티는 논리적인 그룹으로 **가상의 조직**virtual organization이다. 하나의 컴퓨팅 자원을 여러 커뮤니티가 공유한다고 할 때 작업을 제출하는 사용자의 소속 VO를 확인할 필요가 있다. 이를 위해서 일반적으로 **그리드 인증서**grid certificate를 이용한다(그림 2.13).

예를 들면, CERN의 ALICE 실험,[26] CMS 실험,[27] 미국의 LIGO 실험[28]에 참여하고 있는 사용자의 인증서에는 각각 커뮤니티의 VO가 alice, cms, ligo 등으로 명시된다. 또한, 그리드에 속한 데이터 센터는 자신들이 지원하는 VO를 명시하기 때문에 다른 VO 소속의 사용자의 작업이 데이터 센터로 전달되면 해당 작업을 **거부**reject한다. 그리드 사이트에 속한 데이터 센터는 여러 VO를 지원할 수 있다. 이 경우는 각 VO별 우선순위를 부여할 수 있다.

---

23 https://www.xsede.org/

24 https://www.egi.eu/

25 https://swc-osg-workshop.github.io/OSG-UserTraining-AHM18/novice/DHTC/01-IntroGrid.html

26 https://alice-collaboration.web.cern.ch/

27 https://cms.cern/

28 https://www.ligo.caltech.edu/

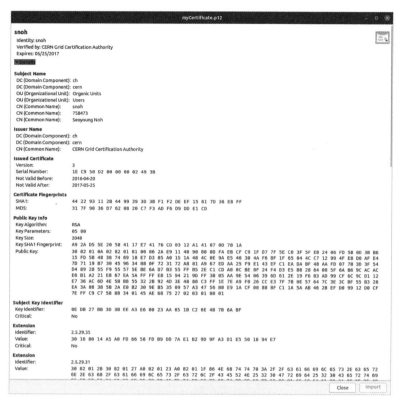

그림 2.13 **그리드 인증서 예시**

한 가지 주목해야 할 그리드 컴퓨팅의 중요한 성질은 VO를 지원하는 데이터 센터들이 지역적으로 분산되어 있고 매우 **느슨하게 연결**loosely coupled되었다는 점이다. **느슨한 연결**이 의미하는 것은 그리드에 속한 데이터 센터라고 하더라도, 데이터 센터의 **자치권**autonomy이 보장된다는 점이다. 즉, 데이터 센터에 들어오는 작업에 대한 처리와 거부 등은 모두 데이터 센터가 결정한다. 데이터 센터가 지원하는 VO의 작업을 처리할 때, 그보다 우선순위가 높은 로컬 사용자의 작업이 제출되면 언제든지 VO의 작업을 종료시키고 온전하게 로컬 사용자에게 자원을 할당할 수도 있다. 그리드 사이트에 속한 데이터 센터의 독립적인 자치권이 보장되기 때문에, 그리드 컴퓨팅에서 데이터 센터를 연계하는 것을 데이터 센터 **페더레이션**federation이라고 한다.[29]

2.5.3 가상화

일상에서 사용하는 컴퓨터를 생각해보면, 컴퓨터는 대부분의 시간에 유휴상태인 경우가 많다. 컴퓨터를 사용하고 있는 시간에도 컴퓨터의 최대 성능을 사용하는 경우는 매우 드물다. 이러한 현상은

---

29 미국의 각 주가 자치권을 갖고 연합정부를 구성하는 개념과 유사하다.

일반적인 데이터 센터의 서버 환경에서도 유사하다. 일반적으로 서버의 활용률은 20% 미만으로 알려져 있는데, 서버의 활용률이 낮다면 비용의 낭비가 발생한다. 앞에서 살펴본 그리드 컴퓨팅과 같이 자원이 필요한 사용자들에게 자원을 나눠줄 수 있다면 컴퓨팅 자원의 효율성은 높아질 것이다. 반면에 **가상화**virtualization**는 한 대의 서버를 여러 대의 가상서버로 만들어서 제공하는 기술이다.**

컴퓨터의 구조를 살펴보면, 매우 다양한 부품으로 구성되어 있다. 하지만, 모든 구성 부품은 3개의 범주인, **CPU**, **메모리**, **I/O 장치**에 속하게 된다. 만약 우리가 이러한 장치를 소프트웨어적으로 동작하도록 만들 수 있다면, 가상컴퓨터를 소프트웨어적으로 구현할 수 있는 것이다. 즉, 한 대의 물리서버에서 여러 대의 가상서버가 동작하는 환경을 만들 수 있다. 이렇게 된다면 20% 미만으로 사용되고 있는 물리서버의 활용률은 상당히 개선될 것이다.

가상화 기술은 가상서버[30]를 만드는 기술이다. 물리머신에 설치되는 하이퍼바이저를 통해 가상머신이 만들어지고, 가상머신은 물리머신과 동일한 역할을 수행할 수 있고 물리머신의 CPU, 메모리, 스토리지와 같은 자원을 사용한다. 가상화 기술을 통해 물리머신에서 동작하는 여러 가상머신을 만들 수 있어 컴퓨팅 자원의 규모를 줄이면서도 동일한 작업을 처리할 수 있는 효과가 있다.

2.6 클라우드 서비스 제공자의 역할

클라우드 컴퓨팅 인프라를 구축하여 서비스를 제공하는 주체를 **클라우드 서비스 제공자**cloud service provider라고 한다. 클라우드 서비스 제공자가 있다면 서비스를 소비하는 주체가 존재하는데, 그 주체를 **클라우드 서비스 소비자**cloud service consumer라고 한다. 소비자의 의미는 사용자를 포함한 클라우드 서비스에 접속하여 자원을 사용하는 모든 **개체**entity를 의미하며 모바일 디바이스, 소프트웨어 등도 포함된다. 클라우드 서비스 제공자는 원활한 서비스를 위해 다양한 역할을 수행하는데, 다음과 같은 주요 역할을 수행해야 한다.

- **쉬운 접근성과 높은 보안성 제공**: 클라우드 서비스는 네트워크를 통해 접근하고, 가상 자원을 사용하기 때문에 사용자가 네트워크를 통해 쉽게 접근하고 필요한 가상 자원을 쉽게 생성할 수 있는 기능을 제공해야 한다.

  또한, 클라우드 컴퓨팅 서비스에는 네트워크가 개입되고, 사용자의 데이터가 네트워크를 통해 클라우드 서비스 제공자의 인프라에 데이터가 저장되고 관리되므로 높은 보안성이 요구된다. 따라서, 클라우드 서비스 제공자는 클라우드 컴퓨팅 인프라에 대한 쉬운 접근과 높은 보안성을 제공해야

---

30 가상서버를 가상머신 또는 가상 인스턴스라고도 한다.

한다.

- **비즈니스에서 클라우드를 적용하는 이유에 대한 높은 이해**: 많은 비즈니스에서 클라우드를 점점 더 많이 활용할 것이다. 그렇다면, 클라우드 서비스 제공자는 왜 비즈니스 영역에서 클라우드를 활용하는지에 대한 올바른 이해가 있어야 한다.

  클라우드를 활용함으로써 IT 자원을 쉽게 확보하고 IT 자원을 자체 구축할 때 소모되는 투자 비용과 직접 관리로부터 발생하는 리스크를 제거할 수 있기 때문이다. 이러한 클라우드 컴퓨팅 서비스의 속성에 대한 이해를 바탕으로 클라우드 서비스 제공자는 클라우드가 제공하는 속성들에 대한 깊은 이해가 있어야 한다.

- **약속된 성능 제공**: 클라우드 서비스 사용자는 자신이 필요한 성능을 쉽게 확보하기 위해 클라우드 서비스 제공자의 서비스를 이용한다. 클라우드 컴퓨팅 인프라를 통해 생성되는 가상머신의 성능은 충분히 예측 가능해야 하고 물리시스템의 부하에 따른 가상머신의 성능 저하 등을 고려해야 한다. 사용자가 요구하는 성능은 다양한 가상머신이 활성화되고 비활성화되는 환경속에서도 약속된 성능이 제공되어야 한다.

- **합리적인 비용**: 클라우드 서비스 제공자의 인프라를 활용하는 주된 이유는 관리의 편리성뿐만 아니라 비용적인 측면이 중요한 요인이다. 인프라를 직접 구축하고 서비스하는 비용이 클라우드 서비스 대비 효율적이라면 많은 비즈니스의 IT 서비스를 클라우드로 전환할 이유가 없다. 클라우드 서비스 제공자는 최신의 인프라를 기반으로 합리적인 비용으로 클라우드 서비스를 활용할 수 있도록 서비스를 제공해야 한다.

- **온디맨드 기반의 서비스 제공**: 클라우드 서비스 사용자는 언제든지 자신이 필요한 만큼의 자원을 확대하고 축소할 수 있어야 한다. 온디맨드 기반의 서비스는 네트워크를 통해 접근하기 때문에 다양한 종류의 디바이스를 통해서 온디맨드 기반의 서비스를 제공받을 수 있도록 해야 한다. 온디맨드 방식으로 서비스를 제공받기 때문에 사용한 자원에 대한 모니터링을 통해 사용자에게 비용의 투명성이 제공되어야 한다.

- **유지보수 부담 제거**: IT 인프라를 구축하고 운영하는 데는 많은 유지보수 비용과 노력이 동반된다. 클라우드 서비스를 활용하는 사용자는 시스템 자원의 유지보수로부터 완전히 해방되길 원한다. 클라우드 서비스를 통해 제공받은 IT 자원에 대한 유지보수의 역할이 365일 24시간 내내 클라우드 서비스 제공자에게 있다.

2.7 자원성능의 확장

자원의 성능을 확장하는 방법에 대해서 알아보자. 자원의 성능을 확장하는 방법은 크게 2가지로 구분할 수 있다. 첫 번째는 자원을 **수평적으로 확장**horizontal scaling하는 방법으로 **스케일아웃**scale-out 방식이 있다. 두 번째는 자원을 **수직적으로 확장**vertical scaling하는 방법으로 **스케일업**scale-up 방식이 있다.

그림 2.14는 스케일아웃 방식을 보여주는데 가상머신 A에 가상머신 B, C를 추가하여 성능을 개선하고 있다. 가상머신의 개수를 온디맨드 방식에 따라 수평적으로 확장하고 있다. 일반적으로 스케일아웃 방식으로 자원의 성능을 향상하는 방법은 동일한 타입의 IT 자원을 추가하여 확장한다. 스케일아웃 방식의 장점은 가상머신의 수를 물리머신의 풀에서 제공 가능한 규모만큼 확장하고 축소할 수 있고, 일반적으로 물리머신의 풀을 확장하는 것은 스케일업 방식보다는 용이하다는 것이다.

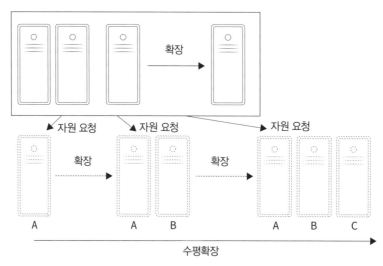

그림 2.14 **스케일아웃 방식의 자원 성능 확장**

그림 2.15는 스케일업 방식을 보여주는데 2 CPU 가상머신을 4 CPU로 변경하여 성능을 향상시키고 있다. 스케일업 방식은 가상머신 자체의 성능 향상을 통해 성능을 높이는 방식이다. 하지만, 스케일업 방식은 물리시스템의 자원 규모에 영향을 받는다. 물리시스템에서 제공하는 자원의 한계를 가상머신이 넘어설 수 없기 때문이다. 일반적으로 대규모의 IT 자원의 성능을 향상하기 위해서는 스케일업 방식보다는 스케일아웃 방식을 사용한다.

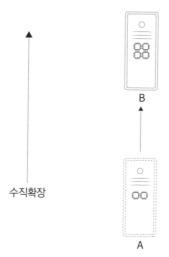

수직확장

그림 2.15 **스케일업 방식의 자원 성능 확장**

테이블 2.2는 스케일아웃 방식과 스케일업 방식에 대한 비교를 보여준다.

테이블 2.2 **스케일아웃과 스케일업 비교**

구분	스케일아웃 방식	스케일업 방식
서버	저비용 코모디티commodity	고비용(특화된 서버)
가용성	IT 자원 즉시 이용 가능	IT 자원 즉시 이용이 어려움
확장성	자원 복제 및 자동 확장 수월	추가설정 필요
추가 서버	추가 IT 서버 필요	추가 IT 서버 필요 없음
용량제한	하드웨어 용량에 제한을 받지 않음	최대 하드웨어 용량에 제약을 받음

2.8 클라우드를 사용할 때 고려할 사항

클라우드 컴퓨팅 환경이 모든 비즈니스에 적합한 것은 아니다. 퍼블릭 클라우드 컴퓨팅을 비즈니스에 적용할 때 고려해야 할 사항에 대해서 알아보자. 적어도 다음과 같은 사항을 고려해야 한다.

- **데이터에 대한 보안 취약성**: 퍼블릭 클라우드 컴퓨팅 인프라를 활용할 경우, 로컬에서 관리되는 데이터가 네트워크를 통해 클라우드 컴퓨팅 인프라로 전송되어 저장 관리되어야 한다. 기업 자체의 보안정책을 적용 받던 데이터가 제3자가 관리하는 보안정책 영역으로 이동됨에 따라 보안이 취약해질 수 있다. 만약 데이터에 대한 외부 관리가 불허되는 환경이라면 데이터 이동이 필수적인 외부 클라우드 환경을 활용하는 것보다는 프라이빗 클라우드 환경을 구축하는 것이 바람직하다.

- **보안정책의 상충**: 데이터에 대한 접근뿐만 아니라 인프라와 서비스에 대한 보안정책이 상충되는지 확인해야 한다. 여러 다른 비즈니스가 클라우드 컴퓨팅 인프라에서 서비스될 경우 두 기관의 보안 정책은 퍼블릭 클라우드 서비스 제공자의 보안정책과 공유되는 상황이 발생할 수 있다. 독자적인 보안정책을 적용 받는 환경에서 서로 다른 보안정책을 갖는 혼합된 형태일 경우 악의적인 내부 사용자에게 취약점이 노출될 우려가 있어 이러한 상황을 고려해야 한다. 그림 2.16은 각 기관별 보안의 경계가 클라우드로 확장되어 중첩되는 상황을 보여준다.

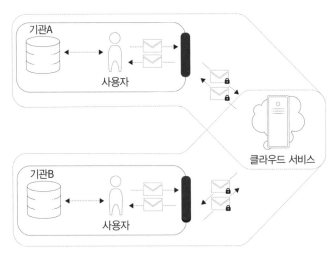

그림 2.16 **보안경계가 중첩되는 상황**

- **어드민**admin**의 역할 축소**: 외부 클라우드 컴퓨팅 서비스를 이용하는 장점 중 하나는 인프라 관리에 대한 부담을 줄이는 것이다. 클라우드 컴퓨팅 서비스 제공자가 구축해놓은 인프라상에서 IaaS, PaaS, SaaS 서비스를 구축하기 때문에 클라우드 컴퓨팅 서비스 제공자가 만들어놓은 환경의 통제를 받게 된다.

즉, 클라우드 서비스 제공자의 운영정책과 역량에 의존성이 커지게 되는 단점이 있다. 온프레미스로 구축한 시스템 대비 인프라에 대한 접근과 관리 권한이 축소되기 때문에 비즈니스 영역에서 어드민의 관리 역할과 범위에 따라 외부 클라우드 서비스를 적용할 것인지 고민해야 한다.

- **네트워크 의존성 증가**: 외부 클라우드 인프라에 접근하기 위해서는 반드시 네트워크가 개입되어야 한다. 하지만, 클라우드 인프라에 접근할 수 있는 배타적인 네트워크를 구축하지 않는 이상 네트워크 회선은 외부의 사용자와 공유되는 자원이다. 공유의 문제와 더불어 네트워크는 기본적으로

신뢰성이 확보되지 않은 전송 인프라unreliable transmission infrastructure이다(그림 2.17).[31]

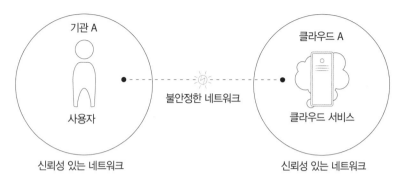

기관 A

클라우드 A

사용자

불안정한 네트워크

클라우드 서비스

신뢰성 있는 네트워크

신뢰성 있는 네트워크

그림 2.17 **신뢰성이 확보되지 않은 네트워크**

또 하나 더 고려해야 할 것은 네트워크의 회선은 **엔드-투-엔드**end-to-end로 물리적 단일 회선으로 구성되지 않고, 중간에 **라우터**router가 개입하는 것이다. 즉, 얼마든지 네트워크를 통해 전송되는 데이터는 복제가 가능함을 의미한다. traceroute로 google.com까지 **라우팅 홉**hop을 측정해보면 다음과 같은 유사한 결과를 얻을 수 있다.

```
rsyoung@kant:~$ traceroute google.com
traceroute to google.com (172.217.163.238), 30 hops max, 60 byte packets
1  _gateway (192.168.0.1)  0.286 ms  0.275 ms  0.338 ms
2  113.198.137.1 (113.198.137.1)  0.916 ms  0.908 ms  0.941 ms
3  192.168.112.213 (192.168.112.213)  1.541 ms  1.730 ms  1.963 ms
< ... >
19  * * 209.85.142.25 (209.85.142.25)  41.657 ms
20  172.253.64.173 (172.253.64.173)  41.309 ms
rsyoung@kant:~$
```

결과에서 알 수 있듯이 최종 목적지까지 20단계를 거쳐야 한다. 그만큼 전송 패킷이 거쳐 가야 하는 라우터가 많다는 것으로 전송 과정 중에 패킷은 **도청**eavesdropping되어 복제될 수 있다. 라우터의 증가에 따른 홉 수의 증가는 네트워크의 응답성과도 관련 있으며 잠재적 **대역폭**bandwidth 제약이 발생할 수 있다는 점을 고려해야 한다.

• **클라우드 간의 이식 표준 부재**: 외부 클라우드 컴퓨팅 인프라를 활용하고자 계획을 세웠다면, 클

---

31 신뢰성을 높이기 위해서 TCP(Transmission Control Protocol)와 같은 다양한 프로토콜이 존재한다. TCP는 신뢰성 있는 통신을 위해 ACK(Acknowledgement)를 이용하여 패킷이 정상적으로 수신되었는지 확인하는 과정을 거친다. 만약 특정 시간 동안 ACK를 받지 못할 경우 재전송을 수행하여 네트워크상의 패킷이 유실되는 것을 방지한다.

라우드 서비스 제공자별 장단점을 비교하여 선택했을 것이다. 하지만, 기술의 발전과 비즈니스 환경의 변화에 따라 클라우드 서비스 제공자를 변경해야 할 경우가 발생할 수 있다. 기술적인 이유 때문일 수도 있고 비용적인 이유가 될 수도 있다. 현재 클라우드 서비스를 A에서 B로 변경할 때 클라우드 간 이식 표준이 존재하지 않아 동일한 환경을 클라우드 B에서 제공받을 수 있는지 확인해야 한다. A에서 제공하는 보안 표준이 B에서는 제공되지 않을 수 있기 때문이다(그림 2.18).

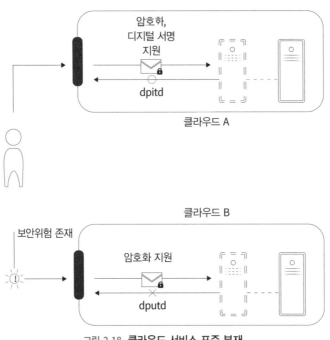

그림 2.18 **클라우드 서비스 표준 부재**

- **지역적 이슈**: 외부의 클라우드 컴퓨팅 인프라는 서비스 사용자의 국가나 지역과는 다른 곳에 위치할 수 있다. 따라서 사용자의 데이터는 네트워크를 통해서 어디서나 접근할 수 있지만 법적 분쟁이 발생하거나 데이터에 대한 접근이 완전히 보호되지 않을 수 있음을 인지해야 한다. 클라우스 서비스 제공자가 클라우드 컴퓨팅 인프라를 구축할 때 비용적인 측면을 고려하여 지역을 선택했을 것이지만, 실제 사용자는 자신의 가상머신이 어느 지역에 위치한 데이터 센터에서 동작하는지 인지하지 못할 가능성이 높다. 따라서, 사용자의 데이터가 법적인 보호를 받아야 하는 경우나 인프라가 위치한 국가의 정부 기관이 사용자의 데이터를 통제할 수 있다는 사실을 인지해야 한다. 예를 들어, 영국은 영국시민의 개인정보는 영국 내에 보관하도록 되어 있다. 미국이 경우 **클라우드 법**CLOUD Act[32]을 통해 미국 클라우드 서비스 제공자가 보유하고 관리하는 메일, 문서, 기타 통신

---

32 합법적인 해외 데이터 활용의 명확화를 위한 법률(Clarifying Lawful Overseas Use of Data Act, CLOUD Act)

자료를 포함하여 가입자 정보 등에 대해서 미국 정부 기관은 실제 데이터가 저장되어 있는 위치에 상관없이 데이터를 요청할 수 있다. 즉, 우리나라에 구축된 미국 기업의 클라우드 서비스라고 하더라도 데이터가 미국 정부 기관에 제공될 수 있는 법적 근거를 마련하였다. 하지만, 미국의 클라우드 법은 미국의 법이기 때문에 다른 나라의 법과 상충될 것이다. 클라우드 적용 시 지역에 따른 법적 이슈가 존재하기 때문에 이에 대한 검토가 충분히 이루어져야 한다.

연습문제

1. 클라우드 컴퓨팅과 유사한 개념을 소개한 사람을 검색해보고, 어떤 점에서 유사한지 기술해보라.

2. 2.2절에서 기술한 클라우드 컴퓨팅에 대한 정의 외에 또 다른 정의가 있는지 찾아보고, 기존 개념과 어떤 점에서 다른지 설명해보라.

3. NIST에서 정의한 클라우드 컴퓨팅의 5가지 특성 외에 고려해야 할 특성이 있는가? 있다면 어떤 것인지 기술하고 논리적 근거를 설명해보라.

4. 멀티테넌시 모델의 장점이 있다면 단점도 존재한다. 장단점을 비교 설명해보라.

5. NIST가 제시한 클라우드 컴퓨팅 3가지 모델 외에 다양한 모델이 제시되고 있다. 모델 한 가지를 제시하고 그 모델에 대해서 설명해보라.

6. 소프트웨어 개발 시 동일한 개발환경은 매우 중요한 요소이다. 대형 프로젝트에 클라우드가 어떻게 활용되었는지 사례를 조사하여 기술해보라.

7. IaaS 서비스를 제공하는 기업을 찾아보고 아마존, 구글과 같은 대형 IT 기업과 비교했을 때 비교 우위가 되는 경쟁력은 무엇인지 조사해보라.

8. 클라우드 컴퓨팅의 4가지 배포 모델 중에서 커뮤니티 클라우드로 구축하여 해결할 수 있는 주변의 문제를 찾아보고, 왜 커뮤니티 클라우드 구축이 해결 방법인지 설명해보라.

9. 클라우드 배포 모델의 비교 기준이 되었던 확장성, 복원성, 보안, 성능, 비용 외에 또 다른 고려사항은 무엇이 있는지 기술하고 그 이유를 설명하라.

10. 클라우드 컴퓨팅 인프라를 탄력적으로 구성하는 다양한 모델들이 연구되고 있다. 어떤 모델이 있는지 조사해보고 그 모델이 갖는 장점은 무엇인지 설명해보라.

11. 가용성과 신뢰성을 구분하였는데 의미 있는 구분인가? 의미가 있다면 어떤 점에서 의미가 있는지 설명하고 의미가 없다면 그 이유는 무엇인지 설명하라.

12. 클라우드 컴퓨팅에 영향을 준 기술들 중 설명되지 않은 기술은 무엇이 있는지 찾아보고 어떤 점에서 영향을 주었는지 설명해보라.

13. 클라우드 서비스 제공자의 역할 중 추가적으로 제공해야 할 것이 있다면 제시하라.

14. 컴퓨팅 자원의 성능을 확장하는 방법 중 스케일업 방식이 스케일아웃 방식보다 적용하기 좋은 사례를 찾아보고 그 이유를 설명하라.

15. 다국적 클라우드 기반 서비스를 이용할 때 특히 데이터 관점에서 분쟁 이슈 사례를 조사하라.

16. 우리나라의 클라우드 컴퓨팅법에 대해 조사하고 이 법이 강조하는 것이 무엇인지 설명하라.

3

HTC

클라우드 컴퓨팅을 자원의 낭비를 줄이는 자원의 효율화 관점에서 바라본다면 클라우드 컴퓨팅은 **HTC**high throughput computing의 범주에 속한다고 했다. 이번 장에서는 HTC에 대한 개념을 살펴보자.

3.1 HTC 기본 개념

HTC의 개념을 알아보기 위해서, 먼저 순차적으로 프로그램을 수행하는 **시리얼 컴퓨팅**serial computing 환경을 살펴보도록 하자. 그림 3.1은 어떤 문제를 여러 개의 명령으로 나눈 후 CPU를 통해 처리하는 모습을 보여준다.

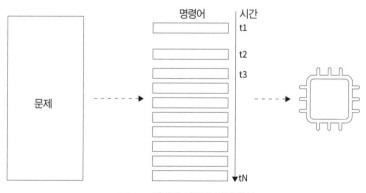

그림 3.1 **시리얼 컴퓨팅 처리 방식**

컴퓨터를 통해 문제를 해결하고자 할 때, 우리는 문제를 프로그램으로 구현하여 해결한다. 시리얼 컴퓨팅에서는 하나의 명령을 하나의 **프로세서**(CPU core)에서 수행한다. 시리얼 컴퓨팅에서 처리해야 하는 작업이 많아지면, 작업을 완료하는 데 걸리는 시간은 작업의 수에 비례해서 증가하게 된다.

처리시간을 줄이기 위한 방법은 시리얼 컴퓨팅 환경을 **병렬 컴퓨팅**parallel computing 환경으로 만들어 동시에 많은 작업이 처리되도록 하는 것이다. 하나의 문제를 여러 개의 **독립된 작업**independent task으로 나누고, 각각을 컴퓨터의 독립된 프로세서에서 처리한다면 속두를 높일 수 있다. 그림 3.2에서는 독립된 프로세서 또는 **코어**core에서 독립된 작업을 처리하는 모습을 보여준다.

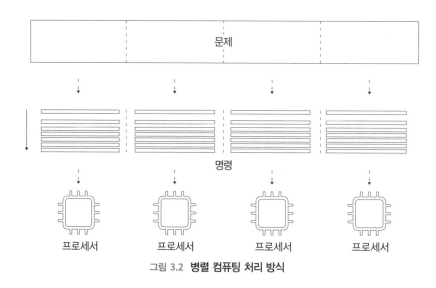

그림 3.2 **병렬 컴퓨팅 처리 방식**

하나의 멀티코어 서버에서 큰 작업을 처리할 때 작업을 독립된 작은 작업으로 나누어 처리한다면, 단일코어 서버를 이용하는 것보다 처리시간을 많이 줄일 수 있을 것이다. 만약 멀티코어를 갖춘 단일 서버를 병렬로 클러스터링하여 처리한다면 단일 멀티코어 서버를 사용하는 것보다 처리량을 더 높여 처리시간을 더 줄일 수 있다. 그림 3.3은 여러 대의 컴퓨터를 네트워크로 클러스터링하여 작업을 처리하는 환경을 보여준다.

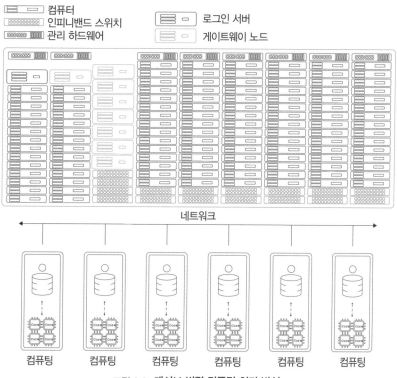

컴퓨터
인피니밴드 스위치
관리 하드웨어
로그인 서버
게이트웨이 노드

네트워크

컴퓨팅 컴퓨팅 컴퓨팅 컴퓨팅 컴퓨팅 컴퓨팅

그림 3.3 **매시브 병렬 컴퓨팅 처리 방식**

매시브하게 여러 대의 컴퓨터를 클러스터링한 컴퓨팅 환경은 **HPC**high performance computing와 **HTC**high throughput computing로 구분될 수 있는데, 두 컴퓨팅 환경은 풀어야 하는 문제의 특성에 맞춰 선택되어야 한다. 각각의 특성을 살펴보자.

HPC는 궁극적으로 어떤 문제를 **빠르게** 푸는 것에 중점을 둔다. 문제를 빠르게 해결하기 위해서 HPC는 일반적으로 동일한 타입의 CPU를 사용한다. HPC의 생명은 속도이기 때문에 속도 차이가 나는 CPU를 사용할 경우 하나의 CPU에 병목이 발생하여 궁극적으로 원하는 속도의 결과를 얻을 수가 없다. HPC는 공유파일시스템을 사용하여 프로세서들이 동일한 파일시스템에 접근하여 처리할 수 있는 환경을 갖추고 있다. 거대하게 네트워크로 연결되어 있는데 네트워크의 속도는 CPU에 비해 상대적으로 매우 느리다. 따라서 아무리 좋은 CPU를 사용한다고 하더라도 네트워크에서 속도 손실이 발생하는 것을 최소화해야 한다. 이러한 이유로 HPC에서는 **인피니밴드**InfiniBand와 같은 특수 목적의 네트워크 환경으로 컴퓨터를 클러스터링 한다.

HPC 환경에서는 하나의 작업이 들어오고 이 작업에 필요한 프로세서들이 준비될 때까지 기다린다. 즉, *A*라는 태스크가 1,000개의 CPU 코어로 문제를 풀 수 있다고 할 때, 만약 999개의 CPU 코어가 유휴한 상태일지라도 작업이 시작되지 않고, 1,000개의 CPU 코어가 준비될 때까지 작업 큐상에서 대기하게 된다. 또한 HPC 환경에서는 하나의 작업을 여러 개의 작업으로 분리하여 CPU 코어에 할당하기 때문에 분리된 작업 처리 과정에서 상호 간 통신이 필요하다. 이를 위해 **MPI**message passing interface 방식으로 프로그램이 작성되어야 한다.[1]

MPI방식을 이용하여 프로세서 간 통신을 통해 분리된 각각의 작업의 결과들을 취합하여 최종적으로 문제의 답을 만들어 간다. 즉, 모든 작업이 분리될 수 있지만 상호 간에 **의존성**dependency이 존재한다는 것이다. 바로 이 의존성 때문에 가장 늦게 처리된 작업이 전체 속도에 영향을 줄 수밖에 없다. 이러한 이유로 HPC에서는 동일한 스펙을 가진 컴퓨팅 노드로 병렬환경을 구축하는 것이 필요하다. 또한 의존성은 작업 처리 과정과 속도에 큰 영향을 준다. 1,000개의 작업 중 999개가 성공한 상태에서 1개의 작업 결과를 기다린다고 가정해보자. 1개의 작업에서 오류가 발생되었다면 우리는 최종적인 결과를 얻을 수 없는 상태가 되고 최악의 경우는 1,000개의 작업을 다시 대기 큐에 제출해야 할 수 있다.

HTC 방식은 HPC와 유사하면서도 큰 차이점이 있다. 가장 큰 차이점은 '**어떤 문제가 독립적인 작은 작업으로 분리될 수 있는가?**'이다. 즉, HTC는 기본적으로 서로 의존 관계가 없는 작업을 병렬로 처리하는 방식이다. 그렇기 때문에 동일한 성능을 갖는 컴퓨터 시스템으로 HTC 환경을 반드시 구축할 필요는 없다. 서로 다른 컴퓨팅 스펙을 갖는 **이기종**heterogeneous 시스템으로 HTC 환경을 구성할 수 있다. HTC는 하나의 CPU 코어에 하나의 작업이 할당된다. 따라서 1,000개의 작업이 HTC 큐에 제출되고 1,000개의 CPU 코어가 999개의 작업을 처리하고 있고 1개의 CPU 코어가 사용 가능하다면 대기 큐에 있는 1,000개의 작업 중에 하나의 작업이 가능한 CPU 코어에 할당된다. 즉, 분리된 작업들 사이에 의존성이 없기 때문에, HPC처럼 1,000개의 CPU 코어가 사용 가능할 때까지 기다리지 않고 가용 자원이 생긴다면 자원을 최대로 많이 활용할 수 있다.

HTC에서는 작업 하나에 발생한 오류가 전체 작업에 영향을 주지 않는다. 1,000개의 작업 모두 독립적인 작업이기 때문에 999개가 성공, 1개가 실패하더라도 실패한 1개의 작업만 재실행하면 된다. 또한, 서로 의존성이 존재하지 않기 때문에 HPC처럼 MPI와 같은 특수한 프로그래밍을 할 필요가 없다. HPC가 빠른 계산 결과에 중점을 둔다면, HTC는 동시에 처리할 수 있는 작업량이 더 중요하다. 즉, 아무리 성능이 좋지 않은 컴퓨터라도 작업을 처리할 수 있도록 자원이 사용된다면 전체적인 처리

---

1   여러 대의 컴퓨터를 클러스터링하였기 때문에 각각의 컴퓨터는 독립된 메모리를 갖는다. 메시지 패싱 모델은 독립된 메모리를 갖는 프로세스들로 구성된 병렬 컴퓨팅 환경에서 프로세스들 사이의 통신을 오직 메시지들의 **송신**과 **수신**으로만 구현하는 프로그래밍 모델을 말한다. 그래서 메시지 패싱 모델은 프로세스들이 메모리 공간을 공유하지 않으며 한 프로세스가 다른 프로세스의 메모리에 직접 접근하는 것을 허용치 않는다.

결과를 좀 더 빠르게 얻을 수 있다. 1,000개의 작업을 성능이 좋은 500대만으로 처리하는 것보다 성능이 좋은 500대의 컴퓨터와 성능이 떨어지더라도 추가적인 500대의 컴퓨터를 이용하는 것이 더욱 효과적이다. 따라서 HPC와 다르게 노드의 성능, CPU성능 등이 동일할 필요는 없다.

테이블 3.1은 HPC와 HTC 간의 차이점을 요약하고 있다. HPC는 1개의 작업이 여러 개의 작은 작업으로 나누어 지지만, 작은 작업들 간에 의존성이 존재하고 HTC는 작업들 간의 독립성이 완전히 보장된다는 점을 이해하는 것이 중요하다.

테이블 3.1 **HPC와 HTC 비교**

구분	HPC	HTC
측정	FLOPSfloating point operations per second	FLOPS
소유방식	중앙 집중	분산
유휴자원	미사용	활용
최적화 대상	반응 시간	처리량
메모리	강력한 연결	느슨한 연결
컴퓨터 자원	동일한 스펙	상이한 스펙
노드 간 통신	매우 빈번	낮음
작업 특징	1개의 큰 작업	독립된 작업

3.2 HTC 사용 예

HTC에서 가장 중요한 것은 큰 문제를 독립적인 작은 문제로 구분하고 각각의 작은 문제를 **작업**job으로 프로그래밍하여 처리하는 것이다. 만약 작은 문제들이 서로 의존적이라면 HTC를 사용하는 것보다는 HPC를 사용하는 것이 더 효과적이다. 이러한 차이점에 기반해서 우리가 어느 분야에 HTC를 활용할 수 있는지 가늠해볼 수 있다. 미국의 오픈 사이언스 그리드Open Science Grid, OSG에 소개된 몇 가지 예를 살펴보자.

3.2.1 OSG를 통해 본 HTC 사용 예

- **천문우주분야**

  천문우주분야에서 축적된 데이터를 분석하여 새로운 과학적 발견을 위한 연구를 HTC를 이용하여 수행할 수 있다. **캘리포니아 공대**Caltech에 위치한 **미국항공우주국**National Aeronautics and Space Administration, NASA의 **적외선처리 및 분석센터**Infrared Processing and Analysis Center, IPAC에서 NASA의 적외선 천문학을 통해 획득한 데이터를 보존하여 연구를 수행하고 있는데, **스피처 우주망원경**

Spitzer Space Telescope을 통해 지구와 같은 여러 행성을 가진 별인 **트라피스트 원**TRAPPIST-1의 존재를 확인하였다(그림 3.4).

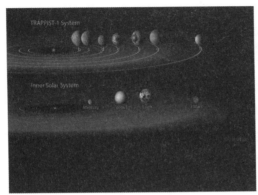

(a) 트라피스트 원 시스템　　　　　　　(b) 스피처 우주망원경

그림 3.4 **태양계와 유사한 트라피스트 원 시스템과 스피처 우주망원경**[2]

천문우주 데이터를 분석할 때 시피처 우주망원경뿐만 아니라 다른 곳에서 획득된 데이터를 분석하여 결과를 얻었으며, 이때 OSG에서 제공하는 컴퓨팅 파워를 활용하였다.

• **분자생물학 분야**

　노스캐롤라이나 대학교 University of North Carolina의 연구진은 작은 유기분자가 단백질 수용체에 결합하는 약물을 발견하기 위한 연구를 수행했다. 이 연구는 머신러닝을 사용하여 데이터를 이해하고 데이터에 속한 패턴을 찾아, 예측 모델을 만드는 것이었다(그림 3.5).

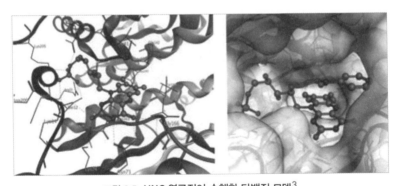

그림 3.5 **UNC 연구진이 수행한 단백질 모델**[3]

2　https://opensciencegrid.org/spotlights/astronomy-archives.html

3　https://osg-htc.org/spotlights/machine-learning.html

머신러닝을 이용하기 위해서는 초기 데이터가 필요하였고 초기 데이터를 축적하는 데 상당히 많은 시간과 컴퓨팅 파워가 필요했다. 하지만, OSG에서 제공한 HTC 컴퓨팅 파워를 활용하여 데이터를 축적하는 시간을 크게 단축시키고, 만들어진 데이터를 기반으로 데스크톱 PC만을 이용하여 머신러닝을 할 수 있게 되었다. 실제로, 수천 번의 양자역학 계산을 통해 데이터를 획득하려면 많은 시간이 소비되는데, 이 문제를 HTC로 해결하였다. 그렇게 만들어진 데이터에서 머신러닝을 통해 50,000개의 물질을 선별하는 작업은 단지 노트북에서 실행할 수준이 되었다.

- **뇌 과학 분야**

HTC와 HPC의 차이점에 대해 살펴보았듯이 두 컴퓨팅 환경과 응용분야는 서로 다르다. 그렇지만, HTC가 유휴자원을 활용한다는 점을 생각해보면 유휴한 HPC 자원을 HTC 개념을 적용하여 활용률을 높일 수 있지 않을까? 즉, 유휴한 슈퍼컴퓨터 자원을 느슨한 연결을 통해 그리드처럼 광대역 네트워크로 연결하는 것이다. 이러한 활용 사례를 살펴보자.

외상성 뇌손상traumatic brain injury, TBI의 경우 약 80% 이상의 환자에게서 구조적 이상이 보이지 않는다고 한다. 하지만, 이는 큰 계산량이 필요한 고해상도 **뇌자도**magnetoencephalography, MEG를 이용하여 정밀 분석이 가능하다(그림 3.6).

 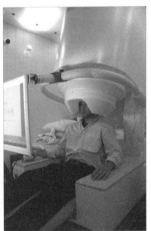

(a) 외상성 뇌손상   (b) MEG 데이터 획득

그림 3.6 뇌손상 정밀 분석을 위한 MEG 데이터획득[4]

상당히 큰 계산을 위해서는 슈퍼컴퓨터를 활용할 필요가 있는데, HPC에 HTC 개념을 적용하여 사용하지 않은 슈퍼컴퓨터의 계산파워를 뇌과학 분야에 활용하는 것이다. 이렇게 유휴한 슈퍼컴

---

4 https://sciencenode.org/feature/imaging-the-injured-brain.php

퓨터를 활용하여 적게는 12년 많게는 수십 년이 걸리는 연구시간을 단축시킬 수 있다. 오픈사이언스그리드를 통해 **피츠버그 슈퍼컴퓨팅 센터**Pittsburgh Supercomputing Center, PSC, **샌디에고 슈퍼컴퓨팅 센터**San Diego Supercomputer Center, SDSC의 자원을 활용하였다. TBI 증상을 갖는 64명의 환자군과 뇌손상 경험을 갖고 있지만 TBI 증상을 갖지 않은 414명의 대조군을 분석하여 TBI 증상이 유발되는 과정을 밝혀내는 데 HPC를 HTC 개념에 적용하였다.

3.2.2 데이터 챌린지에 HTC의 활용

HTC는 유휴한 컴퓨팅 자원을 활용하는 것에 중점을 두고 있다. 유휴자원을 활용하는 것은 2가지 관점에서 장점이 있다. 하나는 자원의 활용성을 높여 컴퓨팅 자원에 투입된 재원의 가치를 높이는 것이다. 이 관점은 컴퓨팅 자원을 운영하는 측에서의 관점이다. 다른 하나는 자원을 활용하는 사용자 측면의 관점으로 유휴한 컴퓨팅 자원을 활용하면 그만큼 많은 데이터와 계산을 수행하여 결과를 빠르게 얻을 수 있다. HTC를 활용하여 얼마나 많은 데이터를 효과적으로 처리할 수 있는지 예를 통해 알아보자.

뇌과학분야에서 치매에 대한 연구가 활발하게 수행되고 있는 중이다. 치매 분석을 위해서 환자 1명당 50개의 뇌 이미지를 찍고, 1개의 이미지당 1시간의 계산이 필요하며, 총 환자의 수는 1,000명이라고 가정해보자. 우리에게 필요한 시간은 다음과 같다.

$$1,000명 환자 \times 50개 이미지 = 50,000 태스크 \times 1 시간 = 50,000 시간$$

한 개의 코어를 가진 데스크톱 컴퓨터, 20개의 코어를 가진 서버, 500코어를 가진 클러스터, 1,000코어를 가진 클러스터에 대해 시간을 비교해보면 테이블 3.2와 같다.

테이블 3.2 **이미지 처리시간 비교**

컴퓨팅 파워	코어 수	시간	일수
PC	1	50,000	2,083
서버	20	2,500	104
클러스터 I	500	100	4.1
클러스터 II	1,000	50	2.1

테이블 3.2는 계산에 필요한 시간을 컴퓨팅 파워별로 보여준다. 한 대의 PC를 이용할 경우 50,000시간이 필요하고 2,083일이 소요된다. PC 한 대로는 대략 5.7년 동안 계산해야만 우리가 원하는 결과를 얻을 수 있다. 20코어를 가진 서버의 경우도 104일이 걸려 3개월 이상의 시간이 필요하다. 만약 유휴한 자원을 클러스터링할 수 있다면 500코어를 갖는 클러스터의 경우 약 4.1일이 걸리고 1,000코어

를 갖는 클러스터의 경우는 2.1일이 걸린다. 이처럼 유휴한 컴퓨팅 자원을 클러스터링하여 활용할 수만 있다면 시간을 크게 단축시킬 수 있을 것이다.

예시를 통해 확인할 수 있듯이 유휴한 컴퓨팅 자원을 네트워크를 통해 클러스터링을 한다면 우리가 상상하는 것 이상의 큰 컴퓨팅 파워를 얻을 수 있다. HTC를 활용할 수 있는 조건은 각각의 작업이 **독립성**을 가져야 한다는 것을 꼭 명심하기 바란다. HPC를 HTC의 형태로 사용하는 예를 들었지만, 각각의 슈퍼컴퓨팅 센터에서 동작하는 작업은 다른 슈퍼컴퓨팅 센터에서 동작하는 작업과는 독립적으로 수행될 때 의미가 있는 것이다. 두 작업이 서로 상호의존 관계를 갖는다면, 컴퓨팅 노드에서 작업을 처리하는 시간보다 네트워크로 통신하는 시간이 훨씬 더 많아져, 큰 작업을 분리하여 처리하는 의미가 없어진다.

우리 주변에 많은 개인용 컴퓨터가 있는 환경을 생각해보기 바란다. 예를 들어 대학교의 프로그래밍 실습실의 경우는 대부분의 컴퓨터가 오후 6시부터 오전 8시까지는 활용되지 않을 가능성이 높다. 만약에 우리가 이러한 컴퓨팅 자원을 활용할 수 있고, 우리가 풀고자 하는 문제를 작은 독립적인 단위로 분리할 수 있다면 이러한 유휴자원을 활용하여 시간을 크게 단축시킬 수 있을 것이다.

3.3 HTCondor 기본 개념

유휴한 컴퓨팅 자원을 클러스터링하여 마치 하나의 컴퓨터처럼 활용할 경우 장점이 무엇인지에 대해 살펴보았다. 그렇다면 우리는 어떻게 유휴한 컴퓨팅 자원을 클러스터링할 수 있을까? 클러스터링할 수 있는 솔루션들은 매우 다양한데, 이 번 절에서는 **HTCondor**high throughput condor 시스템의 기본 개념을 살펴보자. 기본 개념을 살펴본 후 다음 장에서 실제 가상머신을 이용하여 클러스터를 구축해 볼 것이다.

3.3.1 HTCondor의 역사

HTCondor는 HTC **소프트웨어 프레임워크**software framework로 **계산 집약적인 작업**computationally intensive task을 병렬처리 하기 위한 시스템이다(그림 3.7). 1984년 **위스콘신 주립대**University of Wisconsin-Madison의 컴퓨터과학과의 Miron Livny 교수에 의해 시작된 프로젝트이다.[5] HTCondor 프로젝트는 UW-Madison의 **CHTC**Center for High Throughput Computing에서 지속적으로 개발을 진행중에 있다.[6]

---

5 https://research.cs.wisc.edu/htcondor/doc/condor-practice.pdf

6 https://research.cs.wisc.edu/htcondor/

그림 3.7 HTCondor 로고

드림웍스Dreamworks, 보잉Boeing, 스페이스XSpaceX 등과 같은 산업체에서 활용되고 있을 뿐만 아니라 미국 국가연구소, 대학 등에서 활용 중이다. 특히 미국 내 그리드 컴퓨팅의 핵심인 OSG에서 HTCondor를 활용하고 있다. HTCondor는 오픈소스 프로젝트로 진행 중에 있으며, **아파치 라이센스 2.0**Apache License 2.0으로 배포되고 있다.

HTCondor는 HTC와 Condor의 합성어이다.[7] 원래 HTCondor는 Condor라는 이름으로 프로젝트가 시작되었고 소프트웨어도 Condor로 배포되었다. 하지만 아래 공개 메일에서 밝힌 바와 같이 2012년 10월 상표권 침해 소송에 걸려 Condor라는 이름 대신 High Throughput을 상징하는 HT를 붙여 HTCondor로 이름을 변경하였다.

```
[Condor-users] "Condor" name changing to "HTCondor"
Date: Wed, 24 Oct 2012 18:17:44 -0500
From: Todd Tannenbaum <tannenba@xxxxxxxxxxx>
Subject: [Condor-users] "Condor" name changing to "HTCondor"
In order to resolve a lawsuit challenging the University of
Wisconsin-Madison's use of the "Condor" trademark,
the University has agreed to begin referring to its Condor
software as "HTCondor". Starting in the end of October and through
November of this year, you will begin to see this change reflected
on our web site, documentation, web URLs, email lists, and wiki.
We will keep the community updated as these changes take place.

* Will this change how the software is used?

No. While the name of the software is changing, nothing about
the naming or usage of the command-line tools, APIs, environment
variables, or source code will change. For example, to submit
a job, users will still run "condor_submit", and the environment
variable to point to the configuration file is still called
CONDOR_CONFIG. Portals, scripts, gateways, and other code built on
top of the Condor software should not have to change at all when
HTCondor is installed.

* Why the name HTCondor ?
```

---

7   Condor는 독수리의 한 종류다.

아이러니하게도 HTCondor의 HTC는 Condor가 지향하는 High Throughput Computing을 잘 나타내는 이름이 되었다.[8]

3.3.2 HTCondor 동작 방식 및 용어

HTCondor에서는 **작업**job 또는 **태스크**task를 HTCondor 큐queue에 제출해야 하는데, 이를 위해서는 작업을 제출할 수 있는 시스템에 접속해야 한다. 작업 제출 시스템을 **서브밋 서버**submit server라고 한다.[9] 작업이 HTCondor 큐에 제출되면 HTCondor는 자신이 관리하는 클러스터의 **워커 노드**worker node를 지정하여 해당 작업을 처리할 수 있도록 한다. 그림 3.8는 HTCondor 작업이 제출submission되고 실행되는 단계를 개념적으로 보여준다.

작업 제출 노드

HTCondor가 모든 컴퓨팅 및 작업을 고려 후 적절하게 스케줄링

그림 3.8 **HTCondor 동작 방식 개념**

HTCondor로 HTC를 구성할 때 자주 나오는 **용어**에 대해 알아보자.

- **작업 또는 태스크**

  HTCondor 큐에 제출될 수 있는 **독립된 컴퓨팅 작업 단위**를 말한다. 큐에 제출될 작업은 크게 3가지로 구성된다.

  1. **실행 파일**executable file: 컴퓨팅 노드에 할당되어 실제 실행 가능한 프로그램이나 **스크립트**script를 말한다. 쉽게 설명하면, 일반 프로그램이나 리눅스에서 배시 셸 스크립트를 생각하면 된다. 이 프로그램이나 스크립트가 컴퓨팅 노드에서 실행되고 결과가 작업을 제출했던 곳으로

---

8 https://lists.cs.wisc.edu/archive/htcondor-users/2012-October/msg00110.shtml

9 서브밋 서버는 사용자가 HTCondor 작업을 제출하기 위해 접속하는 서버라고 해서 UI 서버라고 불리기도 한다.

반환된다.

2. **인풋**input: 실행 파일이 컴퓨팅 노드에 실행될 때 필요한 **인자**argument나 파일과 같은 정보를 말한다. 실제 사용자가 작업을 제출하는 노드와 실행 파일이 동작하는 컴퓨터가 다르기 때문에 컴퓨팅 노드로 전달해야 할 파일과 인자들에 대한 정보를 갖고 있다.

3. **아웃풋**output: 실행 파일이 컴퓨팅 노드에서 실행되고 난 후 결과와 실행 중 발생한 정보를 말한다. 아웃풋은 실행 파일의 최종 결과뿐만 아니라 실행 과정 중에 생성되는 **오류**error 메시지 등을 어떤 파일로 저장해서 전송할지에 대한 정보를 담고 있다.

• **머신**machine

컴퓨팅 노드라고 불리는 실제 컴퓨터를 의미한다. 컴퓨터는 일반 데스크톱 컴퓨터가 될 수 있고 서버가 될 수도 있다. 컴퓨팅 노드는 일반적으로 멀티코어 CPU, 메모리, 디스크를 갖고 있다. 하나의 작업이 **서브밋 노드**submit node에서 컴퓨팅 노드(머신)로 할당되면, 컴퓨팅 노드의 CPU, 메모리, 디스크와 같은 자원을 이용하여 처리하게 된다.

• **슬롯**slot

머신에서 작업을 처리할 하나의 단위가 슬롯이다. 즉, 하나의 슬롯당 하나의 작업이 처리되는 것이다. 만약 36개의 멀티코어를 갖는 컴퓨팅 노드라면 하나의 코어가 하나의 작업을 처리한다고 하며, 이 컴퓨팅 노드는 총 36개의 슬롯을 갖게 된다.

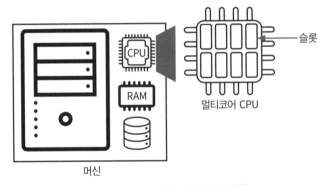

그림 3.9 **머신, 멀티코어, 슬롯의 관계**

그림 3.9는 머신, 멀티코어, 그리고 슬롯 간의 관계를 보여준다. 즉, 머신은 작업을 실행할 수 있는 컴퓨터이고, 슬롯은 하나의 코어로 생각하면 된다.[10]

---

10 하나의 슬롯이 여러 개의 코어로 구성될 수도 있지만, 논의를 간략하게 하기 위해서 하나의 코어를 하나의 슬롯으로 가정한다.

HTCondor는 머신에 가용한 슬롯과 사용 중인 슬롯에 대한 정보를 가지고 있다. 따라서 작업이 **서브미션**submission되면 작업을 처리할 수 있는 가용한 슬롯을 찾게 된다. 만약 가용한 슬롯이 없을 경우에 작업은 대기 큐에서 대기하게 된다. 이처럼 작업이 제출되면 작업을 처리할 컴퓨팅 노드와 해당 작업 간의 매칭을 해주는 중개자가 필요하다. HTCondor에서는 Central Manager가 그 역할을 수행한다(그림 3.10). Central Manager는 사용자가 제출한 작업과 머신의 **속성**attribute들을 리뷰한 후 작업을 머신에 매칭시킨다.

그림 3.10 **중앙 관리자의 중재**

앞으로 살펴보겠지만, 작업과 머신은 각각을 표현하는 속성을 갖고 있는데 이를 Central Manager가 분석하여 매칭시키는 방법이다. 작업은 작업이 제출되는 스크립트에 이 작업을 수행하기 위해 필요한 속성들을 기술하고 머신은 자신이 갖고 있는 어느 정도의 리소스를 사용할 수 있는지 Central Manager에게 알려준다. 만약 머신이 최대 사용할 수 있는 메모리가 1GB라고 정했다면 Central Manager는 1GB 이하를 요구하는 작업만 해당 머신에 할당한다.

3.4 HTCondor 실행 과정 예제

가상머신에 HTCondor 클러스터를 구축하고 작업을 클러스터상에서 처리하는 방법에 대해서는 별도의 장에서 살펴볼 것이다. 이번 절에서는 HTCondor 작업을 어떻게 만들고 서브미션하는지 살펴보자.

3.4.1 HTCondor 작업 준비

많은 계산이 필요한 문제를 HTCondor 클러스터를 이용해 수행하는 다음과 같은 예를 생각해보자. 클라우드 컴퓨팅 교과목을 100명의 학생이 수강하고 있고 AWS의 가상머신을 컨트롤하는 소프트웨어 개발 프로젝트가 과제로 나갔다. 모든 학생들이 프로젝트 과제를 제출했는데, 학생들이 스스로 프로젝트를 수행했는지 검사하기 위해 제출된 프로그램 간의 유사도를 copy_check 프로그램으로 검사한다고 하면, 총 프로그램 간 유사도는 (100×99)/2=4,950번 비교해야 한다. 만약 2개의 프로그램을 비교하는 데 대략 10분이 소요된다고 가정하면 약 34.38일이 걸린다.

$$4,950 \times 10분 = 49,500분 = 825시간 = 34.38일$$

프로그램 간 유사도 측정을 한 대의 컴퓨터로 35일이 걸린다면 사실상 유사도 측정을 하기에는 현실적으로 실용성이 없다. 이러한 상황에서 유휴한 자원을 HTCondor 클러스터로 만들어 사용한다면 시간을 대폭 개선할 수 있다. 100명의 수강생이 있고, 수강생마다 실습실에서 클라우드 컴퓨팅 과정 중의 실습을 진행했다고 하면, 우리는 실습실의 컴퓨터 100대를 클러스터로 연결하여 프로그램 유사도를 측정하는 데 활용할 수 있다. 한 대의 컴퓨터로 35일이 걸리는 작업을 100대의 컴퓨터를 활용한다면, 0.35일이 걸리고 8.4시간 안에 결과를 도출할 수 있다. 우리는 별도의 서버를 구축하지 않고 단순히 실습 후에 사용되지 않는 실습실의 컴퓨터를 이용해서도 충분히 합리적인 시간 내에 결과를 도출할 수 있게 된다.

HTCondor에서 작업은 컴퓨팅 노드에서 동작하는 프로그램이나 실행 가능한 스크립트라고 했다. 학생들이 제출한 프로그램의 복사 여부를 검사하는 프로그램인 copy_check는 학생들이 작성한 프로젝트 프로그램 파일 2개를 입력으로 받아 두 파일의 유사도를 측정해서 결괏값을 보내주는 프로그램이다. copy_check는 C 언어로 작성되었고 GCC 컴파일러로 컴파일한 **실행 파일**executable file이다. 그림 3.11은 copy_check의 동작 과정을 보여준다.

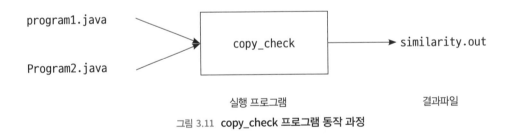

그림 3.11 **copy_check 프로그램 동작 과정**

copy_check 프로그램을 리눅스 터미널에서 실행한다면 다음과 같은 명령으로 실행할 수 있을 것이다.

```
$ copy_check program1.java program2.java similarity.out
```

copy_check는 Java로 작성된 program1.java와 program2.java를 입력파일로 받아, 두 파일 간의

유사도를 측정하여 결과를 similarity.out 파일로 생성한다.

3.4.2 작업명세서 파일 준비

실행 파일 copy_check을 준비했다면, HTCondor가 작업에 대해 이해할 수 있는 **작업명세서** job description가 필요하다(그림 3.12). 이러한 작업명세서는 단순한 텍스트 파일이고, 이 파일에 HTCondor에 전달해야 할 내용이 모두 담겨 있다. 즉, HTCondor는 작업명세서 파일의 내용을 기반으로 이 작업을 수행하기 위한 실행 파일, 전달할 인자들, 필요한 컴퓨팅 리소스 등에 대해 파악할 수 있다.

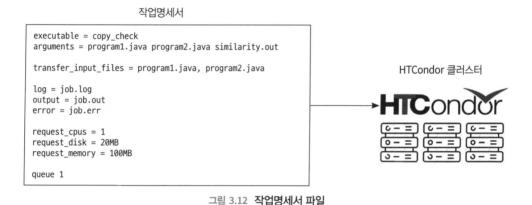

그림 3.12 **작업명세서 파일**

작업명세서에 대해 좀 더 구체적으로 알아보자. 다음은 프로그램의 유사도를 측정하기 위한 작업명세서 job.jds을 보여준다.

```
1    executable = copy_check
2    arguments  = program1.java program2.java similarity.out
3
4    transfer_input_files = program1.java, program2.java
5
6    log    = job.log
7    output = job.out
8    error  = job.err
9
10   request_cpus   = 1
11   request_disk   = 20MB
12   request_memory = 100MB
13
14   queue 1
```

job.jds 파일의 1, 2번 라인이 의미하는 것은 매우 자명하다.

```
1   executable = copy_check
2   arguments  = program1.java program2.java similarity.out
```

실행 파일executable의 이름은 copy_check이고, **인자**argument로는 program1.java, program2.java, similarity.out 파일을 갖는다는 것을 말해준다. arguments에는 copy_check에 필요한 입력 값들을 **공백**space으로 구분하여 나열한다. 일반 리눅스 터미널에서 copy_check 프로그램을 실행할 때 필요한 내용을 기술하고 있는 것과 동일하다.

```
4   transfer_input_files = program1.java, program2.java
```

4번째 라인에 대해서 알아보자. transfer_input_files는 컴퓨팅 노드로 실행 파일을 보낼 때 같이 보내야 할 파일을 의미한다. copy_check 실행 파일이 동작할 때 두 개의 파일이 필요하다고 했다. 그런데 copy_check 실행 파일은 HTCondor 클러스터의 한 컴퓨팅 노드로 보내진 후 실행된다. 그렇다면 copy_check가 필요한 2개의 파일도 같이 전송되어야 한다. transfer_input_files을 통해서 copy_check가 컴퓨팅 노드로 전송될 때 어떠한 파일들이 같이 전송되어야 하는지 알려주는 역할을 한다. 한 가지 주의할 점은 파일들은 콤마(,)로 구분한다는 점이다. arguments에서는 공백으로 구분했었다.

```
2   arguments = program1.java program2.java similarity.out
```

copy_check의 세 번째 인자는 컴퓨팅 노드에서 실행되고 컴퓨팅 노드에 생성되는 결과 파일이다. 즉, 컴퓨팅 노드에서 작업을 서브미션한 서버로 전송되는 결과 파일이지 서브미션한 서버에서 컴퓨팅 노드로 전송되는 파일이 아님을 주의하기 바란다. 컴퓨팅 노드에서 생성된 파일은 HTCondor가 실행이 종료되면 자동으로 서브미션한 서버로 파일을 전송한다. transfer_input_files은 단순히 서브미션 서버에서 컴퓨팅 노드로 전송할 파일들의 목록만을 기술해야 한다.

다음은 copy_check 실행 과정에 나올 수 있는 다양한 메시지들을 저장하는 파일들에 대해 기술한다.

```
6   log    = job.log
7   output = job.out
8   error  = job.err
```

HTCondor는 자체적으로 작업이 진행되는 과정을 로그로 기록을 남기는데 `log = job.log`로 기술한다. 따라서 HTCondor 실행 과정에 문제가 발생했다면 가장 먼저 확인해야 할 파일이 `log`에 지정된 파일이다. `output`은 **표준출력**stdout으로 생성되는 메시지들을 저장하는 파일을 명시하고 `error`는 **표준오류**stderr로 나오는 메시지들을 저장하는 파일을 말한다. 여기서 중요한 것은 `copy_check`의 실행 결과인 `similarity.out` 파일과는 다른 시스템의 표준출력, 표준오류로 생성되는 메시지들을 저장하는 파일이라는 점이다.

`copy_check` 프로그램이 동작하기 위한 컴퓨팅 자원의 최소 요건을 명시할 수 있다.

```
10    request_cpus    = 1
11    request_disk    = 20MB
12    request_memory  = 100MB
```

`request_cpus`는 프로그램을 실행하는 데 필요한 최소 CPU 개수를 지정한다. CPU로 되어 있지만 멀티코어 시스템에서 코어의 개수이다. 최소한으로 필요한 디스크 용량은 `request_disk`를 통해 지정할 수 있다. 현재 20MB 이상의 디스크 공간이 필요함을 HTCondor에게 알려주고 있다. 메모리는 `request_memory`를 통해 지정하고 최소 100MB 이상의 메모리가 있어야 한다고 명시하고 있다.

이러한 정보를 기반으로, HTCondor는 관리하고 있는 클러스터의 컴퓨팅 노드들 중에서 작업명세서에 기술된 조건에 맞는 노드가 존재하는지 확인하고, 존재할 경우 해당 작업을 클러스터의 해당 컴퓨팅 노드로 전송하여 작업을 수행하게 한다.

마지막으로 몇 개의 작업을 HTCondor 클러스터로 보낼 것인지 지정한다. `queue` 지정자를 통해 작업의 개수를 명시한다. 현재 설정은 1개의 작업을 HTCondor 클러스터에 서브미션하라는 것이다.

```
14    queue 1
```

100개의 프로그램 간 유사도를 측정하려면 4,950번 비교가 발생하기 때문에, 4,950개의 작업을 실행할 필요가 있다. 4,950개의 작업을 생성하려면 `queue 4,950`으로 설정하여 작업을 HTCondor 클러스터로 보내야 한다. 현재 작성된 작업명세서 **파일(job.jds)**에는 `program1.java`와 `program2.java`를 비교하게 되어 있다. 따라서, 4,950개의 작업을 실행한다고 하더라도 동일한 파일을 4,950번 비교하게 되어 의미가 없다. 인자의 값을 각 작업마다 변경해줘야 한다. 여기에서는 작업의 수를 `queue` 지시자로 지정한다는 점만 확인하고 넘어가자. 인자의 값을 변경하는 것은 가상머신을 통해 HTCondor 클러스터를 구축하고 예제를 실습할 때 확인할 것이다.

3.4.3 작업 제출과 모니터링

실행 파일 copy_check와 작업명세서 파일이 준비되었다면, HTCondor에 작업을 **제출**job submission
해야 한다. condor_submit 명령어로 작업을 제출한다. cluster 1의 의미는 제출한 작업의 번호를
의미하는 것으로, 작업이 제출될 때마다 번호는 하나씩 증가하게 된다.

```
[cloud@master]$ condor_submit job.jds
Submitting job(s).
1 job(s) submitted to cluster 1.
[cloud@master]$
```

HTCondor 클러스터로 서브미션된 작업은 condor_q 명령을 통해 큐 상태 확인이 가능하다.

```
[cloud@master]$ condor_q

-- Schedd: master.cloud.org : <192.168.56.101:9618?... @ 01/22/22 15:08:11
OWNER    BATCH_NAME     SUBMITTED   DONE   RUN    IDLE  TOTAL JOB_IDS
cloud    ID: 1          1/22 15:08    _      _      1      1 1.0

[cloud@master]$
```

condor_q는 사용자가 제출한 작업의 상태를 보여준다. 내용을 분석해보면, 사용자 cloud가 **배치작
업**batch job 1개를 **01/22/22 15:08:11**에 서브미션했다. 배치작업 1번(ID: 1)이 현재 IDLE 상태임을
보여준다. IDLE 상태는 HTCondor 클러스터에서 가용한 컴퓨팅 노드가 확보될 때까지 대기 중인 상
태를 말한다. 가용한 컴퓨팅 노드가 할당되면 상태는 IDLE에서 다음과 같이 RUN 상태로 변경되고,
실행이 완료되면 상태는 DONE 상태에 완료된 작업의 수가 표시된다. 예를 들어 20개의 작업을 제출했
고 그중 12개의 작업이 완료되고 8개가 수행 중이라면, DONE 항에 12, RUN 항에 8이 표현된다.

```
[cloud@master]$ condor_q

-- Schedd: master.cloud.org : <192.168.56.101:9618?... @ 01/22/22 15:08:16
OWNER    BATCH_NAME     SUBMITTED   DONE   RUN    IDLE  TOTAL JOB_IDS
cloud    ID: 1          1/22 15:08    _      1      _      1 1.0

[cloud@master ~]$ condor_q

-- Schedd: master.cloud.org : <192.168.56.101:9618?... @ 01/22/22 15:08:42
OWNER BATCH_NAME      SUBMITTED   DONE   RUN    IDLE   HOLD  TOTAL JOB_IDS

[cloud@master]$
```

JOBS_IDS가 의미하는 것은 배치작업 1번의 0번째 세부 작업을 의미한다. job.jds에 queue 1이 하나의 작업을 제출하는 것이므로 배치작업은 1개의 작업으로 구성되었음을 의미한다. 즉, 1.0은 1번째 배치작업의 0번째(첫번째) 작업을 말한다. 만약 하나의 배치작업이 여러 개의 작업으로 구성되었을 경우를 생각해보면 이해하기가 쉽다. job.jds 파일에 queue 9900을 지정했다면 하나의 작업은 실제 9,900개의 작업으로 구성된다. 배치작업이 아닌 배치 내의 각각의 작업에 대한 상태를 확인해보기 위해 condor_submit 명령에 -nobatch 옵션을 사용하는데, job.jds에 queue 2로 변경하여 서브미션한 상태를 보여준다.

```
[cloud@master ~]$ condor_q -nobatch

-- Schedd: master.cloud.org : <192.168.56.101:9618?... @ 01/22/22 18:31:33
 ID      OWNER            SUBMITTED     RUN_TIME ST PRI SIZE CMD
   6.0   cloud           1/22 18:31   0+00:00:13 R  0    0.0 copy_check program
   6.1   cloud           1/22 18:31   0+00:00:00 I  0    0.0 copy_check program

[cloud@master]$
```

HTCondor의 큐를 배치작업 단위가 아닌 배치 내에 있는 작업 단위로 보여준다. 6.0이 의미하는 것은 배치작업이 6번째로 HTCondor 클러스터에 서브미션되었고, 배치작업에는 2개의 작업이 있음을 보여준다. 6.0은 컴퓨팅 노드를 할당받아 실행 중에 있으며 6.1은 컴퓨팅 노드가 가용될 때까지 대기상태임을 알려주고 있다.

작업이 HTCondor 클러스터에 제출되고 난 후 실행에 대한 정보가 job.jds에 기술된 job.err, job.log, job.out 파일에 저장된다.

```
[cloud@master ~]$ tree
.
├── copy_check
├── job.err
├── job.jds
├── job.log
├── job.out
├── program1.java
├── program2.java
└── similarity.out

0 directories, 8 files
[cloud@master ~]$
```

job.log는 작업이 서브미션되고 컴퓨팅 노드가 해당 작업에 할당되는 과정에 대한 정보를 보여주는데, 작업에 문제가 발생할 경우 가장 먼저 검토해야 할 파일이다. 다음은 job.log 파일의 일부를 보여주는데, 주요한 내용만 간략하게 살펴보자.

```
[cloud@master ~]$ cat job.log
000 (004.000.000) 01/22 15:08:09 Job submitted from host:
<192.168.56.101:9618?addrs=192.168.56.101-9618&noUDP&sock=12078_14f5_3>
...
001 (004.000.000) 01/22 15:08:16 Job executing on host:
<192.168.56.103:9618?addrs=192.168.56.103-9618&noUDP&sock=11608_b372_3>
...

005 (004.000.000) 01/22 15:08:36 Job terminated.
    (1) Normal termination (return value 0)
        Usr 0 00:00:00, Sys 0 00:00:00  -  Run Remote Usage
        Usr 0 00:00:00, Sys 0 00:00:00  -  Run Local Usage
        Usr 0 00:00:00, Sys 0 00:00:00  -  Total Remote Usage
        Usr 0 00:00:00, Sys 0 00:00:00  -  Total Local Usage
    58  -  Run Bytes Sent By Job
    60  -  Run Bytes Received By Job
    58  -  Total Bytes Sent By Job
    60  -  Total Bytes Received By Job
    Partitionable Resources :   Usage  Request Allocated
        Cpus           :        0        1         1
        Disk (KB)      :       14    20480  16405136
        Memory (MB)    :        1      100       990
...
[cloud@master ~]$
```

배치작업은 호스트 IP가 192.168.56.101에서 서브미션되었고 해당 작업은 IP가 192.168.56.103인 컴퓨팅 노드에 할당되었다. 두 컴퓨터 간 통신은 포트 번호 9618로 진행되었음을 보여준다. 작업은 종료되었고 1개의 CPU를 요청하고 CPU 1개가 할당되었다.[11] 디스크는 20480KB를 요청하였으나 14KB를 사용하였다.[12] 메모리는 100MB를 요청하였으나 실제는 1MB만을 사용하였다.[13]

---

11 job.jds에서 request_cpus = 1로 지정하였다.

12 job.jds에서 request_disk = 20MB로 지정하였다.

13 job.jds에서 request_memory = 100MB로 지정하였다.

연습문제

1. 시리얼 컴퓨팅과 병렬 컴퓨팅의 차이점을 설명하라.

2. HTC와 HPC의 유사점과 차이점을 설명하라.

3. HPC의 대표적인 예가 슈퍼컴퓨터를 이용한 것이다. 슈퍼컴퓨터 순위는 Top 500(https://www.top500.org/)에서 확인할 수 있다. 가장 빠른 슈퍼컴퓨터의 계산속도를 일반인이 이해할 수 있는 수준으로 기술해보라.

4. HTC를 이용하여 풀 수 있는 우리 일상의 문제를 찾아보고 그 근거를 제시하라.

5. HTC를 적용하여 문제를 풀고자 할 때 작은 단위로 나누어지는 문제들이 상호 독립적일 때 효과가 크다. 만약 작은 문제들이 완벽하게 독립적으로 분리되지 못할 경우, 어떻게 처리하는 것이 좋은지 설명하라.

6. 주변에 특정 시간에 활용되지 않은 유휴한 컴퓨팅 자원이 있는지 확인해보고 유휴자원을 활용하기 위한 솔루션은 무엇인지 설명해보라.

7. **인피니밴드**InfiniBand의 네트워크 연결방식에 대해서 조사하고 동작 방식을 설명하라.

8. **MPI**message passing interface 프로그래밍의 간단한 예를 찾아보고 설명해보라.

9. 3.2절에 제시된 HTC의 사용 예 이외에 또 다른 HTC를 활용한 예를 찾아보고 HTC 방법이 적절한지 설명해보라.

10. HTCondor와 유사한 솔루션을 조사하여 설명하라.

11. HTC와 HPC에 사용되는 스케줄러의 공통점과 차이점을 무엇인지 설명하라.

PART

2

가상머신 기반 HTC

4

VirtualBox 기반
HTCondor 클러스터 생성

이 책 전반에 걸쳐 우리는 클라우드 컴퓨팅을 HTC 관점에서 살펴본다고 했다. VirtualBox를 이용하여 HTC용 HTCondor 클러스터를 구축해보자.

4.1 클러스터 구성 개요

클러스터를 구축하기 위해서는 여러 대의 컴퓨터가 필요하지만, 가상화 덕분에 우리는 하나의 물리 컴퓨터에서 여러 대의 가상머신을 만들고 HTCondor 클러스터를 구축할 수 있다. VirtualBox를 이용하여 가상머신을 생성한 후 HTCondor 클러스터를 구축해보는 실습을 할 것이다. 모든 예제는 Ubuntu Linux 기반으로 설명되이다.[1]

그림 4.1은 VirtualBox 기반의 HTCondor 클러스터의 구성도를 보여준다. Ubuntu가 설치된 개인용 PC에 VirtualBox를 이용해 3개의 가상머신을 만든다. 이 가상머신은 CentOS의 기반으로 동작하고 HTCondor가 설치된다. 데비안 계열의 Ubuntu와 RPM 기반의 CentOS를 혼합하여 사용하는 이유는 클라우드 컴퓨팅과 관련한 많은 툴들이 리눅스 기반으로 배포되기 때문에 두 리눅스 시스템에 대해 익숙해지는 목적이 있다. 또한 많은 데이터 센터에서 **레드햇**Red Hat계열의 리눅스 시스템을 사용하므로 클러스터를 구축할 때는 레드햇 계열의 CentOS에 대한 경험이 도움이 될 것이다.

---

1 본 장에서는 윈도우를 기반으로 실습해도 상관없지만, 베어 메탈 방식 하이퍼바이저인 KVM의 원활한 실습을 위해서 리눅스 기반으로 구성하길 권장한다.

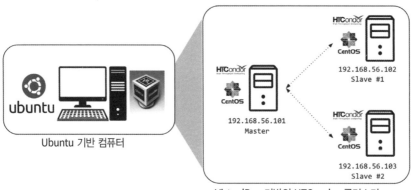

그림 4.1 **VirtualBox 기반의 HTCondor 클러스터 구성도**

HTCondor 클러스터는 마스터 노드 1대(master)와 슬레이브 노드(또는 워커 노드) 2대(slave #1, slave #2)로 구성되어 있다. 내부 네트워크(192.168.56.0)를 구성하여 마스터 노드와 슬레이브 노드를 동일 네트워크로 구성할 것이다. 우리는 궁극적으로 마스터 노드에서 condor_status HTCondor 명령을 통해 2개의 슬레이브 노드가 다음과 같이 정상적으로 보이도록 하는 것이 최종 목표이다.

```
[cloud@master ~]$ condor_status
Name               OpSys      Arch   State    Activity     LoadAv Mem  Actvty

slave1.cloud.org   LINUX      X86_64 Unclaimed Benchmarking  0.000  990  0+00:0
slave2.cloud.org   LINUX      X86_64 Unclaimed Benchmarking  0.000  990  0+00:0

              Machines Owner Claimed Unclaimed Matched Preempting  Drain

  X86_64/LINUX     2     0       0        2       0          0      0

        Total      2     0       0        2       0          0      0
[cloud@master ~]$
```

4.2 VirtualBox 설치

VirtualBox는 **오라클**Oracle에서 배포하고 있는 **호스티드**hosted 방식의 하이퍼바이저로 **GNU GPL**General Public License 방식으로 배포되고 있다. https://www.virtualbox.org/에서 다운로드할 수 있다(그림 4.2). VirtualBox 홈페이지에서 가장 최신 버전의 다운로드 링크를 클릭하여 다음 단계로 넘어간다.

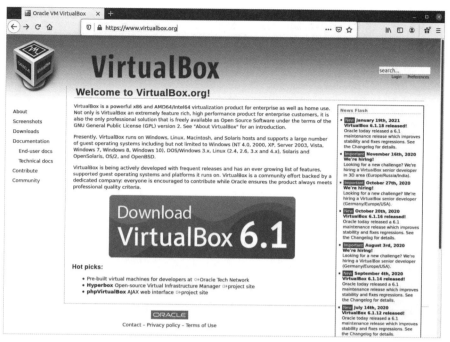

그림 4.2 **VirtualBox 홈페이지**

VirtualBox가 설치될 운영체제를 선택해야 하는데 VirtualBox는 다양한 운영체제를 지원하고 있다(그림 4.3). 윈도우 사용자는 [**Windows hosts**]를 선택해서 진행하면 된다. 우리는 리눅스 기반으로 설치할 것이므로 [**Linux distributions**]을 선택한 후 현재 자신의 리눅스 배포판에 맞는 버전을 선정한다(그림 4.4).

여기에서는 Ubuntu 20.04 버전을 기준으로 설명하기 때문에 [**Ubuntu 18.10 / 20.04**]를 클릭하여 해당 배포판을 다운로드한다. 다른 버전들도 실습을 진행하는 데는 크게 상관없으므로 현재 실습 환경에 맞는 버전을 다운로드해 설치한다.

VirtualBox를 이용하다 보면 마우스 등 호스트 시스템과 가상머신 간 이동이 불편할 때가 많다. 가상머신과 호스트머신 간에 편리성을 제공하기 위해 VirtualBox는 **VirtualBox Extension Pack**을 제공하고 있다. 다운로드 페이지(그림 4.5)에서 VirtualBox Extension Pack을 같이 다운로드한다.

그림 4.3 VirtualBox Download 페이지

그림 4.4 VirtualBox Linux distributions 페이지

그림 4.5 VirtualBox Extension Pack 다운로드

다운로드한 2개의 파일을 다음과 같이 확인할 수 있다.

```
rsyoung@kant:~/Downloads$ ls
Oracle_VM_VirtualBox_Extension_Pack-6.1.18.vbox-extpack
virtualbox-6.1_6.1.16-140961_Ubuntu_eoan_amd64.deb
```

Ubuntu 터미널에서 apt 명령으로 로컬 패키지를 인스톨한다.[2] 설치 명령에서 \(백슬래시)문자는 긴 명령어를 다음 줄로 연결하기 위한 것으로 터미널에서 한 줄로 명령어를 입력한 것과 동일하다.[3]

```
rsyoung@kant:~/Downloads$ sudo apt install \
./virtualbox-6.1_6.1.16-140961_
Ubuntu_eoan_amd64.deb

[sudo] password for rsyoung:
Reading package lists... Done
Building dependency tree
Reading state information... Done
```

그림 4.6은 VirtualBox Extension Pack 파일을 **GUI**graphic user interface 환경에서 보여준다. VirtualBox가 성공적으로 설치되었다면, 이제 VirtualBox Extension Pack을 더블 클릭하여 설치한다.

(a) VirtualBox Extension Pack   (b) 설치

그림 4.6 **VirtualBox Extension Pack 설치**

---

2   VirtualBox 버전은 다운로드 시점에 따라 다를 수 있다.

3   명령이 긴 경우 백슬래시를 표시 않고 다음 라인에 명령을 기술하기도 하였다.

4.3 CentOS 가상머신 생성

4.3.1 CentOS 다운로드하기

CentOS 리눅스에 HTCondor를 설치하여 클러스터를 구축할 것이다. 따라서 VirtualBox의 가상머신에 설치될 CentOS를 다운로드해야 한다. CentOS 홈페이지 https://www.centos.org/에 접속해보자. 그림 4.7은 CentOS 홈페이지를 보여준다.

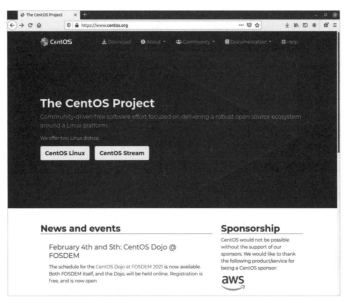

그림 4.7 **CentOS 홈페이지**

실습에서는 CentOS 7을 기준으로 설명한다.[4] CentOS 웹페이지의 다운로드 페이지에서 **Older Versions**를 찾아 우리가 원하는 CentOS 7을 찾는다. 그림 4.8은 다운로드 페이지(`https://wiki.centos.org/Download`)를 보여준다.

mirror 링크를 따라가면 다운로드할 수 있는 **미러 리스트**mirror list를 볼 수 있다. 여러 미러 사이트 중 임의로 선택해도 되지만, 국내에 있는 미러 사이트 중 하나를 선택한다. 카카오에서 운영하고 있는 미러 사이트(`http://mirror.kakao.com/centos/7.9.2009/isos/x86_64/`)를 선택해보자.

---

4   CentOS의 다른 버전을 사용하여도 상관없다. 실습의 중요한 포인트는 레드햇 계열의 리눅스 배포판에 익숙해지는 것이다.

그림 4.8 **CentOS 다운로드 페이지**

그림 4.9는 다양한 종류의 CentOS 7 이미지들을 보여준다. 우리는 리눅스 터미널 환경에서 설치를 진행할 것이므로 CentOS 7의 **미니멀 버전**minimal version을 이용할 것이다. **CentOS-7-x86_64-Minimal-2009.iso**를 다운로드한다.

최종적으로 다운로드한 파일을 확인해보자.

```
rsyoung@kant:~/Downloads$ ls -sh CentOS-7-x86_64-Minimal-2009.iso
974M CentOS-7-x86_64-Minimal-2009.iso
rsyoung@kant:~/Downloads$
```

CentOS가 성공적으로 다운로드되어 CentOS-7-x86_64-Minimal-2009.iso 파일을 확인할 수 있고, 파일의 크기는 974M 바이트임을 알 수 있다.

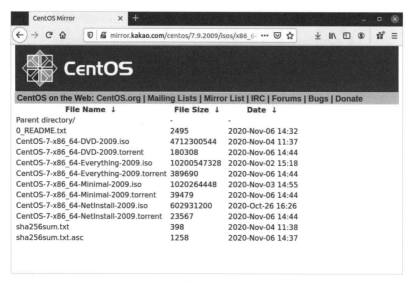

그림 4.9 **카카오에서 운영 중인 CentOS 미러 사이트**

4.3.2 가상머신 만들기

VirtualBox에 CentOS를 설치할 가상머신을 만들어보자. 가상머신은 여러분이 조립 PC를 만드는 과정이라고 생각하면 된다. VirtualBox에 가상머신을 하나 만들고 가상머신에 CentOS를 설치할 것이다. VirtualBox를 실행하고 난 후 신규 가상머신을 [New] 버튼을 클릭하여 생성 준비를 한다(그림 4.10).

그림 4.10 **VirtualBox 실행 후 새로운 가상머신 준비**

[New] 버튼을 클릭하면 그림 4.11과 같이 기본적인 정보를 설정하는 화면이 나온다. [Name]은 가상머신의 이름을 설정하는 것으로 임의의 이름을 입력해주면 된다. 여기에서는 CentOS로 지정하였다. [Machine Folder]는 가상머신이 저장될 위치를 의미한다. 앞으로 생성할 모든 가상머신이 저장될 곳이다. 어느 정도 저장공간이 충분한 곳을 지정한다. 다음으로 [Type]을 지정하는데, CentOS는 리

눅스 운영체제이기 때문에 [Linux]로 지정하고 [Version]은 [Red Hat(64-bit)]으로 설정하고 [Next]를 클릭하여 다음 단계로 이동한다.

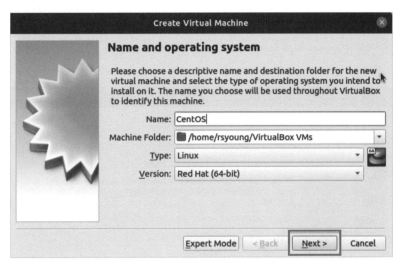

그림 4.11 **가상머신 기본 정보 설정**

다음 단계는 가상머신의 메모리를 추가해야 한다. 메모리 크기를 1024MB로 설정한다(그림 4.12). 메모리 용량이 부족할 경우 512MB로 지정하여도 상관없지만 메모리가 충분히 있다면 1024MB 정도로 설정하길 권장한다. [Next] 버튼을 클릭하여 다음 단계로 이동한다.

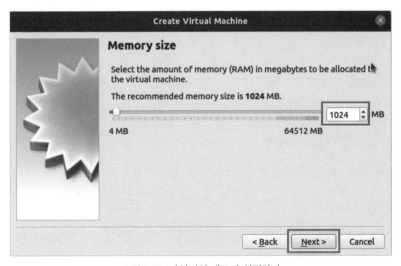

그림 4.12 **가상머신 메모리 설정하기**

CentOS가 설치될 하드디스크를 가상머신에 추가해야 한다. 우리는 새로운 하드디스크를 생성할 것이므로 [**Create a virtual hard disk now**]를 선택한다(그림 4.13). 만약 만들어진 가상머신이 오류가
발생해서 새로운 가상머신을 만들어야 할 경우, 기존의 하드디스크를 신규로 생성한 가상머신에 추가
할 수도 있는데, 이 경우는 [**Use an existing virtual hard disk file**]을 선택하여 하드디스크를 선
택하면 된다. 이것은 마치 PC에 문제가 생겼을 때 하드디스크만을 떼어내어 새로운 PC에 장착하는
것과 동일한 것이다. [**Create**] 버튼을 클릭하여 다음 단계로 이동한다.

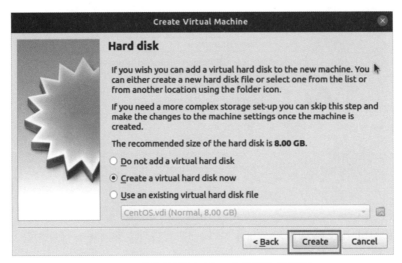

그림 4.13 **가상머신 하드디스크 추가 방식 설정하기**

가상머신의 하드디스크를 생성하는 방법을 결정했다면, 다음 단계는 하드디스크 파일의 타입을 결정
해야 한다. 우리가 만든 가상머신은 물리적인 시스템이 아니라 컴퓨터상에서 존재하는 파일임을 명심
하기 바란다.

따라서 지금 생성하는 하드디스크 또한 파일인 것이다. 호스티드 방식의 하이퍼바이저인 VirtualBox
은 다음과 같이 3가지 하드디스크 파일 타입을 지원하고 있다.

- **VDI**virtual disk image: VirtualBox를 위해 개발된 하드디스크 파일 타입
- **VHD**virtual hard disk: MicroSoft사의 Virtual PC를 위해 개발된 하드디스크 파일 타입
- **VMDK**Virtual Machine Disk: VMWare를 위해 개발된 하드디스크 파일 타입

하이퍼바이저별로 서로 다른 파일타입을 지원하기 때문에 VirtualBox에서 생성된 하드디스크를 다른
하이퍼바이저에 사용하기 위해서는 변환작업이 필요하게 된다.

VirtualBox 하드디스크 파일 타입인 [**VDI**]를 선택하고 [**Next**]를 클릭하여 다음 단계로 이동한다(그
림 4.14).

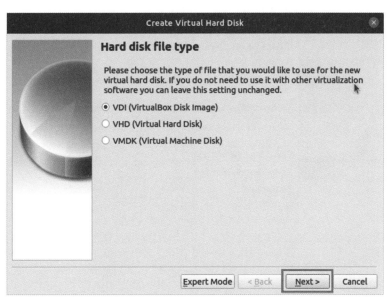

그림 4.14 하드디스크 파일 타입 설정하기

생성될 하드디스크 파일의 확장 방식을 지정해야 하는데 VirtualBox는 2가지 방식인 **Dynamically allocated** 방식과 **Fixed size**을 지원하고 있다. 만약 20GB 크기의 하드디스크 파일을 생성한다고 할 때 Dynamically allocated 방식은 하드디스크가 생성될 때 최종 크기로 생성하지 않고 필요할 때마다 크기를 늘려가면서 하드디스크를 관리하는 방식이다. 이 경우 당연히 필요할 때만 하드디스크 파일이 커지므로 실제 시스템 공간을 효율적으로 활용할 수 있는 장점이 있다. 하지만, 하드디스크의 확장 공간을 마련해야 하는 부가적인 작업이 필요하기 때문에 속도 면에서 단점이 있다. 이 방식으로 한번 확장된 하드디스크 파일은 다시 줄어들지 않는다. 반면, Fixed Size 방식은 20GB를 처음부터 생성하는 방식으로 디스크 공간의 효율성은 떨어지더라도 속도 측면에서는 효과적이다. 우리는 속도가 중요한 것이 아니므로 그림 4.15와 같이 [**Dynamically allocated**] 방식을 지정하고 [**Next**]를 클릭하여 다음 단계로 이동한다.

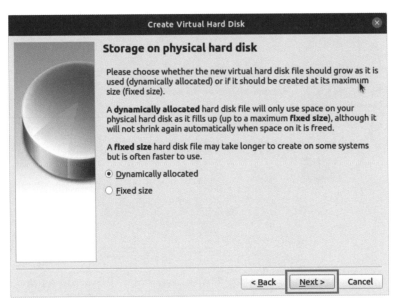

그림 4.15 하드디스크 확장 방식 지정

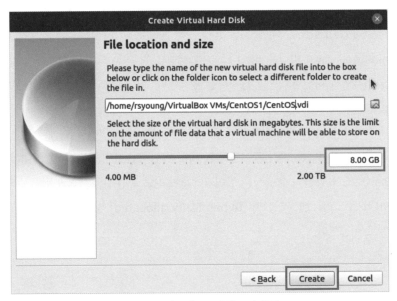

그림 4.16 하드디스크 파일 크기 설정

그림 4.16은 하드디스크 파일 크기와 위치를 지정하는 것을 보여준다. 하드디스크 파일 크기를 기본
값인 [8GB]로 설정한다. 하드디스크 파일 확장 방식을 동적 확장 방식으로 설정했기 때문에 가상머
신이 생성될 때 8GB를 바로 생성하지 않고 논리적으로 8GB를 만든 후에 확장이 필요할 때 8GB까지
물리적으로 확장해 나간다. [Create] 버튼을 클릭하면 최종적으로 새로운 가상머신 생성이 완료된다.

그림 4.17은 생성 완료된 가상머신을 보여준다. 여기까지가 실제 조립 PC 한 대를 준비 완료한 단계라고 볼 수 있다. 만약에 우리가 메모리나 CPU의 코어를 늘리고 싶다면, [Settings]를 클릭하여 필요한 리소스를 늘릴 수 있다.

그림 4.17 새로운 가상머신 생성 완료

그림 4.18은 CPU 코어 개수를 1로 설정하는 것을 보여준다. 나중에 확인하겠지만 HTCondor 클러스터에서 **슬롯**slot은 코어와 매핑된다. 따라서 하나의 코어는 하나의 슬롯이 된다.

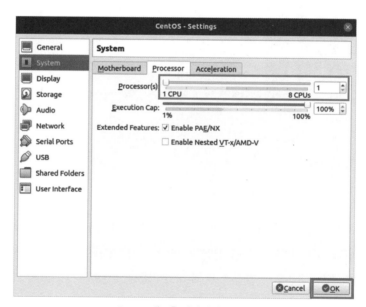

그림 4.18 새로운 가상머신 생성 완료

4.3.3 가상머신에 CentOS 설치하기

가상머신에 CentOS를 설치해보자. VirtualBox를 실행시킨 후 그림 4.19에 보이는 것과 같이 [Start] 버튼을 클릭하여 가상머신을 실행한다. 조립이 완성된 PC의 전원을 인가하는 것과 동일하다.

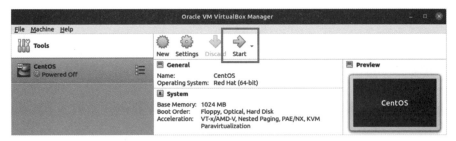

그림 4.19 CentOS 가상머신 실행

가상머신은 운영체제가 없기 때문에 우리가 설치할 CentOS의 위치를 지정해줘야 한다.[5] 운영체제가
설치되지 않았으므로 부팅할 수 있는 [Start up disk]의 위치를 그림 4.20과 같이 물어본다.

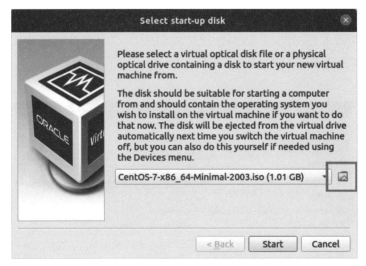

그림 4.20 CentOS IOS 파일 위치 지정

다운로드한 CentOS의 위치를 그림 4.21에서 보이는 것과 같이 CentOS가 다운로드된 디렉터리로
이동하여(❶) CentOS ISO 이미지 파일을 선택한다(❷). 그리고 [Open](❸)을 클릭하여 CentOS ISO
파일 지정을 마친다. 그림 4.20으로 돌아간 후 [Start] 버튼을 클릭하여 CentOS 가상머신을 실행시
킨다.

---

5   [Settings]에서 [Storage]를 선택하여 CentOS 이미지파일을 지정할 수도 있다.

그림 4.21 **다운로드한 CentOS IOS 파일 선택**

다운로드한 CentOS가 정상적인 ISO 파일이라면, 그림 4.22와 같이 설치화면이 나올 것이다. **[Install CentOS 7]**을 선택하여 설치를 시작한다.[6] 그림 4.22의 오른쪽 하단에 **[Right Ctrl]**이 표시되어 있는데, 오른쪽 컨트롤 키가 **호스트 키**host key임을 알려주고 있다. CentOS를 설치하는 과정 중 키보드와 마우스를 이용하여 필요한 정보를 입력해야 하는데, 만약에 가상머신에서 호스트머신으로 이동하고자 할 때 호스트 키를 이용하여 마우스와 키보드를 호스트머신에서 사용할 수 있도록 해야 한다.

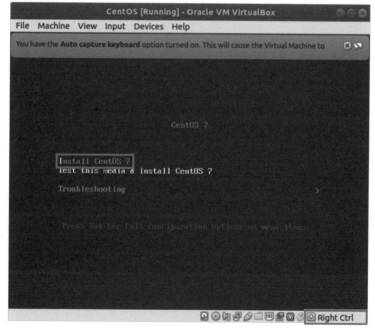

그림 4.22 **CentOS 설치 – Install CentOS 7 선택**

---

6   **Test this media & install CentOS 7**은 다운로드한 CentOS ISO 파일이 정상적인지 테스트를 한 후 CentOS를 설치한다.

CentOS 7 설치를 시작하게 되면, 설치 과정 중 안내 사항에 대한 언어를 선택하는 창이 나오게 된다 (그림 4.23). 언어로는 [영어(English)]를 선택한다.[7]

그림 4.23 **설치 과정 언어 선택(English 선택)**

다음 단계에서는 CentOS가 설치되는 가상머신 시스템의 시간을 설정해야 한다. 그림 4.24의 [DATE & TIME]을 선택하여 시간설정 화면으로 이동한다. 마우스를 이동하여 대한민국의 서울 위치를 클릭 (❶)하면 자동으로 [Region]은 [Asia]로 [City]는 [Seoul]로 설정(❷)이 될 것이다. 화면 하단의 시간 이 적절한지 확인한 후 [Done] 버튼을 클릭(❸)하여 설치화면으로 이동한다.

---

7 한글 등 다른 언어를 선택하여도 상관없다.

98 **CHAPTER 4** VirtualBox 기반 HTCondor 클러스터 생성

(a) DATE & TIME 설정

(b) 지역 선택

그림 4.24 **DATE & TIME 설정(아시아, 서울 선택)**

다음 단계에서는 CentOS를 설치할 파티션을 지정해야 한다. 그림 4.25에서와 같이 [**INSTALLATION DESTINATION**]을 선택하여 하드디스크와 파티션을 지정하는 화면으로 이동한다. CentOS를 서버로 사용하기 위해서는 일반적으로 home, boot, swap 파티션 등을 설정하여야 하지만, 우리는 가상머신으로 HTCondor 클러스터를 구성하는 것이 목적이므로 최대한 단순하게 CentOS를 설치한다. [**INSTALLATION DESTINATION**] 화면에서 [**Done**] 버튼을 클릭하여 기본값으로 설치하도록 한다.

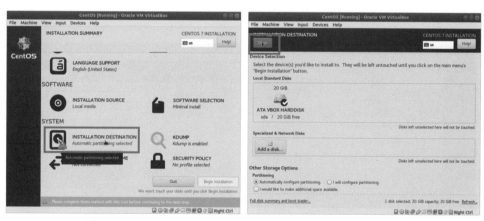

(a) 설치 위치 선택

(b) 기본값 선택

그림 4.25 **CentOS 설치 위치 설정**

설치 위치를 설정한 후 [**Begin Installation**] 버튼을 클릭하여 설치를 시작한다(그림 4.26).

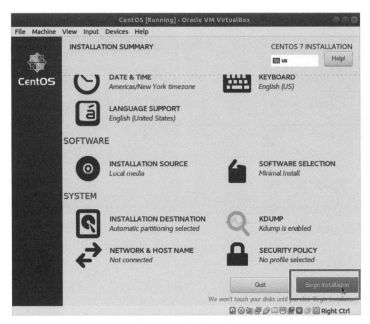

그림 4.26 CentOS 설치 시작

CentOS를 설치하는 과정 중에 시스템을 제어할 수 있는 루트root 패스워드와 사용자를 생성하고 사용자의 패스워드를 설정할 수 있다. 먼저 루트 패스워드를 설정한다. 그림 4.27과 같이 루트 패스워드를 설정하고 [Done]을 클릭하여 설정을 완료한다.

(a) ROOT PASSWORD 선택 (b) 루트 패스워드 설정

그림 4.27 CentOS 설치 위치 설정

루트 패스워드를 설정했다면, 주요 사용자 계정 하나를 생성한다. 일반적으로 루트로 시스템에 로그인하는 것보다는 일반계정으로 로그인하여 루트 권한을 획득하여 시스템을 제어하는 경우가 많다. 그

림 4.28의 [USER CREATION]을 클릭하여 사용자 설정 화면으로 이동한다. [Full name]은 사용자의 전체 이름을 지정하는 것으로 여기에서는 **Cloud Computing**이라고 사용자의 이름을 설정한다.

(a) USER CREATION 선택   (b) 사용자 계정 생성

그림 4.28 cloud 사용자 계정 생성

[User name]은 cloud로 지정하여 cloud 사용자 계정을 만든다. [Make this user administrator] 선택항목을 체크하여 cloud 사용자가 sudo 명령을 통해 시스템을 제어할 때 루트로 변환없이 사용자 계정에서 명령을 수행할 수 있도록 한다.[8] cloud 사용자의 패스워드를 설정한후 [Done] 버튼을 클릭하여 사용자 설정을 마친다.

설치가 완료되면 시스템을 **재부팅**rebooting시킨다. 재부팅 후에 실행할 CentOS를 선택하는 화면이 나온다(그림 4.29-(b)). 첫 번째를 선택하고 CentOS를 실행시킨다. 두 번째는 CentOS가 부팅이 안 되거나 시스템 설정을 잘못하여 부팅에 문제가 있을 때 **복구**rescue 모드로 접근하기 위한 것이다.

---

8   sudo는 SuperUser DO를 의미하며, 일반 사용자 권한으로 접근할 수 없는 시스템 권한의 명령을 수행할 수 있도록 해준다.

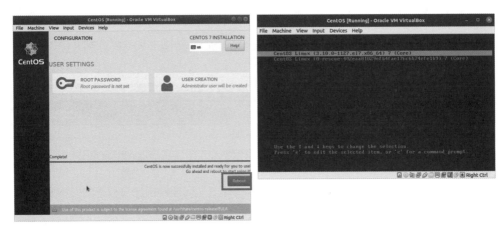

| (a) 시스템 재부팅 | (b) 일반 CentOS 부팅 선택 |

그림 4.29 **설치 완료 후 재부팅**

정상적으로 CentOS가 설치되었고 정상적으로 재부팅되었다면 **로그인 프롬프트**login prompt를 확인할 수 있다(그림 4.30). CentOS를 설치할 때 만들었던 `cloud` 계정으로 접속을 해보기 바란다. `cloud` 계정으로 CentOS에 접근이 된다면 HTCondor를 구성하기 위한 **클린이미지**clean image가 만들어진 것이다. CentOS가 설치된 가상머신은 이미지 파일이기 때문에 이 이미지를 활용하여 HTCondor의 마스터 노드, 슬레이브 노드로 복사하여 사용할 가상머신을 만들어 나갈 것이다.

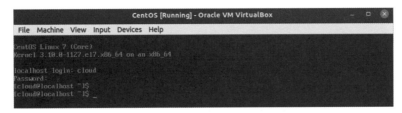

그림 4.30 **로그인 화면 및 cloud 계정으로 로그인**

4.4 CentOS 가상머신 네트워크 설정

지금까지 우리는 클린이미지의 CentOS 가상머신을 만들었다. HTCondor 클러스터는 네트워크로 각 워커 노드들을 연결하기 때문에 네트워크 설정이 필요하다. VirtualBox는 가상머신뿐만 아니라 다양한 IT 장비를 가상화할 수 있다. 그림 4.1은 네트워크 스위치가 생략된 상태로 클러스터를 개념적으로 설명하고 있는데, 네트워크 스위치를 추가하면 그림 4.31과 같다. HTCondor 마스터, 슬레이브들이 동일한 네트워크에 연결되도록 구성하는 것이다. 비록 VirtualBox를 통해 가상머신으로 진행하고 있지만, 물리머신일 때도 동일하다.

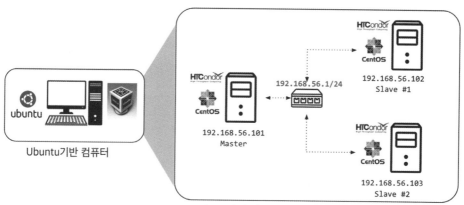

VirtualBox 기반 네트워크 생성 후 HTCondor 클러스터

그림 4.31 **VirtualBox 네트워크 스위치를 통한 HTCondor 클러스터**

4.4.1 네트워크 설정

VirtualBox에서 네트워크를 생성해보자. 여러 개의 네트워크를 생성할 수 있는데, VirtualBox의 [**File**] 메뉴에서 [**Host Network Manager**]를 선택한다(그림 4.32).

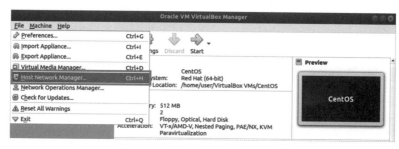

그림 4.32 **Host Network Manager 선택**

[**Create**] 버튼을 클릭하여 vboxnet0 네트워크를 생성한다(그림 4.33). 생성된 네트워크 vboxnet0는 IPv4 타입으로 IP 주소는 192.164.56.1이며 **서브넷 마스크**subnetwork mask가 24이다. 서브넷 마스크가 24이므로 255.255.255.0을 의미한다. 즉, vboxnet0 네트워크에 속하는 컴퓨터는 192.168.56.0 ~ 192.168.56.255로 구성된 네트워크에 속하게 된다.

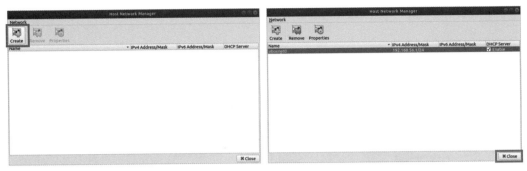

| (a) 네트워크 생성 | (b) 생성된 vboxnet0 |

그림 4.33 vboxnet0 네트워크 생성

vboxnet0에 속한 컴퓨터 노드는 실제로 192.168.56.2 ~ 192.168.56.254 이내의 IP 주소를 할당받아 사용하게 된다.[9] **DHCP Server**가 **활성화**enable되어 있는데, **DHCP**Dynamic Host Configuration Protocol 서버는 IP 주소를 동적으로 할당해주는 서버이다. 즉, 가상머신에 네트워크 인터페이스 카드를 추가할 경우 DHCP가 활성화되었다면, 자동으로 가용한 IP 주소 하나를 선택하여 해당 네트워크 카드에 할당해주는 역할을 한다. 현재 활성화 상태로 두고 진행하도록 한다. **SSH**secure shell를 통해 가상머신을 접속할 때 IP 주소가 필요한데, 매번 IP 주소가 변경된다면 상당히 번거로운 작업이 될 수 있다. 따라서 HTCondor 클러스터를 구성할 때는 모두 **정적 IP 주소**static IP address로 변경할 것이다.

CentOS를 설치한 가상머신에 vboxnet0에 연결될 네트워크 인터페이스를 추가해보자. 그림 4.34와 같이 CentOS 가상머신을 선택하고 **[Settings]**을 선택하여 설정화면으로 이동한다.

그림 4.34 CentOS 가상머신 설정

그림 4.35는 CentOS 가상머신에 네트워크를 추가하는 과정을 보여준다. **[Network]**를 클릭한 후
(❶) **[Adapter 2]**를 선택한다(❷). **[Adapter 2]**가 새로운 네트워크 인터페이스 카드가 되는 것이

---

9 192.168.56.0은 네트워크 자체를 의미한다. 192.168.56.1은 네트워크 스위치에 할당된 IP 주소, 192.168.56.255는 컴퓨팅 노드에 할당되는 것이 아닌 브로드 캐스팅에 활용되는 IP 주소이다.

다. CentOS 가상머신이 시작할 때 **[Adapter 2]** 인터페이스가 활성화되도록 **[Enable Network Adapter]** 체크박스를 선택한다(❸). 추가된 네트워크 인터페이스가 어떤 네트워크에 포함될지 결정해야 하는데, 우리는 **[Host-only Adapter]**를 선택하고(❹) [vboxnet0] 네트워크에 포함되도록 설정한 후(❺) **[OK]** 버튼을 클릭하여 설정을 완료한다(❻). **[Host-only Adapter]**는 Ubuntu 리눅스가 설치된 호스트머신과 VirtualBox로 생성된 CentOS 가상머신 간 네트워크 통신이 가능하도록 구성하는 것을 의미한다.[10]

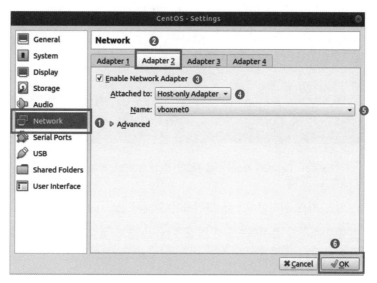

그림 4.35 **CentOS 가상머신 네트워크 인터페이스 추가**

새로운 네트워크 인터페이스를 추가했으므로, CentOS 가상머신을 실행하여 새롭게 추가된 네트워크 인터페이스를 확인해보도록 하자. 그림 4.36은 재부팅된 CentOS에 `cloud` 계정으로 로그인(❶)한 과정을 보여준다. `ip addr` 명령(❷)으로 현재 가상머신에 장착된 네트워크 카드의 인터페이스를 확인할 수 있고, 해당 인터페이스에 할당된 IP 주소들(❸)을 확인할 수 있다.

---

10 Host-only Adapter에 대한 자세한 내용은 https://www.virtualbox.org/manual/ch06.html에서 확인할 수 있다.

그림 4.36 **CentOS 가상머신에 로그인 후 네트워크 인터페이스 확인**

새롭게 추가된 네트워크 카드 인터페이스를 확인하기 위해서 `ip addr` 명령어를 이용하였다. 그림 4.36의 ❸에 보이는 출력 결과를 분석해보도록 하자. 다음은 출력 결과의 일부를 보여주는데, 중요한 포인트를 중심으로 설명한다.

```
[cloud@localhost ~]$ ip addr

2: enp0s3: <BROADCAST,MULTICAST,UP,LOWER_UP> mtu 1500 qdisc pfifo_fast state UP
    link/ether 08:00:27:40:7b:e8 brd ff:ff:ff:ff:ff:ff
3: enp0s8: <BROADCAST,MULTICAST,UP,LOWER_UP> mtu 1500 qdisc pfifo_fast state UP
    link/ether 08:00:27:eb:98:49 brd ff:ff:ff:ff:ff:ff
    inet 192.168.56.102/24 brd 192.168.56.255 scope global noprefixroute dynamic enp0s8
       valid_lft 537sec preferred_lft 537sec
    inet6 fe80::d893:cf22:ee52:4c30/64 scope link noprefixroute
       valid_lft forever preferred_lft forever
[cloud@localhost ~]$
```

enp0s3은 **Adapter 1**에 대한 네트워크 인터페이스 이름이다. 외부의 패키지를 다운로드할 때 우리가 구축한 시스템은 enp0s3 네트워크 인터페이스(네트워크 카드)를 이용하여 통신하게 된다. enp0s8은 **Adapter 2**로 생성한 네트워크 카드 인터페이스의 이름이다. **Adapter 2**를 추가했을 때(그림 4.35), CentOS 가상머신이 실행될 때 네트워크 카드 또한 활성화되도록 설정하였다. `state UP`은 바로 현재 네트워크 카드가 활성화되었음을 말해준다. DHCP 서버를 활성화했기 때문에 IP 주소 하나를 enp0s8 인터페이스에 할당하게 된다. 현재 192.168.56.102가 할당되었음을 알려준다. 할당된 IP 주소는 DHCP 서버가 가용한 IP 주소에서 임의로 하나를 지정하는 것이므로 상황에 따라 CentOS가 재부팅될 경우 192.168.56.101 등과 같이 변경될 수 있다.

이렇게 DHCP로 IP 주소를 할당받는다면, 매번 CentOS 가상머신이 부팅될 때마다 다른 IP 주소를 받을 수 있어 HTCondor 클러스터 내에 있는 컴퓨터 노드 간 통신을 설정하는 데 문제가 될 수 있다. 따라서, 이제 새롭게 추가된 네트워크 카드에 정적 IP 주소를 할당하자. CentOS에서 네트워크 카드 인터페이스는 모두 파일로 관리되는데, 파일들은 /etc/sysconfig/network-scripts/에 위치해 있다.[11]

```
[cloud@localhost ~]$ ls /etc/sysconfig/network-scripts/
ifcfg-enp0s3   ifdown-ppp      ifup-eth      ifup-sit
ifcfg-lo       ifdown-routes   ifup-ippp     ifup-Team
ifdown         ifdown-sit      ifup-ipv6     ifup-TeamPort
...
[cloud@localhost ~]$
```

ifcfg-enp0s3은 VirtualBox의 Adapter 1 네트워크 카드 인터페이스의 이름이라고 했다. Adapter 2 네트워크 카드 인터페이스에 대응되는 ifcfg-enp0s8 파일은 존재하지 않는다. 정적 IP 주소를 지정하기 위해서는 ifcfg-enp0s8 파일을 /etc/sysconfig/network-scripts/ 디렉터리에 다음과 같이 생성해야 한다. sudo vi ifcfg-enp0s8은 vi 에디터를 이용하여 cat ifcfg-enp0s8이 출력해낸 내용을 작성했다는 의미이다.[12]

```
[cloud@localhost ~]$ cd /etc/sysconfig/network-scripts/
[cloud@localhost network-scripts]$
[cloud@localhost network-scripts]$ sudo vi ifcfg-enp0s8
[sudo] password for cloud:
[cloud@localhost network-scripts]$
[cloud@localhost network-scripts]$ ls
ifcfg-enp0s3   ifdown-post    ifup-bnep    ifup-routes
ifcfg-enp0s8   ifdown-ppp     ifup-eth     ifup-sit
...
[cloud@localhost network-scripts]$
[cloud@localhost network-scripts]$ cat ifcfg-enp0s8
```

---

11 네트워크 카드 인터페이스의 설정파일인 ifcfg로 시작하는데, 이는 Interface Configuration을 의미한다.

12 vi 에디터가 아닌 nano, emacs와 같은 터미널 기반 에디터를 사용해도 된다.

```
TYPE=Ethernet
BOOTPROTO=static
DEVICE=enp0s8
GATEWAY=192.168.56.1
BROADCAST=192.168.56.255
IPADDR=192.168.56.101
NETMASK=255.255.255.0
NETWORK=192.168.56.0
ONBOOT=yes

[cloud@localhost network-scripts]$
```

/etc/sysconfig/network-scripts/ 디렉터리에 파일을 생성하기 위해서는 루트 권한이 있어야 한다. cloud 계정은 앞서 sudo 권한을 갖도록 설정하였기 때문에 sudo vi ifcfg-enp0s8 명령을 통해 파일을 생성한다.

ifcfg-enp0s8 파일 내용의 의미는 다음과 같다.

- TYPE=Ethernet: 네트워크 인터페이스 타입을 의미하고 이더넷 타입임을 나타낸다.
- BOOTPROTO=static: IP 주소를 정적으로 할당하겠다는 것을 의미한다. 즉, DHCP 서버에 의해 임의로 가용 IP 주소를 할당받는 것이 아니라, 정적으로 할당한다.
- DEVICE=enp0s8: 인터페이스 장치이름을 나타낸다.
- GATEWAY: vboxnet0 스위치의 IP 주소가 된다.
- IPADDR: 네트워크 인터페이스에 지정된 고정 IP 주소이다. 여기에서 확인할 것은 DHCP 서버를 통해 할당받은 IP 주소가 192.168.56.102였지만, IP 주소를 192.168.56.101로 변경하였다. 이처럼 우리가 원하는 IP 주소로 변경할 수 있다.
- NETMASK: 넷마스크로 255.255.255.0로 지정되어 있는데, 2진수로 다음과 같다.

  11111111.11111111.11111111.0

  24개의 1로 앞쪽을 마스킹한다는 의미이다. ip addr 명령 시 IP 주소로 표시되는 inet 192.168.56.102/24에서 24에 해당한다. 24개의 비트에 해당하는 192.168.56.으로 시작하는 네트워크 인터페이스는 동일한 네트워크에 있게 된다. 따라서 앞서 설명한 바와 같이 네트워크의 규모를 192.168.56.0 ~ 192.168.56.255로 설정하는 것과 같다.
- ONBOOT=yes: 부팅 시에 네트워크 인터페이스가 활성화되도록 지정하는 것이다. 만약 활성화가 안 되어 있다면, 해당 IP 주소로 가상머신에 접속을 할 수 없게 된다.

지금까지 `ifcfg-enp0s8`에 기술된 **설정 파라미터**configuration parameter에 대해서 간략히 알아봤다. CentOS에서 네트워크 인터페이스 설정파일에는 **도메인 네임 서비스**Domain Name System, DNS, 여러 네트워크 인터페이스를 **본딩**bonding하여 네트워크 **밴드위드**bandwidth를 높이는 MASTER, SLAVE와 같은 다양한 설정 파라미터를 지정할 수 있다. 자세한 내용은 레드햇 사이트를 통해 확인해보기 바란다.[13]

CentOS를 재부팅하여 `ip addr` 명령으로 IP 주소가 변경되었는지 확인해보자. CentOS 가상머신을 다음과 같이 재부팅한다.

```
[cloud@localhost ~]$ sudo reboot
[sudo] password for cloud:
```

그림 4.37과 같이 재로그인하여 `ip addr` 명령으로 확인해보면, enp0s8 인터페이스가 192.168.56.101로 할당되었음을 확인할 수 있다.

그림 4.37 **192.168.56.101로 IP 주소를 정적 할당 후 확인**

---

13 https://access.redhat.com/documentation/en-us/red_hat_enterprise_linux/7/html/networking_guide/sec-configuring_ip_
  networking_with_ifcg_files

4.4.2 SSH 접속

CentOS가 설치된 가상머신에 네트워크 인터페이스가 추가되었고 정적 IP 주소가 할당되었다면, 이제 **SSH**Secure Shell를 통해 **호스트머신**(Ubuntu)에서 **가상머신**(CentOS)으로 접속하는 환경을 구성해보자. SSH의 기본 포트 번호는 22번이다. SSH로 네트워크를 통해 가상머신에 접속하기 위해서는 CentOS 의 SSH **데몬**daemon과 22번 포트로 통신해야 한다.[14] 먼저 SSH 데몬 설정 파일인 /etc/ssh/sshd_config에서 #Port 22를 찾아 다음과 같이 주석(#)을 제거하여 Port 22로 변경한다. /etc/ssh/sshd_config 파일은 루트 권한으로 변경해야 하기 때문에 sudo 명령을 사용해야 한다.[15]

```
[cloud@localhost ~]$ sudo vi /etc/ssh/sshd_config
[sudo] password for cloud:
[cloud@localhost ~]$
[cloud@localhost ~]$ sudo cat /etc/ssh/sshd_config | grep Port
Port 22
[cloud@localhost ~]$
```

CentOS의 SSH 데몬의 이름은 sshdOpenSSH Daemon이다. systemctl 명령으로 sshd 데몬을 다음과 같이 실행하고 정상적으로 동작하는지 확인한다.

```
[cloud@localhost ~]$ sudo systemctl restart sshd
[cloud@localhost ~]$
[cloud@localhost ~]$ sudo systemctl status sshd
● sshd.service - OpenSSH server daemon
   Loaded: loaded (/usr/lib/systemd/system/sshd.service; enabled;
   Active: active (running) since ...
     Docs: man:sshd(8)
           man:sshd_config(5)
 Main PID: 1355 (sshd)
   CGroup: /system.slice/sshd.service
           └─1355 /usr/sbin/sshd -D

[cloud@localhost ~]$
```

CentOS가 설치된 가상머신은 OpenSSH 서버가 동작하고 있기 때문에 우리는 호스트머신에서 SSH 를 통해 CentOS에 접속할 수 있다. 그림 4.38은 호스트머신인 Ubuntu 시스템에서 191.168.56.101 로 CentOS가 설치된 가상머신으로 SSH 접속하는 모습을 보여준다.

---

14 22번이 SSH의 기본 포트 번호지만, sshd_config 파일에서 다른 포트 번호로 변경할 수 있다.

15 CentOS에 sshd_config 파일을 찾을 수 없다면, SSH 데몬이 설치되지 않은 것이므로 sudo yum -y install openssh-server 명령을 수행 하여 OpenSSH 서버 패키지를 설치한다.

그림 4.38 **SSH로 CentOS 가상머신에 접속**

ssh cloud@192.168.56.101 명령(❶)은 SSH로 IP가 192.168.56.101인 시스템에 cloud 계정으로 접속을 시도하라는 명령이다. 접속을 시도하면 SSH로 접속하고자 하는 시스템이 이전에 접속한 기록이 없다는 경고를 메시지를 보여주고 접속을 할지 물어본다(❷). [yes]를 입력하고 진행한다.[16] pinky 명령(❸)으로 누가 CentOS 가상머신에 접속해 있는지 확인하고 있다. TTY항을 보면, 하나는 tty1로 접속해 있고 다른 하나는 pts/0으로 접속해 있음을 알 수 있다. tty는 CentOS의 터미널을 의미하고 pts/0는 Ubuntu에서 SSH로 접속한 것을 나타낸다. 특히 Where항을 보면 gateway를 볼 수 있다. 즉, ifcfg-enp0s8항에 기술한 것과 같이 게이트웨이 192.168.56.1를 통해 접속했음을 보여주고 192.168.56.1는 우리가 생성한 스위치 vboxnet0이다.

CentOS를 SSH로 접속할 수 있는 환경을 구성하였는데, CentOS 터미널에서 작업하는 것보다 마우스와 키보드를 사용하는 데 있어 SSH를 통해서 시스템을 설정하는 것이 수월하기 때문에 가능하면 SSH로 접속하여 작업을 수행하기 바란다. 또한 대규모의 클라우드 컴퓨팅 인프라를 관리할 때 인프라의 콘솔에서 작업하는 경우는 극히 드물고 모두 네트워크를 통해 외부에서 접속하여 작업을 진행하기 때문에 SSH를 통해 외부에서 접속하는 환경에 익숙해질 필요가 있다.

그림 4.39는 현재까지 구축한 결과를 보여준다. VirtualBox를 이용하여 가상스위치 vboxnet0를 만들었고, 가상머신 CentOS를 만들었다. 가상머신에 네트워크 인터페이스를 추가하여 IP 주소 192.168.56.101을 할당하고 OpenSSH 서버를 구동시켜, Ubuntu 호스트 시스템에서 SSH로 접속까지 했다.

---

16 다음에 SSH로 접속하면 경고 메시지는 나오지 않는다. 성공적으로 접속된 호스트에 대한 정보가 .ssh/known_host에 기록되기 때문이다.

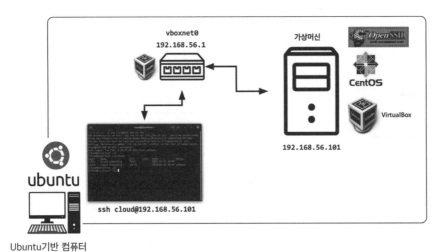

그림 4.39 **Ubuntu 호스트 시스템에 가상으로 구성한 환경**

이 모든 것이 Ubuntu 호스트머신 내에서 이루어지고 있지만 가상시스템을 물리시스템으로 생각하여도 동일하게 구성할 수 있다. 그림 4.40은 가상환경으로 구성된 것을 물리시스템으로 구성한 환경을 보여준다. 그림 4.39와 그림 4.40은 기능상의 차이는 없다. 단지 가상환경에서 구성했느냐 물리적 환경에서 구성했는가의 차이만 있을 뿐이다. 이처럼 우리는 가상환경을 통해서 충분히 물리시스템의 동작 방식과 환경을 구축해볼 수 있다.

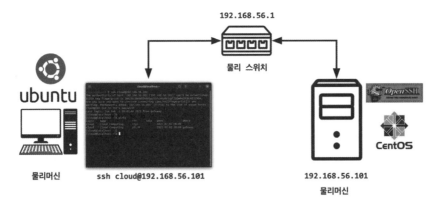

그림 4.40 **가상환경 그림 4.39를 물리적으로 구성한 모습**

다음 단계는 가상머신으로 만든 CentOS를 복제하여 마스터와 슬레이브 노드를 생성할 것이다. 부팅 시간을 조금이라도 단축할 수 있다면 서비스 다운타임을 줄일 수 있다. 부팅 시간을 단축하는 설정을 진행해보자. CentOS가 부팅될 때 그림 4.41과 같이 어떤 부팅 이미지를 이용하여 부팅할지 선택하는 화면이 나오는데, 부팅 시간을 단축하기 위해서 일반모드로 부팅되도록 설정하자.

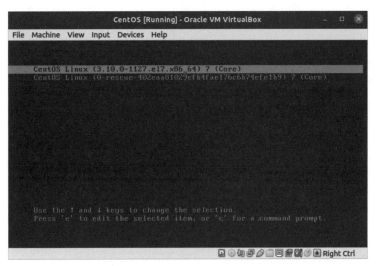

그림 4.41 **CentOS 부팅 시 부팅 모드를 물어보는 화면**

부팅 시 이미지를 선택하거나 시간을 설정하는 환경 파일은 /etc/default/grub이다. 이 파일의 GRUB_TIMEOUT 파라미터 값을 0으로 변경하여 바로 일반모드로 부팅될 수 있도록 설정한다. 다음과 같이 CentOS에 SSH로 접속하여 grub 파일의 값을 변경해준다. grub 파일은 루트 권한으로 수정해야 한다.

```
rsyoung@kant:~$ ssh cloud@192.168.56.101
cloud@192.168.56.101's password:
[cloud@localhost ~]$
[cloud@localhost ~]$ cd /etc/default/
[cloud@localhost default]$
[cloud@localhost default]$ ls
grub  nss  useradd
[cloud@localhost default]$
[cloud@localhost default]$ sudo vi grub
[sudo] password for cloud:
[cloud@localhost default]$ cat grub
GRUB_TIMEOUT=0
GRUB_DISTRIBUTOR="$(sed 's, release .*$,,g' /etc/system-release)"
...
[cloud@localhost default]$
```

grub 파일의 파라미터를 GRUP_TIMEOUT=0으로 변경했다면, 실제 GRUB2 부트로더가 사용할 환경 파일을 생성해야 한다. GRUB2 부트로더가 사용하는 실제 환경 파일은 /boot/grub2/grup.cfg 파

일이다. grub2-mkconfig 명령을 통해 **grup.cfg** 파일을 생성한다.[17]

```
[cloud@localhost default]$ sudo grub2-mkconfig -o /boot/grub2/grub.cfg
[sudo] password for cloud:
Generating grub configuration file ...
Found linux image: /boot/vmlinuz-3.10.0-1127.el7.x86_64
...
done
[cloud@localhost default]$
[cloud@localhost default]$ sudo ls /boot/grub2/
device.map  fonts  grub.cfg  grubenv  i386-pc  locale
[cloud@localhost default]$
```

grup.cfg 파일을 성공적으로 생성했다면, 시스템을 재부팅하여 CentOS가 실행될 때 GRUB 부트로더 메뉴를 거치는지 확인해보기 바란다. 비록 5초라는 짧은 시간이지만 부팅 시간을 조금이라도 단축시켜 시스템을 구성할 때 편의성을 높여보았다.

```
[cloud@localhost default]$ sudo reboot
Connection to 192.168.56.101 closed by remote host.
Connection to 192.168.56.101 closed.
rsyoung@kant:~$
```

4.5 가상머신 복사하고 접속하기

CentOS가 설치된 가상머신을 복사해서 새로운 가상머신을 만들 것이다. 이를 **복제**clonning라고 한다. 복제의 대상이 되는 가상머신은 파일시스템상에서 하나의 파일이다. 특별히 이 파일을 **이미지 파일**image file이라고 한다. 이 이미지 파일을 복제할 것이고 가장 최소의 CentOS만 설치되어 있으므로 **클린이미지**clean image라고 하자.

4.5.1 가상머신 복사

VirtualBox에서 2가지 방식으로 가상머신을 복제할 수 있다. 가장 쉬운 방법은 **GUI**graphical user interface 방식으로 복제하는 것이고 다른 하나는 **CLI**commandline interface 방식으로 복제하는 것이다. 각각의 방법으로 복제해보도록 하자. CentOS 가상머신을 복제하여 HTCondor 마스터가 노드가 될

---

17 GRUB2는 사용자가 직접 grup.cfg를 수정하는 대신, /etc/default/grub 파일을 수정함으로써 자동으로 grup.cfg을 생성하도록 하고 있는데 grup.cfg의 환경변수 값을 잘못 설정하는 것을 방지하고 사용자에게 편의성을 제공한다.

마스터(Master) 가상머신을 만들어보자.

그림 4.42는 VirtualBox **가상머신 관리자**VM manager에서 CentOS 가상머신을 선택하여 오른쪽 마우스 버튼으로 클릭했을 때 메뉴를 보여준다. [Clone...] 메뉴를 선택하여 다음 단계로 이동한다.

그림 4.42 **CentOS 가상머신 복제 메뉴**

그림 4.43은 복제될 가상머신에 대한 정보를 입력하는 화면이다. CentOS 가상머신을 복제하여 Master 가상머신을 만들 것이므로 [**Name:**] 항목에 Master를 입력한다. [**Path:**] 항목은 가상머신의 이미지 파일이 저장될 위치를 지정하는 것으로 용량이 충분한 위치를 지정하도록 한다. [**MAC Address Policy:**] 항목은 네트워크 인터페이스에 MAC 주소 부여 방식을 정한다.[18] MAC 주소는 모든 네트워크 카드에 새롭게 부여되어야 하므로 [**Generate new MAC addresses for all network adapters**]를 선택하고 [**Next**] 버튼을 클릭하여 다음 단계로 이동한다.

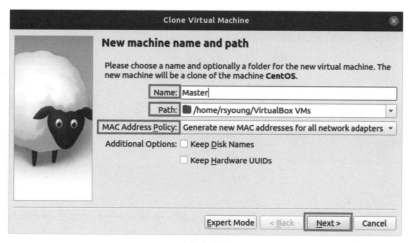

그림 4.43 **복제 가상머신 정보 입력**

---

18 MAC Address: Media Access Control Address로 네트워크 카드인 **NIC**(Network Interface Controller)에 부여되어 네트워크 통신을 할 때 OSI 7 계층 모델에서 Layer 2 간의 데이터 프레임을 교환할 때 사용하는 주소이다.

다음 단계에서는 그림 4.44와 같이 가상머신을 복제하는 방식을 물어본다. [Full clone] 방식은 가상머신 이미지를 그대로 동일하게 복제하는 방식이고 [Linked clone]은 원본 가상머신 이미지 파일위에 **스냅숏**snapshot을 만드는 것이다. 즉, 원본 가상머신이 삭제되면 [Linked clone] 방식은 정상 동작할 수 없게 된다. HTCondor 마스터 노드인 Master 가상머신이 독립적으로 동작해야 하기 때문에 [Full clone]을 선택하고 [Clone] 버튼을 클릭하여 복제를 마친다.

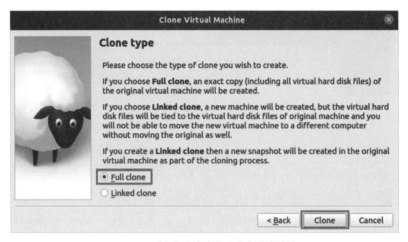

그림 4.44 **복제 가상머신 이미지 생성 방식**

그림 4.45는 최종적으로 생성된 Master 가상머신을 보여준다.

그림 4.45 **복제 가상머신 이미지 생성 방식**

우리가 구성할 HTCondor 클러스터는 마스터 노드 1대와 슬레이브 노드 2대로 구성된다. 마스터 노드에 해당하는 가상머신이 Master 가상머신이다. 슬레이브 노드 2대에 해당하는 가상머신 Slave1과 Slave2 가상머신을 CentOS 가상머신으로부터 CLI 명령으로 복제해보자. 호스트머신인 Ubuntu 터미널로부터 VBoxManage clonevm 명령을 이용하여 다음과 같이 생성한다. rsyoung@kant는 현재 명령이 Ubuntu 호스트 시스템에서 실행되고 있음을 보여준다.

```
rsyoung@kant:~$ VBoxManage clonevm CentOS --name "Slave1" --register
0%...10%...20%...30%...40%...50%...60%...70%...80%...90%...100%
Machine has been successfully cloned as "Slave1"
rsyoung@kant:~$
rsyoung@kant:~$ VBoxManage clonevm CentOS --name "Slave2" --register
0%...10%...20%...30%...40%...50%...60%...70%...80%...90%...100%
Machine has been successfully cloned as "Slave2"
rsyoung@kant:~$
rsyoung@kant:~$ ls VirtualBox VMs/
 CentOS  Master  Slave1  Slave2
rsyoung@kant:~$
```

VirtualBox에서 가상머신 이미지를 VirtualBox VMs/ 디렉터리에 저장한다. Ubuntu 호스트 시스템의 가상머신 이미지 파일이 저장된 위치를 확인해보면, 지금까지 생성한 모든 가상머신을 확인할 수 있다. VirtualBox와 VMs사이에 **공백**space이 있음을 확인하기 바란다. 이 디렉터리의 내용을 보기 위해서 ls Vir까지만 타이핑하고 **탭**tab을 입력하여 자동완성 기능을 이용하면 쉽게 확인할 수 있다.

VBoxManage 명령어에 대해 조금 더 살펴보자. VBoxManage의 **복제**clone 명령의 **구조**synopsis는 다음과 같다.[19]

```
VBoxManage clonevm <vmname|uuid> [--basefolder=basefolder] [--groups=group,...]
    [ --mode=machine | --mode=machinechildren | --mode=all ] [--name=name]
    [--options=option,...] [--register] [--snapshot=snapshot-name] [--uuid=uuid]
```

clonevm 명령은 반드시 <vmname> 이나 <uuid>가 나와야 한다. 복제할 가상머신을 지정하는 것으로 이름이나 UUID로 지정할 수 있다.[20] 우리는 UUID 대신 <vmname>에 가상머신 CentOS를 지정하였다. 가상머신을 복제하기 위해서 다양한 옵션이 존재한다. Slave1과 Slave2를 생성하기 위해 가장 최소의 옵션을 사용하였고 사용한 옵션의 의미는 다음과 같다.

- --name=name: 새로 생성할 가상머신의 이름을 지정하는 옵션
- --register: VirtualBox에 자동으로 등록하도록 하는 옵션

그림 4.46은 지금까지 복제하여 등록한 가상머신을 보여준다.

---

19 VBoxManage에 대한 자세한 내용 등은 https://www.virtualbox.org/manual/ch08.html에서 확인할 수 있다.
20 UUID는 Universally Unique Identifier의 약자로 128bit 숫자로 이루어져 있으며 컴퓨터 시스템 내에서 개체를 구별하기 위해 부여된 번호다.

그림 4.46 VirtualBox에서 Slave1, Slave2 가상머신 최종 복제 확인

4.5.2 복제한 가상머신에 기본 환경설정

HTCondor 클러스터를 구성하기 위해 필요한 3개의 가상머신 Master, Slave1, Slave2를 생성하였다. 이 가상머신을 이용해서 클러스터를 구성해야 하는데 가상머신 간에 서로 통신이 가능해야한다. CentOS 가상머신으로부터 복제된 가상머신은 모두 192.168.56.101 IP 주소를 갖고 있다. CentOS 가상머신은 이제 더이상 사용하지 않을 것이므로, 다음과 같이 IP 주소를 할당해보자.

- Master: 192.168.56.101
- Slave1: 192.168.56.102
- Slave2: 192.168.56.103

Master 가상머신을 실행시킨 후 Ubuntu 호스트머신에서 cloud 계정으로 Master 가상머신의 IP 주소인 192.168.56.101에 접속을 시도해본다. 아마도 다음과 같은 에러 메시지가 나올 것이다.

```
rsyoung@kant:~$ ssh cloud@192.168.56.101
@@@@@@@@@@@@@@@@@@@@@@@@@@@@@@@@@@@@@@@@@@@@@@@@@@@@@@@@@@@
@    WARNING: REMOTE HOST IDENTIFICATION HAS CHANGED!     @
@@@@@@@@@@@@@@@@@@@@@@@@@@@@@@@@@@@@@@@@@@@@@@@@@@@@@@@@@@@
IT IS POSSIBLE THAT SOMEONE IS DOING SOMETHING NASTY!
Someone could be eavesdropping on you right now (man-in-the-middle attack)!
It is also possible that a host key has just been changed.
The fingerprint for the ECDSA key sent by the remote host is
SHA256:KbncoeGgB6Fta7KFDZHHpcI8Tp9mi61gnlqHjfNLN9I.
Please contact your system administrator.
Add correct host key in /home/rsyoung/.ssh/known_hosts to get rid of
this message.
...
rsyoung@kant:~$
```

CentOS 가상머신의 핑거프린트fingerprint 정보와 192.168.56.101 IP 주소로 접속하고자 하는 Master 가상머신의 핑거프린트가 다르기 때문에 나오는 에러 메시지이다. 핑거프린트는 머신의 고 윳값으로 Ubuntu 호스트에서 CentOS 가상머신의 IP 주소와 ECDSAElliptic Curve Digital Signature Algorithm[21] 키를 교환한 상태에서 해당 IP의 가상머신인 Master의 고윳값이 다르기 때문에 **중간자공격**man in the middle attack에 대한 경고를 하고 있다. Ubuntu에서 알고 있는 CentOS 가상머신에 대한 IP 주소로 갔더니 전혀 다른 서버인 Master에 접근하고 있다는 경고를 하고 있다.[22]

친절하게 2가지 방법으로 에러를 수정하라고 나오는데, 우리는 단순하게 .ssh/known_hosts 파일을 삭제해서 해결하도록 하자.

```
rsyoung@kant:~$ rm .ssh/known_hosts
rsyoung@kant:~$
rsyoung@kant:~$ ssh cloud@192.168.56.101
The authenticity of host '192.168.56.101 (192.168.56.101)' can't be established.
ECDSA key fingerprint is SHA256:KbncoeGgB6Fta7KFDZHHpcI8Tp9mi61gnlqHjfNLN9I.
Are you sure you want to continue connecting (yes/no/[fingerprint])? yes
Warning: Permanently added '192.168.56.101' (ECDSA) to the list of known hosts.
cloud@192.168.56.101's password:
[cloud@localhost ~]$
```

그림 4.47은 Master 가상머신을 실행시키고 SSH를 통해 접속한 최종 모습을 보여준다.

---

21 ECDSA는 타원곡선을 이용한 디지털 서명 알고리즘으로 비트코인과 이더리움에서 사용되고 있다.

22 중간자공격에는 단대단(end-to-end) 통신에서 중간에 제3자가 개입하는 해킹방법으로 스푸핑(spoofing), 스니핑(sniffing), 스누핑(snooping) 이 있다. 스푸핑은 제3자가 중간에서 네트워크 패킷의 흐름을 다른 IP 주소로 변경하는 해킹이다. 스니핑은 네트워크 트래픽을 중간에서 도청 하는 해킹으로 패킷이 암호화되지 않았을 경우 정보가 그대로 노출된다. 스누핑은 로그인 정보, 이메일 등의 정보를 몰래 획득하는 해킹으로 스니핑과 유사하다.

그림 4.47 **SSH를 통해 Master에 접속**

VirtualBox에서 Master 가상머신을 실행시키면(❶), Master 가상머신 콘솔(❷)에 접근할 수 있고 콘솔에서 작업을 수행할 수 있지만, 모든 작업을 진행할 때는 Ubuntu 호스트머신에서 터미널을 실행하여 SSH로 Master에 접속하여 작업을 수행하기 바란다(❸). Master 콘솔(❷)의 경우 마우스 키보드 및 텍스트 복사 등이 자유롭지 않아 실습하는 데 매우 불편하다. Master 가상머신은 Ubuntu 호스트머신에 실행되고 있지만, 콘솔이 아닌 SSH로 접속할 경우(❸) 물리적으로 떨어진 Master라는 시스템을 네트워크를 통해 접속하고 있는 것과 동일한 환경이라는 점을 반드시 이해해야 한다.

생성한 가상머신 Master, Slave1, Slave2에 부여된 IP 주소에 각각 다음과 같이 호스트명을 부여하여 DNS의 역할을 하도록 구성해보자. 즉, IP 주소 대신 호스트명 또는 호스트 별칭alias을 이용할 수 있도록 하는 것이다.

- Master: 192.168.56.101 master.cloud.org master
- Slave1: 192.168.56.102 slave1.cloud.org slave1
- Slave2: 192.168.56.103 slave2.cloud.org slave2

예를 들어, Master 노드의 IP 주소는 192.168.56.101이고 IP 주소 대신 호스트명 master.cloud.

org을 이용하여 통신할 수 있다. 더 간단하게 별칭 master로 부여하여 쉽게 Master 노드와 통신할 수도 있다.

Master 노드의 호스트명은 현재 localhost이다.

```
[cloud@localhost ~]$
[cloud@localhost ~]$ cat /etc/hostname
localhost.localdomain
[cloud@localhost ~]$
```

Master 노드의 호스트명을 master.cloud.org로 다음과 같이 변경해보자.[23]

```
[cloud@localhost ~]$ sudo vi /etc/hostname
[sudo] password for cloud:
[cloud@localhost ~]$
[cloud@localhost ~]$ cat /etc/hostname
master.cloud.org
[cloud@localhost ~]$
```

클러스터로 묶일 가상머신들을 /etc/hosts 파일에 등록해야 한다. /etc/hosts 파일 포맷은 다음과 같다. 별칭은 없어도 되고 하나 이상 지정할 수 있다.

IP_address canonical_hostname [aliases ...]

따라서 /etc/hosts 파일에 다음과 같은 내용을 추가한다면, IP 주소 192.168.56.101은 master.cloud.org이고, 줄여서 master라고 하겠다는 의미이다.

192.168.56.101 master.cloud.org master

IP 주소 대신 사용할 호스트명을 지정하기 위해서 /etc/hostname 파일에 다음과 같이 3개의 라인을 추가해준다.

```
[cloud@localhost ~]$ sudo vi /etc/hosts
[cloud@localhost ~]$
[cloud@localhost ~]$ cat /etc/hosts
127.0.0.1    localhost localhost.localdomain localhost4 localhost4.localdomain4
::1          localhost localhost.localdomain localhost6 localhost6.localdomain6
```

---

23 vi 에디터를 이용하여 편집한 후 결과를 보여주고 있다. 따라서 /etc/hostname 파일을 cat 명령의 결과와 동일하게 수정해야 한다.

```
192.168.56.101  master.cloud.org        master
192.168.56.102  slave1.cloud.org        slave1
192.168.56.103  slave2.cloud.org        slave2

[cloud@localhost ~]$
```

재부팅을 한 후 Master에 재접속하여 호스트명이 정상적으로 변경되었는지 확인해보자. 호스트명이 localhost에서 master로 변경되었다.

```
[cloud@localhost ~]$ sudo reboot
[sudo] password for cloud:
Connection to 192.168.56.101 closed by remote host.
Connection to 192.168.56.101 closed.
rsyoung@kant:~$
rsyoung@kant:~$ ssh cloud@192.168.56.101
cloud@192.168.56.101's password:
[cloud@master ~]$
```

마지막으로 Master의 IP 주소 192.168.56.101이 할당된 네트워크 인터페이스에 대한 정보를 확인해보자. Master 가상머신의 경우 CentOS 가상머신에서 물려받은 IP 주소를 그대로 쓸 것이기 때문에 수정할 필요는 없다.

```
[cloud@master ~]$ cat /etc/sysconfig/network-scripts/ifcfg-enp0s8
TYPE=Ethernet
BOOTPROTO=static
DEVICE=enp0s8
GATEWAY=192.168.56.1
BROADCAST-192.168.56.255
IPADDR=192.168.56.101
NETMASK=255.255.255.0
NETWORK=192.168.56.0
ONBOOT=yes
[cloud@master ~]$
```

Master 가상머신에 했던 것과 동일하게 Slave1과 Slave2에 호스명을 부여하고 /etc/hosts 파일을 수정하여 간단한 DNS 역할을 하도록 해보자. Slave1과 Slave2 가상머신 모두 IP 주소가 192.168.56.101이기 때문에 Ubuntu 호스트머신에서 SSH로 접속하면 Master에 처음 접속했을 때와 동일한 문제가 발생할 수 있다. 이 경우 동일한 방법으로 문제를 해결해보기 바란다.

Slave1과 Slave2의 IP 주소를 변경할 때까지 Master 가상머신은 종료시킨다. 그림 4.48은 Slave1 가상머신을 실행시키고 SSH를 통해 IP 192.168.56.101에 접속한 최종 모습을 보여준다.

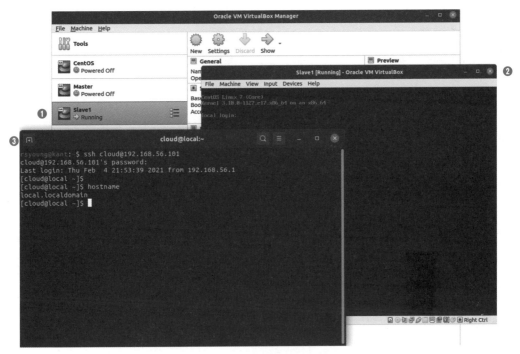

그림 4.48 **SSH를 통해 Slave1에 접속**

VirtualBox에서 Slave1 가상머신을 실행시키면(❶), Slave1의 콘솔(❷)이 활성화되지만, 모든 작업은 Ubuntu 호스트에서 터미널로 SSH로 Slave1에 접속한 환경(❸)에서 수행해야 한다.

Ubuntu 호스트머신에서 Slave1 가상머신에 192.168.56.101로 접속한 후 호스트명을 변경해보자. 다시 한번 강조하지만, Slave1에 현재 부여된 IP 주소 192.168.56.101를 192.168.56.102로 변경해야 한다.

```
rsyoung@kant:~$ ssh cloud@192.168.56.101
cloud@192.168.56.101's password:
[cloud@local ~]$
[cloud@local ~]$ hostname
local.localdomain
[cloud@local ~]$
[cloud@local ~]$ sudo vi /etc/hostname
[sudo] password for cloud:
[cloud@local ~]$
[cloud@local ~]$ cat /etc/hostname
```

```
slave1.cloud.org
[cloud@local ~]$
```

kant는 Ubuntu 호스트머신의 이름이다. Ubuntu 호스트에서 192.168.56.101로 접속을 시도하였다. 현재 해당 IP 주소로 Slave1 가상머신이 동작하고 있다.[24] sudo vi /etc/hostname 명령을 통해 /etc/hostname의 내용을 slave1.cloud.org로 변경하였다.

다음 단계로 /etc/hosts 파일을 수정하여 간단한 DNS 설정을 해보자. sudo vi /etc/hosts는 /etc/hosts 파일을 편집하라는 의미이고 cat /etc/hosts는 편집한 결과를 보여준다. 즉, Master 가상머신과 동일하게 3개의 라인이 추가되었다.

```
[cloud@local ~]$ sudo vi /etc/hosts
[cloud@local ~]$
[cloud@local ~]$ cat /etc/hosts
127.0.0.1    localhost localhost.localdomain localhost4 localhost4.localdomain4
::1          localhost localhost.localdomain localhost6 localhost6.localdomain6

192.168.56.101  master.cloud.org        master
192.168.56.102  slave1.cloud.org        slave1
192.168.56.103  slave2.cloud.org        slave2

[cloud@local ~]$
```

Slave1 또한 Adapter 2로 추가된 네트워크 인터페이스의 이름이 enp0s8이고, 현재 IP 주소가 192.168.56.101로 설정되어 있어 Master 가상머신과 동일하기 때문에 IP 주소를 변경해야 한다. 다음과 같이 IP 주소와 네트워크 인터페이스 이름을 확인해보자.

```
[cloud@local ~]$ ip addr
...
3: enp0s8: <BROADCAST,MULTICAST,UP,LOWER_UP> mtu 1500 qdisc pfifo_fast
    link/ether 08:00:27:6c:49:a0 brd ff:ff:ff:ff:ff:ff
    inet 192.168.56.101/24 brd 192.168.56.255 scope global
       valid_lft forever preferred_lft forever
    inet6 fe80::a00:27ff:fe6c:49a0/64 scope link
       valid_lft forever preferred_lft forever
[cloud@local ~]$
```

---

24 Master 노드가 192.168.56.101 IP 주소를 갖고 있지만 Master 가상머신은 동작하고 있지 않기 때문에 동일한 IP를 사용하더라도 충돌이 발생하지 않는다.

네트워크 인터페이스의 이름이 enp0s8이기 때문에 이 인터페이스와 대응되는 설정파일은 ifcfg-enp0s8이다. 다음과 같이 Slave1에 부여된 IP 주소를 192.168.56.102로 변경한다.

```
[cloud@local ~]$ sudo vi /etc/sysconfig/network-scripts/ifcfg-enp0s8
[cloud@local ~]$
[cloud@local ~]$ cat /etc/sysconfig/network-scripts/ifcfg-enp0s8
TYPE=Ethernet
BOOTPROTO=static
DEVICE=enp0s8
GATEWAY=192.168.56.1
BROADCAST=192.168.56.255
IPADDR=192.168.56.102
NETMASK=255.255.255.0
NETWORK=192.168.56.0
ONBOOT=yes
[cloud@local ~]$
```

이제 재부팅하여 Slave1에 재접속을 해보자. IP 주소가 192.168.56.102로 변경되었고 Slave1의 호스트명이 slave1으로 변경되었음을 확인할 수 있다.

```
[cloud@local ~]$ sudo reboot
Connection to 192.168.56.101 closed by remote host.
Connection to 192.168.56.101 closed.
rsyoung@kant:~$
rsyoung@kant:~$ ssh cloud@192.168.56.102
...
Are you sure you want to continue connecting (yes/no/[fingerprint])? yes
...
cloud@192.168.56.102's password:
[cloud@slave1 ~]$
```

Slave2도 Slave1에서 적용한 동일한 작업을 수행해야 한다. Slave2에 IP 주소 192.168.56.103이 지정될 때까지 Master, Slave1의 가상머신은 종료한 후 진행한다. 그림 4.49는 Slave2에 접속한 후 모습을 보여준다.

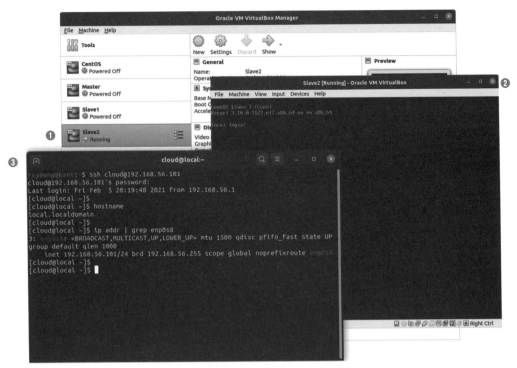

그림 4.49 **SSH를 통해 Slave2에 접속**

VirtualBox에서 Slave2 가상머신을 실행(❶)하여 Slave2 콘솔이 실행될 때까지 기다린 후(❷),
Ubuntu 터미널을 이용하여 Slave2 가상머신의 IP 주소 192.168.56.101에 SSH로 접속한다(❸).
IP 주소가 192.168.56.101인 이유는 Slave1이 CentOS를 복제해서 생성한 가상머신이기 때문이
다. 호스트명은 local.localdomain으로 되어 있고 IP 주소는 ip addr 명령으로 확인한 바와 같이
enp0s8 네트워크 장치에 192.168.56.101이 지정되어 있다.

```
rsyoung@kant:~$ ssh cloud@192.168.56.101
cloud@192.168.56.101's password:
[cloud@local ~]$
[cloud@local ~]$ hostname
local.localdomain
[cloud@local ~]$
[cloud@local ~]$ ip addr | grep enp0s8
3: enp0s8: <BROADCAST,MULTICAST,UP,LOWER_UP> mtu 1500 qdisc pfifo_fast
    inet 192.168.56.101/24 brd 192.168.56.255 scope global
[cloud@local ~]$
```

호스명을 slave2.cloud.org로 변경한다. sudo vi /etc/hostname은 /etc/hostname을 vi 에디터

로 편집을 했다는 것이고, cat /etc/hostname은 편집된 내용을 보여준다. 따라서 /etc/hostname 파일을 cat /etc/hostname 보여주고 있는 내용으로 수정해야 한다.

```
[cloud@local ~]$ sudo vi /etc/hostname
[sudo] password for cloud:
[cloud@local ~]$
[cloud@local ~]$ cat /etc/hostname
slave2.cloud.org
[cloud@local ~]$
```

Master와 Slave1과 동일하게 내부 DNS를 다음과 같이 설정한다.

```
[cloud@local ~]$ sudo vi /etc/hosts
[cloud@local ~]$
[cloud@local ~]$ cat /etc/hosts
...
192.168.56.101   master.cloud.org        master
192.168.56.102   slave1.cloud.org        slave1
192.168.56.103   slave2.cloud.org        slave2

[cloud@local ~]$
```

enps08 네트워크 인터페이스에 부여된 IP 주소를 192.168.56.103으로 변경해보자.

```
[cloud@local ~]$ sudo vi /etc/sysconfig/network-scripts/ifcfg-enp0s8
[sudo] password for cloud:
[cloud@local ~]$
[cloud@local ~]$ cat /etc/sysconfig/network-scripts/ifcfg-enp0s8
TYPE=Ethernet
BOOTPROTO=static
DEVICE=enp0s8
GATEWAY=192.168.56.1
BROADCAST-192.168.56.255
IPADDR=192.168.56.103
NETMASK=255.255.255.0
NETWORK=192.168.56.0
ONBOOT=yes
[cloud@local ~]$
```

Slave2를 재부팅하고 새롭게 부여된 IP 192.168.56.103으로 접속을 해보자.

```
[cloud@local ~]$ sudo reboot
[sudo] password for cloud:
Connection to 192.168.56.101 closed by remote host.
Connection to 192.168.56.101 closed.
rsyoung@kant:~$
rsyoung@kant:~$ ssh cloud@192.168.56.103
...
Are you sure you want to continue connecting (yes/no/[fingerprint])? yes
...
cloud@192.168.56.103's password:
[cloud@slave2 ~]$
```

Slave2에 192.168.56.103으로 접속이 가능하고 호스트명도 slave2로 변경되었음을 확인할 수 있다.

4.5.3 가상머신 간 네트워크 통신 확인

HTCondor 클러스터는 기본적으로 Master, Slave1, Slave2 간 통신이 원활하게 이루어져야 한다. 따라서 현재까지 구성된 가상머신 간에 네트워크가 정상적으로 동작하는지 확인해야 한다. 그림 4.50과 같이 지금까지 생성한 Master(❶), Slave1(❷), Slave2(❸) 가상머신을 모두 실행시킨다.

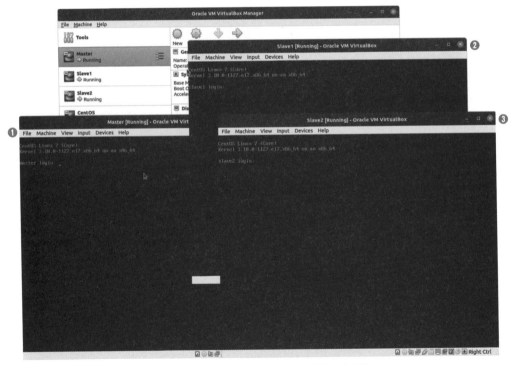

그림 4.50 Master, Slave1, Slave2 가상머신 실행

가상머신의 콘솔대신 Ubuntu 호스트머신의 터미널을 이용하여 Master, Slave1, Slave2에 SSH로 접속한다. 그림 4.51은 SSH로 Master(①), Slave1(②), Slave2(③)에 성공적으로 접속한 모습을 보여준다.

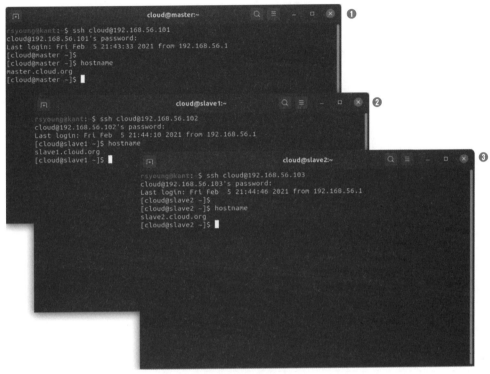

그림 4.51 **SSH로 Master, Slave1, Slave2 가상머신에 접속**

Ubuntu 호스트머신에서 각각의 가상머신에 SSH로 접속하기 위해서는 IP 주소를 직접 입력해줘야 했다. Ubuntu 호스트머신도 리눅스 시스템이기 때문에 CentOS와 동일하게 내부 DNS를 간단하게 설정해서 Master 가상머신은 master로 Slave1은 slave1으로, Slave2는 slave2로 접속할 수 있도록 설정할 수 있다. 다음과 같이 /etc/hosts 파일을 수정한다. 반드시 Ubuntu 호스트머신(물리시스템)에서 수행되는 것을 확인하기 바란다.

```
rsyoung@kant:~$ sudo vi /etc/hosts
[sudo] password for rsyoung:
rsyoung@kant:~$
rsyoung@kant:~$ cat /etc/hosts

...
```

```
192.168.56.101    master.cloud.org    master
192.168.56.102    slave1.cloud.org    slave1
192.168.56.103    slave2.cloud.org    slave2

rsyoung@kant:~$
```

Master, Slave1, Slave2의 내부 DNS 설정과 동일하게 3개의 라인을 추가하였다. 이제 Ubuntu 호스트머신에서 Master로 다음과 같이 접속할 수 있다.

```
rsyoung@kant:~$ ssh cloud@master
...
Are you sure you want to continue connecting (yes/no/[fingerprint])? yes
...
cloud@master's password:
[cloud@master ~]$
```

Slave1에 cloud@slave1으로 단순하게 접속하는 과정을 보여준다.

```
rsyoung@kant:~$ ssh cloud@slave1
...
Are you sure you want to continue connecting (yes/no/[fingerprint])? yes
...
cloud@slave1's password:
[cloud@slave1 ~]$
```

다음은 Slave2에 cloud@slave2으로 단순하게 접속하는 과정을 보여준다.

```
rsyoung@kant:~$ ssh cloud@slave2
...
Are you sure you want to continue connecting (yes/no/[fingerprint])? yes
...
cloud@slave2's password:
[cloud@slave2 ~]$
```

Ubuntu 호스트머신에서 Master, Slave1, Slave2 가상머신에 SSH로 접속이 성공적으로 되는 것을 확인하였다. 이제 가상머신들 간의 통신이 원활하게 되는지 확인해보도록 하자. ping 명령을 통해서 다음과 같이 통신이 가능한지 확인해보자.

- Master ⟶ Slave1, Slave2

- Slave1 ⟶ Master, Slave2

- Slave2 ⟶ Master, Slave1

먼저 Master 노드에서 Slave1으로 IP 주소, 캐노니컬 호스트명, 별칭으로 각각 ping 명령이 정상적으로 수행되는지 확인해보자.

```
[cloud@master ~]$ ping -c 3 192.168.56.102
PING 192.168.56.102 (192.168.56.102) 56(84) bytes of data.
64 bytes from 192.168.56.102: icmp_seq=1 ttl=64 time=0.895 ms
...
3 packets transmitted, 3 received, 0% packet loss, time 2003ms
rtt min/avg/max/mdev = 0.854/0.899/0.948/0.038 ms
[cloud@master ~]$
[cloud@master ~]$ ping -c 3 slave1.cloud.org
PING slave1.cloud.org (192.168.56.102) 56(84) bytes of data.
64 bytes from slave1.cloud.org (192.168.56.102): icmp_seq=1 ttl=64 time=0.546 ms
...
3 packets transmitted, 3 received, 0% packet loss, time 2001ms
rtt min/avg/max/mdev = 0.186/0.360/0.546/0.148 ms
[cloud@master ~]$
[cloud@master} ~]$ ping -c 3 slave1
PING slave1.cloud.org (192.168.56.102) 56(84) bytes of data.
64 bytes from slave1.cloud.org (192.168.56.102): icmp_seq=1 ttl=64 time=0.360 ms
...
3 packets transmitted, 3 received, 0% packet loss, time 2001ms
rtt min/avg/max/mdev = 0.309/0.515/0.878/0.258 ms
[cloud@master ~]$
```

ping 명령은 ECHO_REQUEST 패킷을 목적지 호스트로 전송하고 목적지 호스트는 ECHO_REPLY 패킷으로 응답한다. ping -c 3 옵션은 패킷을 3번까지만 보내라는 의미이다. Slave1에 IP 주소, 캐노니컬 호스트명, 호스트명으로 ping 명령을 수행한 결과 모두 정상적으로 패킷이 송수신되는 것을 확인할 수 있다.[25]

Master 노드에서 Slave2 노드로 통신이 가능한지 확인해보자. slave2 별칭을 이용하여 통신 가능 여부를 확인했지만, IP 주소, 캐노니컬 호스트명을 통해 정상적으로 통신이 되는지 확인해보기 바란다.

---

25 만약 ping 명령이 정상적으로 동작하지 않을 경우 /etc/hosts 파일이 정확하게 기술되었는지 확인한다. 파일이 정상적이라면, $sudo systemctl stop firewalld 명령으로 방화벽을 중지시키고 재시도 해보기 바란다.

```
[cloud@master ~]$ ping -c 3 slave2
PING slave2.cloud.org (192.168.56.103) 56(84) bytes of data.
64 bytes from slave2.cloud.org (192.168.56.103): icmp_seq=1 ttl=64 time=0.782 ms
...
3 packets transmitted, 3 received, 0% packet loss, time 2002ms
rtt min/avg/max/mdev = 0.782/0.866/0.934/0.063 ms
[cloud@master ~]$
```

Slave1 노드에서 Master 노드와 Slave2 노드로 통신이 가능한지 다음과 같이 확인한다.

```
[cloud@slave1 ~]$ ping -c 3 master
PING master.cloud.org (192.168.56.101) 56(84) bytes of data.
64 bytes from master.cloud.org (192.168.56.101): icmp_seq=1 ttl=64 time=0.771 ms
...
3 packets transmitted, 3 received, 0% packet loss, time 2003ms
rtt min/avg/max/mdev = 0.771/0.851/0.892/0.061 ms
[cloud@slave1 ~]$
[cloud@slave1 ~]$ ping -c 3 slave2
PING slave2.cloud.org (192.168.56.103) 56(84) bytes of data.
64 bytes from slave2.cloud.org (192.168.56.103): icmp_seq=1 ttl=64 time=1.57 ms
...
3 packets transmitted, 3 received, 0% packet loss, time 2004ms
rtt min/avg/max/mdev = 0.350/0.953/1.579/0.503 ms
[cloud@slave1 ~]$
```

마지막으로 Slave2 노드에서 Master 노드와 Slave1 노드로 통신이 가능한지 다음과 같이 확인한다.

```
[cloud@slave2 ~]$ ping -c 3 master
PING master.cloud.org (192.168.56.101) 56(84) bytes of data.
64 bytes from master.cloud.org (192.168.56.101): icmp_seq=1 ttl=64 time=0.799 ms
...
3 packets transmitted, 3 received, 0% packet loss, time 2002ms
rtt min/avg/max/mdev = 0.799/0.839/0.903/0.045 ms
[cloud@slave2 ~]$
[cloud@slave2 ~]$ ping -c 3 slave1
PING slave1.cloud.org (192.168.56.102) 56(84) bytes of data.
64 bytes from slave1.cloud.org (192.168.56.102): icmp_seq=1 ttl=64 time=0.776 ms
...
3 packets transmitted, 3 received, 0% packet loss, time 2001ms
rtt min/avg/max/mdev = 0.714/0.780/0.852/0.065 ms
[cloud@slave2 ~]$
```

연습문제

1. **SSH**Secure Shell가 기존의 `telnet`, `rlogin`, `rsh` 대비 우수한 점을 설명하라.

2. SSH 프로토콜의 서버와 클라이언트 간 연결 과정을 조사하여 기술하라.

3. **공개 키**public key **암호**cryptography 방식의 동작 원리를 조사하고 간략하게 기술해보라.

4. `ssh-keygen` 툴을 이용하여 **프라이빗 키**private key와 **퍼블릭 키**public key **키 페어**key pair를 생성할 수 있다. `ssh-keygen`에서 생성 가능한 다음의 공개 키 알고리즘에 대해 조사하고 동작 원리를 설명하라.

   ```
   dsa │ ecdsa │ ecdsa-sk │ ed25519 │ ed25519-sk │ rsa
   ```

5. RSA 방식으로 키 페어를 생성해보라. 키 페어를 생성할 때 `-m`, `-b`, `-C`, `-f` 옵션을 사용하고 각 옵션의 의미를 기술하라.

6. `ssh-keygen`으로 키를 생성할 때 출력되는 다음 메시지의 의미를 설명하라.

   ```
   The key fingerprint is:
   SHA256:M2oBudrS6hPcmx14HsGzfFiEyPz16oEFyjzLkUcSUhM cloud@cbnu.ac.kr
   ```

7. SHA256과 SHA512 차이를 조사하여 기술하라.

8. RSA 방식으로 생성된 키 페어를 다른 키 타입으로 변환해보라.

9. Ubuntu 호스트머신에서 Master 노드에 root 계정으로 접근이 가능한지 확인하라. 접근이 가능하면, 접근이 불가하도록 Master 노드를 설정하고, 접근이 불가하다면, 접근이 가능하도록 설정하라.

10. SSH로 Ubuntu 호스트머신에서 패스워드 기반으로 로그인을 했다. 호스트머신에서 프라이빗 키와 퍼블릭 키를 이용하여 Master, Slave1, Slave2에 접속할 수 있도록 설정을 변경하라.

11. HTCondor 클러스터에 속한 노드들 간 프라이빗 키와 퍼블릭 키를 이용하여 접속되도록 설정을 변경하라.

12. **방화벽**firewalld을 활성화하고, Master, Slave1, Slave2간 통신이 되도록 구성하라.

13. Master 노드에 Adapter 3를 추가하여 Adapter 2와 **본딩**bonding을 하여 네트워크 대역폭을 확대하고 대역폭을 측정해보라.

14. Slave1, Slave2 노드 각각에 Adapter 3를 추가하여 Adapter 2와 본딩을 하여 네트워크 대역폭

을 확대하고 본딩된 네트워크 인터페이스를 통해서 Master, Slave1, Slave2 간 통신이 되는지 확인하라. 또한 대역폭을 측정해보라.

15. Ubuntu 리눅스 기반으로 HTCondor 클러스터를 구성해보라.

HTCondor 클러스터 구축

지금까지 VirtualBox를 이용하여 Master, Slave1, Slave2 가상머신을 생성하고, 가상머신 간 상호 통신이 가능하도록 설정하였다. 이제는 생성된 가상머신을 기반으로 HTCondor 클러스터를 구성해 볼 것이다. 그림 5.1은 지금까지 구축된 네트워크 환경을 보여준다. 이 구성을 기반으로 HTCondor 클러스터를 설정해 나가도록 하자.

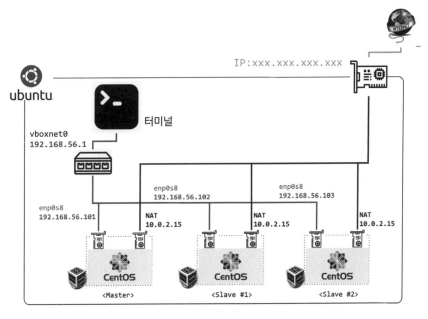

그림 5.1 **VirtualBox 기반의 가상머신 간 네트워크 구성도**

5.1 HTCondor Master 노드 구성하기

HTCondor Master 노드의 환경을 설정해보도록 하자. 먼저 전체적인 구성도는 그림 5.2와 같고 Ubuntu 호스트머신에서 SSH로 접속한 후 모든 작업을 진행한다.

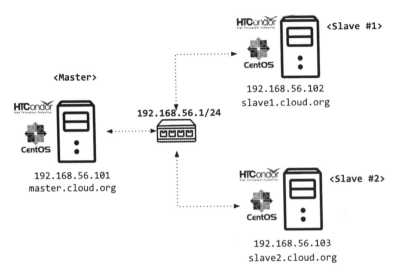

그림 5.2 **HTCondor 클러스터 구성도**

5.1.1 Master 노드에 HTCondor 설치를 위한 기본설정

HTCondor 패키지를 다운로드해 설치 준비를 해야 한다. HTCondor 웹에 접속하여 필요한 파일을 다운로드하기 위한 명령어는 wget이다. 먼저 wget 패키지를 yum을 이용하여 설치한다.

```
[cloud@master ~]$ sudo yum install wget
...
Installed:
  wget.x86_64 0:1.14-18.el7_6.1

Complete!
[cloud@master ~]$
```

wget을 성공적으로 설치했다면 HTCondor 패키지를 설치해야 한다. HTCondor 패키지를 설치하기 전에 HTCondor 패키지에 대한 **GPG**GNU Privacy Guard Key인 RPM-GPG-KEY-HTCondor를 다운로드 해 설치될 HTCondor 패키지가 정상적인 패키지인지 검증할 수 있도록 한다. RPM 패키지들이 다양한 곳에서 배포되기 때문에 무결성을 갖는 패키지를 다운로드하고 설치하는 것은 중요하다. 따라서,

HTCondor GPG Key를 다운로드해 설치하는 과정을 포함하였다. 필요에 따라서 HTCondor GPG Key를 다운로드하고 RPM 데이터베이스에 **임포트**import하는 단계는 생략해도 된다.

다음과 같이 HTCondor GPG Key를 다운로드한다. sudo wget 명령 라인의 백슬래시(\)는 명령 라인이 길어 개행을 하기 위한 것으로 개행이 필요치 않을 경우 백슬래시는 입력하지 않는다.

```
[cloud@master ~]$ sudo wget \
https://research.cs.wisc.edu/htcondor/yum/RPM-GPG-KEY-HTCondor
...
Saving to: 'RPM-GPG-KEY-HTCondor'
100%[===================================>] 1,752        --.-K/s    in 0s
...
[cloud@master ~]$
[cloud@master ~]$ ls RPM-GPG-KEY-HTCondor
RPM-GPG-KEY-HTCondor
[cloud@master ~]$
```

CentOS는 **RPM**RPM Package Manager 유틸리티로 패키지를 관리한다.[1] 다운로드한 GPG Key를 RPM 유틸리티가 관리할 수 있도록 RPM 데이터베이스에 **임포트**해준다.

```
[cloud@master ~]$ sudo rpm --import RPM-GPG-KEY-HTCondor
[sudo] password for cloud:
[cloud@master ~]$
```

GPG Key가 성공적으로 임포트되었다면 RPM이 관리하는 GPG Key 리스트를 rpm -qa 명령으로 확인해보자.

```
[cloud@master ~]$ rpm -qa gpg-pubkey*
gpg-pubkey-f4a80eb5-53a7ff4b
gpg-pubkey-670079f6-52a8bd93
```

2개의 GPG Key가 임포트되어 있음을 확인할 수 있는데, rpm -qi 명령으로 어떤 GPG Key인지 다음과 같이 확인할 수 있다.

---

1   원래 RPM은 Red Hat Package Manager였는데 **재귀적 약어**(recursive acronym)로 변경되었다.

```
[cloud@master ~]$ rpm -qi gpg-pubkey-f4a80eb5-53a7ff4b
Name        : gpg-pubkey
Version     : f4a80eb5
Release     : 53a7ff4b
...
Packager    : CentOS-7 Key (CentOS 7 Official Signing Key)
Summary     : gpg(CentOS-7 Key (CentOS 7 Official Signing Key)
...
[cloud@master ~]$
[cloud@master ~]$ rpm -qi gpg-pubkey-670079f6-52a8bd93
Name        : gpg-pubkey
Version     : 670079f6
Release     : 52a8bd93
...
Packager    : Tim Theisen (HTCondor Release Manager) <tim@cs.wisc.edu>
Summary     : gpg(Tim Theisen (HTCondor Release Manager) <tim@cs.wisc.edu>)
...
[cloud@master ~]$
```

하나는 CentOS 7에 대한 GPG Key이고 다른 하나는 우리가 임포트했던 HTCondor GPG Key임을 확인할 수 있다. 이로써 우리는 무결성을 갖는 HTCondor 패키지를 다운로드해 설치할 수 있다.

5.1.2 HTCondor 설치하기

yum 인스톨러로 HTCondor 패키지를 설치하기 위해서는 HTCondor Yum **리포지터리**repository를 설치해야 한다. Yum 리포지터리의 위치는 /etc/yum.repos.d이고, yum 인스톨러로 패키지를 설치할 때 이 디렉터리를 참조하여 패키지 등을 다운로드해 설치한다. HTCondor Yum 리포지터리는 위스콘신 대학교에서 관리하고 있고 해당 웹을 통해 다운로드할 수 있다(그림 5.3).[2] CentOS 7에 설치될 HTCondor 패키지를 다운로드해야 하기 때문에 HTCondor에서 CentOS 7용 리포지터리인 htcondor-stable-rhel7.repo를 다운로드해야 한다. 만약 CentOS 7이 아닌 CentOS 8이라면 htcondor-stable-rhel8.repo를 다운로드해야 한다.

---

2   https://research.cs.wisc.edu/htcondor/yum/repo.d/

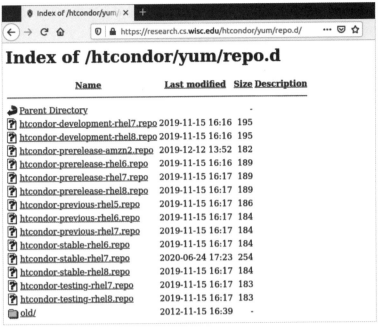

그림 5.3 **HTCondor Yum 리포지터리**

CentOS 7가 설치된 Master 노드에서 wget을 이용해 직접 CentOS 7용 HTCondor 리포지터리인 htcondor-stable-rhel7.repo를 다음과 같이 다운로드한다.

```
[cloud@master ~]$ cd /etc/yum.repos.d/
[cloud@master yum.repos.d]$
[cloud@master yum.repos.d]$ ls
CentOS-Base.repo        CentOS-fasttrack.repo   CentOS-Vault.repo
CentOS-CR.repo          CentOS-Media.repo       CentOS-x86_64-kernel.repo
CentOS-Debuginfo.repo   CentOS-Sources.repo
[cloud@master yum.repos.d]$
[cloud@master yum.repos.d]$ sudo wget \
        https://research.cs.wisc.edu/htcondor/yum/repo.d/htcondor-stable-rhel7.repo
...
Saving to: 'htcondor-stable-rhel7.repo.1'
100%[====================================>] 254          --.-K/s    in 0s

[cloud@master yum.repos.d]$
[cloud@master yum.repos.d]$ ls
...
CentOS-Debuginfo.repo  CentOS-Sources.repo    htcondor-stable-rhel7.repo
[cloud@master yum.repos.d]$
```

HTCondor 리포지터리까지 성공적으로 다운로드했다면, 이제 HTCondor 패키지를 다음과 같이 설치한다.

```
[cloud@master ~]$ sudo yum install condor
...
Installed:
  condor.x86_64 0:8.8.12-1.el7

[cloud@master ~]$
```

HTCondor 클러스터는 특정 포트로 노드들 간 통신을 하는데, 우리는 포트 번호 9000번부터 9999번까지를 HTCondor 클러스터내 노드들이 통신하는 포트로 이용한다. CentOS 7은 기본적으로 **방화벽**firewall이 동작하고 있기 때문에, HTCondor내 노드들이 통신할 수 있도록 TCP와 UDP에 대해 해당 포트들을 방화벽에 등록해준다.

먼저 방화벽이 정상적으로 동작하고 있는지 다음과 같이 확인해보자.[3]

```
[cloud@master ~]$ sudo systemctl status firewalld
● firewalld.service - firewalld - dynamic firewall daemon
  Loaded: loaded (/usr/lib/systemd/system/firewalld.service; disabled;
  Active: active (running) ...
...
[cloud@master ~]$
```

방화벽이 정상적으로 동작함을 확인할 수 있다. HTCondor 클러스터의 각각의 노드들 간 내부적으로 통신할 때 사용하는 네트워크 인터페이스는 enp0s8이다. enp0s8 인터페이스에 대한 포트 번호 9000번부터 9999번까지 방화벽을 오픈해야 한다. 이제 TCP와 UDP 프로토콜로 통신하는 포트 번호 9000번부터 9999번까지 방화벽을 오픈해보자.

```
[cloud@master ~]$ firewall-cmd --get-active-zone
public
  interfaces: enp0s3 enp0s8
[cloud@master ~]$
```

---

3 방화벽이 정상 동작하고 있지 않다면, `sudo systemctl start firewalld`를 수행하기 바란다. 방화벽 자체가 설치되어 있지 않다면, `sudo yum install firewalld` 명령으로 방화벽 패키지를 다운로드해야 한다. 방화벽 구성에 어려움이 있다면, 방화벽을 비활성화하고 방화벽 설정 전체를 생략하고 진행하기 바란다.

public 네트워크 영역에 추가된 포트 번호를 확인해보면, 현재 어떠한 포트도 등록되어 있지 않다. 9000번부터 9999번까지 **영구적**permanent으로 포트를 방화벽에 등록해준다.

```
[cloud@master ~]$ sudo firewall-cmd --zone=public --permanent --list-ports
[cloud@master ~]$
[cloud@master ~]$ sudo firewall-cmd --permanent --zone=public --add-port=9000-9999/tcp
success
[cloud@master ~]$
[cloud@master ~]$ sudo firewall-cmd --permanent --zone=public --add-port=9000-9999/udp
success
[cloud@master ~]$
[cloud@master ~]$ sudo firewall-cmd --zone=public --permanent --list-ports
9000-9999/tcp 9000-9999/udp
[cloud@master ~]$
```

방화벽에 해당 포트를 등록했다면, 이제 방화벽을 재실행하거나 방화벽을 **리로드**reload한다.

```
[cloud@master ~]$ sudo firewall-cmd --reload
success
[cloud@master ~]$
```

방화벽 설정을 모두 마쳤다면, HTCondor Master 노드의 환경설정을 해보자. HTCondor 설정파일은 /etc/condor 디렉터리에 있다.

```
[cloud@master ~]$ cd /etc/condor/
[cloud@master condor]$
[cloud@master condor]$ ls
condor_config  condor_ssh_to_job_sshd_config_template  config.d  ganglia.d
[cloud@master condor]$
```

HTCondor 설정에서 중심이 되는 파일은 condor_config이다. condor_config 파일은 **글로벌**global 설정을 위한 것으로 이 파일을 직접 수정하는 것 대신 **로컬**local 설정파일을 만드는 것이 좋다. 로컬 설정파일은 글로벌 설정보다 우선순위가 높다. 따라서 로컬 설정파일에 HTCondor 클러스터에서 필요한 환경설정을 해두면, 글로벌 설정파일을 수정할 필요가 없다. 로컬파일의 위치는 config.d 디렉터리에 위치하게 된다. config.d 디렉터리로 이동한 후 condor_config.local 파일을 생성한다. cat condor_config.local의 출력되는 내용을 에디터를 이용하여 condor_config.local 파일을 생성해야 한다.

```
[cloud@master condor]$ cd config.d/
[cloud@master config.d]$
[cloud@master config.d]$ sudo vi condor_config.local
[cloud@master config.d]$
[cloud@master config.d]$ cat condor_config.local

UID_DOMAIN = master.cloud.org
ALLOW_WRITE = *.cloud.org
CONDOR_HOST = master.cloud.org
IN_HIGHPORT = 9999
IN_LOWPORT = 9000
NETWORK_INTERFACE = enp0s8
DAEMON_LIST = MASTER, SCHEDD, COLLECTOR, NEGOTIATOR

[cloud@master config.d]$
```

HTCondor 환경변수들은 매우 다양하다. 여기에서는 꼭 필요한 환경변수만을 condor_config. local에 지정하였다. 환경변수의 역할은 다음과 같다.

- UID_DOMAIN: HTCondor Master 노드의 **FQDN**fully qualified domain name을 설정한다.

- ALLOW_WRITE: 쓰기가 가능한 머신들을 리스트한다. HTCondor 클러스터 내의 모든 머신들을 쓰기가 가능하도록 설정한다.

- CONDOR_HOST: HTCondor의 condor_collector가 동작하고 있는 머신을 지정한다.

- IN_HIGHPORT: 입력포트 중 가장 높은 포트 번호를 지정한다. IN_LOWPORT와 함께 포트 범위를 지정한다. 방화벽 설정에서 해당 범위의 포트들은 오픈되어야 한다.

- IN_LOWPORT: 입력포트 중 가장 낮은 포트 번호를 지정한다. IN_HIGHPORT와 함께 포트 범위를 지정한다.

- NETWORK_INTERFACE: 네트워크 인터페이스 이름을 지정한다.

- DAEMON_LIST: HTCondor의 데몬들을 나열한다.

  - MASTER: condor_master 데몬을 의미하고 HTCondor의 전체적으로 모니터링 한다.

  - SCHEDD: condor_schedd 데몬을 의미하고 HTCondor 클러스터에 제출된 작업의 스케줄링을 담당한다.

  - COLLECTOR: condor_collector 데몬을 의미하고 HTCondor 클러스터내의 머신들에 대한 정보들을 수집하는 역할을 한다.

  - NEGOTIATOR: condor_negotiator 데몬을 의미하고 HTCondor에 제출된 작업과 이 작업을

수행할 수 있는 머신 간의 매칭을 해주는 역할을 한다.

이제 HTCondor를 다음과 같이 실행한 후, 정상적으로 동작하는지 확인해보자. condor_config. local 파일에 설정했던 DAEMON_LIST가 정상적으로 동작하고 있는지 확인하는 것이 핵심이다.

```
[cloud@master ~]$ sudo systemctl start condor
[cloud@master ~]$
[cloud@master ~]$ sudo systemctl status condor
● condor.service - Condor Distributed High-Throughput-Computing
   Loaded: loaded (/usr/lib/systemd/system/condor.service; disabled; vendor preset: disabled)
   Active: active (running) ...
...
   CGroup: /system.slice/condor.service
           ├─3118 /usr/sbin/condor_master -f
           ├─3159 condor_procd -A /var/run/condor/procd_pipe -L /var/log/cond...
           ├─3160 condor_shared_port -f
           ├─3161 condor_collector -f
           ├─3162 condor_schedd -f
           └─3163 condor_negotiator -f

[cloud@master ~]$
```

condor_config.local 파일의 DAEMON_LIST에 해당하는 condor_master, condor_collector, condor_shcedd, condor_negotiator 데몬이 정상적으로 동작하고 있음을 확인할 수 있다. condor_config.local 파일은 지역 환경설정을 위한 파일이라고 했다. 이 파일에 기술되지 않은 설정은 글로벌 파일(condor_config)을 통해 생성된 데몬이다. condor_procd와 condor_shared_port가 동작하고 있는 것을 확인할 수 있는데, 이 두 데몬은 글로벌 파일에 기술된 데몬이다. condor_procd 데몬은 HTCondor 데몬들을 대신해서 **프로세스 패밀리**process family를 관리하고 **트랙킹**tracking하는 데몬으로 프로세스 PID를 기반으로 부모와 자식 간의 관계를 트랙킹 한다. condor_shared_port 데몬은 HTCondor의 모든 데몬이 공유하는 TCP 포트를 생성한다.

모든 데몬이 정상적으로 동작을 한다면 HTCondor Master 노드의 설치는 완료되었다. 최종적으로 condor_status 명령으로 HTCondor 클러스터를 확인해본다. 현재까지 어떠한 슬레이브 노드도 클러스터에 존재하지 않기 때문에 어떠한 정보도 표출되지 않는다. 정상적인 상태이다.

```
[cloud@master ~]$ condor_status
[cloud@master ~]$
```

이제 워커 노드들을 구성하여 최종적으로 HTCondor 클러스터를 구성하도록 하자.

5.2 HTCondor 워커 노드 구성하기

HTCondor 워커 노드 Slave1, Slave2를 구성하는 방법은 Master 노드를 구성하는 방법과 동일하다. condor_config.local에 기술될 데몬 리스트와 워커 노드에 맞는 설정이 다를 뿐이다.

5.2.1 워커 노드에 HTCondor 설치를 위한 기본설정

Master 노드와 동일하게 Slave1과 Slave2에 wget 패키지를 yum으로 다음과 같이 설치한다.

```
[cloud@slave1 ~]$ sudo yum install wget
```

```
[cloud@slave2 ~]$ sudo yum install wget
```

HTCondor 패키지에 대한 GPG Key를 다음과 같이 다운로드하고 RPM 패키지 관리자가 무결성 검증을 할 수 있도록 Slave1과 Slave2의 RPM 데이터베이스에 **임포트**import해준다.

```
[cloud@slave1 ~]$ sudo wget https://research.cs.wisc.edu/htcondor/yum/RPM-GPG-KEY-HTCondor
...
[cloud@slave1 ~]$ ls RPM-GPG-KEY-HTCondor
RPM-GPG-KEY-HTCondor
[cloud@slave1 ~]$ sudo rpm --import RPM-GPG-KEY-HTCondor
[cloud@slave1 ~]$ rpm -qa gpg-pubkey*
gpg-pubkey-f4a80eb5-53a7ff4b
gpg-pubkey-670079f6-52a8bd93
[cloud@slave1 ~]$
```

```
[cloud@slave2 ~]$ sudo wget https://research.cs.wisc.edu/htcondor/yum/RPM-GPG-KEY-HTCondor
...
[cloud@slave2 ~]$ ls RPM-GPG-KEY-HTCondor
RPM-GPG-KEY-HTCondor
[cloud@slave2 ~]$ sudo rpm --import RPM-GPG-KEY-HTCondor
[cloud@slave2 ~]$ rpm -qa gpg-pubkey*
gpg-pubkey-f4a80eb5-53a7ff4b
gpg-pubkey-670079f6-52a8bd93
[cloud@slave2 ~]$
```

5.2.2 워커 노드에 HTCondor 설치하기

Master 노드에 HTCondor 패키지를 설치했던 방법과 동일하게 HTCondor Yum 리포지터리를 다운로드하고 설치를 시작한다.

```
[cloud@slave1 ~]$ cd /etc/yum.repos.d/
[cloud@slave1 yum.repos.d]$ sudo wget \
        https://research.cs.wisc.edu/htcondor/yum/repo.d/htcondor-stable-rhel7.repo
[cloud@slave1 yum.repos.d]$ sudo yum install condor
```

```
[cloud@slave2 ~]$ cd /etc/yum.repos.d/
[cloud@slave2 yum.repos.d]$ sudo wget \
        https://research.cs.wisc.edu/htcondor/yum/repo.d/htcondor-stable-rhel7.repo
[cloud@slave2 yum.repos.d]$ sudo yum install condor
```

HTCondor가 Master, Slave1, Slave2간 통신할 포트를 9000번부터 9999번까지 오픈해야 한다. 먼저 enp0s8 네트워크 인터페이스가 속한 네트워크 **영역**zone을 확인하고 해당 포트가 오픈되어 있지 않으면 enp0s8이 속한 네트워크 영역의 포트에 대해 오픈한다. 해당 포트는 TCP와 UDP에 대해 방화벽을 오픈해야 한다.[4]

```
[cloud@slave1 ~]$ sudo firewall-cmd --get-active-zone
public
  interfaces: enp0s3 enp0s8
[cloud@slave1 ~]$
[cloud@slave1 ~]$ sudo firewall-cmd --zone=public --list-ports

[cloud@slave1 ~]$ sudo firewall-cmd --permanent --zone=public --add-port=9000-9999/tcp
success
[cloud@slave1 ~]$ sudo firewall-cmd --permanent --zone=public --add-port=9000-9999/udp
success
[cloud@slave1 ~]$ sudo firewall-cmd --zone=public --permanent --list-ports
9000-9999/tcp 9000-9999/udp
[cloud@slave1 ~]$
[cloud@slave1 ~]$ sudo firewall-cmd --reload
success
[cloud@slave1 ~]$
```

---

4   방화벽 구성에 어려움이 있다면, 방화벽을 비활성화해서 방화벽 설정은 생략하고 진행하기 바란다.

```
[cloud@slave2 ~]$ sudo firewall-cmd --get-active-zone
public
  interfaces: enp0s3 enp0s8
[cloud@slave2 ~]$
[cloud@slave2 ~]$ sudo firewall-cmd --zone=public --list-ports

[cloud@slave2 ~]$ sudo firewall-cmd --permanent --zone=public --add-port=9000-9999/tcp
success
[cloud@slave2 ~]$ sudo firewall-cmd --permanent --zone=public --add-port=9000-9999/udp
success
[cloud@slave2 ~]$ sudo firewall-cmd --zone=public --permanent --list-ports
9000-9999/tcp 9000-9999/udp
[cloud@slave2 ~]$
[cloud@slave2 ~]$ sudo firewall-cmd --reload
success
[cloud@slave2 ~]$
```

HTCondor 환경설정 파일을 수정해야 한다. Master 노드와 동일하게 글로벌 환경설정은 변경하지 않고 로컬 환경설정 파일(condor_config.local)을 Slave1과 Slave2에 각각 생성한다.

```
[cloud@slave1 ~]$ cd /etc/condor/config.d/
[cloud@slave1 config.d]$
[cloud@slave1 config.d]$ sudo vi condor_config.local
[cloud@slave1 config.d]$
[cloud@slave1 config.d]$ cat condor_config.local

UID_DOMAIN = slave1.cloud.org
ALLOW_WRITE = *.cloud.org
CONDOR_HOST = master.cloud.org
IN_HIGHPORT = 9999
IN_LOWPORT = 9000
NETWORK_INTERFACE = enp0s8
DAEMON_LIST = MASTER, STARTD

[cloud@slave1 config.d]$
```

```
[cloud@slave2 ~]$ cd /etc/condor/config.d/
[cloud@slave2 config.d]$
[cloud@slave2 config.d]$ sudo vi condor_config.local
[cloud@slave2 config.d]$
[cloud@slave2 config.d]$ cat condor_config.local

UID_DOMAIN = slave2.cloud.org
ALLOW_WRITE = *.cloud.org
```

```
CONDOR_HOST = master.cloud.org
IN_HIGHPORT = 9999
IN_LOWPORT = 9000
NETWORK_INTERFACE = enp0s8
DAEMON_LIST = MASTER, STARTD

[cloud@slave2 config.d]$
```

Slave1의 UID_DOMAIN은 Slave1의 FQDN으로 Slave2의 UID_DOMAIN은 Slave2의 FQDN으로 설정한다. ALLOW_WRITE은 HTCondor 클러스터 내의 모든 노드들이 쓸 수 있도록 *.cloud.org로 설정하였다. CONDOR_HOST는 condor_collector 데몬이 동작하고 있는 FQDN을 기술해야 하므로 Slave1과 Slave2 모두 Master 노드의 FQDN으로 설정하였다.

마지막으로 DAEMON_LIST는 슬레이브 노드에 동작할 데몬을 기술한다. MASTER는 Slave1과 Slave2에 동작하는 HTCondor의 전체적인 모니터링을 하는 condor_master 데몬을 의미하고, STARTD는 condor_startd 데몬을 의미하는데, HTCondor 클러스터에 제출된 작업을 실행하는 역할을 한다. condor_startd 데몬은 해당 노드가 시스템 속성(작업을 수행할 수 있는 속성들)을 Master에 알린다. 만약 어떤 작업이 해당 노드로 할당되면 condor_startd 데몬은 condor_starter를 생성하여 작업을 실행한다.

이제 HTCondor를 실행한 후, DAEMON_LIST에 지정한 데몬들이 정상적으로 동작하고 있는지 확인한다.

```
[cloud@slave1 ~]$ sudo systemctl start condor
[cloud@slave1 ~]$
[cloud@slave1 ~]$ sudo systemctl status condor
[sudo] password for cloud:
● condor.service - Condor Distributed High-Throughput-Computing
   Loaded: loaded (/usr/lib/systemd/system/condor.service; disabled; vendor preset: disabled)
   Active: active (running) ...
 Main PID: 3122 (condor_master)
   Status: "All daemons are responding"
    Tasks: 4 (limit: 4194303)
   Memory: 4.6M
   CGroup: /system.slice/condor.service
           ├─3122 /usr/sbin/condor_master -f
           ├─3153 condor_procd -A /var/run/condor/procd_pipe -L /var/log/cond...
           ├─3154 condor_shared_port -f
           └─3155 condor_startd -f

[cloud@slave1 ~]$
```

```
[cloud@slave2 ~]$ sudo systemctl start condor
[cloud@slave2 ~]$
[cloud@slave2 ~]$ sudo systemctl status condor
● condor.service - Condor Distributed High-Throughput-Computing
   Loaded: loaded (/usr/lib/systemd/system/condor.service; disabled; vendor preset: disabled)
   Active: active (running) ...
 Main PID: 3156 (condor_master)
   Status: "All daemons are responding"
    Tasks: 4 (limit: 4194303)
   Memory: 4.6M
   CGroup: /system.slice/condor.service
           ├──3156 /usr/sbin/condor_master -f
           ├──3187 condor_procd -A /var/run/condor/procd_pipe -L /var/log/cond...
           ├──3188 condor_shared_port -f
           └──3189 condor_startd -f

[cloud@slave2 ~]$
```

Slave1과 Slave2에서 지정한 **데몬리스트**daemon_list의 데몬들이 모두 정상적으로 동작하고 있다는 "All daemons are responding" 메시지를 확인하는 것이 중요하다. 이 메시지가 나오지 않는다면, HTCondor 데몬이 실행되는 데 시간이 걸릴 수 있기 때문에 시간 간격을 두고 HTCondor의 상태를 확인해야 한다.

HTCondor 데몬이 정상적으로 보이지 않는다면, 환경설정 파일의 설정에 오타 등이 있는지 확인해보기 바란다. HTCondor는 로그들을 관리하는데, 필요에 따라서는 /var/log/condor/ 디렉터리에 있는 로그 파일을 분석해서 문제를 해결해야 한다. 다음은 Slave1 노드에서 HTCondor가 관리하는 로그 파일들을 보여준다. Master 노드와 Slave2 노드도 동일한 위치에 로그 파일이 있으니 확인해보기 바란다.

```
[cloud@slave1 ~]$ ls /var/log/condor/
KernelTuning.log  ProcLog      SharedPortLog  StartLog
MasterLog         ProcLog.old  StarterLog     XferStatsLog
[cloud@slave1 ~]$
```

HTCondor 클러스터를 구성할 Master, Slave1, Slave2에 HTCondor 패키지 설치를 완료했다. 이제 HTCondor 클러스터가 정상적으로 구성되었는지 condor_status 명령을 통해 다음과 같이 확인해본다. Master에 HTCondor 패키지를 설치했을 때 condor_status 명령을 수행했을 때와는 다르게, Slave1, Slave2 워커 노드가 HTCondor 클러스터에 보이는 것을 확인할 수 있다.

```
[cloud@master ~]$ condor_status
Name              OpSys      Arch   State      Activity LoadAv Mem   ActvtyTime

slave1.cloud.org  LINUX      X86_64 Unclaimed Idle       0.000  990  0+04:39:35
slave2.cloud.org  LINUX      X86_64 Unclaimed Idle       0.000  990  0+04:39:34

                  Machines Owner Claimed Unclaimed Matched Preempting  Drain

    X86_64/LINUX         2     0       0         2       0           0      0

          Total          2     0       0         2       0           0      0
[cloud@master ~]$
```

워커 노드 slave1.cloud.org와 slave2.cloud.org는 코어가 1개인 가상머신이기 때문에 현재 이 HTCondor 클러스터는 총 2개의 **슬롯**slot을 가진 클러스터가 된다. HTCondor에 작업이 제출되면, 2개 중 하나의 머신에 작업이 할당되는 것이다.

condor_status 명령은 Master 노드에서만 실행할 수 있는 것은 아니다. Slave1과 Slave2에서 각각 클러스터 상태를 확인해보면, 동일한 결과를 얻을 수 있다.

```
[cloud@slave1 ~]$ condor_status
Name              OpSys      Arch   State      Activity LoadAv Mem   ActvtyTime

slave1.cloud.org  LINUX      X86_64 Unclaimed Idle       0.000  990  0+04:59:35
slave2.cloud.org  LINUX      X86_64 Unclaimed Idle       0.000  990  0+04:59:34

                  Machines Owner Claimed Unclaimed Matched Preempting  Drain

    X86_64/LINUX         2     0       0         2       0           0      0

          Total          2     0       0         2       0           0      0
[cloud@slave1 ~]$
```

```
[cloud@slave2 ~]$ condor_status
Name              OpSys      Arch   State      Activity LoadAv Mem   ActvtyTime

slave1.cloud.org LINUX       X86_64 Unclaimed Idle       0.000  990  0+04:59:35
slave2.cloud.org LINUX       X86_64 Unclaimed Idle       0.000  990  0+04:59:34

                  Machines Owner Claimed Unclaimed Matched Preempting  Drain

    X86_64/LINUX         2     0       0         2       0           0      0
```

```
             Total         2     0     0     2     0     0     0
[cloud@slave2 ~]$
```

이로써 HTCondor 클러스터 구성을 모두 마쳤다. 지금까지 구축한 내용을 요약하면, 타입 2 하이퍼바이저인 VirtualBox를 이용하여 가상머신을 생성하는 방법과 가상머신 간 통신이 가능한 가상 네트워크를 구성하는 방법을 살펴보았다. 이렇게 생성된 가상머신을 HTCondor 클러스터로 구축하여 HTC가 가능한 시스템을 완성하였다.

연습문제

1. 방화벽을 활성화하고 포트 번호 8000번부터 8999번까지 사용하는 HTCondor 클러스터로 변경하라.

2. Slave1, Slave2의 CPU의 수를 각각 2로 변경한 후 condor_status의 결과가 어떻게 되는지 확인하고 CPU의 수와 슬롯의 수의 관계를 설명하라.

3. CentOS 8을 기반으로 HTCondor 클러스터를 구성하라.

4. Ubuntu 기반으로 HTCondor 클러스터를 구성하라.

5. HTCondor 클러스터의 슬롯이 2개이다. Master도 작업을 처리할 수 있도록 설정을 변경하라(즉, 슬롯이 3이 되게 하라).

6. GPG의 동작 방식에 대해 설명하라.

7. RPM 패키지의 구조에 대해 찾아보고 설명하라.

8. 데비안Debian 패키지 구조에 대해 찾아보고 설명하라.

9. HTCondor 클러스터를 구축할 때 Yum을 이용하여 설치하였다. Yum의 동작 방식에 대해서 찾아보고 설명하라.

10. HTCondor가 생성하는 로그 파일의 종류와 저장되는 정보에 대해서 설명하라.

11. HTCondor 클러스터를 구축하여 사용하고 있는 기관에 대해 알아보고 주로 어떤 문제를 해결하기 위해 HTCondor 클러스터를 사용하고 있는지 설명하라.

CHAPTER

6

CHAPTER

HTCondor 클러스터를 활용한
작업 처리

가상머신 기반의 HTCondor 클러스터를 구축하였다. 구축된 HTCondor는 HTC를 위한 클러스터이고 이 개념은 유휴자원을 활용하여 작업 처리시간을 단축함과 동시에 자원의 쓰임새(활용도)를 높이는 목적이 있다. 클라우드 컴퓨팅도 가상화 기술을 기반으로 자원의 활용도를 높이는 것임으로 이 책 전반에 걸쳐 클라우드 컴퓨팅을 HTC의 범주로 설명한다. VirtualBox로 만들어낸 가상머신과 HTC를 위한 HTCondor가 협력collaboration을 이루는 셈이다.

이제 구축된 HTCondor 클러스터를 활용하여 어떻게 작업을 처리하는지 살펴보도록 하자. 여기에서 소개하는 내용은 HTCondor 작업을 만드는 개념과 독립된 작업을 수행할 때 HTC가 어떻게 수행되지 개념을 파악하는 것이 핵심이다.

6.1 작업을 기술하는 작업명세서

HTCondor 작업 또는 **잡**job을 서브미션하기 위해서는 HTCondor 작업명세서 또는 **잡 디스크립션 파일**job description file을 생성해야 한다. 잡 디스크립션 파일의 구조는 다음과 같다.[1]

```
executable  = <execution file name>
universe    = <execution environment, e.g <vanilla> | <standard> ...
input       = <input data>
```

---

1   이 책에서는 영어 Job을 '작업' 또는 '잡'으로 표현하고, Description을 '기술' 또는 '디스크립션'으로 표현한다. IT 용어를 소리나는 대로 한글로 표현하는 경우가 많아 영어의 한글 번역과 교차해서 사용하고 있다.

```
output      = <output file>
error       = <error file>
log         = <log file>


queue [# of execution]
```

executable 항목은 실행할 파일명을 기술하고 universe는 실행 파일을 수행할 환경을 지정한다. HTCondor Universe에는 standard, vanilla, grid, java, scheduler, local, parallel, vm이 있고 각각의 특성은 다음과 같다.[2]

- standard: 리모트remote에서 수행 중인 잡의 상태를 호스트에 저장할 수 있는 환경으로 **체크포인트**checkingpoint와 **리모트 시스템 콜**remote system call이 가능하다. standard 환경에서 실행되는 파일은 반드시 condor_compile과 링크되어야 한다.
- vanilla: condor_compile로 링크될 수 없는 경우이며 **셸 스크립트**shell script가 대표적인 예이다.
- grid: HTCondor 작업이 다르게 관리되는 리모트 시스템 작업을 실행할 때 사용한다.
- java: Java 프로그램을 실행하는 환경이다.
- local: 경량의 작업을 바로 수행하기 위한 환경으로 리모트 시스템과 매치 메이킹을 하지 않고 호스트에서 바로 수행한다.
- scheduler: local과 유사하나 condor_startd 데몬이 작업을 핸들링하지 않는 차이점이 있다.
- parallel: **MPI**message passing interface 잡을 수행하기 위한 환경이다.
- vm: VMWare나 Xen과 같은 가상머신을 수행하기 위한 환경이다.

input은 실행 프로그램에 전달한 입력값을 전달하고, output, error, log는 실행 결과, 에러, 로그를 저장할 곳을 지정한다. queue는 잡을 **큐**queue에 제출하겠다는 것이고 몇 번 수행할지 지정할 수 있다. 지정하지 않으면 1번으로 **서브미션**submission된다.

6.2 간단한 작업 작성해보기

HTCondor 잡 서브미션을 위해 가장 간단한 형태의 작업을 실행해 볼 것이다. 실행 스크립트는 date.sh이며, 현재 시간을 출력한 후 10초간 **슬립**sleep 상태였다가 다시 현재 시간을 출력한다.[3] 실

---

2 HTCondor Universe에 대한 자세한 내용은 http://www.cs.wisc.edu/condor/manual/을 참조하기 바란다.
3 date.sh은 실행속성을 부여하지 않았다. 실행속성을 부여하지 않았다 하더라도 워커 노드에서 셸 명령으로 date.sh으로 실행된다. 만약, 로컬(Master 노드)에서 실행하고자 한다면 chmod +x date.sh 명령으로 실행권한을 생성해주고 결과를 확인해보기 바란다.

행 스크립트를 다음과 같이 작성한다. 여러 작업 파일들이 섞이지 않도록 모든 예제는 별도의 작업 디렉터리를 만들어 수행한다.

```
[cloud@master ~]$ mkdir 01.date
[cloud@master ~]$ cd 01.date/
[cloud@master 01.date]$
[cloud@master 01.date]$ cat date.sh
#!/bin/bash

echo `date`
sleep 10
echo `date`
[cloud@master 01.date]$
```

date.sh를 HTCondor 잡으로 수행시키기 위해서 date.jds 잡 디스크립션 파일을 생성한다.

```
[cloud@master 01.date]$ cat date.jds

executable    = date.sh
universe      = vanilla
output        = out.txt
error         = error.txt
log           = log.txt
queue

[cloud@master 01.date]$
[cloud@master 01.date]$ ls
date.jds   date.sh
[cloud@master 01.date]$
```

실행 파일과 잡 디스크립션 파일이 준비되었다면 condor_submit 명령으로 date.jds를 다음과 같이 서브미션한다.

```
[cloud@master 01.date]$ condor_submit date.jds
Submitting job(s).
1 job(s) submitted to cluster 22.
[cloud@master 01.date]$
```

잡을 서브미션한 후 출력되는 메시지(1 job(s) submitted to cluster 22.)는 지금 1개의 작업이 제출되었는데 22번째로 제출된 작업이라는 의미이다. 즉, 잡을 제출할 때마다 이 번호는 증가한다.

잡을 서브미션했다면 바로 condor_q 명령으로 큐의 상태를 확인해보자. 다음과 같이 OS 내의 작업 상태가 변경되는 것을 확인할 수 있다.

```
[cloud@master 01.date]$ condor_q

-- Schedd: master.cloud.org : <192.168.56.101:9618?... @ 02/09/22 21:31:19
OWNER BATCH_NAME     SUBMITTED   DONE   RUN    IDLE  TOTAL JOB_IDS
cloud ID: 22          2/9 21:31    _      _      1      1 22.0
...
[cloud@master 01.date]$
[cloud@master 01.date]$ condor_q
-- Schedd: master.cloud.org : <192.168.56.101:9618?... @ 02/09/22 21:31:21
OWNER BATCH_NAME     SUBMITTED   DONE   RUN    IDLE  TOTAL JOB_IDS
cloud ID: 22          2/9 21:31    _      1      _      1 22.0
...
[cloud@master 01.date]$
[cloud@master 01.date]$ condor_q
-- Schedd: master.cloud.org : <192.168.56.101:9618?... @ 02/09/22 21:31:31
OWNER BATCH_NAME       SUBMITTED   DONE   RUN    IDLE   HOLD  TOTAL JOB_IDS
...
[cloud@master 01.date]$
```

IDLE은 현재 작업을 수행할 워커 노드의 할당을 대기하고 있는 상태이고, RUN은 워커 노드가 할당되어 작업이 해당 시스템에서 실행 중임을 의미한다. 즉, 해당 워커 노드에서 date.sh 셸 스크립트가 실행되는 것이다. 이 셸 스크립트는 10초간 슬립에 들어간 후 시간을 출력하므로 RUN 상태는 대략 10초 언저리 동안 유지될 것이다. 작업이 종료된 후에 큐 상태를 보면 비어 있는 것을 확인할 수 있다. 이로써 우리가 처음으로 서브미션한 작업은 성공적으로 워커 노드에 할당되어 수행되었다고 할 수 있다.

잡 수행이 완료되고 나면, date.jds 파일에 기술된 것처럼 error.txt, log.txt, out.txt 파일이 작업을 서브미션한 디렉터리에 생성된다.

```
[cloud@master 01.date]$ ls
date.jds  date.sh  error.txt  log.txt  out.txt
[cloud@master 01.date]$
```

작업 수행에 대한 정보를 기록하고 있는 log.txt 파일을 열어 확인해보면 작업 수행 과정에서 발생한 다양한 정보를 포함하고 있다. 몇 가지 중요한 정보를 살펴보자.

```
[cloud@master 01.date]$ cat log.txt
000 (021.000.000) 02/09 21:27:00 Job submitted from host: 192.168.56.101:9618
...
001 (021.000.000) 02/09 21:27:01 Job executing on host: <192.168.56.102:9618
...
006 (021.000.000) 02/09 21:27:10 Image size of job updated: 284
    1  -  MemoryUsage of job (MB)
    284  -  ResidentSetSize of job (KB)
...
005 (021.000.000) 02/09 21:27:11 Job terminated.
    (1) Normal termination (return value 0)
        Usr 0 00:00:00, Sys 0 00:00:00  -  Run Remote Usage
        Usr 0 00:00:00, Sys 0 00:00:00  -  Run Local Usage
        Usr 0 00:00:00, Sys 0 00:00:00  -  Total Remote Usage
        Usr 0 00:00:00, Sys 0 00:00:00  -  Total Local Usage
    56  -  Run Bytes Sent By Job
    46  -  Run Bytes Received By Job
    56  -  Total Bytes Sent By Job
    46  -  Total Bytes Received By Job
    Partitionable Resources :    Usage  Request Allocated
       Cpus            :        0       1         1
       Disk (KB)       :       14       1  16396344
       Memory (MB)     :        1       1       990
...

[cloud@master 01.date]$
```

log.txt 파일을 분석해보면, 작업이 Master 노드인 192.168.56.101에서 서브미션되었음을 알 수 있다. 해당 작업은 Slave1 노드인 192.168.56.102에 할당되어 실행되었고 포트 번호 9518로 통신이 이루어졌음을 알 수 있다. 또한 작업은 **정상적으로 종료**normal termination되었다. 자원활용에 대한 정보를 보면 CPU 코어는 1개를 요청해서 1개가 할당되었으며, 디스크는 1KB를 요청하였으나 16396344KB가 할당되었고 실제 사용은 14KB가 사용되었다. 메모리의 경우 1MB를 요청하였고 990MB가 할당되었고 실제 사용은 1MB를 사용하였음을 알 수 있다. log.txt 파일을 통해 작업이 어디에서 서브미션되었고, 어디에서 수행되었으며, 얼마만큼의 리소스를 사용했는지 정보를 확인할 수 있다.

out.txt 파일은 표준출력을 저장하기 때문에 date.sh의 실행한 결괏값이 저장된다. out.txt 파일을 확인해보면 다음과 같다.

```
[cloud@master 01.date]$ cat out.txt
Tue Feb 9 21:31:20 KST 2022
Tue Feb 9 21:31:30 KST 2022
[cloud@master 01.date]$
```

date.sh이 수행한 결괏값이 그대로 출력되었음을 확인할 수 있는데, 작업이 수행되던 시점의 시간을 출력하고 정확히 10초 동안 슬립상태에서 되돌아와 시간을 출력하였다. 출력시간이 정확하게 10초 차이가 남을 확인할 수 있다.

마지막으로 작업 수행 중 나오는 에러 메시지를 담고 있는 error.txt 파일을 확인해보면 파일이 비어 있음을 확인할 수 있다. 즉, 에러 없이 정상 종료되었기 때문에 표준 에러 출력으로 나온 메시지가 없었다는 의미이다.

```
[cloud@master 01.date]$ cat out.txt
[cloud@master 01.date]$
[cloud@master 01.date]$ ls -l error.txt
-rw-r--r--. 1 cloud cloud 0 Feb  9 21:27 error.txt
[cloud@master 01.date]$
```

에러가 발생하지 않았기 때문에 error.txt 파일은 크기는 0이다. 따라서, 여러 개의 작업을 수행시킨 후 에러가 발생했는지 검사할 때 에러파일의 크기를 검사하여 정상적으로 작업이 완료되었는지를 확인할 수 있다.

6.3 인자를 갖는 작업

잡을 수행할 때 입력값을 기준으로 실행해야 하는 경우가 있다. 잡을 실행할 때 입력값을 넘기기 위해서는 HTCondor의 잡 디스크립션 파일에 argument 지시자로 값을 지정하면 된다. 전달한 두 값을 이용하여 두 값 사이에 있는 모든 정수를 더하는 셸 스크립트 count.sh를 다음과 같이 생성해보자.

```
[cloud@master 02.argument]$ cat count.sh
#!/bin/bash

NUM_START=$1
NUM_END=$2
LOOP_COUNT=$NUM_START
SUM=0

echo "Sum from $NUM_START to $NUM_END"

while [ $LOOP_COUNT -le $NUM_END ]
do
    SUM=`expr $SUM + $LOOP_COUNT`
    LOOP_COUNT=`expr $LOOP_COUNT + 1`
done
```

```
echo "Total Sum = $SUM"

[cloud@master 02.argument]$
```

count.sh는 두 개의 인자 $1와 $2로 입력받아 NUM_START와 NUM_END에 저장한 후 두 값 사이의 정수를 모두 합해 SUM에 저장한 후 결과를 출력한다.

셸 스크립트가 만들어졌다면 잡 디스크립션 파일 argument.jds를 다음과 같이 생성한다. 입력값을 전달하기 위해서 argument에 값을 입력하였다.

```
[cloud@master 02.argument]$ cat argument.jds

executable  = count.sh
universe    = vanilla
arguments   = 1 10
output      = out.txt
error       = error.txt
log         = log.txt

queue

[cloud@master 02.argument]$
```

condor_submit 명령을 이용하여 잡을 HTCondor 클러스터에 서브미션해보자.

```
[cloud@master 02.argument]$ condor_submit argument.jds
Submitting job(s).
1 job(s) submitted to cluster 23.
[cloud@master 02.argument]$
```

실행이 종료된 후 error.txt, log.txt, out.txt 파일이 생성되었다.

```
[cloud@master 02.argument]$ ls
argument.jds  count.sh  error.txt  log.txt  out.txt
[cloud@master 02.argument]$
```

정상적으로 수행되었는지 결과 파일 out.txt을 다음과 같이 확인해보자.

```
[cloud@master 02.argument]$ cat out.txt
Sum from 1 to 10
Total Sum = 55
[cloud@master 02.argument]$
[cloud@master 02.argument]$ cat error.txt
[cloud@master 02.argument]$
[cloud@master 02.argument]$ ls -l error.txt
-rw-r--r--. 1 cloud cloud 0 Feb 10 15:09 error.txt
[cloud@master 02.argument]$
```

1부터 10까지 더한 값 55가 정상적으로 출력되었음을 알 수가 있다. 따라서 실행에 오류는 없었을 것이므로 error.txt 파일의 크기는 0이고 내용도 없다.

작업 실행 과정에 대한 정보를 가지고 있는 log.txt 파일을 확인해보자. 작업은 Master 노드에서 서브미션되었고 Slave1에 할당되었으며, 정상적으로 종료되었음을 확인할 수 있다. CPU는 1코어, 디스크는 9KB, 메모리는 MB 단위로 측정이 안 될 정도로 적게 사용되었다.

```
[cloud@master 02.argument]$ cat log.txt
000 (023.000.000) 02/10 15:09:36 Job submitted from host: <192.168.56.101:9618
...
001 (023.000.000) 02/10 15:09:49 Job executing on host: <192.168.56.102:9618
...
    (1) Normal termination (return value 0)
...
    Partitionable Resources :    Usage  Request Allocated
       Cpus               :               1          1
       Disk (KB)          :         9     1   16396344
       Memory (MB)        :         0     1        990
...
[cloud@master 02.argument]$
```

6.4 여러 작업을 동시에 실행하기

지금까지 살펴본 예제들은 모두 하나의 작업을 HTCondor 클러스터로 서브미션하였다. 만약 동일한 일을 하는 잡을 여러 컴퓨팅 노드에서 수행해야 할 경우에는 어떻게 해야 할까? 여러 개의 동일한 작업을 큐에 서브미션하기 위해서는 queue 항목에 원하는 작업의 수만큼을 기술해주면 된다. 예를 들어, 5개의 작업을 제출한다면 queue 5로 지정하면 된다. 이 경우 5개의 동일한 작업이 HTCondor 클러스터에 제출된다.

동일한 실행 프로그램을 여러 번 수행하는 방법에 대해서 알아보겠다. 입력값을 예제로 사용했던 count.sh 스크립트를 10번 수행하는 잡 디스크립션 파일을 다음과 같이 생성한다. queue 항목에 잡 서브미션을 몇 번 할 것인지를 지정하였다.[4]

```
[cloud@master 03.multiple]$ ls
count.sh  multiple.jds
[cloud@master 03.multiple]$
[cloud@master 03.multiple]$ cat multiple.jds
executable   = count.sh
universe     = vanilla
arguments    = 1 10

output       = out.txt
error        = error.txt
log          = log.txt

queue 10
[cloud@master 03.multiple]$
```

condor_submit 명령을 통해 잡을 서브미션한다. 10개의 잡이 HTCondor 클러스터에 제출되었고 작업 번호는 24번이다.

```
[cloud@master 03.multiple]$ condor_submit multiple.jds
Submitting job(s)..........
10 job(s) submitted to cluster 24.
[cloud@master 03.multiple]$
```

HTCondor의 큐 상태를 확인해보기 위해서는 condor_q 명령을 사용해보자. 총 10개의 작업이 큐에 들어왔음을 확인할 수 있고 작업이 IDLE 상태에서 RUN 상태로 그리고 최종적으로 DONE 상태로 변화되어 모든 작업이 수행된 것을 확인할 수 있다.

```
[cloud@master 03.multiple]$ condor_q

-- Schedd: master.cloud.org : <192.168.56.101:9618?... @ 02/11/22 15:18:31
OWNER BATCH_NAME     SUBMITTED   DONE   RUN    IDLE  TOTAL JOB_IDS
cloud ID: 24      2/11 15:18     _      _      10     10 24.0-9
...
[cloud@master 03.multiple]$
```

---

4   count.sh 파일을 현재 디렉터리로 복사해서 사용한다.

```
[cloud@master 03.multiple]$ condor_q

-- Schedd: master.cloud.org : <192.168.56.101:9618?... @ 02/11/22 15:18:33
OWNER BATCH_NAME    SUBMITTED    DONE   RUN    IDLE  TOTAL JOB_IDS
cloud ID: 24       2/11 15:18     2      2      6     10 24.2-9
...
[cloud@master 03.multiple]$ condor_q

-- Schedd: master.cloud.org : <192.168.56.101:9618?... @ 02/11/22 15:18:37
OWNER BATCH_NAME    SUBMITTED    DONE   RUN    IDLE  TOTAL JOB_IDS
cloud ID: 24       2/11 15:18     8      2      _     10 24.8-9
...
[cloud@master 03.multiple$
```

HTCondor 큐가 비워진 상태는 작업이 완료된 것을 의미한다. 완전히 비워졌음을 확인한 후 최종 결과 파일을 확인해보자.

```
[cloud@master 03.multiple]$ condor_q

-- Schedd: master.cloud.org : <192.168.56.101:9618?... @ 02/11/22 15:18:38
OWNER BATCH_NAME      SUBMITTED   DONE   RUN    IDLE   HOLD  TOTAL JOB_IDS
...
[cloud@master 03.multiple]$
[cloud@master 03.multiple]$ ls
count.sh  error.txt  log.txt  multiple.jds  out.txt
[cloud@master 03.multiple]$
[cloud@master 03.multiple]$ cat out.txt
Sum from 1 to 10
Total Sum = 55
[cloud@master 03.multiple]$
[cloud@master 03.multiple]$ cat error.txt
[cloud@master 03.multiple]$
```

한 가지 주목해야 할 점이 있는데, 총 10개의 잡을 서브미션했음에도 불구하고 error.txt, log.txt, out.txt 파일이 하나씩만 생성되었다는 점이다. 그 이유는 **모든 작업이 동일한 파일명으로 출력, 로그, 오류 등**을 기록하였기 때문에 최종 작업이 완료될 때 마지막 결과가 파일에 덮어 쓰여지기 때문이다. 단 log.txt 파일은 10개의 로그 기록이 비 순차적으로 추가된 것을 확인할 수 있다. 2개의 워커 노드가 10개의 작업을 수행하기 때문에 로그 기록이 발생할 때마다 Master 노드의 log.txt 파일에 기록되기 때문이다.

```
[cloud@master 03.multiple]$ cat log.txt
```

```
000 (024.000.000) 02/11 15:18:28 Job submitted from host: <192.168.56.101:9618
...
000 (024.001.000) 02/11 15:18:28 Job submitted from host: <192.168.56.101:9618
...
001 (024.001.000) 02/11 15:18:33 Job executing on host: <192.168.56.103:9618
...
006 (024.000.000) 02/11 15:18:33 Image size of job updated: 1
    0  -  MemoryUsage of job (MB)
    0  -  ResidentSetSize of job (KB)
...
006 (024.001.000) 02/11 15:18:33 Image size of job updated: 1
    0  -  MemoryUsage of job (MB)
    0  -  ResidentSetSize of job (KB)
...
005 (024.000.000) 02/11 15:18:33 Job terminated.
    (1) Normal termination (return value 0)
        Usr 0 00:00:00, Sys 0 00:00:00  -  Run Remote Usage
        Usr 0 00:00:00, Sys 0 00:00:00  -  Run Local Usage
        Usr 0 00:00:00, Sys 0 00:00:00  -  Total Remote Usage
        Usr 0 00:00:00, Sys 0 00:00:00  -  Total Local Usage
    32  -  Run Bytes Sent By Job
    241  -  Run Bytes Received By Job
    32  -  Total Bytes Sent By Job
    241  -  Total Bytes Received By Job
    Partitionable Resources :    Usage  Request Allocated
      Cpus               :               1          1
      Disk (KB)          :        9      1   16395656
      Memory (MB)        :        0      1        990
...
005 (024.008.000) 02/11 15:18:37 Job terminated.
    (1) Normal termination (return value 0)
        Usr 0 00:00:00, Sys 0 00:00:00  -  Run Remote Usage
        Usr 0 00:00:00, Sys 0 00:00:00  -  Run Local Usage
        Usr 0 00:00:00, Sys 0 00:00:00  -  Total Remote Usage
        Usr 0 00:00:00, Sys 0 00:00:00  -  Total Local Usage
    32  -  Run Bytes Sent By Job
    241  -  Run Bytes Received By Job
    32  -  Total Bytes Sent By Job
    241  -  Total Bytes Received By Job
    Partitionable Resources :    Usage  Request Allocated
      Cpus               :        0      1          1
      Disk (KB)          :       14      1   16396900
      Memory (MB)        :        0      1        990
...
[cloud@master 03.multiple]$
```

따라서, 동일한 프로그램을 여러 번 수행하고 이에 대한 결괏값을 기록할 때는 다음 2가지 중 한 가지 방법으로 한 파일에 덮어써지거나 추가되는 것을 방지해야 한다.

1. 작업별로 생성된 파일을 서로 다른 디렉터리에 기록한다.

2. 생성된 파일 이름을 서로 다르게 하여 기록한다.

다음 예제에서 이 두 가지 방법에 대해서 알아보도록 하자.

6.5 디렉터리 분리로 여러 작업 동시실행

여러 작업을 동시에 실행할 때 동일한 파일명을 사용한다면 앞서 살펴본 바와 같이 여러 작업이 동일한 파일에 기록되므로 작업이 하나씩 끝날 때마다 파일들이 덮어써지게 될 것이다. 이 문제를 해결하기 위해서 각각의 실행 결과들이 서로 다른 디렉터리에 기록되도록 해야 한다. 하나의 실행 파일을 여러 번 수행하고 그 결과를 서로 다른 디렉터리에 저장하고자 할 때 HTCondor 잡을 어떻게 생성하는지 알아보겠다.

우리가 생성할 스크립트는 read.sh이다. read.sh은 file.txt 파일을 읽어 그대로 표준출력으로 쓰는 스크립트이다. 다음과 같이 file.txt 파일과 read.sh를 생성한다.[5]

```
[cloud@master 04.multiple]$ ls
file.txt  read.jds  read.sh
[cloud@master 04.multiple]$
[cloud@master 04.multiple]$ cat file.txt

Cloud computing is the on-demand availability of computer system
resources, especially data storage (cloud storage) and computing
power, without direct active management by the user. The term is
generally used to describe data centers available to many users
over the Internet. Large clouds, predominant today, often have
functions distributed over multiple locations from central servers.
If the connection to the user is relatively close, it may be
designated an edge server. --Wikipedia

[cloud@master 04.multiple]$
[cloud@master 04.multiple]$ cat read.sh
```

---

5 이 책에서 소개하는 실행 파일은 배시(bash) 셀 스크립트를 기반으로 하고 있다. 하지만, 앞서 HTCondor Universe에 대해 기술한 것처럼 다양한 워커 노드에서 실행 가능한 다양한 형태를 지원한다.

```
#!/bin/bash

while read line
do
  echo "$line"
done < file.txt


[cloud@master 04.multiple]$
```

이제 잡 디스크립션 파일 read.jds을 작성해보자. 디렉터리를 지정할 때는 잡 디스크립션 파일에 initialdir 항목을 이용한다. 다음과 같이 read.jds 파일을 생성한다.

```
[cloud@master 04.multiple]$ cat read.jds
executable    = read.sh
universe      = vanilla

input         = file.txt
output        = out.txt
error         = error.txt
log           = log.txt

initialdir    = run_1
queue

initialdir    = run_2
queue

[cloud@master 04.multiple]$
```

read.jds은 HTCondor에게 run_1, run_2 디렉터리에서 file.txt 파일을 읽어 표준출력의 결과는 out.txt 파일에 쓰고 오류는 error.txt 파일에, 로그는 log.txt 파일에 기록하도록 기술하고 있다.

input으로 지정한 입력파일 file.txt는 run_1, run_2 디렉터리에 존재해야 한다. 즉, run_1, run_2 디렉터리가 작업을 제출하기 전에 생성되어 있어야 한다. initialdir에 지정된 디렉터리 하단에는 queue 명령으로 잡을 서브미션하며 작업의 결과물들은 각각의 디렉터리(run_[1¦2])에 저장된다. 작업 실행에 필요한 디렉터리를 만들고 file.txt를 해당 디렉터리에 복사하자.

```
[cloud@master 04.multiple]$ mkdir run_1
[cloud@master 04.multiple]$ mkdir run_2
[cloud@master 04.multiple]$
[cloud@master 04.multiple]$ cp file.txt run_1
```

```
[cloud@master 04.multiple]$ cp file.txt run_2
[cloud@master 04.multiple]$
[cloud@master 04.multiple]$ tree
.
├── file.txt
├── read.jds
├── read.sh
├── run_1
│   └── file.txt
└── run_2
    └── file.txt

2 directories, 5 files
[cloud@master 04.multiple]$
```

condor_submit 명령으로 잡을 다음과 같이 서브미션한 후 작업이 완료되었는지 확인한다. 25번째 작업으로 제출되었고, 작업이 완료되어 condor_q 명령을 통해 비어 있는 큐를 확인할 수 있다.

```
[cloud@master 04.multiple]$ condor_submit read.jds
Submitting job(s)..
2 job(s) submitted to cluster 25.
[cloud@master 04.multiple]$
[cloud@master 04.multiple]$ condor_q

-- Schedd: master.cloud.org : <192.168.56.101:9618?... @ 02/11/22 17:08:04
OWNER BATCH_NAME      SUBMITTED   DONE   RUN    IDLE   HOLD  TOTAL JOB_IDS
...
[cloud@master 04.multiple]$
```

결과 파일들이 run_1, run_2 디렉터리에 정상적으로 생성되었는지 확인해보면, 각각의 디렉터리에 log.txt, error.txt, out.txt가 정상적으로 생성된 것을 확인할 수 있다.

```
[cloud@master 04.multiple]$ ls run_*
run_1:
error.txt  file.txt  log.txt  out.txt

run_2:
error.txt  file.txt  log.txt  out.txt
[cloud@master 04.multiple]$
```

결과 파일 out.txt의 내용을 확인해보면, 정상적으로 작업이 수행되었음을 확인할 수 있다.

```
[cloud@master 04.multiple]$ cat run_1/out.txt
Cloud computing is the on-demand availability of computer system
...
designated an edge server. --Wikipedia
[cloud@master 04.multiple]$
[cloud@master 04.multiple]$ cat run_2/out.txt
Cloud computing is the on-demand availability of computer system
...
designated an edge server. --Wikipedia
[cloud@master 04.multiple]$
```

결과가 정상적으로 출력되었기 때문에 read.sh 실행할 때 특별한 오류 메시지는 발생하지 않았음을
예상할 수 있다. error.txt는 다음과 같이 비어 있음을 확인할 수 있다.

```
[cloud@master 04.multiple]$ cat run_1/error.txt
[cloud@master 04.multiple]$
[cloud@master 04.multiple]$ cat run_2/error.txt
[cloud@master 04.multiple]$
```

마지막으로 log.txt 파일을 다음과 같이 확인해보자.

```
[cloud@master 04.multiple]$ cat run_1/log.txt
000 (025.000.000) 02/11 17:08:01 Job submitted from host: <192.168.56.101:9618
...
001 (025.000.000) 02/11 17:08:03 Job executing on host: <192.168.56.102:9618
...
006 (025.000.000) 02/11 17:08:03 Image size of job updated: 1
    0 -  MemoryUsage of job (MB)
    0 -  ResidentSetSize of job (KB)
...
005 (025.000.000) 02/11 17:08:03 Job terminated.
    (1) Normal termination (return value 0)
...
...
[cloud@master 04.multiple]$
[cloud@master 04.multiple]$ cat run_2/log.txt
000 (025.001.000) 02/11 17:08:01 Job submitted from host: <192.168.56.101:9618
...
001 (025.001.000) 02/11 17:08:03 Job executing on host: <192.168.56.103:9618
...
006 (025.001.000) 02/11 17:08:03 Image size of job updated: 1
    0 -  MemoryUsage of job (MB)
    0 -  ResidentSetSize of job (KB)
...
```

```
005 (025.001.000) 02/11 17:08:03 Job terminated.
    (1) Normal termination (return value 0)
...
...
[cloud@master 04.multiple]$
```

작업 두 개 중 하나는 Slave1에 할당되었고, 다른 하나는 Slave2에 할당되었음을 확인할 수 있다. 즉, 적절하게 **로드 밸런싱**load balancing이 되었으며, 두 개의 작업 모두 정상적으로 종료되었다.

이번 예제에서는 디렉터리를 분리하여 파일들이 덮어써지는 것을 해결하는 것을 보여주었다. 그렇지만 이 방법은 여전히 제약사항을 갖고 있는데, 그것은 각 디렉터리별 작업이 하나씩만 제출되어야 한다는 것이다. read.jds 잡 디스크립션 파일에서 각각의 디렉터리에 대해 하나의 작업만 서브미션되도록 지정했다. 즉, queue 10과 같이 각각의 디렉터리에 여러 개의 작업을 지정한다면 여전히 덮어쓰는 문제를 해결할 수가 없다. 다음 예제에서 파일 이름을 분리하여 문제를 해결하는 방법을 알아보도록 하자.

6.6 파일 이름 분리로 여러 작업 동시실행

동일한 프로그램을 여러 번 수행할 때 지정한 파일 이름이 같다면 파일이 덮어쓰게 된다. 서로 다른 디렉터리를 지정하여 문제를 해결할 수 있었지만 각각의 디렉터리별 하나의 작업만 수행해야 한다는 제약이 있었다. 따라서 수행해야 할 작업이 많을 경우 그 만큼 사전에 생성되어야 하는 디렉터리의 개수도 늘어날 수밖에 없다. 디렉터리를 분리하는 방법 대신, 작업 번호를 이용하여 파일 이름을 생성하여 구분하는 방법을 쓰면 파일이 덮어 쓰여지는 것을 해결할 수 있다.

HTCondor는 하나의 작업 안에 여러 개의 작업이 있는 경우, 예를 들어 queue 10과 같이 하나의 작업안에 10개의 서브 작업을 수행할 때 각각의 서브 작업별로 번호가 부여되고 $(Process) 변수에 저장한다. 따라서 $(Process) 변수를 활용하면 서브 작업별로 서로 다른 파일에 결괏값을 저장하도록 지정할 수 있다. $(Process) 변수는 잡이 HTCondor 클러스터에 서브미션될 때 부여되는 연속적인 번호이다. 따라서 10개의 Job이 서브미션되면 0번부터 9번까지 10개의 번호가 생성된다. count.sh에 대한 잡 디스크립션 파일 multiple.jds를 다음과 같이 생성한다.

```
[cloud@master 05.multiple]$ ls
count.sh  multiple.jds
[cloud@master 05.multiple]$
[cloud@master 05.multiple]$ cat multiple.jds
```

```
executable      = count.sh
universe        = vanilla
arguments       = 1 10

output          = out.$(Process).txt
error           = error.$(Process).txt
log             = log.$(Process).txt

queue 10

[cloud@master 05.multiple]$
```

결과 파일들의 파일명을 $(Process) 변수를 이용하여 생성하게 되면 각각의 작업별로 작업에 해당하는 파일들을 생성할 수가 있다. 이제 condor_submit 명령을 이용하여 multiple.jds를 서브미션하고, 정상적으로 종료되는지 확인한다.

```
[cloud@master 05.multiple]$ condor_submit multiple.jds
Submitting job(s).........
10 job(s) submitted to cluster 26.
[cloud@master 05.multiple]$
[cloud@master 05.multiple]$ condor_q

-- Schedd: master.cloud.org : <192.168.56.101:9618?... @ 02/11/22 17:55:03
OWNER BATCH_NAME     SUBMITTED    DONE   RUN    IDLE   TOTAL JOB_IDS
cloud ID: 26      2/11 17:55      2      2      6      10 26.2-9
...
[cloud@master 05.multiple]$
[cloud@master 05.multiple]$ condor_q

-- Schedd: master.cloud.org : <192.168.56.101:9618?... @ 02/11/22 17:55:08
OWNER BATCH_NAME      SUBMITTED    DONE   RUN    IDLE   HOLD  TOTAL JOB_IDS
...
[cloud@master 05.multiple]$
```

잡을 서브미션한 후 condor_q로 큐를 확인해보면, 매우 빠른 속도로 작업이 완료되었음을 확인할 수 있다. 동일한 파일에 결괏값을 저장할 때는 10개의 잡을 볼 수 있었던 것과는 대조적이다. 그 이유는 하나의 작업이 특정 파일에 쓰기를 수행할 때 다른 프로세스는 모두 대기상태에 들어가기 때문이다.

각 잡별로 error.txt, log.txt, out.txt 파일이 생성되었음을 확인할 수 있다. 결괏값도 정상적으로 출력되었고, error.?.txt 파일의 크기가 모두 0으로 에러가 발생하지 않았음을 알 수 있다.

```
[cloud@master 05.multiple]$ ls
count.sh     error.5.txt  log.1.txt  log.7.txt      out.2.txt  out.8.txt
error.0.txt  error.6.txt  log.2.txt  log.8.txt      out.3.txt  out.9.txt
error.1.txt  error.7.txt  log.3.txt  log.9.txt      out.4.txt
error.2.txt  error.8.txt  log.4.txt  multiple.jds   out.5.txt
error.3.txt  error.9.txt  log.5.txt  out.0.txt      out.6.txt
error.4.txt  log.0.txt    log.6.txt  out.1.txt      out.7.txt
[cloud@master 05.multiple]$
[cloud@master 05.multiple]$ cat out.?.txt
Sum from 1 to 10
Total Sum = 55
...
...
Total Sum = 55
[cloud@master 05.multiple]$
[cloud@master 05.multiple]$ cat error.?.txt
[cloud@master 05.multiple]$
```

6.7 $(Process) 이용한 디렉터리 분리

이전에 살펴보았던 디렉터리를 이용한 여러 작업을 $(Process) 변수를 이용하여 디렉터리를 분리하여 서브미션하는 방법을 알아보자. 다음과 같이 read.jds 잡 디스크립션 파일을 생성한다. $(Process) 변수를 사용할 경우 각 디렉터리별로 initialdir를 기술할 필요가 없어진다. 한 가지 주의해야 할 점은 $(Process)의 값이 0부터 시작된다는 점이다. 따라서 2개의 작업을 서브미션할 경우 run_0, run_1 두 개의 디렉터리가 있어야 한다.

```
[cloud@master 06.multiple]$ tree
.
├──── file.txt
├──── read.jds
├──── read.sh
├──── run_0
│     └──── file.txt
└──── run_1
      └──── file.txt

2 directories, 5 files
[cloud@master 06.multiple]$
[cloud@master 06.multiple]$ cat read.jds
executable    = read.sh
universe      = vanilla
```

```
input        = file.txt
output       = out.txt
error        = error.txt
log          = log.txt

initialdir   = run_$(Process)

queue 2
[cloud@master 06.multiple]$
```

condor_submit 명령을 이용하여 잡을 서브미션하고 HTCondor 큐가 비었는지 확인한다.

```
[cloud@master 06.multiple]$ condor_submit read.jds
Submitting job(s)..
2 job(s) submitted to cluster 29.
[cloud@master 06.multiple]$
[cloud@master 06.multiple]$ condor_q

-- Schedd: master.cloud.org : <192.168.56.101:9618?... @ 02/11/22 18:13:55
OWNER BATCH_NAME     SUBMITTED   DONE   RUN    IDLE   TOTAL JOB_IDS
cloud ID: 29        2/11 18:13    _      _      2       2 29.0-1
...
[cloud@master 06.multiple]$
[cloud@master 06.multiple]$ condor_q

-- Schedd: master.cloud.org : <192.168.56.101:9618?... @ 02/11/22 18:23:30
OWNER BATCH_NAME     SUBMITTED   DONE   RUN    IDLE   TOTAL JOB_IDS
cloud ID: 30        2/11 18:23    _      2      _       2 30.0-1
...
[cloud@master 06.multiple]$ condor_q

-- Schedd: master.cloud.org : <192.168.56.101:9618?... @ 02/11/22 18:14:11
OWNER BATCH_NAME      SUBMITTED    DONE   RUN    IDLE   HOLD  TOTAL JOB_IDS
...
[cloud@master 06.multiple]$
```

HTCondor 큐가 비어 있는 상태이므로 작업이 종료되었음을 알 수 있다. 이제 디렉터리에 파일들이 정상적으로 생성되었는지 확인해보자.

```
[cloud@master 06.multiple]$ tree run_*
run_0
├──── error.txt
├──── file.txt
├──── log.txt
```

```
        └──── out.txt
run_1
    ├──── error.txt
    ├──── file.txt
    ├──── log.txt
    └──── out.txt

0 directories, 8 files
[cloud@master 06.multiple]$
```

initialdir을 이용해서 각각 디렉터리를 지정했을 때와 동일하게 각 디렉터리에 error.txt, log.txt, out.txt 파일이 생성되었음을 확인할 수 있으며, error.txt 파일의 크기가 모두 0으로 에러가 발생하지 않았음을 알 수 있다. 또한, 출력파일인 out.txt에도 정상적인 내용이 들어 있음을 확인할 수 있다.

```
[cloud@master 06.multiple]$ cat run_?/error.txt
[cloud@master 06.multiple]$
[cloud@master 06.multiple]$ cat run_0/out.txt
Cloud computing is the on-demand availability of computer system
...
designated an edge server. --Wikipedia
[cloud@master 06.multiple]$
[cloud@master 06.multiple]$ cat run_1/out.txt
Cloud computing is the on-demand availability of computer system
...
designated an edge server. --Wikipedia
[cloud@master 06.multiple]$
```

6.8 요구사항을 갖는 작업

HTCondor는 잡을 수행할 환경을 디스크립션 파일에 지정할 수 있다. 예를 들어 어떤 작업은 리눅스 환경과 INTEL 아키텍처architecture에서 수행되어야만 정상적인 결과를 보장할 수 있다고 한다면, 잡 디스크립션 파일에는 requirements 지정자와 rank 지정자를 이용하여 해당 요구사항requirement을 기술할 수 있다.

count.sh 프로그램이 리눅스 시스템, 인텔 아키텍처를 요구사항으로 가지며, 64MB 이상 메모리를 선호하고 이 프로그램이 실행될 때 메모리를 최대 28KB까지 확장된다면 req-error.jds에 해당 내

용을 다음과 같이 기술할 수 있다.[6]

```
[cloud@master 07.requirement]$ ls
count.sh  req-error.jds
[cloud@master 07.requirement]$
[cloud@master 07.requirement]$ cat req-error.jds
executable      = count.sh
universe        = vanilla

requirements    = (OpSys == "LINUX" && Arch == "INTEL")
request_memory  = 32M
rank            = Memory >= 64M
image_size      = 28

arguments       = 1 10
output          = out.txt
error           = error.txt
log             = log.txt


queue
[cloud@master 07.requirement]$
```

requirements 항목의 OpSys는 운영체제를, Arch은 시스템 아키텍처를 의미한다. request_memory 는 프로그램이 실행될 때 과도한 **스와핑**swapping이 발생하지 않도록 하기 위한 메모리 크기를 말한 다. rank 항목은 해당 작업을 수행하는 데 선호하는 메모리 크기를 지정한다.

req-error.jds가 준비되었다면, 이제 작업을 서브미션해보자. 그리고 HTCondor의 큐 상태를 일정 시간(약 5초) 간격으로 확인해본다.

```
[cloud@master 07.requirement]$ condor_submit req-error.jds
Submitting job(s).
1 job(s) submitted to cluster 32.
[cloud@master 07.requirement]$
[cloud@master 07.requirement]$ condor_q


-- Schedd: master.cloud.org : <192.168.56.101:9618?... @ 02/11/22 18:34:21
OWNER BATCH_NAME    SUBMITTED    DONE   RUN    IDLE  TOTAL JOB_IDS
cloud ID: 32        2/11 18:34     _      _       1      1 32.0
...
[cloud@master 07.requirement]$
[cloud@master 07.requirement]$ condor_q
```

---

6   image_size는 KB 단위로 표시한다. 이미지 크기가 8MB라면 image_size = 8000이 된다.

```
-- Schedd: master.cloud.org : <192.168.56.101:9618?... @ 02/11/22 18:34:27
OWNER BATCH_NAME    SUBMITTED   DONE   RUN    IDLE  TOTAL JOB_IDS
cloud ID: 32        2/11 18:34    _      _       1      1 32.0
...
[cloud@master 07.requirement]$
[cloud@master 07.requirement]$ condor_q

-- Schedd: master.cloud.org : <192.168.56.101:9618?... @ 02/11/22 18:34:38
OWNER BATCH_NAME    SUBMITTED   DONE   RUN    IDLE  TOTAL JOB_IDS
cloud ID: 32        2/11 18:34    _      _       1      1 32.0
...
[cloud@master 07.requirement]$
```

잡이 작업 번호 32번으로 제출되었지만, 큐 상태를 확인해보면 IDLE 상태에서 변화가 없음을 확인할 수 있다. IDLE 상태는 HTCondor 클러스터 내 가용한 자원이 없을 때 현재 작업이 대기상태임을 말한다.

```
[cloud@master 07.requirement]$ ls
count.sh  log.txt  req-error.jds
[cloud@master 07.requirement]$
[cloud@master 07.requirement]$ cat log.txt
000 (034.000.000) 02/11 18:36:03 Job submitted from host: <192.168.56.101:9618?
addrs=192.168.56.101-9618&noUDP&sock=1310_2127_3>
...
[cloud@master 07.requirement]$
```

로그 파일 log.txt을 확인해보면, 정상적으로 HTCondor 클러스터에 작업이 서브미션되었지만 더 이상 진행되고 있지 못함을 알 수 있다. 그렇다면 condor_status로 HTCondor 클러스터에 가용 자원이 없는지 확인해보자.

```
[cloud@master 07.requirement]$ condor_status
Name              OpSys    Arch    State      Activity LoadAv Mem   ActvtyTime

slave1.cloud.org  LINUX    X86_64  Unclaimed  Idle      0.000  990   0+00:10:51
slave2.cloud.org  LINUX    X86_64  Unclaimed  Idle      0.000  990   0+00:10:58

                 Machines Owner Claimed Unclaimed Matched Preempting  Drain

   X86_64/LINUX      2      0       0        2        0          0       0

         Total       2      0       0        2        0          0       0
```

```
[cloud@master 07.requirement]$
```

HTCondor 클러스터를 확인해보니, 먼저 Unclaimed 상태인 머신이 2개가 있는 것을 볼 수 있다. 이 두 시스템의 OpSys와 Arch를 확인해보니 각각 LINUX와 X86_64임을 확인할 수 있다. 즉, 두 머신의 아키텍처가 INTEL이 아니었던 것이다. 좀 더 자세히 알아보기 위해서 HTCondor 클러스터를 구성하고 있는 각각의 슬롯이 제공한 ClassAds에서 OpSys, Arch 항목을 확인해보자. condor_status -l 명령으로 다음과 같이 검색해보면, INTEL 아키텍처는 존재하지 않음을 알 수 있다.

```
[cloud@master 07.requirement]$ condor_status -l | grep OpSys
OpSys = "LINUX"
OpSysAndVer = "CentOS7"
OpSysLegacy = "LINUX"
OpSysLongName = "CentOS Linux release 7.8.2003 (Core)"
OpSysMajorVer = 7
OpSysName = "CentOS"
OpSysShortName = "CentOS"
OpSysVer = 708
OpSys = "LINUX"
OpSysAndVer = "CentOS7"
OpSysLegacy = "LINUX"
OpSysLongName = "CentOS Linux release 7.8.2003 (Core)"
OpSysMajorVer = 7
OpSysName = "CentOS"
OpSysShortName = "CentOS"
OpSysVer = 708
[cloud@master 07.requirement]$

[cloud@master 07.requirement]$ condor_status -l | grep Arch
Arch = "X86_64"
Arch = "X86_64"
[cloud@master 07.requirement]$
```

이 예제의 잡 디스크립션 파일인 req-error.jds는 우리가 지금까지 구축한 HTCondor 클러스터로 작업을 처리할 수 없는 요구사항인 Arch == "INTEL" 항목을 갖고 있었던 것이다. 잡 디스크립션 파일에서 requirements 항목은 HTCondor가 **매치메이킹**matchmaking 시에 반드시 만족해야 하는 항목으로 req-error.jds에서는 메모리 크기는 32MB 이상, 운영체제는 리눅스, 아키텍처는 인텔을 지정하였다. HTCondor가 매치메이킹을 할 때 이 조건에 맞는 슬롯을 할당하며 슬롯이 없을 경우 작업은 IDLE 상태를 유지하게 된다. 만일 매치메이킹에 성공했다면 매치메이킹된 여러 슬롯 중에서 rank 항목을 만족하는 슬롯이 우선순위를 가지게 된다.

그렇다면, `req-error.jds` 디스크립션 파일을 수정해야 한다. 수정하기 전에 HTCondor 클러스터에 제출된 작업을 제거해야 할 필요가 있다. 작업 번호가 32이므로 `condor_rm` 명령으로 작업을 제거한다.

```
[cloud@master 07.requirement]$ condor_rm 32.0
Job 32.0 marked for removal
[cloud@master 07.requirement]$
[cloud@master 07.requirement]$ condor_q

-- Schedd: master.cloud.org : <192.168.56.101:9618?... @ 02/11/22 18:35:15
OWNER BATCH_NAME      SUBMITTED   DONE   RUN   IDLE   HOLD  TOTAL JOB_IDS
...
[cloud@master 07.requirement]$
```

32번 작업을 제거한 후 큐 상태를 보면 비어 있는 것을 확인할 수 있다. 성공적으로 대기상태였던 작업을 삭제하였다. 이제 오류가 있었던 `req-error.jds` 디스크립션 파일을 수정한 `requirement.jds` 파일을 다음과 같이 작성한다.

```
[cloud@master 07.requirement]$ cat requirement.jds
executable      = count.sh
universe        = vanilla

requirements    = (OpSys == "LINUX" && Arch == "X86_64")
request_memory  = 32M
rank            = Memory >= 64M
image_size      = 28

arguments       = 1 10
output          = out.txt
error           = error.txt
log             = log.txt

queue
[cloud@master 07.requirement]$
```

모든 것은 동일하고 단지 Arch 항목만 X86_64로 변경되었다. 이제, 작업을 HTCondor 클러스터에 제출하고 큐 상태를 체크해보자.

```
[cloud@master 07.requirement]$ ls
count.sh  req-error.jds  requirement.jds
[cloud@master 07.requirement]$
[cloud@master 07.requirement]$ condor_submit requirement.jds
```

```
Submitting job(s).
1 job(s) submitted to cluster 35.
[cloud@master 07.requirement]$
[cloud@master 07.requirement]$ condor_q

-- Schedd: master.cloud.org : <192.168.56.101:9618?... @ 02/11/22 18:37:19
OWNER BATCH_NAME     SUBMITTED   DONE   RUN   IDLE  TOTAL JOB_IDS
cloud ID: 35       2/11 18:37     _      _      1      1 35.0
...
[cloud@master 07.requirement]$
[cloud@master 07.requirement]$ condor_q

-- Schedd: master.cloud.org : <192.168.56.101:9618?... @ 02/11/22 18:37:26
OWNER BATCH_NAME      SUBMITTED    DONE   RUN   IDLE  HOLD  TOTAL JOB_IDS
...
[cloud@master 07.requirement]$
```

정상적으로 작업이 서브미션되었고, 큐도 IDLE 상태에서 최종적으로 종료되었음을 확인할 수 있다. 이제 마지막으로 생성된 파일을 확인하여 작업이 정상적으로 동작하였는지를 파악해보자.

```
[cloud@master 07.requirement]$ ls
count.sh error.txt  log.txt  out.txt  req-error.jds  requirement.jds
[cloud@master 07.requirement]$
[cloud@master 07.requirement]$ cat error.txt
[cloud@master 07.requirement]$
[cloud@master 07.requirement]$ cat log.txt
000 (035.000.000) 02/11 18:37:15 Job submitted from host: <192.168.56.101:9618
...
001 (035.000.000) 02/11 18:37:24 Job executing on host: <192.168.56.102:9618
...
    (1) Normal termination (return value 0)
...
    32  -  Run Bytes Sent By Job
    241 -  Run Bytes Received By Job
    32  -  Total Bytes Sent By Job
    241 -  Total Bytes Received By Job
    Partitionable Resources :   Usage  Request  Allocated
        Cpus              :              1         1
        Disk (KB)         :        9     1     16395656
        Memory (MB)       :        0     32        990
...
[cloud@master 07.requirement]$
[cloud@master 07.requirement]$ cat out.txt
Sum from 1 to 10
Total Sum = 55
```

```
[cloud@master 07.requirement]$
```

작업이 수행된 후 error.txt, log.txt, out.txt 파일이 정상적으로 생성되었다. 오류 파일(error. txt)에는 어떠한 오류 메시지도 없음을 확인할 수 있다. log.txt 파일을 조금 분석해보면, Master 노드에서 작업이 서브미션되었고 이 작업은 Slave1에 할당되었으며, 작업이 정상적으로 종료되었음을 기록하고 있다. Memory (MB) 항을 보면, 요구된 메모리(Request)는 32MB였음을 확인할 수 있다. 이 부분은 잡 디스크립션 파일 requirement.jds에 기술된 request_memory = 32M 항과 정확하게 일치한다.

지금까지 HTCondor 클러스터를 구축하여 작업을 서브미션하는 방법에 대해 알아보았다. HTCondor는 HTC를 위한 시스템으로 고에너지 물리, 유전체 분석 등을 위한 데이터 센터에서 매우 다양하게 활용 중이다. 타입 2 하이퍼바이저인 VirtualBox 가상머신을 만들어 HTCondor 클러스터를 구축해 봄으로써 타입 2 하이퍼바이저와 HTC를 구축해보는 실습을 동시에 해볼 수 있었다. 이렇게 구축된 HTCondor 클러스터를 통해 유휴한 컴퓨팅 리소스를 거대한 클러스터로 만들 수 있는 개념을 확보했으리라 생각된다. 우리는 앞으로 이 구조를 이용하여 타입 1 하이퍼바이저, 컨테이너, Amazon과 같은 퍼블릭 클라우드에 구축해볼 수 있는 실습을 진행해 나갈 것이다.

연습문제

1. C언어로 작성된 작업을 구축된 HTCondor 클러스터를 이용하여 수행하라.

2. checkingpoint와 remote system call에 대해 내용을 조사하여 기술하라.

3. condor_compile을 이용하여 컴파일하고 HTCondor 클러스터에 사용법을 조사하여 기술하라.

4. universe = local 예제를 수행하고 결과가 어떻게 되는지 설명하라.

5. universe = scheduler 예제를 수행하고 결과가 어떻게 되는지 설명하라.

6. universe = vm 예제를 수행에 필요한 환경을 조사하여 기술하라.

7. HTCondor 클러스터를 이용하여 해결할 수 있는 간단한 문제를 작성하여 수행하고 단일 컴퓨터로 수행한 시간과 비교 분석하라.

8. HTCondor 클러스터에 작업이 IDLE 상태가 되도록 만들고, HTCondor 큐를 분석할 수 있는 명령을 조사하여 무엇을 확인할 수 있는지 기술하라.

9. **DAGMan**Directed Acyclic Graph Manager의 개념을 조사하고, 유용성을 기술하라.

10. DAGMan 예제를 HTCondor에 수행하고 동작 과정을 기술하라.

7

자동화 기반 HTCondor 클러스터 구축

7.1 자동화 도구가 필요한 이유

지금까지 HTCondor 클러스터를 구축할 때 모든 단계를 **매뉴얼**manual 방식으로 하나하나씩 수행했다. 하지만 이러한 방식은 HTCondor 클러스터에 워커 노드를 추가할 때마다 사용자가 직접 노드를 추가 생성하고 HTCondor 설치 및 설정을 진행해줘야 하는데, 이러한 과정에서 **인적 오류**human error가 발생할 수 있는 문제가 있다. 다른 방식으로 워커 노드의 **스냅숏**snapshot을 통해 복제 생성하는 방법도 존재하지만, 이 역시도 사용자가 직접 VirtualBox를 통해 생성해야 하는 번거로운 작업이다.

특히 데이터 센터에 추가되는 워커 노드들에 대한 작업을 수동으로 진행한다면, 투입되는 인력과 시간이 많이 소요될 것이다. 서비스 다운타임에 민감한 서비스일수록 다운타임을 줄이고 수동으로 작업을 할 경우 발생할 수 있는 에러를 제거해야 할 필요가 있다. 일반적으로 데이터 센터의 규모는 지속적으로 증가하지만 이를 운영하는 인력의 수는 비례하여 충원되지 않는다. 관리해야 하는 인프라의 규모가 커지는 만큼 자동화 솔루션을 적용하여 대규모 클러스터를 관리할 필요성이 커지게 된다.

따라서 본 장에서는 HTCondor 클러스터를 자동화 툴을 이용하여 구축해볼 것이다. 2개의 오픈소스 소프트웨어 툴을 이용하는데, 가상머신을 생성하고 관리를 위해 Vagrant[1]를 이용하고 가상머신의 환경설정을 위해 Ansible[2]을 이용한다. 그림 7.1은 Vagrant와 Ansible을 이용하여 HTCondor 클러스터를 구축하는 구성도를 보여준다.

---

1 https://www.vagrantup.com/
2 https://www.ansible.com/

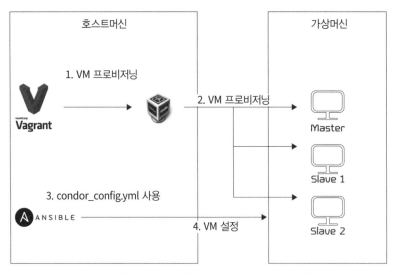

그림 7.1 **자동화 도구를 통한 HTCondor 클러스터 구성도**

7.2 Vagrant로 노드 구성하기

Vagrant는 HashiCorp에서 개발한 툴로 가상머신을 스크립트 기반으로 생성할 수 있다. VirtualBox, VMWare와 같은 하이퍼바이저를 이용하여 가상머신을 생성할 수 있고 다양한 가상화 환경을 지원하고 있다(그림 7.2).

그림 7.2 **Vagrant가 지원하는 도구**

7.2.1 Vagrant 설치를 위한 기본설정

Vagrant 설치를 위한 리포지터리를 추가하여야 한다. Ubuntu 리눅스 시스템이 호스트머신이고 호스트머신에 VirtualBox가 설치된 상태이다. 따라서 Ubuntu 호스트머신에서 모든 작업이 수행되어야 한다.[3] 다음과 같이 Vagrant 리포지터리를 설치한다.[4]

---

3   kant 시스템은 필자가 사용하고 Ubuntu 시스템의 이름이다.

4   해당 명령은 Vagrant 홈페이지 https://www.vagrantup.com/downloads에서 확인이 가능하다.

```
rsyoung@kant:~$ curl -fsSL https://apt.releases.hashicorp.com/gpg | sudo apt-key add -
OK
rsyoung@kant:~$
rsyoung@kant:~$ sudo apt-add-repository "deb [arch=amd64] \
                https://apt.releases.hashicorp.com $(lsb_release -cs) main"
rsyoung@kant:~$
rsyoung@kant:~$ sudo apt update
rsyoung@kant:~$
rsyoung@kant:~$ sudo apt install vagrant
```

Vagrant에서 제공하는 패키지를 설치하기 위해서 HashiCorp에서 제공하는 GPG Key를 현 Ubuntu 시스템에 등록한다. 등록된 GPG Key를 통해서 패키지를 설치할 때 무결성을 검증하게 된다. HashiCorp사에서 제공하는 Vagrant 리포지터리를 등록한 후 Vagrant를 설치하였다.

Vagrant를 성공적으로 설치했다면 Vagrant의 버전이 정상적으로 출력되는지 확인한다. 설치된 버전은 2.2.19로 정상적으로 출력되는 것을 확인할 수 있다. 버전은 Vagrant를 설치할 때의 Ubuntu 호스트 시스템의 버전에 따라 차이가 있을 수 있다.

```
rsyoung@kant:~$ vagrant --version
Vagrant 2.2.19
rsyoung@kant:~$
```

사용자가 요구하는 시스템을 준비하고 필요할 때마다 제공하는 것을 **프로비저닝**provisioning이라고 하는데, Vagrant를 통해서 가상머신을 프로비저닝을 하기 위해서는 Vagrant가 이해할 수 있는 프로비저닝 정보를 제공해야 한다. 해당 정보는 파일로 기술되는데, 이를 담고 있는 디렉터리 vrepo를 생성하고 프로비저닝에 필요한 파일을 다음과 같이 생성한다.

```
rsyoung@kant:~$ mkdir vrepo
rsyoung@kant:~$
rsyoung@kant:~$ cd vrepo/
rsyoung@kant:~/vrepo$
rsyoung@kant:~/vrepo$ vagrant init
A `Vagrantfile` has been placed in this directory. You are now
ready to `vagrant up` your first virtual environment! Please read
the comments in the Vagrantfile as well as documentation on
`vagrantup.com` for more information on using Vagrant.
rsyoung@kant:~/vrepo$
rsyoung@kant:~/vrepo$ ls
Vagrantfile
rsyoung@kant:~/vrepo$
```

vagrant init 명령은 프로비저닝에 필요한 스크립트 파일을 생성하는 명령이다. 명령이 수행되면 Vagrantfile이 vrepo 디렉터리에 생성된다. Vagrantfile을 수정하여 우리가 원하는 가상머신을 생성할 수 있다.

7.2.2 Vagrantfile 수정

Vagrantfile의 내용을 살펴보면, 많은 주석이 있는 것을 확인할 수 있고 각각의 설정에 대한 설명을 담고 있다. 몇 가지 주요한 설정에 대해서 살펴보자.

```
rsyoung@kant:~/vrepo$ cat Vagrantfile
# -*- mode: ruby -*-
# vi: set ft=ruby :

Vagrant.configure("2") do |config|
    config.vm.box = "base"
    ...
end
rsyoung@kant:~/vrepo$
```

* # -*- mode: ruby -*-

  Vagrant는 Ruby로 작성되어 있어 설정파일 또한 Ruby 파일이다. Emacs 에디터를 사용할 경우 에디팅 모드를 Ruby로 설정한다.

* # vi: set ft=ruby :

  vi 에디터의 현재 파일타입(ft)을 ruby로 설정하여 vi 에디터를 사용할 경우 에디팅 모드를 Ruby로 설정한다.

* Vagrant.configure("2") do |config|

  Vagrant 설정에 대한 내용이 해당 라인 아래에 추가되는데, "2"는 Vagrant 설정 버전을 의미한다. 설치된 Vagrant 버전에 따라 설정 버전이 달라진다. Vagrant 1.1에서 Vagrant 2.0.x 대까지 버전 "2"를 사용하고 그 이전은 "1"을 사용한다. 일반적으로 이 설정은 변경하지 않는다.

* config.vm.box = "base"

  가상머신에 설치할 운영체제를 의미한다. CentOS 7을 설치할 것이므로 base를 CentOS 7에 해당하는 정보로 변경해야 한다.

수정되지 않은 Vagrantfile을 이용하여 프로비저닝해보자. 프로비저닝은 vagrant up 명령을 이용한다.

```
rsyoung@kant:~/vrepo$ vagrant up
Bringing machine 'default' up with 'virtualbox' provider...
==> default: Box 'base' could not be found. Attempting to find and install...
    default: Box Provider: virtualbox
    default: Box Version: >= 0
==> default: Box file was not detected as metadata. Adding it directly...
==> default: Adding box 'base' (v0) for provider: virtualbox
    default: Downloading: base
An error occurred while downloading the remote file. The error
message, if any, is reproduced below. Please fix this error and try
again.

Couldn't open file /home/rsyoung/vrepo/base
rsyoung@kant:~/vrepo$
```

vagrant up 명령이 출력해주는 메시지를 통해 몇 가지 정보를 확인할 수 있다. VirtualBox가 기본 가상머신 제공자라는 것이고, Vagrantfile에서 보았던 base에 대해 Box 'base'를 찾을 수 없다는 메시지를 출력하고 있다. Vagrant의 Box는 Vagrant 환경정보를 담고 있는 가상머신 패키지 포맷이고, VirtualBox의 가상머신에 대한 아카이브(tar) 파일이다. base를 로컬(vrepo/base)에서 찾을 수 없어서 **외부**remote에서 찾으려고 하였으나 역시 찾을 수 없다는 메시지를 출력하고 있다.

Vagrant에서 사용할 수 있는 운영체제가 설치된 가상머신을 Vagrant Cloud(https://vagrantcloud.com/search)에서 다운로드해 사용할 수 있다. 그림 7.3은 Vagrant에 사용할 수 있는 Vagrant Box를 보여준다.

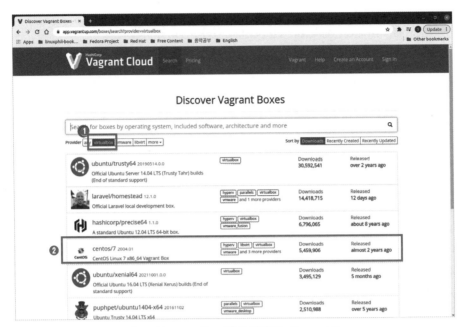

그림 7.3 **Vagrant Cloud에서 제공하는 Vagrant Box**

VirtualBox용 가상머신에 CentOS 7이 설치된 Vagrant Box가 필요하므로 `virtualbox`(❶)를 선택하고 CentOS 7 Vagrant Box(❶)가 제공되는 것을 확인하기 바란다.[5]

Vagrant Cloud에서 확인할 수 있듯이 CentOS 7용 Vagrant Box의 이름은 `centos/7`이다. 즉, `Vagrantfile`의 `config.vm.box = "base"`를 `config.vm.box = "centos/7"`으로 변경해줘야 한다.

HTCondor 클러스터를 구성하기 위해 다음과 같이 `Vagrantfile`을 수정한다.

```
rsyoung@kant:~/vrepo$ cat Vagrantfile

NODE_COUNT=2

Vagrant.configure("2") do |config|
    config.vm.box = "centos/7"

    config.vm.define "master" do |master|
        master.vm.hostname = "master.cloud.org"
        master.vm.network "private_network", ip: "192.168.56.101", name: "vboxnet0"
        master.vm.network "forwarded_port", guest: 22, host:2222, id: "ssh"
```

---

5   CentOS 7은 오래전부터 제공되고 있음을 알 수 있다.

```
        master.vm.provider "virtualbox" do |v|
            v.customize ["modifyvm", :id, "--name", "Master(vagrant)"]
            v.customize ["modifyvm", :id, "--cpus", "1"]
            v.customize ["modifyvm", :id, "--memory", "1024"]
        end
    end

    NODE_COUNT.times do |i|
        node_id = "worker#{i+1}"
        ip_address = "192.168.56.10#{i+2}"
        config.vm.define "worker#{i+1}" do |node|
            node.vm.hostname = "#{node_id}.cloud.org"
            node.vm.network "private_network", ip: "#{ip_address}", name: "vboxnet0"
            node.vm.network "forwarded_port", guest: 22, host: "#{i+2223}", id: "ssh"
            node.vm.provider "virtualbox" do |v|
                v.customize ["modifyvm", :id, "--name", "Worker#{i+1}(vagrant)"]
                v.customize ["modifyvm", :id, "--cpus", "1"]
                v.customize ["modifyvm", :id, "--memory", "1024"]
            end
        end
    end
end

rsyoung@kant:~/vrepo$
```

HTCondor 클러스터는 마스터 노드와 2개의 워커 노드로 구성된다. 따라서 가상머신 3개가 생성되어야 한다. NODE_COUNT는 생성할 워커 노드의 수를 의미한다. 워커 노드를 생성할 때 변수로 사용된다. config.vm.box는 설치될 CentOS 7이 설치된 가상머신을 의미하고 Vagrant Cloud에서 다운로드할 VirtualBox용 가상머신이다.

Vagrantfile은 마스터 노드를 설정하는 부분과 워커 노드를 설정하는 2개의 부분으로 나누어진다. 각각의 노드를 설정하는 부분도 크게 2개 부분으로 구성되는데, CentOS 7이 설치된 운영체제에 대한 설정과, VirtualBox에서 생성하는 가상머신의 하드웨어 자원에 대한 부분이다.

먼저 마스터 노드에 대한 설정을 살펴보자. 마스터 노드용 가상머신 master를 정의하고 해당 가상머신에 대한 설정을 기술한다. config.vm.define에 지정된 master는 Vagrant로 HTCondor 클러스터를 생성한 후 SSH로 접근할 때 사용되는 이름이다(vagrant ssh master). CentOS 7이 설치된 가상머신의 호스트 이름을 master.cloud.org로 IP 주소는 192.169.56.101로 설정하는데 해당 IP는

vboxnet0 네트워크에 속하게 된다.[6] 호스트머신에서 SSH로 master 가상머신과 통신을 할 때 호스트 2222번 포트를 게스트 22번 포트로 연결되도록 설정하였다(forwarded_port).

CentOS 7에 대한 설정을 완료했다면 VirtualBox가 생성하는 가상머신에 대한 설정을 해야 한다. 가상머신 프로바이더로 VirtualBox를 지정하고(master.vm.provider "virtualbox"), VirtualBox Manager가 관리하는 해당 가상머신의 이름을 Master(vagrant)로 설정하였다. Master(vagrant) 가상머신은 CPU 개수는 1개, 메모리는 1GB의 자원을 갖는다.

워커 노드들에 대한 설정을 살펴보자. 마스터 노드 설정과 유사하다. 다만, 여러 개의 워커 노드를 생성해야 하기 때문에 NODE_COUNT라는 변수를 이용해서 가상머신들을 설정한다. 가상머신 worker#i+1을 정의하여 가상머신이 생성되면, vagrant ssh worker1, vagrant ssh worker2로 접근할 수 있다. IP 주소는 각각 192.168.56.102, 192.168.56.103이 되도록 변수를 이용하여 생성되도록 했다.

7.2.3 Vagrant를 이용한 가상머신 생성

Vagrantfile을 이용하여 가상머신을 vagrant up 명령을 통해 생성한다.

```
rsyoung@kant:~/vrepo$ vagrant up
Bringing machine 'master' up with 'virtualbox' provider...
Bringing machine 'worker1' up with 'virtualbox' provider...
Bringing machine 'worker2' up with 'virtualbox' provider...
==> master: Importing base box 'centos/7'...
...
    master: Adapter 1: nat
    master: Adapter 2: hostonly
==> master: Forwarding ports...
    master: 22 (guest) => 2222 (host) (adapter 1)
...
==> master: Booting VM...
...
    master: SSH username: vagrant
    master: SSH auth method: private key
...
==> master: Setting hostname...
==> master: Configuring and enabling network interfaces...
==> master: Rsyncing folder: /home/rsyoung/vrepo/ => /vagrant
```

---

6   VirtualBox Manager에서 [File]-[Host Network Manager]에서 확인할 수 있다. vboxnet0와 다른 네트워크 이름과 IP 주소 대역이 다르다면, 그에 맞게 Vagrantfile을 수정해야 한다.

```
==> worker1: Importing base box 'centos/7'...
...
==> worker1: Forwarding ports...
    worker1: 22 (guest) => 2223 (host) (adapter 1)

==> worker1: Rsyncing folder: /home/rsyoung/vrepo/ => /vagrant
==> worker2: Importing base box 'centos/7'...
...
==> worker2: Setting hostname...
...
==> worker2: Forwarding ports...
    worker2: 22 (guest) => 2224 (host) (adapter 1)
...
==> worker2: Configuring and enabling network interfaces...
==> worker2: Rsyncing folder: /home/rsyoung/vrepo/ => /vagrant
rsyoung@kant:~/vrepo$
```

Vagrantfile에 명시된 설정에 맞추어 가상머신들이 생성되고 실행된다. 생성된 가상머신들은 SSH로 접속할 때 사용되는 vagrant 계정, SSH 포트도 같이 생성되는 것을 확인하기 바란다. 그림 7.4와 같이 VirtualBox Manager에 해당 가상머신들이 추가된 것을 확인할 수 있다. 생성된 가상머신은 모두 실행상태이다.

그림 7.4 **Vagrant로 생성된 VirtualBox 가상머신**

가상머신의 이름이 Master(vagrant), Worker1(vagrant), Worker2(vagrant)로 Vagrantfile에 지정했던 이름과 동일한 것을 확인할 수 있다. 또한 Settings 메뉴를 선택하여 CPU와 메모리를 확인하면, 설정한 대로 CPU는 1개 메모리는 1024 MB가 할당된 것을 확인할 수 있다(그림 7.5).

| (a) 메모리 1024MB | (b) CPU 1개 |

그림 7.5 **Vagrantfile에 기술된 마스터 노드의 리소스**

3개의 가상머신이 실행하고 있기 때문에 가상머신에 SSH를 통해서 접속할 수 있다. 먼저 마스터 노드에 다음과 같이 접속한 후 해당 머신의 설정을 확인해보자.

```
rsyoung@kant:~/vrepo$ vagrant ssh master
[vagrant@master ~]$
[vagrant@master ~]$ hostname
master.cloud.org
[vagrant@master ~]$
[vagrant@master ~]$ ip -br addr
...
eth1              UP              192.168.56.101/24 fe80::a00:27ff:fe23:7c92/64
[vagrant@master ~]$
```

Ubuntu 호스트머신 kant에서 CentOS 7이 설치된 master 가상머신으로 접속이 되고, 호스트명과 IP 주소가 Vagrantfile에서 설정한 대로 반영된 것을 확인할 수 있다. master 노드에 접속할 때 계정은 vagrant로 로그인된 것을 확인하기 바란다.

워커 노드들 worker1, worker2에 대해서 동일한 방법으로 접속하여 Vagrantfile에 설정한 내용이 반영되었는지 확인해보자.

```
# worker1
rsyoung@kant:~/vrepo$ vagrant ssh worker1
[vagrant@worker1 ~]$
[vagrant@worker1 ~]$ hostname
worker1.cloud.org
[vagrant@worker1 ~]$
```

```
[vagrant@worker1 ~]$ ip -br addr
...
eth1             UP             192.168.56.102/24 fe80::a00:27ff:feb7:8c31/64
[vagrant@worker1 ~]$

# worker2
rsyoung@kant:~/vrepo$ vagrant ssh worker2
[vagrant@worker2 ~]$
[vagrant@worker2 ~]$ hostname
worker2.cloud.org
[vagrant@worker2 ~]$
[vagrant@worker2 ~]$ ip -br addr
...
eth1             UP             192.168.56.103/24 fe80::a00:27ff:fe93:7db5/64
[vagrant@worker2 ~]$
```

SSH로 master, worker1, worker2로 접속할 때 vagrant 계정을 사용하였지만 패스워드를 사용하지 않았다. 그 이유는 Vagrant가 가상머신을 생성할 때 vagrant 계정에 대한 **퍼블릭 키**와 **프라이빗 키**를 생성하고 프라이빗 키를 통해서 가상머신에 접근할 수 있도록 했기 때문이다. vagrant 계정에 접속하기 위해 사용되는 프라이빗 키는 .vagrant 디렉터리의 하위 디렉터리에 생성된다.

```
rsyoung@kant:~/vrepo$ pwd
/home/rsyoung/vrepo
rsyoung@kant:~/vrepo$ tree .vagrant/
.vagrant/
├── machines
│   ├── master
│   │   └── virtualbox
...
│   │       ├── private_key
...
│   ├── worker1
│   │   └── virtualbox
...
│   │       ├── private_key
...
│   └── worker2
│       └── virtualbox
...
│           ├── private_key
...
└── rgloader
    └── loader.rb

rsyoung@kant:~/vrepo$
```

생성한 가상머신에 대한 디렉터리가 machine 디렉터리에 생성되고 private_key 파일이 vagrant 사용자에 대한 프라이빗 키를 포함하고 있다. vagrant 사용자 계정은 동일해 보이지만, master, worker1, worker2에 접속에 쓰이는 프라이빗 키는 모두 다르다.[7]

Vagrant에서 제공하는 vagrant ssh-config 명령으로 SSH를 접근하기 위한 계정정보, 포트 번호, 프라이빗 키의 위치 등을 확인할 수 있다.

```
rsyoung@kant:~/vrepo$ vagrant ssh-config
Host master
    User vagrant
    Port 2222
    PasswordAuthentication no
    IdentityFile /home/rsyoung/vrepo/.vagrant/machines/master/virtualbox/private_key
    ...

Host worker1
    User vagrant
    Port 2223
    PasswordAuthentication no
    IdentityFile /home/rsyoung/vrepo/.vagrant/machines/worker1/virtualbox/private_key
    ...

Host worker2
    User vagrant
    Port 2224
    PasswordAuthentication no
    IdentityFile /home/rsyoung/vrepo/.vagrant/machines/worker2/virtualbox/private_key
    ...

rsyoung@kant:~/vrepo$
```

지금까지 CentOS가 설치된 가상머신 구성을 완료하였고 정상적으로 설정이 반영된 것을 확인할 수 있다. 이제 이 가상머신을 이용하여 HTCondor 클러스터를 구성해야 한다. Vagrant가 가상머신을 만들어주는 역할을 한다면 HTCondor에 관한 설정은 Ansible을 이용하여 설정한다.

7.3 Ansible로 HTCondor 설정하기

Ansible은 파이썬으로 작성된 오픈소스 소프트웨어이다. Vagrant와 유사하게 서버의 프로비저닝, 구

---

7   master/virtualbox/private_key와 worker1, worker2의 private_key를 비교하면 서로 다른 것을 확인할 수 있다.

성 관리, 소프트웨어 배포 등의 자동화를 관리해주는 도구이다. Vagrant가 가상머신을 관리하는 데 주안점을 두었다면, Ansible은 서버의 설정과 자동화에 초점이 맞춰진 툴이다. 서버 환경설정과 자동화 툴의 중요한 특징은 **멱등성**idempotent의 지원 여부이다. 멱등성이란 동일한 연산을 여러 번 수행하더라도 결과는 항상 동일한 것을 의미한다. 환경설정을 할 때 동일한 명령을 수행할 때마다 설정이 변경된다면 시스템을 관리하기가 어려워진다. 따라서 대규모의 시스템 설정을 지원하는 Puppet, Chef, Ansible과 같은 툴들은 멱등성을 지원하고 있다.

7.3.1 Ansible 설치 및 기본설정

Ubuntu 호스트머신에 Ansible 패키지를 다음과 같이 설치한다.

```
rsyoung@kant:~$ sudo apt install ansible
```

Ansible을 실행하기에 앞서 Ansible 명령어가 적용될 호스트들, 즉 가상머신에 대한 정보를 지정해야 한다. Ansible에서는 호스트 집합을 **인벤토리**inventory라고 하고 /etc/ansible/hosts파일에 기술한다. cat /etc/ansible/hosts으로 출력되는 내용을 /etc/ansible/hosts 파일로 생성해야 한다. Ansible 인벤토리 파일인 /etc/ansible/hosts는 INI 포맷[8]과 YAML 포맷으로 작성할 수 있다. 간단하게 인벤토리를 작성할 것이므로 INI 포맷으로 작성되었다.

```
rsyoung@kant:~$ sudo vi /etc/ansible/hosts
rsyoung@kant:~$
rsyoung@kant:~$
rsyoung@kant:~$ cat /etc/ansible/hosts
[cluster]
master.cloud.org ansible_user=vagrant
ansible_ssh_private_key_file=/home/rsyoung/vrepo/.vagrant/machines/
master/virtualbox/private_key

worker1.cloud.org ansible_user=vagrant
ansible_ssh_private_key_file=/home/rsyoung/vrepo/.vagrant/machines/
worker1/virtualbox/private_key

worker2.cloud.org ansible_user=vagrant
ansible_ssh_private_key_file=/home/rsyoung/vrepo/.vagrant/machines/
worker2/virtualbox/private_key
```

8　INI는 Initialization의 약자이다. INI 파일 포맷은 **키-값**(key-value)으로 구성되며, MS-DOS 운영체제에서 환경설정 파일의 확장자로 .ini가 사용되면서 INI가 유래되었다.

```
[master]
master.cloud.org ansible_user=vagrant
ansible_ssh_private_key_file=/home/rsyoung/vrepo/.vagrant/machines/
master/virtualbox/private_key

[worker]
worker1.cloud.org ansible_user=vagrant
ansible_ssh_private_key_file=/home/rsyoung/vrepo/.vagrant/machines/
worker1/virtualbox/private_key

worker2.cloud.org ansible_user=vagrant
ansible_ssh_private_key_file=/home/rsyoung/vrepo/.vagrant/machines/
worker2/virtualbox/private_key
rsyoung@kant:~$
```

INI 파일은 하나의 호스트당 한 개의 라인으로 구성되어야 한다. 따라서, master 노드에 대한 접근 방식을 기술하는 다음 라인은 1개의 라인이다.

```
master.cloud.org ansible_user=vagrant
ansible_ssh_private_key_file=/home/rsyoung/vrepo/.vagrant/machines/
master/virtualbox/private_key
```

호스트들을 [cluster], [master], [worker] 그룹으로 구분하였다. 그룹에 속한 노드에 접근하는 방식을 기술하는데, 예를 들어 master.cloud.org의 경우 vagrant 계정으로 private_key를 이용하여 접근하라는 의미이다.

HTCondor 클러스터를 구성하는 가상머신에 대한 접근을 IP 주소 대신 호스트명을 이용하기 때문에 Ubuntu 호스트머신의 /etc/hosts에 다음과 같이 기술되어 있어야 한다.

```
rsyoung@kant:~$ cat /etc/hosts
192.168.56.101    master.cloud.org     master
192.168.56.102    worker1.cloud.org    worker1
192.168.56.103    worker2.cloud.org    worker2
rsyoung@kant:~$
```

7.3.2 Ansible 호스트 통신 확인

호스트머신에서 ping을 통해 master, worker1, worker1에 통신이 되는지 다음과 같이 확인해보자.

```
rsyoung@kant:~$ ping -c 2 master.cloud.org
PING master.cloud.org (192.168.56.101) 56(84) bytes of data.
64 bytes from master.cloud.org (192.168.56.101): icmp_seq=1 ttl=64 time=0.420 ms
...
rsyoung@kant:~$ ping -c 2 worker1.cloud.org
PING worker1.cloud.org (192.168.56.102) 56(84) bytes of data.
64 bytes from worker1.cloud.org (192.168.56.102): icmp_seq=1 ttl=64 time=0.322 ms
...
rsyoung@kant:~$ ping -c 2 worker2.cloud.org
PING worker2.cloud.org (192.168.56.103) 56(84) bytes of data.
64 bytes from worker2.cloud.org (192.168.56.103): icmp_seq=1 ttl=64 time=0.409 ms
...
rsyoung@kant:~$
```

Ubuntu 호스트머신에서 가상머신으로 통신에 문제가 없다면, /etc/ansible/hosts 인벤토리 파일에 기술된 가상머신으로 Ansible 명령을 통해 통신이 되는지 다음과 같이 수행한다. /etc/ansible/hosts에 지정된 [cluster] 그룹에 대해서 ping 모듈(-m)을 수행하라는 의미이다.

```
rsyoung@kant:~$ ansible cluster -m ping
master.cloud.org | SUCCESS => {
    "ansible_facts": {
        "discovered_interpreter_python": "/usr/bin/python"
    },
    "changed": false,
    "ping": "pong"
}
worker1.cloud.org | SUCCESS => {
    "ansible_facts": {
        "discovered_interpreter_python": "/usr/bin/python"
    },
    "changed": false,
    "ping": "pong"
}
worker2.cloud.org | SUCCESS => {
    "ansible_facts": {
        "discovered_interpreter_python": "/usr/bin/python"
    },
    "changed": false,
    "ping": "pong"
}
rsyoung@kant:~$
```

정상적으로 모든 가상머신에 대해서 Ansible을 통해 통신이 되는 것을 확인할 수 있다.

7.3.3 Ansible 플레이북 작성

Ubuntu 호스트머신에서 가상머신으로 통신되는 것을 확인했다면, Ansible를 통해서 각각의 가상머신에 HTCondor 설정를 진행해야 한다. Ansible은 각 서버에 설정할 작업 리스트를 **플레이북** playbook이라 불리는 YAML 포맷의 파일에 기술한다. HTCondor 환경설정을 위한 Ansible 플레이북 htcondor.yaml을 작성해보자. Ansible 디렉터리를 만들고 해당 디렉터리에 htcondor.yaml을 생성할 것이다.

```
rsyoung@kant:~$ mkdir Ansible
rsyoung@kant:~$
rsyoung@kant:~$ cd Ansible/
rsyoung@kant:~/Ansible$
rsyoung@kant:~/Ansible$ vi htcondor.yaml      # htcondor.yaml 파일 생성
rsyoung@kant:~/Ansible$ ls
htcondor.yaml
rsyoung@kant:~/Ansible$
```

htcondor.yaml을 다음과 같이 생성한다.

```
1    ---
2    - name : HTCondor Installation
3      hosts : cluster
4      become : yes
5      become_user : root
6      tasks :
7      - name : Disable SELinux
8        shell : setenforce 0
9
10     - name : Disable Firewalld
11       service : name=firewalld state=stopped
12
13     - name : Modify /etc/hosts file
14       blockinfile :
15           path: /etc/hosts
16           block: |
17             192.168.56.101  master.cloud.org     master
18             192.168.56.102  worker1.cloud.org    worker1
19             192.168.56.103  worker2.cloud.org    worker2
20
21     - name : Install wget package
22       yum :
23           name=wget
24           state=present
```

```
25
26      - name : Download RPM-GPG-KEY
27        get_url :
28            url : https://research.cs.wisc.edu/htcondor/yum/RPM-GPG-KEY-HTCondor
29            dest : /root/RPM-GPG-KEY-HTCondor
30
31      - name : Get Repo
32        get_url:
33            url: https://research.cs.wisc.edu/htcondor/yum/repo.d/htcondor-stable-rhel7.repo
34            dest: /etc/yum.repos.d/htcondor-stable-rhel7.repo
35
36      - name : Install condor
37        yum :
38            name=condor
39            state=present
40
41  - name : HTCondor Master Node Setup
42    hosts : master
43    become : yes
44    become_user : root
45    tasks :
46        - name: Creating a configuration file
47          copy:
48                dest: /etc/condor/config.d/condor_config.local
49                content: |
50                  UID_DOMAIN = cloud.org
51                  ALLOW_WRITE = *.cloud.org
52                  CONDOR_ADMIN = root@$(FULL_HOSTNAME)
53                  CONDOR_HOST = master.cloud.org
54                  IN_HIGHPORT = 9999
55                  IN_LOWPORT = 9000
56                  REQUIRE_LOCAL_CONFIG_FILE = False
57                  NETWORK_INTERFACE=eth1
58                  DAEMON_LIST=MASTER,SCHEDD,COLLECTOR,NEGOTIATOR
59        - name : Enabling HTCondor
60          service : name=condor state=started enabled=yes
61
62  - name : HTCondor Worker Node Setup
63    hosts : worker
64    become : yes
65    become_user : root
66    tasks :
67        - name: Creating a configuration file
68          copy:
69                dest: /etc/condor/config.d/condor_config.local
70                content: |
71                  UID_DOMAIN = cloud.org
72                  ALLOW_WRITE = *.cloud.org
```

```
73                    CONDOR_ADMIN = root@$(FULL_HOSTNAME)
74                    CONDOR_HOST = master.cloud.org
75                    IN_HIGHPORT = 9999
76                    IN_LOWPORT = 9000
77                    REQUIRE_LOCAL_CONFIG_FILE = False
78                    NETWORK_INTERFACE=eth1
79                    DAEMON_LIST=MASTER,STARTD
80         - name : Enabling HTCondor
81           service :
82                name=condor state=started enabled=yes
```

htcondor.yaml 파일 하나에 모든 작업을 담았다. 작업별로 플레이북을 분리할 수도 있지만, Ansible 이 어떻게 동작하는지에 대한 개념을 파악하기 위한 것으로 최대한 단순화하여 하나의 플레이북으로 작성되었다. htcondor.yaml 플레이북은 크게 3개 영역으로 구분된다.

- **HTCondor Installation**: htcondor.yaml 플레이북의 라인 2-39까지 해당되는 부분이고 /etc/ ansible/hosts 인벤토리의 [cluster] 그룹에 속한 모든 호스트에 적용된다.

  모든 호스트의 SELinux, 방화벽을 비활성화하고 /etc/hosts 파일에 master, worker1, worker2 에 대한 IP 정보를 담는다.[9] wget 패키지를 Yum 인스톨러로 설치를 하고 HTCondor 패키지를 다 운로드하기 위한 GPG Key, 리포지터리를 wget을 통해 다운로드한다. 최종적으로 condor 패키지 를 설치한다.

- **HTCondor Master Node Installation**: htcondor.yaml 플레이북의 라인 41-60까지 해당되 는 부분이고 /etc/ansible/hosts 인벤토리의 [master] 그룹에 속한 호스트에 적용된다. 즉, master노드에 대한 환경을 설정으로 HTCondor 마스터 노드의 condor_config.local 파일을 생성하고 condor 서비스를 실행한다.

- **HTCondor Worker Node Installation**: htcondor.yaml 플레이북의 라인 62-82까지 해당되는 부분이고 /etc/ansible/hosts 인벤토리의 [worker] 그룹에 속한 모든 호스트에 적용된다. 즉, worker1과 worker2 노드에 대한 설정을 수행한다. 워커 노드의 condor_config.local 파일을 생성하고 condor 서비스를 실행한다.

Ansible 플레이북 작성할 때 **탭**tab을 사용될 경우 제대로 인식하지 못하는 문제점이 있다. 따라서 파일 내부의 들여쓰기는 모두 스페이스로 작성해야 한다.

---

9   호스트 파일 수정과 같은 내용은 Ansible의 template 모듈을 통해 작성될 수도 있으나 본 예제에서는 이해의 편의를 위해 copy 모듈을 사용 해 복사하는 방식으로 진행하였다.

작성된 `htcondor.yaml` 플레이북을 실행시켜 HTCondor 클러스터가 정상적으로 구성되는지 확인해 보자.

```
rsyoung@kant:~/Ansible$ ansible-playbook htcondor.yaml

PLAY [HTCondor Installation] *****************************************

TASK [Gathering Facts] **********************************************
ok: [worker1.cloud.org]
ok: [master.cloud.org]
ok: [worker2.cloud.org]
...

PLAY [HTCondor Master Node Setup] ***********************************

TASK [Gathering Facts] **********************************************
ok: [master.cloud.org]
...

PLAY [HTCondor Worker Node Setup] ***********************************

TASK [Gathering Facts] **********************************************
ok: [worker1.cloud.org]
ok: [worker2.cloud.org]
...

PLAY RECAP *********************************************************
master.cloud.org  : ok=11  changed=1  unreachable=0  failed=0  skipped=0  rescued=0  ignored=0
worker1.cloud.org : ok=11  changed=1  unreachable=0  failed=0  skipped=0  rescued=0  ignored=0
worker2.cloud.org : ok=11  changed=1  unreachable=0  failed=0  skipped=0  rescued=0  ignored=0

rsyoung@kant:~/Ansible$
```

Ansible 플레이북이 정상적으로 실행되고 나면 `master` 노드에 접속하여 HTCondor 클러스터가 정상 적으로 구성되었는지 확인해보자.

```
rsyoung@kant:~/vrepo$ vagrant ssh master
[vagrant@master ~]$
[vagrant@master ~]$ condor_status
Name              OpSys     Arch   State     Activity LoadAv Mem   ActvtyTime

worker1.cloud.org LINUX     X86_64 Unclaimed Idle      0.000  990   0+00:00:03
worker2.cloud.org LINUX     X86_64 Unclaimed Idle      0.000  990   0+00:00:03
```

```
             Machines Owner Claimed Unclaimed Matched Preempting  Drain

    X86_64/LINUX        2     0        0        2        0         0       0

          Total        2     0        0        2        0         0       0
[vagrant@master ~]$
```

HTCondor 클러스터에 `worker1`, `worker2` 노드들이 정상적으로 보이는 것을 확인할 수 있다. HTCondor 클러스터를 구축할 때 지동회 툴을 사용하면 대규모의 인프라와 서비스를 쉽게 관리할 수 있다. Vagrant와 Ansible과 같은 자동화 툴들은 클라우드 기반의 인프라와 서비스를 관리하는 데 절대적으로 확보해야 할 필수적인 지식이다.

연습문제

1. 대규모 인프라 구축 시 자동화 도구의 필요성을 설명하라.

2. Vagrant와 Ansible의 유사점과 차이점을 설명하라.

3. Vagrant와 Ansible외에 데이터 센터에 적용할 수 있는 자동화 툴에 대해서 조사하고 각각에 대한 장단점을 비교 설명하라.

4. Vagrant의 Box에 대해 설명하라.

5. `Vagrantfile` 설정에서 `id: "ssh"`를 삭제했을 때 어떤 변화가 있는지 찾고 그 이유를 설명하라.

6. CentOS 7을 Vagrant Cloud로부터 다운로드해 가상머신을 생성하였다. 최소 사양의 CentOS 7용 가상머신을 VirtualBox에 생성하고 해당 가상머신을 Vagrant에서 사용할 수 있도록 변경하라.

7. `vagrant ssh master` 명령으로 `master` 노드에 접속하였다. Ubuntu 호스트머신에서 `vagrant` 사용자 계정으로 IP를 통해 SSH로 접근해보라.

8. Ansible에서 멱등성이 무엇이고 왜 이 기능이 중요한지 설명하라.

9. 인벤토리 파일 /etc/ansible/hosts를 YAML 파일 포맷으로 변경하고 `ansible cluster -m ping` 명령이 정상적으로 수행되는지 확인하라.

10. `htcondor.yaml` 플레이북에서 `condor_config.local` 파일을 생성할 때 `copy` 모듈을 사용했다. `template` 모듈을 사용하여 단순화하고 정상적으로 동작하는지 확인하라.

11. `htcondor.yaml` 플레이북을 여러 개의 플레이북으로 구성하고 정상적으로 수행되는지 확인하라.

아마존 AWS 클라우드

CHAPTER

8

아마존 AWS를 활용한
가상머신 생성과 접속

대표적인 퍼블릭 클라우드 서비스인 아마존의 **AWS**Amazon Web Service를 이용한 가상머신을 생성하고 접속하는 방법에 대해서 알아보자. 지금까지 VirtualBox를 통해서 가상머신을 생성했다면 클라우드 서비스 제공자인 AWS를 통해서 가상머신을 생성하는 것이다.

궁극적으로 AWS에서 제공하는 가상머신을 이용하여 HTCondor 클러스터를 구축하고 이를 프로그램적으로 제어하는 것이 최종 목표인데, 이번 장에서는 AWS를 통해 가상머신을 생성하여 접속하는 방법에 중점을 둘 것이다.

8.1 아마존 AWS 계정 만들기

AWS를 이용하여 가상머신을 생성하기 위해서는 AWS 계정이 있어야 한다. AWS의 계정을 생성하는 절차에 대해서 알아보자. 아마존 AWS 웹페이지 **https://aws.amazon.com/**에 접근하여 **[Create an AWS Account]**를 클릭하여 계정을 생성을 시작한다(그림 8.1).[1]

---

1   AWS 웹페이지는 접근 시점에 따라 다르게 보일 수 있다.

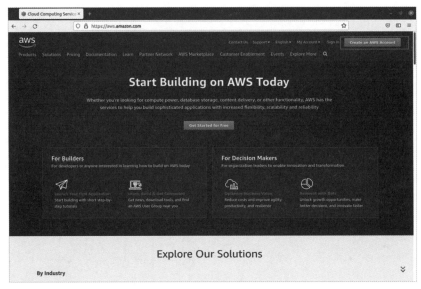

그림 8.1 아마존 AWS 웹페이지

[Create an AWS Account]를 클릭하면 계정생성에 필요한 기본정보를 입력하는 페이지로 이동한다(그림 8.2-ⓐ). 이메일주소(❶)와 AWS 계정이름(❷)의 기본정보가 입력되었다면, [Verify email address](❸)를 클릭하여 다음 단계로 이동한다.

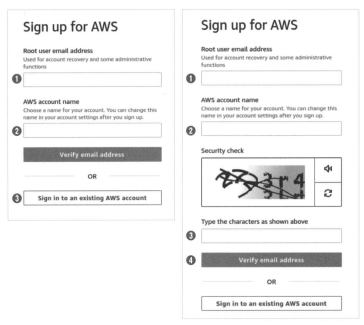

(a) 기본정보 입력   (b) 보안문자 입력

그림 8.2 AWS 계정생성을 위한 기본정보 입력

그림 8.2-(a)에서 다음 단계로 넘어갈 수도 있지만, 상황에 따라서 그림 8.2-(b)와 같이 보안문자 입력을 추가적으로 입력하는 단계를 거칠 수도 있다. 보안문자 입력 단계가 나온다면 다시 **[Verify email address]**을 클릭하여 다음 단계로 이동한다.

기본정보 입력이 완료되었다면 이메일 인증단계로 진입하게 된다(그림 8.3). 먼저 전송된 인증코드를 입력하는 화면이 나온다면(그림 8.3-(a)), 기본정보로 기입한 이메일을 확인하여 인증코드를 확인한다(그림 8.3-(b)). 전송된 인증코드를 입력하고(❶), **[Verify]**를 클릭하여 다음 단계로 이동한다.

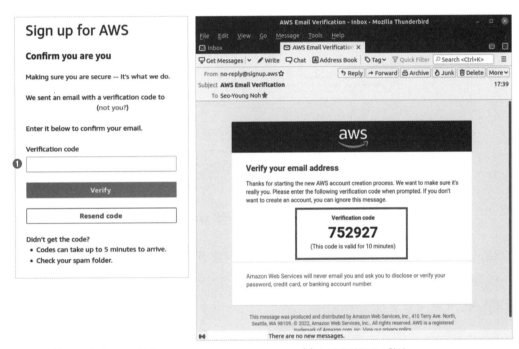

(a) 이메일 인증코드 입력   (b) 수신된 인증코드 확인

그림 8.3 **이메일을 통한 인증 단계**

입력된 기본정보에 대한 이메일 인증이 완료되었다면, 총 5단계를 거쳐 계정을 생성한다. 첫 번째 단계는 AWS 계정의 패스워드를 입력하는 단계이다(그림 8.4-(a)). 패스워드는 AWS의 정책에 맞게 입력되어야 한다. 두 번째 단계는 **콘택트 정보**contact information를 입력한다(그림 8.4-(b)).

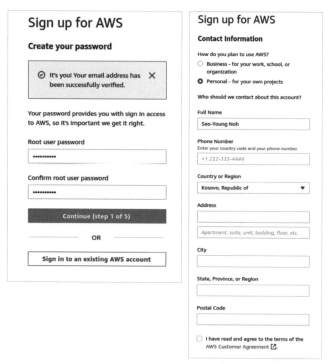

(a) 패스워드 입력   (b) 콘택트 정보 입력

그림 8.4 **패스워드 입력(1단계) 및 콘택트 정보 입력(2단계)**

콘택트 정보에는 AWS를 사용하는 목적, 사용자의 이름, 전화번호, 주소, **AWS 이용 동의서**_{AWS} customer agreement 등을 입력한다. AWS를 **개인**personal 목적으로 사용하는 것에 체크하고 요청하는 정보를 제공한 후 다음 단계로 이동한다.

AWS에서 제공하는 클라우드 컴퓨팅 자원을 사용할 때 비용이 발생한다. 자원 사용에 대한 비용을 지불하기 위한 수단으로 신용카드 정보를 입력해야 한다. 신용카드에 대한 정보를 입력하고(그림 8.5) 다음 단계로 이동한다. 입력한 신용카드 정보에 대한 모바일 인증을 단계를 거치게 되는데, 인증번호를 SMS 메시지로 받을 것이므로 [**Text message**]를 선택하고 **모바일 폰 번호**mobile phone number를 입력한다(그림 8.5).

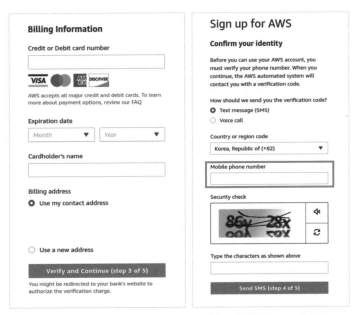

(a) 신용카드 정보입력   (b) 모바일 인증수단 정보입력

그림 8.5 **신용카드 정보입력(3단계) 및 모바일 인증수단 입력(4단계)**

모바일 인증 수단을 입력하는 단계를 완료했다면, 휴대전화로 SMS 인증번호가 발송된다. 최종 단계
(5단계)는 휴대전화로 수신한 인증번호를 입력하여 계정 생성을 완료한다(그림 8.6-(a)). 계정 생성이 완
료되면, AWS의 **지원 플랜**Support Plan을 선택하는 화면으로 이동하는데(그림 8.6-(b)), 무료지원 플랜
인 **[Basic support – Free]**를 선택한다.

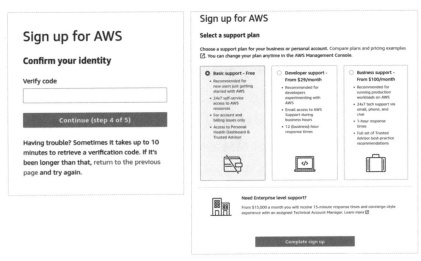

(a) 모바일 인증번호 입력   (b) 지원 플랜 선택

그림 8.6 **모바일 인증단계(5단계) 및 지원 플랜 선택**

최종적으로 계정생성이 완료되면 그림 8.7과 같은 화면으로 이동한다. [Go to the AWS Management Console]을 클릭하여 생성된 계정으로 AWS **콘솔**console에 로그인해보자.

그림 8.7 **AWS 계정생성 완료**

그림 8.8은 AWS 계정으로 로그인하는 과정을 보여준다. AWS에 **로그인**sign in 화면에서 [**Root user**](❶)를 선택한다. AWS는 두 가지 유형의 사용자 계정이 있는데, **루트 사용자**root user 계정과 **IAM**Identity and Access Management **사용자** 계정이다. 루트 사용자는 모든 리소스에 대한 액세스 권한을 갖는 계정이지만, IAM 계정은 특정한 권한에 대한 제약을 갖는 계정을 말한다. 이렇게 계정을 구분하는 이유는 그룹별로 서로 다른 권한을 부여하기 위한 것이다. 예를 들어, 여러분이 IT 벤처의 CEO이고 CEO의 AWS 계정으로 클라우드 리소스 사용에 대한 모든 비용을 지불하고 있다고 가정을 해보자. CEO의 AWS 계정을 회사에 속한 개발자들과 공유한다면 리스크가 커진다. 따라서 개발자 그룹에 속한 개발자에게 권한이 제한된 IAM 계정을 발급하여 CEO의 AWS 계정 하에서 관리한다면 리스크를 줄일 수 있다.

이메일 정보를 입력(❷)한 후 [**Next**] 버튼(❸)을 클릭하여 다음 단계로 이동한다. 패스워드를 입력하고 (❹), [**Sign In**]을 클릭하여(❺) AWS 콘솔로 로그인한다.

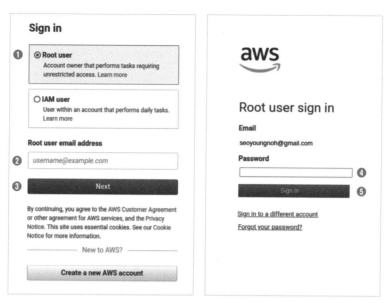

| (a) 로그인 화면 | (b) 패스워드 입력 |

그림 8.8 **생성된 AWS 계정으로 로그인**

그림 8.9는 AWS 콘솔로 로그인한 화면을 보여준다. 이제 AWS 콘솔을 이용하여 아마존이 제공하는 클라우드 리소스를 이용하여 가상머신을 생성할 수 있다.

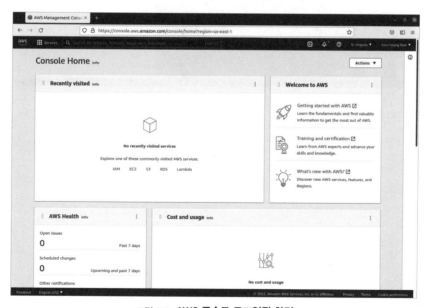

그림 8.9 **AWS 콘솔로 로그인된 화면**

8.2 아마존 AWS 가상머신 만들기

AWS 콘솔에는 아마존에서 제공하는 다양한 서비스를 선택할 수 있다. 우리는 가장 단순한 가상머신을 생성할 것이다. 그림 8.10은 AWS 콘솔에서 가상머신을 생성하기 위한 메뉴를 선택하는 과정을 보여준다. AWS 콘솔에서 [Services](❶)을 클릭하여 AWS에서 제공하는 서비스들을 리스트한다.

제공된 서비스들 중에서 가상머신은 [Compute](❷) 메뉴를 선택하여 생성한다. [Compute] 메뉴에서 제공하는 다양한 서비스가 리스트된다. 그중에서 [EC2](❸)를 선택한다. EC2는 Elastic Compute Cloud의 약자로 가상서버를 생성할 때 사용된다.

그림 8.10 **AWS Console에서 가상머신 생성 경로**

그림 8.11은 EC2를 선택한 후 화면을 보여준다. [Launch instance]를 클릭하여 다음 단계로 이동한다.

그림 8.11 **EC2에서 Launch instance 메뉴 클릭**

다음 단계는 가상머신 이미지를 선택한다. 그림 8.12는 아마존에서 제공하는 머신 이미지 **AMI**Amazon Machine Image 선택하는 화면이다. AMI는 사용자에게 필요로 하는 운영체제, 애플리케이션 서버 등 소프트웨어 설정을 담고 있는 **템플릿**template이다. 아마존에서 제공하는 [**Amazon Linux 2 AMI(HVM), SSD Volume Type**]을 선택한다. 아마존은 AWS 사용자를 위해서 무료로 사용할 수 있는 가상머신을 제공하고 있는데 이에 해당하는 것은 [**Free tier eligible**]**❶**로 표시되어 있다. [**64-bit (x86)**] 아키텍처**❷**를 선택한다.

우리가 선택한 [**Amazon Linux 2 AMI(HVM)**]는 아마존에서 생성한 리눅스 **배포판**distribution이다. 이 장의 마지막에서 확인하겠지만, Amazon Linux 2 AMI는 Red Hat 7, CentOS 7과 호환된다. 따라서 HTCondor 클러스터는 CentOS 7을 기반으로 구축했기 때문에 Amazon Linux 2 AMI를 기반으로 동일하게 구축할 수 있게 된다. Amazon Linux 2 AMI는 리눅스 커널 5.10, GCC 7.3, Glibc 2.26, Binutils 2.29.1 등의 패키지가 기본으로 설치되어 있다.[2]

---

2   AWS에 접속하는 시점에 따라 버전은 달라질 수 있다.

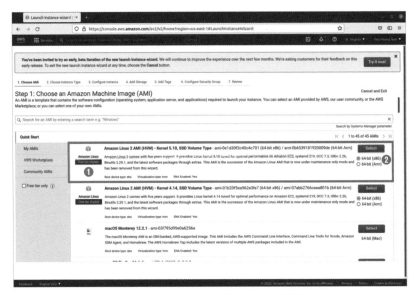

그림 8.12 **Amazon Machine Image 선택**

AMI를 선택했다면, 가상머신 **인스턴스 유형**instance type을 선택해야 한다(그림 8.13). 여기에서 Free tier eligible 타입인 [t2.micro]를 선택한다(❶). t2.micro 타입은 **가상 CPU**vCPU가 1개이고 메모리가 1GB인 가상머신이다. [**Review and Launch**](❷)를 클릭하여 인스턴스에 대한 검토와 실행단계로 이동한다.

그림 8.13 **EC2 Instance Type 선택**

[Instance Review and Launch] 단계에서는 생성할 가상머신의 인스턴스 타입에 대한 검토를 진행한다(그림 8.14). 우리가 선택한 가상머신은 CPU 1개 1GB 메모리를 갖는 **t2.micro** 타입의 인스턴스인 것을 확인할 수 있다(❶). **[Launch]**(❷)를 클릭하여 다음 단계로 이동한다.

그림 8.14 **Instance Review and Launch**

다음 단계는 **키 페어**key pair를 생성한다. 키 페어는 **프라이빗 키**private key와 **퍼블릭 키**public key의 쌍을 의미한다. AWS에서 생성한 가상머신은 프라이빗 키를 이용하여 SSH로 접근을 해야 한다. 따라서 가상머신에 접속할 수 있는 키 페어를 생성해야 한다. 기존 사용자라면 기존에 가지고 있는 키 페어를 이용하여 생성한 가상머신에 접속할 때 사용할 수도 있다. 우리는 새로운 키 페어를 생성한다. 그림 8.15는 키 페어를 선택하는 화면을 보여준다.

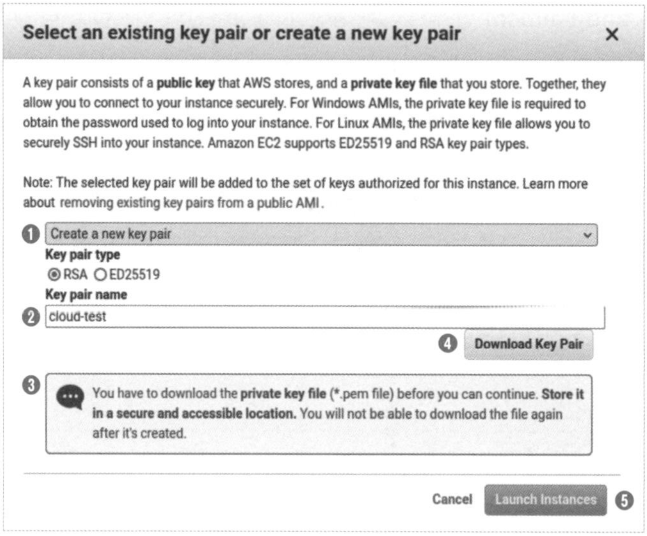

그림 8.15 **Key Pair** 생성

새로운 키 페어를 생성할 것이므로 [**Create a new key pair**](❶)를 선택하고, [**Key pair type**]은 [**RSA**](❷)를 선택한다. 키 페어 이름(❸)을 cloud-test로 했다. [**Download Key Pair**](❹)을 클릭하여 프라이빗 키를 다운로드한다. 프라이빗 키는 cloud-test.pem로 저장된다. 키 페어는 프라이빗 키와 퍼블릭 키로 구성되는데, cloud-test.pem은 프라이빗 키이다. 다운로드한 cloud-test.pem을 호스트머신에서 확인해보자.[3]

```
rsyoung@kant: ~$ cd Downloads/
rsyoung@kant:~/Downloads$ ls
cloud-test.pem
rsyoung@kant:~/Downloads$ cat cloud-test.pem
-----BEGIN RSA PRIVATE KEY-----
MIIEpAIBAAKCAQEAoTXI+mbQ3dUrLowm+PbWIhZUcm34/yArOWuww9DxkvCC5P8k
9IU0l3GmDzutXJTjAX4vcqvl/VlZMoMp1GOZ9vWS2qgJznVQLh7NqG0FRvWZtbn+
...
4b+zrDaj2miC4THDEPkiZyBgUv9vUtjY+i9Z59ZoNlOxoXZo4n1ZNOxSH1ez7efM
YB3blIWWYZfDxwa970rkk5TR0WZv0zHZ20KrHxJ/c0KKrGwNgmoUfw==
-----END RSA PRIVATE KEY-----
rsyoung@kant:~/Downloads$
```

프라이빗 키는 사용자에게 제공하지만 퍼블릭 키의 경우는 사용자에게 제공되지 않고 AWS가 별도

---

3 호스트 시스템의 Download 디렉터리에 저장되었다. 디렉터리의 위치는 시스템에 따라 다를 수 있으니, 어디에 프라이빗 키가 저장되는지 확인해야 한다.

로 관리한다. [Launch Instances]를 클릭하여 최종적으로 가상머신을 실행한다.

그림 8.16은 가상머신이 정상적으로 실행되었다는 메시지(Your instances are now launching)를 보여준다
(❶). 실행되는 가상머신에 접근하는 방법과 유용한 정보에 대한 링크들을 제공하고 있다.

그림 8.16 인스턴스 생성 메시지 및 관리에 필요한 정보 확인

[View Instances](❷)를 클릭하여 생성된 인스턴스를 확인해보자. 그림 8.17은 생성한 가상머신에 대
한 종합적인 정보를 보여준다.

그림 8.17 생성된 인스턴스에 대한 상세정보

생성된 가상머신 인스턴스를 선택(❶)하면 해당 인스턴스에 대한 상세정보(❷)을 보여준다. 해당 인스턴스에는 **이름**name이 부여되지 않았고 인스턴스 ID는 **i-0c1b3a5389325a45e**이고 현재 [**Running**] 상태임을 알 수 있다.

실행 중인 인스턴스에 접속하기 위해서는 접속방법을 알아야 한다. [**Connect**](❸)를 클릭하면, 해당 가상머신에 접속하는 방법에 대해서 알려준다. 다음 절에서 가상머신에 접속하는 방법을 알아볼 것이다.

8.3 가상머신에 접속하기

가상머신을 성공적으로 생성하고 실행했으니, 이제 인스턴스에 접속해보도록 하자. 그림 8.18은 Connect를 클릭해서 생성한 가상머신 인스턴스에 리모트로 접속하는 여러 가지 방법을 보여준다.

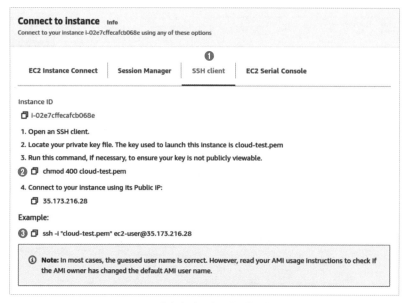

그림 8.18 생성된 인스턴스에 대한 상세정보

SSH로 접속할 것이므로 [**SSH client**] 탭(❶)을 선택한다. SSH로 접속하는 절차들이 기술되어 있는데, 먼저 다운로드한 프라이빗 키(**cloud-test.pem**) 파일의 접근 권한을 **400**으로 변경해야 한다(❷). 즉, **cloud-test.pem** 소유자만이 읽을 수 있도록 접근 권한을 변경하는 것이다. 다음과 같이 접근 권한을 변경한다.

```
rsyoung@kant:~/Downloads$ ls -l cloud-test.pem
```

```
-rw-rw-r-- 1 rsyoung rsyoung 1704 Mar 12 20:55 cloud-test.pem
rsyoung@kant:~/Downloads$
rsyoung@kant:~/Downloads$ chmod 400 cloud-test.pem
rsyoung@kant:~/Downloads$
rsyoung@kant:~/Downloads$ ls -l cloud-test.pem
-r-------- 1 rsyoung rsyoung 1704 Mar 12 20:55 cloud-test.pem
rsyoung@kant:~/Downloads$
```

가상머신 인스턴스에 SSH로 접속하는 방법이 [Example](❸)에 기술되어 있다. 해당 메시지를 복사하여 cloud-test.pem 파일이 존재하는 곳에서 실행한다. 만약 cloud-test.pem 파일의 위치가 변경되었다면, 상대경로를 추가하여 파일의 위치를 지정해줘야 한다.

```
rsyoung@kant:~/Downloads$ ssh -i "cloud-test.pem" ec2-user@35.173.216.28
...
       __|  __|_  )
       _|  (     /   Amazon Linux 2 AMI
      ___|\___|___|

https://aws.amazon.com/amazon-linux-2/
No packages needed for security; 5 packages available
Run "sudo yum update" to apply all updates.
[ec2-user@ip-172-30-0-204 ~]$
```

SSH를 통해서 성공적으로 인스턴스에 접속하였다. 로그인 시 보여주는 배너에 Amazon Linux 2 AMI 메시지를 표출하고 있다. HTCondor 클러스터를 구축할 때 VirtualBox의 가상머신에 CentOS 7을 설치하여 구성하였기 때문에 동일하게 Amazon Linux 2 AMI에서도 CentOS 7 패키지를 이용하여 설치할 수 있어야 한다.

Amazon Linux 2 AMI에 대한 호스트 정보를 확인해보자.

```
[ec2-user@ip-172-30-0-204 ~]$ hostnamectl
Static hostname: ip-172-30-0-204.ec2.internal
        Icon name: computer-vm
          Chassis: vm
       Machine ID: bfec4713d39e42259a538adc4e721152
          Boot ID: aadab6c025d644b198e528246232adb6
   Virtualization: xen
 Operating System: Amazon Linux 2
      CPE OS Name: cpe:2.3:o:amazon:amazon_linux:2
           Kernel: Linux 5.10.102-99.473.amzn2.x86_64
     Architecture: x86-64
```

```
[ec2-user@ip-172-30-0-204 ~]$
```

해당 머신은 가상머신(vm)이고, 하이퍼바이저는 Xen이 사용되었음을 알 수 있다. 현재 설치된 운영체제는 Amazon Linux 2임을 확인할 수 있다. 그렇다면 Amazon Linux 2가 CentOS 7과 호환되는지 운영체제 정보를 확인해보자.

```
[ec2-user@ip-172-30-0-204 ~]$ cat /etc/os-release
NAME="Amazon Linux"
VERSION="2"
ID="amzn"
ID_LIKE="centos rhel fedora"
VERSION_ID="2"
PRETTY_NAME="Amazon Linux 2"
ANSI_COLOR="0;33"
CPE_NAME="cpe:2.3:o:amazon:amazon_linux:2"
HOME_URL="https://amazonlinux.com/"
[ec2-user@ip-172-30-0-204 ~]$
```

Amazon Linux 2의 ID는 amzn인데, 이 버전과 유사한 ID가 centos, rhel, fedora임을 알 수 있다. 즉, Amazon Linux 2는 RPM 기반의 배포판으로 볼 수 있다. 그렇다면, CentOS 7을 사용할 것이므로 버전 7에 해당하는지 RPM 매크로를 이용하여 다음과 같이 확인할 수 있다. CentOS 7과 호환됨을 알 수 있다.

```
[ec2-user@ip-172-30-0-204 ~]$ rpm --eval %{?centos}
7
[ec2-user@ip-172-30-0-204 ~]$
```

AWS의 인스턴스는 아마존이 제공하는 자원이기 때문에 사용한 시간과 리소스의 사용량에 비례하여 과금이 된다. 따라서 가상머신을 사용하지 않을 때는 가상머신을 **중지**stop시키거나, 완전히 **제거**terminate해야 한다. 가상머신을 중지한다는 의미는 가상머신의 실행을 중지한다는 의미이다. 즉, 물리머신의 전원을 끄는 것과 동일하다. 전원은 꺼졌지만 물리머신이 존재하는 것처럼 가상머신도 인스턴스로 존재한다.

그림 8.19는 AWS EC2 콘솔에서 인스턴스를 중지하는 단계를 보여준다. 먼저 실행을 중지하고자 하는 가상머신을 선택(❶)한다. 가상머신이 선택되면 [Instance state]을 선택한다(❷). 해당 인스턴스를 중지하기 위해서 [Stop Instance]를 선택한다.

[Stop Instance]는 가상머신 실행을 중지시키지만 인스턴스를 삭제하지는 않는다. 즉, 언제든지 해당 인스턴스는 재실행이 가능하다. [Reboot Instance]는 해당 인스턴스를 재부팅 한다는 의미이다. [Terminate Instance]는 인스턴스의 실행을 중지시키고 가상머신 자체를 삭제한다. 가상머신이 이미지로 AWS에 저장되기 때문에 단순하게 실행이 되지 않는다고 해서 과금이 부과되지 않는 것이 아니다. 이처럼 실행되고 있지 않은 가상머신 인스턴스들을 완전히 삭제하고 과금이 부과되지 않도록 하기 위해서는 [Terminate Instance]로 완전히 삭제해야 한다.

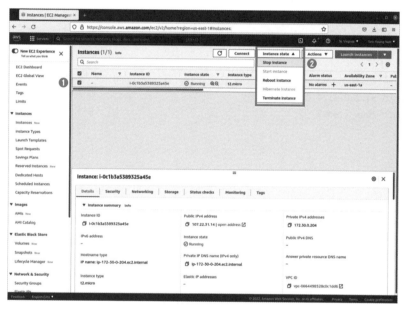

그림 8.19 **AWS 콘솔에서 인스턴스 중지**

그림 8.20은 인스턴스를 중지시키기 위해서 [Stop Instance]를 클릭했을 때 인스턴스를 정말로 중지할 것인지 한 번 더 확인한다. [Stop]을 클릭하여 인스턴스를 중지시킨다.

그림 8.20 **AWS 인스턴스 중지 확인 메시지**

인스턴스가 중지된 후 AWS EC2 콘솔을 확인해보면(그림 8.21), Successfully stopped ... 메시지

(❶)와 함께 [Instance state](❷)가 Stopped로 변경되어 해당 인스턴스가 중지된 것을 확인할 수 있다.

그림 8.21 **인스턴스 중지 후 AWS 콘솔에서 인스턴스 상태 확인**

해당 인스턴스가 중지되면 SSH의 연결은 끊기게 된다.

```
[ec2-user@ip-172-30-0-204 ~]$ Connection to 34.230.51.4 closed by remote host.
Connection to 34.230.51.4 closed.
rsyoung@kant:~/Downloads$
```

연습문제

1. 구글 클라우드에 가상머신을 생성하고 가상머신에 접근하는 수행 과정을 기술하라.

2. Azure에 가상머신을 생성하고 가상머신에 접근하는 수행 과정을 기술하라.

3. 아마존, 구글, 마이크로소프트 이외에 퍼블릭 클라우드 서비스 제공자에 대해 조사하라.

4. 아마존에서 제공하는 클라우드 리소스에 대해 조사하고 기술하라.

5. 아마존 AWS, 구글 클라우드 플랫폼, 마이크로소프트 Azure의 클라우드 컴퓨팅 서비스에 대해 비교하라.

6. 아마존, 구글, 마이크로소프트 클라우드 컴퓨팅 요금정책에 대해 비교하라. 요금정책 중 어떤 리소스의 비용이 상대적으로 고비용인지를 찾아보고 그 이유는 무엇인지 논리적으로 설명해보라.

7. 아마존, 구글, 마이크로소프트 클라우드 서비스의 **SLA**service level agreement를 조사하고 클라우드 서비스 제공자에 귀책사유가 있을 때 보상이 어떻게 되는지 비교하라.

8. 일반적으로 서비스를 이용할 때 **동의서**agreement에 동의하고 서비스에 가입한다. AWS 계정을 만들 때 동의한 **AWS Customer Agreement**의 주요한 내용을 요약하라.

9. 아마존 AWS에서 제공하는 다양한 AMI에 대해서 조사하고 특징을 설명하라.

10. AWS를 사용하여 Ubuntu 기반의 가상머신을 생성하고 SSH로 접속해보라.

11. AWS로 생성한 가상머신에 EC2 Instance Connect, Session Manager, EC2 Serial Console 방식으로 접속하고 실행 과정을 설명하라.

12. AWS 인스턴스에 대한 정보는 Details 탭에서 확인할 수 있다. 그 외에 Security, Networking, Storage, Status checks, Monitoring, Tags 탭에서 제공하는 정보는 어떤 것이 있는지 기술하라.

13. AWS에 제공하는 인스턴스 타입(예: t3.nano)은 어떤 것이 있고 특징은 무엇인지 설명하라.

9

AWS 동적 자원 관리 프로그래밍

AWS EC2 계정을 생성하고 간단하게 가상머신을 생성하는 방법을 살펴보았다. 이번 장에서는 AWS 에서 제공하는 **프로그래밍 라이브러리**programming library를 이용하여 동적으로 가상머신을 **핸들링** handling하는 방법에 대해 살펴볼 것이다. AWS EC2 콘솔이 사용자 친화적인 인터페이스를 제공하고 있지만, 대규모의 가상머신과 리소스를 웹 기반의 **UI**user interface를 통해 핸들링하거나 동적으로 자원을 확대하는 것은 한계가 있다. 이를 해결하기 위해서는 AWS의 자원을 동적으로 관리할 수 있는 프로그래밍 기법이 필요하다.

9.1 동적 자원 관리 프로그래밍 구조

그림 9.1은 이번 장을 통해 프로그래밍할 전체 화면구성을 보여준다. 텍스트 기반의 프로그램으로 메 뉴를 통해서 AWS EC2와 통신하면서 원하는 가상머신을 프로그램적으로 제어할 수 있다.

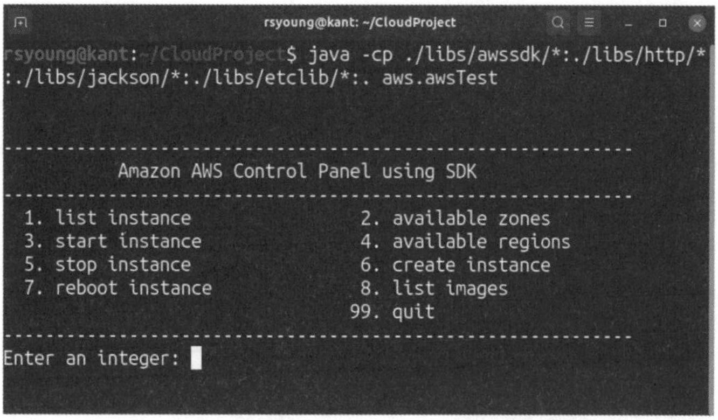

그림 9.1 **AWS 자원 동적 관리 프로그램 화면**

예를 들어 list instance명령을 통해서 AWS EC2에 존재하는 해당 계정의 인스턴스들을 리스트할 수 있다(그림 9.2).

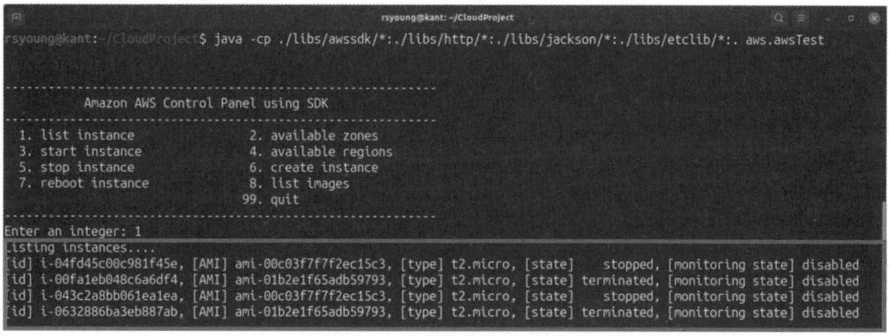

그림 9.2 **list instance 실행 결과 화면**

총 4개의 인스턴스가 있고 그중 2개는 **중지**stopped되었고 2개는 **삭제**terminated되었음을 보여준다. 참고로 AWS EC2에 인스턴스를 생성하고 종료하면 인스턴스가 삭제된다. 해당 리스트에서 바로 삭제되는 것이 아니라 일정시간 동안 리스트에 보이다 완전히 삭제된다. 따라서 현재 보여지는 결과는 2개가 종료된 상태이고 재시작이 불가능한 삭제된 인스턴스가 2개 있음을 알려주고 있다. 그림 9.2에 보이는 결과에 대해서는 프로그램적으로 AWS에 접근하여 가상머신 정보를 가져올 수 있다는 정도로 이해하면 된다.

이번 장에서는 궁극적으로 HTCondor 클러스터를 AWS EC2에 구성하는 것을 진행한다. 다만, AWS EC2 콘솔을 직접 사용하여 클러스터를 구성하는 것이 아니라 프로그램을 통해 인스턴스를 생성하여 동적으로 HTCondor 클러스터를 확장하고 동적으로 인스턴스를 중지시켜 HTCondor 클러스터를 축소할 것이다. 그림 9.3은 동적 자원 관리 프로그램과 AWS EC2와의 관계도를 보여준다.

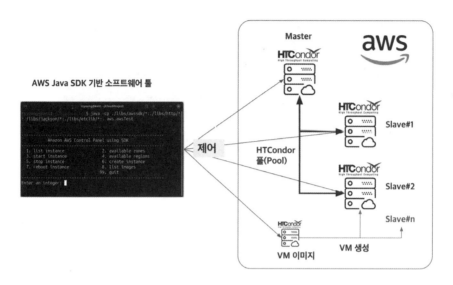

그림 9.3 **프로그램 툴을 통해 관리하는 AWS EC2 구성도**

AWS EC2에는 HTCondor 마스터 노드 인스턴스가 실행되고, **슬레이브 노드**(워커 노드)가 AMI 이미지로 등록되어 있다. 만약, AWS 프로그램에서 이미지를 통해 인스턴스를 실행시키면, HTCondor 슬레이브 노드에 해당하는 인스턴스가 실행되어 자동으로 HTCondor 클러스터에 **조인**join하게 된다. HTCondor 마스터 노드에 접속하여 성공적으로 클러스터가 동적으로 확장되었는지 확인할 수 있다.

HTCondor에 많은 작업이 들어와 클러스터를 확장해야 할 경우, 동일한 방법으로 HTCondor 슬레이브 노드 AMI를 통해서 동적으로 수많은 HTCondor 슬레이브 노드 인스턴스를 생성할 수 있어 HTCondor 클러스터를 우리가 원하는 만큼의 크기로 확장할 수 있다.

많은 가상머신 인스턴스가 실행 중이면 AWS는 이에 따른 과금을 부여한다. 만약 HTCondor에 실행하는 작업이 없는 경우는 동적으로 **유휴상태**idle의 인스턴스를 종료하거나 중지하여 과금이 발생하는 것을 방지해야 한다. AWS 프로그램을 통해서 필요하지 않은 인스턴스를 중지할 수 있다.

이번 장을 통해서 AWS 프로그램을 구성하면서 하나씩 살펴보도록 하자.

9.2 EC2 HTCondor 마스터 노드 생성

AWS EC2에서 HTCondor 마스터 노드용 인스턴스를 생성해야 한다. 이전 장에서 AWS 가상머신을 생성했던 방법과 동일하고 다음과 같이 5단계로 진행한다.[1] 단계가 진행된 후에 HTCondor 마스터 노드 인스턴스에 HTCondor 패키지와 환경설정을 추가해줘야 한다.

1. **AWS AMI 선택**: Amazon Linux 2 AMI(HVM), SSD Volume Type의 64-bit (x86)을 선택한다 (그림 9.4).[2]

그림 9.4 **Amazon Linux 2 AMI 선택**

2. **t2.micro 타입 선택**: 일정기간 동안 무료로 사용할 수 있는 t2.micro(Free tier eligible)을 선택한다(그림 9.5).

	Family	Type	vCPUs (i)	Memory (GiB)	Instance Storage (GB) (i)	EBS-Optimized Available (i)	Network Performance (i)	IPv6 Support (i)
☐	General purpose	t2.nano	1	0.5	EBS only	-	Low to Moderate	Yes
■	General purpose	t2.micro Free tier eligible	1	1	EBS only	-	Low to Moderate	Yes
☐	General purpose	t2.small	1	2	EBS only	-	Low to Moderate	Yes

그림 9.5 **t2.micro 인스턴스 타입(Free tier eligible) 선택**

3. **Review and Launch 단계**: 생성하고자 하는 인스턴스에 대한 정보를 확인할 수 있다(그림 9.6).

그림 9.6 **생성할 인스턴스 리뷰**

4. **키 페어 선택**: 생성한 HTCondor 인스턴스에 접속할 키 페어를 설정하는 단계이다(그림 9.7). 여기 에서는 기존에 생성된 키 페어 cloud-test를 이용하기 위해 **[Choose an existing key pair]**를

---

1 AWS에서 가상머신을 생성했었기 때문에 전체화면에 대한 설명대신 우리가 선택해야 하는 부분을 중심으로 설명한다.

2 AWS EC 콘솔의 언어 설정은 영어로 되어 있다.

선택하고 키 페어를 선택하였다(cloud-test). 만일 키 페어가 없고 새로운 키 페어로 접근하고자 한다면 [Create a new key pair]를 선택하여 새로운 키 페어를 생성한다. 키 페어를 새로 생성한다면 반드시 해당 키 페어를 다운로드해야 한다.

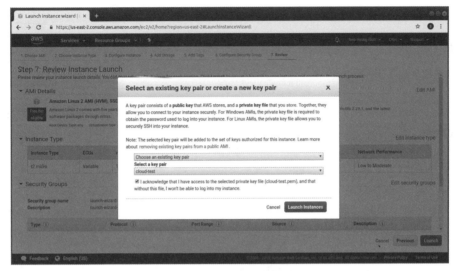

그림 9.7 **키 페어 설정**

5. **인스턴스 론치 및 상태 확인**: 키 페어를 선택한 후 [Launch Instance]를 선택하면 인스턴스가 정상적으로 실행되고 있다는 메시지를 보여준다(그림 9.8).

그림 9.8 **인스턴스 론치 및 상태확인 메시지**

인스턴스가 성공적으로 실행되었다면, AWS 콘솔에서 인스턴스의 상태를 확인할 수 있다(그림 9.9).

그림 9.9 **AWS 콘솔을 통해 인스턴스 확인**

HTCondor 마스터용 인스턴스를 AWS 콘솔에서 선택하고 [**Connect**] 버튼을 클릭한다. 인스턴스에 접속방법으로 [**SSH Client**]를 선택하여 접속 정보를 확인한다(그림 9.10).

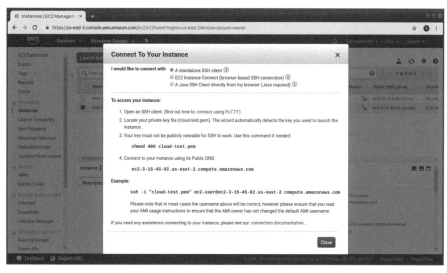

그림 9.10 **SSH Client로 접속하는 방법**

`cloud-test.pem` 파일은 SSH Client가 동작하는 홈 디렉터리의 `.ssh` 디렉터리에 저장되어 있다.[3] AWS EC2 콘솔에서 SSH Client 접속 방법에서 제시한 것과 같이 SSH 명령으로 인스턴스에 접속한다.

---

3   키 페어의 위치를 알고 있어야 하고 SSH로 접근할 때 명령을 수행하는 위치에 키 페어 파일이 있지 않다면 파일의 위치를 지정해야 한다.

```
rsyoung@kant:~$ ssh -i .ssh/cloud-test.pem ec2-user@ec2-3-15-45-92.us-east-2.compute.amazonaws.com
...
    __|  __|_  )
    _|  (     /   Amazon Linux 2 AMI
   ___|\___|___|

https://aws.amazon.com/amazon-linux-2/
15 package(s) needed for security, out of 29 available
Run "sudo yum update" to apply all updates.
[ec2-user@ip-172-31-41-1 ~]$
```

해당 인스턴스에 성공적으로 SSH를 통해 접속하였다. 이제 HTCondor 마스터를 설정하기 위해 HTCondor 패키지를 설치하고 환경설정을 할 단계이다.

HTCondor 마스터 노드 설정은 루트 권한으로 진행해야 하기 때문에 먼저 루트 권한을 획득한다.

```
[ec2-user@ip-172-31-41-1 ~]$ sudo su -
[root@ip-172-31-41-1 ~]#
```

HTCondor 리포지터리를 등록한 후 RPM을 설치해야 한다. HTCondor에서 제공하는 GPG Key RPM-GPG-KEY-HTCondor를 다운로드한 후 GPG Key를 **임포트**import시킨다.

```
[root@ip-172-31-41-1 ~]# wget https://research.cs.wisc.edu/htcondor/yum/RPM-GPG-KEY-HTCondor

Saving to: 'RPM-GPG-KEY-HTCondor'

[root@ip-172-31-41-1 ~]# rpm --import RPM-GPG-KEY-HTCondor
```

이제 HTCondor를 다운로드하기 위해서 CentOS 7용 HTCondor Yum 리포지터리를 다운로드한다. 다운로드한 리포지터리를 리포지터리 저장 디렉터리(/etc/yum.repos.d/)로 복사한 후 HTCondor를 설치한다.

```
[root@ip-172-31-41-1 ~]# wget https://research.cs.wisc.edu/htcondor/yum/repo.d/htcondor-
stable-rhel7.repo
[root@ip-172-31-41-1 ~]#
[root@ip-172-31-41-1 ~]# ls
htcondor-stable-rhel7.repo  RPM-GPG-KEY-HTCondor
[root@ip-172-31-41-1 ~]# cp htcondor-stable-rhel7.repo /etc/yum.repos.d/
[root@ip-172-31-41-1 ~]#
[root@ip-172-31-41-1 ~]# yum install condor
```

```
...
Complete!
[root@ip-172-31-41-1 ~]#
```

HTCondor를 설치했다면, 마스터로 동작하기 위한 설정을 해야 한다. 나중에 추가할 HTCondor 슬레이브 노드에서 마스터와 통신하기 위해 마스터 노드의 hostname을 다음과 같이 확인한다.

```
[root@ip-172-31-41-1 ~]# hostname
ip-172-31-41-1.us-east-2.compute.internal
[root@ip-172-31-41-1 ~]#
```

AWS EC2의 인스턴스의 호스트명이 ip-172-31-41-1.us-east-2.compute.internal임을 확인할 수 있다.

이제 HTCondor 마스터 노드를 설정하기 위해 HTCondor 로컬 환경설정 파일이 저장될 config.d/ 디렉터리에 condor_config.local 파일을 다음과 같이 생성한다.

```
[root@ip-172-31-41-1 ~]# cd /etc/condor/config.d
[root@ip-172-31-41-1 config.d]# vi condor_config.local
[root@ip-172-31-41-1 config.d]# cat condor_config.local

ALLOW_WRITE = *
CONDOR_HOST = ip-172-31-41-1.us-east-2.compute.internal
DAEMON_LIST = MASTER, SCHEDD, STARTD, COLLECTOR, NEGOTIATOR

[root@ip-172-31-41-1 config.d]#
```

HTCondor 마스터 노드도 작업을 수행할 수 있도록 하기 위해 STARTD를 지정하였다. 추후에 모든 슬레이브 노드가 중지된 후에도 HTCondor 마스터 노드의 슬롯을 확인하여 정상적으로 슬레이브 노드들이 HTCondor 클러스터에서 제거되었는지 확인하는 용도로 활용한다. HTCondor 마스터 노드에서 동작할 스케줄러 데몬 SCHEDD, 슬레이브 노드의 정보를 수집하는 COLLECTOR 데몬, 작업을 수행할 수 있는 슬레이브 노드를 찾는 NEGOTIATOR 데몬들을 설정한다.

이제 마스터 노드에서 HTCondor를 수행하여 마스터가 동작하도록 한다. HTCondor 마스터가 정상 동작한다면 condor_status를 통해서 슬롯 하나가 가용 자원으로 보여야 한다.

```
[root@ip-172-31-41-1 ~]# systemctl start condor
[root@ip-172-31-41-1 ~]#
[root@ip-172-31-41-1 ~]# condor_status
Name                                        OpSys     Arch    State    Activity

ip-172-31-41-1.us-east-2.compute.internal LINUX      X86_64 Unclaimed Idle


                Machines Owner Claimed Unclaimed Matched Preempting  Drain

    X86_64/LINUX      1      0       0        0        1         0       0

          Total      1      0       0        0        1         0       0
[root@ip-172-31-41-1 ~]#
```

HTCondor 마스터 노드의 인스턴스가 중지되었다 재실행될 경우, HTCondor도 재실행될 수 있도록 해주어야 한다. 그렇지 않을 경우, 슬레이브 노드가 HTCondor 마스터를 찾을 수 없어 HTCondor 클러스터가 만들어지지 않는다. systemctl enable condor 명령으로 인스턴스가 재실행될 때 HTCondor 마스터도 실행되도록 설정하고 설정이 정상적인지 확인한다. All daemons are responding 메시지가 보인다면 정상적으로 동작하고 있는 것이다.

```
[root@ip-172-31-41-1 ~]# systemctl enable condor
[root@ip-172-31-41-1 ~]# systemctl is-enabled condor
enabled
[root@ip-172-31-41-1 ~]# systemctl status condor
● condor.service - Condor Distributed High-Throughput-Computing
    Loaded: loaded (/usr/lib/systemd/system/condor.service; enabled; ...
    Active: active (running) since ...
    Status: "All daemons are responding"
    CGroup: /system.slice/condor.service
            ├──4062 /usr/sbin/condor_master -f
            ├──4512 condor_procd -A ...
            ├──4518 condor_shared_port -f
            ├──4658 condor_collector -f
            ├──4659 condor_schedd -f
            ├──4660 condor_startd -f
            └──4662 condor_negotiator -f
```

condor_config.local 파일에 설정된 DAEMON_LIST에 해당하는 데몬들이 정상적으로 보이는 것을 확인할 수 있다.

9.3 HTCondor 슬레이브 이미지 만들기

HTCondor 마스터 노드에 조인할 HTCondor 슬레이브 인스턴스를 만들어야 한다. HTCondor 마스터 노드는 기존의 AWS에서 제공한 이미지에 바로 HTCondor 마스터를 설치하였다. HTCondor 슬레이브 노드의 경우는 우리가 필요할 때마다 인스턴스로 생성해야 한다. 따라서 HTCondor 슬레이브가 설치된 이미지를 생성하고 이 이미지로부터 우리가 원하는 만큼의 슬레이브 인스턴스를 생성해야 한다.

HTCondor 마스터 노드를 생성했던 것과 동일한 방식으로 먼저 슬레이브 노드를 생성한 후 생성된 인스턴스를 이미지로 만든다. 슬레이브 노드를 위한 가상머신을 만들기 위해서 다음과 같이 5단계를 수행한다(마스터 노드를 생성할 때와 동일하다).

1. Amazon Linux 1 AMI (HVM) 64-bit(x86) → **Select**
2. t2.micor Type (Free tier eligible) → **Review and Launch**
3. Review Instance Launch → **Launch**
4. 키 페어 선택(cloud-test) → **Launch Instance**
5. Launch Status → **View Instances**

AWS 콘솔을 통해 슬레이브 노드 인스턴스가 생성된 것을 볼 수 있다(그림 9.11). 새롭게 생성된 슬레이브 인스턴스가 중지된 상태라면 **[Action]** 버튼을 클릭하여 인스턴스를 실행시킬 수 있다.

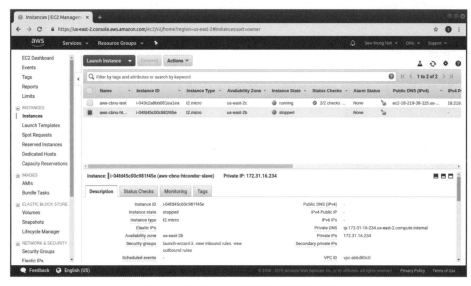

그림 9.11 **HTCondor 슬레이브 인스턴스 실행**

인스턴스를 실행시키면, 현재 인스턴스의 상태를 AWS 콘솔에서 확인할 수 있다. 인스턴스가 초기 **중지**stopped상태에서 실행 준비 상태인 **펜딩**pending상태로 진행하고 최종적으로 **실행**running상태로 진행됨을 확인할 수 있다(그림 9.12).

(a) pending 상태로 전환

(b) running 상태로 전환

그림 9.12 **슬레이브 인스턴스 pending → running 변환**

슬레이브 인스턴스가 정상적으로 동작하면, 이제 HTCondor 슬레이브 설정을 해야 한다. HTCondor 마스터와 동일하게 SSH를 통해 슬레이브 노드에 접속하여 HTCondor 관련 설정을 수행해야 한다. 그림 9.13처럼 **[Connect]** 버튼을 클릭하여 **[SSH Client]**을 선택하여 SSH로 접속할 수 있는 도메인 정보를 확인한다.

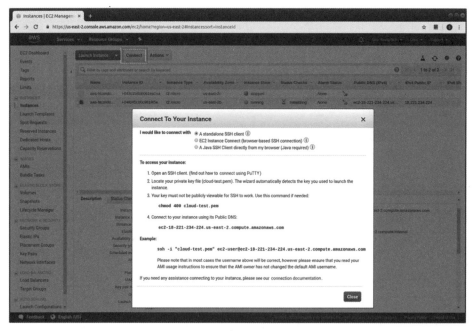

그림 9.13 **슬레이브 노드에 SSH 접속하기 위한 정보 확인**

SSH 접속정보와 HTCondor 마스터 노드를 생성할 때 사용한 프라이빗 키(cloud-test.pem)를 이용하여 다음과 같이 접속한다.

```
rsyoung@kant:~$ ssh -i .ssh/cloud-test.pem ec2-user@ec2-18-221-234-224.us-east-2.compute.
amazonaws.com
...
      __|  __|_  )
      _|  (     /    Amazon Linux 2 AMI
      ___|\___|___|

https://aws.amazon.com/amazon-linux-2/
[ec2-user@ip-172-31-16-234 ~]$
```

정상적으로 슬레이브 노드에 접속했다면, HTCondor를 설치하기 위한 사전 작업을 다음과 같이 진행한다.

```
[ec2-user@ip-172-31-16-234 ~]$ sudo su -
[root@ip-172-31-16-234 ~]#
[root@ip-172-31-16-234 ~]# wget https://research.cs.wisc.edu/htcondor/yum/RPM-GPG-KEY-
HTCondor

Saving to: 'RPM-GPG-KEY-HTCondor'

[root@ip-172-31-16-234 ~]# rpm --import RPM-GPG-KEY-HTCondor
[root@ip-172-31-16-234 ~]#
[root@ip-172-31-16-234 ~]# wget https://research.cs.wisc.edu/htcondor/yum/repo.d/htcondor-
stablerhel7.repo
[root@ip-172-31-16-234 ~]#
[root@ip-172-31-16-234 ~]# ls
htcondor-stable-rhel7.repo  RPM-GPG-KEY-HTCondor
[root@ip-172-31-16-234 ~]# cp htcondor-stable-rhel7.repo /etc/yum.repos.d/
[root@ip-172-31-16-234 ~]#
[root@ip-172-31-16-234 ~]# yum install condor
...
Complete!
[root@ip-172-31-16-234 ~]#
```

HTCondor 슬레이브 노드의 환경설정을 다음과 같이 진행한다. 슬레이브 노드는 실제 작업을 수행하는 슬롯을 제공하는 것으로 MASTER와 STARTD 데몬만 지정하면 된다. 또한 CONDOR_HOST는 HTCondor 마스터 노드의 도메인 이름을 지정하여 슬레이브 노드가 실행될 때 HTCondor 클러스터에 조인할 수 있도록 한다.

```
[root@ip-172-31-16-234 ~]# cd /etc/condor/config.d/
[root@ip-172-31-16-234 config.d]# vi condor_config.local
[root@ip-172-31-16-234 config.d]# cat condor_config.local

ALLOW_WRITE = *
CONDOR_HOST = ip-172-31-41-1.us-east-2.compute.internal
DAEMON_LIST = MASTER, STARTD

[root@ip-172-31-16-234 config.d]#
```

HTCondor 슬레이브 노드가 재부팅 때에 자동으로 실행되도록 설정을 하고, HTCondor 데몬이 정상적으로 실행되는지 확인한다. 이 과정은 HTCondor 마스터 노드를 설정하는 절차와 동일하다.

```
[root@ip-172-31-16-234 ~]# systemctl enable condor
[root@ip-172-31-16-234 ~]# systemctl is-enabled condor
enabled
[root@ip-172-31-16-234 ~]# systemctl start condor
[root@ip-172-31-16-234 ~]# systemctl status condor
● condor.service - Condor Distributed High-Throughput-Computing
   Loaded: loaded (/usr/lib/systemd/system/condor.service; enabled;
   Active: active (running) since ...
 Main PID: 4055 (condor_master)
   Status: "All daemons are responding"
   CGroup: /system.slice/condor.service
           ├──4055 /usr/sbin/condor_master -f
           ├──4616 condor_procd -A ...
           ├──4617 condor_shared_port -f
           └──4657 condor_startd -f

[root@ip-172-31-16-234 ~]#
```

모든 데몬이 정상적으로 실행되고 있다면 All daemons are responding 메시지가 출력된다. DEAMON_LIST에 해당하는 condor_master 데몬과 condor_startd 데몬이 보이는 것을 확인할 수 있다.

condor_status 명령으로 HTCondor 클러스터에 정상적으로 조인되는지 다음과 같이 확인한다.

```
[root@ip-172-31-16-234 ~]# condor_status
Name                                      OpSys    Arch    State      Activity

ip-172-31-16-234.us-east-2.compute.internal LINUX    X86_64 Unclaimed Idle
ip-172-31-41-1.us-east-2.compute.internal  LINUX    X86_64 Unclaimed Idle
```

```
              Machines Owner Claimed Unclaimed Matched Preempting  Drain

      X86_64/LINUX      2     0       0        2       0          0     0

          Total         2     0       0        2       0          0     0
[root@ip-172-31-16-234 ~]#
```

총 2개의 슬롯이 보이는 것을 확인할 수 있다. HTCondor 마스터 노드와 슬레이브 노드 모두 STARTD 데몬이 동작하고 있기 때문에 가용 슬롯이 2개로 보이는 것이다.

HTCondor 슬레이브 인스턴스가 정상적으로 동작하는 것을 확인했다. 이제 정상적으로 동작하는 슬레이브 인스턴스를 AMI 이미지로 만들어야 한다. 이 이미지를 통해서 여러 개의 슬레이브 인스턴스를 생성해서 HTCondor 클러스터의 크기를 동적으로 관리해야 하기 때문이다.

AWS 콘솔로 돌아가 HTCondor 슬레이브 인스턴스를 선택한 후 [Action] 버튼을 클릭하여 [Image] [Create Image]를 순차적으로 선택한다(그림 9.14).

그림 9.14 HTCondor 슬레이브 인스턴스를 이미지로 생성

다음 단계로 생성될 **이미지의 이름**image name과 **설명**image description에 각각 적당한 이름을 기입한다. 여기에서 이미지 이름으로 `aws-htcondor-slave`를 이미지 설명으로 `htcondor slave image`를 부여하였다. 적당한 정보를 입력했다면 [**Create Image**] 버튼을 클릭하여 이미지를 생성한다(그림 9.15).

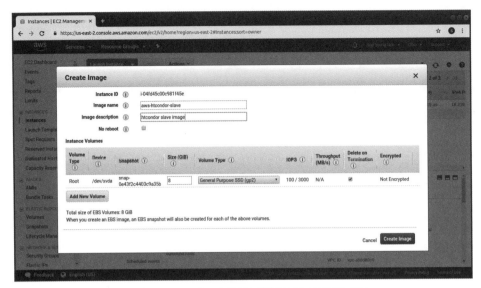

그림 9.15 **HTCondor 슬레이브 인스턴스를 이미지로 생성**

그림 9.16은 이미지가 성공적으로 생성되었음을 보여준다.

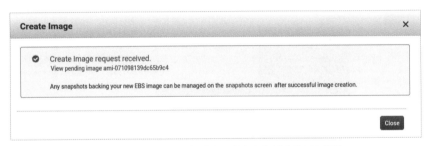

그림 9.16 **HTCondor 슬레이브 이미지가 성공적으로 생성**

아마존에서 제공해주는 AMI 이미지처럼 이제 우리는 HTCondor 슬레이브 이미지를 생성하였다. AWS 콘솔의 [AMIs](❶) 메뉴를 선택하여 생성된 이미지(❷)를 확인할 수 있다(그림 9.17).

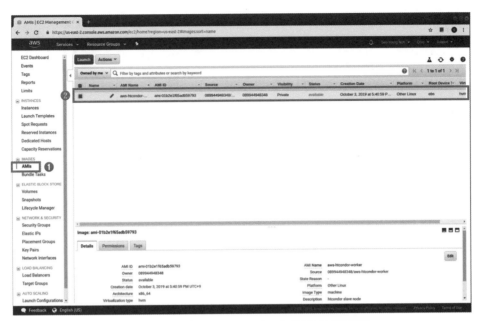

그림 9.17 **AMI 리스트로 HTCondor 슬레이브 이미지 확인**

HTCondor 슬레이브 이미지를 생성할 때 사용한 이미지 이름과 설명을 갖는 새로운 AMI를 확인할 수 있다. 이렇게 생성된 AMI 이미지를 통해서 우리는 필요한 만큼의 HTCondor 슬레이브 인스턴스를 동적으로 생성할 수 있게 된다.

9.4 AWS 자원 동적 관리 툴

AWS EC2 자원 동적 관리 프로그램의 내부를 보기 전에 메뉴 기반의 프로그램 툴이 어떻게 동작하는지 알아보도록 하자. 동적 관리 프로그램인 awsTest.java의 소스 코드는 이 장의 마지막에 제공된다. 소스 코드를 하나씩 살펴보기보다는 프로그램이 어떻게 동작하는지 따라가면서 개념을 파악하고 제공된 프로그램을 컴파일하여 실제 동작하는 과정을 스스로 수행해보기 바란다.

그림 9.18은 메뉴 기반의 프로그램 툴과 AWS EC2 간의 관계를 보여준다. 이미 HTCondor 마스터 노드 인스턴스 하나와 슬레이브 노드 인스턴스 하나를 생성했고, 슬레이브 노드는 AMI 이미지로 만들어놓았다.

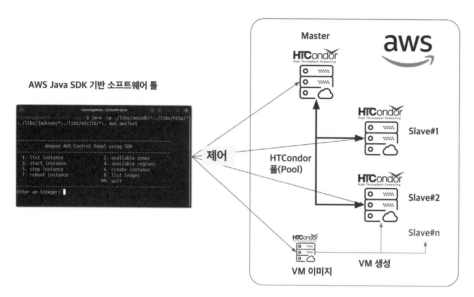

그림 9.18 **프로그램 툴과 AWS EC2내 인스턴스 및 이미지 구성도**

프로그램 툴이 정상적으로 동작하는지 확인하기 위해서 AWS 콘솔에 두 개의 인스턴스를 중지시킨다(그림 9.19). 프로그램 툴을 통해서 인스턴스를 리스트하고 필요에 따라 실행하는 것을 확인할 것이다. 프로그램 툴이 어떻게 동작하는지 확인한 후에 우리는 궁극적으로 메뉴 방식의 프로그램 툴을 작성할 것이다.

그림 9.19 **AWS 콘솔상의 모든 인스턴스가 중지된 상태**

9.4.1 List Instances

프로그램 툴의 1번 메뉴 [**List Instance**]를 선택하면 두 개의 인스턴스가 존재함을 알 수 있다. 두 개의 인스턴스는 AWS EC2 콘솔에서 보여주는 것과 동일하게 인스턴스의 상태와 ID등의 정보를 보여준다.

```
------------------------------------------------------------
            Amazon AWS Control Panel using SDK
------------------------------------------------------------
```

```
    1. list instance          2. available zones
    3. start instance         4. available regions
    5. stop instance          6. create instance
    7. reboot instance        8. list images
                             99. quit
------------------------------------------------------------
Enter an integer: 1
Listing instances....
[id] i-04fd45c00c981f45e, ..., [type] t2.micro, [state]    stopped, ...
[id] i-043c2a8bb061ea1ea, ..., [type] t2.micro, [state]    stopped, ...
```

9.4.2 Start Instances

현재 AWS의 인스턴스 두 개는 모두 중지된 상태이다. 먼저 HTCondor 마스터 인스턴스를 시작해보자. 프로그램 툴 메뉴 3번을 선택하고 HTCondor 마스터 인스턴스의 ID인 i-043c2a8bb061ea1ea를 이용한다.[4]

```
------------------------------------------------------------
            Amazon AWS Control Panel using SDK
------------------------------------------------------------
    1. list instance          2. available zones
    3. start instance         4. available regions
    5. stop instance          6. create instance
    7. reboot instance        8. list images
                             99. quit
------------------------------------------------------------
Enter an integer: 3
Enter instance id: i-043c2a8bb061ea1ea
Starting .... i-043c2a8bb061ea1ea
Successfully started instance i-043c2a8bb061ea1ea
```

인스턴스 i-043c2a8bb061ea1ea를 프로그램 툴을 이용하여 시작하고 나서 프로그램 툴을 이용하여 인스턴스를 리스트해서 동작상태가 변했는지 확인해본다.

```
------------------------------------------------------------
            Amazon AWS Control Panel using SDK
------------------------------------------------------------
    1. list instance          2. available zones
    3. start instance         4. available regions
```

4　인스턴스 ID는 인스턴스에 부여되는 번호로 모든 인스턴스는 서로 다른 번호를 부여받는다.

```
   5. stop instance          6. create instance
   7. reboot instance        8. list images
                            99. quit
--------------------------------------------------------------
Enter an integer: 1
Listing instances....
[id] i-04fd45c00c981f45e, ..., [type] t2.micro, [state]    stopped, ...
[id] i-043c2a8bb061ea1ea, ..., [type] t2.micro, [state]    pending, ...
```

인스턴스 **i-043c2a8bb061ea1ea**가 **중지**stopped 상태에서 **펜딩**pending 상태로 변경되었음을 확인할 수 있다. 펜딩 상태에서 **실행**running 상태로 전환되는 데 약간의 시간이 소요된다. 현재 상태를 AWS 콘솔을 통해 상태가 어떻게 변했는지 확인해본다. 그림 9.20은 인스턴스 **i-043c2a8bb061ea1ea**가 펜딩 상태로 변경되었음을 보여준다. 즉, 프로그램 툴에서 확인된 정보와 AWS 콘솔에서 확인된 정보가 동일하다는 것을 확인할 수 있다.

그림 9.20 인스턴스 **i-043c2a8bb061ea1ea** 상태 확인

SSH로 HTCondor 마스터 인스턴스인 **i-043c2a8bb061ea1ea**에 접속하여 HTCondor가 정상적으로 동작하는지 확인한다. condor_status로 확인할 때 정상적으로 HTCondor가 실행되었음을 확인할 수 있다.

```
[root@ip-172-31-41-1 ~]# condor_status
Name                                      OpSys      Arch   State    Activity

ip-172-31-41-1.us-east-2.compute.internal LINUX      X86_64 Unclaimed Benchmark

                Machines Owner Claimed Unclaimed Matched Preempting  Drain

    X86_64/LINUX      1      0       0         1       0          0      0

        Total         1      0       0         1       0          0      0
[root@ip-172-31-41-1 ~]#
```

현재 중지 중인 HTCondor 슬레이브 인스턴스(i-04fd45c00c981f45e)를 프로그램 툴을 통해 실행해 보자.

```
--------------------------------------------------------
            Amazon AWS Control Panel using SDK
--------------------------------------------------------
    1. list instance         2. available zones
    3. start instance        4. available regions
    5. stop instance         6. create instance
    7. reboot instance       8. list images
                            99. quit
--------------------------------------------------------
Enter an integer: 3
Enter instance id: i-04fd45c00c981f45e
Starting .... i-04fd45c00c981f45e
Successfully started instance i-04fd45c00c981f45e
```

인스턴스 리스트를 확인해보면 인스턴스 ID i-04fd45c00c981f45e의 상태가 펜딩 상태로 변했음을 확인할 수 있다.

```
--------------------------------------------------------
            Amazon AWS Control Panel using SDK
--------------------------------------------------------
    1. list instance         2. available zones
    3. start instance        4. available regions
    5. stop instance         6. create instance
    7. reboot instance       8. list images
                            99. quit
--------------------------------------------------------
Enter an integer: 1
Listing instances....
[id] i-04fd45c00c981f45e, ..., [type] t2.micro, [state]    pending, ...
[id] i-043c2a8bb061ea1ea, ..., [type] t2.micro, [state]    running, ...
```

AWS 콘솔을 통해 해당 인스턴스 상태를 확인해본다(그림 9.21). 프로그램 툴을 통해 확인한 것과 동일한 상태를 보여준다.

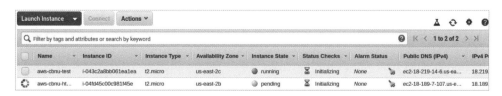

그림 9.21 **인스턴스 i-04fd45c00c981f45e 상태 확인**

HTCondor 마스터 노드에 접속하여 HTCondor 클러스터가 2개의 슬롯을 가지는지 확인해본다.

```
[root@ip-172-31-41-1 ~]# condor_status
Name                                              OpSys     Arch  State     Activity

ip-172-31-16-234.us-east-2.compute.internal LINUX      X86_64 Unclaimed Idle
ip-172-31-41-1.us-east-2.compute.internal   LINUX      X86_64 Unclaimed Idle

               Machines Owner Claimed Unclaimed Matched Preempting  Drain

   X86_64/LINUX      2      0        0         2       0          0      0

          Total      2      0        0         2       0          0      0
[root@ip-172-31-41-1 ~]#
```

정상적으로 HTCondor 클러스터가 형성되었음을 확인할 수 있다. 즉, 프로그램 툴을 이용하여 성공적으로 HTCondor 마스터 인스턴스와 슬레이브 인스턴스를 중지 상태에서 실행상태로 변경시켰고 HTCondor 프로그램이 인스턴스 시작과 동시에 실행되었음을 확인할 수 있다.

9.4.3 AIM 이미지로 인스턴스 생성

HTCondor 슬레이브 이미지로부터 인스턴스를 생성하는 것을 확인해보자. 프로그램 툴의 list images 메뉴를 선택하여 이미지들을 리스트한다.

```
-------------------------------------------------------------
            Amazon AWS Control Panel using SDK
-------------------------------------------------------------
   1. list instance           2. available zones
   3. start instance          4. available regions
   5. stop instance           6. create instance
   7. reboot instance         8. list images
                             99. quit
-------------------------------------------------------------
Enter an integer: 8
Listing images....
[ImageID] ami-01b2e1f65adb59793, [Name] aws-htcondor-worker, ...
```

AWS 콘솔에서 생성했던 aws-htcondor-worker 이미지를 확인할 수 있다. 이미지에는 ami-01b2e1f65adb59793 ID가 부여되어 있다. AWS 콘솔을 통해서 해당 이미지가 있는지 확인해본다(그림 9.22). AMI ID ami-01b2e1f65adb59793가 존재하는 것을 확인할 수 있다.

그림 9.22 **AMI ami-01b2e1f65adb59793 확인**

프로그램 툴의 `create instance` 메뉴는 이미지 ID를 이용하여 HTCondor 슬레이브 인스턴스를 생성한다. ami-01b2e1f65adb59793 이미지로부터 새로운 HTCondor 슬레이브 인스턴스를 생성한다.

```
------------------------------------------------------------
              Amazon AWS Control Panel using SDK
------------------------------------------------------------
    1. list instance          2. available zones
    3. start instance         4. available regions
    5. stop instance          6. create instance
    7. reboot instance        8. list images
                             99. quit
------------------------------------------------------------
Enter an integer: 6
Enter ami id: ami-01b2e1f65adb59793
Successfully started EC2 instance i-06981ac66f87533a2 based on
AMI ami-01b2e1f65adb59793
```

이미지로부터 인스턴스를 생성하였다. 인스턴스를 리스트하여 새로운 인스턴스가 생성되었는지 확인해본다.

```
------------------------------------------------------------
              Amazon AWS Control Panel using SDK
------------------------------------------------------------
    1. list instance          2. available zones
    3. start instance         4. available regions
    5. stop instance          6. create instance
    7. reboot instance        8. list images
                             99. quit
------------------------------------------------------------
Enter an integer: 1
Listing instances....
[id] i-04fd45c00c981f45e, [AMI] ami-00c03f7f7f2ec15c3, ..., [state]   running, ...
[id] i-06981ac66f87533a2, [AMI] ami-01b2e1f65adb59793, ..., [state]   pending, ...
[id] i-043c2a8bb061ea1ea, [AMI] ami-00c03f7f7f2ec15c3, ..., [state]   running, ...
```

인스턴스 ID i-06981ac66f87533a2가 새롭게 리스트되었고 인스턴스 상태가 펜딩 상태로 실행 전 단계임을 확인할 수 있다. 또한 이 인스턴스는 이미지 ID ami-01b2e1f65adb59793으로부터 생성되었음을 보여준다. 즉, 현재 새롭게 생성된 인스턴스는 이전 2개의 인스턴스와 다른 이미지로부터 생성된 인스턴스인 것이다.

AWS 콘솔을 통해서 해당 인스턴스가 프로그램 툴과 동일한 정보인지 확인해본다(그림 9.23). 프로그램 툴에서 보여준 동일한 인스턴스가 새롭게 추가되었음을 확인할 수 있다.

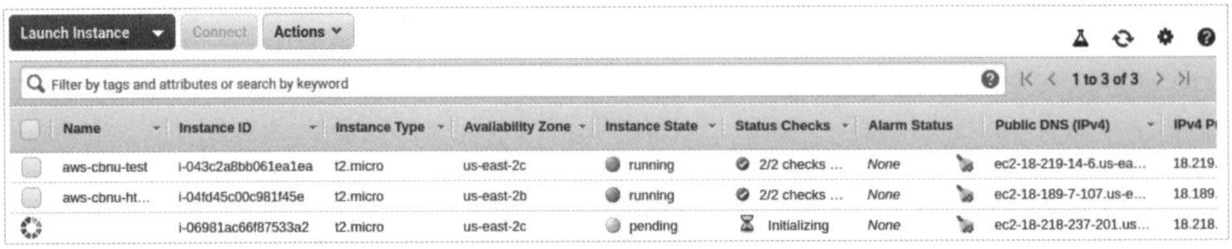

그림 9.23 **ami-01b2e1f65adb59793로부터 생성된 인스턴스 확인**

ami-01b2e1f65adb59793 이미지로부터 생성한 인스턴스는 HTCondor 슬레이브가 설치된 인스턴스이다. 즉, 이 인스턴스가 실행되면 자동으로 HTCondor 클러스터에 조인되어야 하고 최종적으로 슬롯이 3개로 확장되어야 한다. HTCondor 마스터 노드에서 HTCondor 클러스터 상태를 확인해본다.

```
[ec2-user@ip-172-31-41-1 ~]$ condor_status
Name                                      OpSys    Arch    State      Activity

ip-172-31-16-234.us-east-2.compute.internal LINUX    X86_64 Unclaimed Idle
ip-172-31-36-246.us-east-2.compute.internal LINUX    X86_64 Unclaimed Benchmark
ip-172-31-41-1.us-east-2.compute.internal  LINUX    X86_64 Unclaimed Idle

               Machines Owner Claimed Unclaimed Matched Preempting  Drain

    X86_64/LINUX      3     0       0         3       0          0      0

          Total       3     0       0         3       0          0      0
[ec2-user@ip-172-31-41-1 ~]$
```

HTCondor 클러스터의 슬롯이 총 3개로 확장되었음을 확인할 수 있다. HTCondor 슬레이브 이미지를 생성하고 이 이미지를 통해서 생성된 인스턴스가 정상적으로 실행되었고 인스턴스내에 설치된 HTCondor가 인스턴스 실행 시 자동으로 실행되어 HTCondor 클러스터에 정상적으로 조인되었다. 우리는 이와 같이 AWS 콘솔 웹 GUI를 이용하지 않고 프로그램을 작성하여 HTCondor 클러스터의 크기를 상황에 맞게 동적으로 확장할 수 있다.

9.4.4 인스턴스 중지

프로그램 툴을 통해서 인스턴스를 실행하고 이미지를 통해 인스턴스를 생성하는 것을 알아보았다. 이제 HTCondor 클러스터의 규모를 축소하기 위해서 인스턴스를 중지해보자. EC2의 자원이 계속 실행중이라면 과금 정책에 따라 비용이 발생하게 된다. 따라서 유휴상태인 인스턴스는 잠시 중지했다가 필요에 따라 실행하는 것이 바람직하다.

프로그램 툴에서 stop instance 명령을 통해서 인스턴스를 중지시킬 수 있다. 중지시키기 위해서는 인스턴스의 ID값을 이용한다.

```
------------------------------------------------
        Amazon AWS Control Panel using SDK
------------------------------------------------
   1. list instance        2. available zones
   3. start instance       4. available regions
   5. stop instance        6. create instance
   7. reboot instance      8. list images
                          99. quit
------------------------------------------------
Enter an integer: 5
Enter instance id: i-06981ac66f87533a2
Successfully stop instance i-06981ac66f87533a2
```

HTCondor 슬레이브 이미지를 통해 생성된 인스턴스(i-06981ac66f87533a2)를 중지하였다. 인스턴스 리스트 명령을 통해서 해당 인스턴스의 상태가 변하는지 확인해본다.

```
------------------------------------------------
        Amazon AWS Control Panel using SDK
------------------------------------------------
   1. list instance        2. available zones
   3. start instance       4. available regions
   5. stop instance        6. create instance
   7. reboot instance      8. list images
                          99. quit
------------------------------------------------
Enter an integer: 1
Listing instances....
[id] i-04fd45c00c981f45e, ..., [type] t2.micro, [state]   running, ...
[id] i-06981ac66f87533a2, ..., [type] t2.micro, [state]   stopping, ...
[id] i-043c2a8bb061ea1ea, ..., [type] t2.micro, [state]   running, ...
```

인스턴스 **i-06981ac66f87533a2**가 중지상태로 전환되고 있음을 확인할 수 있다. AWS 콘솔을 통해서 해당 인스턴스의 상태가 중지상태로 변하고 있는지 확인해보자. 그림 9.24는 해당 인스턴스가 중지상태로 변하고 있음을 보여준다. 프로그램적으로 인스턴스를 중지시킬 수 있음을 확인했다.

그림 9.24 **i-06981ac66f87533a2 인스턴스 상태 변화**

인스턴스 **i-06981ac66f87533a2**가 정상적으로 중지되었다면, HTCondor 클러스터에서 분리되어야한다. 현재 총 3개의 슬롯이 존재했기 때문에 인스턴스가 중지된다면 총 2개의 슬롯이 HTCondor 클러스터의 가용 자원이 된다. HTCondor 마스터 노드에 접속하여 HTCondor 클러스터를 확인해본다. 총 2개의 슬롯으로 인스턴스 **i-06981ac66f87533a2**가 성공적으로 HTCondor 클러스터에서 분리되었음을 확인할 수 있다.

```
[ec2-user@ip-172-31-41-1 ~]$ condor_status
Name                                          OpSys     Arch    State      Activity

ip-172-31-16-234.us-east-2.compute.internal LINUX     X86_64 Unclaimed Idle
ip-172-31-41-1.us-east-2.compute.internal   LINUX     X86_64 Unclaimed Idle

              Machines Owner Claimed Unclaimed Matched Preempting  Drain

    X86_64/LINUX       2     0       0         2       0          0      0

        Total          2     0       0         2       0          0      0
[ec2-user@ip-172-31-41-1 ~]$
```

HTCondor 클러스터에 존재하는 다른 인스턴스도 종료를 해보자. stop instance 명령을 통해서 인스턴스 **i-04fd45c00c981f45e**를 다음과 같이 종료한다.

```
----------------------------------------------------------
            Amazon AWS Control Panel using SDK
----------------------------------------------------------
    1. list instance        2. available zones
    3. start instance       4. available regions
    5. stop instance        6. create instance
```

```
    7. reboot instance           8. list images
                                 99. quit
--------------------------------------------------------------
Enter an integer: 5
Enter instance id: i-04fd45c00c981f45e
Successfully stop instance i-04fd45c00c981f45e
```

list instance 명령으로 현재 인스턴스의 상태를 확인해본다. 이미지로 생성한 인스턴스는 성공적으로 중지된 상태이고 i-04fd45c00c981f45e 인스턴스는 중지상태로 상태가 변하고 있음을 확인할 수 있다.

```
--------------------------------------------------------------
           Amazon AWS Control Panel using SDK
--------------------------------------------------------------
    1. list instance            2. available zones
    3. start instance           4. available regions
    5. stop instance            6. create instance
    7. reboot instance          8. list images
                               99. quit
--------------------------------------------------------------
Enter an integer: 1
Listing instances....
[id] i-04fd45c00c981f45e, ..., [type] t2.micro, [state]   stopping, ...
[id] i-06981ac66f87533a2, ..., [type] t2.micro, [state]    stopped, ...
[id] i-043c2a8bb061ea1ea, ..., [type] t2.micro, [state]    running, ...
```

AWS 콘솔을 통해 인스턴스 상태를 확인해본다. 그림 9.25를 통해 확인할 수 있듯이 프로그램 툴을 통해 확인한 정보와 동일하게 인스턴스 i-04fd45c00c981f45e가 중지상태로 변하고 있음을 확인할 수 있다.

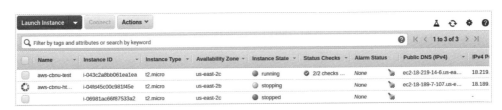

그림 9.25 **i-04fd45c00c981f45e 인스턴스 상태 변화**

최종적으로 HTCondor 클러스터의 상태를 확인해본다. 총 2개의 슬롯이 이전 상태에서 가용 자원이었기 때문에 인스턴스 i-04fd45c00c981f45e가 성공적으로 중지되었다면 1개의 슬롯만이 가용 자원으로 HTCondor 클러스터에 보여야 한다.

```
[ec2-user@ip-172-31-41-1 ~]$ condor_status
Name                                       OpSys      Arch    State      Activity

ip-172-31-41-1.us-east-2.compute.internal LINUX      X86_64 Unclaimed Idle

                Machines Owner Claimed Unclaimed Matched Preempting  Drain

    X86_64/LINUX        1     0       0         1       0          0      0

          Total         1     0       0         1       0          0      0
[ec2-user@ip-172-31-41-1 ~]$
```

HTCondor 마스터 노드에 접근하여 확인할 수 있듯이 정상적으로 해당 인스턴스가 종료되어 HTCondor 클러스터에서 분리되었음을 확인할 수 있다. 동적 자원 관리 프로그램 툴을 통해서 프로그램적으로 인스턴스를 종료할 수 있음을 확인할 수 있다.

9.4.5 인스턴스 재시작

이제 인스턴스를 프로그램 툴을 이용하여 **재부팅**해보자. list instance 명령으로 현재 인스턴스의 상태를 확인해본다. 인스턴스 i-043c2a8bb061ea1ea 1개만 동작 중이다. 해당 인스턴스는 HTCondor 마스터 노드 인스턴스이다.

```
-----------------------------------------------------------
            Amazon AWS Control Panel using SDK
-----------------------------------------------------------
   1. list instance          2. available zones
   3. start instance         4. available regions
   5. stop instance          6. create instance
   7. reboot instance        8. list images
                            99. quit

-----------------------------------------------------------
Enter an integer: 1
Listing instances....
[id] i-04fd45c00c981f45e, ..., [type] t2.micro, [state]     stopped, ...
[id] i-06981ac66f87533a2, ..., [type] t2.micro, [state]     stopped, ...
[id] i-043c2a8bb061ea1ea, ..., [type] t2.micro, [state]     running, ...
```

reboot instance 명령을 통해서 인스턴스 i-043c2a8bb061ea1ea를 재부팅한다.

```
----------------------------------------------------------------
                Amazon AWS Control Panel using SDK
----------------------------------------------------------------
    1. list instance          2. available zones
    3. start instance         4. available regions
    5. stop instance          6. create instance
    7. reboot instance        8. list images
                             99. quit
----------------------------------------------------------------
Enter an integer: 7
Enter instance id: i-043c2a8bb061ea1ea
Rebooting .... i-043c2a8bb061ea1ea
Successfully rebooted instance i-043c2a8bb061ea1ea
```

인스턴스 **i-043c2a8bb061ea1ea**가 재부팅된다면, SSH 연결로 해당 노드에 접속되어 있을 경우 모든 연결은 끊어지게 될 것이다. 다음은 인스턴스 **i-043c2a8bb061ea1ea**가 재부팅될 때 SSH 연결이 끊어지는 것을 보여준다. 해당 인스턴스가 재실행되고 다시 SSH를 통해 접속할 수 있음을 보여준다.

```
[ec2-user@ip-172-31-41-1 ~]$ Connection to ec2-18-221-234-224.us-east-2.compute.amazonaws.com
 closed by remote host.      # connection closed by AWS
Connection to ec2-18-221-234-224.us-east-2.compute.amazonaws.com closed.
rsyoung@kant:~$
rsyoung@kant:~$ ssh -i ".ssh/cloud-test.pem" \
              ec2-user@ec2-18-221-234-224.us-east-2.compute.amazonaws.com
...

     __|  __|_  )
     _|  (     /   Amazon Linux 2 AMI
    ___|\___|___|

https://aws.amazon.com/amazon-linux-2/
15 package(s) needed for security, out of 29 available
Run "sudo yum update" to apply all updates.
[ec2-user@ip-172-31-41-1 ~]$
```

9.4.6 가용 리전 및 존

AWS는 **리전**region과 **존**zone의 개념을 도입하고 있다. 리전은 물리적으로 데이터 센터가 존재하는 곳을 의미하고 여러 개의 물리적인 데이터 센터의 클러스터를 의미한다. 반면 존은 논리적 데이터 센터의 그룹이다. AWS EC2에서 인스턴스를 생성할 때 지정된 리전과 존에서 사용자의 인스턴스가 생성된다.

프로그램 툴을 통해서 리전 정보와 존 정보를 확인할 수 있다. available zones 명령으로 AWS의 존 정보를 확인할 수 있다.

```
-------------------------------------------------------
          Amazon AWS Control Panel using SDK
-------------------------------------------------------
   1. list instance          2. available zones
   3. start instance         4. available regions
   5. stop instance          6. create instance
   7. reboot instance        8. list images
                            99. quit
-------------------------------------------------------
Enter an integer: 2
Available zones....
[id] use2-az1, [region]      us-east-2, [zone]      us-east-2a
[id] use2-az2, [region]      us-east-2, [zone]      us-east-2b
[id] use2-az3, [region]      us-east-2, [zone]      us-east-2c
You have access to 3 Availability Zones.
```

총 3개의 가용한 존을 확인할 수 있다. available regions 명령을 통해 리전 정보를 확인해보자.

```
-------------------------------------------------------
          Amazon AWS Control Panel using SDK
-------------------------------------------------------
   1. list instance          2. available zones
   3. start instance         4. available regions
   5. stop instance          6. create instance
   7. reboot instance        8. list images
                            99. quit
-------------------------------------------------------
Enter an integer: 4
Available regions ....
[region]     eu-north-1, [endpoint] ec2.eu-north-1.amazonaws.com
[region]     ap-south-1, [endpoint] ec2.ap-south-1.amazonaws.com
[region]      eu-west-3, [endpoint] ec2.eu-west-3.amazonaws.com
...
```

많은 리전이 검색됨을 알 수 있다. 그림 9.26은 North America에 위치한 **리전맵**region map을 보여준다.[5]

---

5   아마존은 전 세계에 수십 개의 데이터 센터를 운영하고 있다. AWS를 이용하는 사용자를 위치를 기준으로 가장 가까운 곳에 위치한 데이터 센터에서 자원을 제공해준다.

그림 9.26 **North America Regions과 Edge Locations**

9.5 동적 관리 툴 만들기

지금까지 프로그램 툴을 이용하여 AWS EC2상의 가상머신을 생성, 중지, 실행하는 것을 살펴보았다. 이처럼 우리는 AWS 콘솔 GUI를 이용하지 않고 프로그램적으로 가상머신을 얼마든지 핸들링 할 수 있다. 즉 필요한 만큼의 가상머신을 동적으로 생성할 수 있고 중지시키거나 삭제할 수 있어 거대한 컴퓨팅 자원이 필요할 경우 클라우드 환경을 프로그램으로 제어할 수 있다.

이제 AWS에서 제공하는 라이브러리를 이용하여 프로그램 툴을 개발하는 방법에 대해서 살펴볼 것이다. AWS는 C++, GO, Java, Python, Ruby 등 다양한 프로그래밍 언어용 **SDK**software development kit을 제공하고 있다. 우리는 Java SDK 라이브러리를 이용하여 프로그램 툴을 만들어볼 것이다.

AWS 크리덴셜credentials과 **리전**region에 대한 정보를 설정해야 한다. 크리덴셜은 AWS EC2에 접근하기 위한 ACCESS KEY와 SECRET KEY에 대한 정보를 담고 있고 리전은 EC2의 인스턴스가 생성될 위치에 대한 정보를 담고 있다. 리전 정보는 AWS 콘솔에서 확인 가능하다(그림 9.27). 리전은 us-east-1(❶ → ❷)임을 확인할 수 있다.

그림 9.27 **AWS 콘솔에서 리진 정보 확인**

다음으로 크리덴셜을 확인해보자. 계정 메뉴(**❶**)를 선택하면 [**Security credentials**] 메뉴(**❷**)를 선택한다(그림 9.28).

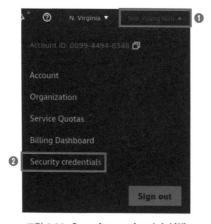

그림 9.28 **Security credential 선택**

[**Access keys**] 메뉴(**❶**)를 선택하여 [**access key**]와 [**secret access key**]를 확인한다. 키가 존재하지 않을 경우, [**Create New Access Key**](**❷**)을 클릭하여 키를 생성한다(그림 9.29).

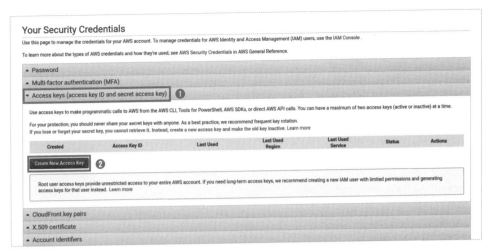

그림 9.29 ACCESS Key 다운로드

키생성이 성공적으로 완료되었다는 메시지를 표출해준다(그림 9.30). **[Show Access](❶)**를 선택하여 생성된 Access Key와 Security Access Key를 확인한다. 파일로도 다운로드할 수 있는데, **[Download Key File](❷)**을 선택하면 rootkey.csv 파일로 로컬 컴퓨터에 저장된다.

크리덴셜 정보(Access Key와 Security Access Key)를 확인했다면, AWS에 프로그램적으로 접근하기 위해 설정파일을 생성해야 한다. 크리덴셜과 리전 두 정보는 .aws 디렉터리에 credentials 파일과 config 파일로 저장된다.

그림 9.30 ACCESS Key 생성

다음과 같이 파일들을 생성하여 개인 계정의 정보로 값을 설정한다. 본인 계정상의 Access Key와 Security Access Key를 credentials 파일에 기술하고 리전 정보를 config 파일에 기술한다. 특히 Access Key와 Security Access Key는 외부에 노출되지 않도록 해야 한다. 특히 GitHub 등에 올려서 관리해서는 안 된다. 노출된 키를 이용하여 타인이 가상머신을 생성하게 되면 과금 정책에 따라 과도

한 비용이 발생할 수 있어 각별히 주의해야 한다.

```
rsyoung@kant:~$ ls -l .aws/
-rw-r--r-- 1 rsyoung rsyoung  29 Oct 3 11:27 config
-rw-r--r-- 1 rsyoung rsyoung 117 Oct 3 04:14 credentials
rsyoung@kant:~$
rsyoung@kant:~$ cat .aws/config
[default]
region = us-east-2
rsyoung@kant:~$
rsyoung@kant:~$ cat .aws/credentials
[default]
aws_access_key_id = AKI***************
aws_secret_access_key = KR********************************
rsyoung@kant:~$
```

AWS 동적 관리 프로그램은 Java를 기반으로 만들어진 프로그램이다. 따라서 사용할 Java 라이브러리를 확인해보자. Java 라이브러리 중 version 1.1을 사용하는데 관련 문서는 다음과 같다.

- AWS SDK for Java Developer Guide (version 1.1)[6]
- AWS SDK for Java API Reference - 1.11.644[7]

프로그램 툴을 개발하기 위해 필요한 Java 라이브러리를 libs 디렉터리에 설치해야 한다. Java SDK 라이브러리를 AWS 웹에서 다운로드할 수 있지만, 프로그램 개발에 필요한 라이브러리를 압축 파일로 제공하는 https://bit.ly/3MPfP9h에서 다운로드한다. 단순하게 압축 파일을 풀어서 사용할 수 있다.

```
rsyoung@kant:/sync/data/labspace/aws-project$ tree libs
libs
├── awssdk
│   ├── aws-java-sdk-1.11.643.jar
│   ├── aws-java-sdk-1.11.643-javadoc.jar
│   └── aws-java-sdk-1.11.643-sources.jar
├── etclib
│   ├── joda-time-2.0.jar
│   └── org-apache-commons-logging.jar
├── http
│   ├── commons-codec-1.11.jar
```

---

6 https://docs.aws.amazon.com/sdk-for-java/v1/developer-guide/welcome.html

7 https://docs.aws.amazon.com/AWSJavaSDK/latest/javadoc/index.html

```
|      ├──── commons-logging-1.2.jar
|      ├──── fluent-hc-4.5.10.jar
|      ├──── httpclient-4.5.10.jar
|      ├──── httpclient-cache-4.5.10.jar
|      ├──── httpclient-osgi-4.5.10.jar
|      ├──── httpclient-win-4.5.10.jar
|      ├──── httpcore-4.4.12.jar
|      ├──── httpmime-4.5.10.jar
|      ├──── jna-4.5.2.jar
|      └──── jna-platform-4.5.2.jar
└──── jackson
       ├──── jackson-annotations-2.10.0.pr3.jar
       ├──── jackson-core-2.10.0.pr3.jar
       └──── jackson-databind-2.10.0.pr3.jar

4 directories, 19 files
rsyoung@kant:/sync/data/labspace/aws-project$
```

Java 프로그램을 실행할 때는 라이브러리가 존재하는 곳의 위치를 클래스 패스class path로 지정해야 한다. 터미널 환경에서 프로그램 툴을 실행할 경우 -cp 옵션을 이용하여 라이브러리가 포함되도록 한다(그림 9.31).

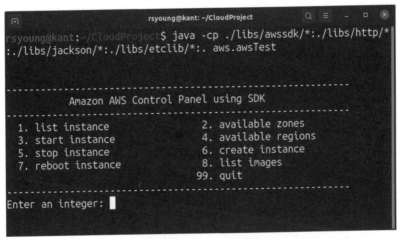

그림 9.31 **터미널에서 Java 라이브러리를 포함한 프로그램 툴 실행**

프로그램 툴 awsTest.java 파일의 코드를 살펴보도록 하자. 지면상 코드 일부만 수록했다. AWS에서 제공하는 Java API를 직접 사용하고 API에 대한 설명은 AWS 웹페이지에 자세한 설명과 예제가 제시되어 있어 여기에서는 코드를 자세하게 설명하지는 않는다. 프로그램의 전체적인 구조가 어떻게 되는지 먼저 파악하는 것이 중요하고 실제 동작하는 결과를 경험하는 것이 무엇보다 중요하다.

awsTest.java는 https://shorturl.at/bhRX1에서 다운로드할 수 있다.

main 함수는 프로그램 툴의 시작 포인트이다. 가장 먼저 init 함수를 호출하여 크리덴셜 정보를 읽어오고 리전을 설정한다. System.out.print("Enter an integer: "); 행에서 번호를 입력받아 이후 switch 블록에서 입력받은 메뉴에 해당하는 함수를 호출하여 실행하는 구조이다.

```java
package aws;

/*
* Cloud Computing
*
* Dynamic Resource Management Tool
* using AWS Java SDK Library
*
*/
import java.util.Iterator;
...
public class awsTest {

    static AmazonEC2      ec2;

    private static void init() throws Exception {

        ProfileCredentialsProvider credentialsProvider = new ProfileCredentialsProvider();
        try {
            credentialsProvider.getCredentials();
        } catch (Exception e) {
            throw new AmazonClientException(
                    "Cannot load the credentials from the credential profiles file. " +
                    "Please make sure that your credentials file is at the correct " +
                    "location (~/.aws/credentials), and is in valid format.",
                    e);
        }
        ec2 = AmazonEC2ClientBuilder.standard()
            .withCredentials(credentialsProvider)
            .withRegion("us-east-1")     /* check the region at AWS console */
            .build();
    }

    public static void main(String[] args) throws Exception {

        init();

        Scanner menu = new Scanner(System.in);
        Scanner id_string = new Scanner(System.in);
```

```java
    int number = 0;

    while(true)
    {
        System.out.println("                                                                ");
        System.out.println("                                                                ");
        System.out.println("----------------------------------------------------------------");
        System.out.println("                 Amazon AWS Control Panel using SDK             ");
        System.out.println("----------------------------------------------------------------");
        System.out.println("  1. list instance                2. available zones            ");
...
        System.out.println("                                  99. quit                      ");
        System.out.println("----------------------------------------------------------------");

        System.out.print("Enter an integer: ");

        if(menu.hasNextInt()){
            number = menu.nextInt();
        }else {
            System.out.println("concentration!");
            break;
        }


        String instance_id = "";

        switch(number) {
        case 1:
            listInstances();
            break;
...
```

연습문제

1. Java 이외에 AWS에서 제공하는 API를 이용하여 동적 관리 프로그램 툴을 구현해보라.

2. 웹 기반의 HTCondor 클러스터의 동적 자원 관리 프로그램 툴을 구현해보라.

3. condor_status 명령을 프로그램 툴에서 직접 실행시킬 수 있도록 변경하라.

4. HTCondor Cluster에 작업을 제출하여 정상적으로 수행되는지 확인하라. 문제가 있다면, 어떤 문제가 있는지 설명하고 해결법을 제시하라.

5. 동적 자원 관리 프로그램 툴에 AWS에서 제공하는 API를 이용하여 추가적인 기능을 구현하라.

6. AWS에서 제공하는 Java SDK의 최신 버전을 이용하여 프로그램을 재작성해보라. 프로그램이 얼마나 단순해졌는지 설명하라.

7. AWS에서 제공하는 AWS SDK와 지원하는 프로그래밍 언어를 조사하라.

8. 구글 클라우드에서 제공하는 SDK를 이용하여 가상머신을 제어하는 프로그램을 작성하라.

9. 마이크로소프트 Azure에서 제공하는 SDK를 이용하여 가상머신을 제어하는 프로그램을 작성하라.

10. 하이브리드 클라우드를 활용할 경우 awsTest.java를 구조적으로 어떻게 변경할 수 있는지 설명해보라.

11. 두 개 이상의 퍼블릭 클라우드의 가상머신을 제어할 수 있는 프로그램 툴을 작성하라.

12. 가상머신을 제어할 수 있는 API를 제공하는 국내 클라우드 서비스 제공자에 대해 조사하고 내용을 요약하라.

가상화 기술

10

가상화 기술 개념

가상화 기술virtualization technology은 클라우드 컴퓨팅의 핵심 기술이다. 컴퓨팅 자원의 활용성을 높이는 기술은 그리드 컴퓨팅과 같이 다양한 방법들이 제시되었지만, 가상화 기술을 기반으로 한 컴퓨팅 자원 효율성과 서비스의 안정성은 단연 비교가 불가할 정도이다. 이번 장에서는 가상화의 기본 개념, 가상화 소프트웨어인 하이퍼바이저에 대해서 알아보고 가상화의 종류에 대해서 살펴본다.

10.1 가상화의 기본 개념

가상화에 대해 **위키피디아**에서는 다음과 같이 설명한다.[1]

> 가상화는 컴퓨터에서 컴퓨터 리소스의 추상화를 일컫는 광범위한 용어이다. '물리적인 컴퓨터 리소스의 특징을 다른 시스템, 응용 프로그램, 최종 사용자들이 리소스와 상호 작용하는 방식으로부터 감추는 기술'로 정의할 수 있다.

가상화의 핵심은 실제 존재하지 않는 하드웨어 플랫폼, 운영체제, 스토리지나 네트워크 리소스들을 가상적으로 제공한다는 것이다. 가상화에 대한 용어가 많이 사용되고 있지만, 이를 설명하는 방식은 기준을 어디에 두고 설명하는가에 따라 같은 용어라도 다르게 설명되는 경향이 있다.

---

1 http://en.wikipedia.org/wiki/Virtualization

10.1.1 가상화의 정의

어떤 시스템을 가상화한다는 것은 가상시스템이 호스트 시스템에서 우리가 기대하는 방식으로 동작되는 것이다. 따라서 가상화는 가상시스템에서 일어나는 **동작**operation을 호스트 시스템으로 매핑시키는 **함수**function로 설명할 수 있다(그림 10.1).[2]

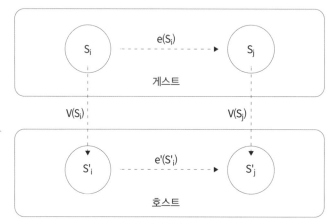

그림 10.1 **가상화의 논리적 개념**

가상화된 게스트 시스템virtualized guest system의 상태 S_i가 이벤트 e에 의해 상태 S_j로 **상태전이**state transition는 호스트 시스템의 상태 S'_i에서 이벤트 e'에 의한 S'_j로의 상태전이가 이루어진 것으로 설명될 수 있다. 따라서, 가상화라는 것은 게스트 시스템의 상태 S_i, S_j를 호스트 시스템의 상태 S'_i, S'_j로 매핑해주는 함수 V로 설명될 수 있다. 여기에서 함수 V는 $V(S_i) \rightarrow S'_i$, $V(S_j) \rightarrow S'_j$로 정의된다.

10.1.2 가상화 대상 시스템

게스트 시스템을 호스트 시스템으로 매핑하는 함수 V를 구현하는 방식에 따라 다양한 형태의 가상화를 정의할 수 있을 것이다. 그렇다면 가상화의 대상이 되는 시스템은 어떻게 될까? 가상화의 대상을 **ABI**application binary interface[3] 레벨에서의 시스템과 **ISA**instruction set architecture 레벨에서의 시스템으로 생각해볼 수 있다. 이렇게 구분을 했을 때 결국 가상화의 대상이 되는 시스템은 2가지이므로, 최상위 레벨에서의 가상화 타입 또한 2가지가 된다(그림 10.2).

---

2   Virtual Machines - versatile platforms for systems and processes
3   ABI는 System Call과 User Level ISA에 대한 인터페이스이다.

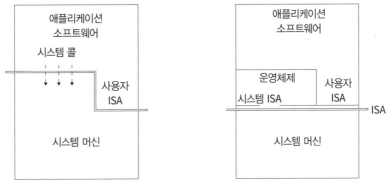

그림 10.2 **ABI 레벨 및 ISA 레벨 시스템**

ABI 레벨 가상화는 소프트웨어 애플리케이션 관점에서 시스템이 가상화된 것으로 이를 **프로세스 가 상머신**process virtual machine으로 부른다. 프로세스 가상머신의 대표적인 예로 **JVM**java virtual machine 을 들 수가 있다. 자바 애플리케이션은 JVM만 있으면 시스템이 무엇이든 간에 동작할 수 있다. 특히 우리는 이러한 형태의 가상머신을 **런타임**runtime이라 한다(그림 10.3).

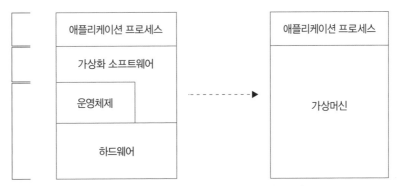

그림 10.3 **ABI 레벨의 가상화: 프로세스 가상머신(런타임)**

반면, ISA 레벨 가상화는 하드웨어 **명령어 집합**instruction set에 대해 가상화를 한 것으로 이를 시스템 **가상머신**system virtual machine이라 한다. 시스템 가상머신은 하드웨어 시스템과 일반적인 소프트웨어 사이에 놓인다(그림 10.4). 또한 시스템 가상머신을 **가상머신 모니터**virtual machine monitor, VMM로 부르 기도 하는데, 이는 가상머신에 대한 개념이 처음 소개된 1960년대 후반에 처음으로 VMM에 대한 용 어가 사용되었기 때문이다.[4]

---

4 IBM은 System/360 Model 67 메인 프레임을 개발하면서, 1960년대에 이미 가상화의 중요성을 인식했다. Model 67은 virtual machine monitor(VMM)를 통해 모든 하드웨어 인터페이스들을 가상화했다. 초기 컴퓨팅 시절에 이 OS는 슈퍼바이저(supervisor)로 불렸다. 다른 OS 상에서 OS들을 실행할 수 있는 기능을 겸비하면서 하이퍼바이저(hypervisor)라는 이름도 얻게 되었다. 이 용어는 1970년대에 만들어졌다.

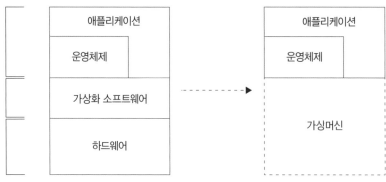

10.1.3 프로세스 가상머신

프로세스 가상머신은 ABI를 가상한 것으로 총 4가지 타입으로 구분된다.

1. **Multiprogramed System: 단일 프로세스**single process가 마치 전체 시스템을 독점하여 쓰고 있는 것처럼 보이게 한다는 관점에서 프로세스 가상화에 속한다.

2. **Emulator:** 프로세스 가상머신에서의 **에뮬레이터**emulator는 User ISA만을 에뮬레이션하는 것으로, **인터프리터**interpreter 방식과 **바이너리 트랜슬레이터**binary translator 방식으로 구분된다. 인터프리터 방식은 바이너리 인스트럭션을 하나하나 해석하여 수행하는 반면 바이너리 트랜슬레이터의 경우는 소스 인스트럭션을 블록 단위로 **타깃 인스트럭션**target instruction으로 변환하여 수행시간을 단축시키는 방법이다. 스크립트언어와 C/C++ 언어로 만들어진 애플리케이션을 실행하는 차이로 이해하면 된다. 인터프리터 방식은 **스타트업 시간**startup time에 대한 오버헤드가 없는 반면 전체적인 속도면에서 늦고 바이너리 트랜슬레이터 방식의 경우 스타트업에 대한 오버헤드는 존재하지만 시스템 전체적으로 시간을 단축시킬 수 있는 장점이 있다. 바이너리 트랜슬레이터의 경우는 **Dynamic Binary Translator**라고 불리기도 한다.

3. **Same ISA Binary Optimizer:** 바이너리 트랜슬레이터가 다른 ISA를 가진 인스트럭션을 처리하는 것이 아닌 게스트와 호스트가 동일한 ISA를 사용할 경우, **최적화**optimization하여 사용하는 형태이다.

4. **High Level Language Virtual Machines: 고수준 언어 가상머신**high level language virtual machine은 지금까지 소개된 3개의 프로세스 가상머신과 유사하지만, 다른 프로세스 가상머신과 다르게 하드웨어와 운영체제와의 의존 관계를 최소화하는 것에 중점을 두고 있다. 대표적인 예로 Java Virtual Machine을 들 수 있다.

이렇게 4가지 타입으로 구분된 프로세스 가상머신은 다시 동일한 ISA를 사용하는지 여부에 따라 그루핑이 가능하다.

- **동일한 ISA**: Multiprogramed System, Same ISA Binary Optimizer
- **다른 ISA**: Dynamic Translator, High Level Language Virtual Machine

10.2 하이퍼바이저

하이퍼바이저hypervisor는 단순하게 **가상화 소프트웨어**virtualization software로 정의할 수 있다. 하이퍼바이저는 **가상머신 모니터**virtual machine monitor와 동일하게 사용된다. 하이퍼바이저는 **호스트머신** host machine으로 불리는 물리시스템에 설치되어 가상머신을 생성하고 관리할 수 있다. 이때 호스트머신에서 동작하는 가상머신을 **게스트머신**guest machine이라고 한다.

하이퍼바이저는 크게 타입 1, 타입 2로 구분할 수 있는데, 가장 핵심적인 차이점은 하이퍼바이저가 물리시스템의 직접 설치되는지 아니면 물리시스템의 운영체제 위에서 설치되는지에 따라 구분한다.

10.2.1 타입 1 하이퍼바이저

타입 1 하이퍼바이저는 물리시스템 하드웨어에 직접 설치되어 실행되고 가상머신를 관리한다. 이러한 이유로 타입 1 하이퍼바이저를 **베어 메탈**bare metal 하이퍼바이저라고 한다. 대표적인 타입 1 하이퍼바이저로는 KVM과 Xen이 있으며, 실제 타입 1 하이퍼바이저는 물리시스템의 운영체제 역할을 하기 때문에 별도의 운영체제가 필요없다.

타입 1 하이퍼바이저는 대규모의 클라우드 컴퓨팅 서비스를 위해 도입된다. 일반적으로 클라우드 서비스를 제공하는 데이터 센터에서 구축되는 시스템에는 타입 1 하이퍼바이저가 설치되어 운영된다. 클라우드 서비스의 신속한 확장과 축소가 가능해야 하기 때문에 대규모의 컴퓨팅 인프라에 설치되는 타입 1 하이퍼바이저는 **확장성**scalibility이 충분히 기술적으로 보장되어야 한다.

호스트머신에 직접 설치되기 때문에 타입 1 하이퍼바이저는 가상머신과 호스트머신 간 빠른 통신이 가능하도록 해야 한다. 즉, 불필요한 오버헤드를 최소화하여 가상머신에서 동작하는 애플리케이션의 실행속도가 호스트머신에 직접 설치되어 운영되는 성능과 근접한 결과를 만들어 낸다. 타입 1 하이퍼바이저는 Xen, XCP-ng, Oracle VM Server for SPARC, Oracle VM Server for x86, Microsoft

Hyper-V, Xbox, One System Software, VMWare ESX/ESXi, KVM 등이 있다(그림 10.5).[5]

그림 10.5 **타입 1 하이퍼바이저**

타입 1 하이퍼바이저의 경우 물리시스템이 하드웨어적으로 가상화를 지원해야 한다. 물리시스템의
CPU가 인텔의 경우 VT-x, AMD의 경우 AMD-V가 지원되는지 여부를 확인해야 한다. 리눅스 환경
에서 CPU 아키텍처에 대한 정보를 확인하는 명령어인 lscpu를 통해서 다음과 같이 확인할 수 있다.

```
rsyoung@kant:~$ lscpu ¦ grep Virtualization
Virtualization:              VT-x
rsyoung@kant:~$
```

현재 시스템이 인텔 CPU이기 때문에 VT-x가 표시된 것을 확인할 수 있다. 만약 시스템이 AMD
CPU를 사용한다면 AMD-V가 표시된다. 또 다른 방법으로는 /proc/cpuinfo를 통해서도 확인할 수
있다.

```
rsyoung@kant:~$ grep -E '(vmx¦svm)' /proc/cpuinfo
flags          : fpu vme de pse tsc msr pae mce cx8 apic sep mtrr
...
dtes64 monitor ds_cpl vmx smx est tm2 ssse3 sdbg fma cx16
...
```

---

5 https://www.techinformant.in/hypervisors-comparison-virtualization-introduction/

현재 시스템이 인텔 CPU를 사용하기 때문에 vmx **플래그**flag가 검색되는 것을 확인할 수 있다.[6] 만약 AMD CPU라면 svm 플래그가 검색된다.[7]

10.2.2 타입 2 하이퍼바이저

타입 2 하이퍼바이저는 호스트머신의 운영체제 위에서 마치 애플리케이션처럼 설치된다. 이러한 특성 때문에 타입 2 하이퍼바이저는 가상머신을 단일 물리시스템에 설치하고 운영하는 데 있어 편리성을 제공한다. 타입 1과 동일하게 타입 2도 여러 가상머신을 생성하고 관리할 수 있다. 다만, 중간에 호스트머신의 운영체제가 동작하고 있기 때문에 호스트머신의 하드웨어를 직접 접근할 수는 없다. 따라서, 타입 2가 간편한 하이퍼바이저이긴 하지만, 타입 1 하이퍼바이저에 비해 오버헤드가 더 많이 발생할 수밖에 없는 구조이다.

타입 2 하이퍼바이저로는 VMWare Workstation, VMWare Player, VirtualBox, Parallels Desktop for Mac, QEMU, KVM 등이 있다(그림 10.6).[8]

그림 10.6 **타입 2 하이퍼바이저**

여기서 한 가지 확인할 하이퍼바이저가 KVM이다. KVM은 타입 1 하이퍼바이저에도 속했다. KVM은 타입 1과 타입 2의 경계가 명확하지 않은 부분이 있다. 왜냐하면 KVM은 리눅스 커널의 모듈로 작동하기 때문에 리눅스 운영체제가 설치되고 KVM이 동작한다고 볼 수 있다. 이러한 관점에서는

---

6   vmx: Virtual Machine Extensions

7   svm: Secure Virtual Machine

8   https://www.techinformant.in/hypervisors-comparison-virtualization-introduction/

KVM은 타입 2 하이퍼바이저가 된다. 하지만, KVM 모듈이 설치된 리눅스 운영체제 자체가 타입 1 하이퍼바이저가 된다고 볼 수 있기 때문에 이 경우는 타입 1 하이퍼바이저가 된다. 위키피디아에서도 그 모호성에 대해 다음과 같이 기술하고 있다.[9]

하이퍼바이저는 2개의 타입으로 명확하게 구분되는 것은 아니다. 예를 들어, KVM과 FreeBSD 의 bhyve는 커널 모듈로 호스트 운영체제를 타입 1 하이퍼바이저로 변환시킨다. 동시에 리눅스 배포판과 FreeBSD는 범용 운영체제이기 때문에 KVM과 bhyve도 타입 2 하이퍼바이저로 분류 될 수 있다.

10.2.3 대표적인 하이퍼바이저

공개 소프트웨어open source software 기반 하이퍼바이저인 KVM과 Xen이 대표적인 하이퍼바이저다. KVM은 리눅스 커널에 KVM 모듈이 설치되면서 리눅스 자체가 타입 1 하이퍼바이저가 되는 구조이 다. KVM에서 I/O 에뮬레이션은 **QEMU**quick emulator[10]을 사용한다. 에뮬레이션은 이기종 하드웨어 에서 동작하는 하드웨어 환경을 구현하는 것으로 생각하면 된다. 예를 들어 x86환경에서 ARM 기반 의 소프트웨어를 동작시킨다고 가정하면, ARM 아키텍처용으로 컴파일된 소프트웨어가 x86 시스템 에서 동작하기 위해서는 **ARM용 명령어**instruction를 이해하고 x86 명령으로 변경해야 한다. 이 역할 을 하는 것이 바로 에뮬레이터이다. 그림 10.7은 KVM과 QEMU 기반의 하이퍼바이저를 보여준다.

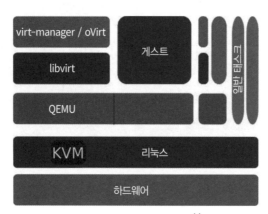

그림 10.7 **KVM Hypervisor**[11]

현재 리눅스 시스템에 KVM이 설치되어 있는지 다음과 같이 간단히 확인할 수 있다.

---

9 https://en.wikipedia.org/wiki/Hypervisor

10 https://www.qemu.org/

11 https://developers.redhat.com/blog/2015/03/24/live-migrating-qemu-kvm-virtual-machines/

```
rsyoung@kant:~$ kvm-ok
INFO: /dev/kvm exists
KVM acceleration can be used
rsyoung@kant:~$
```

KVM과 더불어 대표적인 하이퍼바이저가 Xen이다. Xen은 케임브리지 대학의 연구 프로젝트로 시작했다.[12] Xen은 Intel IA-32/64, x86_64, PowerPC, ARM, MIPS 등의 아키텍처를 지원한다. Xen은 초기에 대표적인 **반가상화**paravirtualizaiton 하이퍼바이저였지만, 지금은 **전가상화**full virtualization와 하드웨어 지원을 받는 타입 1 하이퍼바이저다. Xen은 **도메인**domain이라는 개념을 도입하는데, 실제 도메인은 Xen에서의 가상머신이다. 도메인은 2가지로 다음과 같이 구분된다.

- **특권 도메인(Dom 0):** 물리시스템의 **장치**device에 접근이 가능한 **특권**privilege을 갖는 가상머신
- **게스트 도메인(Dom U):** 특권을 갖지 못한 일반 가상머신

Xen은 CPU, 메모리, **인터럽트**interrupt는 직접 처리하지만, **디바이스**device에 대한 처리는 장치를 관리하는 **특권 도메인(Dom 0)**이 처리한다. 리눅스와 같은 운영체제의 커널의 기능을 사용하기 위해서는 애플리케이션은 커널이 제공하는 **시스템 콜**system call을 호출해야 한다. 동일한 개념으로 특권 도메인은 Xen 하이퍼바이저에게 **하이퍼 콜**hypercall을 통해 하이퍼바이저의 장치에 접근할 수 있는 기능을 요청한다(그림 10.8).[13]

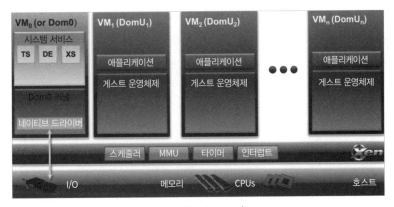

그림 10.8 **Xen Hypervisor**

---

12 https://xenproject.org/

13 https://wiki.xenproject.org/wiki/Xen_Project_Software_Overview

10.2.4 하이퍼바이저의 라이프 사이클

하이퍼바이저를 **VMM**virtual machine monitor라고 하고 단순하게 소프트웨어라고 했다. 인텔 VT-x 기술을 기준으로 VMM 소프트웨어의 **라이프 사이클**life cycle에 대해서 알아보자. 인텔 VT-x 기술이 적용된 CPU는 가상머신 확장 기능인 vmx 플래그가 활성화됨을 /proc/cpuinfo 파일을 통해서 확인할 수 있었다.

VMM은 VMM이 설치된 호스트머신을 일반 운영체제처럼 CPU, 하드웨어 장치들을 전적으로 통제할 수 있는 소프트웨어다. VMM은 가상머신에 **가상 프로세서**virtual processor를 제공할 수 있는데, 이렇게 물리 자원의 일부만을 제공하기 위해서 VMM은 프로세서 자원, 물리메모리, 인터럽트 관리, I/O에 대해 선택적으로 제어할 수 있는 기능이 있다.[14] VMM은 VMX의 **특권**root 모드에서 동작하고, 가상머신은 **비특권**non-root 모드에서 실행된다.

VMM이 특권 모드에서 실행되고 가상머신이 비특권 모드에서 동작되기 때문에 특권 모드에서 비특권 모드로 또는 비특권 모드에서 특권 모드로 전환은 필연적으로 발생할 수밖에 없다. 이를 VMM **트랜지션**transition이라 한다. 특히 **VM Entries**를 통해서 특권 모드에서 비특권 모드로 전환할 수 있다. VM Entries는 가상머신을 재시작하는 VMRESUME 명령어와 가상머신을 시작하는 VMLAUNCH 명령어가 있다. 가상머신은 비특권 모드에서 실행되고 VM Exit을 통해서 가상머신이 종료되고 특권 모드로 전환된다.

여러 개의 가상머신이 생성되고 실행될 때는 각각의 가상머신에 대한 상태를 추적할 필요가 있다. 가상머신의 상태에 대한 정보를 담고 있는 구조체가 있는데, 이를 **VMCS**Virtual Machine Control Structure라고 한다. VMCS 구조체는 메모리상에 존재하고 가상머신별로 각자의 VMCS 구조체가 존재한다.[15] VMCS 구조체는 VMM이 관리를 하는데, 가상머신을 동시에 여러 개를 실행할 경우, 한 번에 하나의 가상머신만 실행되므로 가상머신 간 **콘텍스트 스위칭**context switching이 발생한다. 콘텍스트 스위칭이 발생하면, 현재 동작하고 있는 가상머신의 가상 프로세서의 상태 등의 정보를 VMCS에 저장한다. VMM은 VMCS 구조체를 이용하여 실제 가상머신에 대한 제어를 하게 된다.

VMCS 구조체는 다음과 같은 6개의 논리적 그룹으로 구성되어 있다.

1. **Guest State Area**: VM Exit 때와 **VM Entries**VMLAUNCH, VMRESUME 때 **프로세서**processor의 상태를 저장

---

14 인텔 VT-x에서는 가상머신을 게스트 소프트웨어(guest software)라고 한다.

15 내부적으로는 VCPU별 VMCS 구조체가 대응되나, 가상머신 별로 VMCS 구조체가 존재한다고 단순화하였다.

2. **Host State Area**: VM Exit 때 이 영역에서 프로세서의 상태를 **로드**load

3. **VM Execution Control Fields**: VMX의 비특권 모드에서 실행되는 프로세서의 명령에 대해 컨트롤 하는 필드

4. **VM Exit Control Fields**: VM Exit을 제어하는 필드

5. **VM Entry Control Fields**: VM Entries를 제어하는 필드

6. **VM Exit Information Fields**: VM Exits의 원인에 대한 정보를 저장하는 **읽기전용**read only 필드

그림 10.9는 VMM 소프트웨어의 라이프 사이클을 보여준다.[16]

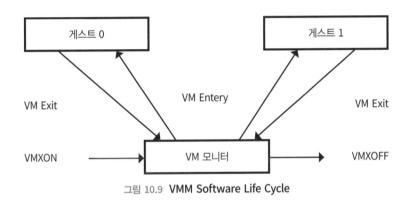

그림 10.9 **VMM Software Life Cycle**

VMM의 라이프 사이클을 요약하면 **VMXON** 명령을 통해서 VMX 명령을 실행할 수 있는 단계로 진입한다. **VM Entries 명령**VMRESUME, VMLAUNCH을 이용하여 VMM은 한 번에 하나씩 가상머신을 실행하고 VM Exit 명령을 통해서 VMX의 비특권 모드에서 **특권**root 모드로 전환된다. VMM은 VM Exit이 수행되면, 제어권을 갖고 VM Entries 명령을 통해서 종료된 해당 가상머신을 재실행할 수 있다. **VMXOFF** 명령을 통해서 VMM은 종료된다.

10.3 가상화

컴퓨팅computing에서 **가상화**virtualization라고 하는 것은 실체적인 컴퓨터 시스템의 가상 버전을 만드는 **행위**act를 의미한다. 예를 들어 컴퓨터 시스템의 가상 버전이라는 것은 컴퓨터 하드웨어, 스토리지 장치, 컴퓨터 네트워크 리소스 등이 될 수 있다. 그림 10.10은 하이퍼바이저를 통해서 가상머신이 컴퓨터 시스템의 가상 버전임을 보여준다.

---

16 https://rayanfam.com/topics/hypervisor-from-scratch-part-1/

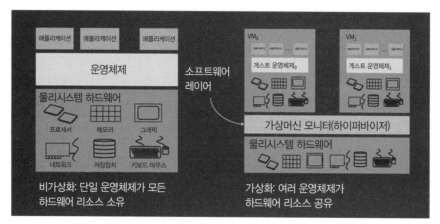

그림 10.10 **하이퍼바이저를 통한 컴퓨터 시스템의 가상화**

각각의 가상머신 내에 컴퓨터 시스템의 리소스인 스토리지 장치, 네트워크, 입출력 장치 등을 가상화하여 운영체제를 설치하고 운영체제상에서 다양한 애플리케이션이 동작한다. 하지만 여기에서 '**가상**'이라는 단어가 물리적 시스템과 무관하게 설명이 되지만, 현실에서는 그 가상머신 또한 물리적 시스템에서 동작하는 것이고 단지 가상머신은 정해진 컴퓨터 시스템을 물리시스템을 이용하여 논리적으로 생성한 것이다.

가상화는 클라우드 서비스에 핵심적 역할을 하는데, 가상화를 통해 컴퓨팅 인프라를 관리하고 서비스하는 것에 대한 장점과 단점을 다음과 같이 요약할 수 있다.

- **장점**
  - 적은 컴퓨팅 리소스 하드웨어 구매로 **비용 절감**reduced spending
  - **쉬운 백업과 재해복구**easier backup and disaster recovery
  - **중단 없는 비즈니스**better business continuity
  - **효율적인 IT운영**more efficient IT operations
- **단점**
  - 가상화 소프트웨어 및 가상화지원 하드웨어 구매로 **초기 투자 비용 발생**upfront costs
  - **소프트웨어 라이선스 비용 발생 가능**software licensing considerations
  - **초기 교육 필요**possible learning curve

컴퓨팅 인프라 운영과 서비스에 가상화를 적용하는 것이 단점도 있지만, 결과론적으로 가상화를 적용하는 것이 컴퓨팅 인프라 운영과 서비스적인 관점에서 대세가 되어가고 있다. 따라서 가상화 기술에 대한 이해를 갖추고 클라우드 서비스에 대한 실무적 능력을 갖춘 인력에 대한 수요는 앞으로도 지속될 것으로 예상된다.

10.3.1 가상화 타입

가상화 용어를 많이 사용하지만 매우 복합적으로 사용되므로, 가상화라는 큰 개념속에 세부적으로 어떤 기술들이 포함되는지 살펴볼 필요가 있다. 가상화를 컨테이너와는 구분된 기술로 나누기도 하고 컨테이너를 가상화의 일부로 보기도 하지만, 기술적인 차이점이 아니라, 가상화를 **논리적 시스템**을 생성한다는 관점에서 본다면 다음과 같이 4가지로 구분할 수 있다.

1. **전가상화**full virtualization
2. **반가상화**paravirtualizaiton
3. **하이브리드 가상화**hybrid virtualization
4. **운영체제 레벨 가상화**OS level virtualization

전가상화는 게스트 OS를 수정하지 않는다는 점에서 에뮬레이터를 포함할 수 있다. 운영체제 레벨의 가상화는 일반적으로 컨테이너라고 불린다. 그림 10.11은 가상화 타입을 트리구조로 보여준다.[17]

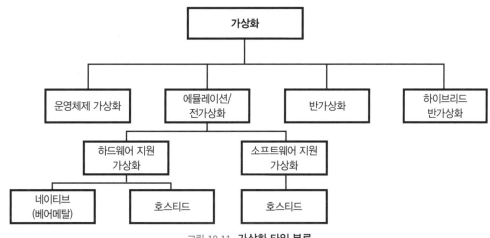

그림 10.11 **가상화 타입 분류**

전가상화는 하드웨어적 지원을 받는 전가상화와 소프트웨어로만 구현되는 전가상화 2가지로 구분된다. 하드웨어적 지원은 인텔의 VT-x 기술 또는 AMD의 AMD-V 기술이 탑재된 CPU를 통해서 가능하다. 소프트웨어적 전가상화는 **바이너리 트랜슬레이션**binary translation, 이진 변환 기법을 통해 소프

---

17 https://www.unixarena.com/2017/12/para-virtualization-full-virtualization-hardware-assisted-virtualization.html/

트웨어적으로 명령어를 처리하는 방식이다. 하드웨어가 지원하는 전가상화는 다시 **네이티브**native(bare metal) 방식과 **호스티드**hosted 방식으로 나뉘어진다. 이전에 살펴본 하이퍼바이저의 타입을 타입 1과 타입 2로 구분하였다. 타입 1이 네이티브 방식이고 타입 2가 호스티드 방식이다. 소프트웨어적 전가상화는 오직 호스티드 방식인 타입 2 하이퍼바이저만 가능하다.

가상화를 이해하기 위해서 물리시스템에서 CPU가 어떻게 동작하는지 살펴볼 필요가 있다. 그림 10.12는 가상화가 적용되지 않은 물리시스템에서 CPU에 어떤 요청을 하는 모습을 보여주는데, 사용자 프로그램은 직접 하드웨어에 요청을 할 수 있고, 운영체제 또한 하드웨어에 직접적인 요청을 할 수 있다.[18]

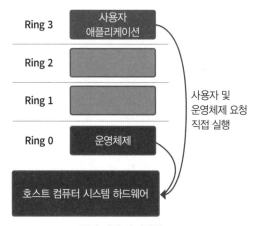

그림 10.12 x86 특권 레벨 아키텍처

x86 기반의 운영체제가 물리시스템에 직접 설치될 때 운영체제는 물리시스템의 하드웨어를 자신이 전체적으로 제어한다는 기본적인 가정을 하고 실행된다. x86 아키텍처는 Ring 0부터 Ring 3까지 4가지의 **특권 레벨**privilege level을 제공하여 사용자 프로그램과 운영체제가 컴퓨터 물리시스템에 접근하는 것을 관리한다. 사용자 프로그램은 일반적으로 Ring 3의 권한으로 실행되고 운영체제는 Ring 0에서 동작하면서 컴퓨터 시스템의 메모리와 같은 하드웨어를 직접 접근한다.

x86 기반의 시스템을 가상화 한다는 것은 운영체제 아래에 하이퍼바이저를 위치시켜 가상머신을 제어하고 가상머신에서 요청한 하드웨어 자원에 대한 접근을 관리해야 한다. 즉, 가상머신에 설치된 운영체제 보다 더 큰 특권 레벨에서 하이퍼바이저가 동작해야 하기 때문에 특권 레벨의 조정이 필요해진다. 전가상화 반가상화가 어떠한 방식으로 특권 레벨을 조정하여 가상화하는지 살펴보도록 하자.

---

18 https://www.vmware.com/content/dam/digitalmarketing/vmware/en/pdf/techpaper/VMware_paravirtualization.pdf

10.3.2 전가상화

전가상화full virtualization와 **반가상화**paravirtualization는 **가상머신에 설치되는 게스트 OS가 수정**되는지 여부로 구분된다. 전가상화는 게스트 OS의 변경없이 가상머신에 탑재되어 완전히 독립되어 **분리된** isolated 상태로 동작한다.

전가상화는 전체 하드웨어를 가상화하기 때문에 게스트 OS가 자신이 가상화 환경에서 동작하는지 모르는 상태이다. 따라서 전가상화 환경에서 동작하는 게스트 OS는 자신이 물리시스템에서 동작하는 것과 동일하게 하드웨어와 관련된 명령어를 직접 요청하게 된다. 이 때문에 게스트 OS가 하드웨어에 직접 요청하는 명령을 하이퍼바이저가 적절하게 수행해줘야 한다. 전가상화를 구현하는 방법으로는 2가지가 있다.

1. **소프트웨어 기반의 전가상화**software assisted full virtualization
2. **하드웨어 지원 기반의 전가상화**hardware assisted full virtualization

두 방법 모두 게스트 OS가 수정될 필요가 없는 방식이다. 가상머신에 설치된 게스트 OS의 요청을 하이퍼바이저가 받아서 처리해야 하기 때문에 오버헤드가 필연적으로 발생할 수밖에 없다. 따라서 소프트웨어로 전가상화를 구현하는 것은 오버헤드 처리 또한 소프트웨어적으로 해결해야 한다. 반면, 하드웨어 지원 기반의 전가상화는 소프트웨어적으로 처리해야 할 명령을 하드웨어로 처리해 오버헤드를 줄일 수 있다.

소프트웨어 기반 전가상화와 하드웨어 지원 기반의 전가상화를 살펴보자.

소프트웨어 기반 전가상화

가상머신에 설치된 게스트 OS로부터 요청이 오면 하이퍼바이저는 요청을 소프트웨어적으로 처리하는데, 이를 **바이너리 트랜슬레이션**binary translation이라고 한다. 그림 10.13은 바이너리 트랜슬레이션을 통한 전가상화 과정을 보여준다.[19] 게스트 OS가 Ring 1로 이동하고 Ring 0에 하이퍼바이저가 위치해 있음을 확인할 수 있다. 즉, Ring 1에서 수행되는 게스트 OS의 커널 명령 중에 **가상화가 불가능한 명령**nonvirtualizable instructions을 가상화 효과를 내기 위한 **새로운 명령 셋**new sequences of instructions으로 바이너리 트랜슬레이션을 수행한다.

---

19 https://www.vmware.com/content/dam/digitalmarketing/vmware/en/pdf/techpaper/VMware_paravirtualization.pdf

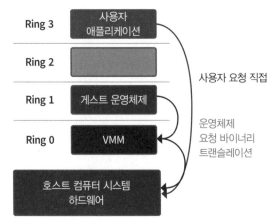

그림 10.13 바이너리 트랜슬레이션 기반 전가상화

바이너리 트랜슬레이션은 게스트 OS에서 특권 명령을 수행할 때 **트랩**이 발생하고 제어가 하이퍼바이저로 넘어간다. 이때 하이퍼바이저는 CPU가 인식할 수 있는 명령으로 변경하여 하드웨어에 전달하는 방식이다. 트랩은 특권 명령으로 실행하기 위한 여러 **이벤트**event 중 하나인데 컴퓨터 시스템에서 이벤트는 다음과 같은 3가지 종류가 있다.

1. **트랩**trap: 사용자 프로그램에서 `printf("%s\n", str);`를 호출했다고 가정해보자. 운영체제의 **쓰기 함수**write function **시스템 콜**system call을 호출하고 **표준 출력**standard output인 모니터로 출력한다. 사용자 프로그램은 모니터에 직접 쓸 수 없기 때문에 `printf()` 함수가 실행될 때 트랩이 발생하고 **트랩 핸들러**trap handler가 호출된다. 따라서, **사용자 모드**user mode에서 **커널 모드**kernel mode(특권 모드)로 전환된다. 운영체제가 쓰기 함수를 호출하여 모니터에 해당 문자열을 출력하고 커널 모드에서 사용자 모드로 제어가 이동하게 된다.

2. **인터럽트**interrupt: 트랩이 사용자 프로그램에서 발생하는 것이라면, 인터럽트는 하드웨어에서 발생하는 이벤트이다. 예를 들어, USB를 컴퓨터 시스템에 꽂을 때, NIC를 통해 패킷들을 받아들일 때, 키보드를 통해 문자를 입력할 때와 같이 장치 하드웨어가 인터럽트를 발생시킨다. 인터럽트는 **비동기적**asynchronous으로 언제든지 발생할 수 있다. 인터럽트가 발생하면 트랩 핸들러처럼 인터럽트 핸들러를 통해서 처리된다.

3. **익셉션**exception: 익셉션은 CPU에서 자동으로 발생한다. 예를 들어, 5/0과 같이 어떤 수를 **0으로 나누는 명령**divide by zero을 만났을 때 CPU가 익셉션을 발생시킨다. 익셉션은 다시 **폴트**fault와 **어보트**abort로 구분되는데, 폴트의 경우는 복구가 가능한 **에러**error에 해당하고 어보트는 복구가 불가능한 에러이다.

바이너리 트랜슬레이션은 VMWare가 개발한 방법인데, 중간에 위치한 하이퍼바이저가 CPU가 인식할 수 있는 명령으로 변경해야 하는 오버헤드가 발생하고 구현이 까다롭다는 단점이 있다. Xen이 바이너리 트랜슬레이션의 단점을 극복하고자 게스트 OS를 수정한 **하이퍼 콜**hypercall 방식을 제안하게 되는데, 게스트 OS의 수정여부에 따라 전가상화와 반가상화의 개념이 구분되게 되었다.

하드웨어 지원 기반 전가상화

소프트웨어 기반 전가상화는 바이너리 트랜슬레이션을 통해서 구현된다고 했다. 이 경우 하이퍼바이저가 소프트웨어적으로 게스트 OS가 요청한 명령을 현재 CPU에 수행할 수 있는 명령으로 변환해야 해서 오버헤드가 불가피하고 성능에 대한 문제가 발생할 수밖에 없다. 따라서 CPU 벤더들은 가상화를 지원하기 위한 새로운 기능이 탑재된 하드웨어를 출시하기 시작하였다. 하드웨어 기반 전가상화는 바이너리 트랜슬레이션을 제거하고 **가상화 기술**virtualization technology, VT이 구현된 하드웨어가 직접 수행하도록 한다. x86 아키텍처에 인텔은 VT-x로 AMD는 AMD-V 기술로 가상화 기술이 구현되어 탑재되어 있다.

그림 10.14는 하드웨어 기반 전가상화를 보여준다. 사용자 프로그램은 하드웨어에 가상화 기술을 통해 직접 요청할 수 있고 게스트 OS가 트랩을 발생시킬 때 하이퍼바이저는 바이너리 트랜슬레이션 없이 가상화 기술을 통해 하드웨어를 직접 제어한다.[20]

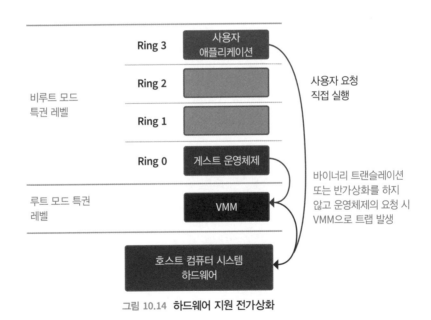

그림 10.14 **하드웨어 지원 전가상화**

---

20 https://www.vmware.com/content/dam/digitalmarketing/vmware/en/pdf/techpaper/VMware_paravirtualization.pdf

하드웨어 기반의 전가상화는 **비루트 모드**non-root mode와 **루트 모드**root mode를 구분하여 비루트 모드의 물리시스템에서와 동일하게 운영체제가 Ring 0에서 동작하도록 하고, 루트 모드에서 하이퍼바이저가 동작하도록 하여 특권 레벨을 구별하였다. VT-x나 AMD-V는 가상화 관련 새로운 명령어를 추가하여 하이퍼바이저가 Ring 0보다 높은 특권을 갖는 루트 모드에서 실행하도록 하여 특권 명령이나 **민감한 요청**sensitive call이 게스트 OS부터 발생할 때 하이퍼바이저로 트랩이 발생하여 하이퍼바이저가 처리할 수 있도록 한다. 이를 통해 궁극적으로 오버헤드가 많이 발생하는 바이너리 트랜슬레이션 과정을 제거하였다.

10.3.3 반가상화

반가상화의 영어 표현은 Paravirtualization이다. 영어 접두어 **Para**는 그리스 어원으로 **beside, with, alongside**의 뜻을 가지고 있다. 즉, 어원적 표현을 해석해보면 **alongside virtualization** 정도가 될 것이다. 게스트 OS와 하이퍼바이저간 통신방식이 바이너리 트랜슬레이션을 사용할 경우 오버헤드가 많이 발생한다고 했다. 따라서 반가상화는 소프트웨어적 전가상화의 단점을 보완하기 위해 Xen에서 고안한 가상화 방식이다. 소프트웨어적 전가상화의 오버헤드를 줄이기 위한 방식으로 반가상화의 게스트 OS는 자신이 가상화 환경에서 동작하고 있다는 것을 인지한다.

전가상화에서는 게스트 OS가 물리시스템에서 동작하는 것과 동일하게 시스템 콜을 요청하면, 하이퍼바이저가 이에 맞는 바이너리 트랜슬레이션 등을 해줘야 했지만, 반가상화에서 게스트 OS가 가상화 환경에서 동작한다는 것을 '인지한다'라는 의미는 하이퍼바이저에게 무엇을 요청할지 알고 있다는 것이다. 즉, 게스트 OS가 하이퍼바이저와 통신을 하기 위해서는 게스트 OS가 이에 맞게 **수정**modified되어야 한다. 하이퍼바이저에 요청을 하기 위한 **게스트 OS를 수정하여 하이퍼바이저와 통신할 수 있는 API가 추가된다.**

게스트 OS가 수정되기 위해서는 운영체제의 소스 코드가 공개되어야 한다. 따라서 반가상화의 게스트 OS로 리눅스 시스템이 사용되었던 것은 당연한 것이었다(그림 10.15).[21]

---

21 https://www.unixarena.com/2017/12/para-virtualization-full-virtualization-hardware-assisted-virtualization.html/

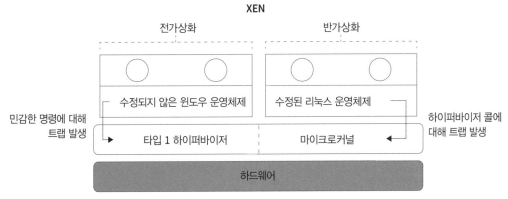

그림 10.15 **전가상화와 반가상화의 트랩이 발생하는 차이**

여기에서 소개하는 반가상화는 소프트웨어적으로 게스트 OS를 수정한 것이다. 즉, 소프트웨어적 가상화인 바이너리 트랜슬레이션의 오버헤드에 의한 성능 저하를 개선하고자 게스트 OS를 수정하여 오버헤드를 줄이는 방식이다. 반가상화는 초기의 소프트웨어 가상화의 성능을 개선하기 위해 개발된 것이다. 소프트웨어적으로만 구현된 반가상화를 **Software-Only Paravirtualization**이라고도 한다. 하지만 반가상화는 가상화를 지원하는 하드웨어에서도 동작할 수 있다. 주의할 점은 하드웨어 지원 가상화가 반드시 전가상화만을 의미하지 않는다는 것이며 전가상화와 반가상화를 구분 짓는 기준은 게스트 OS의 수정여부라는 점이 중요하다. 우리는 가상화를 전가상화, 반가상화로 크게 구분하였지만, 가상화를 전가상화, 반가상화, 하드웨어지원 가상화로 구분하기도 한다.

반가상화가 소프트웨어 기반의 전가상화보다 성능이 좋을 것이라는 것은 예상할 수 있다. 반가상화는 심지어 하드웨어 기반의 전가상화보다도 특정 애플리케이션의 경우 더 좋은 성능을 보인다. 대표적인 예가 **타이머**timer이다. 가상머신에서도 **가상시간**virtual time이 아닌 시스템의 **리얼타임**real time 정보가 필요하다. 대부분의 운영체제에서는 타이머 인터럽트에 기반하여 최신 시간 정보를 관리하고, 운영체제가 **유휴상태**idle에서도 타이머 인터럽트를 처리한다. 만약 타이머 인터럽트를 받지 못한다면, 운영체제의 시간관리에 심각한 영향을 줄 수 있다.[22]

전가상화 상황을 생각해보면, 하이퍼바이저가 지속적으로 타이머 인터럽트를 가상머신에 발생시켜야 하거나 가상머신이 스케줄러에 의해서 아이들 상태에서 **러닝**running 상태로 변경될 때 해당 가상머신의 운영체제에 타이머 인터럽트를 제공해야 한다. 이 방식은 상당한 오버헤드를 발생시키고 안정적이지도 않고 가상화의 확장성에 제약이 가해진다. 반가상화의 경우 게스트 OS를 수정할 수 있으므로 게스트 OS의 아이들 코드 블록에 하이퍼바이저에게 특정 시간 후에 타이머 인터럽트를 생성하도록

---

22 https://www.kernel.org/doc/ols/2007/ols2007v2-pages-87-96.pdf

요청하는 코드를 추가하면 된다. 게스트 OS가 러닝상태에서 시간을 재계산하면 시간정보를 최신으로 관리할 수 있다.

반가상화는 I/O 장치 핸들링이 수월하다. 컴퓨터 시스템 전체를 특히 레거시 장치, 또는 최신 장치를 가진 시스템을 소프트웨어로 에뮬레이션한다는 것은 매우 복잡하고 노동집약적인 작업이다. 반가상화는 이러한 장치를 고려하지 않기 때문에 하이퍼바이저를 좀 더 단순하게 구현할 수 있다. 게스트 OS 입장에서 보면, **블록장치**block device, **문자장치**character device, PCI 장치 등에 대한 기본적인 I/O 레이어를 지원받기 때문에 반가상화에 의한 제약사항은 제한적이다.

소프트웨어 기반의 반가상화의 단점중의 하나는 가상 CPU를 핸들링하는 방법이다. 가상 CPU는 물리 CPU와 동작하는 방식이 다를 수 있는데, 이는 가상 CPU가 하이퍼바이저에서 정의하는 방식에 따라 동작방법이 다르기 때문이다. 따라서 가상 CPU까지 리눅스 커널 내에서 핸들링하는 것은 어려운 일이다. 물리 CPU에서는 정상적으로 동작하는 커널이라 하더라도 가상 CPU에서는 다르게 동작할 수 있다. 따라서 리눅스 커널 개발자들이 이러한 상황을 모두 고려하여 가상 CPU가 정상적으로 동작하는 코드를 리눅스 커널에 작성하는 것은 불가능하고 가상 CPU와 물리 CPU에 대해 정상적으로 동작하는 코드를 보장하기도 어렵다.

x86 아키텍처에서 CPUID CPU 명령이 있는데, 프로세서에 대한 정보를 얻기 위해서 사용된다.[23] **사용자 공간**user space에서도 CPU에 정보를 얻기 위해서 호출될 수 있다. 프로세서에 대한 정보를 얻기 위해 CPUID 명령을 이용하는 사용자 프로그램이 있다고 가정하면, 이 프로그램이 가상화 환경과 비가상화 환경에서 동작하는 결과가 동일해야 할 것이다. 그러나 CPUID를 처리하는 방식이 물리 CPU와 가상 CPU가 다르다면 문제가 발생할 것이다.

10.3.4 하이브리드 가상화

하이브리드 가상화는 반가상화(소프트웨어 기반)와 하드웨어 기반 가상화를 조합한 방식이다. 하드웨어 기반의 가상화는 하이퍼바이저를 단순하게 하고 특히 운영체제의 수정이 필요치 않은 전가상화 환경에서 성능을 향상시킨다. 하지만, 하드웨어 기반의 가상화는 소프트웨어 기반의 반가상화 보다 성능이 안 좋은 경우가 있다. 이러한 경우는 일반적으로 I/O나 **메모리 집약형 작업**memory intensive workloads을 처리할 때 발생하는데, 대규모 데이터 분석을 처리하는 대형 데이터 센터 환경에서는 빈번히 발생하는 작업이다. 엔터프라이즈급의 환경에서 메모리 집약형 작업이나 I/O 집약형 작업에 대한 성능 저하 이슈는 상당한 문제가 될 수 있다.

---

23 https://en.wikipedia.org/wiki/CPUID

하드웨어 기반의 가상화 환경에 반가상화의 네트워크와 디스크 드라이버를 사용하게 함으로써 I/O 집약형 작업에 대한 성능차이를 해소할 수 있다. 메모리 집약형 작업에 대해서 하드웨어 기반의 가상화에서는 현재 작업 중인 프로세서에 대한 MMU를 하드웨어의 지원을 받아 가상화할 수 없고 MMU를 소프트웨어적으로 가상화한다.

하이브리드 가상화는 하드웨어 기반의 가상화 성능에 제약이 있는 환경에서 반가상화를 적용하여 성능을 개선하고자 제안되었다. 그림 10.16은 하이브리드 가상화 개념도를 보여준다. 하드웨어 지원의 가상화를 일반적으로 사용하고 I/O와 메모리 집약형 작업에 대해서는 반가상화의 디바이스 드라이버를 이용하여 처리한다.

그림 10.16 **하이브리드 가상화**[24]

10.3.5 OS 레벨 가상화

OS 레벨 가상화는 일반적으로 **컨테이너화**containerization로 불린다. 물리시스템에 설치된 운영체제 위에 컨테이너를 구동할 수 있는 컨테이너 엔진을 설치하여 컨테이너를 마치 가상머신처럼 관리하는 방식이다. 엄밀이 구분하자면, OS 레벨 가상화는 지금까지 우리가 살펴봤던 가상머신을 생성하는 하이퍼바이저의 개념과는 다르다. 하지만 광의적으로는 가상화로 구분하기도 한다. 하이퍼바이저와 가장 큰 차이점은 운영체제의 공유 여부이다. 하이퍼바이저에서는 가상머신의 운영체제는 서로 다를 수 있다. 하지만 컨테이너 기반의 가상화에서는 물리시스템에서 동작하는 운영체제를 모든 컨테이너가 공유하는 시스템이다. 즉, 컨테이너가 서로 다른 운영체제를 사용한다면 동작할 수 없다.

24 https://www.kernel.org/doc/ols/2007/ols2007v2-pages-87-96.pdf

그림 10.17은 하이퍼바이저 기반의 가상화와 OS 레벨 가상화의 차이점을 보여준다.[25] 컨테이너 개념은 리눅스 시스템의 리소스를 **분리**isolation하는 기술에 기반을 두고 있고, 프로세스와 이 프로세스가 생성하는 자식 프로세스의 **루트 디렉터리**root directory를 변경하는 1979년 chroot까지 거슬러 올라간다. chroot를 통해서 분리된 환경은 지정된 디렉터리 내의 파일만 접근이 가능하게 되어 프로그램이 실행되는 환경을 분리할 수 있다. 가상화와 컨테이너 기술 모두 가상머신과 프로그램이 실행되는 환경을 분리시킴으로써 자원의 활용률을 높이고 상호 간섭을 세거하여 안전하게 실행될 수 있도록 한다.

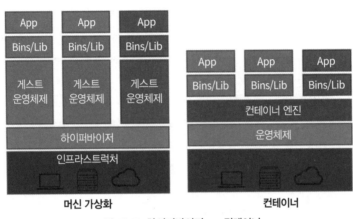

그림 10.17 **하이퍼바이저 vs. 컨테이너**

10.3.6 가상화 타입 요약

지금까지 살펴본 가상화 타입을 요약하면 그림 10.19와 같이 표현할 수 있다. 가상화 타입별로 특징들이 표기되어 있다. 전가상화의 가장 큰 특징은 게스트 OS가 수정되지 않는다는 것이고, OS 레벨 가상화는 운영체제를 공동으로 사용하는 컨테이너를 의미한다. 하드웨어 기반 가상화는 인텔의 VT-x, AMD-V 기술이 탑재된 컴퓨터 시스템에서 가능하다.

---

25 https://blog.netapp.com/blogs/containers-vs-vms/

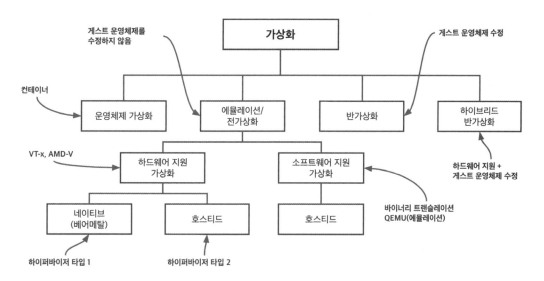

그림 10.18 **가상화 타입 재구성**

연습문제

1. 가상화 기술에 대해 자신의 언어로 정의해보라.

2. 가상화 함수 V를 물리머신 S, 가상머신 S', 가상머신의 상태변화 e를 사용하여 정의해보라.

3. ABI 레벨의 가상화와 ISA 레벨의 가상화에 대해 설명하라.

4. 타입 1, 타입 2 하이퍼바이저의 특징을 설명하고, 장단점을 비교하라.

5. 타입 1, 타입 2 하이퍼바이저의 종류에 대해서 조사하고 비교하라.

6. KVM이 모듈방식으로 하이퍼바이저가 되는 동작 방식을 조사하고 설명하라.

7. 바이너리 트랜슬레이션에 대한 개념을 설명하라.

8. 하이퍼 콜 개념에 대해 설명하라.

9. VMCS 구조체의 구조를 조사하고 각 필드의 의미를 설명하라.

10. 가상화를 통해 얻을 수 있는 장점과 단점에 대해서 설명하라. 이 장에서 소개한 장단점 외에 추가할 것이 무엇이 있는지 조사하라.

11. 전가상화와 반가상화에 대해 설명하고 차이점을 비교하라.

12. 전가상화와 반가상화의 트랩이 발생하는 차이를 설명하라.

13. 하이브리드 가상화의 동작 원리에 대해 설명하라.

11 CHAPTER

CPU, 메모리, I/O 가상화

가상화에 대한 기본 개념과 다양하게 구현된 하이퍼바이저에 대해서 살펴보았다. 가상화 기술은 컴퓨터 시스템을 논리적으로 만드는 기술이고 컴퓨터는 CPU, 메모리, I/O 장치로 구성된다. 이번 장에서는 컴퓨터 시스템의 CPU, 메모리, I/O 가상화 기술에 대해서 살펴보자.

11.1 CPU 가상화

가상화를 이야기할 때 가상화의 대상이 되는 실체가 있어야 한다. 우리가 지금까지 알아본 가상화의 대상은 바로 컴퓨터 시스템이다. 물리시스템을 가상화는 것이므로, 컴퓨터를 이루고 있는 장치를 가상화해야 한다. 컴퓨터 시스템은 매우 다양한 장치들로 복잡하게 연결되어 있다. 이렇게 복잡한 시스템을 가상화하는 작업은 쉬운 일이 아닐 것이다. 하지만, 가장 기본이 되는 컴퓨터의 **요소**element를 찾고 근본이 되는 요소를 조합하여 컴퓨터 시스템을 구성할 수 있다면, 가상화 문제를 좀 더 단순화할 수 있을 것이다. 실제로 아무리 복잡한 컴퓨터 시스템이라고 할지라도 크게 CPU, 메모리, I/O 장치로 구분할 수 있다.

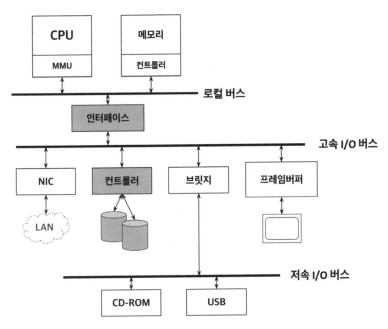

그림 11.1 **컴퓨터 시스템을 단순화한 구조**

그림 11.1은 CPU, 메모리, I/O 장치들이 인터페이스를 통해서 연결되어 있는 것을 보여준다.[1] 컴퓨터 시스템을 가상화한다고 할 때, CPU를 가상화하고, 메모리를 가상화하고, I/O 장치들을 가상화해야 하는 것이다. 이전에 살펴보았던 전가상화, 반가상화, 하드웨어지원 가상화는 모두 CPU 가상화에 관한 것이다. CPU 가상화에 대해서 좀 더 자세히 살펴보도록 하자.

11.1.1 에뮬레이션

서로 다른 **ISA**instruction set architecture를 갖는 컴퓨터 시스템 *A*와 *B*가 있다고 가정해보자. 컴퓨터 시스템 *A*에서 동작하는 소프트웨어는 컴퓨터 시스템 *B*에서는 명령어 집합이 다르기 때문에 수행되지 않는다. 서로 다른 아키텍처의 시스템에서 소프트웨어가 동작하도록 하는 것이 **에뮬레이션**emulation이고 이를 구현한 것이 **에뮬레이터**emulator이다.

예를 들어 70, 80년대 오락실에서 유행하던 고전 게임을 컴퓨터 PC에서 그대로 구동하는 것이다. **MAME**Multiple Arcade Machine Emulator가 대표적인 고전 오락실 게임의 에뮬레이터이다(그림 11.2).

---

1   https://www.cs.columbia.edu/~nieh/teaching/e6998_s08/lectures/lecture2.pdf

  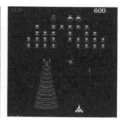

(a) 80년대 오락실[2]   (b) MAME 에뮬레이터[3]   (c) 고전게임 갤러그[4]

그림 11.2 고전게임 에뮬레이터

또 다른 예로 스마트폰용 애플리케이션 개발을 생각해보면 이해가 쉽다. 스마트폰은 대부분 ARM CPU를 기반으로 한 하드웨어이다. 따라서 스마트폰 애플리케이션은 ARM CPU에서 동작할 수 있도록 컴파일되어 스마트폰에 탑재된다. 만약 우리가 스마트폰 애플리케이션을 제작하는 개발자라면 어떻게 해야 할까? 그 해답이 바로 에뮬레이터에 있다. x86 기반의 PC에 안드로이드용 개발 환경을 설치하고 프로그램을 개발한 후 **크로스 컴파일러**cross compiler를 통해 ARM용 애플리케이션을 생성하면, 안드로이드 에뮬레이터를 이용하여 ARM용 애플리케이션을 구동할 수 있다. 개발된 프로그램이 정상적으로 동작하는지 ARM용 하드웨어에 탑재하지 않고도 확인할 수 있다. 그림 11.3은 x86 시스템에 설치된 안드로이드 에뮬레이터를 보여준다.

그림 11.3 **x86용 안드로이드 에뮬레이터**[5]

---

2   https://www.bobaedream.co.kr/view?code=strange&No=3026249

3   https://www.usatoday.com/story/tech/columnist/saltzman/2014/01/05/mame-arcade-games/4264261/

4   https://www.ilovepc.co.kr/news/articleView.html?idxno=5632

5   https://stackoverflow.com/questions/26929938/android-5-0-arm-emulator-doesnt-work

에뮬레이터가 서로 다른 ISA 간 번역을 해주는 역할을 하기 때문에 에뮬레이터의 동작 과정을 생각해보면, 대략 다음과 같은 단계로 동작할 것이다.

1. ARM용 애플리케이션의 바이너리 이미지 **스캐닝**scanning
2. ARM **명령어 추출**opcodes extraction
3. ARM 명령어를 x86 명령어로 **변환**translation
4. x86에서 **실행**execution

ARM 기반 개발 컴퓨터가 있다면, 이런 복잡한 단계를 거치지 않아도 되지만 x86 기반 개발 컴퓨터가 대부분인 환경에서 에뮬레이터의 역할은 이기종 시스템 애플리케이션을 개발하는 데 필수적인 요소라고 할 수 있다. 에뮬레이터도 ARM 기반 하드웨어가 마치 있는 것과 같은 효과를 낼 수 있어 가상화의 한 범주로 간주된다.

에뮬레이터는 이기종 시스템 간에 ISA를 번역하는 역할을 하므로 당연히 성능적 제약이 따를 수밖에 없다. 만약 동일한 ISA를 갖는 컴퓨터 시스템이라면 이러한 바이너리를 변환하는 과정이 필요 없을 것이다. 동일한 CPU 인스트럭션을 갖기 때문에 게스트에서 동작하는 애플리케이션의 명령을 변환없이 직접 호스트 시스템의 CPU를 이용하여 처리할 수 있기 때문이다. 이러한 방법을 **직접 실행**direct execution 방식이라고 하는데 쉽게 컨테이너를 생각하면 된다.

11.1.2 특권 모드와 비특권 모드

애플리케이션 프로그램은 명령어의 집합으로 볼 수 있고 컴퓨터 시스템을 구동하는 운영체제 또한 프로그램으로 명령어의 집합이다. 명령어는 컴퓨터 CPU에서 해석되고 실행된다. 모든 명령어가 동일한 우선순위를 갖는 것은 아니다. 일반적으로 운영체제는 애플리케이션 프로그램보다 명령 실행에 있어서 우선순위가 높다. 그렇다면 컴퓨터 시스템에서 수행되는 작업에 대해 일정한 **우선수준**priority level을 정할 필요가 있는데, 이것을 **보호링**protected ring이라고 한다.

보호링은 계층적으로 구성되어 있고, 각 계층별로 컴퓨터 자원에 대한 접근 권한이 구분된다. 이렇게 명령을 실행할 수 있는 권한을 구별함으로써 **악성 동작**malicious behavior과 **결함**fault으로부터 데이터와 컴퓨터 시스템의 기능을 보호하는 메커니즘이다. x86 아키텍처에서 Ring 0에서 Ring 3까지 총 4개의 **링**ring으로 구성되어 있다(그림 11.4).[6]

---

6 https://en.wikipedia.org/wiki/Protection_ring

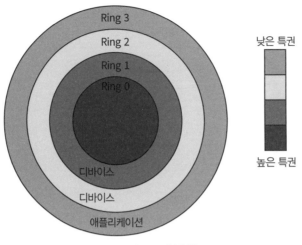

낮은 특권

높은 특권

그림 11.4 **보호링**

Ring 0이 특권 수준이 제일 높고 링 번호가 커질수록 특권 수준이 낮아진다. 운영체제의 **커널**kernel이 Ring 0에서 실행되는데, 물리시스템의 메모리, CPU와 같은 하드웨어 자원을 직접적으로 접근할 수 있다. 만약 Ring 3에서 동작하는 애플리케이션이 특정 파일을 읽고자 한다면, 운영체제에게 파일 읽기 **시스템 콜**system call을 요청해야 한다. Ring 0에서 동작하는 운영체제는 파일이 저장되어 있는 저장장치에 접근하여 Ring 3에 동작하는 애플리케이션의 요청을 받아 적절한 작업을 수행한다. 하드웨어와 같은 컴퓨터 자원에 접근하기 위해서는 운영체제에 요청해야 하고 이를 시스템 콜을 통해서 해결한다.

애플리케이션이 동작하는 Ring 3에서 운영체제 커널이 동작하는 Ring 0 사이에 서로 다른 모드가 존재하여 **모드 스위칭**mode switching이 발생한다. 보호링을 4가지로 구분하고 있지만, 크게 운영체제 커널이 수행되는 모드인 **커널 모드**kernel mode와 사용자 프로그램이 수행하는 모드인 **사용자 모드**user mode로 구분한다. 특히 커널 모드를 **특권 모드**privileged mode라고 하고 사용자 모드를 **비특권 모드** non-privileged mode라고 한다(그림 11.5).[7]

---

7   https://jgjeong.tistory.com/archive/20150113

그림 11.5 **특권 모드와 비특권 모드**

11.1.3 트랩

특권 모드와 비특권 모드에 대해서 알아보았다. 물리시스템에 설치된 운영체제를 통해서 하드웨어 리소스를 접근할 때 시스템 콜을 이용한다고 했다. 이제 가상화 환경을 생각해보자. 물리시스템에 설치된 하이퍼바이저를 통해 가상머신을 생성했다면, 가상머신은 애플리케이션과 같은 비특권 모드에서 동작하게 된다. 전가상화 환경에서 가상머신에서 동작하는 애플리케이션이 하드웨어 자원에 접근하기 위해서는 게스트 OS에게 시스템 콜을 요청해야 한다. 게스트 OS도 사용자 애플리케이션도 전가상화 환경에서는 자신이 가상화 환경에 있다는 것을 인지하지 못한다. 따라서 사용자 애플리케이션에서 시스템 콜이 호출되었을 때 게스트 OS는 물리시스템에 직접 설치되었을 때와 동일하게 하드웨어 리소스에 접근하려고 할 것이다. 하지만, 게스트 OS는 사용자 모드인 비특권 모드에서 동작하고 있기 때문에 하드웨어 리소스에 직접 접근이 불가능하다.

비특권 모드에서 실행되고 있는 게스트 OS가 특권 명령을 실행할 때마다 **트랩**trap이 발생한다. 트랩이 발생하면 하이퍼바이저가 적절한 처리한 후 게스트 OS에 제어권을 넘겨준다(그림 11.6).

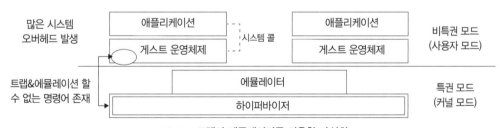

그림 11.6 **트랩과 에뮬레이터를 이용한 가상화**

게스트 OS에서 동작하는 애플리케이션은 빈번하게 게스트 OS 커널에 시스템 콜을 요청할 것이다. 이렇게 되면 많은 트랩이 발생하여 시스템 오버헤드가 커져 시스템의 성능 저하의 원인이 된다. 그림 11.6은 트랩과 에뮬레이터를 이용한 하이퍼바이저를 구현하는 방식을 설명하고 있는데, 전통적인 하이퍼바이저 구현 방식이다.

트랩이 발생하면 하이바이저를 통해서 적절한 핸들링을 해야 하는데, 앞서 살펴보았듯이 트랩은 특권 명령으로 실행되는 이벤트 중 하나이다. 즉, 트랩 외에도 인터럽트, 페이지 폴트, 정의되지 않은 명령과 같은 **익셉션**exception이 발생하면 하이퍼바이저가 에뮬레이터를 통해서 처리해야 한다. 그림 11.7은 페이지 폴트에 대해서 **MMU**memory management unit 에뮬레이터가, **정의되지 않은 명령**undefined instruction에 대해서는 CPU 에뮬레이터가, 가상 인터럽트는 I/O 에뮬레이터가 하이퍼바이저 내에서 처리를 한다.[8]

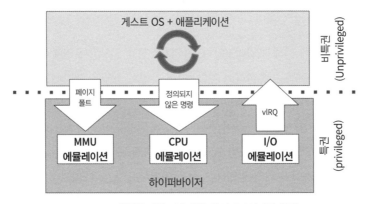

그림 11.7 다양한 이벤트에 대한 하이퍼바이저의 처리

트랩이 발생할 때 하이퍼바이저가 처리하는 이 방식은 초창기 하이퍼바이저를 구현할 때 방식으로 상당한 부하가 발생했다. 그리고 이 방식은 x86 아키텍처에서 트랩이 발생했을 때 에뮬레이션을 할 수 없는 명령들이 존재하여 가상화 환경에서 가상머신이 불안정하게 동작할 수 있다. x86 아키텍처에서 **POPF**pop flags[9] 명령어는 특권 명령과 비특권 명령의 경계가 모호한데, 연산 결과가 0이 될 때 활성화되는 ALU의 Zero 플래그와 인터럽트 활성화와 비활성화를 할 수 있는 인터럽트 플래그를 동시에 수정할 수 있다.[10] POPF는 명령은 비특권 모드에서는 ALU 플래그만 변경하도록 설계되어 있는데, 게스트 OS가 인터럽트를 금지하기 위해 POPF명령을 실행할 경우 게스트 OS가 비특권 모드에서 동작하므로 인터럽트 금지 요구를 무시하고 트랩을 발생하지 않을 것이다. 따라서 가상머신이 불안정한 상태로 동작할 가능성이 높아지게 된다.

---

8   https://www.cs.columbia.edu/~nieh/teaching/e6998_s08/lectures/lecture2.pdf

9   Pop top of stack into lower 16 bits of EFLAGS.

10 https://en.wikipedia.org/wiki/Interrupt_flag

11.1.4 CPU 가상화 구현

초기 하이퍼바이저는 트랩에 의한 과도한 오버헤드와 특정 명령어를 에뮬레이션할 수 없다는 단점이 있었다. 이를 해결하기 위해 다음과 같은 방식이 제안되었다.

- VMWare의 **바이너리 트랜슬레이션**binary translation
- Xen의 **하이퍼 콜**hypercall
- **하드웨어적 지원**hardware assisted

바이너리 트랜슬레이션 방식은 게스트 OS의 코드 이미지를 하이퍼바이저가 스캔하여 문제가 있는 명령어를 찾아내어 적절한 명령어로 변환한다. 변환된 명령들은 물리시스템의 CPU를 통해 직접 실행되지만 중간에 하이퍼바이저의 번역 과정이 추가되기 때문에 명령어 변환에 따른 성능 저하가 필연적으로 발생할 수밖에 없다.

Xen에서 개발한 하이퍼 콜 방식은 반가상화 방식으로 문제가 있는 코드를 제거하고 하이퍼바이저를 직접 호출할 수 있도록 게스트 OS를 수정하는 방식이다. 바이너리 트랜슬레이션 방식보다 오버헤드를 감소하여 성능적 강점이 있지만, 게스트 OS를 수정해야 하기 때문에 운영체제의 소스 코드가 공개되지 않았을 경우 사용할 수 없는 단점이 있다.

바이너리 트랜슬레이션과 하이퍼 콜 모두 소프트웨어적으로 가상화를 처리하는 방식이다. 가상화에 대한 요구가 증대하고 활용성이 확대됨에 따라, 가상화 기능을 CPU에 추가하게 되었는데 대표적으로 인텔의 VT-x, AMD의 AMD-V가 하드웨어 기반 가상화 기술이다. 하드웨어 기반 가상화에서는 이전의 가상화에서 단순하게 특권 모드와 비특권 모드를 나누어 실행했던 것을 하이퍼바이저가 실행되는 모드와 가상머신이 실행되는 모드를 구분하였다. 하이퍼바이저는 **루트 모드**root mode에서 실행되고, 가상머신은 **비루트 모드**non-root mode에서 실행된다. 가상머신의 게스트 OS와 사용자 애플리케이션은 특권 모드와 비특권 모드로 구분되어 실행된다. 이는 일반 물리시스템에서와 동일한 구조이다(그림 11.8).[11]

---

11 https://jgjeong.tistory.com/archive/20150113

그림 11.8 **하드웨어 기반 가상화**

전가상화와 반가상화의 차이점은 게스트 OS의 수정 여부로 구분한다고 했다. 그렇다면 바이너리 트랜슬레이션의 경우는 게스트 OS를 수정하지 않고 명령어 바이너리를 스캐닝하여 처리하므로 바이너리 트랜슬레이션을 이용하여 전가상화 하이퍼바이저를 구현할 수 있을 것이다. 그림 11.9는 바이너리 트랜슬레이션을 통한 전가상화 하이퍼바이저의 명령 실행을 보여준다.

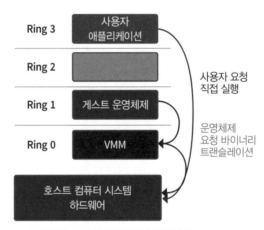

그림 11.9 **바이너리 트랜슬레이션 기반 전가상화**

바이너리 트랜슬레이션은 게스트 OS의 가상화가 불가능한 명령들을 CPU에서 실행할 수 있는 명령어들로 변환해야 하기 때문에 오버헤드가 발생하여 성능 저하의 원인이 된다고 했다. 이러한 성능 저하를 조금이라도 개선하기 위해서 바이너리 트랜슬레이션 기반 하이퍼바이저는 **캐시**cache를 활용한다. 실시간으로 게스트 OS의 명령어를 변환하여 실행하면서 변환 결과를 캐시에 저장하는 방식이다. 따라서 추후에 동일한 명령을 실행해야 할 경우 변환 과정 없이 캐시에서 변환된 결과를 바로 적용시키면 성능 개선을 기대할 수 있다. 하지만, 이 방식은 캐시의 크기에 따라 성능이 영향을 받게 되어 메모리에 대한 비용이 추가적으로 발생한다.

그림 11.10은 바이너리 트랜슬레이션 기반 하이퍼바이저의 코드 변환 과정을 보여준다. 게스트 OS의 코드를 읽어 들이고 **트랜슬레이터**translator를 통해 코드 변환을 실시간으로 수행한다. 코드 변환을 할 때 **TC**translation cache **인덱스**index를 확인한다. 해당 명령이 이전에 변환된 경우 TC 인덱스를 통해서 캐시에서 상응하는 변환코드를 재활용한다. 만약에 캐시에 해당 명령어의 변환 결과가 없다면 CPU 에뮬레이션을 호출하여 코드를 변환한다. 변환 결과는 트랜슬레이터에 직접 전달되고 동시에 캐시에도 저장되어 나중에 동일한 명령어에 대한 변환 결과를 재사용할 수 있도록 한다.

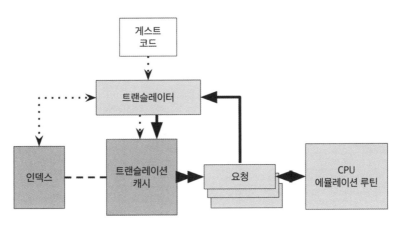

그림 11.10 **바이너리 트랜슬레이터에 의한 코드 변환**[12]

코드 변환 과정을 조금 더 내부적으로 살펴보도록 하자. 게스트 OS의 명령을 실행하는 것은 가상머신의 가상 CPU가 수행한다. 가상 CPU는 물리시스템의 CPU와 동일하게 **PC**program count를 가지고 있고 이를 vPC로 표현한다. 그림 11.11은 게스트 OS의 명령을 하나씩 실행하는 과정 중에 현재 실행할 명령의 위치를 vPC가 포인팅하고 있는 모습을 보여준다.

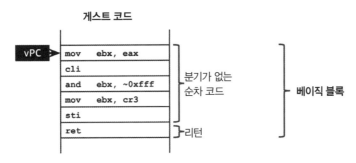

그림 11.11 **순차명령으로만 이루어진 베이직 블록**

---

12 https://www.cs.columbia.edu/~nieh/teaching/e6998_s08/lectures/lecture2.pdf

vPC를 이동하면서 게스트 OS가 실행되는데, vPC가 가리키는 곳의 명령이 물리 CPU에서 동작할 수 있는 명령일 때 실제로 실행될 수가 있다. 따라서 만약에 vPC가 가리키는 명령어가 현재 물리시스템에서 직접 수행을 할 수 없는 코드라면 코드 변환을 해서 실행 가능 하도록 만들어준다. 변환해야하는 코드들 중에서 매우 단순한 구조를 갖는 코드 블록도 존재한다. 그중 코드 블록 내 브랜치 명령어가 없고 순차적으로 실행되는 코드 블록을 **베이직 블록**basic block이라고 한다. 하지만, 게스트 OS의 코드가 베이직 블록으로만 구성되지는 않는다.

그림 11.12는 조금 더 복잡한 변환을 보여준다. 앞에서 살펴본 것처럼 명령어가 변환될 때 결과물을 캐시에 저장하여 재활용한다. 게스트 OS의 명령과 이를 변환한 결과물의 관계를 보여주는데, 예를 들어 게스트 OS의 cli 명령은 현재 물리시스템의 CPU에서는 call HANDLE_CLI에 대응된다.

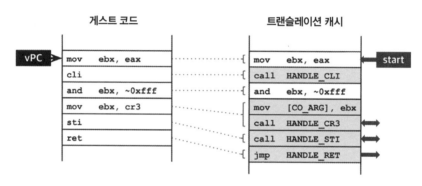

그림 11.12 **코드 변환과 캐시**

게스트 OS의 mov ebx, eax 명령은 변환 과정 없이 바로 실행될 수 있는 코드이다. 이 경우는 캐시에 코드의 수정 없이 결과물이 바로 저장된다. 게스트 OS의 코드 중에 직접 실행이 불가능하지만 변환 과정을 통해 동일한 기능을 수행하는 명령어로 변환이 가능하다면, 코드 변환 후 변환 결과물을 캐시에 저장한다. 예를 들어 게스트 OS의 mov ebx, cr3 명령은 일대일로 대응하는 명령어가 없어 2개의 명령어로 변환되었다.

```
mov     [CO_ARG], ebx
call    HANDLE_CR3
```

만약에 게스트 OS의 코드 중에 대응할 수 있는 코드의 집합이 존재하지 않는다면, 해당 코드는 하이퍼바이저에 있는 에뮬레이터로 실행된다.

바이너리 트랜슬레이션은 변환 방법에 따라 **정적 변환**과 **동적 변환** 방식으로 나뉘어진다.[13]

- **정적 바이너리 트랜슬레이션**static binary translation: 게스트 OS의 실행해야 할 모든 코드를 타깃 CPU에 맞게 한 번에 변환하는 하는 방법을 의미한다. 동적 변환이 실시간으로 코드를 변환하는 것에 비해 속도면에서 장점이 있지만, 사전에 변환해야 하는 과정이 필요하고 정적인 코드를 실행하기 때문에 실제 게스트 OS가 실행되는 콘텍스트를 반영하지 못한다는 단점이 있다.

- **동적 바이너리 트랜슬레이션**dynamic binary translation: 지금까지 살펴본 코드 변환 과정이 동적변환 방식이다. 코드 변환을 할 때 베이직 블록 단위로 진행하고 결과를 캐시에 저장한다. 베이직 블록은 브랜치 명령이 포함되지 않은 블록이라고 했다. 만약 브랜치 명령이 코드 블록에 존재한다면 브랜치 명령이 실행될 때 수행될 코드 블록이 이미 변환되었는지를 검사한다. 만약 변환되지 않았다면 이동할 곳의 코드 블록을 변환한다. 즉, 브랜치 명령은 이미 코드 변환이 완료된 블록을 포인팅한다.

정적 및 동적 바이너리 트랜슬레이션은 코드 변화에 의한 오버헤드와 전가상화에 따른 오버헤드가 발생하여 성능 이슈가 존재한다. 이를 소프트웨어적으로 해결하기 위한 방법이 게스트 OS를 수정하여 **하이퍼 콜**hypercall을 통해 직접 하이퍼바이저의 함수를 호출할 수 있도록 했다. 코드 변환 과정과 하이퍼바이저가 트랩을 처리하는 과정 없이 게스트 OS가 하이퍼 콜을 통해 직접 호출함으로써 성능 개선 효과를 얻을 수 있다(그림 11.13).[14]

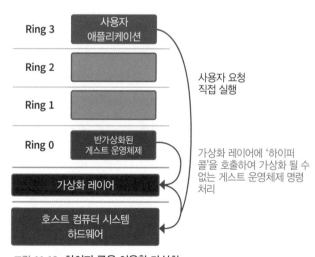

그림 11.13 하이퍼 콜을 이용한 가상화

---

13 https://en.wikipedia.org/wiki/Binary_translation

14 https://www.vmware.com/content/dam/digitalmarketing/vmware/en/pdf/techpaper/VMware_paravirtualization.pdf

반가상화 방식에서는 게스트 OS와 하이퍼바이저가 마치 **프런트엔드**front-end 클라이언트와 **백엔드** back-end 서버처럼 동작을 한다. 게스트 OS를 수정하여 **프런트엔드 드라이버**front-end driver가 게스트 OS 내에서 동작하게 하고, 하이퍼바이저의 **백엔드 드라이버**back-end driver가 프런트엔드 드라이버의 요청을 수행하는 것이다. 여기에서 하이퍼바이저는 다양하게 구현될 수 있다.

그림 11.14는 KVM 하이퍼바이저와 Lguest 하이퍼바이저[15]를 보여준다. 즉, 하이퍼바이저가 다양하게 구현될 수 있기 때문에 반가상화에서는 게스트 OS의 프런트엔드 드라이버와 하이퍼바이저의 백엔드 드라이버 간 **표준 인터페이스**standardized interface가 필요하다. 바로 이 표준 인터페이스가 `virtio` 이다.

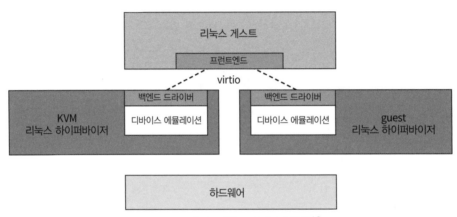

그림 11.14 **virtio 기반 드라이버 추상화**[16]

바이너리 트랜슬레이션 방식의 전가상화와 하이퍼 콜을 통한 반가상화는 모두 소프트웨어적으로 가상화를 하는 방식이다. 가상화를 통한 자원의 효율성을 증대할 수 있고 신뢰성 있는 서비스가 가능해짐에 따라 CPU벤더들이 가상화를 지원하는 CPU를 출시하기 시작하였다. 앞서 살펴본 것처럼 인텔의 VT-x, AMD의 AMD-V가 가상화를 지원하는 CPU이다. 그림 11.15는 이전에 살펴본 하드웨어 기반의 전가상화를 보여준다.

---

15 Lguest는 리눅스 하이퍼바이저로, IBM의 Rusty Russell이 개발하였다. Lguest의 특징은 KVM와 다르게 QEMU를 사용하지 않아 높은 수준의 성능향상을 얻을 수 있다. 하지만, 리눅스 커널 2.7.23(2007년 10월)에 포함되었으나 4.14(2017년 11월)부터는 제거되었다.

16 https://developer.ibm.com/articles/l-virtio/

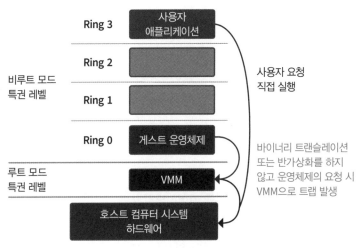

그림 11.15 **하드웨어 지원 기반 전가상화**

루트 모드를 도입하여 가상머신이 동작하는 모드와 하이퍼바이저가 동작하는 모드를 구분하였고 게스트 OS는 Ring 0에서 동작하도록 함으로써 물리시스템에 설치된 운영체제와 동일한 환경을 갖추도록 했다. 게스트 OS가 발생시키는 트랩은 하이퍼바이저가 소프트웨어적으로 처리하는 것이 아니라 하드웨어적으로 처리하여 성능을 개선하였다. **여기에서 중요한 포인트는 하드웨어 기반 가상화는 전가상화와 반가상화 모두 지원할 수 있다는 것이다.**

테이블 11.1은 가상화를 구현하는 방법에 따른 차이를 보여준다.

테이블 11.1 **가상화 구현 기술 비교**

구분	바이너리 트랜슬레이션 기반 전가상화	반가상화	하드웨어 지원 가상화
기술	바이너리 트랜슬레이션 및 직접 실행	하이퍼 콜	특권 명령에 대해 루트 모드로 전환
게스트 수정	게스트 OS 수정 불필요	하이퍼 콜을 호출할 수 있도록 게스트 OS 수정	게스트 OS 수정 불필요
호환성	높음	낮음	높음
하이퍼바이저	VMWare, Microsoft, Parallels, VirtualBox	VMWare, Xen	VMWare, KVM
유연성	매우 높음	높음	낮음
보안	최고 좋음	매우 좋음	좋음
게스트 OS의 하이퍼바이저 의존성	없음	XenLinux는 Xen 하이퍼바이저에서만 수행	없음

11.2 메모리 가상화

메모리 가상화는 컴퓨터 시스템의 메모리를 가상화하는 것으로 실제 물리시스템의 메모리가 관리되는 방식을 가상화해야 한다. 물리시스템은 운영체제에서 **가상메모리**virtual memory 기법을 통해서 메모리를 관리한다. 즉, 메모리를 가상화하기 위해서는 결국 **가상메모리를 가상화**해야 한다는 결론을 얻게 된다.

11.2.1 가상메모리

물리시스템에 설치된 운영체제는 메모리를 **가상메모리**로 관리한다. 가상메모리는 실제 시스템에 장착된 물리메모리를 주소 공간의 크기만큼 관리할 수 있는 기법이다. 예를 들어 64비트 컴퓨터 시스템이 가질 수 있는 주소 공간은 2^{64}개의 메모리의 위치를 가리킬 수 있다. 메모리를 **바이트**byte 단위로 관리하기 때문에 총 메모리 공간은 2^{64}=**16EB**exabyte까지 메모리 공간을 활용할 수 있다. 즉, 실제 물리메모리가 주소 공간만큼 존재하지 않더라도 가상메모리 기법을 사용하여 마치 가상적으로 메모리가 존재하는 것처럼 만들 수 있다. 메모리를 **페이지**page 단위로 관리하여 메모리 공간이 부족할 경우 하드디스크와 같은 보조 기억장치를 이용하여 물리메모리 공간보다 훨씬 큰 공간을 사용할 수 있게 해준다(그림 11.16).[17]

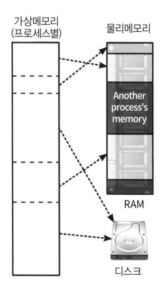

그림 11.16 **프로세스별 가상메모리, 물리메모리(RAM), 디스크의 매핑 관계**

---

17 https://en.wikipedia.org/wiki/Virtual_memory

리눅스와 같은 운영체제의 가상메모리를 다음과 같이 요약할 수 있다.

- **RAM**random access memory를 관리하는 방법의 하나
- 각 프로그램에 실제 메모리 주소(물리메모리 주소)가 아닌 **가상 주소**virtual address를 사용
- 실제 RAM보다 큰 메모리 영역을 제공
- **MMU**memory management unit을 통해 가상 주소를 물리 주소로 변환

그림 11.17은 가상메모리 주소를 MMU를 통해 물리메모리 주소로 매핑해주는 것을 표현하고 있다. 여기에서 가상메모리는 **페이지**로 구분되고 실제 물리메모리는 **프레임**frame으로 구분된다.[18]

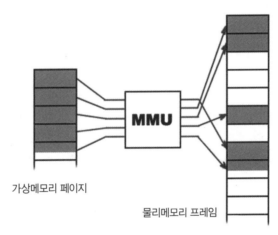

가상메모리 페이지

물리메모리 프레임

그림 11.17 **MMU를 통한 가상 주소와 물리 주소 매핑**

가상메모리 주소는 프로세스별로 사용하는데, 리눅스에서 top 명령으로 다음과 같이 확인할 수 있다.[19]

```
rsyoung@kant:~$ top
...
    PID USER      PR  NI    VIRT    RES    SHR S  %CPU  %MEM     TIME+ COMMAND
   4073 rsyoung   20   0   35.7g  32.8g  32.5g S 157.0  52.5  3864:13 VirtualBoxVM
 143434 rsyoung   20   0 9437092 477124 196072 S  92.4   0.7  11:14.47 chrome
...
 144313 rsyoung   20   0   13548   4272   3228 R   0.7   0.0   0:01.13 top
```

---

18 http://plafer.github.io/2017/07/22/jos_mem/
19 top 명령은 Table of Processes의 약자이다.

현재 프로세스들의 리소스 사용량을 실시간으로 보여주는데 VIRT 칼럼은 프로세스의 가상메모리의 총합을 나타내고 RES 칼럼은 실제 물리메모리의 사용량을 나타낸다. PID 4073 프로세스 VirtualBoxVM은 가상메모리 35.7GB를 사용하고 있지만 실제로 물리메모리는 32.8GB를 사용하고 있다. PID 144313 top 프로세스의 경우 가상메모리는 13,548KB를 사용하고 있고 실제로 4,272KB 시스템의 물리메모리를 사용하고 있다.

프로세스별로 가상 주소를 사용함으로써 실제 물리 주소보다 더 큰 크기의 메모리를 사용할 수 있게 된다. 모든 프로세스는 가상 주소를 사용하므로 가상 주소를 물리 주소로 변환하는 장치가 MMU라고 했다. MMU는 하드웨어 장치인데 가상메모리의 주소와 물리메모리의 주소를 매핑해주는 역할을 하고, 프로세스는 모두 동일한 가상 주소 공간을 사용하기 때문에 각 프로세스별로 가상 주소가 같다고 하더라도 물리 주소는 서로 다르다. 따라서 서로 다른 프로세스가 다른 프로세스의 가상공간과 매핑되는 물리 공간을 침해하지 않도록 메모리 보호 기능을 수행한다. 또한 빠른 주소 변환을 위해서 **캐시**cache를 사용한다.

프로그램 helloclound.c를 작성하여 컴파일하여 실행한다고 가정해보자. 컴파일하여 생성된 helloclound를 실행하면, 이 프로그램의 명령어가 위치하는 text 섹션, 데이터가 위치하는 data 섹션, 스택의 위치에 가상 주소가 부여된다(그림 11.18). 프로세스의 가상 주소는 연속적이지만, 실제 물리 주소는 연속적이지 않다.[20]

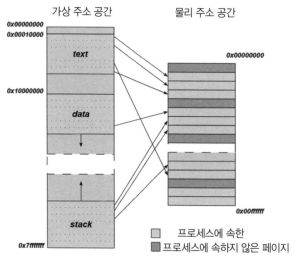

그림 11.18 **프로세스 가상 주소와 물리 주소 간 관계**

---

20 C에서 사용하는 malloc() 함수는 가상 주소상의 메모리를 할당한다. 따라서 실제 할당된 가상 주소는 연속적이라고 하더라도 물리 주소는 연속적이지 않을 수 있다.

MMU의 동작 방식을 좀 더 자세히 알아보자. 그림 11.19는 CPU와 MMU, **TLB**translation lookaside buffer, 물리메모리 사이의 동작을 보여준다.[21]

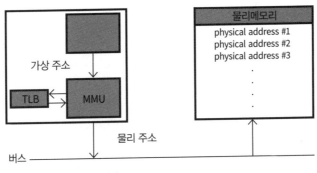

CPU: Central Processing Unit
MMU: Memory Management Unit
TLB: Translation lookside buffer

그림 11.19 **MMU의 동작 방식**

CPU는 프로세스를 실행할 때 가상 주소를 사용한다. 예를 들어 CPU가 `hellocloud` 프로그램을 실행시킬 때 명령어가 위치한 text 섹션은 가상 주소의 영역이다. 따라서 CPU가 명령어를 읽어 들일 때 사용하는 주소 체계는 가상 주소를 이용한다. 하지만, 이 가상 주소의 명령어는 실제 물리메모리에 존재하는 것이므로 물리 주소로 변환되어야 한다. CPU에서 실행하고자 하는 가상 주소 상의 명령어를 가져오기 위해서 MMU에게 해당 가상 주소를 넘겨주고 물리 주소상의 명령어를 가져와서 실행하는 것이다.

MMU는 요청받은 가상 주소에 매핑되는 물리 주소를 가져올 때 이전에 가져온 적이 있는지를 확인한다. 이전에 가상 주소와 물리 주소 간 매핑 정보를 가지고 있는 것이 바로 **TLB**table lookaside buffer이다. 즉, TLB는 캐시 역할을 수행하여 좀 더 빠르게 가상 주소를 물리 주소로 변환해주는 역할을 한다. 만약 해당 가상 주소에 해당하는 물리 주소가 존재하지 않는다면, **페이지 테이블**page table을 통해서 해당 물리 주소를 반환한다.

그림 11.20은 가상 주소를 요청했을 때 TLB에 해당 물리 주소가 **존재하는 경우**TLB hit와 **존재하지 않는 경우**TLB miss의 경우 동작 과정을 보여준다. TLB 미스가 났을 경우 페이지 테이블을 찾고 만약 페이지 테이블이 물리메모리에 존재하지 않는다면, 해당 명령어가 물리메모리에 존재하지 않으므로 프로그램(`hellocloud`)이 저장된 저장장치(디스크)에서 명령어가 위치한 영역을 메모리로 로드하여 해당

---

21 https://en.wikipedia.org/wiki/Memory_management_unit

명령어의 물리 주소를 알려준다.

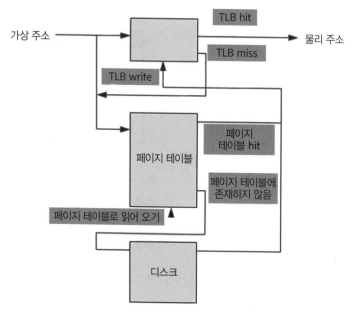

그림 11.20 **TLB Hit, TLB Miss, 페이지 테이블 Hit, 페이지 테이블 Miss**

11.2.2 페이지 테이블

CPU에서 가상 주소에 해당하는 물리 주소를 찾을 때 MMU의 도움을 받는다고 했다. MMU에는 TLB라는 캐시가 있어서 이전에 가상 주소와 물리 주소 간 매핑 정보를 캐시로 저장하고 있어, TLB에 저장된 매핑 정보를 통해서 가상 주소의 물리 주소를 알아낸다. 만약 TLB에 해당 정보가 없을 경우에는 페이지 테이블을 통해서 물리 주소를 찾는다. 설명의 편의를 위해서 32비트 주소 체계를 갖는 컴퓨터를 생각해보자.[22]

32비트 컴퓨터는 32비트를 주소로 사용한다. 즉, 2^{32}개의 주소를 지정할 수 있다. 독립된 주소가 **1바이트**byte이므로 총 4GB의 메모리를 32비트 주소 체계로 구분할 수 있는 것이다. 가상 주소도 32비트를 사용한다. 32비트의 가상 주소는 10비트, 10비트, 12비트로 구분되어 있는데, 상위 10비트는 **페이지 디렉터리**page directory를 중간 10비트는 **페이지 테이블**page table을 마지막 12비트는 하나의 페이지 내에서 **위치**offset를 나타낸다(그림 11.21).[23]

---

22 64비트 컴퓨터는 64비트를 주소로 활용한다.

23 https://en.wikipedia.org/wiki/Page_table

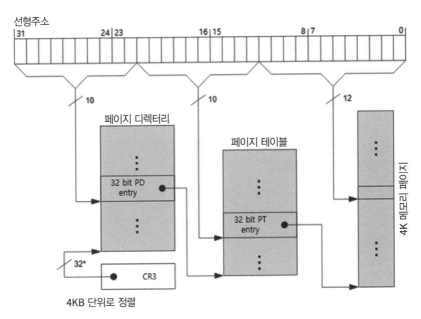

그림 11.21 **x86 아키텍처의 2- 레벨 페이지 테이블 구조**

상위 10비트가 페이지 디렉터리를 가리키므로, 페이지 디렉터리에는 2^{10}=1,024개의 엔트리를 저장할 수 있다. 1,024개의 각 엔트리는 페이지 테이블을 가리키고 있다. 중간의 10비트는 해당 페이지 테이블 내에서의 위치, 즉 페이지 테이블의 베이스 주소에서 얼마만큼 떨어진 위치에 있는지 오프셋을 나타낸다. 중간 10비트 또한 2^{10}=1,024개의 독립된 위치를 가리킬 수 있다. 페이지 테이블의 엔트리는 메모리 페이지를 가리키는데, 메모리 페이지 내에서 위치는 가상 주소의 최하위 12비트로 결정된다. 12비트는 2^{12}=4,096개의 엔트리를 가리킬 수 있고 각 엔트리는 바이트 단위이므로 실제 최하단의 메모리 페이지는 4,096바이트, 즉 4KB가 된다. 페이지 디렉터리와 페이지 테이블의 엔트리는 모두 32비트 엔트리이다.

프로그램이 실행될 때 사용되는 가상 주소를 간단한 프로그램을 통해서 살펴보자. "Hello Cloud Computing!" 메시지를 출력하고 무한루프를 도는 `hellocloud.c` 프로그램을 작성해보자. 다음은 `hellocloud.c`를 작성하고 컴파일하여 백그라운드로 실행시키는 과정을 보여준다. `hellocloud` 프로그램이 PID 115954로 실행되고 있음을 보여준다.

```
rsyoung@kant:~$ cat hellocloud.c
#include <stdio.h>

int main()
{
```

```
    printf("\n Hello Cloud Computing! \n");
    while(1);
    return 1;
}

rsyoung@kant:~$
rsyoung@kant:~$ gcc hellocloud.c -o hellocloud
rsyoung@kant:~$
rsyoung@kant:~$ ls -l hellocloud
-rwxrwxr-x 1 rsyoung rsyoung 16704 Mar 15 22:08 hellocloud
rsyoung@kant:~$
rsyoung@kant:~$ ./hellocloud &
[1] 115954
rsyoung@kant:~$
    Hello Cloud Computing!

rsyoung@kant:~$ ps -ef ¦ grep hellocloud ¦ grep -v grep
rsyoung    115954  115954 97 22:08 pts/2     00:00:07 ./hellocloud
rsyoung@kant:~$
```

실행되고 있는 helloclod 프로그램이 사용하고 있는 주소를 확인해보자. pmap 명령을 이용하여 hellocloud가 사용 중인 메모리를 다음과 같이 확인할 수 있다.

```
rsyoung@kant:~$ pmap 115954
115952:   ./hellocloud
0000555c6a12d000      4K r----  hellocloud
0000555c6a12e000      4K r-x--  hellocloud
0000555c6a12f000      4K r----  hellocloud
0000555c6a130000      4K r----  hellocloud
0000555c6a131000      4K rw---  hellocloud
0000555c6b03a000    132K rw---    [ anon ]
00007f791d5f4000    148K r----  libc-2.31.so
00007f791d619000   1504K r-x--  libc-2.31.so
00007f791d791000    296K r----  libc-2.31.so
00007f791d7db000      4K -----  libc-2.31.so
00007f791d7dc000     12K r----  libc-2.31.so
00007f791d7df000     12K rw---  libc-2.31.so
00007f791d7e2000     24K rw---    [ anon ]
00007f791d804000      4K r----  ld-2.31.so
00007f791d805000    140K r-x--  ld-2.31.so
00007f791d828000     32K r----  ld-2.31.so
00007f791d831000      4K r----  ld-2.31.so
00007f791d832000      4K rw---  ld-2.31.so
00007f791d833000      4K rw---    [ anon ]
00007ffe54cbd000    132K rw---    [ stack ]
```

```
00007ffe54d22000      16K r----    [ anon ]
00007ffe54d26000       8K r-x--    [ anon ]
ffffffffff600000       4K --x--    [ anon ]
    total           2500K
rsyoung@kant:~$
```

64비트 컴퓨터에서 실행된 것으로 `ffffffffff600000`와 같이 16자리이다. 주소는 16진수 체계를 사용하기 때문에 각 자리별 4비트(0~F)를 나타내므로 주소는 비트로 표현된다. 주소 `0000555c6a12e000` 주소에서 4KB 크기의 페이지를 `hellocloud`가 사용하는데, 페이지의 속성을 보면 `r-x--`이다. 이를 통해서 해당 페이지가 읽기와 실행이 가능한 페이지임을 알 수 있다. 즉, 이 페이지는 `hellocloud` 프로그램의 명령어들이 있는 곳이다. `0000555c6a12f000` 주소의 4KB 페이지는 읽기 전용으로 `hellocloud.c` 프로그램에서 `"\n Hello Cloud Computing!\n"` 문자열이 들어 있는 페이지이다.

`hellocloud` 프로세스는 132KB 크기의 스택을 가지고 스택의 시작위치는 `00007ffe54cbd000`부터 시작함을 알 수 있다. 또한 `hellocloud`는 `stdio.h`가 구현된 **공유 라이브러리**shared library를 사용하는데, 이에 해당하는 라이브러리가 `libc-2.31.so`이고 해당 라이브러리는 가상 메모리에서 여러 곳에 위치하고 있음을 보여준다. 여기에서 확인할 수 있는 것은 모든 프로그램은 가상 주소로 실행된다는 것이다. `hellocloud` 프로세스의 마지막 페이지 주소인 `ffffffffff600000`의 위치를 계산해보면 **16EB**exabyte를 넘어선 곳임을 알 수 있다. 물리 컴퓨터에 엑사바이트 급 메모리를 장착하고 있지 않지만, 가상 주소를 이용하여 모든 프로세스들이 충분한 공간의 메모리 공간을 사용할 수 있도록 해준다.

11.2.3 가상화 환경에서 메모리 변환

지금까지 살펴본 가상 주소는 실제 물리시스템에서 실행되는 모든 프로세스가 사용하는 주소 체계이다. 가상머신을 이용한다면, 가상머신에서도 동일하게 가상 주소 체계를 사용할 것이다. 그런데 가상머신은 물리시스템이 아니기 때문에 가상머신에서 사용하는 주소는 다시 물리시스템의 실제 메모리 주소에 매핑되어야 한다. 비가상환경과 가상환경의 메모리 주소 변환 과정은 다음과 같이 요약할 수 있다.

- 비가상화 환경(일반환경)

  가상 주소virtual address → **물리 주소**physical address
- **가상화 환경**(하이퍼바이저 개입 환경)

가상화 환경에서는 2가지 방법으로 메모리변환을 표현할 수 있다.

1. 가상 주소 → 물리 주소 → **머신 주소**machine address

2. 가상 주소 → **가상물리 주소**virtual physical address → 물리 주소

하이퍼바이저가 개입해야 하는 가상화 환경에서 주소 변환은 한 단계가 더 추가된다. 가상머신은 일반적인 비가상화 환경과 동일하게 가상 주소를 사용하고 물리 주소로 변환한다. 하지만 가상머신 또한 **하이퍼바이저상에서 동작하는 하나의 프로세스**이므로 물리 주소를 사용하지 않고 가상 주소를 사용한다.

가상화 환경에서는 가상 주소를 물리 주소로 변환할 때 2가지 표현을 일반적으로 사용한다. 첫 번째 표현 방법은 가상머신의 동작을 물리머신과 동일하게 가정하고 가상머신이 가상 주소를 물리 주소로 변환을 요청하는 과정 중에 하이퍼바이저가 실제 물리머신의 머신 주소를 넘겨준다. 이 표현방식에서는 물리시스템의 주소는 머신 주소가 되는 것이다. 두 번째 표현 방법은 가상 주소는 가상머신에서 사용하고 가상머신이 사용하는 물리 주소를 '**가상물리 주소**'라고 표현한다. 가상물리 주소를 하이퍼바이저에 의해 실제 물리머신의 주소로 변환한다. 두 방식 모두 하이퍼바이저가 적절한 주소 변환 과정에 개입되어야 하는 것을 말해주고 있다.

전가상화를 생각해보면, 가상머신에 설치되는 게스트 OS는 자신이 가상환경에서 동작하고 있음을 인지하지 못한다. 따라서 물리시스템에서와 동일하게 가상머신에서 동작하는 프로세스는 가상 주소를 사용하고 물리 주소를 직접 접근하려고 한다. 하지만, 가상머신 또한 하이퍼바이저 상에서 동작하는 프로세스이기 때문에 물리 주소는 실제 물리 주소가 아니다. 따라서 하이퍼바이저가 가상머신이 사용할 수 있는 실질적인 물리 주소를 변환해주는 중재자 역할을 해야 한다. 그림 11.22는 가상머신에서 사용하는 가상 주소와 게스트 OS가 인지하는 메모리, 실제 하이퍼바이저가 관리하는 물리메모리의 관계를 보여준다.[24]

---

24 http://www.vfrank.org/2013/09/18/understanding-vmware-ballooning/

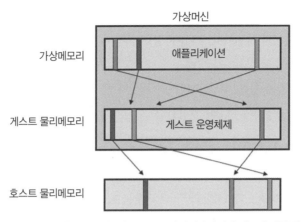

그림 11.22 **가상머신내 프로그램, 게스트 OS, 하이퍼바이저간 메모리 매핑 관계**

11.2.4 TLB 에뮬레이션 방식 메모리 가상화

가상화 환경에서 메모리를 가상화한다는 것은 결국 물리시스템의 주소 체계인 가상 주소와 물리 주소 간 매핑을 해주는 기능을 가상화해야 한다. 즉, 단순하게 MMU의 역할을 가상화해야 하는 것으로 볼 수 있다. MMU 동작을 가상화하는 것을 이해하기 위해서는 물리머신에서 MMU의 동작이 어떻게 이루어지는지 알아야 한다. 그림 11.23은 가상 주소를 물리 주소로 변경하는 과정을 보여준다.[25]

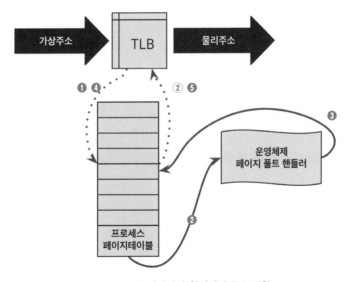

그림 11.23 **비가상화 환경에서 주소 변환**

---

25 https://www.cs.columbia.edu/~nieh/teaching/e6998_s08/lectures/lecture3.pdf

CPU로부터 가상 주소에 대한 물리 주소를 요청받으면 TLB를 통해 해당 가상 주소에 매핑되는 물리 주소가 TLB에 존재하는지 확인한다. TLB에 정보가 존재한다면, TLB로부터 해당 물리 주소가 반환된다. 해당 가상 주소에 매핑되는 물리 주소에 대한 정보가 TLB에 존재하지 않는다면, TLB 미스(❶)가 발생한다. TLB 미스가 났을 때 프로세스의 페이지 테이블을 이용하여 가상 주소에 매핑되는 물리 주소를 반환(②)하고 동시에 TLB에 저장한다.

만약 프로세스의 페이지 테이블에 해당하는 페이지가 물리메모리에 로드되지 않았을 경우(②)에는 **페이지 폴트**page fault를 발생시켜 운영체제가 페이지 폴트 핸들러를 통해서 해당 페이지가 메모리에 적재되도록 한다.[26] 페이지 폴트가 나게 되면, 페이지 폴트가 나게 된 명령을 중지시키고 운영체제의 페이지 폴트 핸들러에 의해서 명령수행에 필요한 페이지를 물리메모리에 적재시킨다. 가상 주소에 해당되는 물리 페이지가 메모리에 적재되었으므로, TLB 캐시에 매핑 관계를 적용(❸)시킨다. 페이지 폴트가 났을 때 중지시켰던 명령을 다시 수행시키면(❹) 해당 가상 주소는 이미 TLB에 적용되어 있기 때문에 TLB에서 물리 주소가 전달된다(❺).

컴퓨터에서 가상 주소를 물리 주소로 변환하는 과정을 가상화해야 한다. MMU는 가상 주소를 물리 주소로 변환하는 것으로 가상머신에서 사용하는 가상 주소, 물리 주소 간 매핑을 실제 머신 주소로 변환하는 작업을 수행해야 한다. 비가상화 환경에서 MMU의 TLB에는 가상 주소와 가상물리 주소 간 매핑 정보를 가지고 있다. 만약에 가상화 환경이라면 TLB에는 가상 주소와 머신 주소 간 매핑 정보를 가지고 있어야 한다. 하지만, 가상 주소를 바로 머신 주소로 매핑할 수 없고 가상 주소에서 가상물리 주소, 가상물리 주소에서 머신 주소 간 매핑 정보를 유지해야 한다. 이를 위해서 에뮬레이션 TLB 방식을 도입할 수 있다. 에뮬레이션 TLB 방식은 가상머신별로 **TLB 에뮬레이션 페이지 테이블**emulated tlb page table을 사용하는 방식이다.

그림 11.24는 32비트 시스템을 기준으로 가상 주소, 가상물리 주소, 머신 주소의 변환 단계를 보여준다. 하이퍼바이저가 TLB 에뮬레이션 페이지 테이블을 이용하여 가상 주소와 머신 주소 간 매핑 정보를 페이지 테이블에 저장하고 MMU가 이를 이용하여 가상머신의 프로세스가 사용하는 가상 주소를 머신 주소로 변환하여 물리시스템에 접근한다.

---

26 프로세스에 대응되는 실제 프로그램은 디스크와 같은 저장매체에 존재한다. 운영체제는 프로세스에 해당하는 프로그램 전체를 메모리에 로딩하지 않고 필요할 때마다 필요한 부분만큼을 메모리에 적재한다. 해당 페이지가 메모리에 존재하지 않았을 경우 저장장치에서 운영체제가 해당 페이지를 메모리로 적재시킨다.

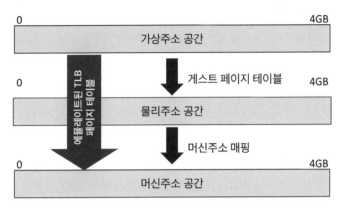

그림 11.24 **가상화 환경에서 주소 관계**

TLB 에뮬레이션을 통해서 어떻게 가상 주소와 머신 주소를 매핑하는지 살펴보자. 그림 11.25는 TLB 에뮬레이션 방식으로 가상 주소를 머신 주소로 변환하는 과정을 보여준다. TLB 에뮬레이션 페이지 테이블에 가상 주소와 머신 주소 간 매핑 정보를 가지고 있다. TLB 에뮬레이션 페이지 테이블은 가상머신별로 하나씩 존재한다.

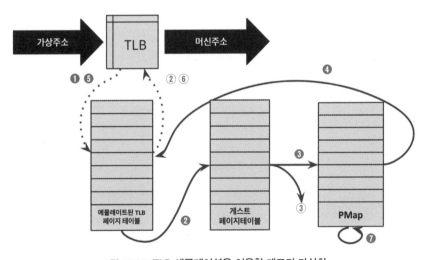

그림 11.25 **TLB 에뮬레이션을 이용한 메모리 가상화**

가상머신에서 CPU가 가상 주소에 접근한다면, 해당 가상 주소의 머신 주소가 있어야 한다. 이에 대한 정보는 TLB에 저장되어 있다. 만약 TLB 미스(❶)가 발생하면, 가상 주소에 매핑되는 머신 주소가 TLB에 존재하지 않는 경우이다. 이 경우 TLB 에뮬레이션 페이지 테이블에서 해당 가상 주소와 머신 주소 간 매핑 정보가 있는지 찾는다. 만약 존재한다면(②), 해당 매핑 정보가 TLB에 전달되고 중지된 프로세스가 재실행된다(⑥).

만약, TLB 에뮬레이션 페이지 테이블에도 해당 가상 주소의 머신 주소 정보가 존재하지 않는다면, 페이지 폴트가 발생한다(❷). 이 페이지 폴트는 하이퍼바이저가 개입하여 처리하는데, 게스트 페이지 테이블에 해당 가상 주소와 매핑되는 머신 주소가 존재하는지 확인한다. 만약 게스트 페이지 테이블에 해당 가상 주소에 매핑되는 머신 주소가 존재한다면(❸), 해당 머신 주소를 TLB 에뮬레이션 페이지 테이블과 TLB에 매핑 정보를 저장하고 중지된 프로세스를 재실행 시킨다(❺). 가상 주소에 매핑되는 머신 주소가 TLB에 저장되었으므로 프로세스를 재실행시킬 때 해딩 머신 주소는 TLB로부터 제공된다(❷). TLB 에뮬레이션 페이지 테이블에는 존재하지 않은 가상 주소와 머신 주소의 매핑 정보가 게스트 페이지 테이블에 존재하는 이유는 TLB 에뮬레이션 페이지 테이블이 가상머신별로 존재하기 때문에 가상머신에서 동작하는 프로세스 간 콘텍스트 스위칭에 의해서 TLB 에뮬레이션 페이지 테이블의 정보가 매번 비워졌다 채워지기 때문이다. 즉, 이 경우 발생하는 페이지 폴트는 가상화 환경에서만 발생하는 특수한 경우로, 비가상화 환경에서는 발생하지 않는다. 이러한 페이지 폴트를 **히든 페이지 폴트**hidden page fault라고 한다.

TLB 미스가 난 상태에서(❶) 다시 TLB 에뮬레이션 페이지 테이블에서 페이지 폴트가 났을 때(❷), 만약 게스트 페이지 테이블에 해당 정보가 없다면, 해당 페이지가 메모리에 적재되지 않았을 경우이다. 따라서 해당 페이지를 접근하려고 할 때 **페이지 폴트**가 다시 발생한다(❸). 게스트 페이지 테이블에 페이지 폴트가 발생하면, 가상머신의 가상물리페이지와 머신페이지 매핑을 관리하는 특수한 자료구조인 **PMap**을 검색한다. 만약 PMap에 해당 페이지 매핑이 존재하면, TLB 에뮬레이션의 TLB 페이지 테이블에 해당정보를 저장하고(❹), TLB에서 새롭게 매핑된 주소를 사용할 수 있도록 한다(❻). 여기에서 발생하는 페이지 폴트는 비가상화 환경에서도 발생하는 페이지 폴트로 **트루 페이지 폴트**true page fault라고 한다.

앞에서 언급한 것처럼 하이퍼바이저가 가상물리페이지를 머신페이지로 변환할 때 매핑 관계를 기록하는 PMap이라는 특수한 자료구조를 사용한다. 하이퍼바이저는 PMap에 가상물리페이지에 해당하는 머신페이지가 존재하지 않는 경우 해당 페이지를 로딩하는 적절한 처리를 수행한다(❼).

TLB 에뮬레이션 방식은 가상머신별로 TLB 에뮬레이션 페이지 테이블을 가지고 있다고 했다. 가상머신 내에 여러 프로세스 간 콘텍스트 스위치가 발생하면 TLB 에뮬레이션 페이지 테이블을 비워줘야 한다. 이렇게 비워진 TLB 에뮬레이션 페이지 테이블은 가상 주소와 머신 주소가 존재하지 않기 때문에 게스트 페이지 테이블에 가상 주소와 머신 주소가 존재한다고 하더라도 히든 페이지 폴트가 발생한다. 이러한 페이지 폴트는 프로세스 콘텍스트 스위칭에 의해서 TLB 에뮬레이션 페이지 테이블이 비워져서 게스트 페이지 테이블 간 정보가 불일치하여 생기는 단순한 원인 때문에 발생하는 것이다. 히든 페이지 폴트는 TLB 에뮬레이션 방식에서 많이 발생할 수밖에 없고 비가상화 환경에서는 발생하지 않은 오버헤드이다.

11.2.5 섀도 페이지 테이블 방식 메모리 가상화

TLB 에뮬레이션 방식은 가상머신에 하나의 TLB 에뮬레이션 페이지 테이블을 갖고 있었다. 가상머신에서 동작하는 프로세스는 프로세스별로 게스트 페이지 테이블을 가지고 있는데, 콘텍스트 스위칭이 발생한 때마다, 가상머신의 TLB 에뮬레이션 페이지 테이블과 게스트 페이지 테이블 간 불일치로 많은 페이지 폴트가 발생하였다. 이는 TLB 에뮬레이션 페이지 테이블이 가상머신에 하나만 존재하기 때문이다. 따라서, 만약에 프로세스별로 TLB 에뮬레이션 페이지 테이블을 가지고 있다면, 히든 페이지 폴트를 줄여서 성능을 향상시킬 수 있을 것이다. 바로 프로세스별로 TLB 에뮬레이션 페이지 테이블 정보를 가지고 있는 방식을 **섀도 페이지 테이블**shadow page table **방식**이라고 한다.

그림 11.26은 섀도 페이지 테이블 방식으로 메모리를 가상화하는 개념을 보여준다. 게스트 OS에서 동작하는 프로세스별로 TLB 에뮬레이션 페이지 테이블인 섀도 페이지 테이블을 별도로 가지고 있어 프로세스 간 콘텍스트 스위칭을 할 때 발생하는 TLB 에뮬레이션 페이지 테이블을 비우는 과정과 히든 페이지 폴트의 발생을 원천적으로 제거할 수 있다.

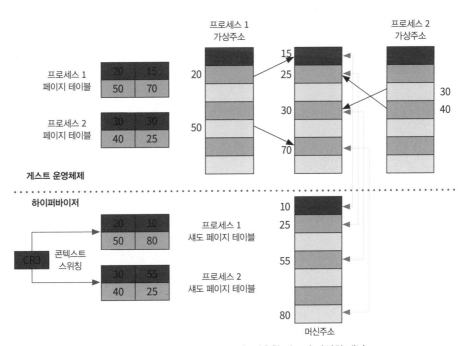

그림 11.26 **섀도 페이지 테이블을 이용한 메모리 가상화 개념**

게스트 OS에서 동작하는 프로그램 1(프로세스)의 페이지 테이블을 보면, 가상 주소 20은 가상물리 주소 15에 매핑되어 있다. 가상물리 주소 15는 실제 머신 주소 10에 매핑되므로, 프로그램 1의 섀도 페이지 테이블에는 가상 주소 20에 매핑되는 머신 주소 10이 엔트리로 들어 있게 된다. 이렇게 구성된 섀도 페이지 테이블을 이용한 메모리 가상화 방식은 게스트 OS 상의 프로세스 간 콘텍스트 스위칭이 발생할 때 섀도 페이지 테이블만 변경하게 되므로 TLB 에뮬레이션 방식처럼 TLB 에뮬레이션 페이지 테이블을 비울 필요가 없게 되고 따라서 히든 페이지 폴트도 발생하지 않는다.

지금까지 설명을 단순화하기 위해 섀도 페이지 테이블을 1단계 테이블로 묘사하였지만, 페이지 테이블은 게스트 페이지 테이블과 동일한 레벨로 구성되어 있다(그림 11.27).

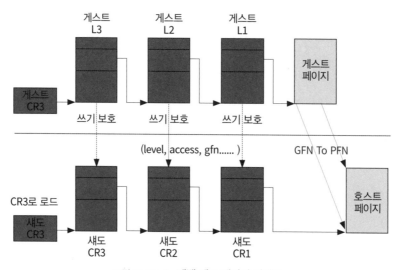

그림 11.27 3- 레벨 섀도 페이지 테이블

하이퍼바이저가 섀도 페이지 테이블을 관리함으로써 가상머신이 자신이 실제 물리머신의 메모리를 접근하고 있다고 생각하게 만든다. 하이퍼바이저는 섀도 페이지 테이블에 게스트 페이지와 머신 페이지를 일대일로 매핑한다. 만약 게스트 페이지 테이블에 수정이 발생하면(가상 주소 → 가상물리 주소), 하이퍼바이저는 가상 주소에 해당하는 머신 주소를 섀도 페이지 테이블에 반영한다.

섀도 페이지 테이블 방식에서 콘텍스트 스위칭이 발생할 때 과정을 살펴보자. 그림 11.28은 프로세스 2가 수행 중인 상태에서 가상머신의 가상 CR3[27] 레지스터와 실제 시스템의 CR3 레지스터의 관계를 보여준다. 가상머신의 가상 CR3 레지스터가 현재 프로세스의 게스트 페이지 테이블을 가리키고 있고 이에 해당하는 섀도 페이지 테이블을 CR3 레지스터가 가리키고 있다.

---

27 CR3: The 3rd Control Register

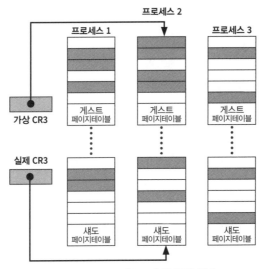

그림 11.28 **프로세스 2 수행 중인 상태**

만약, 프로세스 2에서 프로세스 3으로 콘텍스트 스위칭이 발생한다면, 가상 CR3 레지스터의 값이 변경된다(그림 11.29-ⓐ). 하이퍼바이저는 이를 감지하여 CR3 레지스터의 값을 해당 프로세스의 섀도 페이지 테이블의 베이스 값으로 변경한다(그림 11.29-ⓑ). 섀도 페이지 테이블을 비우고 다시 채울 필요가 없이 콘텍스트 스위칭을 할 수 있다.[28]

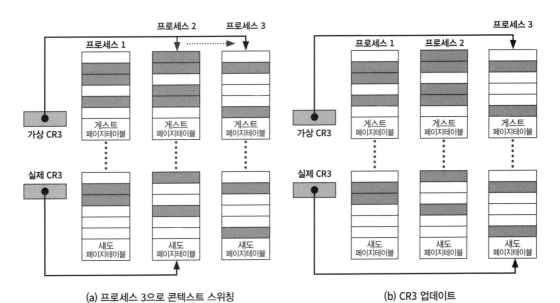

(a) 프로세스 3으로 콘텍스트 스위칭   (b) CR3 업데이트

그림 11.29 **콘텍스트 스위칭에 따른 레지스터 업데이트**

28 https://www.cs.columbia.edu/~nieh/teaching/e6998_s08/lectures/lecture3.pdf

만약 새로운 프로세스 4가 실행된다면(그림 11.30-(a)), 프로세스 4에 대한 게스트 페이지 테이블이 생성되고, 가상 CR3 레지스터가 새롭게 프로세스 4의 게스트 페이지 테이블을 가리키게 된다. 프로세스 4를 위한 전용 섀도 페이지 테이블이 생성되고 CR3 레지스터가 이 섀도 페이지 테이블의 베이스 값을 저장하게 된다(그림 11.30-(b)). 이 경우 섀도 페이지 테이블은 어떠한 정보도 없는 빈 상태가 되고 트루 페이지 폴트가 발생하면서 가상 주소와 머신 주소 간 매핑 정보가 엔트리로 채워지게 된다.

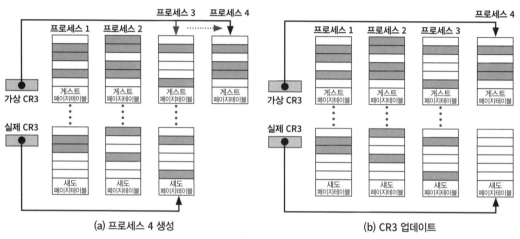

(a) 프로세스 4 생성   (b) CR3 업데이트

그림 11.30 **새로운 프로세스 생성에 따른 레지스터 업데이트**

섀도 페이지 테이블 방식이 TLB 에뮬레이션 방식보다는 성능 개선이 있지만, 프로세스별로 섀도 페이지 테이블을 관리해야 하므로 많은 메모리가 필요하다. 또한 게스트 페이지 테이블이 갱신되면, 섀도 페이지 테이블을 동시에 갱신해야 한다. TLB 에뮬레이션 방식의 문제점은 빈번한 히든 페이지 폴트이고 섀도 페이지 테이블 방식의 문제점은 **많은 메모리를 사용**memory bloat한다는 점이다. 따라서 TLB 에뮬레이션 방식의 문제점과 섀도 페이지 테이블 방식의 문제점을 해결할 방법이 필요하다.

11.2.6 직접 페이지 테이블 접근 방식의 메모리 가상화

TLB 에뮬레이션 방식에 비해 섀도 페이지 테이블 방식이 장점이 있지만, 모든 프로세스에 대한 섀도 페이지 테이블을 유지해야 하기 때문에 메모리 낭비가 발생하고 섀도 페이지 테이블과 게스트 페이지 테이블 간의 동기화가 이루어져야 한다. 이러한 문제를 해결하기 위해서는 섀도 페이지 테이블을 유지하지 않아야 하고 게스트 페이지 테이블을 직접 수정해서 섀도 페이지 테이블과 동기화 자체를 제거해야 한다.

전가상화의 경우 게스트 페이지 테이블은 가상머신이 사용하는 페이지 테이블이고 가상머신은 자신이 가상화 환경에서 동작하는지 알지 못한다. 따라서, 반가상화 환경에서 게스트 OS를 수정하여 자신이 가상화 환경에서 동작하고 있음을 인식하게 하여 자신이 사용하는 게스트 페이지 테이블을 머신 주소로 직접 수정하는 방식인 **직접 페이지 테이블 접근** 방식을 사용한다.

그림 11.31은 섀도 페이지 테이블 방식과 직접 페이지 테이블 접근 방식을 보여준다. 별도의 페이지 테이블을 유지하는 것이 아니라 게스트 페이지 테이블을 MMU가 직접 접근하여 가상 주소에 대한 머신 주소를 얻게 된다. 즉, 게스트 페이지 테이블에는 가상 주소에 대한 가상물리 주소가 저장되는 것이 아니라 머신 주소가 저장되는 것이다. Xen의 반가상화 방식에서는 게스트 OS가 **하이퍼 콜**hypercall을 호출하여 하이퍼바이저가 게스트 페이지 테이블을 머신 주소로 수정한다.

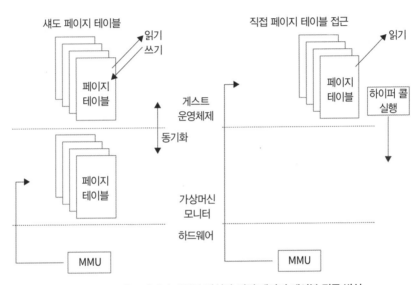

그림 11.31 섀도 페이지 테이블 방식과 직접 페이지 테이블 접근 방식

MMU가 직접 게스트 페이지 테이블을 직접 접근함으로써 섀도 페이지 테이블 방식의 메모리 낭비와 게스트 페이지 테이블과 섀도 페이지 테이블 간 동기화 문제를 해결할 수 있다. 하지만, 직접 페이지 테이블 접근 방식은 게스트 OS를 수정해야 한다는 점에서 운영체제 수정이 어려운 환경에서는 사용할 수 없다는 문제가 있다. 또한 TLB 에뮬레이션 방식, 섀도 페이지 테이블 방식과 동일하게 직접 페이지 테이블 방식은 모두 **소프트웨어적 메모리 가상화 방식**이라는 점이다.

비가상화 환경에서 MMU는 하드웨어로 가상 주소를 물리 주소로 변환한다. 가상화 환경에서는 가상 주소, 가상물리 주소, 머신 주소 간 매핑이 매우 빈번하게 일어나고 비가상화 환경보다 더 복잡한 구조에서 소프트웨어적으로 메모리를 가상화하는 것은 매우 비효율적이다. 가상화를 기반으로 한 클라우드 컴퓨팅 응용과 서비스가 확대됨에 따라 프로세서 벤더 회사에서 가상 주소, 가상물리 주소, 머신 주소 간 변환을 하드웨어를 통해 처리하는 솔루션을 탑재하기 시작하였다.

11.2.7 하드웨어 지원 페이징

하드웨어 지원 페이징hardware-assisted paging은 가상 주소, 가상물리 주소, 머신 주소 간 매핑을 하드웨어적으로 처리하는 방식이다. 섀도 페이지 테이블 방식은 빈번한 페이지 폴트가 발생하고 이에 따라 하이퍼바이저가 개입하여 처리해야 하는데, AMD에 따르면 섀도 페이지 테이블에서 발생하는 오버헤드가 전체 시스템 오버헤드의 75%를 차지한다고 보고하고 있다.

AMD는 2007년, 인텔 2009년 각각 하드웨어적으로 페이지 테이블을 가상화하는 방식을 제시하였다. 두 방식 모두 유사하게 동작한다.[29]

- **AMD : 중첩 페이지 테이블**nested page table, NPT
- **Intel : 확장 페이지 테이블**extended page table, EPT

비가상화 환경에서 64비트 시스템의 페이지 테이블 구조를 살펴보자. 그림 11.32는 64비트 4KB 페이지 테이블 구조를 보여준다.[30]

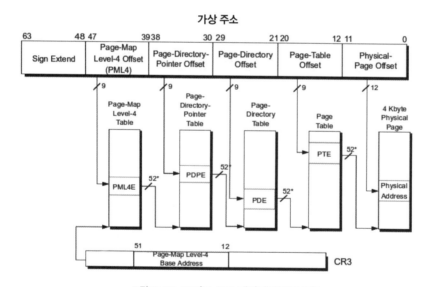

그림 11.32 **64비트 4KB 페이지 테이블 구조**

CPU에서 요청한 가상 주소에 해당하는 물리 주소를 요청하면, 먼저 CR3 레지스터를 통해 **PML4**page map level 4 테이블의 베이스 주소를 접근한다. CPU가 요청한 가상 주소는 64비트로 구성

---

29 AMD와 인텔의 방식이 유사하고 NPT가 널리 통용되고 있다.
30 https://ricklarabee.blogspot.com/2017/01/virtual-memory-page-tables-and-one-bit.html

되어 있고 PML4 테이블의 **오프셋**offset이 39비트에서 47비트까지 총 9비트 크기로 저장되어 있다. 즉, CR3 레지스터가 가리키는 PML4 테이블의 베이스 위치에서 오프셋만큼 떨어진 위치에 다음에 접근할 곳의 메모리 주소가 저장되어 있다. PML4 테이블의 엔트리는 **PDP**page directory pointer 테이블을 가리키고 있다.

PML4 엔트리로부터 다음에 접근할 PDT 테이블의 베이스 위치를 알았다면, PDP 엔트리를 찾아야 한다. PDP 엔트리의 위치는 CPU가 요청한 가상 주소의 30비트에서 38비트까지 총 9비트 크기로 저장되어 있다. 이 오프셋 정보를 이용하여 PDP의 엔트리 위치를 찾게 된다. PDP 엔트리는 다음에 접근할 **PD**page directory 테이블을 가리키고 있다. 동일한 방법으로 CPU가 요청한 가상 주소의 21비트에서 29비트까지 오프셋 정보를 이용하여 PD 테이블에서 해당 엔트리에 접근할 수 있다. PD 엔트리는 **PT**page table의 베이스 위치를 가리키고 있고, CPU가 요청한 가상 주소 12비트에서 20비트까지 정보를 이용하여 PT 엔트리를 접근한다. PT 엔트리가 실제 4KB 크기의 물리메모리의 시작 주소를 가리키고 있다. 4KB의 물리메모리의 어느 위치에 접근할 지는 CPU가 요청한 가상 주소의 0비트에서 11비트가지 12비트로($2^{12} = 4,096 = 4K$) 구성된 오프셋 정보를 이용하여 접근한다.

따라서, 비가상화 환경의 64비트 시스템에서 가상 주소를 물리 주소로 최종 접근하기 위해서는 총 5번의 메모리 접근이 필요하게 된다.

1. CR3 레지스터를 통해 PML4 테이블 접근
2. PML4 테이블 엔트리로부터 PDP 테이블 접근
3. PDP 테이블 엔트리로부터 PD 테이블 접근
4. PD 테이블 엔트리로부터 PT 접근
5. PT로부터 실제 4KB 물리메모리 접근

CPU로부터 요청받은 가상 주소에 대한 물리 주소를 반환하기 위해 매번 5번의 메모리 접근을 하는 것은 매우 비효율적이다. CPU에서 레지스터에 접근하기 위해서는 1 CPU 사이클이 소요되는 반면, 메모리에 접근하기 위해서는 $10^4 \sim 10^5$ 정도의 사이클cycle이 소요된다. 따라서 가상 주소를 물리 주소로 변환하기 위해 빈번하게 메모리에 접근하는 것을 줄이기 위해서 TLB 캐시를 사용한다.

하드웨어적으로 지원하는 메모리 가상화 방법을 살펴보도록 하자. CPU가 요청한 가상 주소를 가상 물리 주소로 변경하고 가상물리 주소를 머신 주소로 변환해야 하는데, 하드웨어 지원 페이징은 가상 물리 주소를 머신 주소로 변환하는 데 하드웨어로 빠르게 처리한다. 가상머신에서 게스트 페이지 테이블을 이용하고 게스트 페이지 테이블에는 가상물리 주소에 대한 정보를 담고 있다. 각각의 가상물리 주소에 해당하는 머신 주소를 얻기 위해서 중첩 페이지 테이블을 이용한다. 게스트 페이지 테이블은 가상머신의 게스트 OS가 관리하고 중첩 페이지 테이블은 하이퍼바이저가 관리한다(그림 11.33).

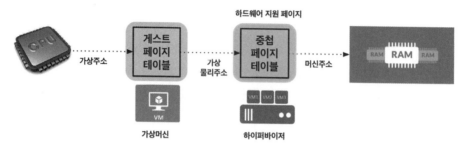

그림 11.33 **하드웨어적으로 구현한 중첩 페이지 테이블**

중첩 페이지 테이블은 가상머신당 하나씩 존재한다. 예를 들어 32GB 메모리를 가지는 물리시스템에 가상머신 1에 8GB를 할당하였다면, 중첩 페이지 테이블은 메모리 처음부터 8GB에 대한 중첩 페이지 테이블을 생성한다. 가상머신 2에 16GB를 할당하였다면, 메모리 위치 8GB에서 24GB까지 중첩 페이지 테이블을 생성한다.

중첩 페이지 테이블 방식에서 '**중첩**nested'의 의미를 새겨볼 필요가 있다. 여기에서 중첩은 게스트 페이지 테이블의 각 엔트리가 갖고 있는 가상물리 주소를 중첩 페이지 테이블(총 5단계 메모리 접근)을 통해서 얻는 다는 것이다. 앞서 살펴보았듯이 페이지 테이블 구조는 **단계**level로 구성되어 있다. 따라서 각 단계에 해당되는 엔트리를 접근할 때마다 하드웨어로 지원하는 중첩 페이지 테이블의 각 단계를 거쳐서 머신 주소를 얻어 오는 것이다.

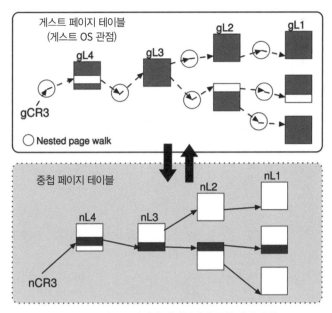

그림 11.34 게스트 페이지 테이블에서 중첩 페이지 워크

그림 11.34는 게스트 페이지 테이블에서 중첩 페이지 테이블을 통해 **머신 주소를 찾는 과정**nested page walk을 상위 레벨에서 보여준다.[31] 게스트 페이지 테이블은 가상머신에서 동작하는 게스트 OS가 관리하고 중첩 페이지 테이블은 하이퍼바이저가 관리를 하는데, 각각의 페이지 테이블의 베이스 위치에 접근할 수 있도록 특수한 레지스터 2개가 사용된다. gCR3 레지스터는 게스트 페이지 테이블에 대한 베이스 주소 정보를 담고 있고 nCR3는 중첩 페이지 테이블에 대한 베이스 주소를 갖고 있다. 따라서, 게스트 OS는 gCR3를 통해서 가상 주소를 가상물리 주소로 접근한다. 게스트 페이지 테이블의 엔트리에 해당하는 가상물리 주소에 대한 머신정보를 하이퍼바이저가 nCR3를 통해서 중첩 페이지 테이블을 접근하여 머신 주소로 변경한다. 머신 주소는 게스트 페이지 테이블의 엔트리에 대한 것이고, 머신 주소를 베이스로 하는 물리메모리 페이지가 게스트 페이지 테이블이 된다. 즉, 이 물리메모리 페이지에 가상물리 주소가 존재하게 되는 구조이다.

가상 페이지 테이블의 각 엔트리를 거칠 때마다 중첩 페이지 테이블을 통해 5번의 메모리 액세스를 하게 된다(그림 11.35).[32] 결국 게스트 페이지 테이블을 거치는 5단계마다 중첩 페이지 테이블을 5단계 거쳐 머신 주소에 접근하므로, 최악의 경우 5×5=25번 메모리에 접근해야 한다. TLB를 사용하기 때문에 실제 25번보다는 훨씬 적게 메모리에 접근하겠지만, 여전히 많은 메모리 접근은 시스템 성능을 저하시킬 수 있다.

---

31 https://www.computer.org/csdl/journal/tc/2015/12/07034997/13rRUxYrbTY
32 GPA: Guest Physical Address, SPA: System Physical Address, nL: nested Level, gL: guest Level

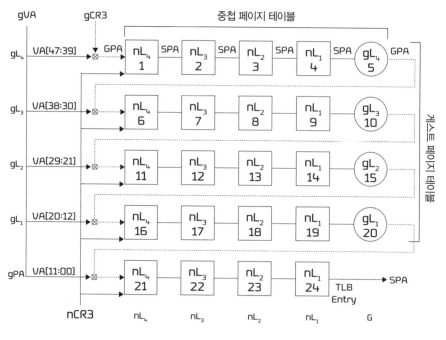

그림 11.35 중첩 페이지 테이블을 이용한 주소 변환

TLB를 이용하여 메모리 접근을 줄인다고 하더라도 TLB 미스가 발생하면 중첩 페이지 테이블에서 과도한 메모리 접근이 발생할 수밖에 없다. 이러한 TLB 미스를 줄이기 위해서 2가지 솔루션을 제공하고 있다.

1. **Large Page Size**: 페이지 크기를 4KB에서 이보다 큰 2MB, 1GB로 하여 페이지 테이블에 저장되는 엔트리의 개수를 줄이는 방법이다. 1GB를 4KB로 관리한다면 262,144개의 엔트리가 필요하지만, 2MB로 관리한다면, 512개 엔트리만 필요하다. 엔트리의 개수가 작아짐에 따라 TLB 미스를 줄일 수 있다.

2. **Address Space ID**ASID: 가상머신이 특정 프로세서에서 동작하고 있고 가상머신 간 콘텍스트 스위칭이 발생하면 TLB 캐시를 모두 비워줘야 한다. 이경우 많은 TLB 미스가 발생하게 되는데, TLB 엔트리에 **태깅**tagging을 하여 TLB를 **파티션**partition하여 사용하는 것이다. 태깅된 TLB의 일부분은 특정 가상머신에 속하게 되어 콘텍스트 스위치가 발생하더라도 TLB 미스를 줄일 수 있다.

11.3 I/O 가상화

I/Oinput/output 장치는 CPU, 메모리와 더불어 컴퓨터가 의미 있는 작업을 하기 위한 필수 장치이다. 대표적으로 키보드, 마우스, 네트워크 카드, 그래픽 카드, 디스크 장치 등이 있다(그림 11.36). CPU, 메모리, I/O 장치 사이에는 상당한 속도 차이가 있다. 운영체제에서 I/O를 어떻게 처리하느냐는 시스템 성능에 큰 영향을 미친다. 따라서 가상화 환경에서 I/O 처리는 가상화 시스템 전체 성능에 주요한 문제가 된다.

그림 11.36 다양한 I/O 장치

I/O 가상화는 물리 I/O 장치를 **캡슐화**encapsulation하여 가상머신의 I/O와 물리머신의 I/O를 **분리**decoupling한다. 따라서 가상머신의 I/O는 직접 물리장치와 통신하는 것이 아니라 간접적으로 물리머신의 I/O 장치와 통신하게 된다.[33] I/O 가상화는 크게 2가지로 구현할 수 있는데, **소프트웨어적 I/O 가상화와 하드웨어 지원 I/O 가상화**이다. I/O 가상화를 소프트웨어로만 구현하면 성능의 이슈가 발생하기 때문에 CPU 가상화와 같이 성능 개선을 위해서 인텔이나 AMD와 같은 회사에서 **VT-d**virtualization technology for directed I/O, **IOMMU**I/O memory management unit와 같은 기능을 제공하고 있다.

I/O를 가상화하는 방법은 크게 6가지가 있는데, 이를 소프트웨어적 I/O 가상화와 하드웨어 지원 I/O 가상화로 다음과 같이 구분할 수 있다.

- **소프트웨어적 I/O 가상화**
    - **I/O 장치 에뮬레이션**I/O device emulation

---

33 I/O 속도를 높이기 위해서 직접 물리장치와 통신할 수도 있지만, 가상화의 개념은 직접 통신이 아닌 간접통신을 통해서 확장성과 자원의 활용성을 높인다.

- **I/O 반가상화**I/O paravirtualizaiton

- **직접 접근 I/O**direct access I/O

• **하드웨어 지원 I/O 가상화**

- **IOMMU**I/O memory management unit

- **SR-IOV**single root I/O virtualization

그림 11.37은 가상머신에서 발생하는 I/O를 하이퍼바이저가 전달받아 물리 I/O 장치를 통해서 처리하는 개념을 보여준다. 가상머신의 애플리케이션에서 발생한 I/O 요청들은 게스트 OS의 I/O 스택에 쌓이고 에뮬레이션된 I/O 장치에 요청이 전달된다. I/O 요청이 전달되면, 호스트 시스템의 하이퍼바이저가 가상머신으로부터 전달된 I/O 요청들을 실제 물리 I/O 장치를 통해서 처리하고 결과를 전달해주는 구조이다.

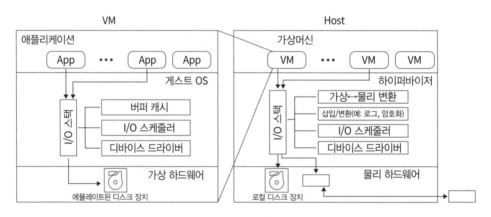

그림 11.37 가상머신 I/O 요청과 하이퍼바이저의 I/O 처리[34]

11.3.1 I/O 장치 에뮬레이션

I/O 장치 에뮬레이션device emulation은 I/O 장치를 소프트웨어적으로 구현하는 방법이다. 소프트웨어적으로 구현한 I/O 장치를 가상머신은 실제 I/O 장치가 존재하는 것처럼 인식한다. I/O 장치 에뮬레이션 방식은 전가상화 방식으로 게스트 OS를 변경할 필요가 없다. 게스트 OS는 자신이 가상화 환경에서 동작하는 것을 인지하지 못하고, I/O 관련 작업을 처리하는데, 하이퍼바이저가 중간에 **개입하여** trap 이를 에뮬레이션해서 처리한다.

---

34 https://compas.cs.stonybrook.edu/~nhonarmand/courses/sp17/cse506/slides/io_virtualization.pdf

비가상화 환경에서 I/O 장치로부터 인터럽트가 발생하면 인터럽트 컨트롤러가 이를 CPU에 전달하고 CPU가 해당 인터럽트에 관한 작업을 수행한다(그림 11.38).

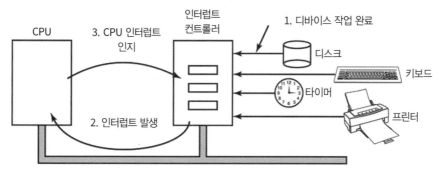

그림 11.38 **I/O 장치 인터럽트에 따른 처리**

그림 11.39는 비가상화 환경에서 프로세서와 I/O 장치 간 인터랙션하는 방식을 보여준다. **MMIO** memory mapped I/O[35]와 **PIO**programmed I/O[36]를 통해 I/O 장치에 요청을 하고 I/O 장치는 인터럽트 또는 **DMA**direct memory access를 통해서 프로세스에 응답하는 구조이다.

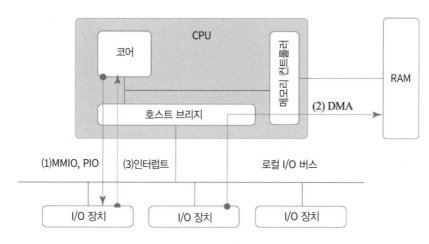

그림 11.39 **프로세서와 I/O 장치 간 인터랙션**

I/O 장치 에뮬레이션 방식에서는 게스트 OS의 모든 MMIO와 PIO관련 명령을 **트랩핑**trapping하여 처리하고 I/O 장치로부터의 인터럽트와 DMA에 대한 읽기 쓰기는 에뮬레이션하여 처리한다. 리눅스

---

35 https://en.wikipedia.org/wiki/Memory-mapped_I/O
36 https://en.wikipedia.org/wiki/Programmed_input-output

기반의 KVM 하이퍼바이저의 경우, 가상머신은 QEMU 프로세스로 캡슐화되고 **스레드**thread 하나가 **가상 CPU**VCPU 하나에 대응된다. QEMU가 가상 I/O 장치에 대한 I/O 스레드를 생성하는데, I/O 스레드는 네트워크 패킷 처리와 같은 비동기적인 동작을 처리한다.

그림 11.40은 리눅스 기반의 I/O 에뮬레이션 방식을 보여주는데, 2개의 가상 CPU가 동작하고 있다. 가상머신의 디바이스 드라이버는 MMIO와 PIO **명령**instructions으로 I/O 장치를 핸들링한다. 이 때 VCPU는 **중지**suspended되고, KVM 하이퍼바이저에게 제이가 넘어간다. 시스템 콜을 통해 **호스트 콘텍스트**host context의 디바이스 에뮬레이터에서 이벤트를 처리한다. 이벤트가 처리된 후 KVM 하이퍼바이저가 중지된 가상머신을 재실행시키고 I/O 동작에 후 인터럽트 신호를 가상머신으로 **인젝션**injection 시켜 가상머신에 I/O 처리 결과를 알려준다.

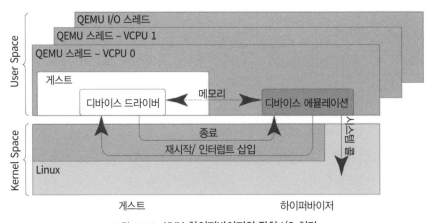

그림 11.40 **KVM 하이퍼바이저의 장치 I/O 처리**

소프트웨어적으로 처리하는 I/O 장치 에뮬레이션 방식은 전가상화를 지원하기 때문에 게스트 OS를 수정하지 않고 바로 쓸 수 있다는 장점이 있다. 하지만, I/O 장치를 소프트웨어적으로 구현하기 때문에 구현의 난이도가 증가한다. 하드웨어를 소프트웨어적으로 동작하기 때문에 오버헤드가 커서 성능 저하가 발생할 수밖에 없다. 가상머신에서 I/O를 처리하기 위해서 가상머신을 중지시키고 하이퍼바이저가 개입하여 처리하는 빈번한 컨텍스 스위칭이 발생하는 단점이 있다.

11.3.2 I/O 반가상화

I/O 장치와 하드웨어가 가상화를 지원하지 않을 경우, I/O 장치 에뮬레이션을 이용하게 되면, I/O관련 동작마다 트랩이 발생하고 하이퍼바이저로 콘텍스트 스위칭이 되어 성능이 저하된다. **반가상화**paravirtualization는 소프트웨어적으로 구현한 **전가상화**full virtualization의 성능 저하 문제를 해결하고자

게스트 OS를 변경하여 직접 하이퍼바이저와 통신할 수 있도록 했다. 이와 동일하게 I/O 반가상화는 게스트 OS를 수정하여 I/O 관련 처리를 직접 하이퍼바이저에게 요청할 수 있도록 기능을 추가하는 것을 말한다.

이를 위해서는 게스트 OS와 하이퍼바이저간 인터페이스가 정의되어야 한다. 하이퍼바이저는 반가상화 인터페이스를 제공하고 가상머신에서 동작하는 게스트 OS는 하이퍼바이저가 제공하는 반가상화 인터페이스를 호출할 수 있도록 소스 코드를 수정하여 직접 I/O 처리를 위한 함수를 호출한다. I/O 반가상화 인터페이스를 통해서 I/O 장치 에뮬레이션이 갖는 오버헤드를 줄이고 게스트 OS가 가상화에 특화된 디바이스 드라이버를 사용할 수 있게 된다.

그림 11.41은 I/O 장치 에뮬레이션과 I/O 반가상화 방식의 차이점을 보여준다. I/O 장치 에뮬레이션 기반의 전가상화 환경에서는 게스트 OS의 I/O 요청을 트래핑하여 에뮬레이터를 통해 처리한다. I/O 반가상화 방식에서도 I/O 장치 에뮬레이션을 이용할 수 있는데, 이 경우는 **레거시 장치**legacy device를 지원하기 위해 사용된다.

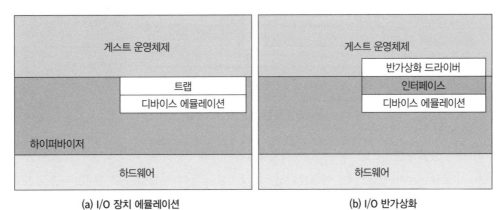

(a) I/O 장치 에뮬레이션   (b) I/O 반가상화

그림 11.41 **I/O 장치 에뮬레이션과 I/O 반가상화 비교**[37]

I/O 장치 에뮬레이션 방식에 비해 분명 성능 개선을 이룰 수 있지만, 하이퍼바이저에서 제공하는 인터페이스를 사용할 수 있는 반가상화 드라이버가 필요하고 이 반가상화 드라이버는 게스트 OS 의 특성에 맞게 구현되어야 한다. 게스트 OS에 설치되는 반가상화 드라이버를 **프런트엔드 드라이버**front-end driver라고 한다. 프런트엔드 드라이버와 매핑되는 하이퍼바이저의 드라이버를 **백엔드 드라이버**back-end driver라고 한다. 가상머신에서 동작하는 게스트 OS는 매우 다양하고 게스트 OS가 I/O 반가상화를 지원한다면, 게스트 OS별로 구현되는 프런트엔드 드라이버와 I/O 반가상화를 지원

---

37 https://developer.ibm.com/articles/l-virtio/

하는 하이퍼바이저의 백엔드 드라이버 간 **표준**standard이 필요하게 된다. 이를 위해서 개발된 것인 virtiovirtual I/O이다.

virtio는 에뮬레이션된 디바이스를 접근하기 위한 표준 인터페이스를 제공하는데, 표준 인터페이스를 통해서 **코드 재사용**code reuse과 **효율성**efficiency을 높일 수 있다. 하이퍼바이저가 표준으로 정의된 인터페이스를 **API**application programming interface로 제공하여 게스트 OS에서 사용할 수 있도록 한다. 게스트 OS는 I/O 반가상화 표준 인터페이스에 맞게 디바이스 드라이버를 구현하여 인터페이스를 통해 백엔드의 I/O 장치 기능을 사용할 수 있게 된다. 그림 11.42는 virtio를 통한 드라이버 추상화를 보여준다.

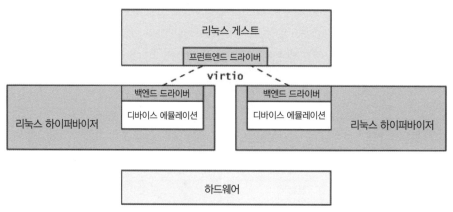

그림 11.42 **virtio를 통한 디바이스 드라이버 추상화**[38]

그림 11.43은 **상위 수준**high level virtio 프레임워크의 구조를 보여주며 디스크 장치와 같은 블록 디바이스, 네트워크 디바이스, PCI 에뮬레이션, 가상머신의 동적 메모리 관리를 위한 벌룬 드라이버[39], 콘솔 드라이버 총 5가지가 있음을 알 수 있다. 각각의 프런트엔드 드라이버들은 하이퍼바이저의 대응되는 백엔드 드라이버들을 갖는다. virtio 아키텍처는 프런트엔드 드라이버들과 백엔드 드라이버들 사이에 2개의 레이어 virtio와 Transport를 정의하고 있다. 첫 번째 레이어 virtio는 **가상 큐 인터페이스**virtual queue interface로 개념적으로 프런트엔드 드라이버를 백엔드 드라이버에 붙이는 역할을 한다. 디바이스 드라이버들은 큐를 갖지 않을 수도 있고 여러 개를 가질 수도 있다. 예를 들어 virtio 네트워크 드라이버는 2개의 가상 큐(수신용 하나, 전송용 하나)를 가지고 있는 반면 virtio 블록 드라이버는 하나의 가상 큐만을 갖는다.

---

38 https://developer.ibm.com/articles/l-virtio/
39 메모리 벌룬 드라이버(Memory Balloon Driver)는 가상머신에 설치되어 가상머신에 할당된 메모리를 회수하는 역할을 한다.

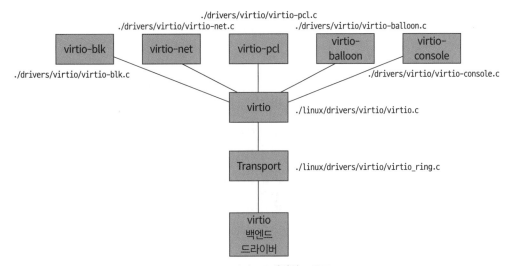

그림 11.43 **virtio 프레임워크 구조**

I/O 장치 에뮬레이션 방식에서는 가상머신에서 I/O 요청이 발생할 때마다 매우 빈번하게 하이퍼바이저로 콘텍스트 스위칭이 발생해야 했지만, 이를 줄일 수 있다. 예를 들어, 웹 브라우저를 통해 웹사이트를 접속한다고 생각해보자. 웹 사이트에 접속하기 위해서는 데이터 전송이 필요하고 저수준의 수많은 네트워크 패킷들이 네트워크 카드로 송수신된다. 패킷 하나를 처리하기 위해서 가상머신과 하이퍼파이저간 수많은 콘텍스트 스위칭이 발생하게 되면, 성능 저하는 필연적일 수밖에 없다. 만약 게스트 OS를 수정하여 하이퍼바이저가 제공하는 반가상화 인테페이스를 사용한다면, send_packet()과 같은 한번의 요청으로 처리가 가능하기 때문에 가상머신과 하이퍼바이저간 콘텍스트 스위칭도 한 번만 발생한다. I/O 반가상화 인터페이스를 통해서 호스트 시스템의 디바이스 드라이버를 직접 이용하기 때문에 I/O 장치 에뮬레이션을 사용하는 방식에 비해 성능을 높일 수 있다.

I/O 반가상화에서 장치 드라이버의 관리를 별도로 하는 **분리 장치 드라이버 모델**split device driver model이 있다. 분리 장치 드라이버 모델은 장치 드라이버를 하이퍼바이저에서 특정 도메인으로 분리하는 것을 말한다. 리눅스 시스템 전체 구성에서 장치 드라이버가 갖는 비율은 매우 크다. 그림 11.44는 2019년도 기준 **리눅스 커널**Linux kernel 소스 코드의 라인 수를 비교한 것이다. 장치 드라이버와 관련된 소스 코드가 대부분임을 확인할 수 있다. I/O 장치 에뮬레이션과 I/O 반가상화가 I/O와 관련한 명령어를 어떻게 처리할 것인지에 대한 방법이라면 분리 장치 드라이버 모델은 장치 드라이버들을 어떻게 관리할 것인지에 관한 것이라고 볼 수 있다.

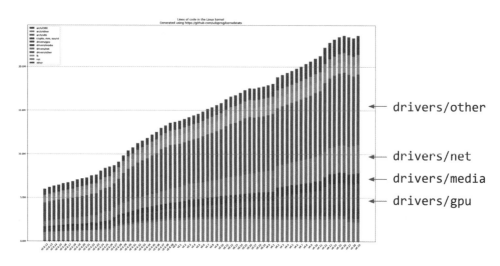

그림 11.44 **리눅스 커널 소스 코드에서 장치 드라이버 비중(2019년)**

하이퍼바이저가 모든 장치 드라이버를 관리해야 할 경우, 리눅스의 예처럼 운영체제와 하이퍼바이저 간 장치 드라이버 관리와 유지에 대한 일관성 및 중복성에 대한 이슈를 해결해야 하고, 하이퍼바이저 고유기능에 대한 소스 코드 유지관리가 어려워진다.

이러한 문제를 해결하기 위해서 장치 드라이버를 하이퍼바이저가 아닌 특정 도메인에 위치시켜 하이퍼바이저를 경량화하고, 특정 도메인에 위치한 장치 드라이버를 통해서 실제 물리 하드웨어 장치에 접근한다. 이 방식은 대표적인 반가상화 하이퍼바이저인 Xen에서 사용하는 것으로 **DOM 0**라는 특수 목적의 도메인을 구성하고 장치접근에 관한 작업을 처리하도록 구성한다. 게스트 도메인으로부터 요청받은 장치에 대한 접근을 반가상화 인터페이스를 통해서 DOM 0의 장치 드라이버를 통해서 하드웨어에 접근한다.

그림 11.45는 분리 장치 드라이버 모델의 개념을 보여준다. 장치 드라이버는 **서비스 가상머신(DOM 0)**에 위치하고 있고, 게스트머신에서는 프런트엔드 장치 드라이버를 통해서 장치에 접근한다. 서비스 가상머신은 백엔드 장치 드라이버가 있어 게스트머신이 I/O 관련 요청을 할 수 있도록 **API**를 제공한다. 즉, 게스트머신에서 동작하는 운영체제는 서비스 가상머신이 제공하는 **API**를 호출할 수 있도록 수정되어야 한다. 분리장치 드라이버 모델은 반가상화가 가능한 게스트 OS에서만 사용이 가능하다는 제약이 있다.

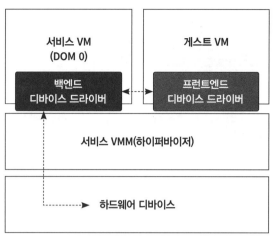

그림 11.45 **분리장치 드라이버 모델**

11.3.3 직접 접근 I/O

I/O 가상화는 하드웨어 장치를 여러 가상머신이 공유하여 사용할 수 있는 기능을 제공한다. 여러 가상머신이 공유해서 활용할 경우 하이퍼바이저가 개입되어야 하기 때문에 속도저하와 관리 오버헤드가 필연적으로 발생할 수밖에 없다. 만약에 특정 하드웨어가 특정 가상머신에서만 사용되는 경우를 생각해보자. 이러한 환경에서는 이 하드웨어 장치를 공유하여 여러 가상머신이 사용할 수 있도록 구성하는 것은 비효율적인 방법이다. **직접 접근 I/O**direct access I/O는 특정 가상머신에게 배타적으로 할당하여 해당 가상머신만이 하드웨어 장치를 사용할 수 있도록 구성하는 것을 말한다. 가상머신이 직접 해당 하드웨어를 제어하기 때문에 **패스스루 I/O**passthrough I/O라고도 한다.

그림 11.46은 직접 접근 I/O의 동작 방식을 보여준다. 가상머신의 게스트 OS에서 직접 I/O를 해당 장치에 요청함으로써 비가상화 환경과 유사한 성능을 보장할 수 있다.

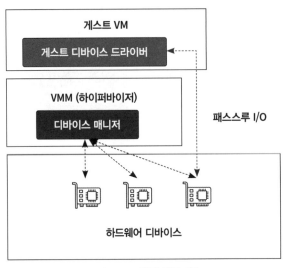

게스트 VM

게스트 디바이스 드라이버

VMM (하이퍼바이저)

디바이스 매니저

패스스루 I/O

하드웨어 디바이스

그림 11.46 **직접 접근 I/O**

직접 접근 I/O의 특징을 요약하면 다음과 같다.

- 게스트 OS에서 직접 I/O 장치에 접근 가능
- 장치 에뮬레이션, 백엔드 및 프런트엔드 간 통신 오버헤드 제거
- 가상머신에 할당된 I/O 장치는 다른 가상머신에서 사용 불가
- 가상머신과 해당 I/O 장치 간 **강한 의존 관계가 형성**strong coupling

직접 접근 I/O는 **DMA**direct memory access를 사용한다. DMA는 I/O 장치와 같은 **하드웨어 서브시스 템**hardware subsystem이 직접 메인 메모리를 접근할 수 있는 기능을 말한다. DMA를 사용하지 않은 경우[40] I/O 장치의 데이터를 처리하기 위해서는 CPU가 개입되어야 하는데, 이 경우 I/O의 읽기쓰기 동작동안 CPU는 다른 일을 할 수 없다. DMA를 사용할 경우 CPU의 개입 없이 I/O 장치가 메인 메 모리에 접근하여 읽기와 쓰기가 가능하다.

그림 11.47은 DMA를 사용하지 않는 방식일 때 I/O 처리 과정을 보여주고, 그림 11.48은 DMA를 사 용했을 때 I/O 처리 과정과 CPU의 활용성을 비교 설명한다.

---

40 CPU가 PIO(Programmed I/O)를 사용하는 경우

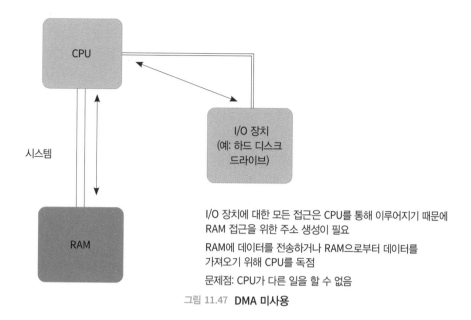

CPU
I/O 장치
(예: 하드 디스크
드라이브)
시스템
RAM
I/O 장치에 대한 모든 접근은 CPU를 통해 이루어지기 때문에
RAM 접근을 위한 주소 생성이 필요
RAM에 데이터를 전송하거나 RAM으로부터 데이터를
가져오기 위해 CPU를 독점
문제점: CPU가 다른 일을 할 수 없음

그림 11.47 **DMA 미사용**

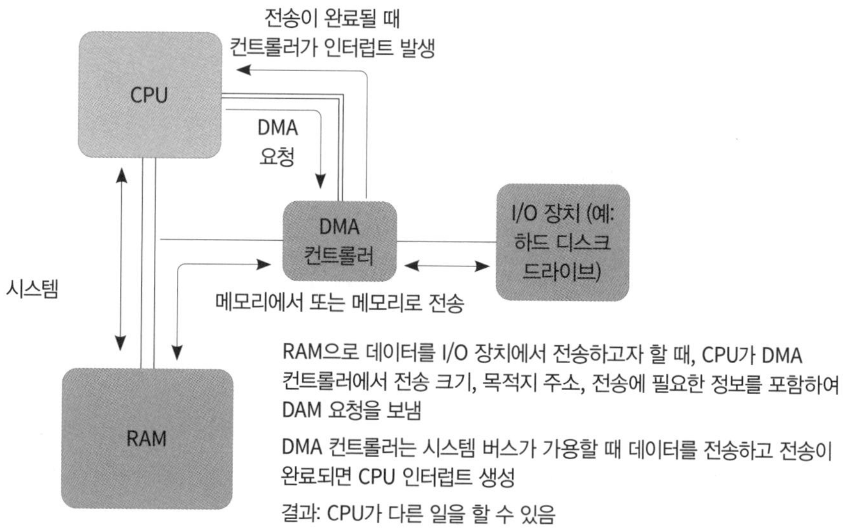

전송이 완료될 때
컨트롤러가 인터럽트 발생
CPU
DMA
요청
DMA
컨트롤러
I/O 장치 (예:
하드 디스크
드라이브)
시스템
메모리에서 또는 메모리로 전송
RAM
RAM으로 데이터를 I/O 장치에서 전송하고자 할 때, CPU가 DMA
컨트롤러에서 전송 크기, 목적지 주소, 전송에 필요한 정보를 포함하여
DAM 요청을 보냄
DMA 컨트롤러는 시스템 버스가 가용할 때 데이터를 전송하고 전송이
완료되면 CPU 인터럽트 생성
결과: CPU가 다른 일을 할 수 있음

그림 11.48 **DMA 사용**

직접 접근 I/O 방식은 가상머신에서 직접 I/O에 접근할 수 있고, 오직 하나의 가상머신만이 해당 장치를 사용할 수 있기 때문에 가상화 관점에서 3가지 단점이 존재한다.

1. **메모리 보호 문제**: DMA는 직접 메인 메모리의 영역에 데이터를 읽고 쓸 수 있음을 의미한다. 즉, 모든 가상머신이 DMA를 통해서 메모리의 특정 영역을 쓸 수 있다면, **메모리 보호**memory protection가 되지 않는다. 가상화의 큰 장점이 가상머신 간 분리인데, 특정 가상머신의 문제는 곧

시스템 전체의 문제가 될 수 있다.

2. **전가상화 지원 문제**: 전가상화는 가상머신이 자신이 가상화 환경에서 동작하고 있음을 인지하지 못하는 것을 의미한다. 하지만, 직접 접근 I/O는 직접 I/O 장치에 접근을 하기 때문에 가상머신에서 동작하는 운영체제를 수정할 수밖에 없다. 즉, 직접 접근 I/O는 반가상화 환경에서만 가능하다.

3. **디바이스 공유 문제**: 가상화의 핵심 요소 중 하나가 시스템 자원의 효율적인 사용이다. 이는 자원의 공유를 통해서 달성될 수 있는데, 직접 접근 I/O는 특정 가상머신에 해당 장치가 배타적으로 할당되어 자원의 활용률을 낮출 뿐만 아니라, 가상화를 통한 자원 효율성을 높이는 기본 방향에는 맞지 않다.

지금까지 살펴본, I/O 장치 에뮬레이션, 분리장치 드라이버 모델과 직접 접근 I/O를 포함한 I/O 반가상화는 모두 소프트웨어적인 I/O 가상화 방식이다. 즉, 소프트웨어적으로 I/O 장치를 에뮬레이션하거나, 게스트 OS를 수정하여 I/O 장치에 접근하는 성능을 개선하는 방식이었다.

소프트웨어적인 I/O 가상화는 성능에 제약이 있다. 성능 개선을 위한 직접 접근 I/O 방식은 I/O 장치의 성능을 비가상화 환경과 유사하게 높일 수 있지만, 메모리 보호, 전가상화 지원, 디바이스 공유와 같은 가상화 환경의 장점을 상쇄시킨다. 이러한 문제점을 해결하기 위해서 AMD에서는 **IOMMU**I/O memory management unit를 인텔에서는 **VT-d** 기술을 도입하여 직접 접근 I/O가 갖는 메모리 보호와 전가상화를 지원하고 있다. 또한 **SR-IOV**single root I/O virtualization을 통해서 가상머신에서 직접 I/O 장치를 접근하면서도 다른 가상머신과 장치를 공유할 수 있는 기능을 제공하고 있다.

11.3.4 IOMMU

가상화는 단일 서버에서 여러 대의 가상머신을 생성할 수 있도록 해준다. 가상화를 통해서 단일 물리서버의 활용성을 높일 수 있지만, 서버에서 동작하는 애플리케이션의 관점에서 본다면 여러 가상머신의 I/O 요청을 에뮬레이션을 통해 처리한다면 시스템 성능이 낮아질 수밖에 없다. AMD의 IOMMU와 인텔의 **VT-d**virtualization technology for directed I/O는 이러한 I/O 성능 저하를 해결하기 위한 하드웨어적 솔루션이다.[41] I/O 장치를 가상머신에서 직접 접근할 수 있도록 하여 소프트웨어 에뮬레이션 기반 I/O 가상화의 성능 문제를 개선하였다.

DMA는 CPU의 개입 없이 I/O 장치에서 메인 메모리에 접근할 수 있도록 하여 시스템의 성능을 높

---

41 AMD의 IOMMU와 인텔의 VT-d의 두 방식이 유사하기 때문에 본문에서는 용어를 혼용하여 기술하고 있다.

이는 기술이지만 메모리 보호가 되지 않아 잘못된 접근에 의한 시스템 안정성이 보장되지 않는다. IOMMU는 I/O 장치가 DMA를 통해 메인 메모리에 접근하려고 할 때 해당 접근이 허용되는지 검사하고 접근하고자 하는 주소를 메인 메모리 상의 적절한 위치로 **재배치**remapping한다. 이를 **DMA 리매핑**DMA remapping이라고 하는데 IOMMU가 CPU의 MMU와 같은 역할을 I/O DMA에 적용한 기술이다.

IOMMU는 전가상화를 지원한다. 가상머신의 게스트 OS가 DMA 명령으로 가상물리 주소를 전달하면, IOMMU가 이를 머신 주소로 변경하여 처리한다.[42] 게스트 OS는 하이퍼바이저 상에서 전가상화 방식으로 동작하기 때문에 게스트 OS는 머신 주소를 알 수가 없다. I/O 장치에 DMA 명령을 내려도 가상물리 주소이기 때문에 머신 주소로 변경은 불가능하다. IOMMU가 이러한 문제를 DMA 리매핑을 통해서 머신 주소로 변환해 주는 것이다.

그림 11.49는 IOMMU와 MMU의 동작을 비교하고 있다. MMU가 CPU의 가상 주소를 머신 주소(비가상화 환경에서 물리 주소)로 변환해주는 것이라면 IOMMU는 장치로부터 오는 장치 주소를 메인 메모리의 머신 주소로 변환해주는 역할을 한다. MMU가 서로 다른 프로세스 간의 상호 보호되는 영역에 접근하는 것을 방지할 수 있듯이 IOMMU도 서로 다른 I/O 장치가 접근이 제한된 메모리 영역에 쓰는 것을 방지하여 **메모리 보호** 기능을 제공한다.

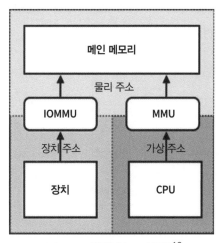

그림 11.49 **IOMMU vs. MMU**[43]

---

42 인텔의 VT-d에서는 가상물리 주소를 **게스트 물리 주소**(GPA, Guest Physical Address)로 머신 주소를 **호스트 물리 주소**(HPA, Host Physical Address)로 명명하여 사용한다.

43 https://ko.wikipedia.org/wiki/IOMMU

IOMMU에서 메모리 보호기능은 DMA 요청을 분리함으로써 가능한데, IOMMU는 메인 메모리의 특정 부분을 **보호 도메인**protection domain으로 나누고, I/O 장치에 도메인을 할당하여 접근 권한이 없는 I/O 장치가 지정되지 않은 도메인에 접근하는 것을 방지한다.

전가상화를 지원하면서 가상머신에 직접 I/O 장치를 지정하기 위해서, 하이퍼바이저는 상호접근이 허용되지 않는 DMA 요청들을 **분리**isolation할 필요가 있다. 이를 위해서 IOMMU는 I/O 장치를 특정 도메인에 할당하고 DMA 리매핑 하드웨어가 I/O로부터 오는 DMA 요청을 확인하여 제어한다. 만약 I/O에 할당된 도메인이 아니라면 접근을 제한한다.

DMA 리매핑 하드웨어는 I/O 장치와 메인 메모리 사이에 위치하여 DMA 요청을 메인 메모리의 주소로 변환하는 역할을 한다. 메인 메모리의 주소로 변환하는 역할과 동시에 해당 DMA 요청이 메인 메모리에 접근이 가능한지 검사한다. MMU와 마찬가지로 주소 변환 결과는 캐시를 활용하여 재활용한다.

그림 11.50은 DMA 리매핑을 보여준다. 장치-1은 메인 메모리의 도메인-A와 도메인-B에 지정되어 있다. 장치-1이 도메인-C에 지정되지 않은 상태에서 도메인-C 메모리 영역에 접근할 때 접근이 제한된다. I/O 장치가 메인 메모리의 특정 위치(도메인)을 접근하는 DMA 요청을 할 때, IOMMU는 **주소 변환 테이블**address translation table을 확인하여 I/O 장치가 접근하고자 하는 도메인(메인 메모리)에 대한 접근 권한이 있는지 확인한다. I/O 장치가 해당 도메인에 접근 권한이 없는 경우는 접근을 제한하고, 시스템 폴트를 발생하여 하이퍼바이저에게 알린다.

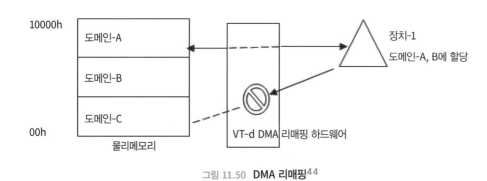

그림 11.50 **DMA 리매핑**[44]

그림 11.51은 소프트웨어 기반 I/O 에뮬레이션 방법과 IOMMU와 같은 하드웨어지원 방식의 I/O 가

---

44 https://software.intel.com/content/www/us/en/develop/articles/intel-virtualization-technology-for-directed-io-vt-d-enhancing-intel-platforms-for-efficient-virtualization-of-io-devices.html

상화를 비교하고 있다. I/O 에뮬레이션 방식은 가상머신과 I/O 장치사이에 **소프트웨어 레이어**software layer가 I/O 요청에 관한 모든 것을 제어한다. 가상머신의 I/O 요청에 대한 데이터가 소프트웨어 레이어를 통해서 I/O 장치에 전달되고, I/O 장치로부터 데이터 또한 소프트웨어 레이어를 통해서 가상머신으로 전달된다.

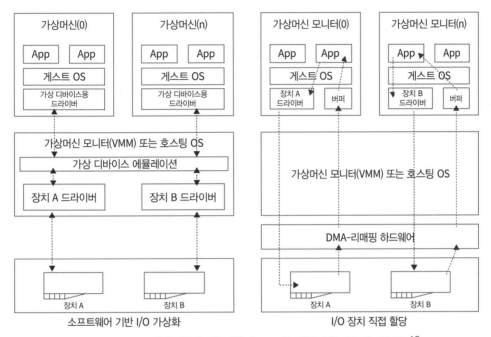

그림 11.51 **소프트웨어 에뮬레이션 기반 I/O vs. 하드웨어지원 기반 I/O 가상화**[45]

IOMMU와 같은 하드웨어지원 방식에서는 전가상화를 지원하여 게스트 OS를 수정할 필요 없이 해당 가상머신에 특정 I/O 장치를 지정할 수 있다. 게스트 OS로부터 지정된 I/O 장치에 대한 접근은 전가상화이기 때문에 가상물리 주소(또는 게스트물리 주소)로 요청되고, DMA 리매핑을 통해서 머신 주소(또는 호스트물리 주소)로 변환된다. I/O 장치에서 게스트 OS로의 데이터 전송은 DMA 리매핑을 통해서 게스트 OS의 버퍼에 직접 전달된다. 게스트 OS의 버퍼에 직접 데이터를 전송할 때 가상머신에 직접 **인터럽트를 발생시켜**interrupt remapping support 하이퍼바이저의 오버헤드를 줄인다.

---

45 https://software.intel.com/content/www/us/en/develop/articles/intel-virtualization-technology-for-directed-io-vt-d-
enhancing-intel-platforms-for-efficient-virtualization-of-io-devices.html

11.3.5 SR-IOV

IOMMU는 하드웨어적 I/O 가상화 방식으로 전가상화 지원, 직접 접근 I/O에 대한 메모리 보호를 기능을 제공한다. 하지만, IOMMU가 DMA 리매핑을 통해서 메모리 보호가 되는 I/O 직접 접근을 지원하더라도, I/O 장치는 특정 가상머신에 지정되어 활용도가 떨어질 수 있는 단점이 있다. 가상화가 갖는 장점 중의 하나가 자원의 효율적인 활용이라는 점을 생각하면, 특정 장치를 하나의 가상머신만이 사용할 수 있다는 것은 큰 제약사항이 될 수 있다.

SR-IOVsingle root I/O virtualization는 메모리보호 기능을 갖는 직접 접근 I/O를 지원하면서 동시에 여러 가상머신이 I/O 장치를 직접 접근할 수 있는 하드웨어 기반의 I/O 가상화 방식이다. 개념은 단순한데 물리 컴퓨터상에서 여러 대의 가상머신을 만들 듯이 물리 I/O 장치를 가상화하여 여러 개의 가상 I/O 장치를 만들고 가상머신들이 직접 가상 I/O 장치에 접근하도록 한다.

SR-IOV는 **PCIe**Peripheral Component Interconnect express 물리장치를 하이퍼바이저와 가상머신에게 여러 대의 장치로 보이도록 하는 기능이다. 그림 11.52는 SR-IOV 기능을 가진 I/O 장치와 SR-IOV 기능을 갖추지 못한 장치 간 동작을 비교하고 있다.

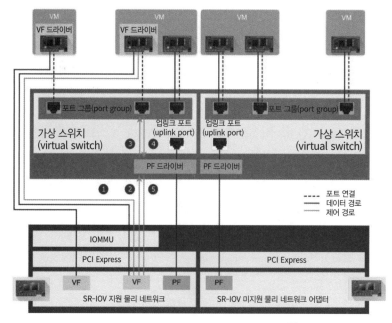

그림 11.52 **SR-IOV 지원 vs. SR-IOV 미지원**[46]

---

46 https://docs.vmware.com/en/VMware-vSphere/6.5/com.vmware.vsphere.networking.doc/GUID-DD13D453-98B9-4D26-85EA-A738293AEE00.html

SR-IOV 기능이 없는 네트워크 어댑터는 특정 가상머신에 직접 지정된다. 반면, SR-IOV 기능을 가진 네트워크 어댑터는 **PF**physical function와 **VF**virtual function로 분리하여 하이퍼바이저는 PF를 제어하면서 각각의 가상머신이 독립된 VF와 직접통신이 가능하도록 구성할 수 있다.

SR-IOV는 물리장치를 여러 개의 가상장치로 분리하는데, 2가지의 PCIe 기능으로 구분한다.

- **PF**: SR-IOV를 관리할 수 있는 PICe 기능으로 PF를 통해서 PCIe 장치를 설정하거나 제어할 수 있고 데이터를 장치로 송수신할 수 있는 기능
- **VF**: 데이터 송수신에 필요한 **경량**lightweight의 PCIe 기능으로 장치에 대한 설정에 제한이 있음

SR-IOV에서 데이터가 어떻게 흐르는지 살펴보자. 가상머신의 **가상 네트워크 인터페이스**virtual network interface card, vNIC가 하나의 VF와 **일대일**one-to-one로 연결된다. 게스트 OS의 VF 드라이버가 IOMMU를 이용하여 네트워크 인터페이스로 데이터를 송수신하기 위해 직접 VF를 사용한다. VF를 직접 접근하여 데이터를 송수신할 때 호스트머신에서 구성된 가상머신 네트워크를 사용하지 않는다. 따라서 네트워크 I/O에 대한 **지연**latency과 CPU **활용성**utilization을 높일 수 있다.

SR-IOV에서 가상머신에 할당된 VF의 설정을 변경하는 경우를 살펴보자. 만약 게스트 OS가 가상머신에 할당된 VF의 MAC 주소와 같은 설정을 변경할 때, 설정 변경이 허용되는지 먼저 검사한다. 다음과 같이 5단계를 걸쳐 설정에 대한 변경이 이루어진다.

1. 게스트 OS가 VF에 대한 수정을 요청(❶)
2. VF가 게스트 OS의 요청을 PF에 전달(❷)
3. PF 드라이버가 **가상스위치**virtual switch에게 설정 변경에 대한 검토 요청(❸)
4. 가상스위치가 설정 변경에 대한 검증(❹)
5. PF는 가상스위치로부터 검토 결과를 받아 설정 변경이 허용된 경우 VF의 설정을 변경(❺)

연습문제

1. CPU 가상화 방식의 종류와 특징에 대해서 설명하라.
2. QEMU의 동작 방식에 대해서 조사하고 설명하라.
3. Xen의 하이퍼 콜 방식에 대해서 설명하고 이 방식이 나온 배경에 대해 기술하라.
4. virtio의 동작 방식에 대해 조사하고 설명하라.
5. hellocloud.c를 작성하여 수행하고, pmap 등을 이용하여 가상메모리의 **레이아웃**layout을 도식화

하라.

6. 메모리 가상화 방식의 종류와 특징에 대해서 설명하라.

7. **히든 페이지 폴트**hidden page fault에 대해서 설명하라.

8. 중첩 페이지 테이블 방식의 가상머신의 가상 주소를 머신 주소로 변환하는 과정을 설명하라.

9. Memory Ballooning 기법에 대해 조사하고 설명하라.

10. DMA의 동작 방식에 대해서 조사하고 설명하라.

11. IOMMU의 동작 방식에 대해서 설명하라.

12. SR-IOV의 동작 방식에 대해서 설명하라.

가상화 기술 활용

CHAPTER 12

가상머신 라이브 마이그레이션

애플리케이션 서비스를 운용 중에 다운타임이 발생하면 해당 서비스로 접근이 불가한 상황이 발생하게 된다. 예상치 못한 외부 변수로 인해 다운타임이 발생하는 경우는 완전한 예방이 어렵지만, 서버의 유지보수, 이동 등과 같은 예측 가능한 경우에는 라이브 마이그레이션을 통해 다운타임으로 인한 서비스 접근 불가 문제를 일부 해결할 수 있다. 이번 장에서는 라이브 **마이그레이션 기술**migration technology을 알아보고 KVM을 이용한 가상머신 라이브 마이그레이션 수행해보자.

12.1 가상머신 마이그레이션 기술

가상화 기술의 가장 강력한 기능 중의 하나가 **가상머신 마이그레이션**virtual machine migration이다. 가상머신 마이그레이션을 2가지 타입으로 구분할 수 있다.

1. **Non-Live Migration(Offline)**: 실행 중인 가상머신을 잠시 **중지**suspend시킨 상태에서 현재 호스트에서 다른 호스트로 이동시키는 방법이다. 이 경우 가상머신이 마이그레이션되는 동안 중지되기 때문에 서비스 또한 중지되어 **서비스 장애**service interruption가 발생한다. 이 방식은 서비스 장애 시간이 길어지지만, 단순하고 쉬운 마이그레이션 방식이다. 예를 들어, 버추얼박스로 생성한 가상머신이 동작하고 있다면 현재 상태를 저장한 후에 해당 가상머신을 다른 호스트로 이동하여 실행하는 것을 생각해볼 수 있다.

2. **Live Migration(Online)**: 수행 중인 상태를 계속 유지하면서 가상머신을 다른 호스트로 이동시키는 방식이다. 가상머신이 계속 실행 상태를 유지할 수 있기 때문에 서비스 장애 시간을 줄일 수

있는 장점이 있다.

2가지 타입의 라이브 마이그레이션 방법 중에서 **라이브 마이그레이션**을 중점적으로 살펴보자. 가상 머신은 컴퓨터를 가상화한 것이고, 컴퓨터는 크게 CPU, 메모리, I/O 장치로 구분할 수 있다고 했다. 따라서 현재 가상머신이 실행되면 상태는 CPU, 메모리, I/O 장치의 상태가 될 것이다. 현재 가상머신 의 CPU, 메모리, I/O 장치의 상태를 그대로 다른 호스트로 복제한다면 라이브 마이그레이션을 구현 할 수 있을 것이다. 라이브 마이그레이션은 **프리카피**precopy, **포스트카피**postcopy, **하이브리드**hybrid 방 식으로 구분된다.

가상머신을 라이브 마이그레이션할 때 여러 단계를 거치게 되는데 각 단계는 마이그레이션 성능에 영향을 미친다. 3가지 라이브 마이그레이션 방식은 가상머신이 수행하는 애플리케이션의 타입과 네 트워크 상태 등에 따라 영향을 받을 수밖에 없다. 라이브 마이그레이션의 성능을 측정할 때 고려해 야 할 사항은 다음과 같이 요약할 수 있다.

- **Preparation Time**: 라이브 마이그레이션을 수행하기 위해 현 호스트 시스템과 목적지 호스트 시스템 간 사전 준비에 필요한 시간
- **Down Time**: 가상머신 실행이 중지되고 목적지 가상머신이 실행되기 전까지 서비스가 중지된 시간
- **Resume Time**: 라이브 마이그레이션이 종료되어 목적지 가상머신이 전체적인 통제권을 가지고 시작되는 시간
- **Total Migration Time**: 라이브 마이그레이션에 소요된 총 시간
- **Transferred RAM**: 이전 호스트에서 목적지 호스트까지 전송된 메모리의 크기
- **Duplicate Pages**: 이전 호스트 시스템에서 목적지 호스트 시스템에 중복으로 전송된 메모리 페 이지의 수
- **Performance Degradation**: 라이브 마이그레이션 중 시스템 성능 저하 정도

12.1.1 프리카피 방식

KVM을 포함한 대부분의 하이퍼바이저는 **프리카피** 방식을 사용하여 라이브 마이그레이션을 수행한 다. Xen, VMWare, KVM의 구현 방식은 상이하더라도 기본 개념은 모두 동일하다. KVM 라이브 마이그레이션은 qemu-kvm 백엔드가 수행한다. 그림 12.1은 프리카피 방식의 라이브 마이그레이션을 보여준다.

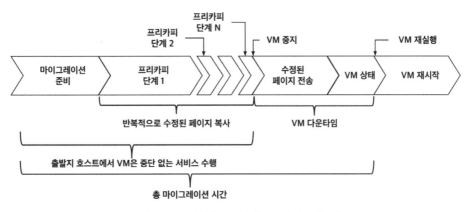

그림 12.1 프리카피 방식의 라이브 마이그레이션

마이그레이션 대상이 되는 가상머신이 실행 중인 호스트 시스템에서 해당 가상머신의 메모리를 목적지 호스트 시스템으로 전송을 한다. **마이그레이션 준비**migration preparation 단계부터 **프리카피 N 단계** precopy round N까지 가상머신은 실행 중인 상태로 서비스를 계속해서 수행할 수 있다. 이 과정 중에 지속적으로 가상머신에 해당하는 메모리 페이지는 수정될 수 있다. 프리카피 N 단계에서 가상머신이 중지되고, 목적지로 전송된 메모리 페이지 중에서 추가적으로 수정된 페이지가 있다면 해당 페이지를 목적지 시스템으로 전송한다(**수정된 페이지 전송**remaining dirty pages 단계). 모든 페이지가 전송되었다면, 가상머신의 상태를 목적지 호스트 시스템에 복제(**VM 상태**VM state 단계)하고 가상머신을 재시작한다. 실제 가상머신이 중지된 시간은 수정된 페이지 전송 단계부터 VM 상태 전송 단계까지이다.

12.1.2 포스트카피 방식

포스트카피 방식은 프리카피의 대안으로 제시되었다. 그림 12.2는 포스트카피의 수행 방식을 보여준다.

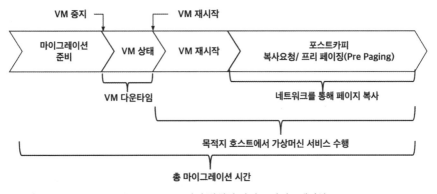

그림 12.2 포스트카피 방식의 라이브 마이그레이션

프리카피와는 반대로 **가상머신 중지**VM stop 후 가상머신 상태를 목적지 호스트로 전송한다. 전송이 완료되면 바로 가상머신을 재실행시킨다. 따라서 가상머신이 실제 중지된 시간은 가상머신 상태가 전송되는 시간동안이고, 이 시간동안 서비스가 중지된다. 목적지 호스트에서 실행되는 가상머신이 처리해야 하는 서비스 요청을 대응하게 된다. 이때 기존 호스트 시스템에서 가상머신에 해당하는 메모리 페이지들을 목적지로 전송하게 된다. 이 방식은 서비스 중지 시간이 상대적으로 짧다는 장점이 있다. 하지만 목적지 호스트에서 동작하는 가상머신이 필요한 메모리 페이지가 소스 호스트에서 아직 전송이 되지 않았을 경우, 네트워크 페이지 폴트가 발생하고 네트워크를 통해서 해당 페이지를 목적지로 전송해야 한다. 따라서 네트워크의 대역폭과 네트워크 페이지 폴트의 발생 빈도는 성능에 영향을 미치는 주요 요소이다.

12.1.3 하이브리드 방식

하이브리드 방식은 프리카피 방식과 포스트카피 방식을 혼합한 방식이다. 이 방식은 포스트카피의 특별한 형태로 볼 수 있는데, 먼저 프리카피를 수행하고 포스트카피를 수행하기 때문이다. 그림 12.3 은 하이브리드 방식에 의한 라이브 마이그레이션 단계를 보여준다.

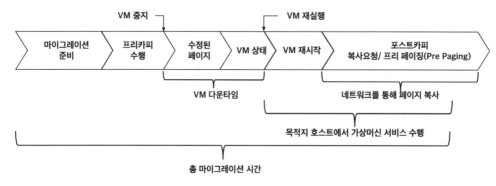

그림 12.3 **하이브리드 방식의 라이브 마이그레이션**

가상머신을 중지하기 전까지 목적지 호스트 시스템으로 가상머신의 메모리 페이지를 전송한다. 프리카피를 몇 단계까지 수행할지는 애플리케이션에 따라 정해진다. 정해진 프리카피 단계를 수행한 후 가상머신을 중지시킨다(VM 중지 단계). 포스트카피 방식은 목적지 호스트에서 수행되는 가상머신이 빈번한 네트워크 페이지 폴트를 발생시키면 성능에 크게 영향을 주기 때문에 프리카피 방식을 사용하여 빈번하게 요청되는 메모리 페이지를 미리 가져다 놓는 것이다. 가상머신이 중지된 후 목적지 호스트로 전송된 페이지 중에 수정된 페이지가 있다면 다시 목적지 호스트로 보낸다(VM 상태 단계). 가상머신의 상태를 목적지에 복사한 후 가상머신을 재실행한다. 이후는 포스트카피 방식과 동일하다.

즉, 네트워크 페이지 폴트가 발생하면 기존 호스트에서 해당 페이지를 네트워크로 전송하여 서비스 요청에 대응한다.

12.2 가상머신 생성 및 실습 환경 구성

가상머신 라이브 마이그레이션을 통해서 다운타임을 최소화하면서 한 서버에서 다른 서버로 워크로드를 분산할 수 있다. KVM을 이용하여 워크로드를 이동시킬 수 있는 환경을 구성해야 한다. 그림 12.4는 KVM 라이브 마이그레이션 구성도를 보여준다.

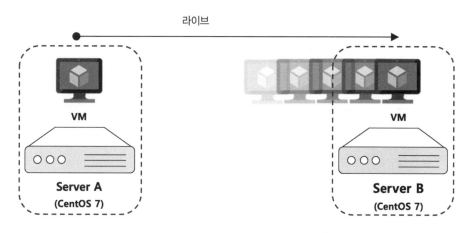

그림 12.4 **KVM 라이브 마이그레이션 구성도**

12.2.1 가상머신 생성

Ubuntu가 설치된 호스트머신에서 가상머신 마이그레이션 실습을 진행하기 위해서 VirtualBox를 통해 2대의 가상머신을 생성 및 설정해야 한다. 먼저 CentOS 7과 KVM이 설치될 가상머신 CentOS-KVM을 생성한다. 기존 Clean CentOS를 복제하여 첫 번째 가상머신 servera에 대한 CentOS-KVM을 생성하고 CentOS-KVM을 복제하여 두 번째 가상머신 serverb를 생성할 것이다.[1] Clean CentOS 가상머신은 이전 가상머신을 생성할 때 사용했던 베이스 가상머신으로 내부 통신을 위해서 **네트워크 어댑터**adapter **2**를 가지고 있다.

Clean CentOS를 복제하여 CentOS-KVM-A을 다음과 같이 생성한다. VirtualBox GUI를 사용해서 생

1　Clean CentOS 가상머신은 CentOS를 복제한 가상머신이다. 만약 CentOS 가상머신이 없다면 CentOS 7이 설치된 가상머신을 생성해야 한다. VirtualBox을 이용한 가상머신 생성 방법은 이전 장을 참고하기 바란다.

성해도 되지만, VirtualBox VBoxManage 커맨드 라인 명령어로 생성하였다.

```
rsyoung@kant:~$ VBoxManage clonevm "Clean CentOS" --name "CentOS-KVM-A" --register
0%...10%...20%...30%...40%...50%...60%...70%...80%...90%...100%
Machine has been successfully cloned as "CentOS-KVM"
rsyoung@kant:~$
```

VBoxManage 명령으로 복제한 CentOS-KVM-A 가상머신이 성공적으로 생성되었고, VirtualBox Manager에서도 정상적으로 보이는 것을 확인할 수 있다(그림 12.5).

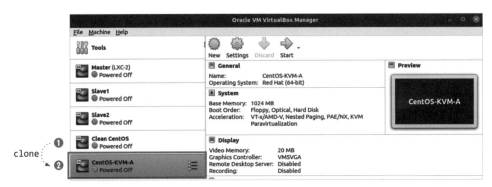

그림 12.5 Clean CentOS에서 CentOS-KVM 복제

CentOS 7이 설치된 CentOS-KVM-A 가상머신이 생성되었다. CentOS-KVM-A 가상머신은 KVM 하이퍼바이저가 설치되어 새로운 가상머신을 만들어야 한다. 따라서, 그림 12.6과 같이 [System]을 선택(❶)하여 [Nested VT-x/AMD-V] 기능을 활성화하여(❷) CentOS-KVM-A 가상머신에서 또 다른 가상머신을 생성될 수 있도록 한다.

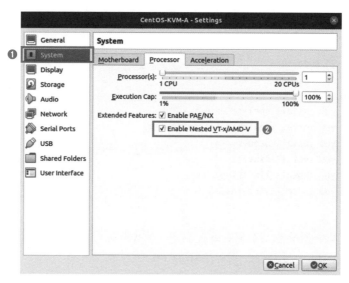

그림 12.6 CentOS-KVM-A 가상머신에서 중첩 가상화 기능 설정

중첩 가상화 기능이 활성화되지 않으면 가상머신 위에서 또 다른 가상머신이 생성되지 않는다. 이밖에 가상머신 생성에 필요한 네트워크 및 디스크, CPU, RAM 설정은 기본값으로 설정한다.

CentOS-KVM-A 가상머신이 생성되었다면, 정상적으로 접근이 가능한지 확인해보자. CentOS-KVM-A는 Clean CentOS에서 복제된 가상머신이기 때문에 192.168.56.101 IP 주소로 접근할 수 있다. 접근 계정은 Clean CentOS를 생성했을 때 사용자 계정으로 접근한다. rsyoung 계정으로 수행하고 있지만 cloud 계정으로 수행해도 동일하다.

```
rsyoung@kant:~$ ssh rsyoung@192.168.56.101
rsyoung@192.168.56.101's password:
[rsyoung@clean ~]$
[rsyoung@clean ~]$ ip -br addr
lo              UNKNOWN         127.0.0.1/8 ::1/128
enp0s3          UP              10.0.2.15/24 ...
enp0s8          UP              192.168.56.101/24 ...
[rsyoung@clean ~]$
```

정상적으로 CentOS-KVM-A에 접속되는 것을 확인할 수 있다. 이제 CentOS-KVM-A에 필요한 KVM 하이퍼바이저 패키지와 환경설정을 수행해야 한다.

12.2.2 가상화 패키지 설치 및 설정

CentOS-KVM-A 가상머신에 접속해서 KVM에 필요한 가상화 패키지를 설치한다. 모든 명령은 **루트**

root 계정에서 수행해야 한다.

```
[rsyoung@clean ~]$ sudo su -
[sudo] password for rsyoung:
[root@clean ~]#
[root@clean ~]# yum install epel-release
[root@clean ~]# yum install centos-release-qemu-ev
[root@clean ~]# yum install qemu-kvm-ev
[root@clean ~]# yum install libvirt
[root@clean ~]# yum install libvirt-python
[root@clean ~]# yum install virt-install
```

KVM 패키지 설치가 정상적으로 완료되고 나면, 설치한 패키지들의 서비스 설정을 진행한다. libvirtd 서비스를 다음과 같이 활성화하고 실행한다.

```
[root@clean ~]# systemctl enable libvirtd
[root@clean ~]# systemctl start libvirtd
[root@clean ~]# systemctl status libvirtd
● libvirtd.service - Virtualization daemon
   Loaded: loaded (/usr/lib/systemd/system/libvirtd.service; enabled; ...
   Active: active (running) ...
   ...

[root@clean ~]#
```

libvirtd 데몬이 정상적으로 동작하면, 라이브 마이그레이션에 대한 환경을 단순화하기 위해서 SELinux와 방화벽(firewalld) 서비스를 다음과 같이 비활성화한다.

```
[root@clean ~]# systemctl disable firewalld
[root@clean ~]# systemctl stop firewalld
[root@clean ~]#
[root@clean ~]# cat /etc/selinux/config
...
SELINUX=disabled
...
[root@clean ~]#
```

SELinux를 완전히 비활성화하기 위해서 /etc/selinux/config 파일의 SELINUX라인을 SELINUX=disabled로 변경한다.

모든 설정을 완료했으면, CentOS-KVM-A 가상머신을 종료한다.

```
[root@clean ~]# shutdown
```

12.2.3 가상머신 복제

라이브 마이그레이션 예제를 수행하기 위해서는 가상머신 2대가 필요하기 때문에 설정이 완료된 CentOS-KVM-A 가상머신을 복제하여 사용한다. 그림 12.7과 같이 **[CentOS-KVM-A]** 가상머신(❶)을 선택하고 **[Clone...]**(❷) 메뉴를 선택하여 복제를 진행한다.

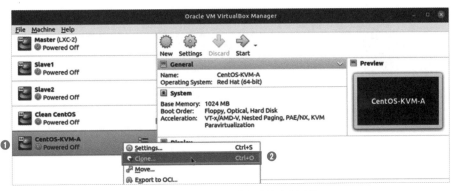

그림 12.7 **Virtualbox에서 가상머신 복제**

그림 12.8은 복제될 가상머신의 이름과 네트워크 인터페이스 물리 주소에 대한 설정을 하는 과정을 보여준다. 복제할 가상머신의 이름을 CentOS-KVM-B로 정하고(❶) 가상머신 간의 네트워크 충돌을 방지하기 위해 다른 네트워크 인터페이스의 **물리적 주소**MAC address를 생성하도록 **[Generate New MAC addresses for all network adapters]**를 선택한다(❷). **[Next]** 버튼(❸)을 클릭하여 설정을 완료한다.

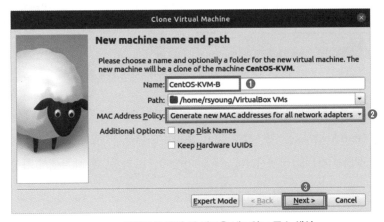

그림 12.8 **가상머신 복제 시 새로운 네트워크 주소 생성**

다음 단계는 CentOS-KVM-A을 CentOS-KVM-B로 복제할 때 독립적인 파일에 그대로 복사할지 스냅숏 방식으로 또는 링크방식으로 복제할지를 물어보는데(그림 12.9), **[Full clone]**을 선택(❶)하고 **[Clone]** 버튼(❷)을 클릭하여 복제를 마친다.

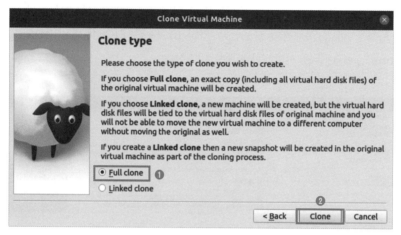

그림 12.9 **가상머신 복제 방식 선택**

최종적으로 VirtualBox Manager를 확인해보면 CentOS-KVM-B 가상머신이 생성된 것을 확인할 수 있다(그림 12.10).

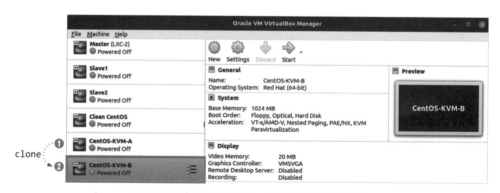

그림 12.10 **CentOS-KVM CentOS-KVM-B 복제 완료**

Clean CentOS에서 CentOS-KVM-A 가상머신을 복제하였고, CentOS-KVM-A에 KVM과 관련된 패키지를 설치한 후 CentOS-KVM-A을 이용하여 CentOS-KVM-B을 생성하였다. CentOS-KVM-A와 CentOS-KVM-B는 동일한 설정을 갖는 가상머신이다. 이 두 가상머신은 가상머신 내부에서 가상머신을 생성할 수 있도록 구성된 상태이다.

12.2.4 가상머신 환경설정

CentOS 7과 KVM 패키지가 설치된 가상머신 CentOS-KVM-A와 CentOS-KVM-B 2대가 준비되었다. 두 가상머신은 동일하게 복제되었기 때문에 네트워크와 호스트명이 동일하다. 따라서, 호스트명, 고정 IP 주소 변경 등에 대한 추가적인 설정을 해야 한다.

CentOS-KVM-A에 대한 설정을 다음과 같이 진행한다.

```
# CentOS-KVM-A

rsyoung@kant:~$ ssh rsyoung@192.168.56.101
rsyoung@192.168.56.101's password:
[rsyoung@clean ~]$
[rsyoung@clean ~]$ sudo su -
[sudo] password for rsyoung:
[root@clean ~]#
[root@clean ~]# ip -br addr
...
enp0s8            UP              192.168.56.101/24
[root@clean ~]#
[root@clean ~]# cat /etc/hosts

192.168.56.101 servera.cloud.org        servera
192.168.56.102 serverb.cloud.org        serverb

[rsyoung@clean ~]$ cat /etc/hostname
clean
[root@clean ~]# hostnamectl set-hostname servera
[root@clean ~]# cat /etc/hostname
servera
[root@clean ~]# bash
[root@servera ~]#
[root@servera ~]# shutdown now
Connection to 192.168.56.101 closed by remote host.
Connection to 192.168.56.101 closed.
rsyoung@kant:~$
```

설정의 편의를 위해서 모든 명령은 루트 권한으로 진행한다. CentOS-KVM-A의 고정 IP 주소 192.168.56.101은 설정이 완료된 상태이기 때문에 그대로 사용한다. 내부 통신을 위해 로컬용 DNS 파일인 /etc/hosts을 IP 주소와 도메인 명으로 작성한다. CentOS-KVM-A은 servera로, CentOS-KVM-B는 serverb로 설정하였다. 호스트명이 현재 clean으로 되어 있는데 servera로 변경한다. 모든 설정이 완료되었다면, CentOS-KVM-B 가상머신을 설정하기 위해서 CentOS-KVM-A는 종료한다.[2]

두 번째 가상머신 CentOS-KVM-B의 설정을 진행한다. IP 주소가 192.168.56.101이 때문에 이 IP 주소로 접근을 한 후 IP 주소를 192.168.56.102로 변경한 후 재부팅 후 변경된 IP 주소로 재접속한다.

```
# CentOS-KVM-B

rsyoung@kant:~$ ssh rsyoung@192.168.56.101
[rsyoung@clean ~]$
[rsyoung@clean ~]$ sudo su -
[root@clean ~]#
[root@clean ~]# ip -br addr
...
enp0s8              UP             192.168.56.101/24
[root@clean ~]#
[root@clean ~]# vi /etc/sysconfig/network-scripts/ifcfg-enp0s8
[root@clean ~]# cat /etc/sysconfig/network-scripts/ifcfg-enp0s8
...
IPADDR=192.168.56.102
ONBOOT=yes
[root@clean ~]#
[root@clean ~]# reboot
Connection to 192.168.56.101 closed by remote host.
rsyoung@kant:~$
rsyoung@kant:~$ ssh rsyoung@192.168.56.102
[rsyoung@clean ~]$
[rsyoung@clean ~]$ ip -br addr
...
enp0s8              UP             192.168.56.102/24
[rsyoung@clean ~]$
```

네트워크 인터페이스 enp0s8에 대한 설정파일 ifcfg-enp0s8 파일의 IPADDR 항을 수정해주었다.[3] 시스템을 재부팅하여, 새로운 IP 주소로 재접속하고 변경된 IP 주소를 확인할 수 있다.

CentOS-KVM-A와 동일하게 /etc/hosts 파일과 호스트명을 다음과 같이 변경한다.

```
# CentOS-KVM-B

[rsyoung@clean ~]$ sudo su -
```

---

2 CentOS-KVM-A와 CentOS-KVM-B는 Clean CentOS에서 복제된 가상머신이기 때문에 IP 주소가 동일하다. 따라서 네트워크 충돌을 막고 CentOS-KVM-B를 설정하기 위해서 CentOS-KVM-A를 종료하였다.

3 enp0s8 파일에 대한 내용은 이전 장을 참고하기 바란다.

```
[root@clean ~]#
[root@clean ~]#
[root@clean ~]# cat /etc/hosts

192.168.56.101 servera.cloud.org    servera
192.168.56.102 serverb.cloud.org    serverb

root@clean ~]# hostnamectl set-hostname serverb
[root@clean ~]# cat /etc/hostname
serverb
[root@clean ~]# bash
[root@serverb ~]#
```

이제 servera에서 수행되고 있는 가상머신을 serverb로 라이브 마이그레이션 하기 위해서는 두 서버 간 패스워드 사용없이 인증키 기반으로 통신이 이루어져야 한다. 패스워드 없이 SSH 통신이 가능하도록 SSH 키 복제를 진행한다. 먼저 servera에서 SSH 키 페어(cloudkey)를 다음과 같이 생성한다.

```
# CentOS-KVM-A

rsyoung@kant:~$ ssh rsyoung@192.168.56.101
[rsyoung@servera ~]$
[rsyoung@servera ~]$ sudo su -
[root@servera ~]# ssh-keygen
Generating public/private rsa key pair.
Enter file in which to save the key (/root/.ssh/id_rsa):  /root/.ssh/cloudkey
Created directory '/root/.ssh'.
Enter passphrase (empty for no passphrase):          # Enter
Enter same passphrase again:                         # Enter
Your identification has been saved in /root/.ssh/cloudkey.
Your public key has been saved in /root/.ssh/cloudkey.pub.
...
[root@servera ~]#
[root@servera ~]# ls -l .ssh/
total 8
-rw------- 1 root root 1679 Mar 17 00:08 cloudkey
-rw-r--r-- 1 root root  394 Mar 17 00:08 cloudkey.pub
[root@servera ~]#
[root@servera ~]# cat .ssh/cloudkey.pub
ssh-rsa AAAAB3NzaC1yc2EAAAADAQABAAAABAQDBC6d5Q19fXwqQ6tjhF1
...
+3UzJ7C460GwEsbl9Waw8N2Sexr0JUxi6IWzDp root@servera
[root@servera ~]#
```

cloudkey 키 페어의 생성위치는 /root/.ssh/ 디렉터리로 지정하였다. 생성할 키 페어에 대한 패스워드 입력(Enter passphrase)은 엔터(Enter)를 입력하여 패스워드가 없는 키 페어를 생성한다. 생성된 키 페어는 .ssh/ 디렉터리에 cloudkey 파일과 cloudkey.pub로 저장된다. cloudkey가 **프라이빗 키**이고 cloudkey.pub가 외부에 공개되는 **퍼블릭 키**이다. cloudkey.pub 퍼블릭 키의 내용을 확인할 수 있는데, 이 키가 외부 서버에 복제되고 cloudkey를 이용해서 패스워드 없이 외부의 서버에 접속할 수 있게 된다.

키 페어를 생성한 후 servera의 퍼블릭 키 cloudkey.pub를 serverb에 등록해야 한다.[4] SSH의 ssh-copy-id 명령을 이용하여 퍼블릭 키를 다음과 같이 serverb에 등록한다.

```
# CentOS-KVM-A

[root@servera ~]# ssh-copy-id -i .ssh/cloudkey serverb
...
Are you sure you want to continue connecting (yes/no)? yes
...
root@serverb's password:
Number of key(s) added: 1

[root@servera ~]#
[root@servera ~]# ssh -i .ssh/cloudkey serverb
[root@serverb ~]#
[root@serverb ~]# ls -l .ssh/
total 4
-rw------- 1 root root 394 Mar 17 00:09 authorized_keys
[root@serverb ~]#
[root@serverb ~]# cat .ssh/authorized_keys
ssh-rsa AAAAB3NzaC1yc2EAAAADAQABAAAABAQDBC6d5Q19fXwqQ6tjhF1
...
+3UzJ7C460GwEsbl9Waw8N2Sexr0JUxi6IWzDp root@servera
[root@serverb ~]#
```

serverb에 cloudkey를 이용하여 패스워드없이 로그인하였다. cloudkey.pub의 내용이 authorized_keys 파일에 저장되어 있는 것을 확인할 수 있다.

프라이빗 키를 생성할 때(Enter file in which to save the key (/root/.ssh/id_rsa):) 별다른 이름을 지정하지 않으면(엔터를 입력한 경우) 기본값으로 /root/.ssh/id_rsa가 프라이빗 키로 생성된다. 이 경우 SSH로 serverb에 접속할 때 프라이빗 키에 대한 위치(-i 옵션)를 지정해주지 않아도

---

4 만약 serverb에서 servera로 라이브 마이그레이션을 할 경우 serverb의 퍼블릭 키를 servera에 등록해야 한다.

된다. id_rsa를 사용해서 단순하게 serverb에 접속해도 되지만, 프라이빗 키는 상황에 따라 여러 개가 존재할 수 있기 때문에 그 상황을 가정하고 cloudkey 키를 생성했다.

cloudkey를 이용해서 serverb에 접근할 때, 프라이빗 키 cloudkey 파일의 위치를 항상 지정해야 한다. .ssh/config 파일을 생성하여 키 지정 없이 serverb에 접근이 가능하도록 설정할 수 있다. config 파일에 serverb로 접근 시 사용할 키의 위치를 지정함으로써 가능하다.

```
[root@servera ~]# ssh serverb
root@serverb's password:              # 패스워드 입력 필요
[root@serverb ~]#
[root@serverb ~]# exit
logout
Connection to serverb closed.
[root@servera ~]#
[root@servera ~]# cat .ssh/config
Host serverb
     HostName serverb.cloud.org
     User     root
     Port     22
     IdentityFile ~/.ssh/cloudkey
[root@servera ~]#
[root@servera ~]# ssh serverb              # 패스워드 입력 필요 없음
[root@servera ~]#
```

SSH로 serverb에 접근할 때 패스워드를 물어보고 있지만, config 파일에 serverb에 접속할 때 사용할 키를 지정해 줌으로써 serverb에 키 파일에 대한 지정 없이(-i 옵션) 접속이 가능하다.

12.3 KVM 가상머신 생성 및 라이브 마이그레이션

라이브 마이그레이션을 위한 가상머신들에 대한 설정을 모두 완료하였다. servera에 CirrOS[5] 가상머신을 생성하고 KVM의 라이브 마이그레이션 기능을 통해 serverb로 가상머신 마이그레이션을 진행할 것이다. 그림 12.10은 구축된 환경에서 진행할 라이브 마이그레이션 프로세스를 보여준다.

---

5   클라우드 환경에서 테스트용으로 사용되는 경량의 리눅스 배포판이다. 가상머신에서 중첩적으로 가상머신을 생성해야 하기 때문에 가벼운 CirrOS를 이용한다.

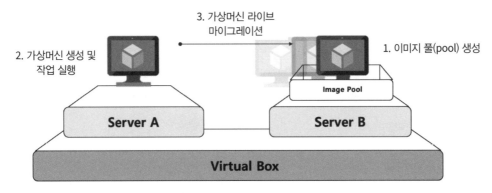

그림 12.10 **라이브 마이그레이션 실습 프로세스**

12.3.1 가상머신 이미지 저장소 생성

가상머신 라이브 마이그레이션을 위해선 먼저 가상머신이 마이그레이션될 목적지 머신(serverb)에
KVM 이미지를 저장할 이미지 저장소를 만들어야 한다. 다음과 같이 default 이미지 풀을 생성한다.

```
[root@serverb ~]# virsh pool-define-as --name default --type dir \
                      --target /var/lib/libvirt/images/
Pool default defined
[root@serverb ~]# virsh pool-autostart default
Pool default marked as autostarted

[root@serverb ~]# virsh pool-build default
Pool default built

[root@serverb ~]# virsh pool-start default
Pool default started
```

이로써 가상머신이 마이그레이션될 serverb에 대한 설정이 끝났다. 예제와 반대로 가상머신이
servera로 마이그레이션될 경우라면 이미지 저장소 설정을 그대로 servera에서 진행하면 된다.

12.3.2 CirrOS 가상머신 생성

다음은 servera에 CirrOS 가상머신을 설치한다. CirrOS는 클라우드 환경에서 테스트 이미지로 설
계된 최소한의 Linux 배포판이다. wget 명령어를 통해 이미지를 내려받을 수 있는데 현재 servera에
는 wget 패키지가 설치되지 않아 해당 패키지 먼저 설치 후 진행한다.

```
[root@servera ~]# yum install -y wget
[root@servera ~]#
[root@servera ~]# wget --no-check-certificate \
            https://download.cirros-cloud.net/0.5.2/cirros-0.5.2-x86_64-disk.img
[root@servera ~]#
[root@servera ~]# ls -l cirros-0.5.2-x86_64-disk.img
-rw-r--r-- 1 root root 16300544 Dec  7 02:53 cirros-0.5.2-x86_64-disk.img
[root@servera ~]#
```

내려받은 cirros 이미지를 사용하여 가상머신을 생성해야 한다. 먼저 cirros 이미지를 libvirt/images/ 디렉터리에 복사하고, virt-install 명령을 이용하여 cirros 가상머신을 다음과 같이 생성한다.[6]

```
[root@servera ~]# virt-install --name cirros --ram 512 \
            --disk path=/var/lib/libvirt/images/cirros-0.5.2-x86_64-disk.img,format=qcow2 \
            --nographics --import

Starting install...
Connected to domain cirros
Escape character is ^]

...
=== cirros: current=0.5.2 latest=0.5.2 uptime=94.98 ===

  ____               ____  ____
 / __/ __ ____ ___ / __ \/ __/
/ /__ / // __// __// /_/ /\ \
\___//_//_/   /_/   \____/___/
   http://cirros-cloud.net


login as 'cirros' user. default password: 'gocubsgo'. use 'sudo' for root.
cirros login: cirros
Password:
$
```

virt-install 명령은 KVM, Xen과 같은 하이퍼바이저가 설치된 환경에서 가상머신을 생성할 수 있는 툴이다. virt-install에 사용된 옵션의 의미는 다음과 같다.

* --name: 생성될 가상머신의 이름을 cirros로 지정하였다.

---

6   호스트 시스템의 성능에 따라 가상머신을 생성하는 데 시간이 다소 소요될 수 있다.

- **--disk**: 가상머신이 사용할 디스크 이미지의 위치를 지정한다. **format=qcow2**는 가상디스크 이미지가 QCOW2 포맷임을 의미한다.[7]

- **--nographics**: GUI를 사용하지 않고 텍스트 기반으로 가상머신을 생성한다.

- **--import**: 운영체제를 설치하지 않고 제공된 이미지의 운영체제를 사용한다. **cirros-0.5.2-x86_64-disk.img**에는 CirrOS 운영체제가 설치되어 있다.

cirros 가상머신 생성이 완료되면, cirros 계정과 gocubsgo 패스워드를 이용하여 로그인할 수 있다. 성공적으로 cirros 가상머신을 생성하였다. cirros 가상머신은 현재 CentOS-KVM-A 가상머신에서 동작하고 있다. 그리고 CentOS-KVM-A 가상머신은 Ubuntu 호스트 시스템에서 실행되고 있는 가상머신이다. 즉 **CentOS-KVM-A 가상머신 위에 cirros 가상머신이 실행되고 있는 것이다.**

cirros 가상머신에서 servera로 빠져나오기 위해서는 'Ctrl+]'를 입력하여 servera로 복귀한다.

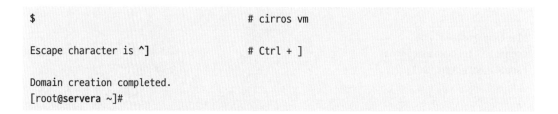

```
$                           # cirros vm

Escape character is ^]      # Ctrl + ]

Domain creation completed.
[root@servera ~]#
```

servera에 cirros 가상머신이 동작하고 있으므로, **virsh** 명령으로 다음과 같이 확인할 수 있다.

```
[root@servera ~]# virsh list
 Id   Name                State
--------------------------------------------------
 1    cirros              running

[root@servera ~]#
```

12.3.3 cirros 가상머신에 작업파일 생성

다음은 생성한 cirros 가상머신에 접속하여 간단한 작업파일을 하나를 생성해보자. servera에서 cirros 가상머신으로 다음과 같이 접속한다.[8]

---

7   **QCOW**(QEMU Copy On Write)는 QEMU에서 사용하는 디스크 이미지 파일 형식이다.
8   만약 패스워드를 물어오면, 계정은 cirros, 패스워드는 gocubsgo를 입력한다.

```
[root@servera ~]# virsh console cirros
Connected to domain cirros
Escape character is ^]

$
```

cirros 가상머신에서 test.sh 파일을 작성하고 실행 권한(+x)을 부여한다. test.sh 스크립트는 사용자가 정지 명령 [CTRL+C]를 실행하기 전까지 1초마다 Count를 증가하면서 현재 시간을 출력해주는 프로그램이다.

```
$ vi test.sh
$ cat test.sh

#!/bin/sh

count=0

while :
do
    count=$((count+1))
    echo "Testing Live Migration.. Press CTRL+C to stop..."
    echo "Count =" $count
    date
    sleep 1
done

$
$ ls -l test.sh
-rw-r--r--    1 cirros   cirros          167 Mar 17 08:28 test.sh
$
$ chmod +x test.sh
$ ls -l test.sh
-rwxr-xr-x   1 cirros   cirros          167 Mar 17 08:28 test.sh
$
$ ./test.sh
Testing Live Migration.. Press CTRL+C to stop...
Count = 1
Thu Mar 17 08:29:15 UTC 2022
Testing Live Migration.. Press CTRL+C to stop...
Count = 2
Thu Mar 17 08:29:16 UTC 2022
^C
$
```

test.sh를 다시 수행시키고 cirros 가상머신에 servera로 빠져나온다(CTRL+]).

```
$ ./test.sh
Testing Live Migration.. Press CTRL+C to stop...
Count = 1
Thu Mar 17 10:56:22 UTC 2022
Testing Live Migration.. Press CTRL+C to stop...
Count = 2
Thu Mar 17 10:56:23 UTC 2022
Testing Live Migration.. Press CTRL+C to stop...
Count = 3
Thu Mar 17 10:56:24 UTC 2022

# Ctrl + ] 입력하여 cirros 가상머신에서 빠져나옴.
[root@servera ~]#
[root@servera ~]# virsh list
 Id    Name                         State
----------------------------------------------------
 1     cirros                       running

[root@servera ~]#
```

cirros에서 servera로 나왔다고 하더라도 cirros 가상머신에는 test.sh는 계속해서 수행되고 있는 중이다.

12.3.4 KVM 라이브 마이그레이션

이제 servera에서 동작 중인 cirros 가상머신을 serverb로 마이그레이션되는지 확인해보자. cirros 가상머신은 serverb로 이전되는 것이고, cirros에서 수행되고 있는 test.sh는 계속해서 수행되어야 한다.

virsh migrate 명령을 이용하여 다음과 같이 cirros 가상머신을 serverb로 라이브 마이그레이션한다.

```
[root@servera ~]# virsh migrate --verbose --copy-storage-all --persistent
               --live cirros qemu+ssh://root@serverb/system
Migration: [100 %]
[root@servera ~]#
[root@servera ~]# virsh list
 Id    Name                         State
----------------------------------------------------
```

virsh migrate 명령 라인의 주요 인자와 옵션의 의미는 다음과 같다.

- --verbose : 라이브 마이그레이션 중 발생한 메시지를 최대한 자세히 출력한다.

- --copy-storage-all : cirros 가상머신에 속한 **비공유 스토리지**non-shared storage를 포함한 모든 디스크를 serverb로 복제한다.

- --persistent : serverb에 cirros를 영구적으로 저장한다.

- --live : 라이브 마이그레이션임을 나타낸다.

- qemu+ssh://root@serverb/system : cirros 가상머신이 라이브 마이그레이션될 목적지 주소가 된다. /system은 마이그레이션을 위해서 **전권**full access이 필요함을 나타낸다.

가상머신 cirros이 servera에서 serverb로 라이브 마이그레이션되었고, 100% 완료되었다는 메시지를 확인할 수 있다. servera에서 동작하고 있는 가상머신을 확인해보면 cirros는 보이지 않는다.

serverb에서 cirros가 정상적으로 보이고, test.sh가 cirros에서 여전히 동작하고 있는지 다음과 같이 확인해보자.

```
[root@serverb ~]# virsh list            # 라이브 마이그레이션 전
Id    Name                  State
----------------------------------------------------

[root@serverb ~]#
[root@serverb ~]# virsh list            # 라이브 마이그레이션 후
Id    Name                  State
----------------------------------------------------
1     cirros                  running

[root@serverb ~]#
[root@serverb ~]# virsh console cirros
Connected to domain cirros
Escape character is ^]
Testing Live Migration.. Press CTRL+C to stop...
Count = 57
Thu Mar 17 10:57:21 UTC 2022
Testing Live Migration.. Press CTRL+C to stop...
Count = 58
Thu Mar 17 10:57:22 UTC 2022
Testing Live Migration.. Press CTRL+C to stop...
Count = 59
Thu Mar 17 10:57:24 UTC 2022
Testing Live Migration.. Press CTRL+C to stop...
Count = 60
```

```
Thu Mar 17 10:57:25 UTC 2022
^C
$
```

serverb에서 cirros가 마이그레이션되기 전에는 가상머신 목록에 cirros가 보이지 않았다. 하지만 라이브 마이그레이션이 완료된 후에는 가상머신 목록에 cirros가 보이는 것을 확인할 수 있다.

cirros에 콘솔로 접속하여 확인해보면, test.sh가 계속해서 수행되고 있음을 확인할 수 있다. 즉, servera에서 test.sh를 수행하고 있던 cirros 가상머신을 작업 중단 없이 serverb로 라이브 마이그레이션이 성공적으로 수행되었다.

cirros 가상머신에 대한 정보를 servera와 serverb에서 다음과 같이 삭제하고 종료한다.

```
# servera
[root@servera ~]# virsh undefine cirros
Domain cirros has been undefined
[root@servera ~]#


# serverb
[root@serverb ~]# virsh destroy cirros
Domain cirros destroyed
[root@serverb ~]# virsh list
    Id    Name                           State
--------------------------------------------------------

[root@serverb ~]# virsh undefine cirros
Domain cirros has been undefined
[root@serverb ~]#
```

연습문제

1. 라이브 마이그레이션 실습 환경을 Vagrant와 Ansible로 구축하고 구축 과정을 설명하라.

2. 라이브 마이그레이션 기술의 종류와 기술적 특징에 대해 설명하라.

3. 라이브 마이그레이션 기술에서 성능분석 시 고려해야 할 사항에 대해서 설명하라.

4. 다음 패키지들을 설치하였다. 어떤 역할을 하는지 조사하여 기술하라.

   centos-release-qemu-ev, qemu-kvm-ev, qemu-kvm-ev,

```
libvirt, libvirt-python, virt-install
```

5. CentOS-KVM-A 가상머신에서 cirros 가상머신이 동작할 수 있는 이유를 설명하라.

6. QCOW2 이미지 포맷의 구조에 대해 조사하라.

7. `virsh migrate` 명령에 올 수 있는 옵션에 대해서 조사하고 cirros 가상머신을 라이브 마이그레이션하는 데 적용하고 수행 결과를 설명하라.

8. `virsh console`이 아닌 SSH 방식으로 cirros에 접근할 수 있도록 설정하고 수행 결과를 설명하라.

9. servera와 serverb 양방향으로 라이브 마이그레이션이 되도록 설정하고 수행 결과를 설명하라.

10. HTCondor 클러스터를 가상머신으로 구축했다면, 라이브 마이그레이션을 이용하여 성능을 높일 수 있는 시나리오를 제시하고 근거를 설명하라.

11. 방화벽과 SELinux를 활성화시킨 후 라이브 마이그레이션 환경설정을 수행하고 그 결과를 설명하라.

12. cirros 이미지 외에 다른 이미지 기반의 가상머신을 찾아 CentOS-KVM-A에서 생성하고 결과를 설명하라.

13. cirros 가상머신을 `--live` 옵션 대신 `--offline` 옵션을 이용하여 마이그레이션을 수행하고 그 결과 `--live`와 비교하여 설명하라.

14. `--postcopy` 옵션을 이용하여 라이브 마이그레이션을 수행하고 옵션을 사용하지 않았을 때와 비교하여 설명하라.

15. `--postcopy-after-precopy` 옵션을 이용하여 라이브 마이그레이션을 수행하고 옵션을 사용하지 않았을 때와 비교하여 설명하라.

13

가상머신으로 오픈스택 구축하기

VirtualBox를 이용하여 가상머신을 만들어 사용했다. 하지만, VirtualBox는 Type 2 방식의 소규모의 개인용 컴퓨터에서 적은 가상머신을 관리할 때 사용할 수 있다. 대규모의 가상머신을 생성하고 관리하여 서비스를 하기 위해서는 이를 지원할 수 있는 가상머신 오케스트레이션 툴이 필요한데, **오픈스택**OpenStack이 바로 가상머신 오케스트레이션 툴 중 하나이다.

이번 장에서는 오픈스택에 대해 자세한 내용을 다루기보다는 VirtualBox를 통해 생성한 가상머신을 이용하여 오픈스택을 설치해보고 가상머신을 관리하는 툴에 대한 개념을 파악하는 데 목표를 둔다.

13.1 오픈스택 개요 및 구조

13.1.1 오픈스택 개요

오픈스택은 2010년 7월 **랙스페이스**Rackspace와 미국항공우주국NASA이 진행한 프로젝트이고 오픈소스 소프트웨어로 그해 10월 공개되었다. NASA와 랙스페이스는 프로젝트를 시작할 때 **표준 하드웨어에서 사용할 수 있는 오픈소스 클라우드 기술개발**을 목표로 했다. 오픈소스 소프트웨어로 공개된 이후에 2012년 설립된 **오픈스택 재단**OpenStack Foundation에서 소프트웨어에 대한 유지보수를 하고 있고 첫 번째 릴리즈인 코드명 Austin을 발표한 후 6개월 단위로 새로운 버전을 출시하고 있다.[1]

---

1   코드명은 알파벳순으로 정해지고 있다.

오픈스택은 클라우드 인프라 설계에 필요한 서버, 스토리지, 네트워크, 가상화 등을 종합적으로 지원하는 대표적인 프라이빗 클라우드 구축 솔루션이다. 오픈소스로 배포되기 때문에 직접 클라우드 시스템을 구축할 수 있어 상용 클라우드 시스템을 이용했을 때 발생할 수 있는 민감한 데이터의 이전 문제, 경계 중첩 문제 등을 해결할 수 있다. 일정 규모 이상의 컴퓨팅 인프라를 운영하고 있는 기업에서는 자체적으로 클라우드 인프라를 구축하고자 하는 수요가 증가하고 있고 오픈스택이 **서비스형 인프라스트럭처**IaaS를 쉽게 구축할 수 있어 많은 주목을 받고 있다.

그림 13.1은 오픈스택이 관리하는 인프라와 인프라와 연계될 수 있는 외부 서비스들에 대한 개념을 보여준다.

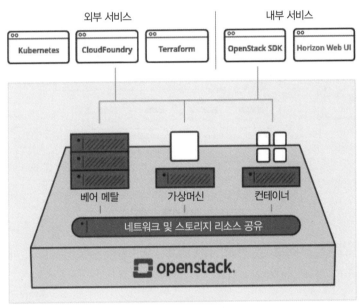

그림 13.1 **오픈스택 개념**[2]

오픈스택 재단에서는 오픈스택을 데이터 센터의 대규모 **컴퓨트 노드**compute node, 스토리지, 네트워크와 같은 리소스를 관리하는 **클라우드 운영체제**로 정의하고 있다. 컴퓨트 노드는 베어 메탈과 같은 물리시스템, 가상화 기술에 기반한 가상머신, 컨테이너를 포함한다. 또한 대규모의 컴퓨팅 자원들은 잘 정의된 API와 인증 메커니즘을 통해서 관리하고, **쿠버네티스**Kubernetes, **클라우드 파운드리** CloudFoundry, **테라폼**Terraform 등과 같은 외부 서비스들과 연계될 수 있다.

---

2   https://www.openstack.org/

13.1.2 오픈스택 구조

오픈스택에서는 사용자가 내리는 명령은 API 형태로 전달된다. 클라우드 서비스를 위해 필요한 각 기능들은 오픈스택의 독립적인 프로젝트로 나뉘어 개발이 진행되고 있다(그림 13.2). 따라서 각 기능들이 모듈화되어 있기 때문에 필요한 기능만 취합하여 시스템을 구축할 수 있다.

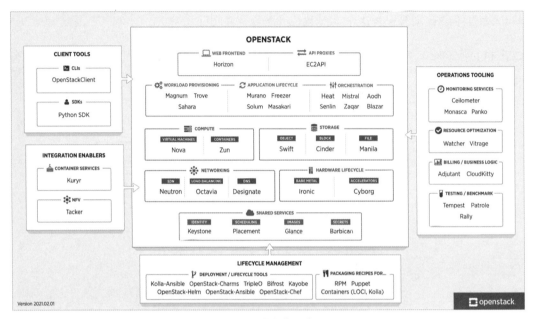

그림 13.2 **오픈스택 구성요소**

이 중에서도 오픈스택 클라우드를 운영하기 위해 필요한 최소한의 서비스들이 있는데, 실습을 진행하기에 앞서 필수 서비스들에 대해서 살펴보자.

- **인증서비스 – Keystone**: 오픈스택에서 관리하는 자원과 제공하는 서비스에 접근하기 위해서는 인증이 필요하다. Keystone이 오픈스택에서 인증서비스 역할을 한다. Keystone은 사용자가 이용 가능한 서비스에 대한 매핑 정보를 디렉터리로 관리하고 오픈스택의 서비스를 사용하기 위해서는 Keystone 인증을 거쳐야만 한다. 이러한 특성 때문에 Keystone은 오픈스택의 모든 서비스를 위한 **엔드포인트 카탈로그**end point catalog 역할을 한다.

  Keystone이 제공하는 인증 서비스는 일반적인 ID, 패스워드 방식, **토큰**token 기반 인증, AWS에서 사용하는 인증 방식 등을 지원한다.

- **이미지 관리 서비스 – Glance**: 가상머신 이미지를 추가, 삭제, 공유, 복제를 제공하는 서비스이다. 다양한 백엔드 스토리지에 이미지가 저장될 수 있는데, Glance API는 이미지에 대한 정보를 조회

할 수 있는 RESTfulrepresentational state transfer 기반의 인터페이스를 제공하고 있다. Glance 서비스는 가상머신 이미지뿐만 아니라 가상머신의 이미지에 대한 메타정보에 대한 검색도 가능하다.

오픈스택이 다양한 하이퍼바이저를 지원하고 있기 때문에 Glance는 다양한 하이퍼바이저에서 사용가능한 이미지에 대한 관리를 수행한다. 오픈스택에서 지원하는 대표적인 이미지 포맷은 **아마존 커널 이미지(aki), 아마존 머신 이미지(ami), CD-ROM 포맷(iso), QEMU 포맷(qcow2), 일반 디스크 포맷(raw)** 등이 있다.

- **배치 서비스 – Placement**: 오픈스택에서 자원 관리를 담당한다. nova, neutron, cinder 등 컴퓨팅과 관련된 서비스를 설치하기 전에 사전에 설치되어 있어야 한다. RAM, vCPU, 공유 스토리지, IP 등의 **풀**pool을 추적, 관리하며 각 리소스에 대한 사용량 등을 관리한다.

- **컴퓨트 서비스 – Nova**: 컴퓨팅 인스턴스를 프로비저닝하는 방법을 제공하는 오픈스택의 핵심 서비스로 가상머신을 생성한다. 가상머신은 컴퓨트 노드에 설치된 하이퍼바이저를 통해서 생성되기 때문에 Nova 서비스는 오픈스택이 관리하는 모든 컴퓨트 노드에 설치되어야 한다. 오픈스택의 기본 하이퍼바이저는 KVM과 QEMU이다. 이 외에도 다양한 하이퍼바이저를 지원하는데 대표적으로 VMWare vSphere, Xen, Hyper-V, Virtuozoo 등이 있다.

- **네트워크 서비스 – Neutron**: 네크워크와 IP 주소를 관리하는 서비스이다. 가상머신이 생성되면 통신을 위해서 IP 주소가 필요한데, Neutron 서비스를 통해서 특정 IP 주소대역의 하나를 DHCP 방식으로 부여하거나 고정 IP 주소를 부여할 수 있다. 오픈스택 초기에 네트워크와 관련된 서비스를 Nova에서 관리했지만, **SDN**Service Defined Network와 같은 기능들이 추가되면서 Neutron으로 분리되었다. Neutron은 OpenvSwitch와 같은 다양한 네트워크 플러그인과 **플랫 네트워크**flat network나 **VLAN**Virtual LAN과 같은 다양한 네트워크 모델을 지원한다. Neutron은 각각의 컴퓨트 노드들에 설치되어야 한다.

- **블록 스토리지 서비스 – Cinder**: 오픈스택이 생성하는 가상머신이나 컨테이너에 제공될 수 있는 **블록 스토리지**block storage 서비스이다. 블록 스토리지는 **LVM**logical volume manager 기반의 스토리지로 블록 저장장치를 논리적으로 관리한다. 가상머신에 할당되는 블록 저장장치는 사용자의 요구에 따라 동적으로 크기를 줄이거나 늘릴 수 있다.

- **베어 메탈 서비스 – Ironic**: 오픈스택에서 물리머신을 직접적으로 관리할 수 있는 서비스이다. 물리머신을 직접적으로 관리하기 위해서 PXE[3]와 IPMI[4]와 같은 기능을 사용하고 오픈스택의

---

3 Pre-Boot Execution Environment의 약자로 네트워크를 통해서 컴퓨터를 부팅할 수 있도록 해준다.

4 Intelligent Platform Management Interface의 약자로 원격에서 컴퓨터의 전원을 인가하거나 끌 수 있고 하드웨어 모니터링을 할 수 있도록 해준다.

Neutron, Keystone 등과 연계하여 물리머신들을 관리한다.

- **대시보드 서비스 – Horizon**: 오픈스택으로 구축된 클라우드 서비스에 접근하기 위해 오픈스택에서 제공하는 GUI 대시보드 서비스이다. 대시보드를 통해서 사용자는 가상머신을 생성, 삭제, 스냅숏 저장, 모니터링 등을 할 수 있다.

13.2 오픈스택 구축을 위한 실습 환경

오픈스택을 구성하는 데 있어 하나의 컨트롤러 노드, 스토리지 노드, 하나 이상의 컴퓨트 노드가 필요하다. 하지만 개인용 컴퓨터를 이용한 오픈스택 구축에 다수의 노드를 구성하기보다는 하나의 가상머신을 사용하여 오픈스택 클라우드를 구축해볼 것이다. 따라서 컨트롤러 노드와 스토리지 노드, 컴퓨트 노드에 필요한 모든 패키지들을 하나의 노드에 설치한다.

VirtualBox로 오픈스택을 구축하기 위한 가상머신 하나를 생성해야 한다. 기존에 사용한 Clean CentOS를 복제해서 OpenStack 가상머신을 만든다. 다만, OpenStack 가상머신에 오픈스택의 다양한 패키지와 서비스가 설치되어야 하므로 최소한의 스펙 이상으로 조정해야 한다.

VirtualBox Manager를 이용하여 Clean CentOS(❶)를 선택하고 [**Clone...**] 메뉴(❷)를 선택한다(그림 13.3).

그림 13.3 **OpenStack 가상머신 복제**

복제할 가상머신의 이름을 OpenStack으로 정하고(❶), 네트워크 인터페이스의 **물리 주소**MAC address를 원본 가상머신과 다르게 생성한다(❷). [**Next**](❸) 버튼을 클릭하여 다음 단계로 이동한다(그림 13.4).

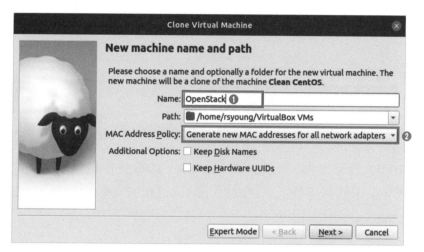

그림 13.4 **가상머신 이름 및 네트워크 주소 생성방식 설정**

그림 13.5는 복제방식을 선택하는 단계를 보여준다. [**Full clone**]을 선택하여(❶) Clean CentOS 가상
머신과 관련된 모든 파일을 복제한다. [**Clone**](❷)을 선택하여 가상머신 복제를 마친다.

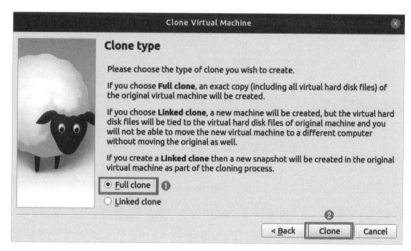

그림 13.5 **복제방식 선택(Full clone)**

최종적으로 VirtualBox Manager를 통해서 복제된 OpenStack 가상머신을 확인할 수 있다(그림
13.6).[5]

---

5 Clean CentOS는 CentOS의 복제본이다. Clean CentOS 복제본을 생성하지 않은 경우 CentOS에서 바로 OpenStack 가상머신을 복제해도
   된다.

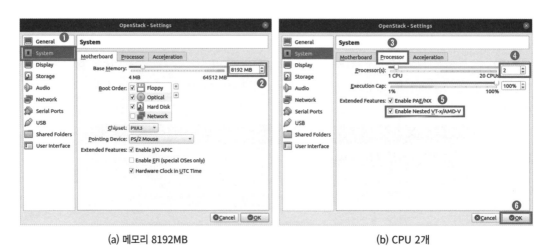

clone ❶ ❷

그림 13.6 **Clean CentOS → OpenStack 복제**

생성된 OpenStack의 성능 스펙을 조정해보자. VirtualBox Manager에서 **[Settings]**를 선택하여 가
상머신을 설정하는 단계로 이동한다. 그림 13.7은 **[System]**(❶) 메뉴를 선택했을 때 메모리 크기와
CPU 수를 조정하는 화면을 보여준다.

(a) 메모리 8192MB

(b) CPU 2개

그림 13.7 **메모리크기 8GB, CPU 수 2로 조정**

메모리 크기를 8GB(81924MB)로 설정하고(❷), **[Processor]**(❸) 탭으로 이동한 후, CPU의 수를 2로
지정한다(❹). 오픈스택이 설치될 OpenStack 가상머신에서 새로운 가상머신을 생성할 수 있어야 하므
로 **[Enable Nested VT-x/AMD-V]**(❺)을 활성화한다. **[OK]** 버튼을 클릭하여 설정을 마친다(❻). 디
스크는 기본으로 8GB가 장착되어 있다. 디스크의 크기는 부족하지만 동적으로 확장되기 때문에 디
스크에 대한 설정은 하지 않는다.[6]

VirtualBox의 가상머신 OpenStack에 오픈스택 서비스를 설치할 것이다. 그런데, 오픈스택의 웹서비
스를 호스트머신인 Ubuntu 시스템에서 웹 브라우저를 통해서 접근해야 한다. 즉, 가상머신의 웹서비

---

6 CPU의 수와 메모리를 각각 2개와 8GB로 지정했지만, 호스트머신의 자원이 충분하다면 오픈스택을 설치하는 시간을 줄이고 보다 빠른 응답
시간을 보장하기 위해서 호스트머신이 지원할 수 있는 최대한의 자원으로 지정하기 바란다.

스를 가상머신 밖인 호스트머신에서 접근해야 할 필요가 있다. 또한 OpenStack 가상머신에서 오픈스택을 설치하기 위해서는 외부와 통신이 되어야 한다.

간단한 방법은 호스트머신과 가상머신을 동일 네트워크로 구성하는 것으로 Bridged Networking 방식으로 해결할 수 있다. Bridged Networking 방식으로 가상머신에 인터페이스를 생성하면 공유기로부터 호스트머신과 동일 네트워크 대역의 IP를 부여받기 때문에 가상머신에서 동작하는 오픈스택 웹서비스에 접근할 수 있다. 이와 별도로 내부통신을 위해서 Host Only Network용 인터페이스도 생성한다.

그림 13.8은 Ubuntu 호스트머신에 OpenStack 가상머신을 생성한 후 오픈스택 서비스를 설치하여 외부에서 가상머신 내부의 오픈스택 서비스로 접근하는 것을 보여준다.

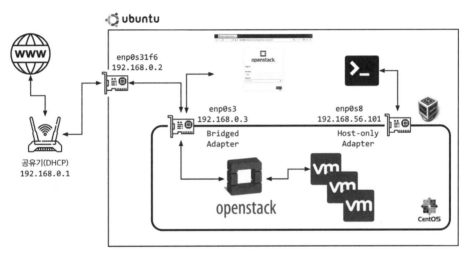

그림 13.8 **오픈스택 설치환경 네트워크 구성**

공유기는 192.168.0.1 IP 주소를 가지고 DHCP 서버역할을 한다. 호스트머신인 Ubuntu의 네트워크 인터페이스가 공유기로부터 IP 192.168.0.2를 할당받은 상태이고 인터페이스 이름은 enp0s31f6이다.[7]

```
rsyoung@kant:~$ ip -br addr
lo               UNKNOWN         127.0.0.1/8 ::1/128
enp0s31f6        UP              192.168.0.2/24 fe80::a322:8e91:945c:3333/64
vboxnet0         UP              192.168.56.1/24 fe80::800:27ff:fe00:0/64
```

---

7   네트워크 인터페이스 이름과 IP 주소는 다를 수 있다. 따라서 실습을 수행하는 환경에 맞게 IP 주소 등을 설정해야 한다.

```
rsyoung@kant:~$
```

OpenStack 가상머신에 2개의 네트워크 인터페이스를 그림 13.9와 같이 생성한다. [Network](❶) 설정에서 [Adapter 1](❷)을 선택하고 [Bridged Adapter](❸)을 선택한다. 이 네트워크 인터페이스가 연결될 호스트머신의 인터페이스 이름은 enp0s31f6(❹)이다.

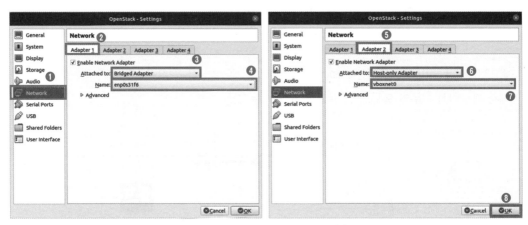

(a) Bridged Adapter 추가　　　　　　(b) Host-only Adapter 추가

그림 13.9 **네트워크 인터페이스 추가**

[Adapter 2](❺)을 선택하여 두번째 네트워크 인터페이스를 설정한다. [Host-only Adapter](❻) 방식으로 vboxnet0(❼)의 네트워크가 포함되도록 한다. [OK](❽) 버튼을 클릭하여 네트워크 인터페이스 생성을 마친다.

오픈스택을 설치하기 위한 가상머신 설정을 완료하였다. 생성된 가상머신에 접속하여 OpenStack의 호스트명을 openstack으로 변경한다.

```
rsyoung@kant:~$ ssh cloud@ 192.168.56.101
[cloud@clean ~]$
[cloud@clean ~]$ su -
[root@clean ~]# hostnamectl set-hostname openstack
[root@clean ~]# bash
[root@openstack ~]#
[root@openstack ~]# cat /etc/hostname
openstack
[root@openstack ~]#
```

OpenStack 가상머신의 IP 주소를 다음과 같이 확인해보자.

```
[root@openstack ~]# ip -br addr
lo              UNKNOWN         127.0.0.1/8 ::1/128
enp0s3          UP              192.168.0.15/24 fe80::c5dd:ba70:2c76:fe33/64
enp0s8          UP              192.168.56.101/24 fe80::9062:ae59:cb52:97ae/64
[root@openstack ~]#
```

네트워크 인터페이스 enp0s3에 할당된 IP 주소 192.168.0.15는 호스트머신이 연결된 공유기가 DHCP 역할을 하면서 할당해준 IP 주소이다. enp0s8 인터페이스는 Clean CentOS 가상머신을 그대로 복사하면서 생성된 인터페이스로 IP 192.168.56.101이 그대로 복제되었다.

enp0s3 인터페이스에 할당된 IP는 동적으로 받아온 것으로 재부팅 때 변경될 수 있다. 따라서 enp0s3에 대한 설정을 고정 IP 주소방식으로 다음과 같이 변경한다.[8]

```
[root@openstack ~]# cd /etc/sysconfig/network-scripts/
[root@openstack network-scripts]#
[root@openstack network-scripts]# cat ifcfg-enp0s3
...
BOOTPROTO=dhcp
ONBOOT=no
[root@openstack network-scripts]# sed -i 's/dhcp/static/' ifcfg-enp0s3
[root@openstack network-scripts]# sed -i 's/^ONBOOT=no$/ONBOOT=yes/' ifcfg-enp0s3
[root@openstack network-scripts]# echo "IPADDR=192.168.0.15" >> ifcfg-enp0s3
[root@openstack network-scripts]# echo "GATEWAY=192.168.0.1" >> ifcfg-enp0s3
[root@openstack network-scripts]# cat ifcfg-enp0s3
...
BOOTPROTO=static
ONBOOT=yes
IPADDR=192.168.0.15
GATEWAY=192.168.0.1
[root@openstack network-scripts]# cd
[root@openstack ~]#
```

BOOTPROTO 필드를 DHCP 방식에서 고정주소 방식(static)으로 변경하였고, 시스템이 재부팅될 때 인터페이스를 활성화(ONBOOT=yes)로 설정하였다. 마지막으로 IP를 192.168.0.15로 설정하였다.[9]

오픈스택 설치의 단순화를 위해서 방화벽과 SELinux를 비활성화해야 한다. SELinux 설정파

---

8   실습 환경은 다를 수 있기 때문에 DHCP 기능을 갖춘 공유기에서 제공하는 IP 주소와 공유기의 IP 주소를 게이트웨이 주소로 변경해야 한다.

9   IP 주소는 호스트머신과 연결된 공유기의 네트워크의 주소 범위에 따라 다를 수 있기 때문에 enp0s3에 할당되었던 주소를 확인하고 그 주소로 설정한다.

일 /etc/selinux/config를 직접 수정하지 않고 **스트림 에디터**stream editor sed를 이용하여
SELINUX=enforcing라인 전체를 SELinux=disabled로 변경하였다.

```
[root@openstack ~]# systemctl disable firewalld
[root@openstack ~]#
[root@openstack ~]# cat /etc/selinux/config | grep SELINUX=
# SELINUX= can take one of these three values:
SELINUX=enforcing
[root@openstack ~]#
[root@openstack ~]# sed -i 's/^SELINUX=enforcing$/SELINUX=disabled/' /etc/selinux/config
[root@openstack ~]#
[root@openstack ~]# cat /etc/selinux/config | grep SELINUX=
# SELINUX= can take one of these three values:
SELINUX=disabled
```

CentOS 7에 `packstack`을 이용해서 오픈스택을 설치할 때 CentOS의 네트워크 관리자인
NetworkManager가 실행되고 있으면, 오픈스택의 네트워킹이 동작하지 않는다. 따라서 다음과 같이
NetworkManager를 비활성화하고 네트워크 서비스를 재시작한다.

```
[root@openstack ~]# systemctl status NetworkManager
● NetworkManager.service - Network Manager
   ...
   Active: active (running) since ...
   ...
[root@openstack ~]# systemctl disable NetworkManager
[root@openstack ~]# systemctl stop NetworkManager
[root@openstack ~]#
[root@openstack ~]# systemctl restart network
```

13.3 오픈스택 설치

가상머신이 준비되었다면, 오픈스택을 설치해보자. 오픈스택의 개념에 대해서 파악하는 것이 목적이
므로 최대한 단순한 방법으로 오픈스택을 설치할 것이다. 오픈스택에서는 레드햇 계열에서 쉽게 오픈
스택을 설치할 수 있는 `packstack` 툴을 제공하고 있다. `packstack`을 사용하면 별도의 변경사항 없
이 최소한의 기능을 수행하는 오픈스택을 설치할 수 있다.

오픈스택과 관련된 패키지를 설치하기 위해서 Yum 리포지터리를 **업데이트**update하고, CentOS 7에
설치할 수 있는 오픈스택 패키지는 어떤 것이 있는지 다음과 같이 조회한다.

```
[root@openstack ~]# yum update
[root@openstack ~]#
[root@openstack ~]# yum list centos-release-openstack-*
...
Available Packages
centos-release-openstack-queens.noarch    1-2.el7.centos    extras
centos-release-openstack-rocky.noarch     1-1.el7.centos    extras
centos-release-openstack-stein.noarch     1-1.el7.centos    extras
centos-release-openstack-train.noarch     1-1.el7.centos    extras
[root@openstack ~]#
```

CentOS 7에 설치될 수 있는 오프스택 릴리즈는 총 4개가 검색된다. 오프스택 릴리즈는 알파벳순으로 코드명이 붙기 때문에 CentOS 7에서 설치할 수 있는 가장 최신 버전은 train 버전이다. 따라서 train 버전과 packstack 패키지를 다음과 같이 설치한다.[10]

```
[root@openstack ~]# yum install -y centos-release-openstack-train.noarch
[root@openstack ~]#
[root@openstack ~]# yum install -y openstack-packstack
```

packstack 패키지가 정상적으로 설치되었는지 확인이 필요하다. 간단한 명령어를 다음과 같이 수행해본다.

```
[root@openstack ~]# packstack --help 2>&1 | head -n 1
Usage: packstack [options] [--help]
[root@openstack ~]#
```

packstack 도움말을 출력하는 명령을 수행하고 첫 번째 행만을 출력하였다. packstack 명령이 정상적으로 수행되는 것을 확인할 수 있다.

packstack으로 오프스택을 설치할 수 있는 환경 구성이 완료되었다. packstack이 오프스택을 설치할 때 어떤 정보를 기준으로 설정을 진행하는지 확인할 필요가 있다. 왜냐하면 오프스택의 대시보드 서비스가 호스트머신에서 웹으로 접근이 불가한 IP(192.168.56.101)로 서비스된다면 안 되기 때문에 접근 가능한 IP(192.168.0.15)인지 확인해야 한다. 다음과 같이 packstack이 오프스택을 설치할 때 사용할 환경설정관련 내용을 파일(answer.txt)로 출력할 수 있고, IP 설정 등을 확인해보자.

---

10 train 버전은 2019년 10월 16일에 출시되었다.

```
[root@openstack ~]# packstack --gen-answer-file answer.txt
[root@openstack ~]# ls
anaconda-ks.cfg  answer.txt
[root@openstack ~]#
[root@openstack ~]# cat answer.txt | grep HOST
CONFIG_CONTROLLER_HOST=192.168.0.15
CONFIG_COMPUTE_HOSTS=192.168.0.15
CONFIG_NETWORK_HOSTS=192.168.0.15
CONFIG_STORAGE_HOST=192.168.0.15
CONFIG_SAHARA_HOST=192.168.0.15
CONFIG_AMQP_HOST=192.168.0.15
CONFIG_MARIADB_HOST=192.168.0.15
CONFIG_REDIS_HOST=192.168.0.15
...
[root@openstack ~]#
```

호스트머신에서 웹 접속이 가능하고 외부와 통신이 가능한 IP 주소로 할당된 것을 확인할 수 있는데, answer.txt 파일을 좀 더 살펴보면, 오픈스택 대시보드에 접근할 계정과 패스워드를 설정하는 필드를 다음과 확인할 수 있다. 어드민 계정은 admin으로 설정되어 있고 패스워드는 설정되어 있지 않아 오픈스택이 설치될 때 임의의 값이 패스워드로 지정된다.

```
[root@openstack ~]# cat answer.txt | grep ADMIN_USERNAME
CONFIG_KEYSTONE_ADMIN_USERNAME=admin
[root@openstack ~]#
[root@openstack ~]# cat answer.txt | grep CONFIG_DEFAULT_PASSWORD
CONFIG_DEFAULT_PASSWORD=
[root@openstack ~]#
```

answer.txt 파일에 수정하고 이 파일을 기준으로 오픈스택을 생성할 수도 있는데, 설치의 단순화를 위해서 기본값을 이용하여 packstack으로 다음과 같이 설치한다. 설치가 완료되기까지는 가상머신의 성능에 따라 시간이 다소 소요될 수 있다.

```
[root@openstack ~]# packstack --allinone
Welcome to the Packstack setup utility
...
    * File /root/keystonerc_admin has been created on OpenStack client host
    192.168.0.15. To use the command line tools you need to source the file.
    * To access the OpenStack Dashboard browse to http://192.168.0.15/dashboard .
...
[root@openstack ~]#
```

설치가 완료되면 몇 가지 정보를 출력해주는데 대시보드에 접속할 수 있는 URL, 오픈스택에 로그인할 수 있는 **크리덴셜**credential의 위치 등이다. 특히 오픈스택 클라이언트에서 커맨드 라인 툴을 이용하기 위해서는 keystonerc_admin 파일을 현재 셸에 적용(source 명령)해야 한다고 알려주고 있다.

먼저 로그인 정보를 확인해보자. 홈 디렉터리에 keystonerc_admin 파일이 생성되고 이 파일이 로그인 정보를 담고 있다. 파일의 내용을 확인해보면 대시보드 접근에 필요한 계정과 패스워드를 확인할 수 있다.

```
[root@openstack ~]# ls -l
total 116
-rw-------. 1 root root  1450 Feb  3 20:43 anaconda-ks.cfg
-rw------- 1 root root 51760 Mar 31 20:53 answer.txt
-rw------- 1 root root   372 Mar 31 21:00 keystonerc_admin
-rw------- 1 root root   317 Mar 31 21:00 keystonerc_demo
-rw------- 1 root root 51760 Mar 31 20:55 packstack-answers-20220331-205507.txt
[root@openstack ~]#
[root@openstack ~]# cat keystonerc_admin
export OS_USERNAME=admin
export OS_PASSWORD='6d7f2e7e54f642cb'
...
[root@openstack ~]#
```

13.4 오픈스택 접속 및 가상머신 생성

오픈스택 설치가 완료되었기 때문에 오픈스택에 접속을 하고 가상머신을 생성해보자. 가상머신을 생성하는 데 있어 CLI 환경과 오픈스택 대시보드 서비스를 이용할 수 있다. 먼저 오픈스택 대시보드를 이용하여 가상머신을 생성해보고, 커맨드 라인 툴을 이용하여 간략하게 서비스 등을 살펴보도록 하자.

13.4.1 오픈스택 대시보드 접근

packstack으로 오픈스택을 설치완료 후 제공되었던 오픈스택 대시보드의 URL(192.168.0.15/dashboard)에 웹 브라우저를 통해 접속해보자(그림 13.10).[11]

---

11 대시보드의 IP 주소 192.168.0.15는 설치환경에 따라 다를 수 있다.

그림 13.10 오픈스택 대시보드 로그인 화면

[User Name]에는 어드민 계정 admin을 입력하고 [Password]는 keystonerc_admin 파일에서 제공하는 패스워드를 입력하고 [Sign In] 버튼을 클릭하여 대시보드에 접속한다.

그림 13.11은 대시보드에 성공적으로 접속한 후의 화면을 보여준다. 대시보드의 메뉴 등은 AWS에서 가상머신을 생성할 때의 내용과 유사하다. 대시보드의 첫 화면은 오픈스택의 전체적인 상태를 확인할 수 있는 [Overview]를 보여준다.

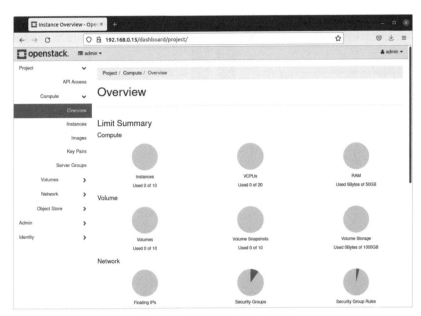

그림 13.11 **오픈스택 대시보드 접속 후**

가상머신 인스턴스를 생성해보자. 오픈스택에서 제공하는 가상머신 이미지를 이용하여 생성을 시도할 것이다. 가상머신 이미지를 이용하여 시도한다는 의미는 오픈스택을 설치할 때 제공된 이미지로 가상머신이 설치되지 않을 수 있어, 새로운 이미지를 등록한 후 가상머신을 생성한다는 것이다. 그림 13.12는 **[Image]** 메뉴를 선택했을 때(❶) 현재 오픈스택에 제공하는 가상머신 이미지를 보여준다.

그림 13.12 **오픈스택 이미지 리스트**

cirros 가상머신 이미지를 선택(❷)하고 **[Launch]**(❸)를 클릭하여 다음 단계로 이동한다. cirros 이미지는 오픈스택을 설치할 때 제공된 이미지이다.

그림 13.13은 생성될 인스턴스의 기본정보와 사용할 이미지에 대한 설정단계를 보여준다.

(a) 인스턴스 기본정보 설정

(b) 사용할 이미지 정보

그림 13.13 stackvm-1 인스턴스 기본정보 설정 및 이미지 정보

[Instance Name]은 stackvm-1(❶)를 설정하고, [Description] 항목에는 생성될 인스턴스에 대한 설명을 기술한다. 여기에서는 오픈스택에서 제공하는 기본 이미지를 사용했다는 의미로 virtual machine from default cirros image로 지정하였다. [Next](❸) 버튼을 클릭하여 다음 단계로 이동한다.

다음 단계는 인스턴스를 생성할 때 사용할 이미지를 설정하는 [Source] 단계이다. 우리는 이미 cirros 이미지를 선택하였기 때문에 해당 사항이 맞는지 확인한다. cirros 이미지가 선택된 것을 확인할 수 있다(❹). [Next](❺)를 선택하여 다음 단계로 이동한다.

그림 13.14는 생성될 인스턴스의 선호타입을 선택하는 [Flavor] 단계이다. AWS와 유사하게 m1.tiny, m1.small 등과 같이 사전에 설정된 가상머신의 리소스 타입을 선택할 수 있다.

(a) 기본 선호타입 선택

(b) 인스턴스 생성

그림 13.14 오픈스택이 제공하는 기본 선호타입 및 인스턴스 생성

가장 작은 리소스 타입인 m1.tiny(❶)를 선택하고 [Next](❷)를 선택하여 다음 단계로 이동한다. 선택된 선호타입(❸)을 확인하고 [Launch Instance](❹)를 클릭하여 최종적으로 인스턴스를 생성한다.

인스턴스를 생성할 때 [Networks], [Network Ports], [Security Groups], [Key Pair] 등과 같은 다양한 설정을 진행할 수 있다. AWS와 매우 유사한 설정을 오픈스택을 통해 수행할 수 있다. 즉, 오픈스택을 이용하여 AWS와 유사한 프라이빗 클라우드 서비스 환경을 구축할 수 있음을 의미한다. 여기에서는 오픈스택의 세세한 설정보다는 가상머신을 관리할 수 있는 가상머신 오케스트레이션 툴로써 오픈스택에 대한 기초적인 내용을 살펴보는 것으로 기본적인 설정으로만 가상머신을 생성하였다.

오픈스택 대시보드의 [Instances]를 확인하면, stackvm-1 인스턴스 생성이 실패한 것을 확인할 수 있다.[12] 해당 이미지로 현재 구성된 오픈스택에서 인스턴스로 생성할 수 없다.

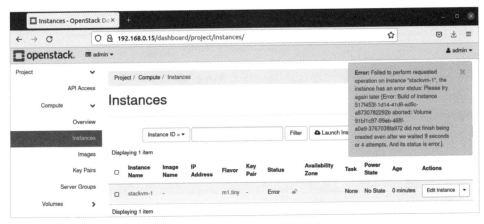

그림 13.15 **stackvm-1 생성 실패**

cirros 이미지를 오픈스택 웹에서 직접 다운로드해, 오픈스택에 이미지로 등록하여 새로운 이미지를 통해 가상머신을 생성해보자. 오픈스택에서 제공하는 다양한 이미지는 **https://docs.openstack.org/image-guide/obtain-images.html**에서 확인할 수 있다. cirros-0.5.1-x86_64-disk.img 파일을 호스트머신에 다음과 같이 다운로드한다.[13]

```
rsyoung@kant:~/Downloads$ wget http://download.cirros-cloud.net/0.5.1/cirros-0.5.1-x86_64-
disk.img
rsyoung@kant:~/Downloads$
rsyoung@kant:~/Downloads$ ls
```

---

12 설치환경에 따라 오픈스택 설치 시 제공된 cirros 이미지로 가상머신이 생성될 수도 있다.

13 다양한 cirros 이미지는 http://download.cirros-cloud.net/에서 확인할 수 있다.

```
cirros-0.5.1-x86_64-disk.img
rsyoung@kant:~/Downloads$
```

다운로드한 cirros 이미지를 오픈스택에 등록해야 한다. 오픈스택 대시보드에서 [Images]를 선택하여 이미지를 등록할 수 있는 페이지로 이동한다(그림 13.16).

그림 13.16 **대시보드의 Images 페이지**

[Create Image]를 선택하여 이미지 등록 페이지로 이동한다. 그림 13.17은 이미지 등록 페이지를 보여준다.

그림 13.17 **이미지 등록 페이지**

[Image Name] 항목에 이미지 이름을 mycirros(❶)로 설정하고 이미지에 대한 설명항목 [Image Description]에는 cirros image from openstack web(❷)으로 기술해준다.[14] [File] 항목에서는 사용할 이미지를 지정한다. [Browse...](❸)을 클릭하여 다운로드한 cirros-0.5.1-x86_64-disk.img 파일을 선택한다. [Format] 항목은 해당 이미지의 포맷을 지정하는 것으로 QCOW2-QEMU Emulator 를 선택한다. 최종적으로 [Create Image](❺)을 선택하여 이미지 등록을 완료한다.

이미지가 성공적으로 등록되었다면, 두 개의 이미지 cirros와 mycirros가 오픈스택 대시보드 [Images] 페이지에 보여야 한다(그림 13.18).

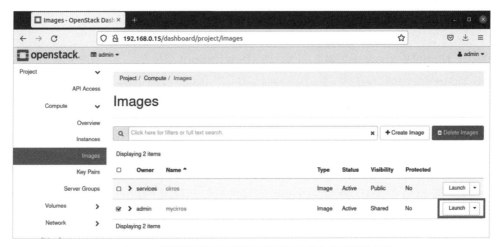

그림 13.18 **등록된 2개의 이미지 확인 및 인스턴스 생성 단계 이동**

정상적으로 이미지가 등록된 것을 확인할 수 있다. cirros 이미지로부터 stackvm-1 인스턴스를 생성했던 방식과 동일하게 mycirros 이미지로부터 가상머신을 생성해보자. [Launch](❶)를 클릭하여 인스턴스 생성 페이지로 이동한다.

그림 13.19는 인스턴스 기본정보 설정과 이미지 정보를 설정하는 페이지를 보여준다.

---

14 이미지 이름과 설명은 사용자가 임의로 지정할 수 있다.

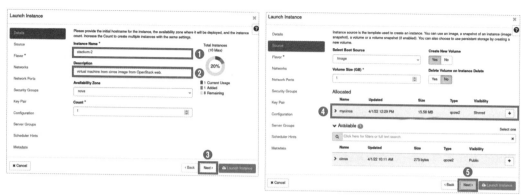

(a) 인스턴스 기본정보 설정   (b) 사용할 이미지 정보

그림 13.19   stackvm-2 인스턴스 기본정보 설정 및 이미지 정보

[Instance Name]을 stackvm-2(❶)로 지정하고, [Description] 항목에는 오픈스택 웹을 통해 다운로드한 이미지라는 설명(virtual machine from cirros image from OpenStack web)을 기술하였다. [Next](❸) 버튼을 클릭하여 [Source] 단계로 이동한다. stackvm-2 가상머신의 베이스 이미지 mycirros 내용을 확인하고(❹), [Next](❺)를 선택하여 다음 단계로 이동한다.

다음 단계는 stackvm-2 인스턴스의 선호타입을 선택하는 [Flavor] 단계이다(그림 13.20). m1.tiny(❶)를 선택하고 다음 단계([Next], ❷)로 이동한다. 선택된 선호타입(❸)를 확인하고 [Launch Instance] (❹)를 클릭하여 최종적으로 인스턴스를 생성한다.

(a) 기본 선호타입 선택   (b) 인스턴스 생성

그림 13.20   stackvm-2 인스턴스 타입 및 인스턴스 생성

그림 13.21은 [Instances] 화면을 보여준다. stackvm-2 인스턴스가 Active 상태로 정상적으로 동작하고 있는 것을 확인할 수 있다(❶).

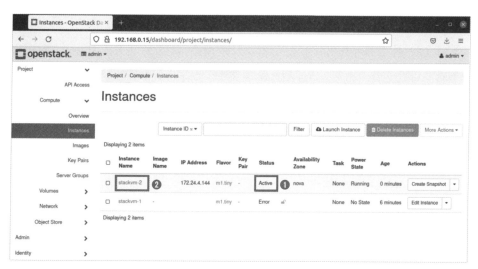

그림 13.21 **실행 중인 mystackvm-2 인스턴스**

stackvm-2(❷)을 클릭하면 해당 인스턴스에 대한 정보를 확인할 수 있는 페이지로 이동한다.

그림 13.22는 `stackvm-2` 인스턴스 페이지에서 **[Console]**(❶) 메뉴를 선택한 결과를 보여준다. 즉, `stackvm-2` 인스턴스의 콘솔의 출력을 보여준다. 실행 중인 인스턴스에 `cirros` 계정에 패스워드 `gocubsgo`로 로그인에 성공하였다.

그림 13.22 **mystackvm-2 인스턴스 콘솔 접속**

13.4.2 오픈스택 커맨드 라인 툴을 이용한 접근

오픈스택 대시보드를 통해서 이미지를 등록하고 인스턴스를 생성하는 과정을 살펴보았다. 이제는 오픈스택 커맨드 라인 툴을 이용하여 인스턴스를 생성해보자. 오픈스택 커맨드 라인 툴을 이용하기 위해서는 keystonerc_admin 스크립트를 현재 셸에 다음과 같이 적용해야 한다.

```
[root@openstack ~]# source keystonerc_admin
[root@openstack ~(keystone_admin)]#
```

셸 프롬프트shell prompt가 keystone_admin으로 변경된 것을 확인할 수 있다. 오픈스택의 사용자들을 openstack user list로 다음과 같이 확인할 수 있다. admin 계정의 사용자를 볼 수 있고, 오픈스택의 서비스에 대한 계정들을 확인할 수 있다.

```
[root@openstack ~(keystone_admin)]# openstack user list
+----------------------------------+------------+
| ID                               | Name       |
+----------------------------------+------------+
| d87c65a1773f4153ad5c58880cb4ab02 | admin      |
| fc06d79aa6f44cdc9043338613802f7d | demo       |
| e7af1e2f883345f5873e7de2d7222779 | glance     |
| 6bb32fb0fafe4c3eada2158cedc49a06 | cinder     |
| d287246a63844788bb6fbf93be71aa72 | nova       |
| 2ea75fa2cf3b45dea4676561bde702ab | placement  |
| 6dbea17a0252418fa4a990ae786ea99c | neutron    |
| 6a46126b14a34afd8f250faf9a394610 | swift      |
| 0790b03f42a54ece811aff3c6a3b7a94 | gnocchi    |
| 27a44aa9d0f34e669f0b89a3f35edc09 | ceilometer |
| bbc0a46292d94d15b973cf1872c46ede | aodh       |
+----------------------------------+------------+
[root@openstack ~(keystone_admin)]#
```

오픈스택에 활성화된 서비스 리스트를 확인할 수 있는데, openstack service list로 가능하다. 서비스 이름과 서비스 타입에 대한 정보를 보여준다.

```
[root@openstack ~(keystone_admin)]# openstack service list
+----------------------------------+---------+-----------+
| ID                               | Name    | Type      |
+----------------------------------+---------+-----------+
| 0d210b902cd14f8a9249dc7d65db9aee | cinderv2| volumev2  |
| 125ef9ad75564954ac0db0546b7c8b42 | neutron | network   |
| 22f0c3bf96214efe8d8bac5e1e3e5d1f | cinderv3| volumev3  |
```

```
| 4e5e9d4745ac4be4bd10411072c70453 | swift      | object-store |
| 531a76167224412d8388a24fe0a48410 | glance     | image        |
| 7eaa197663a64aacbefdddde83cdf426 | nova       | compute      |
| 856bdb2cd4f7436fbbe444a111dfa262  | gnocchi    | metric       |
| 9cbaac7558bd49df8b81dcf911ab8b3a  | keystone   | identity     |
| a426c5c179be4a428b321fd16704d1f6  | placement  | placement    |
| dfccdb24d02045508caf1965fa04dcd0  | aodh       | alarming     |
| e4a1bd55727246e6a6f87e675685552a  | ceilometer | metering     |
+----------------------------------+------------+--------------+
[root@openstack ~(keystone_admin)]#
```

오픈스택에서 동작하고 있는 인스턴스들은 opensack server list 명령으로 다음과 같이 확인할 수 있다.

```
[root@openstack ~(keystone_admin)]# openstack server list
+---------+-----------+--------+---------------------+--------+---------+
| ID      | Name      | Status | Networks            | Image  | Flavor  |
+---------+-----------+--------+---------------------+--------+---------+
| b09e... | stackvm-2 | ACTIVE | public=172.24.4.144 |        | m1.tiny |
| 517f... | stackvm-1 | ERROR  |                     |        | m1.tiny |
+---------+-----------+--------+---------------------+--------+---------+
[root@openstack ~(keystone_admin)]#
```

오픈스택 대시보드에서 생성한 stackvm-1과 stackvm-2 인스턴스를 확인할 수 있다. stackvm-1은 ERROR 상태이고 stackvm-2는 ACTIVE 상태이다. 오픈스택 대시보드의 내용과 동일하다.

오픈스택에 등록된 이미지를 다음과 같이 확인해보자.

```
[root@openstack ~(keystone_admin)]# openstack image list
+--------------------------------------+----------+--------+
| ID                                   | Name     | Status |
+--------------------------------------+----------+--------+
| 1d7c839f-7da3-40c2-8dda-9b5a5ce88d27 | cirros   | active |
| fb9d1315-7f96-4443-a89d-7a171f804a05 | mycirros | active |
+--------------------------------------+----------+--------+
[root@openstack ~(keystone_admin)]#
```

cirros 이미지와 mycirros 이미지를 확인할 수 있다. **Status**가 active 상태로 인스턴스를 생성할 때 두 개의 이미지 모두를 사용할 수 있음을 의미한다. 하지만, 앞서 확인한 것처럼 cirros 이미지로 인스턴스 생성을 실패했기 때문에, mycirros 이미지를 이용하여 새로운 인스턴스 stackvm-3 인스턴스를 다음과 같이 생성해보자.

```
[root@openstack ~(keystone_admin)]# openstack server create --image mycirros \
                                    --flavor m1.tiny stackvm-3
+-------------------------------------+------------------------------------------+
| Field                               | Value                                    |
+-------------------------------------+------------------------------------------+
| OS-DCF:diskConfig                   | MANUAL                                   |
| OS-EXT-AZ:availability_zone         |                                          |
| OS-EXT-SRV-ATTR:host                | None                                     |
| OS-EXT-SRV-ATTR:hypervisor_hostname | None                                     |
| OS-EXT-SRV-ATTR:instance_name       |                                          |
| OS-EXT-STS:power_state              | NOSTATE                                  |
| OS-EXT-STS:task_state               | scheduling                               |
| OS-EXT-STS:vm_state                 | building                                 |
| OS-SRV-USG:launched_at              | None                                     |
| OS-SRV-USG:terminated_at            | None                                     |
| accessIPv4                          |                                          |
| accessIPv6                          |                                          |
| addresses                           |                                          |
| adminPass                           | pe4RTu3D73v7                             |
| config_drive                        |                                          |
| created                             | 2022-04-01T03:43:41Z                     |
| flavor                              | m1.tiny (1)                              |
| hostId                              |                                          |
| id                                  | 0b52ac9f-e4c2-4a1b-b412-2f6361a857ad     |
| image                               | mycirros (fb9d1315-7f96-4443-a89d-...)   |
| key_name                            | None                                     |
| name                                | stackvm-3                                |
| progress                            | 0                                        |
| project_id                          | 1a3e2f0a7e1c4f96bb2e46b8404defd8         |
| properties                          |                                          |
| security_groups                     | name='default'                           |
| status                              | BUILD                                    |
| updated                             | 2022-04-01T03:43:42Z                     |
| user_id                             | d87c65a1773f4153ad5c58880cb4ab02         |
| volumes_attached                    |                                          |
+-------------------------------------+------------------------------------------+
[root@openstack ~(keystone_admin)]#
```

stackvm-3 인스턴스를 생성할 때 이미지는 cirros 이미지를 사용하고 인스턴스 타입은 m1.tiny를
지정하였다. 따라서 stackvm-3 인스턴스는 1개의 vCPU, 512MB RAM, 1GB 디스크를 갖는 가상머
신이다. stackvm-3 인스턴스가 생성된 후 해당 인스턴스에 대한 정보를 출력해주고 있다.

오픈스택에서 제공하는 기본타입의 종류를 다음과 같이 확인할 수 있다.

```
[root@openstack ~(keystone_admin)]# openstack flavor list
+----+-----------+-------+------+-----------+-------+-----------+
| ID | Name      |   RAM | Disk | Ephemeral | VCPUs | Is Public |
+----+-----------+-------+------+-----------+-------+-----------+
| 1  | m1.tiny   |   512 |    1 |         0 |     1 | True      |
| 2  | m1.small  |  2048 |   20 |         0 |     1 | True      |
| 3  | m1.medium |  4096 |   40 |         0 |     2 | True      |
| 4  | m1.large  |  8192 |   80 |         0 |     4 | True      |
| 5  | m1.xlarge | 16384 |  160 |         0 |     8 | True      |
+----+-----------+-------+------+-----------+-------+-----------+
[root@openstack ~(keystone_admin)]#
```

이제 stackvm-3 인스턴스가 정상적으로 동작하는지 확인해보자.

```
[root@openstack ~(keystone_admin)]# openstack server list
+---------+-----------+--------+--------------------+----------+---------+
| ID      | Name      | Status | Networks           | Image    | Flavor  |
+---------+-----------+--------+--------------------+----------+---------+
| 0b52... | stackvm-3 | ACTIVE | public=172.24.4.245| mycirros | m1.tiny |
| b09e... | stackvm-2 | ACTIVE | public=172.24.4.144|          | m1.tiny |
| 517f... | stackvm-1 | ERROR  |                    |          | m1.tiny |
+---------+-----------+--------+--------------------+----------+---------+
[root@openstack ~(keystone_admin)]#
```

stackvm-3 인스턴스가 생성되고 정상적으로 동작하고 있는 것을 확인할 수 있다. 오픈스택 대시보드를 통해서 확인해도 동일한 결과를 얻을 수 있다. 그림 13.23은 오픈스택 대시보드를 통해서 현재 인스턴스들을 보여준다. stackvm-3 인스턴스가 정상적으로 보이는 것을 확인할 수 있다(❶).

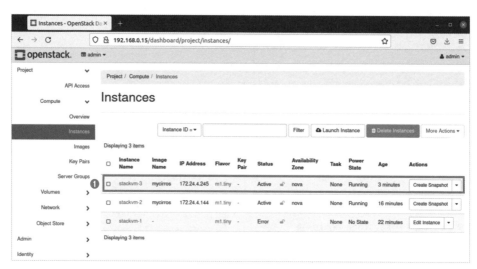

그림 13.23 **커맨드 라인 툴을 통해 생성한 stackvm-3 인스턴스 확인**

가상머신이 생성되고 정상적으로 동작하고 있다면, 가상머신을 중지시키고 재시작을 할 수 있다. 커맨드 라인 툴을 이용하여 stackvm-3 인스턴스를 다음과 같이 중지시키고 재시작해보자.

```
[root@openstack ~(keystone_admin)]# openstack server stop stackvm-3
[root@openstack ~(keystone_admin)]#
[root@openstack ~(keystone_admin)]# openstack server list
+---------+----------+---------+---------------------+----------+---------+
| ID      | Name     | Status  | Networks            | Image    | Flavor  |
+---------+----------+---------+---------------------+----------+---------+
| 0b52... | stackvm-3 | SHUTOFF | public=172.24.4.245 | mycirros | m1.tiny |
| b09e... | stackvm-2 | ACTIVE  | public=172.24.4.144 |          | m1.tiny |
| 517f... | stackvm-1 | ERROR   |                     |          | m1.tiny |
+---------+----------+---------+---------------------+----------+---------+
[root@openstack ~(keystone_admin)]#
[root@openstack ~(keystone_admin)]# openstack server start stackvm-3
[root@openstack ~(keystone_admin)]#
[root@openstack ~(keystone_admin)]# openstack server list
+---------+----------+---------+---------------------+----------+---------+
| ID      | Name     | Status  | Networks            | Image    | Flavor  |
+---------+----------+---------+---------------------+----------+---------+
| 0b52... | stackvm-3 | ACTIVE  | public=172.24.4.245 | mycirros | m1.tiny |
| b09e... | stackvm-2 | ACTIVE  | public=172.24.4.144 |          | m1.tiny |
| 517f... | stackvm-1 | ERROR   |                     |          | m1.tiny |
+---------+----------+---------+---------------------+----------+---------+
[root@openstack ~(keystone_admin)]#
```

stackvm-3 인스턴스의 상태가 **중지**(SHUTOFF) 상태에서 재시작후 **동작**(ACTIVE) 상태로 변경된 것을 확인할 수 있다.

다양한 하이퍼바이저가 생성한 가상머신을 통합적으로 관리하기 위한 API가 libvirt라고 했다. 당연히 오픈스택에서 생성한 가상머신 또한 libvirt API를 통해서 접근할 수 있다. virsh은 libvirt를 이용하여 가상머신에 접근하고 관리할 수 있다. 현재 실행 중인 가상머신을 virsh 명령을 통해 다음과 같이 확인할 수 있다.

```
[root@openstack ~(keystone_admin)]# virsh list
 Id    Name                           State
----------------------------------------------------
 1     instance-00000002              running
 3     instance-00000003              running

[root@openstack ~(keystone_admin)]#
```

두 개의 인스턴스가 **실행**running 중임을 확인할 수 있다. openstack server list로 확인했을 때의 ID가 다르다. 오픈스택과 libvirt가 서로 다른 이름으로 목록을 관리하기 때문이다. instance-00000003가 나중에 생성된 가상머신인 것을 추측할 수 있다.

instance-00000003 인스턴스에 다음과 같이 콘솔로 로그인해보자.

```
[root@openstack ~(keystone_admin)]# virsh console instance-00000003
Connected to domain instance-00000003
Escape character is ^]

login as 'cirros' user. default password: 'gocubsgo'. use 'sudo' for root.
cirros login: cirros
Password:
$
$ echo "hello cloud computing" >> hello.txt
$
$ cat hello.txt
hello cloud computing
$
```

인스턴스에 로그인하기 위한 정보를 알려주고 있다(ID: cirros, PASSWORD: gocubsgo). 로그인에 성공한 후 hello.txt 파일을 생성하고 콘솔을 빠져나온다(Ctrl +]).

최종적으로 오픈스택 대시보드의 stackvm-3 인스턴스의 콘솔에 접속하여 hello.txt 파일이 정상적으로 보이는지 확인해보자. 그림 13.24는 오픈스택 대시보드의 stackvm-3 인스턴스의 콘솔화면을 보여준다. 정상적으로 hello.txt 파일을 확인할 수 있다.

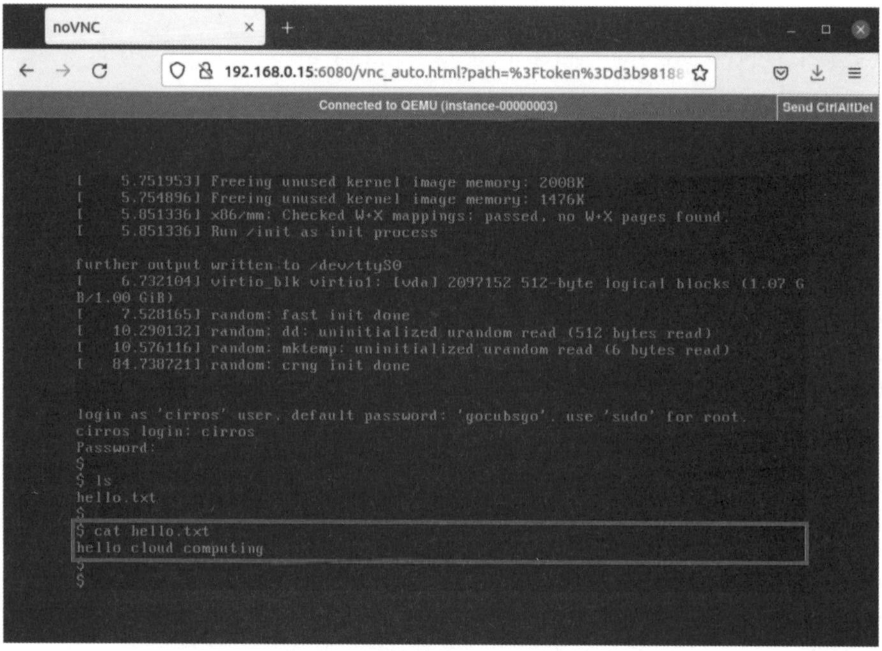

그림 13.24 **stackvm-3 인스턴스 콘솔의 hello.txt 파일 확인**

연습문제

1. 실습 환경을 Vagrant와 Ansible을 통해 구축하고 구축 과정을 기술하라.

2. 실습 환경에서 enp0s3 인터페이스 설정파일의 GATEWAY 항목을 삭제했을 때 결과를 기술하고 그 이유를 설명하라.

3. 실습 환경에서 firewalld를 활성화시키고 오픈스택이 정상 동작하는지 확인하라. 만약 정상 동작하지 않는다면 그 원인을 분석하고 해결하라.

4. packstack으로 오픈스택을 설치할 때 사용되는 환경설정 정보를 파일로 출력할 수 있다(answer.txt). 해당파일의 내용을 통해 확인할 수 있는 내용을 기술하라.

5. 오픈스택의 서비스들을 리스트하고 각각의 역할들에 대해서 설명하라.

6. 실습 환경을 통해 구축된 오픈스택에서 다양한 오픈스택 명령을 수행해보고 그 결과에 대해 기술하라.

7. cirros 이미지 이외에 오픈스택에서 제공하는 이미지를 다운로드해 인스턴스를 생성하고 수행 과정을 기술하라.

8. stackvm-2와 stackvm-3를 생성할 때 퍼블릭 IP가 부여되었다. 해당 IP로 접속 가능한가? 가능하지 않다면 그 이유는 무엇이고 해결방안을 제시하라.

9. 가상머신 4개를 생성하고, 오픈스택을 컨트롤 노드, 컴퓨트 노드, 스토리지 노드, 네트워킹 노드에 설치하고 구성 과정을 기술하라.

10. 실행 중인 인스턴스의 스냅숏을 생성하고 해당 스냅숏을 이용한 인스턴스를 생성하라.

11. 새로운 선호타입을 생성하고 해당 타입을 이용하여 가상머신을 생성하라.

12. 새로운 키 페어를 생성하고 키 페어를 통해 접근할 수 있는 가상머신을 생성하고 과정을 기술하라.

컨테이너 기술

## CHAPTER 14

컨테이너 기본 개념

'컨테이너란 무엇인가?'라는 질문에 간단한 답변은 '애플리케이션 소프트웨어를 운영체제로부터 분리시켜 사용자에게 애플리케이션이 동작할 때 필요한 최소한의 실행환경을 제공하는 것'이라고 답할 수 있다. **컨테이너는 샌드박스**sandbox**화된 런타임 환경이다.** 샌드박스화되었다는 의미는 프로세스가 보호된 영역에서 동작하여 호스트 시스템에 부정적인 영향을 미치는 것으로부터 보호한다는 것이다.

가상화 기술과 더불어 **컨테이너 기술**container technology은 클라우드 컴퓨팅 서비스의 핵심으로 부각되고 있다. 가상머신의 무거움을 경량화한 컨테이너의 개념을 알아보고, 리눅스 컨테이너, **도커**Docker, 컨테이너 인프라환경 구축에 활용되는 **쿠버네티스**Kubernetes에 대해 알아보자.

14.1 컨테이너 기본 개념과 기술의 진보

14.1.1 기본 개념

컨테이너 기술container technology은 **패키징 기술**packaging technology로 간단하게 표현할 수 있다. 여기서 패키징의 대상은 애플리케이션과 애플리케이션이 동작할 수 있는 환경이다. 애플리케이션이 동작할 수 있는 환경에는 애플리케이션을 구동하기 위해 필요한 라이브러리를 포함하며 다른 프로세스로부터 완전히 독립적으로 분리된 환경을 말한다. 컨테이너로 패키징된 애플리케이션은 자신이 동작할 수 있는 환경을 포함하고 있기 때문에 쉽게 **배포**deployment가 가능해진다. 컨테이너 선박을 생각해보면, 선박에 적재해야 할 화물을 컨테이너로 패키징했을 때 다음과 같은 장점이 있다(그림 14.1). 이는 애플리케이션을 컨테이너로 패키징했을 때 갖는 장점과 동일하다.

- **Standard**: 규격화된 컨테이너 사용

- **Portable**: 컨테이너는 이동이 가능

- **Light Weight**: 표준 컨테이너에 담을 수 있는 용량의 제한

- **Security & Protection**: 컨테이너별 보안과 안전장치

(a) 컨테이너 선박   (b) 애플리케이션 패키징

그림 14.1 **컨테이너 기반 애플리케이션 패키징**

가상화에서는 물리적 컴퓨터 시스템 전체를 가상 머신으로 만들고 운영체제를 가상머신에 설치한 상태로 배포했다면, 컨테이너들은 컨테이너를 구동하는 운영체제의 커널을 공유한다. 따라서, 컨테이너를 **경량**lightweight 가상화라고 하는 이유가 여기에 있다.

가상화 기반으로 특정 애플리케이션을 배포한다고 하면, 애플리케이션이 설치된 가상머신 이미지를 배포해야 한다. 가상머신들은 호스트머신상에서 동작하지만, 서로 독립된 운영체제를 구동하기 때문에 운영체제의 커널을 공유하는 컨테이너보다는 오버헤드가 증가할 수밖에 없다. 따라서, 네이티브 방식의 운영체제 위에서 동작하는 애플리케이션을 컨테이너라는 분리된 환경에서 작동하여 자원의 활용성과 안정성을 높이는 방식이다(그림 14.2).

일반적인 애플리케이션   컨테이너화된 애플리케이션

그림 14.2   네이티브 방식 vs. 컨테이너 방식

14.1.2 컨테이너 기술의 역사

컨테이너의 핵심 기술은 **분리**isolation에 기반을 두고 있는데, 그 기원은 1979년 Unix V7의 **Change Root**chroot 디렉터리까지 거슬러 올라간다. 실제 컨테이너 기술은 2008년 IBM에서 발표한 **리눅스 컨테이너**Linux containers, LXC에 기반을 두고 있다. 오늘날의 컨테이너가 활발하게 사용되기까지 영향을 주었던 기술들에 대해서 살펴보자.[1]

- **Unix V7(1979)**: chroot **시스템 콜**system call이 Unix V7에서 소개되었는데, chroot는 프로세스의 **루트 디렉터리**root directory를 파일시스템의 새로운 곳으로 변경하는 것이다.

  chroot를 통해서 프로세스 간 **분리**를 할 수 있게 되고, 프로세스와 프로세스를 통해 생성된 자식 프로세스들은 변경된 루트 디렉터리 밖의 영역에 접근할 수 없게 된다. 일반적으로 파일을 접근할 때 루트 디렉터리(/)를 기준으로 접근하기 때문에 변경된 루트 디렉터리에서 외부 파일이나 접근이 불가능하게 되는 것이다.

  이러한 속성 때문에 chroot를 통해 변경된 환경을 chroot **감옥**jail이라고 한다. chroot는 애플리케이션의 개발, 테스트, 의존성 제어, 권한 분리 등에 유용하게 사용할 수 있다.

- **FreeBSD Jail(2000)**: FreeBSD로 구동되는 컴퓨터 시스템을 여러 개의 독립적인 작은 시스템으로 분리하는 기술로, 독립적으로 분리된 작은 시스템을 **Jail**로 명칭하고 각각의 Jail에는 IP 주소와 같은 독립된 환경을 구축할 수 있다. Jail 기술은 **운영체제 수준의 가상화**OS level virtualization로 운영체제의 커널을 공유한다.

---

1   https://blog.aquasec.com/a-brief-history-of-containers-from-1970s-chroot-to-docker-2016

FreeBSD의 Jail이 탄생하게 된 배경에는 **호스팅 프로바이저**hosting provider인 R&D Associate에서 호스팅 서버를 사용하는 **고객**customer들의 환경과 회사의 서비스 환경을 분리하고자 하는 요구에서 시작되었다. 환경의 분리는 시스템 관리자들이 호스팅 시스템의 관리와 보안 이슈 대응을 수월하게 할 수 있다.

chroot은 프로세스의 루트 디렉터리를 변경함으로써 파일시스템에 대한 제약을 두지만, Jail 방식은 프로세스의 **동작**activity을 Jail이라 불리는 분리된 작은 시스템으로 제한한다.

- **Linux VServer(2001)**: 리눅스에서도 FreeBSD Jail과 유사한 기술인 Linux VServer 기능을 추가하였다. VServer는 Jail과 동일하게 운영체제 수준의 가상화로 CPU 시간, 메모리, 파일 시스템 등과 같은 컴퓨터 시스템의 리소스를 분리하는 기술이다. 이렇게 분리된 자원을 **Security Context**라고 하고, FreeBSD Jails 용어와 유사하게 분리된 자원을 통해 만들어진 시스템을 **Virtual Private Server**라고 한다.

  Virtual Private Server가 부팅될 때 분리된 자원 환경인 Security Context에서 init 프로세스를 실행한다. Virtual Private Server를 셧다운할 때는 Security Context에서 실행되고 있는 모든 프로세스를 단순하게 종료하면 된다.

- **Solaris Containers(2004)**: 솔라리스 컨테이너는 운영체제 수준의 가상화 기법이며 **존**zone의 개념을 도입하여 자원을 분리하였다. 솔라리스 컨테이너는 존으로 분리된 자원과 분리된 자원에 대한 **제어**control를 통해서 단일 운영체제 내에서 완전히 독립된 가상서버들을 운영할 수 있다.

  노드 이름node name, 가상 네트워크에 대한 접근, 저장장치가 각각의 존에 할당된다. 어떤 특정한 존에 속한 프로세스는 다른 존에 속한 프로세스들과 인터랙션interaction이 발생하지 않도록 엄격하게 분리된다. 각각의 존은 사용자 리스트를 관리하여 ID 충돌을 방지한다. ID 1000번인 사용자에 대해 서로 다른 존은 각각의 존에서 사용하는 ID로 리매핑remapping하여 존별 사용자들을 관리한다.

- **Open VZ(2005)**: Virtuozzo에서 오픈소스로 제공하는 운영체제 수준의 가상화 기술이다.[2] Open VZ는 Open Virtuozzo로 쓰기도 한다. 리눅스 기반에서 동작하며 리눅스 커널 패치를 이용하여 자원을 분리할 수 있는 기능을 제공한다.

- **Process Container(2006)**: CPU, 메모리, 디스크 I/O, 네트워크와 같은 컴퓨터 자원에 대한 프로세스의 사용량을 제한하고 격리시키기 위해 구글 개발자 Paul Menage와 Rohit Seth에 의해 개발된 기술이다. 이 기술은 후에 컨테이너라는 용어가 다양하게 사용되어 혼동을 줄이기 위해

---

2   https://en.wikipedia.org/wiki/Virtuozzo_(company)

cgroupcontrol group으로 이름을 변경하였고 리눅스 커널 2.6.24에 공식적으로 포함되었다.

초기 리눅스 커널 패치로 제공될 때 컨테이너를 **프로세스 그룹**group of process으로 정의하고 **서브시스템**subsystem이라는 개념을 도입하였다. 서브시스템은 프로세스 그룹이 동작할 때 필요한 커널 기능의 일부를 말한다. 예를 들어 커널의 **cpuset**은 특정 프로세스 그룹이 실행될 CPU들을 지정할 수 있는 메커니즘이다.

구글의 컨테이너 패치는 cpuset 메커니즘을 서브시스템으로 변환시킨다. 이렇게 되면 서브시스템을 사용하는 프로세스 그룹인 컨테이너는 제한적인 자원만을 사용하게 된다. cpuset을 예로 들면, 컨테이너에 사용할 수 있는 프로세스들이 지정되면 컨테이너에 속한 모든 프로세스들은 제약사항에 따라 CPU를 사용하게 된다. 컨테이너 개념을 이용하여 CPU 시간, I/O 밴드위드, 메모리 사용량, 파일시스템에 대한 접근제한 등을 수행할 수 있다.[3]

- **LXC(2008)**: **LXC**Linux container는 리눅스 기반의 운영체제 수준의 가상화 기술이다. 리눅스 커널이 제공하는 **cgroup** 기능과 **네임스페이스 분리**namespace isolation 기능을 이용하여 애플리케이션이 동작하는 독립된 실행환경을 제공한다. 앞에서 살펴본 것처럼 cgroup은 CPU, 메모리, 저장장치 등과 같은 자원에 대한 사용제한과 우선순위를 제공해주는 리눅스 커널이 제공하는 기능이다.

  네임스페이스 분리 기능은 **프로세스 트리**process tree, 네트워킹, 사용자 ID, 마운트된 파일 시스템과 같은 운영체제 환경을 애플리케이션의 관점으로 분리시키는 기능이다. 네임스페이스는 **chroot**의 확장된 형태로 생각할 수 있다. LXC가 현재 통용되고 있는 컨테이너 기술의 시초라고 할 수 있고 도커가 LXC를 컨테이너 엔진으로 초기에 사용하였다.

- **Docker(2013)**: 도커는 2013년 파이썬 컨퍼런스인 PyCon에서 LXC를 이용하여 컨테이너를 쉽게 활용할 수 있는 기술을 소개하였다. 초기 도커는 LXC를 사용하여 공개 소프트웨어로 제공되었지만 Docker 0.9 버전에서는 LXC를 도커의 **libcontainer**로 대체하였다. 유닉스와 리눅스에서 컨테이너 관련 기술들이 개발되고 활용되었지만, 도커가 컨테이너 기술을 보편화하는 데 크게 기여하였다. 한 번 구축하면 어느곳에서나 실행할 수 있는 '**Build Once, Run Anywhere**'의 개념의 실현이 도커를 통해 이전보다 훨씬 수월해졌다.

  도커는 프랑스의 Hykes가 dotCloud회사에서 시작한 프로젝트인데, dotCloud는 PaaS 서비스를 제공하는 회사였고 이 회사의 플랫폼에 사용할 기반 기술로 컨테이너를 활용하려는 목적이었다. 플랫폼 서비스를 제공하기 위해 필요한 기술들을 도커에 적용함으로써 **리눅스 컨테이너를 보편화할 수 있는 도커가 탄생하게 되었다.**

---

3 https://lwn.net/Articles/236038/

- **Kubernetes(2015)**: 2015년 7월 구글에서 오픈소스로 Kubernetes 1.0을 공개하였다. 쿠버네티스는 컨테이너가 IT 환경에서 활발하게 활용됨에 따라 컨테이너화된 워크로드와 서비스를 관리할수 있는 오케스트레이션 툴이다. 컨테이너를 관리할 수 있는 다양한 툴들이 있지만 쿠버네티스로수렴이 되고 있다. 구글은 쿠버네티스를 2016년 **CNCF**Cloud Native Computing Foundation에 기증하면서 VMWare, Azure, AWS, 도커에서 쿠버네티스를 자신의 인프라에서 지원할 수 있도록 했다.

- **Container Security Issue(2016)**: 컨테이너를 직용한 애플리케이션이 활발하게 시용됨에 따라 시스템의 복잡도가 증가되면서 Dirty **COW**copy on write와 같은 컨테이너 **보안 문제**container security가 발생하였다.[4] Dirty COW는 리눅스 커널에서 Copy on Write를 할 때 존재하는 **레이스컨디션**race condition을 이용하여 낮은 권한을 갖는 사용자가 읽기전용 메모리에 쓰기 권한을 획득할 수 있는 보안 취약점이다. 도커 컨테이너들이 리눅스 커널을 공유하기 때문에 Dirty COW 취약점에 노출되어 있고 실제 읽기전용으로 마운트된 파일시스템에 데이터를 쓸 수 있었다. 보안 문제가 제기됨에 따라 컨테이너 기반의 개발에서 각 단계별로 보안이 개입되는 DevSecOps가 트랜드가 되었다.

- **OCI(2017)**: 도커가 컨테이너를 기반으로 한 서비스 활성화에 기여한 것은 부인할 수 없는 사실이지만, 오픈소스 커뮤니티의 특성이 특정한 솔루션에 과도하게 종속적으로 의존하는 것을 경계한다. 컨테이너 포맷과 런타임에 대한 개방형 표준을 개발하기 위해 2015년 **OCI**Open Container Initiative를 구성하였으며, 컨테이너는 OCI의 표준을 따른 방향으로 진행되었다. 2017년 OCI 컨테이너 관련된 표준 v1.0을 발표하였다. 쿠버네티스 컨테이너 런타임을 만들기 위한 **CRI**Container Runtime Interface와 OCI에 최적화된 표준 컨테이너 런타임인 **CRI-O**Container Runtime Interface-Open Container Initiative가 발표되었다.

CRI-O가 탄생하게 된 배경을 이해하기 위해서는 컨테이너가 실행되는 과정을 이해할 필요가 있다. 컨테이너를 실행하기 위해서는 이미지 다운로드, 이미지를 번들로 압축 해제, 번들에서 컨테이너 실행과 같은 3단계를 거친다. 도커는 컨테이너 런타임을 표준화할 때, 모든 단계를 표준화하지 않고 마지막 단계만 표준화했다.

쿠버네티스는 컨테이너 오케스트레이션 툴이기 때문에 다양한 컨테이너 런타임을 지원할 필요가 있어 플러그인 형태로 컨테이너 런타임을 붙일 수 있는 **CRI**Container Runtime Interface를 개발하여 다양한 컨테이너 런타임을 지원하게 된다(그림 14.3).[5]

---

4   https://cve.mitre.org/cgi-bin/cvename.cgi?name=CVE-2016-5195
5   https://www.samsungsds.com/kr/insights/docker.html

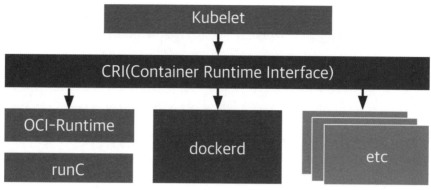

그림 14.3 **컨테이너 런타임 인터페이스**

오픈소스 커뮤니티에서 주로 사용하던 도커 또한 컨테이너 엔진으로 사용되었지만, OCI의 표준을 따르는 런타임을 개발할 필요성으로 CRI-O 컨테이너 런타임을 개발하게 된다. 즉, CRI-O는 쿠버네티스용 OCI 컨테이너 런타임이다.

요약하면, OCI에서는 컨테이너에 대한 표준 스펙을 정의하고, 이 표준 스펙을 따라 컨테이너 런타임을 구현하게 된다. 초기 컨테이너 런타임은 도커만 있었지만, CRI-O, **RKT**Rocket, Containerd가 등장하였다. 컨테이너 런타임을 제어하는 것을 오케스트레이션이라고 하는데, 이에 대한 표준은 CNCF에서 정하고, 이 표준을 따르는 구현체가 바로 쿠버네티스이다.

14.2 컨테이너와 가상머신

컨테이너는 독립된 실행환경에서 동작하기 때문에 가상화 기반의 가상머신과 자주 비교된다. 그렇다면, '**컨테이너는 가상화인가?**'라는 질문에 대한 답은 '**Not exactly**'이다. 컨테이너에서 동작하는 애플리케이션이 독립된 환경에서 실행되고 잘못된 동작에 따른 다른 컨테이너의 애플리케이션에 영향을 미치지 않는다는 점에서는 가상화와 유사하지만, 실제 컨테이너는 가상화에서 제공하는 가상머신별 독립된 운영체제가 동작할 수 없다.

가상화에서는 단일 물리시스템에 생성된 여러 대의 가상머신에서 리눅스, 윈도우와 같은 서로 다른 운영체제를 올릴 수 있다. 하지만, 컨테이너는 운영체제를 공유하기 때문에 이러한 서로 다른 운영체제를 컨테이너 시스템에서 사용할 수 없다. 컨테이너는 운영체제를 분리하는 것이 아니라 애플리케이션을 운영체제로부터 독립적으로 분리시킨다. ARM용 리눅스 시스템은 ARM 리눅스 컨테이너를, x86 리눅스 시스템에서는 x86 리눅스 컨테이너를, x86 윈도우 운영체제는 x86 윈도우 컨테이너를 실행할 수 있지만, 서로 다른 운영체제 기반의 컨테이너는 단일 머신에서 실행될 수 없다.

그림 14.4는 애플리케이션이 실행될 때 가상화 기반과 컨테이너 기반의 필요한 스택을 보여준다. 가상머신 기반에서는 물리시스템위에 하이퍼바이저가 올라가고 하이퍼바이저가 가상머신들을 관리한다. 그리고 각각 가상머신은 독립된 서로 다른 운영체제가 설치될 수 있다. 해당 운영체제에서 동작하는 애플리케이션은 필요한 라이브러리와 환경을 구축하여 실행되는 방식이다. 하지만, 컨테이너 기반에서는 물리시스템에 하이퍼바이저 대신 운영체제가 설치되고 운영체제 위에 컨테이너 엔진이 동작한다. 킨데이너 엔진이 하이퍼바이저처럼 여러 개의 컨테이터를 생성하고 관리한다. 애플리케이션은 컨테이너 내에 필요한 라이브러리와 환경을 구축하는데, 이때 운영체제의 다른 컨테이너와 공유하는 방식이다.

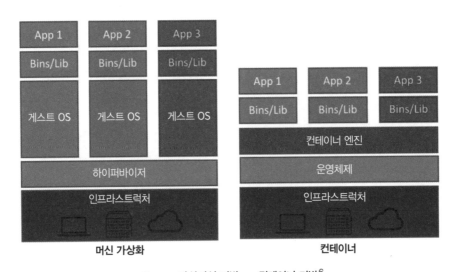

그림 14.4 **가상머신 기반 vs. 컨테이너 기반**[6]

애플리케이션이 동작되는 방식이 가상머신 기반과 컨테이너 기반이 다르기 때문에 애플리케이션이 실행될 때 성능의 차이를 보인다. 그림 14.5는 IBM에서 발표한 베어 메탈, KVM 하이퍼바이저, 도커에서 저장장치의 읽기쓰기 성능 비교 결과를 보여준다. 컨테이너가 거의 베어 메탈의 성능과 유사하게 나오는 것을 확인할 수 있다. 애플리케이션의 특성에 따라 성능 비교 결과의 차이가 있을 수 있지만, 우리가 살펴보았듯이 애플리케이션을 구동하는 소프트웨어 스택의 무거움이 성능 측정에서 오버헤드로 작용했음을 예상할 수 있다.

---

6   https://blog.netapp.com/blogs/containers-vs-vms/

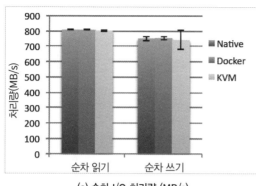

(a) 순차 I/O 처리량 (MB/s)

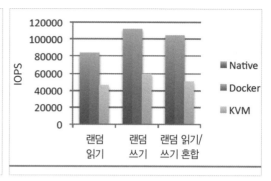

(b) 랜덤 I/O 처리량 (IOPS)

그림 14.5 Native, Docker, KVM 성능 비교

가상화는 하이퍼바이저를 이용하여 하드웨어를 에뮬레이션하고 여러 개의 운영체제를 실행하기 때문에 컨테이너와 같이 **경량**lightweight 구조가 아니다. 제한된 컴퓨팅 자원을 가지고 가벼운 애플리케이션을 매우 많이 실행하는 환경을 생각해보면, 리눅스 컨테이너의 경우 운영체제를 공유하기 때문에 가상머신 기반보다 가볍고 동시에 여러 시스템 애플리케이션 배포가 수월하다.

컨테이너와 가상머신은 상호대립적 구도가 아닌 제공하고자 하는 서비스 환경에 따른 선택의 문제로 볼 수 있다.

- **컨테이너가 유리한 경우**
    - 애플리케이션이 **멀티서비스**multiservice 아키텍처인 경우
    - 애플리케이션이 동작하는 서버의 수를 최소화하고자 하는 경우
    - **클라우드 네이티브 애플리케이션**cloud native application을 개발하고자 하는 경우[7]
    - 애플리케이션 개발환경이 배포환경과 유사한 경우
- **가상머신이 유리한 경우**
    - 애플리케이션이 **모놀리식**monolithic 아키텍처인 경우
    - 서로 다른 운영체제가 필요한 경우
    - 플랫폼에 고정된 스토리지 시스템이 필요한 경우
    - 운영체제의 많은 기능이 필요한 경우

---

7 작고, 독립적이고, 상호 결합도가 낮은 서비스들의 모음

연습문제

1. 컨테이너 기반과 가상머신 기반 환경에 대해 차이점과 유사점을 설명하라.

2. 컨테이너와 가상머신 간 성능분석을 측정한 보고서, 연구논문 등을 조사하고 시사점을 기술하라.

3. 컨테이너 기반 서비스가 가상머신 기반 서비스보다 효율적인 사례를 찾고 서비스 사례를 통해서 컨테이너 기반이 더 좋은 이유를 설명하라.

4. 가상머신 기반 서비스가 컨테이너 기반 서비스보다 효율적인 사례를 찾고 서비스 사례를 통해서 가상머신 기반이 더 좋은 이유를 설명하라.

5. chroot의 동작 방식에 대해 조사하고 설명하라.

6. '컨테이너는 가상화인가?' 질문에 답하고 근거를 제시하라.

7. Cloud Native Application이란 무엇인지 설명하라. 그 사례를 조사하라.

리눅스 컨테이너

컨테이너는 가상머신과 다르게 단일 운영체제에서 프로세스를 격리시킨다. 각각의 가상머신이 독립된 운영체제를 갖고 독립된 환경을 구성한다면, 컨테이너들은 동일한 운영체제상에서 독립된 실행환경을 만든다. 이번 장에서는 컨테이너 기술의 근간이 되는 **리눅스 컨테이너**LXC에 대해서 알아보자.

15.1 리눅스 컨테이너 LXC

15.1.1 리눅스 컨테이너 아키텍처

리눅스 컨테이너가 동작하기 위해서는 주요 **컴포넌트**component가 존재하는데 주로 리눅스 커널에서 제공한다. 그림 15.1은 리눅스 컨테이너 아키텍처의 구조를 보여준다. **네임스페이스**namespace, **컨트롤 그룹**cgrop, SELinux는 리눅스 커널에서 제공하는 컴포넌트이고, **관리 인터페이스**management interface 를 통해서 컨테이너가 리눅스 커널이 제공하는 컴포넌트들을 접근하는 구조이다.

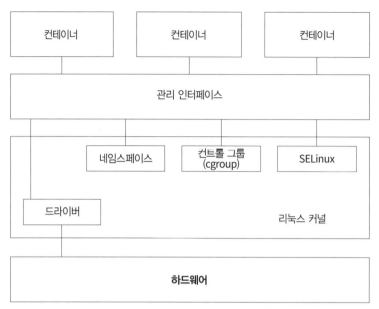

그림 15.1 **리눅스 컨테이너 아키텍처**[1]

- **네임스페이스**: 컨테이너별로 별도의 네임스페이스를 제공하여 컨테이너에 속한 프로세스들이 리소스 사용 등에 있어 충돌이 발생하지 않도록 한다.
- **컨트롤 그룹(cgroup)**: 컨트롤 그룹은 프로세스를 그루핑하여 CPU, 메모리, 네트워크 밴드위드와 같은 컴퓨팅 리소스 사용을 제한하도록 한다.
- **SELinux**: 호스트 시스템과 컨테이너 간 그리고 서로 다른 컨테이너 간 보안적으로 안전하게 분리하는 기능을 제공한다.
- **관리 인터페이스**: 커널에서 제공하는 네임스페이스, 컨트롤 그룹, SELinux 등의 컨테이너를 위한 컴포넌트를 접근하고 컨테이너를 생성하고 관리할 수 있는 인터페이스를 제공한다.

4가지의 컨테이너를 위한 컴포넌트들 중에서 네임스페이스를 좀 더 살펴보도록 하자. 리눅스 커널은 컨테이너별로 독립된 네임스페이스를 생성하여 프로세스를 실행할 때 **격리**isolation된 환경을 제공한다.

단일 네임스페이스의 경우에는 1번 프로세스[2]에 할당된 네임스페이스들을 자식 프로세스들이 공유하는 구조이다. 하지만, 네임스페이스를 통해서 프로세스를 실행할 때 네임스페이스별로 분리해서 실행할 수 있다. 부모 프로세스와 자식 프로세스가 서로 다른 관점으로 가질 수 있게 된다. 이러한 네

---

1 https://access.redhat.com/documentation/en-us/red_hat_enterprise_linux_atomic_host/7/html/overview_of_containers_in_red_hat_systems/introduction_to_linux_containers
2 CentOS의 경우 systemd, Ubuntu의 경우 init

임스페이스 개념을 컨테이너에 적용하면, 서로 다른 컨테이너가 동일한 자원을 사용할 때 서로 충돌 없이 사용할 수 있도록 해준다. 리눅스의 PID 1이 갖는 네임스페이스를 살펴보자.[3]

```
[root@lxc ~]# ls -l /proc/1/ns/
total 0
lrwxrwxrwx. 1 root root 0 Oct  6 16:46 ipc -> ipc:[4026531839]
lrwxrwxrwx. 1 root root 0 Oct  6 16:46 mnt -> mnt:[4026531840]
lrwxrwxrwx. 1 root root 0 Oct  6 16:46 net -> net:[4026531956]
lrwxrwxrwx. 1 root root 0 Oct  6 16:46 pid -> pid:[4026531836]
lrwxrwxrwx. 1 root root 0 Oct  6 16:46 user -> user:[4026531837]
lrwxrwxrwx. 1 root root 0 Oct  6 16:46 uts -> uts:[4026531838]
[root@lxc ~]#
```

PID 1번 프로세스가 사용하고 있는 네임스페이스를 확인할 수 있다. 총 6개의 네임스페이스를 사용하고 있음을 알 수 있다. 4026으로 시작하는 번호가 네임스페이스의 고유번호이다.[4]

단일 네임스페이스를 확인하기 위해서 PID 1의 자식 프로세스의 네임스페이스를 확인해보자. 현재 시스템에서 실행되고 있는 프로세스들의 부모 자식 관계를 pstree 명령으로 확인해보면 PID 1163 프로세스인 bash 프로세스가 부모 프로세스인 sshd(1162)에서 생성되었고, 부모는 sshd(1158)이다. sshd(1158) 프로세스의 부모는 sshd(916)이고 sshd(916) 프로세스는 최초 조상 프로세스 PID 1 프로세스인 systemd에서 생성되었음을 확인할 수 있다.[5]

```
[root@lxc ~]# pstree -p
systemd(1)─┬─NetworkManager(655)─┬─dhclient(692)
           │     ...
           ├─sshd(916)─sshd(1158)─sshd(1162)─bash(1163)─su(1180)─bash+
           │     ...

[root@lxc ~]#
```

PID 1163의 bash 프로세서의 네임스페이스를 확인해보면, 네임스페이스가 PID 1과 동일함을 확인할 수 있다. 즉, 단일 네임스페이스에서는 부모로부터 파생되는 모든 자식 프로세스가 네임스페이스를 공유한다.

---

3 VirtualBox의 Manager를 이용하여 Clean CentOS를 복제하여 LXC 가상머신을 만들고 호스트명을 cloud.lxc.org로 변경하였다. 가상머신을 복제하고 환경을 설정하는 내용은 이전 장들을 참고하기 바란다.

4 CentOS 7을 기준으로 6개의 네임스페이스를 확인할 수 있으나 Ubuntu는 컨트롤 그룹을 포함하여 8개로 표시된다.

5 http://redhatgov.io/workshops/containers_the_hard_way/intro/

```
[root@lxc ~]# ls l /proc/1163/ns/
total 0
lrwxrwxrwx. 1 rsyoung rsyoung 0 Oct  6 16:47 ipc -> ipc:[4026531839]
lrwxrwxrwx. 1 rsyoung rsyoung 0 Oct  6 16:47 mnt -> mnt:[4026531840]
lrwxrwxrwx. 1 rsyoung rsyoung 0 Oct  6 16:47 net -> net:[4026531956]
lrwxrwxrwx. 1 rsyoung rsyoung 0 Oct  6 16:47 pid -> pid:[4026531836]
lrwxrwxrwx. 1 rsyoung rsyoung 0 Oct  6 16:47 user -> user:[4026531837]
lrwxrwxrwx. 1 rsyoung rsyoung 0 Oct  6 16:47 uts -> uts:[4026531838]
[root@lxc ~]#
```

각각의 네임스페이스의 역할을 요약하면 다음과 같다.

- **마운트**mount **네임스페이스**: 파일시스템 마운트 포인트를 분리시킨다. 부모 프로세스와 자식 프로세스가 각각 다른 파일시스템 마운트 포인트를 가질 수 있도록 한다.

- **UTS**unix time sharing **네임스페이스**: 각각의 컨테이너가 **호스트명**hostname과 **NIS**network information service 도메인 이름을 가질 수 있도록 한다.

- **PID**process identification **네임스페이스**: 서로 다른 컨테이너에서 동작하는 프로세스가 동일한 PID를 가질 수 있도록 한다. 따라서, 각각의 컨테이너는 PID 1과 같은 프로세스를 갖고 다양한 시스템 초기화와 필요한 프로세스 생성 및 컨테이너 라이프 사이클을 관리할 수 있도록 한다.

- **IPC**inter process communication **네임스페이스**: 두 개의 컨테이너가 동일한 이름을 갖는 **공유 메모리 세그먼트**shared memory segment와 **세마포어**semaphore를 생성할 수 있도록 한다.

- **네트워크**network **네임스페이스**: 컨테이너가 분리되고 독립된 **네트워크 스택**network stack,[6] 루프백 장치, 프로세스 공간을 사용할 수 있도록 한다.

- **사용자**user **네임스페이스**: 사용자 ID, 그룹 ID, 루트 디렉터리와 같은 **보안**security과 관련된 ID와 속성을 분리해준다. 프로세스가 네임스페이스 내부와 기본 네임스페이스 간에 각기 다른 사용자 및 그룹 ID를 가질 수 있도록 한다. 외부에서는 루트 권한을 갖고 있지 않은 프로세스가 자신이 생성한 컨테이너에서는 루트 권한으로 실행될 수 있다.

15.1.2 마운트 네임스페이스

마운트 네임스페이스mount namespace는 파일시스템 **마운트 포인트**mount point를 분리시킨다. 부모 프로세스와 자식 프로세스가 다른 파일시스템 마운트 포인트를 가질 수 있도록 환경을 제공한다. 만약 단일 네임스페이스 환경에서는 부모 프로세스와 자식 프로세스가 파일시스템을 마운트하거나 해제

---

6 네트워크 프로토콜에 대한 구현

하는 환경적 변화를 모두 인지할 수 있지만, 각각 프로세스별 마운트 네임스페이스내에서 변경은 해당 프로세스의 외부에서는 인지할 수 없다.

마운트 네임스페이스가 어떻게 동작하는지 살펴보자. 예제는 CentOS 7을 기준으로 설명한다. 마운트 네임스페이스 동작을 확인하기 위해서 두 개의 터미널 Terminal #1과 Terminal #2을 사용한다.[7]

```
Terminal #1

[rsyoung@lxc ~]$ cat /etc/redhat-release
CentOS Linux release 7.8.2003 (Core)
[rsyoung@lxc ~]$
```

현재 실행 중인 프로세스인 bash 프로세스의 마운트 네임스페이스를 확인해보자. 현재 프로세스는 $$로 PID를 확인할 수 있고 해당 프로세스의 마운트 네임스페이스는 심볼릭 링크이므로 최종 파일의 경로를 readlink 명령으로 확인할 수 있다.[8]

```
[rsyoung@lxc ~]$ readlink /proc/$$/ns/mnt
mnt:[4026531840]
[rsyoung@lxc ~]$
```

마운트 네임스페이스의 i-node 번호가 4026531840임을 확인할 수 있다. 이제 unshare 명령으로 부모 프로세스와는 다른 새로운 마운트 네임스페이스에서 자식 프로세스를 실행한다.

```
[rsyoung@lxc ~]$ sudo unshare -m /bin/bash
[sudo] password for rsyoung:
[root@lxc rsyoung]#
```

unshare 명령은 리눅스 커널의 unshare() 시스템 콜을 호출하고, -m 옵션은 새로운 네임스페이스로 마운트 네임스페이스를 생성하도록 지정하고 있다. 명령의 마지막 인자인 /bin/bash는 unshare가 새로 생성된 네임스페이스에서 실행할 프로그램을 말한다.

이제 실행 중인 /bin/bash 프로세스는 부모 프로세스와는 별개의 마운트 네임스페이스에서 실행되

---

7 실행결과 터미널 번호가 없으면, Terminal #1을 의미한다.
8 readlink 명령은 심볼릭 파일 링크에 대한 파일의 경로를 읽는다. 심볼릭 링크로 연속적으로 연결된 파일의 최종 파일의 경로를 제공해준다.

고 있다. 현재 프로세스(/bin/bash)의 마운트 네임스페이스를 확인해보면, 4026532135로 부모 프로세스의 마운트 네임스페이스 4026531840과는 다르다.

```
[root@lxc rsyoung]# readlink /proc/$$/ns/mnt
mnt:[4026532135]
[root@lxc rsyoung]#
```

/mnt 디렉터리가 마운트 포인트로 사용되고 있는지 확인해보고 새로운 마운트 네임스페이스에서 /mnt 디렉터리에 tempfs 파일시스템을 마운트해보자.

```
[root@lxc rsyoung]# mount | grep mnt
[root@lxc rsyoung]#
[root@lxc rsyoung]# mount -n -t tmpfs tmpfs /mnt
[root@lxc rsyoung]#
[root@lxc rsyoung]# mount | grep mnt
tmpfs on /mnt type tmpfs (rw,relatime,seclabel)
[root@lxc rsyoung]#
```

mount 명령의 -n 옵션은 /etc/mtab에 정보를 기입하지 않고 마운트하라는 옵션이며, -t는 파일시스템 타입을 지정하는 옵션이고 tmpfs 인자는 가상메모리 파일시스템을 의미한다. 두 번째 tmpfs 인자는 가상메모리 파일시스템 장치를 의미한다. 즉, /mnt 디렉터리에 tmpfs 파일시스템 타입으로 tmpfs 장치를 마운트하게 된다. 정상적으로 /mnt 디렉터리에 마운트된 것을 확인할 수 있다.

새로 생성된 마운트 네임스페이스상에서 /mnt에 파일을 다음과 같이 생성해보자.

```
[root@lxc rsyoung]# cat /etc/hostname
cloud.lxc.org
[root@lxc rsyoung]#
[root@lxc rsyoung]# cat /etc/hostname > /mnt/hostname
[root@lxc rsyoung]#
[root@lxc rsyoung]# cat /mnt/hostname
cloud.lxc.org
[root@lxc rsyoung]#
[root@lxc rsyoung]# ls -l /mnt/
total 4
-rw-r--r--. 1 root root 15 Oct  7 18:02 hostname
[root@lxc rsyoung]#
```

/etc/hostname의 내용이 /mnt 디렉터리에 hostname 파일로 정상적으로 생성됨을 확인할 수 있다.

현재 /bin/bash 프로세스에 지정된 새로운 네임스페이스 내에서 마운트된 곳에 파일이 생성된 것이다. 만약 다른 bash 프로세스에서라면 마운트 네임스페이스가 다르기 때문에 /mnt/hostname 파일은 보이지 않는다.

새로운 터미널(Terminal #2)을 통해서 /mnt가 마운트 포인트로 사용되고 있는지 확인해보면, 다음과 같이 마운트 정보가 나오지 않는다. 따라서, /mnt/hostname 파일도 존재하지 않는다. Terminal #2에서 실행되고 있는 /bin/bash 프로세스는 Terminal #1에서 실행되고 있는 /bin/bash 프로세스와 다른 마운트 네임스페이스에서 동작하고 있는 것이다.

```
Terminal #2

[rsyoung@lxc ~]$ mount | grep mnt
[rsyoung@lxc ~]$
[rsyoung@lxc ~]$ ls -l /mnt/
total 0
[rsyoung@lxc ~]$
```

새로운 마운트 네임스페이스에서 exit 명령을 통해서 **기본 네임스페이스**native namespace로 돌아갈 수 있다.

```
[root@lxc rsyoung]# readlink /proc/$$/ns/mnt
mnt:[4026532135]
[root@lxc rsyoung]#
[root@lxc rsyoung]# exit
exit
[rsyoung@lxc ~]$
[rsyoung@lxc ~]$ readlink /proc/$$/ns/mnt
mnt:[4026531840]
[rsyoung@lxc ~]$
```

지금까지 살펴본 마운트 네임스페이스를 요약하면 마운트 네임스페이스는 컨테이너 내부에서 서로 다른 파일시스템 레이아웃을 생성할 수 있는 기능을 제공한다. 이 기능은 chroot와 유사하다고 볼 수 있지만, chroot는 프로세스 단위로 파일시스템 레이아웃을 구성할 수는 없다.

15.1.3 UTS 네임스페이스

UTSunix time sharing 네임스페이스는 리눅스 컨테이너가 독립된 **호스트명**hostname과 **도메인 네임** domain name을 가질 수 있도록 해주는 기능이다. 컨테이너 내에서 네트워크 스택이 동작하기 위해서는 컨테이너별 독립된 호스트이름과 도메인이름이 가능해야 한다.

현재 기본 네임스페이스의 UTS 네임스페이스 i-node 번호와 호스트이름을 확인해보자. 기본 네임스페이스의 UTS 네임스페이스 i-node는 4026531838이고 호스트이름은 lxc.cloud.org임을 확인할 수 있다.

```
Terminal #1

[rsyoung@lxc ~]$ readlink /proc/$$/ns/uts
uts:[4026531838]
[rsyoung@lxc ~]$
[rsyoung@lxc ~]$ hostname
lxc.cloud.org
[rsyoung@lxc ~]$
```

unshare 명령으로 새로운 UTS 네임스페이스에서 /bin/bash 프로세스를 다음과 같이 실행한다.

```
[rsyoung@lxc ~]$ sudo unshare -u /bin/bash
[root@lxc rsyoung]#
[root@lxc rsyoung]# hostname sandbox
[root@lxc rsyoung]#
[root@lxc rsyoung]# hostname
sandbox
[root@lxc rsyoung]#
```

unshare 명령의 -u 옵션을 통해 새로운 UTS 네임스페이스를 생성하고 /bin/bash를 새로 생성된 UTS 네임스페이스에서 실행한다. 새로운 UTS 네임스페이스의 호스트이름을 sandbox로 변경하였다. 기본 네임스페이스에서 호스트이름이 변경되었는지를 새로운 터미널(Terminal #2)에서 확인해보자.

```
Terminal #2

[rsyoung@lxc ~]$ hostname
lxc.cloud.org
[rsyoung@lxc ~]$
```

호스트이름이 변경되면 동일한 네임스페이스의 프로세스들은 변경된 호스트이름을 확인할 수 있지만, 서로 다른 UTS 네임스페이스에서는 호스트이름을 다르게 지정할 수 있게 된다.

unshare 명령은 리눅스 커널의 unshare() 시스템 콜을 호출한다고 했다. strace 명령으로 unshare

명령이 호출하는 시스템 콜을 다음과 같이 확인할 수 있다.

```
[rsyoung@lxc ~]$ sudo strace -s 2000 -f unshare -u /bin/bash
execve("/bin/unshare", ["unshare", "-u", "/bin/bash"], ...
...
unshare(CLONE_NEWUTS)                    = 0
execve("/bin/bash", ["/bin/bash"], ...
...
```

처음 execve() 시스템 콜이 호출되는데, 이 시스템 콜은 /bin/unshare 파일을 실행하고 인자로 unshare, -u, /bin/bash을 넘긴다. unshare() 시스템 콜이 호출되고 인자로 CLONE_NEWUTS가 전달되는데, 인자의 이름에서 유추할 수 있듯이 새로운 UTS 네임스페이스를 생성한다. 이렇게 생성된 새로운 UTS 네임스페이스에서 execve() 시스템 콜이 호출되어 /bin/bash가 실행되는 구조이다.

15.1.4 PID 네임스페이스

리눅스 시스템에서 모든 프로세스는 고유번호인 **PID**process identification 번호를 부여받는다. PID는 32비트 정수형이고 1부터 시작한다.[9] 하나의 프로세스에 부여된 PID는 해당 프로세스가 종료된 후에 다른 프로세스에 부여될 수 있어 재사용이 가능하다.

리눅스 커널은 프로세스들을 트리구조로 관리하고 PID 1을 제외하고 모든 프로세스는 부모 프로세스를 갖는다. 다음과 같이 pstree 명령을 통해서 프로세스들의 부모 자식 관계를 확인할 수 있다. systemd가 루트 프로세스이고 이 루트 프로세스로부터 자식 프로세스들이 생성되었음을 보여준다. sshd 프로세스는 2개의 sshd 프로세스로 분리되었음을 확인할 수 있다.

```
[root@lxc rsyoung]# pstree -S
systemd─┬─NetworkManager(mnt)─┬─dhclient
        │                     └─2*[{NetworkManager}]
        ...
        ├─sshd─┬─sshd───sshd───bash
        │      └─sshd───sshd───bash───sudo───bash(mnt)───pstree
        ...
        └─tuned───4*[{tuned}]
[root@lxc rsyoung]#
```

pstree 명령의 -S 옵션은 새로운 네임스페이스가 어디로부터 왔는지 정보를 보여준다. bash(mnt)는

---

9   PID 0은 PID 1의 부모 프로세스의 번호이다. ps -ef | less 명령으로 확인할 수 있다.

bash 프로세스가 새로운 마운트 네임스페이스에서 실행되고 있고 bash(mnt) 프로세스가 기본 네임스페이스의 어느 부모에서 생성되었는지 확인이 가능하다.

PID 네임스페이스는 어떤 프로세스와 이 프로세스로부터 생성되는 자식 프로세스들이 **호스트 프로세스 트리**host process tree와 매핑되는 **새로운 프로세스 트리**new process tree에서 실행될 수 있도록 하는 기능을 제공한다. PID 네임스페이스는 루트 프로세스만이 가질 수 있는 PID 1을 새로운 프로세스 트리에서 사용할 수 있도록 해준다. 이러한 기능적 특징을 통해 동일한 운영체제 내에서 여러 프로세스가 동일한 PID을 갖고 서로 다른 컨테이너에서 상호 충돌 없이 동작할 수 있게 된다. 새로운 PID 네임스페이스에서 실행되는 프로세스의 PID는 1이되고 새로운 PID 네임스페이스의 PID 1 프로세스는 호스트의 기본 PID 네임스페이스의 일반 프로세스의 PID와 매핑된다.

터미널에서 현재 bash 프로세스의 PID를 확인해면, 1212임을 확인할 수 있다. unshare 명령으로 새로운 PID 네임스페이스를 생성한다. -p 옵션은 PID 네임스페이스를 생성하라는 의미이고 -f 옵션은 현재 bash 프로세스를 자식 프로세스로 **포크**fork하라는 의미이다.

```
[rsyoung@lxc ~]$ echo $$
1212
[rsyoung@lxc ~]$
[rsyoung@lxc ~]$ sudo unshare -pf
[root@lxc rsyoung]#
[root@lxc rsyoung]# echo $$
1
[root@lxc rsyoung]#
```

포크된 자식 프로세스인 bash 프로세스의 PID를 확인해보면, PID가 1임을 확인할 수 있다. bash 프로세스가 PID 1로 동작하고 있는 것이다.[10] 새로운 PID 네임스페이스에서 프로세스들의 PID를 ps -ef 명령으로 확인해보자.

```
[root@lxc rsyoung]# ps -ef | head -n5
UID        PID  PPID  C STIME TTY          TIME CMD
root         1     0  0 14:40 ?        00:00:01 /usr/lib/systemd/systemd ...
root         2     0  0 14:40 ?        00:00:00 [kthreadd]
root         4     2  0 14:40 ?        00:00:00 [kworker/0:0H]
root         5     2  0 14:40 ?        00:00:00 [kworker/u2:0]
[root@lxc rsyoung]#
```

---

10 pstree -S 명령으로 새로운 PID 네임스페이스에서 동작하고 있음을 확인해보기 바란다.

PID 1은 bash가 아니라 systemd임을 확인할 수 있다. 기본 PID 네임스페이스의 PID 정보를 보여준다. 리눅스 커널은 프로세스들에 대한 정보 /proc 파일시스템을 통해서 관리한다. 새로운 PID 네임스페이스를 생성했기 때문에 생성된 PID 네임스페이스와 매핑되는 새로운 /proc 파일시스템을 마운트해야 한다.

```
[root@lxc rsyoung]# mount -t proc none /proc
[root@lxc rsyoung]#
[root@lxc rsyoung]# ps -ef | head -n5
UID         PID  PPID  C STIME TTY           TIME CMD
root          1     0  0 15:52 pts/1     00:00:00 -bash
root         26     1  0 16:09 pts/1     00:00:00 ps -ef
root         27     1  0 16:09 pts/1     00:00:00 head -n5
[root@lxc rsyoung]#
[root@lxc rsyoung]# pstree
bash────pstree
[root@lxc rsyoung]#
```

bash 프로그램을 새로운 PID 네임스페이스에서 실행하는 것을 살펴보았다. 실제 프로그램을 복제하여 새로운 PID 네임스페이스에서 실행하는 pid_namespace.c 프로그램을 작성하여 컴파일한 후 실행해보자.

```
[root@lxc ~]# cat pid_namespace.c
#define _GNU_SOURCE
#include <stdlib.h>
#include <stdio.h>
#include <signal.h>
#include <sched.h>   /* Definition of CLONE_* constants */

static int childFunc(void *arg) {
    printf("New PID: %ld\n", (long)getpid());
}

static char child_stack[1024*1024];

int main(int argc, char *argv[]) {
    pid_t child_pid;
    child_pid = clone(childFunc, child_stack + (1024*1024),
                      CLONE_NEWPID | SIGCHLD, NULL);
    printf("PID: %ld\n", (long)child_pid);
    waitpid(child_pid, NULL, 0);
    exit(EXIT_SUCCESS);
}
```

```
[root@lxc ~]#
[root@lxc ~]# gcc pid_namespace.c -o pid_namespace
[root@lxc ~]#
[root@lxc ~]# ./pid_namespace
PID: 1255
New PID: 1
[root@lxc ~]#
```

clone() 시스템 콜을 호출하여 childFunc() 함수를 프로세스로 실행시킨다. childFunc()를 실행시킬 때 clone() 시스템 콜의 플래그로 CLONE_NEWPID를 지정하였다. 즉, childFunc()를 실행시킬 때 새로운 PID 네임스페이스에서 실행하라는 의미이다. SIGCHLD 플래그를 지정함으로써 childFunc()가 종료될 때 자식에게 할당된 자원을 부모 프로세스로 이전시킨다.

실행 결과에서 확인할 수 있듯이, 기본 PID 네임스페이스에서 childFunc()의 PID는 1255이지만, 새롭게 생성된 PID 네임스페이스에서는 PID가 1임을 확인할 수 있다. 새롭게 생성된 PID 네임스페이스에서 실행되는 프로세스들은 부모 프로세스가 존재하는지 알 수 없다. 하지만, 부모 PID 네임스페이스에서 동작하는 프로세서들은 childFunc()의 PID가 실제 부모 PID 네임스페이스에서는 1255라는 것을 알 수 있는 것처럼 자식 프로세스에 대한 정보를 가지고 있다.

그림 15.2는 부모 PID 네임스페이스가 자식 PID 네임스페이스에 대한 정보를 확인할 수 있다는 것을 보여준다. 자식 PID 네임스페이스를 생성할 수 있기 때문에 자식 PID 네임스페이스에서 또 다른 자식 PID 네임스페이스를 생성할 수 있다.[11]

---

11 https://www.toptal.com/linux/separation-anxiety-isolating-your-system-with-linux-namespaces

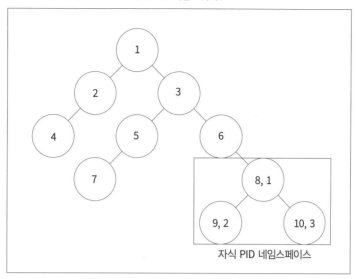

부모 PID 네임스페이스

자식 PID 네임스페이스

그림 15.2 **부모 PID 네임스페이스와 자식 PID 네임스페이스 구조**

15.1.5 IPC 네임스페이스

IPCinter process communication 네임스페이스는 IPC가 의미하는 것처럼 프로세스 간 데이터 교환과 같은 통신을 할 때 IPC 리소스를 새로운 네임스페이스로 격리시키는 역할을 한다. IPC 리소스는 프로세스 간 통신을 할 때 제공되는 **메커니즘**mechanism을 의미하는데 UNIX 시스템에서 광범위하게 사용되는 **메시지 큐**message queue, **세마포어**semaphore, **공유메모리**shared memory이다. IPC 리소스는 프로세스 간 통신을 할 때 **동기화**synchronization에 필요한 자원이다.

지금까지 마운트 네임스페이스, UTS 네임스페이스, PID 네임스페이스를 살펴보았다. 새로운 네임스페이스를 생성하기 위해서 unshare 명령에 생성하고자 하는 네임스페이스 옵션을 지정했지만, 여러 개의 새로운 네임스페이스를 다음과 같이 동시에 생성할 수 있다. -m 옵션은 새로운 마운트 네임스페이스를, -i 옵션은 IPC 네임스페이스를, -p 옵션은 새로운 PID 네임스페이스를 동시에 생성한다.

```
[rsyoung@lxc ~]$ sudo unshare -mipf
[root@lxc rsyoung]#
[root@lxc rsyoung]# pstree -S
systemd─┬─NetworkManager(mnt)─┬─dhclient
        ...
        ├─sshd─sshd─sshd─bash─sudo─unshare(ipc,mnt)───bash(pid)..
        ...
        └─tuned───4*[{tuned}]
```

```
[root@lxc rsyoung]#
[root@lxc rsyoung]# mount -t proc none /proc/
[root@lxc rsyoung]# pstree -S
bash───pstree
[root@lxc rsyoung]#
```

IPC 네임스페이스를 생성하는 것은 다른 네임스페이스를 생성하는 방법과 차이가 없다. 이전에 살펴본 pid_namespace.c 프로그램에서 clone() 시스템 콜을 호출할 때 새로운 IPC 네임스페이스를 생성하려면 CLONE_NEWIPC를 같이 지정하면 된다.

```
child_pid = clone(childFunc, child_stack + (1024*1024),
              CLONE_NEWIPC | CLONE_NEWPID | SIGCHLD, NULL);
```

CLONE_NEWIPC 플래그가 지정되어 있으면 childFunc 프로세스를 새로운 IPC 네임스페이스에서 생성한다. 만약 CLONE_NEWIPC가 지정되지 않았다면, childFunc 프로세스를 부모 프로세스와 동일한 IPC 네임스페이스에서 생성한다.

15.1.6 네트워크 네임스페이스

네트워크network 네임스페이스는 모든 **네트워크 인터페이스**network interface, 상태, **라우팅 테이블** routing table, **방화벽 정책**firewall rule 등과 같은 네트워크 자원을 분리하는 기능을 제공한다. 이렇게 분리되어 생성된 네트워크 네임스페이스상에서 네트워크 스택을 생성하여 동일 포트를 이용하는 여러 서비스를 제공할 수 있다. 새로운 네트워크 네임스페이스 상에서 동작하는 프로세스들은 새로운 네트워크 인터페이스를 가질 수 있다.

기본 네트워크 네임스페이스는 '**루트 네트워크 네임스페이스**'이다.[12] ip link 명령을 통해서 현재 루트 네트워크 네임스페이스의 네트워크 인터페이스들을 확인할 수 있다.

```
[root@lxc ~]# ip link
1: lo: <LOOPBACK,UP,LOWER_UP> mtu 65536 qdisc noqueue state UNKNOWN ...
2: enp0s3: <BROADCAST,MULTICAST,UP,LOWER_UP> mtu 1500 qdisc pfifo_fast ...
3: enp0s8: <BROADCAST,MULTICAST,UP,LOWER_UP> mtu 1500 qdisc pfifo_fast ...
[root@lxc ~]#
```

---

12 '디폴트 네트워크 네임스페이스', '글로벌 네트워크 네임스페이스'라고도 한다.

현재 시스템에는 lo, enp0s3, enp0s8 총 3개의 네트워크 인터페이스가 있는데, lo는 루프백 인터페이스 enp0s3과 enp0s8은 가상머신에 할당된 네트워크 인터페이스이다.

ip 명령으로 새로운 네트워크 네임스페이스를 생성할 수 있다. 새로운 네트워크 네임스페이스 netns1을 다음과 같이 생성할 수 있다.

```
[root@lxc ~]# ip netns add netns1
[root@lxc ~]# ip netns
netns1
[root@lxc ~]#
```

새롭게 생성된 네트워크 네임스페이스 netns1에서 ip link 명령을 수행해보면, 루트 네트워크 네임스페이스에서 보였던 네트워크 인터페이스와는 다르게 루프백 인터페이스 lo가 유일하고 DOWN 상태임을 확인할 수 있다.

```
[root@lxc ~]# ip netns exec netns1 ip link
1: lo: <LOOPBACK> mtu 65536 qdisc noop state DOWN mode DEFAULT ...
    link/loopback 00:00:00:00:00:00 brd 00:00:00:00:00:00
[root@lxc ~]#
```

netns1 네임스페이스에서 bash를 실행하여 인터페이스를 다음과 같이 확인할 수도 있다. 결과는 netns1 네트워크 네임스페이스에서 ip link 명령을 수행한 것과 동일하다. 루프백 인터페이스 lo의 IP 주소는 127.0.0.1이다. lo 인터페이스의 DOWN 상태임으로 ping 명령이 수행되지 않는다.

```
[root@lxc ~]# ip netns exec netns1 bash
[root@lxc ~]#
[root@lxc ~]# ip link
1: lo: <LOOPBACK> mtu 65536 qdisc noop state DOWN mode DEFAULT ...
    link/loopback 00:00:00:00:00:00 brd 00:00:00:00:00:00
[root@lxc ~]#
[root@lxc ~]# ping 127.0.0.1
PING 127.0.0.1 (127.0.0.1) 56(84) bytes of data.
^C
--- 127.0.0.1 ping statistics ---
3 packets transmitted, 0 received, 100% packet loss, time 2012ms

[root@lxc ~]#
[root@lxc ~]# exit
exit
[root@lxc ~]#
```

새롭게 생성한 netns1 네트워크 네임스페이스의 lo 인터페이스를 활성화하고 루프백 인터페이스로 ping이 수행되는지 확인해보자. 루프백 인터페이스의 상태가 UNKNOWN으로 변경되었는데, 이 상태가 활성화된 상태이다.

```
[root@lxc ~]# ip netns exec netns1 ip link set dev lo up
[root@lxc ~]#
[root@lxc ~]# ip netns exec netns1 ip link
1: lo: <LOOPBACK,UP,LOWER_UP> mtu 65536 qdisc noqueue state UNKNOWN ...
    link/loopback 00:00:00:00:00:00 brd 00:00:00:00:00:00
[root@lxc ~]#
[root@lxc ~]# ip netns exec netns1 bash
[root@lxc ~]#
[root@lxc ~]# ip link
1: lo: <LOOPBACK,UP,LOWER_UP> mtu 65536 qdisc noqueue state UNKNOWN ...
    link/loopback 00:00:00:00:00:00 brd 00:00:00:00:00:00
[root@lxc ~]#
[root@lxc ~]# ping 127.0.0.1
PING 127.0.0.1 (127.0.0.1) 56(84) bytes of data.
64 bytes from 127.0.0.1: icmp_seq=1 ttl=64 time=0.036 ms
64 bytes from 127.0.0.1: icmp_seq=2 ttl=64 time=0.051 ms
^C
--- 127.0.0.1 ping statistics ---
2 packets transmitted, 2 received, 0% packet loss, time 1001ms
rtt min/avg/max/mdev = 0.036/0.043/0.051/0.010 ms
[root@lxc ~]#
[root@master ~]# exit
exit
[root@master ~]#
```

루프백 인터페이스 lo는 루트 네트워크 네임스페이스와 netns1 네트워크 네임스페이스에 각각 독립적으로 존재한다. 이를 확인하기 위해 nginx 웹 서버를 netns1 네트워크 네임스페이스에서 실행을 시키고 루트 네트워크 네임스페이스에서 접근하여 개념을 확인해보자.

CentOS 7은 nginx 패키지를 제공하고 있지 않기 때문에 다음과 같이 루트 네트워크 네임스페이스에 리포지터리를 생성하고 nginx를 설치한다. 루트 네트워크 네임스페이스에서 curl 명령으로 nginx가 동작하고 있지 않다.[13] 새로운 마운트 네임스페이스를 만들지 않았기 때문에 루트 네트워크 네임스페이스와 netns1 네임스페이스 간 파일시스템은 공유되고 있다.

---

13 nginx가 동작하고 있다면 종료한다.

```
# root network namespace

[root@lxc ~]# cat /etc/yum.repos.d/nginx.repo
[nginx]
name=nginx repo
baseurl=http://nginx.org/packages/centos/7/$basearch/
gpgcheck=0
enabled=1
[root@lxc ~]# yum install nginx
[root@lxc ~]#
[root@lxc ~]# curl 127.0.0.1
curl: (7) Failed connect to 127.0.0.1:80; Connection refused
[root@lxc ~]#
[root@master ~]# ip netns exec netns1 curl 127.0.0.1
curl: (7) Failed connect to 127.0.0.1:80; Connection refused
[root@master ~]#
```

netns1 네트워크 네임스페이스에서 nginx 서버를 실행시키고 루트 네트워크 네임스페이스와 netns1
네트워크 네임스페이스에서 nginx 프로세스가 동작하고 있는지 확인해보면, 두 네트워크 네임스페이
스에서 nginx 프로세스를 확인할 수 있다. 그 이유는 두 네트워크 네임스페이스가 기본 PID 네임스
페이스를 공유하기 때문이다.

```
[root@lxc ~]# ip netns exec netns1 nginx
[root@lxc ~]#
[root@lxc ~]# ps -ef | grep nginx | grep -v grep
root      1226     1  0 13:27 ?        00:00:00 nginx: master process nginx
nginx     1227  1226  0 13:27 ?        00:00:00 nginx: worker process
[root@lxc ~]#
[root@lxc ~]# ip netns exec netns1 ps -ef | grep nginx | grep -v grep
root      1226     1  0 13:27 ?        00:00:00 nginx: master process nginx
nginx     1227  1226  0 13:27 ?        00:00:00 nginx: worker process
[root@lxc ~]#
```

루트 네트워크 네임스페이스에서 lo 인터페이스의 IP 주소인 127.0.0.1로 접근했을 때 nginx 서버
에 접근하지 못했지만, netns1에서는 127.0.0.1에 접근할 때 nginx 서버가 해당 페이지를 리턴해주
는 것을 확인할 수 있다. 즉, 동일한 이름을 가진 루프백 인터페이스라고 하더라도 실제 서로 다른 네
트워크 네임스페이스에서는 독립된 인터페이스임을 확인할 수 있다.

```
[root@lxc ~]# curl 127.0.0.1
curl: (7) Failed connect to 127.0.0.1:80; Connection refused
[root@lxc ~]#
```

```
[root@lxc ~]# ip netns exec netns1 curl 127.0.0.1
<!DOCTYPE html>
<html>
<head>
<title>Welcome to nginx!</title>
...
</body>
</html>
[root@lxc ~]#
```

nginx 웹 서버는 포트 번호 80으로 통신을 한다. 루트 네트워크 네임스페이스에서 통신할 수 있는
활성화된 포트와 netns1 네트워크 네임스페이스의 활성화된 포트를 비교해보면, 포트 번호 80이
netns1에서 활성화되어 있음을 확인할 수 있다.

```
[root@lxc ~]# netstat -nat | grep LISTEN
tcp        0        0 0.0.0.0:22            0.0.0.0:*            LISTEN
tcp        0        0 127.0.0.1:25          0.0.0.0:*            LISTEN
tcp6       0        0 :::22                 :::*                 LISTEN
tcp6       0        0 ::1:25                :::*                 LISTEN
[root@lxc ~]#
[root@lxc ~]# ip netns exec netns1 netstat -nat | grep LISTEN
tcp        0        0 0.0.0.0:80            0.0.0.0:*            LISTEN
[root@lxc ~]#
```

가상머신의 네트워크 인터페이스는 총 3개였다. ip 명령을 통해서 **가상 인터페이스**virtual interface를
생성할 수 있다.[14] 가상 인터페이스는 **가상 이더넷 디바이스**virtual ethernet device라고 불리고 항상 2개
의 쌍으로 만들어야 한다. 가상 인터페이스 veth1과 veth2를 생성해보자.[15]

```
[root@lxc ~]# ip link add veth1 type veth peer name veth2
[root@lxc ~]#
[root@lxc ~]# ip -br  a
lo              UNKNOWN        127.0.0.1/8 ::1/128
enp0s3          UP             10.0.2.15/24 fe80::5297:6dc2:d11c:2792/64
enp0s8          UP             192.168.56.101/24 fe80::a00:27ff:fe82:b055/64
veth2@veth1     DOWN
veth1@veth2     DOWN
[root@lxc ~]#
```

---

14 ip -br a 명령에서 -br 옵션은 brief를 의미한다.
15 veth은 Virtual Ethernet Device의 약자이다.

가상 인터페이스 veth1과 veth2가 서로 **쌍**pair으로 연결되어 있는 것을 볼 수 있다. veth2@veth1은 출발지가 veth2이고 목적지가 veth1임을 의미한다. 그림 15.3은 현재 링크상태와 주어진 IP 주소를 보여준다.

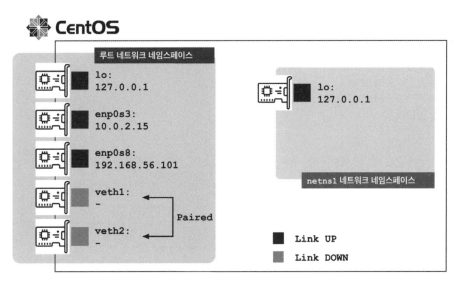

그림 15.3 **네트워크 네임스페이스별 링크 상태**

가상 인터페이스 veth1과 veth2는 모두 비활성화된 상태이다. 먼저 루트 네트워크 네임스페이스에 있는 가상 인터페이스 veth1를 netns1 네트워크 네임스페이스로 이동시키고 veth1과 veth2 인터페이스에 IP 주소를 할당해보자.[16]

```
[root@lxc ~]# ip link set veth1 netns netns1
[root@lxc ~]#
[root@lxc ~]# ip -br a
lo              UNKNOWN        127.0.0.1/8 ::1/128
enp0s3          UP             10.0.2.15/24 fe80::5297:6dc2:d11c:2792/64
enp0s8          UP             192.168.56.101/24 fe80::a00:27ff:fe82:b055/64
veth2@if6       DOWN
[root@lxc ~]#
[root@lxc ~]# ip netns exec netns1 ip -br a
lo              UNKNOWN        127.0.0.1/8 ::1/128
veth1@if5       DOWN
[root@lxc ~]#
[root@lxc ~]# ip a add 10.0.100.2/24 dev veth2
```

---

16 netns1 네트워크 네임스페이스로 이동시킨 veth1 가상 인터페이스를 루트 네트워크 네임스페이스로 다시 이동해야 할 경우 다음 명령으로 이동시킬 수 있다. ip netns exec netns1 ip link set veth1 netns 1

```
[root@lxc ~]#
[root@lxc ~]# ip -br a
lo                UNKNOWN          127.0.0.1/8 ::1/128
enp0s3            UP               10.0.2.15/24 fe80::5297:6dc2:d11c:2792/64
enp0s8            UP               192.168.56.101/24 fe80::a00:27ff:fe82:b055/64
veth2@if6         DOWN             10.0.100.2/24
[root@lxc ~]#
[root@lxc ~]# ip netns exec netns1 ip a add 10.0.100.1/24 dev veth1
[root@lxc ~]#
[root@lxc ~]# ip netns exec netns1 ip -br a
lo                UNKNOWN          127.0.0.1/8 ::1/128
veth1@if5         DOWN             10.0.100.1/24
[root@lxc ~]#
```

서로 다른 네트워크 네임스페이스에 있는 veth1과 veth2 간 통신이 가능하도록 설정해보자. 현재 두
인터페이스는 비활성화된 상태이기 때문에 네트워크 인터페이스를 활성화해야 한다.

```
[root@lxc ~]# ip link set dev veth2 up
[root@lxc ~]# ip netns exec netns1 ip link set dev veth1 up
[root@lxc ~]#
[root@lxc ~]# ip -br a | grep veth2
veth2@if6         UP               10.0.100.2/24 fe80::88f7:feff:fea3:1859/64
[root@lxc ~]#
[root@lxc ~]# ip netns exec netns1 ip -br a | grep veth1
veth1@if5         UP               10.0.100.1/24 fe80::20fa:76ff:fe4f:d84e/64
[root@lxc ~]#
```

두 가상 인터페이스가 활성화되었다. 이제 활성화된 가상 네트워크 인터페이스가 통신이 가능한지
ping 명령을 통해서 확인해볼 수 있다. 서로 다른 네트워크 네임스페이스에 존재하는 가상 네트워크
인터페이스 간 성공적으로 통신이 되고 있다.

```
[root@lxc ~]# ping -c 2 10.0.100.1
PING 10.0.100.1 (10.0.100.1) 56(84) bytes of data.
64 bytes from 10.0.100.1: icmp_seq=1 ttl=64 time=0.072 ms
64 bytes from 10.0.100.1: icmp_seq=2 ttl=64 time=0.068 ms

--- 10.0.100.1 ping statistics ---
2 packets transmitted, 2 received, 0% packet loss, time 999ms
rtt min/avg/max/mdev = 0.068/0.070/0.072/0.002 ms
[root@lxc ~]#
[root@lxc ~]# ip netns exec netns1 ping -c 2 10.0.100.2
PING 10.0.100.2 (10.0.100.2) 56(84) bytes of data.
```

```
64 bytes from 10.0.100.2: icmp_seq=1 ttl=64 time=0.044 ms
64 bytes from 10.0.100.2: icmp_seq=2 ttl=64 time=0.038 ms

--- 10.0.100.2 ping statistics ---
2 packets transmitted, 2 received, 0% packet loss, time 999ms
rtt min/avg/max/mdev = 0.038/0.041/0.044/0.003 ms
[root@lxc ~]#
```

현재까지 진행된 내용을 도식화하면 그림 15.4와 같다. veth1은 netns1으로 이동되었고 veth1과
veth2는 활성화된 상태이고 IP가 각각 할당되어 통신이 가능한 상태이다.

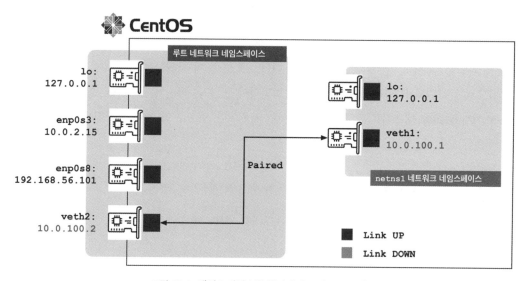

그림 15.4 **네임스페이스별 인터페이스 및 IP 주소할당**

네트워크 네임스페이스는 네트워크 구성에 대한 독립된 환경을 제공해준다. 지금까지 루트 네트워크
네임스페이스와 netns1 네트워크 네임스페이스 간 통신 환경을 구성해보았다. 호스트 시스템의 루트
네트워크 네임스페이스와 통신이 아니라 서로 독립적인 네트워크 네임스페이스 간 통신 구성에 대해
서 알아보자. 여러 컨테이너가 동시에 호스트 시스템에서 실행되고 컨테이너 간 통신이 필요할 경우,
컨테이너에 지정된 네트워크 네임스페이스의 가상 인터페이스 간 통신이 가능해야 한다.

서로 독립된 네트워크 네임스페이스를 갖는 컨테이너 환경을 만들기 위해서 새로운 네트워크 네임스
페이스 netns2를 생성하고, veth2를 netns2로 이동해보자.

```
[root@lxc ~]# ip netns add netns2
[root@lxc ~]# ip netns list
```

```
netns2
netns1 (id: 0)
[root@lxc ~]# ip link set veth2 netns netns2
[root@lxc ~]#
[root@lxc ~]# ip -br a
lo              UNKNOWN         127.0.0.1/8 ::1/128
enp0s3          UP              10.0.2.15/24 fe80::5297:6dc2:d11c:2792/64
enp0s8          UP              192.168.56.101/24 fe80::a00:27ff:fe82:b055/64
[root@lxc ~]#
[root@lxc ~]# ip netns exec netns2 ip -br a
lo              DOWN
veth2@if6       DOWN
[root@lxc ~]#
```

루트 네트워크 네임스페이스에 있었던 veth2 인터페이스가 netns2 네트워크 네임스페이스로 이동
한 것을 확인할 수 있다. 루트 네트워크 네임스페이스에 있을 때 부여되었던 IP 주소 10.0.100.2는
netns2로 이동하면서 삭제되었다. 또한 링크도 비활성화되었음을 확인하기 바란다. 즉, veth2 인터페
이스는 이제 netns2 네트워크 네임스페이스에서의 자원이다. veth2 인터페이스에 IP 주소를 할당하
고 활성화해보자.

```
[root@lxc ~]# ip netns exec netns2 ip a add 10.0.100.2/24 dev veth2
[root@lxc ~]#
[root@lxc ~]# ip netns exec netns2 ip link set dev veth2 up
[root@lxc ~]#
[root@lxc ~]# ip netns exec netns1 ip -br a
lo              UNKNOWN         127.0.0.1/8 ::1/128
veth1@if5       UP              10.0.100.1/24 fe80::20fa:76ff:fe4f:d84e/64
[root@lxc ~]#
[root@lxc ~]# ip netns exec netns2 ip -br a
lo              DOWN
veth2@if6       UP              10.0.100.2/24 fe80::88f7:feff:fea3:1859/64
[root@lxc ~]#
[root@lxc ~]# ip netns list
netns2 (id: 1)
netns1 (id: 0)
[root@lxc ~]#
```

netns1의 veth1이 통신이 가능한지 ping을 통해 확인해보자. 두 가상 인터페이스가 서로 다른 네트
워크 네임스페이스에서 통신이 가능함을 확인할 수 있다. 즉, 네트워크 네임스페이스에 생성한 가상
인터페이스를 통해서 서로 다른 컨테이너 사이에 네트워크 통신이 가능하다는 의미이다.

```
[root@lxc ~]# ip netns exec netns1 ping -c 2 10.0.100.2
PING 10.0.100.2 (10.0.100.2) 56(84) bytes of data.
64 bytes from 10.0.100.2: icmp_seq=1 ttl=64 time=0.071 ms
64 bytes from 10.0.100.2: icmp_seq=2 ttl=64 time=0.055 ms

--- 10.0.100.2 ping statistics ---
2 packets transmitted, 2 received, 0% packet loss, time 999ms
rtt min/avg/max/mdev = 0.055/0.063/0.071/0.008 ms
[root@lxc ~]#
[root@lxc ~]# ip netns exec netns2 ping -c 2 10.0.100.1
PING 10.0.100.1 (10.0.100.1) 56(84) bytes of data.
64 bytes from 10.0.100.1: icmp_seq=1 ttl=64 time=0.037 ms
64 bytes from 10.0.100.1: icmp_seq=2 ttl=64 time=0.051 ms

--- 10.0.100.1 ping statistics ---
2 packets transmitted, 2 received, 0% packet loss, time 999ms
rtt min/avg/max/mdev = 0.037/0.044/0.051/0.007 ms
[root@lxc ~]#
```

그림 15.5는 지금까지 설정한 시스템 구성을 보여준다.

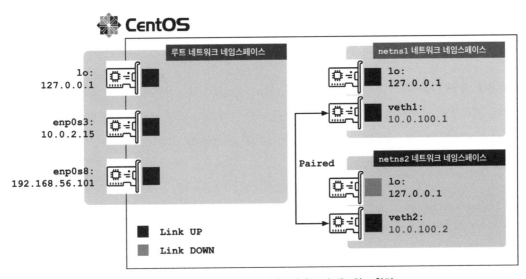

그림 15.5 netns1, netns2 네임스페이스 간 네트워크 환경

지금까지 구성은 두 개의 가상 네트워크 인터페이스 veth1과 veth2를 만들고 각각을 netns1과 netns2에 할당하여 직접 통신하도록 했다. 만약 수백 개의 컨테이너를 생성하고 이들 컨테이너가 통신을 해야 한다면, 컨테이너 간 통신은 가상 네트워크 인터페이스를 직접 연결해야 하기 때문에 매우 비효율적이다. 컨테이너들 간 직접 연결이 아닌 **브리지**bridge를 통해서 컨테이너 간 통신을 할 수 있도

록 구성할 수 있다. 브리지는 L2 데이터링크 계층 장비로 컨테이너의 가상 인터페이스 장치가 브리지로 연결되어 통신할 수 있게 된다.

그림 15.6은 브리지 br0를 생성하여 네트워크 네임스페이스 netns1과 netns2를 연결한 것을 보여준다. 브리지 인터페이스 brif1과 brif2는 가상 인터페이스 veth1과 veth2와 쌍으로 연결된다.[17]

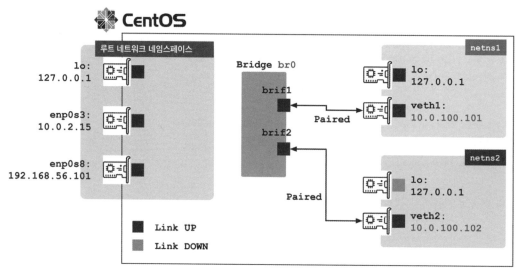

그림 15.6 br0을 이용한 netns1, netns2 네임스페이스 간 연결

브리지를 이용한 네트워크 구축을 위해서 기존 veth1과 veth2 가상 인터페이스 간 **페어링**paring을 해제하고 새롭게 가상 인터페이스 구성해보자. 현재 netns1과 netns2에 veth1과 veth2가 연결되어 있다. 두 인터페이스는 쌍으로 연결되어 있기 때문에 하나의 인터페이스를 삭제하면 연결된 인터페이스도 자동으로 삭제된다.

```
[root@lxc ~]# ip netns list
netns2 (id: 1)
netns1 (id: 0)
[root@lxc ~]# ip netns exec netns1 ip -br a
lo                 UNKNOWN         127.0.0.1/8 ::1/128
veth1@if7          UP              10.0.100.1/24 fe80::40cc:eff:fe2f:19e4/64
[root@lxc ~]#
[root@lxc ~]# ip netns exec netns2 ip -br a
lo                 DOWN
veth2@if8          UP              10.0.100.2/24 fe80::58ec:3ff:fe80:6204/64
```

---

17   브리지는 L2 장비로 IP 주소가 아닌 MAC 주소를 사용한다.

```
[root@lxc ~]#
[root@lxc ~]# ip netns exec netns1 ip link delete veth1
[root@lxc ~]#
[root@lxc ~]# ip netns exec netns1 ip -br a
lo               UNKNOWN        127.0.0.1/8 ::1/128
[root@lxc ~]#
[root@lxc ~]# ip netns exec netns2 ip -br a
lo               DOWN
[root@lxc ~]#
```

netns1에 속한 veth1을 삭제하였고, 쌍으로 연결된 netns2의 veth2도 삭제된 것을 확인할 수 있다.

브리지 br0을 생성하고 brif1과 veth1이 한 쌍인 가상 인터페이스와 brif2와 veth2가 한 쌍인 가상 인터페이스를 생성해야 한다. 먼저 다음과 같이 br0 브리지를 생성한다.

```
[root@lxc ~]# ip link add br0 type bridge
[root@lxc ~]#
[root@lxc ~]# ip link show type bridge
9: br0: <BROADCAST,MULTICAST> mtu 1500 qdisc noop state DOWN mode DEFAULT ...
    link/ether de:8a:2c:29:23:f4 brd ff:ff:ff:ff:ff:ff
[root@lxc ~]#
[root@lxc ~]# ip link set br0 up
[root@lxc ~]#
[root@lxc ~]# ip link show type bridge
9: br0: <BROADCAST,MULTICAST,UP,LOWER_UP> mtu 1500 qdisc noqueue state UNKNOWN ...
    link/ether de:8a:2c:29:23:f4 brd ff:ff:ff:ff:ff:ff
[root@lxc ~]#
```

브리지 br0의 상태가 DOWN에서 UNKNOWN으로 변경되었다. 아직 브리지에 인터페이스가 연결되지 않았기 때문에 현재는 UNKNOWN 상태이다.

브리지에 인터페이스를 생성하고 이에 매칭되는 가상 인터페이스들을 다음과 같이 생성한다.

```
[root@lxc ~]# ip link add brif1 type veth peer name veth1
[root@lxc ~]# ip link add brif2 type veth peer name veth2
[root@lxc ~]#
[root@lxc ~]# ip -br a
lo               UNKNOWN        127.0.0.1/8 ::1/128
enp0s3           UP             10.0.2.15/24 fe80::5297:6dc2:d11c:2792/64
enp0s8           UP             192.168.56.101/24 fe80::a00:27ff:fe82:b055/64
br0              UNKNOWN        fe80::dc8a:2cff:fe29:23f4/64
veth1@brif1      DOWN
```

```
brif1@veth1          DOWN
veth2@brif2          DOWN
brif2@veth2          DOWN
[root@lxc ~]#
```

생성된 가상 인터페이스 veth1과 veth2를 netns1과 netns2로 이동시키고, IP 주소를 할당한 후 인터페이스를 활성화한다.

```
[root@lxc ~]# ip link set veth1 netns netns1
[root@lxc ~]# ip link set veth2 netns netns2
[root@lxc ~]#
[root@lxc ~]# ip netns exec netns1 ip a add 10.0.100.101/24 dev veth1
[root@lxc ~]# ip netns exec netns2 ip a add 10.0.100.102/24 dev veth2
[root@lxc ~]#
[root@lxc ~]# ip netns exec netns1 ip link set dev veth1 up
[root@lxc ~]# ip netns exec netns2 ip link set dev veth2 up
[root@lxc ~]#
[root@lxc ~]# ip netns exec netns1 ip -br a
lo               UNKNOWN        127.0.0.1/8 ::1/128
veth1@if11       LOWERLAYERDOWN 10.0.100.101/24
[root@lxc ~]#
[root@lxc ~]# ip netns exec netns2 ip -br a
lo               DOWN
veth2@if13       LOWERLAYERDOWN 10.0.100.102/24
[root@lxc ~]#
```

가상 인터페이스 veth1과 veth2에 정상적으로 IP 주소가 할당된 것을 확인할 수 있다. 하지만, 각 인터페이스와 연결되어 있는 브리지 인터페이스들이 활성화되지 않았기 때문에 상태는 LOWERLAYERDOWN이다.[18]

veth1과 veth2와 연결된 가상 인터페이스 brif1과 brif2를 브리지 br0에 다음과 같이 지정하고 인터페이스를 활성화한다.

```
[root@lxc ~]# ip link set brif1 master br0
[root@lxc ~]# ip link set brif2 master br0
[root@lxc ~]#
[root@lxc ~]# ip link set dev brif1 up
[root@lxc ~]# ip link set dev brif2 up
```

---

18 인터페이스의 상태가 DOWN인 경우는 네트워크 인터페이스에서 데이터 패킷을 전송할 수 없는 상태를 의미하고 LOWERLAYERDOWN의 경우는 하위 계층 인터페이스 중 하나가 정상적이지 않아 데이터 패킷을 전송할 수 없는 상태를 의미한다.

```
[root@lxc ~]#
[root@lxc ~]# ip -br a
lo               UNKNOWN        127.0.0.1/8 ::1/128
enp0s3           UP             10.0.2.15/24 fe80::5297:6dc2:d11c:2792/64
enp0s8           UP             192.168.56.101/24 fe80::a00:27ff:fe82:b055/64
br0              UP             fe80::dc8a:2cff:fe29:23f4/64
brif1@if10       UP             fe80::84e3:8fff:fe77:3199/64
brif2@if12       UP             fe80::1063:22ff:fedd:375c/64
[root@lxc ~]#
```

브리지 br0는 루트 네트워크 네임스페이스에 있기 때문에 별도의 네트워크 네임스페이스를 지정하지 않았다. 따라서 br0 브리지에 할당된 가상 인터페이스 brif1과 brif2 또한 루트 네트워크 네임스페이스의 인터페이스가 된다. 두 인터페이스의 링크를 활성화하면 브리지를 포함하여 활성화되는 것을 확인할 수 있다.

이제 브리지의 인터페이스와 연결된 netns1과 netns2의 가상 인터페이스의 상태를 다음과 같이 확인해보자. 대응되는 링크가 활성화되면서 상태가 LOWERLAYERDOWN에서 UP으로 변경된 것을 볼 수 있다.

```
[root@lxc ~]# ip netns exec netns1 ip -br a
lo               UNKNOWN        127.0.0.1/8 ::1/128
veth1@if11       UP             10.0.100.101/24 fe80::ce5:1aff:fe8d:f0f7/64
[root@lxc ~]# ip netns exec netns2 ip -br a
lo               DOWN
veth2@if13       UP             10.0.100.102/24 fe80::e419:95ff:fe5b:aecf/64
[root@lxc ~]#
```

링크가 활성화되었기 때문에 netns1에서 netns2로 netns2에서 netns1로 양방향 통신이 브리지 br0을 통해 가능한지 확인해보자.

```
[root@lxc ~]# ip netns exec netns1 ping -c 2 10.0.100.102
PING 10.0.100.102 (10.0.100.102) 56(84) bytes of data.
64 bytes from 10.0.100.102: icmp_seq=1 ttl=64 time=0.087 ms
64 bytes from 10.0.100.102: icmp_seq=2 ttl=64 time=0.064 ms

--- 10.0.100.102 ping statistics ---
2 packets transmitted, 2 received, 0% packet loss, time 999ms
rtt min/avg/max/mdev = 0.064/0.075/0.087/0.014 ms
[root@lxc ~]#
[root@lxc ~]# ip netns exec netns2 ping -c 2 10.0.100.101
PING 10.0.100.101 (10.0.100.101) 56(84) bytes of data.
```

```
64 bytes from 10.0.100.101: icmp_seq=1 ttl=64 time=0.087 ms
64 bytes from 10.0.100.101: icmp_seq=2 ttl=64 time=0.066 ms

--- 10.0.100.101 ping statistics ---
2 packets transmitted, 2 received, 0% packet loss, time 999ms
rtt min/avg/max/mdev = 0.066/0.076/0.087/0.013 ms
[root@lxc ~]#
```

서로 다른 네트워크 네임스페이스 간 데이터가 정상적으로 전송되는 것을 확인할 수 있다.[19] 여러 개의 컨테이너를 실행해야 할 경우, 각각의 컨테이너의 가상 인터페이스를 쌍으로 생성하여 직접 통신하는 것은 매우 비효율적이고 많은 수의 가상 인터페이스가 필요하게 된다. 지금까지 살펴본 브리지를 이용할 경우 브리지를 통해서 여러 컨테이너 간 통신을 효율적으로 할 수 있게 된다.

netns1과 netns2간 통신이 잘 되는 것을 확인했다. netns1과 netns2가 통신이 가능하다고 할지라도, 외부와 통신은 되지 않는다. 호스트 시스템에서 netns1과 netns2의 인터페이스들이 외부와 통신할 링크가 없기 때문이다. 다음과 같이 외부로 통신이 가능한지 확인해보자.

```
[root@lxc ~]# ping -c 2 8.8.8.8
PING 8.8.8.8 (8.8.8.8) 56(84) bytes of data.
64 bytes from 8.8.8.8: icmp_seq=1 ttl=63 time=37.8 ms
64 bytes from 8.8.8.8: icmp_seq=2 ttl=63 time=38.1 ms

--- 8.8.8.8 ping statistics ---
2 packets transmitted, 2 received, 0% packet loss, time 1013ms
rtt min/avg/max/mdev = 37.834/37.998/38.162/0.164 ms
[root@lxc ~]#
[root@lxc ~]# ip netns exec netns1 ping -c 2 8.8.8.8
connect: Network is unreachable
[root@lxc ~]#
[root@lxc ~]# ip netns exec netns2 ping -c 2 8.8.8.8
connect: Network is unreachable
[root@lxc ~]#
```

루트 네임스페이스에서는 정상적으로 구글의 DNS 서버와 통신이 가능하지만, netns1과 netns2에서는 접근을 할 수 없다.[20] 컨테이너가 독립적으로 수행되고 서로 통신할 수 있다고 할지라도 외부와 통신이 불가할 경우 서비스 제공에 큰 제약을 받을 수밖에 없다.

---

19 ping이 정상적으로 동작하지 않을 경우 리눅스 방화벽이 백그라운드로 실행되는지 확인하고 방화벽 서비스(firewalld)를 종료한 후 실행해 보길 바란다.
20 IP 주소 8.8.8.8은 구글에서 제공하는 DNS 서버의 주소이다.

네트워크 네임스페이스 netns1과 netns2에서 외부로 통신할 수 있도록 설정해보자. 가상머신의 enp0s3 인터페이스와 브리지 br0를 연결하여 각각의 네트워크 네임스페이스에서 외부로 통신할 수 있다. 즉, 독립된 네트워크 네임스페이스를 갖는 컨테이너가 외부와 통신을 할 수 있음을 의미한다. 다음과 같이 현재 가상머신의 네트워크 인터페이스를 확인해보자.

```
[root@lxc ~]# ip -br addr
lo              UNKNOWN        127.0.0.1/8 ::1/128
enp0s3          UP             10.0.2.15/24 fe80::5297:6dc2:d11c:2792/64
enp0s8          UP             192.168.56.101/24 fe80::a00:27ff:fe82:b055/64
br0             UP             fe80::dc8a:2cff:fe29:23f4/64
brif1@if10      UP             fe80::84e3:8fff:fe77:3199/64
brif2@if12      UP             fe80::1063:22ff:fedd:375c/64
[root@lxc ~]#
```

네트워크 인터페이스 enp0s3은 **NAT**network address translation 방식으로 외부와 통신을 한다. 외부와 통신을 하고 있는 enp0s3과 네트워크 네임스페이스의 인터페이스들(veth1, veth2) 간 통신이 이루어져야 한다. 각각의 네트워크 네임스페이스에서 enp0s3로, 루트 네임스페이스에서 veth1과 veth2로 통신이 되지 않음을 확인할 수 있다.

```
[root@lxc ~]# ping 10.0.100.101
PING 10.0.100.101 (10.0.100.101) 56(84) bytes of data.
^C
--- 10.0.100.101 ping statistics ---
2 packets transmitted, 0 received, 100% packet loss, time 1007ms

[root@lxc ~]#
[root@lxc ~]# ping 10.0.100.102
PING 10.0.100.102 (10.0.100.102) 56(84) bytes of data.
^C
--- 10.0.100.102 ping statistics ---
2 packets transmitted, 0 received, 100% packet loss, time 1005ms

[root@lxc ~]#
[root@lxc ~]# ip netns exec netns1 ping 10.0.2.15
connect: Network is unreachable
[root@lxc ~]#
[root@lxc ~]# ip netns exec netns2 ping 10.0.2.15
connect: Network is unreachable
[root@lxc ~]#
```

어느 방향에서도 통신이 되지 않는데, 이는 enp0s3에 부여된 IP 주소 **10.0.2.15**에 어떻게 접근해야 하는지 모르기 때문이다. 접근 방법은 라우팅 정보를 설정해서 해결할 수 있다. 먼저 현재 설정된 라우팅 테이블에 대한 정보를 살펴보자.

```
[root@lxc ~]# route
Kernel IP routing table
Destination     Gateway        Genmask         Flags Metric Ref    Use Iface
default         gateway        0.0.0.0         UG    100    0        0 enp0s3
default         kant           0.0.0.0         UG    101    0        0 enp0s8
10.0.2.0        0.0.0.0        255.255.255.0   U     100    0        0 enp0s3
192.168.56.0    0.0.0.0        255.255.255.0   U     101    0        0 enp0s8
[root@lxc ~]#
```

루트 네트워크 네임스페이스에서 netns1과 netns2로 통신이 가능하기 위해서 라우팅 테이블에 veth1과 veth2가 연결되어 있는 브리지 br0에 대한 라우팅 정보를 설정해주어야 한다. 브리지 br0에 IP 주소 10.0.100.1/24을 할당하고 브로드캐스팅broadcasting IP 주소 10.0.100.255를 다음과 같이 설정한다.[21] 브리지 br0와 veth1, veth2는 동일한 네트워크 10.0.100.0 대역에 있기 때문에 브로드캐스팅을 통해서 동일 네트워크 대역에 있는 네트워크 인터페이스에 패킷을 전송할 수 있게 된다.

```
[root@lxc ~]# ip addr add 10.0.100.1/24 brd 10.0.100.255 dev br0
[root@lxc ~]#
[root@lxc ~]# route
Kernel IP routing table
Destination     Gateway        Genmask         Flags Metric Ref    Use Iface
default         gateway        0.0.0.0         UG    100    0        0 enp0s3
default         kant           0.0.0.0         UG    101    0        0 enp0s8
10.0.2.0        0.0.0.0        255.255.255.0   U     100    0        0 enp0s3
10.0.100.0      0.0.0.0        255.255.255.0   U     0      0        0 br0
192.168.56.0    0.0.0.0        255.255.255.0   U     101    0        0 enp0s8
[root@lxc ~]#
```

루트 네임스페이스에서 br0, veth1, veth2로 ping 명령을 수행해보면, 정상적으로 패킷이 전송되고 있음을 확인할 수 있다.

```
[root@lxc ~]# ping -c 2 10.0.100.1
PING 10.0.100.1 (10.0.100.1) 56(84) bytes of data.
64 bytes from 10.0.100.1: icmp_seq=1 ttl=64 time=0.032 ms
```

---

21 /24는 네트워크 대역이 C 클래스임을 나타낸다.

```
64 bytes from 10.0.100.1: icmp_seq=2 ttl=64 time=0.057 ms

--- 10.0.100.1 ping statistics ---
2 packets transmitted, 2 received, 0% packet loss, time 1000ms
rtt min/avg/max/mdev = 0.032/0.044/0.057/0.014 ms
[root@lxc ~]#

[root@lxc ~]# ping -c 2 10.0.100.101
PING 10.0.100.101 (10.0.100.101) 56(84) bytes of data.
64 bytes from 10.0.100.101: icmp_seq=1 ttl=64 time=0.052 ms
64 bytes from 10.0.100.101: icmp_seq=2 ttl=64 time=0.059 ms

--- 10.0.100.101 ping statistics ---
2 packets transmitted, 2 received, 0% packet loss, time 999ms
rtt min/avg/max/mdev = 0.052/0.055/0.059/0.008 ms
[root@lxc ~]#
[root@lxc ~]# ping -c 2 10.0.100.102
PING 10.0.100.102 (10.0.100.102) 56(84) bytes of data.
64 bytes from 10.0.100.102: icmp_seq=1 ttl=64 time=0.058 ms
64 bytes from 10.0.100.102: icmp_seq=2 ttl=64 time=0.060 ms

--- 10.0.100.102 ping statistics ---
2 packets transmitted, 2 received, 0% packet loss, time 999ms
rtt min/avg/max/mdev = 0.058/0.059/0.060/0.001 ms
[root@lxc ~]#
```

지금까지 구성한 네트워크 인터페이스, 네트워크 네임스페이스, 브리지, 라우팅 테이블 정보는 그림 15.7과 같다. 루트 네트워크 네임스페이스에서 라우팅 테이블에 기록된 경로 정보를 이용하여 br0을 통해 netns1, netns2의 가상 인터페이스 veth1과 veth2와 통신을 할 수 있다.

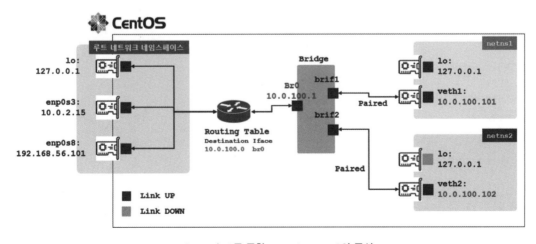

그림 15.7 br0를 통한 netns1, netns2와 통신

루트 네트워크 네임스페이스에서 netns1과 netns2로의 ping은 가능하지만, 그 역방향은 가능하지
않다.

```
[root@lxc ~]# ip netns exec netns1 ping -c 2 10.0.2.15
connect: Network is unreachable
[root@lxc ~]#
[root@lxc ~]# ip netns exec netns2 ping -c 2 10.0.2.15
connect: Network is unreachable
[root@lxc ~]#
```

netns1과 netns2의 라우팅 테이블을 확인해보면, 10.0.2.0 네트워크에 대한 정보가 없다. 따라서
각각의 네트워크 네임스페이스에 10.0.2.0 네트워크에 대한 경로 정보를 설정해야 한다. 10.0.2.0
네트워크는 netns1에서는 veth1 인터페이스를 통해서 가야 하고, netns2에서는 veth2를 통해서 패
킷이 전송되어야 한다.

```
[root@lxc ~]# ip netns exec netns1 route
Kernel IP routing table
Destination     Gateway         Genmask         Flags Metric Ref    Use Iface
10.0.100.0      0.0.0.0         255.255.255.0   U     0      0        0 veth1
[root@lxc ~]#
[root@lxc ~]# ip netns exec netns1 route add -net 10.0.2.0 \
                 netmask 255.255.255.0 dev veth1
[root@lxc ~]#
[root@lxc ~]# ip netns exec netns1 route
Kernel IP routing table
Destination     Gateway         Genmask         Flags Metric Ref    Use Iface
10.0.2.0        0.0.0.0         255.255.255.0   U     0      0        0 veth1
10.0.100.0      0.0.0.0         255.255.255.0   U     0      0        0 veth1
[root@lxc ~]#
[root@lxc ~]# ip netns exec netns2 route add -net 10.0.2.0 \
                 netmask 255.255.255.0 dev veth2
[root@lxc ~]#
[root@lxc ~]# ip netns exec netns2 route
Kernel IP routing table
Destination     Gateway         Genmask         Flags Metric Ref    Use Iface
10.0.2.0        0.0.0.0         255.255.255.0   U     0      0        0 veth2
10.0.100.0      0.0.0.0         255.255.255.0   U     0      0        0 veth2
[root@lxc ~]#
```

네트워크 10.0.2.0에 대한 라우팅 정보가 설정되었다. 이제 각각의 네트워크 네임스페이스에서 루트
네트워크 네임스페이스의 10.0.2.15로 ping이 동작하는지 확인해보자. 정상적으로 패킷이 netns1과 netns2

에서 루트 네임스페이스로 전송되는 것을 확인할 수 있다.

```
[root@lxc ~]# ip netns exec netns1 ping -c 2 10.0.2.15
PING 10.0.2.15 (10.0.2.15) 56(84) bytes of data.
64 bytes from 10.0.2.15: icmp_seq=1 ttl=64 time=0.083 ms
64 bytes from 10.0.2.15: icmp_seq=2 ttl=64 time=0.063 ms

--- 10.0.2.15 ping statistics ---
2 packets transmitted, 2 received, 0% packet loss, time 999ms
rtt min/avg/max/mdev = 0.063/0.073/0.083/0.010 ms
[root@lxc ~]#
[root@lxc ~]# ip netns exec netns2 ping -c 2 10.0.2.15
PING 10.0.2.15 (10.0.2.15) 56(84) bytes of data.
64 bytes from 10.0.2.15: icmp_seq=1 ttl=64 time=0.085 ms
64 bytes from 10.0.2.15: icmp_seq=2 ttl=64 time=0.063 ms

--- 10.0.2.15 ping statistics ---
2 packets transmitted, 2 received, 0% packet loss, time 999ms
rtt min/avg/max/mdev = 0.063/0.074/0.085/0.011 ms
[root@lxc ~]#
```

netns1과 netns2에서 외부로 네트워크 통신을 확인해보면, 외부와 통신이 여전히 단절되어 있음을
확인할 수 있다.

```
[root@lxc ~]# ip netns exec netns1 ping -c 2 8.8.8.8
connect: Network is unreachable
[root@lxc ~]#
[root@lxc ~]# ip netns exec netns2 ping -c 2 8.8.8.8
connect: Network is unreachable
[root@lxc ~]#
```

가상 네트워크 네임스페이스에서 외부 인터넷과 연결하기 위해서는 **NAT**network address translation 구
성을 해야 한다(그림 15.8).

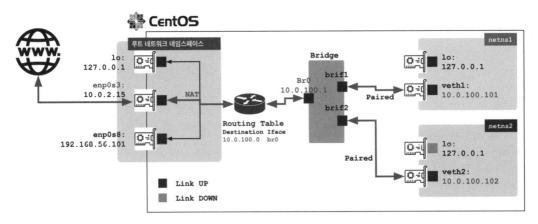

그림 15.8 NAT 구성을 통한 외부 인터넷과 연결 구성

루트 네임스페이스의 라우팅 테이블을 확인해보면, default 목적지에 대한 정보가 있다. default는 라우팅 테이블에 경로 정보가 없을 때 적용 받는 규칙이다. 외부로 접근을 할 때 gateway 게이트웨이를 이용하거나 kant 게이트웨이를 이용한다.[22]

```
[root@lxc ~]# route
Kernel IP routing table
Destination     Gateway         Genmask         Flags Metric Ref    Use Iface
default         gateway         0.0.0.0         UG    100    0        0 enp0s3
default         kant            0.0.0.0         UG    101    0        0 enp0s8
10.0.2.0        0.0.0.0         255.255.255.0   U     100    0        0 enp0s3
10.0.100.0      0.0.0.0         255.255.255.0   U     0      0        0 br0
192.168.56.0    0.0.0.0         255.255.255.0   U     101    0        0 enp0s8
[root@lxc ~]#
```

목적지가 default일 때 거쳐가는 게이트웨이의 주소를 확인해보자. route 명령의 -n 옵션은 호스트 이름 대신 IP 주소를 보여준다. 즉, gateway 게이트웨이의 주소가 10.0.2.2임을 확인할 수 있다.

```
[root@lxc ~]# route -n
Kernel IP routing table
Destination     Gateway         Genmask         Flags Metric Ref    Use Iface
0.0.0.0         10.0.2.2        0.0.0.0         UG    100    0        0 enp0s3
0.0.0.0         192.168.56.1    0.0.0.0         UG    101    0        0 enp0s8
10.0.2.0        0.0.0.0         255.255.255.0   U     100    0        0 enp0s3
10.0.100.0      0.0.0.0         255.255.255.0   U     0      0        0 br0
```

---

22 kant는 가상머신이 동작하는 호스트머신으로 IP 주소가 192.168.56.1로 할당되어 있다.

```
192.168.56.0      0.0.0.0          255.255.255.0   U    101    0        0 enp0s8
[root@lxc ~]#
```

netns1과 netns2의 라우팅 정보를 확인해보면 default에 대한 라우팅 정보가 없다. 따라서 목적지가 default일 때 라우팅 정보를 등록해야 한다.

```
[root@lxc ~]# ip netns exec netns1 route
Kernel IP routing table
Destination     Gateway         Genmask         Flags Metric Ref    Use Iface
10.0.2.0        0.0.0.0         255.255.255.0   U     0      0        0 veth1
10.0.100.0      0.0.0.0         255.255.255.0   U     0      0        0 veth1
[root@lxc ~]#
[root@lxc ~]# ip netns exec netns2 route
Kernel IP routing table
Destination     Gateway         Genmask         Flags Metric Ref    Use Iface
10.0.2.0        0.0.0.0         255.255.255.0   U     0      0        0 veth2
10.0.100.0      0.0.0.0         255.255.255.0   U     0      0        0 veth2
[root@lxc ~]#
```

netns1과 netns2에서 외부와 통신을 하려면 브리지 br0을 통해 나가야 하므로 목적지 default에 대한 게이트웨이를 br0의 IP 주소인 10.0.100.1로 설정해준다. 목적지 0.0.0.0은 default를 의미한다. 컨테이너에서 패킷을 전송할 때 라우팅 테이블에 존재하지 않은 주소는 10.0.100.1을 통해서 보내지게 된다.

```
[root@lxc ~]# ip netns exec netns1 ip route add default via 10.0.100.1
[root@lxc ~]# ip netns exec netns2 ip route add default via 10.0.100.1
[root@lxc ~]#
[root@lxc ~]# ip netns exec netns1 route -n
Kernel IP routing table
Destination     Gateway         Genmask         Flags Metric Ref    Use Iface
0.0.0.0         10.0.100.1      0.0.0.0         UG    0      0        0 veth1
10.0.2.0        0.0.0.0         255.255.255.0   U     0      0        0 veth1
10.0.100.0      0.0.0.0         255.255.255.0   U     0      0        0 veth1
[root@lxc ~]#
[root@lxc ~]# ip netns exec netns2 route -n
Kernel IP routing table
Destination     Gateway         Genmask         Flags Metric Ref    Use Iface
0.0.0.0         10.0.100.1      0.0.0.0         UG    0      0        0 veth2
10.0.2.0        0.0.0.0         255.255.255.0   U     0      0        0 veth2
10.0.100.0      0.0.0.0         255.255.255.0   U     0      0        0 veth2
[root@lxc ~]#
```

NAT 방식으로 외부와 통신을 하기 위해서는 **IP 포워딩**IP forwarding이 설정되어 있어야 한다. 현재 가상머신의 IP 포워딩(또는 포트 포워딩) 설정 여부는 다음과 같이 확인할 수 있다.[23] 값이 0은 현재 비활성화되어 있음을 의미한다.

```
[root@lxc ~]# sysctl net.ipv4.ip_forward
net.ipv4.ip_forward = 0
[root@lxc ~]#
```

IP 포워딩을 활성화한다.

```
[root@lxc ~]# sysctl -w net.ipv4.ip_forward=1
net.ipv4.ip_forward = 1
[root@lxc ~]#
```

sysctl 명령은 임시적으로 IP 포워딩 기능을 활성화한다. 영구적으로 활성화하기 위해서는 /etc/sysctl.conf 파일에 net.ipv4.ip_forward = 1을 기록해줘야 한다. IP 포워딩을 활성화했다면, NAT 규칙을 리눅스 커널 방화벽 iptables에 다음과 같이 추가해준다.

```
[root@lxc ~]# iptables -t nat -A POSTROUTING -s 10.0.100.0/24 -j MASQUERADE
```

iptables 명령어가 의미하는 것은 NAT 테이블(-t 옵션)에 새로운 규칙을 추가(-A 옵션) 하라는 것이다. 새로운 규칙은 출발지(-s 옵션)가 **10.0.100.0/24** 네트워크 대역에서 온 패킷이 **외부로 나갈 때** POSTROUTING 규칙에 맞다면(-j 옵션) 공인 IP 주소로 **변경**MASQUERADE하는 것이다.

이제 netns1과 netns2에서 구글의 DNS 서버인 8.8.8.8로 통신이 가능한지 다음과 같이 확인해보자.

```
[root@master ~]# ip netns exec netns1 ping -c 2 8.8.8.8
PING 8.8.8.8 (8.8.8.8) 56(84) bytes of data.
64 bytes from 8.8.8.8: icmp_seq=1 ttl=61 time=38.0 ms
64 bytes from 8.8.8.8: icmp_seq=2 ttl=61 time=38.9 ms

--- 8.8.8.8 ping statistics ---
2 packets transmitted, 2 received, 0% packet loss, time 1001ms
rtt min/avg/max/mdev = 38.042/38.502/38.962/0.460 ms
```

---

23 단순하게 /proc/sys/net/ipv4/ip_forward의 값을 읽어오는 것으로 cat 명령으로 확인해보기 바란다.

```
[root@lxc ~]#
[root@lxc ~]# ip netns exec netns2 ping -c 2 8.8.8.8
PING 8.8.8.8 (8.8.8.8) 56(84) bytes of data.
64 bytes from 8.8.8.8: icmp_seq=1 ttl=61 time=37.6 ms
64 bytes from 8.8.8.8: icmp_seq=2 ttl=61 time=37.4 ms

--- 8.8.8.8 ping statistics ---
2 packets transmitted, 2 received, 0% packet loss, time 1002ms
rtt min/avg/max/mdev = 37.476/37.572/37.668/0.096 ms
[root@lxc ~]#
```

netns1과 netns2에서 성공적으로 외부와 통신이 되는 것을 확인할 수 있다. 정상적으로 통신이 되지만, DNS가 설정되어 있지 않기 때문에 현재까지 구성은 IP 주소만을 이용해야만 한다. netns1에서 google.com으로 ping을 수행해보면, 패킷 송수신이 되지 않음을 확인할 수 있다.

```
[root@lxc ~]# ip netns exec netns1 ping -c 2 google.com
^C
[root@lxc ~]#
```

각각의 네트워크 네임스페이스에 대한 DNS 서버 설정은 /etc/netns/ 디렉터리에 설정할 수 있다. 네트워크 네임스페이스별 디렉터리를 생성하여 resolv.conf에 DNS 서버 정보를 등록하면 된다.

```
[root@lxc ~]# mkdir -p /etc/netns/netns1
[root@lxc ~]# echo 'nameserver 8.8.8.8' > /etc/netns/netns1/resolv.conf
[root@lxc ~]#
[root@lxc ~]# mkdir -p /etc/netns/netns2
[root@lxc ~]# echo 'nameserver 8.8.8.8' > /etc/netns/netns2/resolv.conf
```

네트워크 네임스페이스별 DNS 서버를 등록했다면, 각각의 네트워크 네임스페이스에서 google.com으로 패킷을 송수신할 수 있는지 확인해보자.

```
[root@lxc ~]# ip netns exec netns1 ping -c 2 google.com
PING google.com (216.58.220.142) 56(84) bytes of data.
64 bytes from syd09s01-in-f142.1e100.net (216.58.220.142): icmp_seq=1 ttl=61 time=100 ms
64 bytes from syd09s01-in-f142.1e100.net (216.58.220.142): icmp_seq=2 ttl=61 time=85.6 ms

--- google.com ping statistics ---
2 packets transmitted, 2 received, 0% packet loss, time 1007ms
rtt min/avg/max/mdev = 85.606/93.038/100.471/7.438 ms
[root@lxc ~]#
```

```
[root@lxc ~]# ip netns exec netns2 ping -c 2 google.com
PING google.com (142.250.196.142) 56(84) bytes of data.
64 bytes from nrt12s36-in-f14.1e100.net (142.250.196.142): icmp_seq=1 ttl=61 time=83.5 ms
64 bytes from nrt12s36-in-f14.1e100.net (142.250.196.142): icmp_seq=2 ttl=61 time=82.4 ms

--- google.com ping statistics ---
2 packets transmitted, 2 received, 0% packet loss, time 1002ms
rtt min/avg/max/mdev = 82.454/83.005/83.556/0.551 ms
[root@lxc ~]#
```

구글의 DNS 서버를 이용해서 IP 주소대신 도메인 이름으로 통신이 가능함을 확인할 수 있다. 지금까지 살펴본 네트워크 네임스페이스 기능을 통해 독립적인 컨테이너를 생성하고 컨테이너별로 네트워크 네임스페이스를 구성하여 외부와 통신할 수 있다는 것을 확인하였다.

네트워크 네임스페이스에 대한 내용을 마무리하기 전에 프로세스가 독립된 네트워크 네임스페이스를 생성하는 프로그램을 살펴보자. net_namespace.c는 부모 프로세스에서 자식 프로세스를 생성할 때 새로운 네트워크 네임스페이스에서 실행하는 프로그램이다.[24]

```
[root@lxc ~]# cat net_namesapce.c
#define _GNU_SOURCE
#include <sched.h>
#include <stdio.h>
#include <stdlib.h>
#include <sys/wait.h>
#include <unistd.h>


static char child_stack[512000];

static int child_fn() {
    printf("[New Network Namespace]\n");
    printf("------------------------------------------------------------\n");
    system("ip -br link");
    printf("------------------------------------------------------------\n");
    return 0;
}

int main() {
    printf("------------------------------------------------------------\n");
    printf("[Root Network Namespace]\n");
    printf("------------------------------------------------------------\n");
```

---

24 https://www.toptal.com/linux/separation-anxiety-isolating-your-system-with-linux-namespaces

```
    system("ip -br link");
    printf("-----------------------------------------------------\n\n");

    pid_t child_pid = clone(child_fn, child_stack+512000,
                        CLONE_NEWPID | CLONE_NEWNET | SIGCHLD, NULL);

    waitpid(child_pid, NULL, 0);
    return 0;
}
[root@lxc ~]#
```

clone을 통해서 child_fn() 함수가 새로운 프로세스에서 실행되고, CLONE_NEWPID와 CLONE_ NEWNET 플래그에 의해 새롭게 생성된 프로세스는 새로운 프로세스 네임스페이스와 네트워크 네임스페이스에서 실행된다. SIGCHLD 플래그는 자식 프로세스, 즉 child_fi() 함수를 실행하는 프로세스가 종료되면 부모 프로세스에게 SIGCHLD 시그널을 보내라는 의미이다.

net_namespace.c 프로그램을 컴파일하여 실행하면, child_fn()함수가 새로운 네트워크 네임스페이스에서 실행되었음을 확인할 수 있다.

```
[root@lxc ~]# gcc -o net_namesapce net_namesapce.c
[root@lxc ~]#
[root@lxc ~]# ./net_namesapce
-------------------------------------------------------------
[Root Network Namespace]
-------------------------------------------------------------
lo              UNKNOWN        00:00:00:00:00:00 <LOOPBACK,UP,LOWER_UP>
enp0s3          UP             08:00:27:bc:47:09 <BROADCAST,MULTICAST,UP,LOWER_UP>
enp0s8          UP             08:00:27:82:b0:55 <BROADCAST,MULTICAST,UP,LOWER_UP>
br0             UP             12:63:22:dd:37:5c <BROADCAST,MULTICAST,UP,LOWER_UP>
brif1@if10      UP             86:e3:8f:77:31:99 <BROADCAST,MULTICAST,UP,LOWER_UP>
brif2@if12      UP             12:63:22:dd:37:5c <BROADCAST,MULTICAST,UP,LOWER_UP>
-------------------------------------------------------------


[New Network Namespace]
-------------------------------------------------------------
lo              DOWN           00:00:00:00:00:00 <LOOPBACK>
-------------------------------------------------------------
[root@lxc ~]#
```

15.1.7 사용자 네임스페이스

사용자 네임스페이스user namespace는 루트 권한을 갖지 못한 일반 사용자가 컨테이너를 실행할 수 있도록 해주는 기능이다. 일반적으로 루트 사용자만이 **새로운 네임스페이스**new namespace를 생성할 수 있고 일반 사용자는 네임스페이스를 생성할 수 없다. 만약 새로운 사용자 네임스페이스가 생성된다면, 동일한 사용자가 어떠한 종류의 네임스페이스를 생성할 수 있다.

새로운 사용자 네임스페이스내에서 새로운 UID, GID를 생성할 수 있고 사용자 네임스페이스기 생성된 루트 네임스페이스의 UID와 GID와 매핑된다. 즉, 새롭게 생성된 사용자 네임스페이스에서 루트 권한을 갖는 사용자를 생성할 수 있고 이 루트 권한을 갖는 사용자는 호스트 시스템의 일반 사용자와 매핑된다.[25]

사용자 네임스페이스의 기능에 대해서 살펴보기 전에, 현재 시스템이 생성 가능한 사용자 네임스페이스의 개수를 확인해보자.

```
[root@lxc ~]# cat /proc/sys/user/max_user_namespaces
0
[root@lxc ~]#
[root@lxc ~]# unshare -Ur /bin/bash
unshare: unshare failed: Invalid argument
[root@lxc ~]#
```

proc 파일시스템의 max_user_namespaces에 최대 생성 가능한 사용자 네임스페이스 수가 설정되어 있다. 현재 시스템은 0으로 실제로는 어떠한 사용자 네임스페이스를 생성할 수 없다. 실제 unshare로 새로운 사용자 네임스페이스를 생성하려고 할 때 오류가 발생하였다. 이 경우 max_user_namespaces에 양의 수를 설정하여 새로운 사용자 네임스페이스를 생성할 수 있도록 설정한다.[26]

```
[root@lxc ~]# echo 1000 > /proc/sys/user/max_user_namespaces
[root@lxc ~]# cat /proc/sys/user/max_user_namespaces
1000
[root@lxc ~]#
```

루트가 아닌 일반 사용자 계정에서 새로운 사용자 네임스페이스를 생성하면 생성된 사용자는 생성된

---

25 사용자 네임스페이스 내에서 실행되는 프로세스는 루트 권한으로 실행될 수 있지만, 새롭게 생성된 네임스페이스는 일반 사용자 권한의 수준이므로 프로세스가 동작하는 컨테이너는 루트 권한이 없는 일반 사용자에 의해서 종료될 수 있는 보안상 취약점이 존재한다.

26 /proc/sys/user/max__namespaces 파일의 설정 값들을 확인해보기 바란다.

네임스페이스에서 루트 권한을 갖는다. 따라서, 일반 사용자 계정에서 unshare를 통해 새로운 사용자 네임스페이스를 다음과 같이 생성해보자.

```
[root@lxc ~]# exit
logout
[rsyoung@lxc ~]$
[rsyoung@lxc ~]$ whoami
rsyoung
[rsyoung@lxc ~]$
[rsyoung@lxc ~]$ id
uid=1000(rsyoung) gid=1000(rsyoung) groups=1000(rsyoung),10(wheel)
context=unconfined_u:unconfined_r:unconfined_t:s0-s0:c0.c1023
[rsyoung@lxc ~]$
[rsyoung@lxc ~]$ unshare -Ur /bin/bash
[root@lxc ~]#
[root@lxc ~]# whoami
root
[root@lxc ~]#
[root@lxc ~]# id
uid=0(root) gid=0(root) groups=0(root),65534
context=unconfined_u:unconfined_r:unconfined_t:s0-s0:c0.c1023
[root@lxc ~]#
```

현재 사용자(rsyoung)의 UID, GID 등의 정보를 확인할 수 있고, unshare 명령으로 새로운 사용자 네임스페이스를 생성한다. -U 옵션[27]은 새로운 사용자 네임스페이스를 생성하라는 의미이고 r 옵션 [28]은 현재 사용자(rsyoung)을 새로운 사용자 네임스페이스에서 슈퍼유저인 루트 UID와 GID로 매핑한다. 따라서 일반 사용자(rsyoung)은 새롭게 생성된 사용자 네임스페이스에서 네트워크 인터페이스 설정, 파일시스템 마운팅과 같은 특권 모드에서만 수행할 수 있는 작업을 할 수 있게 된다. 어떤 일반 사용자와 새로운 사용자 네임스페이스에서 루트와 매핑되었는지 uid_map의 값을 통해 확인할 수 있다.

```
[root@lxc ~]# cat /proc/self/uid_map
         0       1000          1
[root@lxc ~]#
```

루트(UID 0)는 사용자 rsyoung의 UID 1000과 매핑되어 있고, 1개의 UID가 매핑을 위해 가용함을 보여준다.

---

27 -U: -user
28 -r: -map-root-user

루트 네임스페이스에서 UID 매핑 정보를 확인해보면, 루트(UID 0)는 루트(UID 0)로 매핑된 것을 확인할 수 있다. 다만 UID가 최대 4294967295까지 가능하다는 것을 보여준다. 실제 UID는 0번부터 시작되기 때문에 최대 가능한 UID의 수는 4294967296개까지 생성할 수 있다. UID가 32비트로 되어 있기 때문이다(2^{32}=4294967296).

```
[root@lxc ~]# exit
exit
[rsyoung@lxc ~]$ cat /proc/self/uid_map
         0         0      4294967295
[rsyoung@lxc ~]$
```

일반 사용자가 새로운 사용자 네임스페이스에서 루트로 매핑되었다고 하더라도, 실제 루트 사용자는 아니다. 따라서, 기본(루트) 네임스페이스의 루트가 소유하고 있는 파일을 삭제할 수 없다. 기본 네임스페이스의 루트가 새로운 네임스페이스를 생성하였고 생성된 사용자 네임스페이스의 루트가 외부 네임스페이스의 루트와 매핑된다고 하더라도 외부 네임스페이스(부모 네임스페이스)의 루트가 갖는 권한을 갖지 못한다. 즉, 외부 네임스페이스에 존재하는 루트 소유의 파일을 삭제할 수 없다.

```
[root@lxc ~]# whoami
root
[root@lxc ~]#
[root@lxc ~]# rm -f /bin/bash
rm: cannot remove '/bin/bash': Permission denied
[root@lxc ~]#
[root@lxc ~]# cat /proc/self/uid_map
         0      1000         1
[root@lxc ~]#
```

새로운 사용자 네임스페이스에서 루트로 생성된 파일이 기본 네임스페이스에서 어떻게 연결되는지 알아보자. 지금까지 살펴보았던 내용을 기반으로 예측할 수 있다. 새로운 사용자 네임스페이스에서는 루트로 파일이 생성되지만, 기본 네임스페이스에서는 매핑된 일반 사용자의 소유 파일로 보이게 된다. 새로운 사용자 네임스페이스에서 /tmp/test 파일을 생성하고 소유자 등을 확인해보자.

```
[root@lxc ~]# echo "user namesapce test" > /tmp/test
[root@lxc ~]#
[root@lxc ~]# ls -al /tmp/test
-rw-r--r--. 1 root root 20 Oct 16 14:22 /tmp/test
[root@lxc ~]#
[root@lxc ~]# cat /tmp/test
```

```
user namesapce test
[root@lxc ~]#
[root@lxc ~]# exit
exit
[rsyoung@lxc ~]$
[rsyoung@lxc ~]$ ls -al /tmp/test
-rw-r--r--. 1 rsyoung rsyoung 20 Oct 16 14:22 /tmp/test
[rsyoung@lxc ~]$
[rsyoung@lxc ~]$ cat /tmp/test
user namesapce test
[rsyoung@lxc ~]$
```

새로운 사용자 네임스페이스에서 test 파일은 루트 소유의 파일이다. 기본 네임스페이스로 돌아와서
확인해보면 일반 사용자(rsyoung)의 소유임을 확인할 수 있다. 파일의 내용은 동일하다. 사용자 네임
스페이스 기능을 사용하여 새로운 컨테이너에 루트 권한으로 필요한 설정을 기본 네임스페이스의 시
스템에 영향을 주지 않고 할 수 있게 된다.

어떤 프로세스를 새로운 사용자 네임스페이스에서 실행하는 프로그램 예제를 마지막으로 살펴보자.
자식 프로세스를 새로운 사용자 네임스페이스에서 실행하고 자식 프로세스와 부모 프로세스의 UID,
GID, Capabilities를 출력하는 user_namespace.c를 작성해보자. 리눅스에서 Capabilities는 루
트 권한을 작은 권한들로 구분해놓은 것이다. Capabilities를 통해서 새로운 사용자 네임스페이스
에서 실행되는 프로세스가 어떤 권한을 갖는지 확인할 수 있다.

프로그램에서 Capabilities를 확인하기 위해서는 libcap-devel 패키지를 설치해주어야 한다.

```
[root@lxc ~]# yum install libcap-devel
```

user_namespace.c를 다음과 같이 작성한다.

```
[rsyoung@lxc ~]$ cat user_namespace.c

#define _GNU_SOURCE
#include <sys/capability.h>
#include <sys/wait.h>
#include <sched.h>
#include <stdio.h>
#include <stdlib.h>
#include <unistd.h>

#define STACK_SIZE (1024 * 1024)
```

```c
static char child_stack[STACK_SIZE];     /* child's stack */

static int childFunc(void *arg)
{
    cap_t caps;

    for(;;) {
        printf("[New User Namespace]\n");
        printf("-----------------------------------\n");
        printf("  UID: %ld \n", (long)geteuid());
        printf("  GID: %ld \n", (long)getegid());
        printf("  Capabilities: %s \n",  cap_to_text(cap_get_proc(), NULL));
        printf("-----------------------------------\n");

        if (arg == NULL) break;

        sleep(5);
    }

    return 0;
}

int main(int argc, char *argv[])
{
    pid_t child_pid;

    child_pid = clone(childFunc, child_stack + STACK_SIZE,
                CLONE_NEWUSER | SIGCHLD, argv[1]);

    printf("[Default(Root) Namespace]\n");
    printf("-----------------------------------\n");
    printf("  UID: %ld \n", (long)geteuid());
    printf("  GID: %ld \n", (long)getegid());
    printf("  Capabilities: %s \n",  cap_to_text(cap_get_proc(), NULL));
    printf("-----------------------------------\n\n");

    if(child_pid == -1) {
        perror("child_pid error!\n");
        exit(EXIT_FAILURE);
    }

    if(waitpid(child_pid, NULL, 0) == -1) {
        perror("waitpid error!\n");
        exit(EXIT_FAILURE);
    }

    exit(EXIT_SUCCESS);
}
```

main() 함수에서 childFunc() 함수를 수행할 자식 프로세스를 생성한다. 자식 프로세스를 생성할 때 CLONE_NEWUSER 플래그를 지정하여 자식 프로세스가 새로운 사용자 네임스페이스에서 실행되도록 했다. childFunc() 함수를 실행시키는 자식 프로세스는 부모 프로세스에서 넘어오는 **인자**argument가 있으면 무한루프를 돈다. 이때 5초 마다 UID, GID, Capabilities를 업데이트 한다.

유효 사용자effective user와 **유효 그룹**effective group ID를 geteuid()와 getegid() 함수를 호출하여 UID와 GID로 출력한다. **실제 사용자**real user와 유효 사용자는 구별되는데, 실제 사용자는 프로세스를 실행한 사용자이고 유효 사용자는 실제 사용자가 실행한 프로세스가 실행될 때 파일 등에 접근할 수 있는 권한을 가지는 사용자를 말한다. 예를 들어 실제 사용자 rsyoung이 패스워드를 수정한다고 가정해보면, passwd rsyoung와 같은 명령 수행할 것이다. /usr/bin/passwd 프로세스는 실제 사용자 rsyoung이 수행한 것이다. 그런데, 패스워드를 수정하기 위해서는 /etc/shadow파일을 수정해야 한다. 이 파일은 루트 소유이므로 일시적으로 passwd 프로세스는 루트 권한을 획득하여 파일을 수정해야 한다. 실제 passwd를 실행한 실제 사용자는 rsyoung이지만, /etc/shadow 파일의 수정은 유효 사용자인 루트가 수행한다.

해당 프로세스의 Capabilities를 cap_get_proc() 함수를 통해 얻어오고, 이를 cap_to_text() 함수를 이용하여 문자열로 변환한다. Capabilities는 리눅스 시스템의 권한에 대한 제약사항을 해결하기 위해 도입되었다. 리눅스에는 2가지 타입의 사용자가 존재한다. 루트와 같은 특권을 가진 사용자와 일반 사용자이다. 루트 사용자가 프로세스를 실행할 때 이 프로세스는 **특권 프로세스**privileged process가되고 일반 사용자가 실행을 하면 **비특권 프로세스**unprivileged process로 수행된다. 특권 프로세스의 경우는 커널의 **허가**permission check를 받을 필요가 없지만, 비특권 프로세스의 경우는 유효 사용자 ID, 유효 그룹 ID와 같은 프로세스의 **권한**credential을 기반으로 특권이 필요한 작업에 대해 커널의 허가를 받아야 한다.

일반 사용자가 특권 모드의 기능을 사용하려고 하면 SetUID 비트를 지정하여 일반 사용자가 특권 모드로 실행해야 하는데, 이러한 메커니즘은 해커들의 주요 타깃이 되었다. 메커니즘에 존재하는 버그를 이용하여 비특권 프로세스의 권한 수준을 점진적으로 증진시켜 최종적으로 특권 프로세스로 실행되게 하여 시스템에 악영향을 주는 방식이다. 따라서 이러한 문제를 해결하기 위해 리눅스는 슈퍼유저(루트)에 부여된 특권을 Capabilities로 불리는 약 40개의 작은 권한들로 나누고 각각의 권한들을 독립적으로 활성화하고 비활성화할 수 있도록 하였으며 스레드 단위로 권한을 부여할 수 있도록 했다.

user_namespace.c를 일반 사용자 계정에서 컴파일하고 실행해보자.

```
[rsyoung@lxc ~]$ id
uid=1000(rsyoung) gid=1000(rsyoung) groups=1000(rsyoung),10(wheel)
context=unconfined_u:unconfined_r:unconfined_t:s0-s0:c0.c1023
[rsyoung@lxc ~]$
[rsyoung@lxc ~]$ gcc -o user_namespace -lcap user_namespace.c
[rsyoung@lxc ~]$
[rsyoung@lxc ~]$ ./user_namespace
[Default(Root) Namespace]
-----------------------------------
UID: 1000
GID: 1000
Capabilities: =
-----------------------------------

[New User Namespace]
-----------------------------------
    UID: 65534
    GID: 65534
    Capabilities: = cap_chown,cap_dac_override,cap_dac_read_search,
cap_fowner,cap_fsetid,cap_kill,cap_setgid,cap_setuid,cap_setpcap,
cap_linux_immutable,cap_net_bind_service,cap_net_broadcast,
cap_net_admin,cap_net_raw,cap_ipc_lock,cap_ipc_owner,cap_sys_module,
cap_sys_rawio,cap_sys_chroot,cap_sys_ptrace,cap_sys_pacct,cap_sys_admin,
cap_sys_boot,cap_sys_nice,cap_sys_resource,cap_sys_time,
cap_sys_tty_config,cap_mknod,cap_lease,cap_audit_write,cap_audit_control,
cap_setfcap,cap_mac_override,cap_mac_admin,cap_syslog,35,36+ep
-----------------------------------
[rsyoung@lxc ~]$
```

일반 사용자 (rsyoung)의 **현재**current Capabilities 셋은 비어 있다. 하지만, 새롭게 생성된 사용자 네임스페이스에서 실행되는 프로세스의 총 36개의 Capabilities를 갖고 있다. 자식 프로세스는 새로운 사용자 네임스페이스에서 특권 프로세스로 실행되었음을 말해주고 있다. 시스템에서 제공되는 Capabilities의 개수는 /proc/sys/kernel/cap_last_cap 파일에서 확인할 수 있다.

```
[rsyoung@lxc ~]$ cat /proc/sys/kernel/cap_last_cap
36
[rsyoung@lxc ~]$
```

일반 사용자로 user_namespace를 실행시킨 결과와 루트 사용자로 실행시킨 결과를 비교해보면, 현재 프로세스를 실행시키는 사용자의 Capabilities 리스트의 차이를 다음과 같이 확인해볼 수 있다.

```
[root@lxc ~]# ./user_namespace
[Default(Root) Namespace]
-----------------------------------
    UID: 0
    GID: 0
    Capabilities: = cap_chown,cap_dac_override,cap_dac_read_search,
cap_fowner,cap_fsetid,cap_kill,cap_setgid,cap_setuid,cap_setpcap,
cap_linux_immutable,cap_net_bind_service,cap_net_broadcast,
cap_net_admin,cap_net_raw,cap_ipc_lock,cap_ipc_owner,cap_sys_module,
cap_sys_rawio,cap_sys_chroot,cap_sys_ptrace,cap_sys_pacct,cap_sys_admin,
cap_sys_boot,cap_sys_nice,cap_sys_resource,cap_sys_time,
cap_sys_tty_config,cap_mknod,cap_lease,cap_audit_write,cap_audit_control,
cap_setfcap,cap_mac_override,cap_mac_admin,cap_syslog,35,36+ep
-----------------------------------

[New User Namespace]
-----------------------------------
    UID: 65534
    GID: 65534
    Capabilities: = cap_chown,cap_dac_override,cap_dac_read_search,
cap_fowner,cap_fsetid,cap_kill,cap_setgid,cap_setuid,cap_setpcap,
cap_linux_immutable,cap_net_bind_service,cap_net_broadcast,
cap_net_admin,cap_net_raw,cap_ipc_lock,cap_ipc_owner,cap_sys_module,
cap_sys_rawio,cap_sys_chroot,cap_sys_ptrace,cap_sys_pacct,cap_sys_admin,
cap_sys_boot,cap_sys_nice,cap_sys_resource,cap_sys_time,
cap_sys_tty_config,cap_mknod,cap_lease,cap_audit_write,cap_audit_control,
cap_setfcap,cap_mac_override,cap_mac_admin,cap_syslog,35,36+ep
-----------------------------------
[root@lxc ~]#
```

한 가지 주목할 것은 자식 프로세스의 UID와 GID가 65534이다. unshare() 함수로 사용자 네임스페이스에서 /bin/bash를 실행할 때 -r 옵션을 이용하여 루트로 매핑해주기 때문에 UID와 GID가 모두 0이 었다. user_namespace.c에서는 새로운 사용자 네임스페이스 내에서 자식 프로세스를 실행시키는 외부 네임스페이스의 사용자가 지정되지 않았다. 이처럼 내부 네임스페이스에 매핑된 사용자 ID가 지정되지 않았을 경우 /proc/sys/kernel/overflowuid와 /proc/sys/kernel/overflowgid 값을 참조하여 UID와 GID 값을 설정한다.

```
[rsyoung@lxc ~]$ cat /proc/sys/kernel/overflowuid
65534
[rsyoung@lxc ~]$
[rsyoung@lxc ~]$ cat /proc/sys/kernel/overflowgid
65534
[rsyoung@lxc ~]$
```

새로운 사용자 네임스페이스에서 동작하고 있는 프로세스의 UID를 외부 네임스페이스의 일반 사용자 UID와 매핑을 해보자. UID의 변화를 확인하기 위해 user_namespace 프로그램이 무한루프를 돌도록 인자를 주어 다음과 같이 실행한다.

```
Terminal #1

[rsyoung@lxc ~]$ ./user_namespace infinte-loop
[Default(Root) Namespace]
-----------------------------------
    UID: 1000
    GID: 1000
    Capabilities: =
-----------------------------------


[New User Namespace]
-----------------------------------
    UID: 65534
    GID: 65534
    Capabilities: = cap_chown,cap_dac_override,cap_dac_read_search,
cap_fowner,cap_fsetid,cap_kill,cap_setgid,cap_setuid,cap_setpcap,
cap_linux_immutable,cap_net_bind_service,cap_net_broadcast,
cap_net_admin,cap_net_raw,cap_ipc_lock,cap_ipc_owner,cap_sys_module,
cap_sys_rawio,cap_sys_chroot,cap_sys_ptrace,cap_sys_pacct,cap_sys_admin,
cap_sys_boot,cap_sys_nice,cap_sys_resource,cap_sys_time,
cap_sys_tty_config,cap_mknod,cap_lease,cap_audit_write,cap_audit_control,
cap_setfcap,cap_mac_override,cap_mac_admin,cap_syslog,35,36+ep
-----------------------------------
```

새로운 터미널을 열어 user_namespace PID 정보를 다음과 같이 확인한다.

```
Terminal #2

[rsyoung@lxc ~]$ ps -C user_namespace -o 'pid ppid uid comm'
    PID  PPID   UID COMMAND
   5648  4757  1000 user_namespace
   5649  5648  1000 user_namespace
[rsyoung@lxc ~]$
```

user_namespace 프로세스가 2개 존재하고 부모 자식관계임을 알 수 있다. 자식 프로세스는 PID=5649이고 부모 프로세스는 PID=5648이다. 두 프로세스의 소유자는 UID=1000이다. 새로 생성된 사용자 네임스페이스에서 동작하고 있는 PID=5649의 프로세스를 UID=0으로 변경하고 외부 네임스페이스의 UID=1000과 매핑을 해보자. 매핑하기 전에 현재 Terminal #1에서 수행되고 user_namespace는 무한루프를 돌면서 UID와 GID를 출력하고 있다(그림 15.9).

그림 15.9 현재 UID와 GID를 출력

Terminal #2에서 uid_map 파일을 수정하여 내부 네임스페이스와 외부 네임스페이스 간 UID를 다음과 같이 매핑해준다.

```
Terminal #2

[rsyoung@lxc ~]$ echo '0 1000 1' > /proc/5649/uid_map
```

uid_map 파일은 다음과 같은 포맷으로 이루어져 있다.

ID-inside-ns   ID-outside-ns   length

ID-inside-ns는 내부 사용자 네임스페이스의 UID를 의미하고, ID-outside-ns는 매핑될 외부 사용자 네임스페이스의 UID이다. 마지막 인자인 length는 ID-inside-ns에서 시작하여 순차적으로 몇 개까지 추가될 수 있는지 지정한다. 단순하게 1로 지정하였다.

그림 15.10은 Terminal #1에서 수행되고 있는 PID=5649의 UID가 0으로 정상적으로 변경되었음을 보여준다. 자식 프로세스는 UID=0으로 외부 네임스페이스 UID=1000과 매핑되어 수행된다.

그림 15.10 **변경된 UID**

15.2 LXC 컨테이너

리눅스의 네임스페이스의 기본 개념을 통해서 컨테이너에 리눅스 네임스페이스가 어떻게 활용될 수 있는지 확인할 수 있었다. 리눅스의 네임스페이스뿐만 아니라 컨트롤 그룹 등이 활용되지만, 네임스페이스 기능을 이용하여 각 컨테이너를 독립적으로 관리할 수 있다. 이제 LXC를 이용하여 실제 컨테이너를 생성하고 활용하는 방법을 알아보자.

15.2.1 LXC 설치하기

CentOS 7에서 설치할 LXC 패키지는 **epel**Extra Packages for Enterprise Linux 리포지터리에 존재한다. epel-release 리포지터리를 다음과 같이 설치한다.

```
[root@lxc ~]# yum install epel-release
```

epel 리포지터리가 설치되었다면, LXC 컨테이너 라이브러리인 lxc 패키지와 템플릿 패키지를 설치한다. 기본으로 설치된 LXC **템플릿 컨테이너**template container를 다음과 같이 확인해본다.

```
[root@lxc ~]# yum install lxc
[root@lxc ~]# yum install lxc-templates
[root@lxc ~]#
[root@lxc ~]# ls /usr/share/lxc/templates/
```

```
lxc-alpine      lxc-centos    lxc-fedora      lxc-oracle  lxc-ubuntu-cloud
lxc-altlinux    lxc-cirros    lxc-gentoo      lxc-plamo
lxc-archlinux   lxc-debian    lxc-openmandriva  lxc-sshd
lxc-busybox     lxc-download  lxc-opensuse    lxc-ubuntu
[root@lxc ~]#
```

LXC 템플릿은 몇 가지 LXC 기반의 컨테이너 템플릿을 제공하고 있다. `lxc-centos` 템플릿은
CentOS 컨테이너를 생성하는 **템플릿 스크립트**template script이다. `lxc-centos` 템플릿의 내용 일부를
확인해보면 다음과 같다.

```
[root@lxc ~]# cat /usr/share/lxc/templates/lxc-centos
#!/bin/bash

# lxc path
default_path=/var/lib/lxc

# network
lxc_network_type=veth
lxc_network_link=lxcbr0

# centos configuration
configure_centos()
{
    # configure the network using the dhcp
    cat <<EOF > ${rootfs_path}/etc/sysconfig/network-scripts/ifcfg-eth0
DEVICE=eth0
BOOTPROTO=dhcp
ONBOOT=yes
HOSTNAME=${utsname}
NM_CONTROLLED=no
TYPE=Ethernet
MTU=${MTU}
DHCP_HOSTNAME=\`hostname\`
EOF

    # set the hostname
    cat <<EOF > ${rootfs_path}/etc/sysconfig/network
NETWORKING=yes
HOSTNAME=${utsname}
EOF

    # set minimal hosts
    cat <<EOF > $rootfs_path/etc/hosts
127.0.0.1 localhost $name
EOF
```

...

템플릿은 CentOS 컨테이너를 생성하기 위한 여러 가지 설정이 스크립트로 자동화되어 있다. 컨테이너에서 사용할 가상 인터페이스로 veth 타입의 lxcbr0를 생성하고 인터페이스 설정파일 ifcfg-eth0에 값을 지정하는 것을 확인할 수 있다.[29] CentOS 컨테이너가 생성되면, 컨테이너 내부의 인터페이스의 이름은 eth0가 됨을 알 수 있다.

리눅스 컨테이너를 쉽게 관리하기 위한 툴 libvirt를 설치하고 다음과 같이 실행한다.

```
[root@lxc ~]# yum install libvirt
[root@lxc ~]# systemctl start libvirtd
[root@lxc ~]#
[root@lxc ~]# systemctl status libvirtd
● libvirtd.service - Virtualization daemon
   Loaded: loaded (/usr/lib/systemd/system/libvirtd.service; enabled;
   Active: active (running) since ...
    ...
[root@lxc ~]#
```

libvirt는 LXC, OpenVZ, Xen, KVM, VirtualBox 등과 같은 다양한 가상환경을 관리하기 위한 툴이다(그림 15.11).

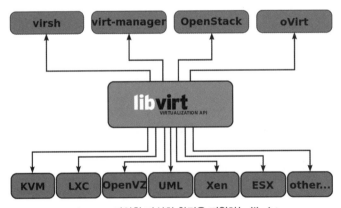

그림 15.11 다양한 가상화 환경을 지원하는 libvirt

LXC 컨테이너가 생성되면 연결될 네트워크 브리지를 확인해보자. brctl 명령을 통해 현재 **이더넷 브**

---

29 libvirtd는 virbr0를 사용하고 lxc.service는 lxcbr0를 이용한다.

리지ethernet bridge 정보를 확인해보면 virbr0 브리지가 있음을 확인할 수 있다. 브리지 virbr0가 생성되어 있음을 확인할 수 있는데, virbr0 브리지는 libvirt를 설치하고 libvirtd이 처음 실행될 때 생성되는 기본 브리지(스위치)이다.

```
[root@lxc ~]# brctl show
bridge name     bridge id           STP enabled    interfaces
virbr0          8000.525400a9cab8     yes          virbr0-nic
[root@lxc ~]#
```

LXC 컨테이너를 생성할 때 디폴트 네트워크를 /etc/lxc/default.conf 파일을 통해 지정할 수 있다. 현재 설정의 경우 네트워크 타입은 veth이고 인터페이스의 이름은 virtbr0임을 확인할 수 있다.

```
[root@lxc ~]# cat /etc/lxc/default.conf
lxc.network.type = veth
lxc.network.link = virbr0
lxc.network.flags = up
[root@lxc ~]#
```

리눅스 컨테이너 LXC 서비스 데몬 lxc.service을 다음과 같이 실행시킨다.

```
[root@lxc ~]# systemctl start lxc.service
[root@lxc ~]# systemctl status lxc.service
● lxc.service - LXC Container Initialization and Autoboot Code
   Loaded: loaded (/usr/lib/systemd/system/lxc.service; ...
   Active: active (exited) since ...
   ...
[root@lxc ~]#
```

LXC 서비스가 정상적으로 동작하면, 현재 리눅스 커널이 LXC를 지원하는 항목을 lxc-checkconfig 명령을 통해서 확인해볼 수 있다. 커널이 지원하고 있는 네임스페이스 컨트롤 그룹, **가상인터페이스**(veth), 브리지 등을 확인할 수 있다.

```
[root@lxc ~]# lxc-checkconfig
...
--- Namespaces ---
Namespaces: enabled
Utsname namespace: enabled
Ipc namespace: enabled
Pid namespace: enabled
```

```
User namespace: enabled
Warning: newuidmap is not setuid-root
Warning: newgidmap is not setuid-root
Network namespace: enabled
Multiple /dev/pts instances: enabled

--- Control groups ---
Cgroup: enabled
Cgroup clone_children flag: enabled
Cgroup device: enabled
Cgroup sched: enabled
Cgroup cpu account: enabled
Cgroup memory controller: enabled
Cgroup cpuset: enabled

--- Misc ---
Veth pair device: enabled
Macvlan: enabled
Vlan: enabled
Bridges: enabled
...

[root@lxc ~]#
```

15.2.2 LXC 컨테이너 생성

LXC 컨테이너 템플릿 lxc-centos를 이용하여 mycentos를 다음과 같이 생성해보자.

```
[root@lxc ~]# ls /usr/share/lxc/templates/lxc-centos
/usr/share/lxc/templates/lxc-centos
[root@lxc ~]#
[root@lxc ~]# lxc-create -n mycentos -t centos
...
Container rootfs and config have been created.
Edit the config file to check/enable networking setup.

The temporary root password is stored in:

        '/var/lib/lxc/mycentos/tmp_root_pass'

The root password is set up as expired and will require it to be changed
at first login, which you should do as soon as possible.  If you lose the
root password or wish to change it without starting the container, you
can change it from the host by running the following command (which will
also reset the expired flag):
```

```
        chroot /var/lib/lxc/mycentos/rootfs passwd

[root@lxc ~]#
```

mycentos 리눅스 컨테이너가 성공적으로 생성되었다면, 메시지에서 제시하고 있는 것처럼 chroot로 루트 패스워드를 변경해보자.

```
[root@lxc ~]# chroot /var/lib/lxc/mycentos/rootfs passwd
Changing password for user root.
New password:
Retype new password:
passwd: Authentication token manipulation error
[root@lxc ~]#
```

루트 패스워드를 리셋할 수 없다고 나오는데, 그 이유는 SELinux가 백그라운드로 동작하고 있기 때문이다. SELinux의 상태는 enforcing, permissive, disabled 3가지 모드가 있고 CentOS는 디폴트로 enforce 모드로 동작한다. 따라서 SELinux 규칙에 어긋난 수행은 모두 거부된다. permissive 모드는 SELinux 규칙에 어긋난 명령이라도 허용하고 Audit 로그에 기록을 남긴다.[30]

```
[root@lxc ~]# getenforce
Enforcing
[root@lxc ~]# setenforce 0
[root@lxc ~]# getenforce
Permissive
[root@lxc ~]#
[root@lxc ~]# chroot /var/lib/lxc/mycentos/rootfs passwd
Changing password for user root.
New password:
Retype new password:
passwd: all authentication tokens updated successfully.
[root@lxc ~]#
```

LXC 컨테이너가 생성되었다면 LXC 명령으로 LXC 컨테이너와 관련한 다양한 일들을 수행할 수 있는데 lxc-<tab>으로 다양한 명령어들을 확인해보기 바란다.

---

30 SELinux의 모드를 재부팅 시에도 동일하게 disable을 유지하고자 한다면, /etc/selinux/config 파일에 SELINUX = disabled 라인을 생성해야 한다.

```
[root@lxc ~]# lxc-<tab>
lxc-attach        lxc-console      lxc-monitor      lxc-unshare
lxc-autostart     lxc-create       lxc-snapshot     lxc-usernsexec
lxc-cgroup        lxc-destroy      lxc-start        lxc-wait
lxc-checkconfig   lxc-execute      lxc-stop
lxc-clone         lxc-freeze       lxc-top
lxc-config        lxc-info         lxc-unfreeze
[root@lxc ~]# lxc-
```

LXC 컨테이너를 리스트 하는 명령어가 lxc-ls인데, 현재 설치된 LXC 패키지에는 해당 명령어가
존재하지 않는다. lxc-extra 패키지를 설치한 후 lxc-ls 명령으로 생성된 LXC 컨테이너를 확인해
보자.

```
[root@lxc ~]# yum install lxc-extra
[root@lxc ~]#
[root@lxc ~]# lxc-ls
mycentos
[root@lxc ~]#
```

mycentos 컨테이너가 생성되어 있음을 확인할 수 있다. 생성된 컨테이너를 확인했으니, mycentos 컨
테이너가 어떤 상태인지 lxc-info 명령으로 확인해보자. -n 옵션은 컨테이너 이름을 지정한다.

```
[root@lxc ~]# lxc-info -n mycentos
Name:           mycentos
State:          STOPPED
[root@lxc ~]#
```

mycentos 컨테이너의 상태는 STOPPED 상태임을 확인할 수 있다. LXC 컨테이너를 실행시키는 명령어
는 lxc-start이다. 다음과 같이 mycentos 컨테이너를 실행시키고, lxc-info 명령으로 컨터네이너
상태를 확인해본다. mycentos 컨테이너가 RUNNING 상태로 변경되었음을 확인할 수 있다.

```
[root@lxc ~]# lxc-start -n mycentos -d
[root@lxc ~]#
[root@lxc ~]# lxc-info -n mycentos
Name:           mycentos
State:          RUNNING
PID:            4640
CPU use:        0.12 seconds
BlkIO use:      9.33 MiB
Memory use:     5.66 MiB
```

```
KMem use:          0 bytes
Link:              veth0I14VN
    TX bytes:      1.24 KiB
    RX bytes:      920 bytes
    Total bytes:   2.14 KiB
[root@lxc ~]#
```

mycentos 컨테이너를 실행할 때 사용한 lxc-start 명령어의 -d 옵션은 mycentos 컨테이너를 백그
라운드 **데몬**daemon으로 실행하라는 의미이다. lxc-info를 통해 확인한 정보 중에 PID가 4640으
로 mycentos 컨테이너가 PID=4640으로 실행되고 있음을 예상할 수 있다. 기본 네임스페이스에서
pstree 명령으로 프로세스 트리를 확인해보자.[31]

```
[root@lxc ~]# pstree -a -p
systemd,1 --switched-root --system --deserialize 22
    ...
    ├──libvirtd,2573
    │    ├──{libvirtd},2574
    │    ├──{libvirtd},2575
    ...
    ├──lxc-start,4634 -n mycentos -d
    │    └──systemd,4640
    │        ├──agetty,4729 --noclear --keep-baud console 115200,38400,9600 ...
    ...
[root@lxc ~]#
```

pstree 명령에서 -a 옵션은 프로세스가 실행될 때 사용한 **커맨드 라인**command line을 보여주고
-p 옵션은 해당 프로세스의 PID 번호를 같이 보여준다. mycentos 컨테이너를 실행했던 명령인
lxc-start는 PID 4634 프로세스로 동작하고 자식 프로세스 PID 4640를 생성한다. PID 4640은
mycentos 컨테이너에서 PID 1인 systemd 프로세스에 대응된다.

15.2.3 LXC 컨테이너 네트워크 설정 및 접속

현재 브리지 상태를 다음과 같이 확인해보자.

```
[root@lxc ~]# brctl show
bridge name     bridge id              STP enabled      interfaces
virbr0          8000.525400a9cab8      yes              veth0I14VN
```

---

31 pstree 명령은 psmisc 패키지를 설치해야 한다. pstree 설치가 안되어 있다면 yum install psmisc로 설치해야 한다.

```
                                                 virbr0-nic
[root@lxc ~]#
```

기존에는 존재하지 않았던 **veth0I14VN** 인터페이스가 **virbr0**에 연결되어 있는 것을 확인할 수 있다. 나중에 확인하겠지만, 가상 인터페이스 **veth0I14VN**은 mycentos 컨테이너내에서 네트워크 인터페이스 **eth0**와 연결된 인터페이스이다.

mycentos 컨테이너의 네트워크 인터페이스 **eth0**는 **virbr0**에 연결되어 있으므로, IP를 할당하기 위해서는 **virbr0**와 동일한 네트워크 대역의 IP를 할당해야 한다. **virbr0**에 할당된 IP 주소를 확인해 보자.

```
[root@lxc ~]# ip -br addr show virbr0
virbr0              UP             192.168.122.1/24
[root@lxc ~]#
```

할당된 IP 주소가 192.168.122.1/24이므로, 192.168.122.0 네트워크 대역의 IP 주소를 mycentos 컨테이너의 네트워크 인터페이스에 할당해야 한다. mycentos 컨테이너에 IP를 할당하기 위해 mycentos에 다음과 같이 접속한다.

```
[root@lxc ~]# lxc-console -n mycentos -t 0
...
CentOS Linux 7 (Core)
Kernel 3.10.0-1127.el7.x86_64 on an x86_64

mycentos login: root
Password:
[root@mycentos ~]#
```

lxc-console은 컨테이너에 콘솔로 접속할 수 있는 명령이고 **-t** 옵션은 TTY 번호를 지정한다. TTY 0번은 콘솔로 mycentos에 접속하라는 의미이다. root 계정으로 로그인하면 **프롬프트**prompt가 mycentos로 변경된 것을 확인할 수 있다. 즉, mycentos 컨테이너에 정상적으로 콘솔로 접근한 것이다. 콘솔에서 외부로 빠져나오기 위해서는 Ctrl + a를 누른 후 q 키를 눌러 빠져나올 수 있다.

실행 중인 컨테이너가 있다면 **lxc-attach** 명령을 통해 mycentos로 접근할 수 있다. **lxc-attach**는 실행 중인 컨테이너에 프로세스를 실행한다.

```
[root@lxc ~]# lxc-attach -n mycentos
[root@mycentos ~]#
```

-n 옵션은 실행 중인 컨테이너의 이름을 지정하는 것이고 주어진 명령어를 수행한다. 만약 명령어가 우리의 예제처럼 지정되지 않았다면 현재 실행 중인 셸이 컨테이너에도 있는지 검사하고 셸을 실행한다. /bin/bash 셸이 실행되었다. lxc-attach로 접속한 컨테이너에서 외부로 빠져나가기 위해서는 단순하게 exit 명령으로 빠져나갈 수 있다.

```
[root@mycentos ~]# exit
exit
[root@lxc ~]#
```

pstree 명령으로 mycentOS 내에 실행되고 있는 프로세스들을 확인해보자. mycentos에는 pstree 실행 파일이 없기 때문에 먼저 psmisc 패키지를 설치한 후 실행한다.

```
[root@mycentos ~]# yum install psmisc
[root@mycentos ~]#
[root@mycentos ~]# pstree -a -p
systemd,1
    ├──agetty,499 --noclear --keep-baud console 115200,38400,9600 vt220
    ...
    ├──sshd,298 -D
    ├──systemd-journal,500
    └──systemd-logind,65
[root@mycentos ~]#
```

PID 1인 systemd가 수행되고 있고 systemd로부터 자식 프로세스들이 생성되었다. sshd 데몬이 동작하고 있어 외부에서 SSH 통신을 통해서 mycentos에 접속할 수 있다는 의미이다. SSH 접속을 위해 네트워크 IP 주소를 확인해보자.

```
[root@mycentos ~]# ip -br addr
lo              UNKNOWN         127.0.0.1/8 ::1/128
eth0@if7        UP              192.168.122.61/24 fe80::fc4f:6aff:feae:bc31/64
[root@mycentos ~]#
```

eth0에 IP 주소 192.168.122.61이 부여되어 있다. 이 IP 주소는 virbr0와 동일한 네트워크에 있다. 따라서, 컨테이너 외부에서 virbr0을 통해 mycentos의 192.168.122.61 주소로 접속이 가능하다.

IP 주소 192.168.122.61는 mycentos 컨테이너가 실행될 때 **DHCP**Dynamic Host Configuration Protocol 서버에 의해서 자동으로 부여되는 IP 주소이다. lxc-centos 템플릿을 통해서 인터페이스 eth0를 설정하는 파일 ifcfg-eth0을 생성할 때 DHCP 서버로부터 IP를 할당받는 다는 것을 확인할 수 있다.

```
[root@lxc ~]# cat /usr/share/lxc/templates/lxc-centos
...
# configure the network using the dhcp
cat <<EOF > ${rootfs_path}/etc/sysconfig/network-scripts/ifcfg-eth0
DEVICE=eth0
BOOTPROTO=dhcp
ONBOOT=yes
HOSTNAME=${utsname}
NM_CONTROLLED=no
TYPE=Ethernet
MTU=${MTU}
DHCP_HOSTNAME=\`hostname\`
EOF
...
```

LXC 리눅스 컨테이너에서는 DHCP 서버는 dnsmasq 데몬이 담당한다. 컨테이너 외부 시스템에서 PID 2669 프로세스 데몬으로 실행되고 있음을 확인할 수 있다.

```
[root@lxc ~]# pstree -a -p
systemd,1 --switched-root --system --deserialize 22
    ...
    ├─dnsmasq,2669 --conf-file=/var/lib/libvirt/dnsmasq/default.conf--leasefil
    │   └─dnsmasq,2671 --conf-file=/var/lib/libvirt/dnsmasq/default.conf...
    ...
[root@lxc ~]#
```

mycentos 컨테이너에 할당된 IP 주소를 확인했으므로 컨테이너 외부에서 SSH를 통해 컨테이너에 다음과 같이 접속해보자.

```
[root@lxc ~]# ssh root@192.168.122.61
root@192.168.122.61's password:
[root@mycentos ~]#
```

eth0에 할당된 IP 주소 192.168.122.61를 이용해서 mycentos 컨테이너에 성공적으로 접속하였다.

컨테이너의 호스트 이름은 어떻게 결정될까? 먼저 컨테이너 내부와 외부의 호스트 이름 차이를 확인해보자.

```
[root@lxc ~]# hostname
lxc.cloud.org
[root@lxc ~]#
[root@lxc ~]# lxc-attach -n mycentos
[root@mycentos ~]#
[root@mycentos ~]# hostname
mycentos.cloud.org
[root@mycentos ~]#
```

외부 호스트명은 lxc.cloud.org이고 mycentos 컨테이너의 호스트명은 mycentos.cloud.org이다. 컨테이너 이름 mycentos와 외부 호스트명에서 도메인명을 합쳐서 컨테이너의 호스명이 만들어 졌음을 추측할 수 있다. 실제로 lxc-centos 템플릿을 확인해보면, 어떻게 호스트명이 지정되는지 확인할 수 있다.

```
[root@lxc ~]# cat /usr/share/lxc/templates/lxc-centos
...
# New behavior:
#    utsname and hostname = Container_Name.Domain_Name

if [ $(expr "$utsname" : '.*\..*\.') = 0 ]; then
    if [[ "$(dnsdomainname)" != "" && "$(dnsdomainname)" != "localdomain" ]];
    then
        utsname=${utsname}.$(dnsdomainname)
    fi
fi
...
```

15.2.4 LXC 컨테이너 내부 파일

mycentos를 lxc-centos 템플릿을 통해 생성했다. 생성된 mycentos 내부 파일들을 살펴보자. mycentos에 접속하여 확인하는 것이 아니라 컨테이너 외부에서 파일들을 확인한다. 컨테이너가 외부 시스템에서 프로세스로 실행되기 때문에 컨테이너가 사용하는 파일시스템은 외부시스템에 확인할 수 있어야 한다. mycentos 컨테이너와 관련된 파일은 외부시스템에서 다음과 같이 확인할 수 있다.

```
[root@lxc ~]# ls -l /var/lib/lxc/mycentos/
total 8
-rw-r--r--.  1 root root 1030 Nov  1 20:45 config
```

```
dr-xr-xr-x. 18 root root   259 Nov  2 11:17 rootfs
lrwxrwxrwx.  1 root root    35 Nov  2 11:17 rootfs.dev -> /dev/.lxc/mycentos.9298cc4c49f9e294
-rw-------.  1 root root    21 Nov  1 20:45 tmp_root_pass
[root@lxc ~]#
```

config 파일과 rootfs 디렉터리를 볼 수 있다. config 파일에는 mycentos를 생성할 때 사용한 값들을 확인할 수 있는데, mycentos 컨테이너를 생성할 때 lxc-centos 템플릿을 사용하였고 추가적인 환경설정은 리눅스 컨테이너 환경설정 파일을 사용했음을 알 수 있다.

```
[root@lxc ~]# cat /var/lib/lxc/mycentos/config
# Template used to create this container: /usr/share/lxc/templates/lxc-centos
# Parameters passed to the template:
# For additional config options, please look at lxc.container.conf(5)
lxc.network.type = veth
lxc.network.flags = up
lxc.network.link = virbr0
lxc.network.hwaddr = fe:4f:6a:ae:bc:31
lxc.rootfs = /var/lib/lxc/mycentos/rootfs

# Include common configuration
lxc.include = /usr/share/lxc/config/centos.common.conf

lxc.arch = x86_64
lxc.utsname = mycentos.cloud.org

lxc.autodev = 1
...
[root@lxc ~]#
```

lxc.autodev 값이 1로 설정되어 있는데, mycentos 컨테이너가 실행될 때 루트 파일시스템을 마운트 후 500KB 메모리를 할당하여 메모리 파일 시스템인 tmpfs를 /dev에 마운트하라는 의미이다. 일반적으로 tmpfs는 systemd을 기반으로 한 init 환경의 컨테이너를 실행할 때 필요하고 그 외에는 필요하지 않다.

컨테이너 mycentos의 루트 파일시스템 rootfs 디렉터리를 살펴보자. rootfs 디렉터리의 내용은 일반 루트 파일시스템의 구조와 동일하다.

```
[root@lxc ~]# cd /var/lib/lxc/mycentos/rootfs
[root@lxc rootfs]#
[root@lxc rootfs]# ls
bin  dev  home  lib64  mnt  proc  run  selinux  sys  usr
```

```
 boot  etc  lib  media  opt  root  sbin  srv     tmp  var
[root@lxc rootfs]#
```

mycentos의 rootfs에 직접 접근이 가능하기 때문에 파일을 직접 변경할 수 있다. 또한 rootfs의 구조가 일반 루트 파일시스템의 구조와 동일하기 때문에 chroot를 통해서 rootfs로 루트 디렉터리를 변경할 수 있다.

```
[root@lxc mycentos]# pwd
/var/lib/lxc/mycentos
[root@lxc mycentos]#
[root@lxc mycentos]# chroot rootfs
[root@lxc /]#
[root@lxc /]# ls
bin   dev  home  lib64  mnt  proc  run  selinux  sys  usr
boot  etc  lib   media  opt  root  sbin  srv      tmp  var
[root@lxc /]#
```

chroot를 통해서 rootfs 디렉터리를 새로운 루트 디렉터리로 변경하였다. chroot를 실행하기전 디렉터리(/var/lib/lxc/mycentos)와 실행 후 디렉터리(/)를 확인해보기 바란다.

mycentos 컨테이너의 루트 파일시스템에 접근할 수 있기 때문에 루트 패스워드를 컨테이너 외부에서 접근하여 변경할 수 있다. mycentos 컨테이너 외부에서 mycentos 컨테이너의 루트 패스워드를 다음과 같이 변경해보자. 패스워드 변경을 시도하는 시스템의 프롬프트(root@lxc)를 확인하기 바란다.

```
[root@lxc /]# passwd
Changing password for user root.
New password:
Retype new password:
passwd: all authentication tokens updated successfully.
[root@lxc /]#
```

mycentos 컨테이너를 SSH를 통해서 접근해보자. 이전 패스워드를 입력해보고 실패할 경우 새로운 패스워드로 입력해보자.

```
[root@lxc /]# exit
exit                    # exit from chroot
[root@lxc mycentos]#
[root@lxc mycentos]# pwd
/var/lib/lxc/mycentos
```

```
[root@lxc mycentos]#
[root@lxc mycentos]# ssh root@192.168.122.61
root@192.168.122.61's password:      # old password
Permission denied, please try again.
root@192.168.122.61's password:      # new paasword
[root@mycentos ~]#
```

새로운 패스워드로 접속이 가능함을 확인할 수 있다. 즉, mycentos 컨테이너 외부에서 mycentos의
루트 파일시스템에 접근하여 루트 패스워드를 변경할 수 있음을 확인하였다.

15.2.5 다운로드 템플릿을 이용한 컨테이너 생성

LXC를 설치하면 컨테이너를 생성할 수 있는 다양한 템플릿을 제공한다. 그중에서도 lxc-download
템플릿은 사용자로부터 리눅스 종류, 릴리즈 버전, 아키텍처에 대한 정보를 입력받아 해당 리눅스 버
전에 대한 컨테이너를 생성한다. lxc-download 템플릿을 이용하여 downcon를 컨테이너를 생성해보
자. lxc-download 템플릿를 사용하기 위해서는 wget 패키지가 설치되어 있어야 한다. 만약 GPG 키
서버keyserver에 접속하지 못할 경우, GPG 키서버를 변경해서 해결한다. downcon 컨테이너는 CentOS
7를 기반으로 생성할 것이므로 Distribution에 centos, Release에 7, Architecture에 amd64를 각
각 입력한다.

```
[root@lxc ~]# yum install wget
[root@lxc ~]#
[root@lxc ~]# lxc-create -n downcon -t download
Setting up the GPG keyring
ERROR: Unable to fetch GPG key from keyserver.
lxc_container: lxccontainer.c: create_run_template: 1092 container creation template for
downcon failed
lxc_container: lxc_create.c: main: 274 Error creating container downcon
[root@lxc ~]#
[root@lxc ~]# DOWNLOAD_KEYSERVER="pgp.mit.edu" lxc-create -n downcon -t download
Setting up the GPG keyring
Downloading the image index

---
DIST    RELEASE    ARCH    VARIANT    BUILD
---
...
centos 7    amd64    default 20211102_07:08
...
---
```

```
Distribution: centos       # 입력
Release: 7                  # 입력
Architecture: amd64        # 입력

Downloading the image index
Downloading the rootfs
Downloading the metadata
The image cache is now ready
Unpacking the rootfs


---
You just created a Centos 7 x86_64 (20211102_07:08) container.
[root@lxc ~]#
```

downcon 컨테이너가 성공적으로 생성되었다는 메시지를 확인했다면, lxc-ls 명령으로 정상적으로
생성된 컨테이너가 보이는지 확인해보자.

```
[root@lxc ~]# lxc-ls -f
NAME       STATE    IPV4            IPV6  AUTOSTART
------------------------------------------------------
downcon    STOPPED  -               -     NO
mycentos   RUNNING  192.168.122.61  -     NO
[root@lxc ~]#
```

downcon 컨테이너는 현재 STOPPED 상태이고, IP가 할당되지 않은 상태임을 확인할 수 있다. IP는
DHCP 서버가 downcon 컨테이너가 실행될 때 자동 부여한다. downcon 컨테이너를 다음과 같이 실행
하고 부여된 IP 주소를 확인해보자.

```
[root@lxc ~]# lxc-start -n downcon -d
[root@lxc ~]#
[root@lxc ~]# lxc-ls -f
NAME       STATE    IPV4            IPV6  AUTOSTART
------------------------------------------------------
downcon    RUNNING  -               -     NO
mycentos   RUNNING  192.168.122.61  -     NO
[root@lxc ~]#
[root@lxc ~]# lxc-ls -f
NAME       STATE    IPV4            IPV6  AUTOSTART
------------------------------------------------------
downcon    RUNNING  192.168.122.38  -     NO
mycentos   RUNNING  192.168.122.61  -     NO
[root@lxc ~]#
```

IP 주소 192.168.122.38이 downcon 컨테이너에 부여된 것을 확인할 수 있다. downcon 컨테이너에 SSH 데몬이 동작하고 있다면, 주어진 IP 주소를 이용하여 SSH로 접속할 수 있을 것이다. 다음과 같이 SSH로 접속해보자.

```
[root@lxc ~]# ssh root@192.168.122.38
ssh: connect to host 192.168.122.38 port 22: Connection refused
[root@lxc ~]#
```

SSH 접속이 불가함을 알 수 있다. 여러 가지 원인이 있겠지만, SSH 데몬을 확인해야 한다. 만약 SSH 로 접속이 가능하다고 할지라도 현재 우리는 루트 패스워드를 알지 못한다. 따라서, lxc-attach 명령으로 downcon 컨테이너에 접근하여 필요한 작업을 수행해야 한다.

```
[root@lxc ~]# lxc-attach -n downcon
[root@downcon ~]#
[root@downcon ~]# hostname
downcon
[root@downcon ~]#
[root@downcon ~]# passwd
Changing password for user root.
New password:
Retype new password:
passwd: all authentication tokens updated successfully.
[root@downcon ~]#
[root@downcon ~]# ping -c 2 8.8.8.8
PING 8.8.8.8 (8.8.8.8) 56(84) bytes of data.
64 bytes from 8.8.8.8: icmp_seq=1 ttl=61 time=37.3 ms
64 bytes from 8.8.8.8: icmp_seq=2 ttl=61 time=36.4 ms

--- 8.8.8.8 ping statistics ---
2 packets transmitted, 2 received, 0% packet loss, time 1002ms
rtt min/avg/max/mdev = 36.487/36.894/37.301/0.407 ms
[root@downcon ~]#
[root@downcon ~]# ps -ef | grep sshd | grep -v grep
[root@downcon ~]#
```

downcon 컨테이너로 접근이 되고 루트 패스워드 변경, 외부와 통신도 잘되는 것을 확인할 수 있다. 다만, SSH 접속을 위한 데몬은 동작하고 있지 않으므로, SSH 데몬 패키지인 openssh-server를 설치하고 IP로 접속해보자.

```
[root@downcon ~]# yum install openssh-server
[root@downcon ~]# systemctl start sshd
[root@downcon ~]#
[root@downcon ~]# ps -ef | grep sshd | grep -v grep
root      1216     1  0 06:01 ?       00:00:00 /usr/sbin/sshd -D
[root@downcon ~]#
[root@downcon ~]# exit
exit
[root@lxc ~]#
[root@lxc ~]# ssh root@192.168.122.38
root@192.168.122.38's password:
[root@downcon ~]#
```

IP를 이용해서 정상적으로 downcon 컨테이너에 접속되는 것을 확인할 수 있다.

15.2.6 커스텀 컨테이너 생성

지금까지 살펴본 LXC 컨테이너는 템플릿을 이용하여 생성하였다. 만약 사용자가 필요한 파일들과 패키지를 포함하는 커스텀 컨테이너를 생성하는 방법을 살펴보자. 템플릿으로 컨테이너를 생성하면, /var/lib/lxc 디렉터리에 생성한 컨테이너 이름으로 디렉터리가 생성되고 각각의 컨테이너 디렉터리 내에 루트 디렉터리인 rootfs가 생성된다.

```
[root@lxc ~]# ls /var/lib/lxc/
config  downcon  mycentos
[root@lxc ~]#
[root@lxc ~]# ls /var/lib/lxc/downcon/
config  rootfs  rootfs.dev
[root@lxc ~]#
```

커스텀 LXC 컨테이너를 만들기 위해서는 필요한 내용이 포함한 루트 디렉터리로부터 루트파일 시스템을 생성해야 한다. 커스텀 컨테이너의 이름을 customcon으로 하고 customcon 디렉터리를 만들어 새로운 RPM 데이터베이스를 생성한다.

```
[root@lxc ~]# mkdir customcon
[root@lxc ~]#
[root@lxc ~]# rpm --root /root/customcon --initdb
[root@lxc ~]#
[root@lxc ~]# tree customcon/
customcon/
└── var
    └── lib
```

```
            └── rpm
                ├── Basenames
                ├── Conflictname
                ├── Dirnames
                ├── Group
                ├── Installtid
                ├── Name
                ├── Obsoletename
                ├── Packages
                ├── Providename
                ├── Requirename
                ├── Sha1header
                ├── Sigmd5
                └── Triggername

3 directories, 13 files
[root@lxc ~]#
```

RPM 명령에서 --root 옵션은 RPM 명령을 /root/customcon을 루트 디렉터리로 하여 수행하라는 의미이고, --initdb는 새로운 RPM 데이터베이스를 생성하라는 의미이다. 즉, /root/customcon 디렉터리 내에 RPM 데이터베이스를 생성한다. 생성된 데이터베이스는 chroot 명령에 의해 /root/customcon가 루트 디렉터리가 되었을 때 RPM들의 **의존성 검사**dependency check와 패키지들의 설치할 때 필요한 스크립트(%post), 패키지를 빌드할 때 필요한 스크립트(%prep) 등이 사용한다.

CentOS 배포판을 기본으로 하는 사용자 커스텀 컨테이너를 만들어보자. RPM으로 패키징된 CentOS 릴리즈를 다운로드하기 위해서 yumdownloader를 사용한다.[32] yumdownloader가 포함되어 있는 yum-utils 패키지를 설치한다.

```
[root@lxc ~]# yum install yum-utils
[root@lxc ~]#
[root@lxc ~]# yumdownloader --destdir=/tmp centos-release
...
centos-release-7-9.2009.1.el7.centos.x86_64.rpm          |  27 kB    00:00
[root@lxc ~]#
[root@lxc ~]# ls  /tmp
centos-release-7-9.2009.1.el7.centos.x86_64.rpm
[root@lxc ~]# uname -a
Linux lxc.cloud.org 3.10.0-1127.el7.x86_64 #1 SMP ...
[root@lxc ~]#
```

---

32 yumdownloader는 Yum 리포지터리에서 RPM 패키지를 다운로드하는 프로그램이다.

yumdownloader로 centos-release를 다운로드하면, Yum 리포지터리에서 현재 시스템과 동일한 릴리즈 버전의 RPM을 다운로드하게 된다. /tmp 디렉터리에 호스트 시스템과 동일한 CentOS 7 RPM 패키지를 다운로드했으므로, 이 RPM을 이용하여 customcon 컨테이너의 루트 디렉터리가 될 /root/customcon에 설치한다. -ivh 옵션은 RPM 패키지를 인스톨(i, --install)할 때 정보를 상세하게(v, --verbose) 보여주고, 인스톨 과정을 해시(h, --hash) 마크로 표시하라는 의미이다. --nodeps 옵션을 지정하여 패키지를 설치할 때 패키지의 의존성 검사를 하지 않도록 했다.

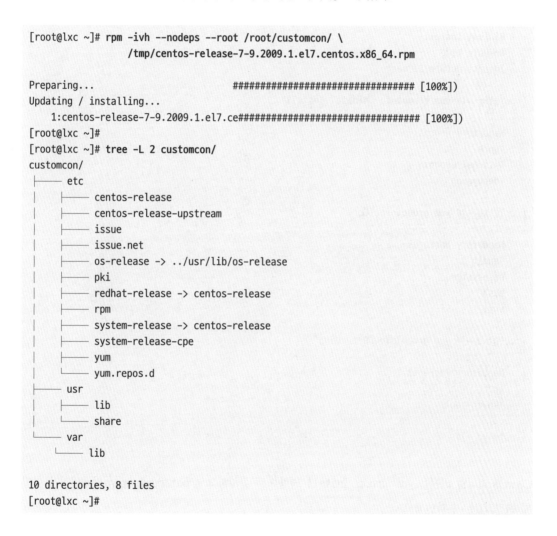

```
[root@lxc ~]# rpm -ivh --nodeps --root /root/customcon/ \
              /tmp/centos-release-7-9.2009.1.el7.centos.x86_64.rpm

Preparing...                          ################################# [100%])
Updating / installing...
   1:centos-release-7-9.2009.1.el7.ce################################# [100%])
[root@lxc ~]#
[root@lxc ~]# tree -L 2 customcon/
customcon/
├── etc
│   ├── centos-release
│   ├── centos-release-upstream
│   ├── issue
│   ├── issue.net
│   ├── os-release -> ../usr/lib/os-release
│   ├── pki
│   ├── redhat-release -> centos-release
│   ├── rpm
│   ├── system-release -> centos-release
│   ├── system-release-cpe
│   ├── yum
│   └── yum.repos.d
├── usr
│   ├── lib
│   └── share
└── var
    └── lib

10 directories, 8 files
[root@lxc ~]#
```

centos-release 패키지를 설치하고 난 후 customcon 디렉터리를 확인해보면, CentOS 릴리즈에 필요한 Yum 리포지터리 등을 확인할 수 있다. 루트 파일시스템에 CentOS **미니멀 버전**minimal version을 설치해볼 것이다. CentOS 미니멀 버전에 필요한 패키지를 Yum은 **그룹**group으로 제공하고 있다.

지금까지 RPM 패키지를 하나씩 설치했는데, 특정한 목적에 필요한 RPM들이 있을 때 이를 한 번에 설치하기 위해서 묶음들을 그룹으로 관리한다. CentOS 미니멀 버전을 설치하고자 할 때 'Minimal Group'을 설치하면 된다. CentOS 미니멀 버전은 CentOS Core 그룹과 Debugging 그룹으로 구성되어 있다.

```
[root@lxc ~]# yum grouplist
...
Available Environment Groups:
    Minimal Install
    Compute Node
    Infrastructure Server
    ...
[root@lxc ~]# yum groupinfo "Minimal Install"
    ...
    Mandatory Groups:
    +core
    Optional Groups:
    +debugging
    ...
[root@lxc ~]# yum groupinfo "Core"
    ...
    Mandatory Packages:
    +audit
    basesystem
    bash
    yum
    ...
[root@lxc ~]# yum groupinfo "Debugging"
    ...
    Mandatory Packages:
    +gdb
    +kexec-tools
    ...
[root@lxc ~]#
```

CentOS **미니멀 버전**을 yum group install 명령으로 설치하고 /root/customcon 디렉터리가 어떻게 변경되었는지 확인해보자.

```
[root@lxc ~]# yum --installroot=/root/customcon group install -y "Minimal Install"
[root@lxc ~]#
[root@lxc ~]# cd customcon/
[root@lxc customcon]# ls
bin   dev   home   lib64   mnt   proc   run   srv   tmp   var
```

```
boot  etc  lib   media  opt  root  sbin  sys  usr
[root@lxc customcon]#
```

chroot 명령으로 /customcon 디렉터리를 루트 디렉터리로 변경하고 루트 패스워드를 변경해보자.

```
[root@lxc ~]# chroot customcon/
[root@lxc /]#
[root@lxc /]# ls
bin   dev  home  lib64  mnt  proc  run   srv  tmp  var
boot  etc  lib   media  opt  root  sbin  sys  usr
[root@lxc /]#
[root@lxc /]# passwd
Changing password for user root.
New password:
Retype new password:
passwd: all authentication tokens updated successfully.
[root@lxc /]#
```

컨테이너 customcon에 대한 루트 파일시스템이 완성되었다. 컨테이너를 생성할 때 참조할 설정 파일들에 대해서 알아보자. 리눅스 컨테이너를 만들 때 LXC에서 기본으로 제공해주는 환경설정 파일은 /usr/share/lxc/config/ 디렉터리에 존재한다. CentOS 컨테이너는 centos로 시작하는 환경설정 파일을 참조한다.

```
[root@lxc ~]# ls /usr/share/lxc/config/centos.*
/usr/share/lxc/config/centos.common.conf
/usr/share/lxc/config/centos.userns.conf
[root@lxc ~]#
```

customcon 컨테이너에 필요한 환경설정 파일 customcon.cfg를 다음과 같이 생성한다.

```
[root@lxc ~]# cat customcon.cfg
lxc.network.type = veth
lxc.network.flags = up
lxc.network.link = virbr0
lxc.network.hwaddr = fe:56:e6:0d:bc:7d
lxc.network.ipv4 = 192.168.122.107/24 192.168.122.255
lxc.network.ipv4.gateway = 192.168.122.1
lxc.rootfs = /root/customcon

# Include common configuration
lxc.include = /usr/share/lxc/config/centos.common.conf
```

```
lxc.arch = x86_64
lxc.utsname = customcon
lxc.kmsg = 0
lxc.autodev = 1
[root@lxc ~]#
```

customcon 컨테이너는 virbr0에 연결되기 때문에 virbr0의 네트워크 대역에서 IP 주소 192.168.122.107/24를 할당하였다.

```
[root@lxc ~]# ip -br addr show virbr0
virbr0           UP             192.168.122.1/24
[root@lxc ~]#
```

생성된 리눅스 컨테이너를 확인해보자. 이전에 생성한 downcon, mycentos 컨테이너가 실행되고 있는 것을 확인할 수 있다.

```
[root@lxc ~]# lxc-ls -f
NAME       STATE     IPV4            IPV6  AUTOSTART
-------------------------------------------------
downcon    RUNNING   192.168.122.38  -     NO
mycentos   RUNNING   192.168.122.61  -     NO
[root@lxc ~]#
```

customcon.cfg 설정파일을 이용하여 customcon 컨테이너를 생성하고 확인해보자.

```
[root@lxc ~]# lxc-create -n customcon -t none -B dir \
                --dir /root/customcon -f /root/customcon.cfg
[root@lxc ~]#
[root@lxc ~]# lxc-ls -f
NAME        STATE     IPV4            IPV6  AUTOSTART
--------------------------------------------------
customcon   STOPPED   -               -     NO
downcon     RUNNING   192.168.122.38  -     NO
mycentos    RUNNING   192.168.122.61  -     NO
[root@lxc ~]#
```

lxc-create 명령에서 -B 옵션은 **저장소**backingstore가 어떤 타입인지 알려주는데, customcon 컨테이너는 디렉터리가 저장소이기 때문에 dir로 지정하고 --dir 옵션을 통해서 루트 파일시스템의 위치를 알려준다. -f 옵션은 설정파일을 지정한다. 성공적으로 customcon 컨테이너가 생성되었음을 확인할 수 있다.

customcon 컨테이너를 실행시키고, IP 주소를 확인해보자.

```
[root@lxc ~]# lxc-start -n customcon -d
[root@lxc ~]#
[root@lxc ~]# lxc-ls -f
NAME        STATE    IPV4             IPV6  AUTOSTART
-----------------------------------------------------
customcon   RUNNING  192.168.122.107  -     NO
downcon     RUNNING  192.168.122.38   -     NO
mycentos    RUNNING  192.168.122.61   -     NO
[root@lxc ~]#
```

customcon.cfg에 설정한 것과 동일하게 customcon 컨테이너에 IP 주소 192.168.122.107이 할당되었다. customcon 컨테이너는 CentOS 미니멀 버전의 컨테이너이다. 미니멀 버전은 Core 그룹을 필수로 포함한다고 했다. Core 그룹은 SSH 서버인 openssh-server를 포함하고 있다. 따라서 customcon 루트 파일시스템에 chroot로 접근하여 루트 패스워드를 설정하였기 때문에, SSH를 통해서 customcon 컨테이너에 접속할 수 있다. 이 과정을 다음과 같이 수행하고 확인해보자.

```
[root@lxc ~]# yum groupinfo core | grep ssh-server
    ...
    openssh-server
[root@lxc ~]#
[root@lxc ~]# ssh 192.168.122.107
root@192.168.122.107's password:
[root@customcon ~]#
[root@customcon ~]# hostname
customcon
[root@customcon ~]#
```

정상적으로 customcon 컨테이너에 SSH로 접속할 수 있다. 한 가지 확인할 점은 호스트명이다. lxc-centos 템플릿을 사용했을 때는 컨테이너의 이름에 컨테이너를 생성하는 시스템의 도메인명을 붙혀호스트 이름을 정하였다. 하지만, customcon 컨테이너의 경우는 customcon.cfg 파일 내에 호스트명을 customcon으로 설정한 것을 확인하기 바란다.

15.2.7 LXC 컨테이너 종료, 삭제하기
지금까지 생성한 컨테이너를 하나씩 종료해보자. 현재 컨테이너 상태를 확인해보면, 세 개의 컨테이너가 모두 **실행**running 상태임을 확인할 수 있다.

```
[root@lxc ~]# lxc-ls -f
NAME        STATE    IPV4             IPV6 AUTOSTART
---------------------------------------------------
customcon   RUNNING  192.168.122.107  -    NO
downcon     RUNNING  192.168.122.38   -    NO
mycentos    RUNNING  192.168.122.61   -    NO
[root@lxc ~]#
```

LXC 컨테이너는 lxc-stop 명령으로 종료할 수 있다. 세 개의 컨테이너를 하나씩 종료해보자.

```
[root@lxc ~]# lxc-stop -n mycentos
[root@lxc ~]#
[root@lxc ~]# lxc-ls -f
NAME        STATE    IPV4             IPV6 AUTOSTART
---------------------------------------------------
customcon   RUNNING  192.168.122.107  -    NO
downcon     RUNNING  192.168.122.38   -    NO
mycentos    STOPPED  -                -    NO
[root@lxc ~]#
[root@lxc ~]# lxc-stop -n downcon
[root@lxc ~]# lxc-stop -n customcon
[root@lxc ~]#
[root@lxc ~]# lxc-ls -f
NAME        STATE    IPV4 IPV6 AUTOSTART
---------------------------------------
customcon   STOPPED  -    -    NO
downcon     STOPPED  -    -    NO
mycentos    STOPPED  -    -    NO
[root@lxc ~]#
```

커스텀으로 생성된 customcon 컨테이너를 삭제해보자. lxc-destroy 명령으로 컨테이너를 삭제할
수 있다.

```
[root@lxc ~]# lxc-destroy -n customcon -f
[root@lxc ~]#
[root@lxc ~]# lxc-ls -f
NAME       STATE    IPV4 IPV6 AUTOSTART
---------------------------------------
downcon    STOPPED  -    -    NO
mycentos   STOPPED  -    -    NO
[root@lxc ~]#
```

```
[root@lxc ~]# tree customcon
customcon [error opening dir]

0 directories, 0 files
[root@lxc ~]#
```

lxc-destroy 명령의 -f 옵션은 컨테이너가 실행 중인 상태라면 강제로 종료하고 컨테이너를 삭제하라는 의미이다. 만약 -f 옵션이 없는 상태에서 삭제할 컨테이너가 실행 중이라면 lxc-destroy 명령은 실행되지 않는다. lxc-destroy 명령을 통해서 customcon 컨테이너가 성공적으로 삭제된 것을 확인할 수 있다. customcon 컨테이너의 루트 디렉터리인 /root/customcon도 같이 삭제된 것을 확인하기 바란다.

나머지 2개의 컨테이너도 모두 삭제하고 각 컨테이너가 위치한 디렉터리(/var/lib/lxc) 정보를 확인해보자. 모두 컨테이너에 대한 디렉터리가 모두 삭제된 것을 확인할 수 있다.

```
[root@lxc ~]# lxc-destroy -n downcon
[root@lxc ~]# lxc-destroy -n mycentos
[root@lxc ~]#
[root@lxc ~]# lxc-ls -f
NAME  STATE  IPV4  IPV6  AUTOSTART
---------------------------------
[root@lxc ~]#
[root@lxc ~]# tree /var/lib/lxc
/var/lib/lxc
└── config

0 directories, 1 file
[root@lxc ~]#
```

연습문제

1. LXC 실습환경을 Vagrant와 Ansible로 구성하고 구성 과정을 기술하라.

2. cgroup의 동작 방식에 대해 조사하고 설명하라.

3. SELinux의 동작 방식에 대해 조사하고 설명하라.

4. libvirt의 동작 방식에 대해 조사하고 설명하라.

5. OCI 표준의 대표적인 특징에 대해 조사하고 설명하라.

6. 네임스페이스의 종류에 대해서 설명하고 컨테이너에서 역할을 기술하라.

7. 네임스페이스가 반영된 프로그램을 작성하고 실행 결과를 설명하라.

8. 부모 PID 네임스페이스에서 자식 PID 네임스페이스의 내용을 확인할 수 있는 이유는 무엇인가?

9. 그림 15.12와 같은 네트워크 환경을 구성하라.

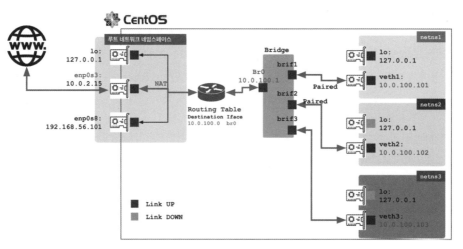

그림 15.12 **네트워크 네임스페이스 상태**

(a) netns1, netns2, netns3 간 통신이 되는지 확인하라.

(b) netns1, netns2, netns3에서 루트 네트워크 네임스페이스로 통신이 되는지 확인하라.

(c) 루트네트워크 네임스페이스에서 netns1, netns2, netns3로 통신이 되는지 확인하라.

(d) netns1, netns2, netns3에서 google.com으로 통신이 되는지 확인하라.

10. CentOS 이외의 LXC에서 제공하는 템플릿을 이용하여 컨테이너를 생성하고 IP로 접속하라.

11. CentOS 이외의 LXC Customized Container를 생성하고 수행 결과를 기술하라.

12. Capabilities 종류에 대해서 조사하고 각각의 특징에 대해 설명하라.

16

도커

응용프로그램을 컨테이너로 실행하고 관리할 수 있는 오픈소스 프로젝트인 **도커**Docker에 대해서 알아보자. 도커는 애플리케이션을 개발하고, 배포하고 실행할 수 있는 **오픈 플랫폼**open platform이다. 도커를 이용하여 애플리케이션을 애플리케이션이 수행될 **인프라스트럭처**infrastructure와 분리할 수 있고 쉽고 빠르게 배포할 수 있다.

16.1 도커 개요

도커는 리눅스에서 **운영체제 수준**operating system level의 가상화를 제공한다. 리눅스 컨테이너 LXC 와 동일하게 리눅스의 네임스페이스 컨트롤 그룹을 이용해 응용프로그램을 격리시켜 컨테이너로 구성하여 하이퍼바이저에 비해 가상머신 구동에 필요한 오버헤드를 줄일 수 있는 장점이 있다.

16.1.1 기본 개념

도커는 운영체제 수준의 가상화를 사용하여 컨테이너라고 불리는 패키지 안에 소프트웨어(애플리케이션)를 사용자에게 제공하는 **PaaS**Platform as a Service 제품으로 볼 수 있다. 컨테이너 안에 있는 소프트웨어들은 동작에 필요한 라이브러리, 환경설정 파일들을 포함하고 있고 다른 컨테이너들과는 완전하게 독립되고 분리된다.

도커 컨테이너는 동일한 운영체제를 공유하기 때문에 운영체제가 설치되는 가상머신에 비해 **가볍고** lightweight, 오버헤드가 적다. 도커는 컨테이너가 실행되는 시스템의 제약을 받지 않는다. 따라서 도커 컨테이너가 실행되는 환경이 물리머신일 수도 있고 심지어 가상머신에서도 실행될 수 있다.

도커는 응용 애플리케이션을 개발하고, 배포하고, 컨테이너로 애플리케이션을 실행할 수 있는 플랫폼이며, 리눅스 컨테이너를 사용하여 애플리케이션을 배포하기 때문에 이를 **컨테이너화**containerization라고 한다. 컨테이너화는 소프트웨어 개발과 실행에 필요한 **프레임워크**framework와 라이브러리와 같은 필요한 모든 것을 패키지에 포함하여 컨테이너로 분리하는 것을 의미한다. 리눅스 컨테이너에서 살펴보았듯이 컨테이너 기술은 새로운 기술이 아니지만, 도커를 통해서 쉽게 애플리케이션을 배포할 수 있게 되었다.

컨테이너화는 애플리케이션 개발과 배포에 점점 더 주목을 받고 있는데, 그 이유는 컨테이너가 갖는 다음과 같은 장점들 때문이다.

- **Flexible**: 복잡한 애플리케이션도 컨테이너화 가능
- **Lightweight**: 운영체제의 커널을 공유함으로써 오버헤드 경감
- **Interchangeable**: 컨테이너가 실행 중에도 업데이트와 업그레이드 가능
- **Portable**: 로컬에서 빌드, 클라우드에 배포, 어디에서나 실행
- **Scalable**: 컨테이너 **레플리카**replica를 만들어 확장 가능
- **Stackable**: 컨테이너가 실행 중에도 서비스 **스택킹**stacking 가능

컨테이너는 **이미지**image로 저장된다. 이미지는 **실행 가능한**executable 패키지이고 패키지에는 애플리케이션을 실행하기 위해 필요한 코드, 런타임, 라이브러리, 환경변수, 설정 파일들이 들어 있다. 즉, 실행 가능한 이미지를 실행하면 하나의 이미지 인스턴스인 컨테이너가 생성된다. 생성된 컨테이너는 LXC 리눅스 컨테이너와 동일하게 도커 명령 docker ps로 도커 컨테이너를 확인할 수 있다.

컨테이너는 리눅스에서 다른 애플리케이션과 동일하게 **네이티브**native하게 실행되고 호스트머신의 커널을 다른 컨테이너와 공유한다. 컨테이너는 독립된 프로세스로 동작하기 때문에 가상머신과 같이 게스트 OS가 필요하지 않고, 필요한 리소스도 가상머신에 비해 적게 요구한다.

그림 16.1은 도커 기반의 애플리케이션 실행환경과 가상머신 기반의 애플리케이션 실행환경을 보여준다.[1]

---

1   http://man.hubwiz.com/docset/Docker.docset/Contents/Resources/Documents/docs.docker.com/get-started.html

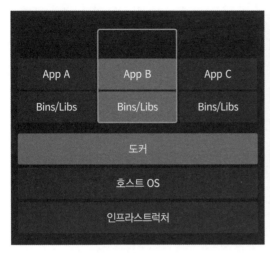 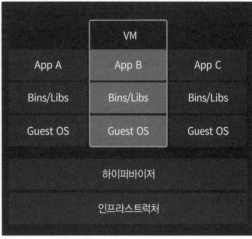

(a) 도커 기반 실행환경   (b) 가상머신 기반 실행환경

그림 16.1 컨테이너 vs. 가상머신 실행환경

16.1.2 도커 구동 방식

도커는 애플리케이션과 실행에 필요한 모든 의존 요소들을 패키지로 만들어 어떠한 리눅스 시스템에서도 실행될 수 있다. 도커는 리눅스에서 제공하는 네임스페이스, 컨트롤 그룹, SELinux와 같은 여러 기능을 이용하여 컨테이너가 다른 컨테이너에 영향을 받지 않고 동작할 수 있도록 한다.

그림 16.2는 도커가 사용하는 커널의 기능과 다양한 인터페이스를 보여준다.[2] 리눅스 커널이 제공하는 네임스페이스는 네트워크, 사용자 ID, 파일시스템, 프로세스 트리와 같은 운영체제 환경을 애플리케이션별로 **격리**isolation하여 애플리케이션이 독립적인 환경에서 수행될 수 있도록 해준다. 반면, 리눅스 커널의 컨트롤 그룹은 애플리케이션이 독립적인 환경에서 실행될 때 컨테이너별로 사용할 수 있는 CPU, 메모리와 같은 시스템 자원을 **제한**limit하는 역할을 한다.

2 https://en.wikipedia.org/wiki/Docker_(software)

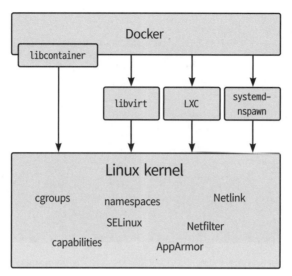

그림 16.2 **도커가 사용하는 인터페이스와 커널의 기능**

도커는 libvirt, LXC, systemd-nspawn[3]과 같은 인터페이스를 통해서 리눅스 커널이 제공하는 기능들을 사용하였지만, 버전 0.9부터는 자체적으로 libcontainer를 이용하여 커널이 제공하는 가상화 기능을 직접 호출하는 방식으로 변경되었다.

도커 컨테이너를 실행하기 위해서는 **도커 엔진**Docker engine이 필요하다. 도커 엔진은 **클라이언트-서버** client-server 애플리케이션으로 **도커 데몬**Docker daemon, **REST API**[4], **CLI**command line interface 3가지 **컴포넌트**component로 구성되어 있다.

그림 16.3은 도커 엔진의 구성요소를 보여준다. docker CLI를 통해서 도커 컨테이너, 도커 이미지, 네트워크, 데이터 볼륨 등을 관리한다. 도커 CLI는 REST API를 통해서 도커 데몬과 통신을 하는 구조이다.[5]

---

3   systemd-nspawn은 경량의 컨테이너에서 커맨드나 운영체제를 실행시킬 수 있다. chroot와 유사하지만, 더 강력한 기능을 제공한다.

4   REST API RESTful API는 REST 아키텍처를 준수하는 API를 의미한다. REST는 Representation State Transfer의 약어이고, REST 아키텍처는 인터넷상의 자원을 URI Unification Resource Identification로 식별하고 URI에 대해 CRUD(Create, Read, Update, Delete) 연산을 서버 쪽에 보낼 때, GET, POST, PUT, PATCH, DELETE와 같은 메소드(Method)를 사용하고, 자원의 상태(Representation of Resource)는 JSON, XML, Text, RSS 등과 같은 포맷으로 데이터를 주고받는다.

5   https://docs.docker.com/engine/docker-overview/

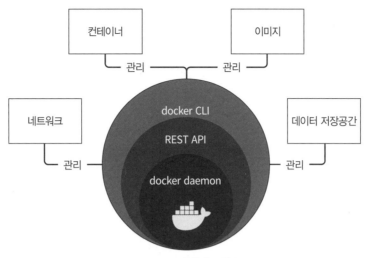

그림 16.3 **도커 엔진 구성요소**

16.1.3 도커 아키텍처

도커는 클라이언트-서버 아키텍처를 사용한다. 그림 16.4는 도커 아키텍처를 보여준다.[6] 도커 클라이언트는 도커 데몬과 통신을 통해서 도커 컨테이너를 생성, 실행, 배포한다. 클라이언트-서버 아키텍처이기 때문에 서버와 클라이언트가 동일한 시스템에서 설치되거나 도커 클라이언트와 도커 서버가 별도의 시스템에 설치될 수 있다. 도커 클라이언트와 도커 데몬이 통신을 할 때는 REST API를 이용한다.

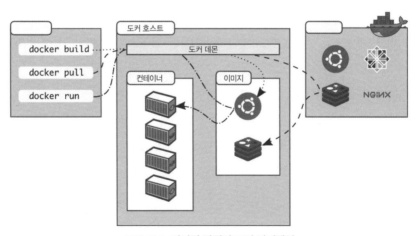

그림 16.4 **거시적 관점의 도커 아키텍처**

---

6   https://docs.docker.com/get-started/overview/

도커 호스트DOCKER_HOST에서 수행하는 도커 데몬은 레지스트리로부터 도커 이미지를 호스트로 내려받아 컨테이너 인스턴스를 생성한다. 도커 이미지, 컨테이너, 네트워크, 볼륨 등을 생성하는데, 이러한 것들을 **도커 오브젝트**Docker object라고 한다. 도커 아키텍처의 주요 컴포넌트들의 역할을 살펴보자.

- **도커 데몬**: 도커 호스트에서 동작하는 **데몬 프로세스**dockerd로 클라이언트가 **도커 API**REST API를 통해 요청하는 내용과 도커 오브젝트들을 관리힌다. 도커 서비스를 위해서 도커 데몬은 호스트의 다른 데몬들과 통신을 한다.

- **도커 클라이언트**: 도커 클라이언트docker는 도커 사용자가 도커와 통신하는 방법 중의 하나로 도커와 관련된 명령, 예를 들어 docker run과 같은 명령어를 도커 데몬에 요청하는 역할을 한다.

- **도커 레지스트리**: 도커 레지스트리Docker Registry는 도커 이미지를 저장하는 역할을 한다. **도커 허브**Docker hub[7]는 도커 이미지를 공개하여 등록할 수 있는 저장소로 누구나 도커 이미지를 등록할 수 있다. 도커는 기본적으로 도커 허브에서 도커 이미지를 찾는다. 도커 허브를 이용하지 않고 별도의 프라이빗 레지스트리를 구축할 수도 있다.

- **도커 이미지**: 도커 이미지는 **읽기전용 템플릿**read only template인데, 도커 컨테이너를 생성하기 위한 명령들을 가지고 있다. 예를 들어 우분투 이미지에 아파치 웹 서버와 사용자 애플리케이션을 설치하고 애플리케이션이 동작하기 위해 필요한 환경설정 파일들을 포함하여 이미지를 생성할 수 있다. 이렇게 만들어진 이미지는 레지스트리에 등록하여 배포할 수도 있다.

  사용자는 Dockerfile을 이용하여 사용자의 커스텀 이미지를 생성할 수도 있는데, Dockerfile 파일에 기술된 각각의 명령들은 도커 이미지에서 각각의 **레이어**layer를 만든다. Dockerfile 파일을 변경하여 이미지를 재빌드 할 경우, 단지 수정된 레이어들만 재빌드된다. 변경된 부분만 재빌드되기 때문에 도커 이미지가 가상머신에 비해 가볍고, 크기가 작으며, 빠르게 빌드된다.

- **도커 컨테이너**: 도커 컨테이너는 도커 이미지의 실행 버전, 즉 인스턴스이다. 도커 API나 CLI를 통해서 컨테이너를 생성, 실행, 중지, 이동, 삭제 등을 할 수 있는데, 도커 사용자는 컨테이너에 여러 개의 네트워크 인터페이스를 통해 접근이 가능하고 저장장치를 추가하거나 현재 실행 중인 컨테이너를 기반으로 새로운 도커 이미지를 생성할 수 있다.

다음과 같은 도커 명령이 도커 클라이언트로부터 도커 데몬에 요청이 오면 도커가 어떻게 수행하는지 알아보자.

---

7 https://hub.docker.com/

```
$ docker run -i -t ubuntu /bin/bash
```

1. 만약 ubuntu 이미지가 로컬에 없다면, 도커는 기본 레지스트리인 도커 허브로부터 먼저 ubuntu 이미지를 로컬로 다운로드한다.[8]

2. 도커는 다운로드된 이미지로부터 새로운 컨테이너를 생성한다.[9]

3. 도커는 파일시스템을 생성된 컨테이너에 최상위 레이어로 할당한다. 할당된 파일시스템을 이용하여 컨테이너는 새로운 파일들을 생성하고 수정할 수 있다.

4. 도커는 컨테이너에 네트워크 인터페이스를 생성하여 추가하고 컨테이너의 기본 네트워크에 연결한다. 이 단계에서 IP 주소가 할당된다.

5. 도커는 컨테이너를 시작하고 /bin/bash를 실행한다. 컨테이너가 인터랙티브 모드(-i 플래그)로 실행되어 사용자의 터미널(-t 플래그)로 컨테이너의 /bin/bash가 보이기 때문에 사용자의 입력과 컨테이너의 /bin/bash로부터 나오는 결과 메시지들을 터미널을 통해 확인할 수 있다.

6. exit 명령을 입력하면 /bin/bash가 종료되고 컨테이너가 중지된다. 컨테이너가 중지되지만 삭제되지는 않는다. 컨테이너가 중지되었기 때문에 재실행하거나 삭제할 수 있다.

그림 16.5는 도커에서 서비스가 실행될 때 서비스 스택이 어떻게 구성될 수 있는지를 보여준다. 도커 아키텍처(그림 16.4)가 클라이언트-서버 아키텍처를 기반으로 거시적 관점에서 설명하고 있다면, 그림 16.5는 미시적 관점에서 어떤 컴포넌트들이 관여되는지를 보여준다.

---

8 직접 docker pull ubuntu로 등록된 레지스트리로부터 ubuntu 이미지를 다운로드할 수 있다.
9 docker container create 명령을 통해서 직접 컨테이너를 생성할 수 있다.

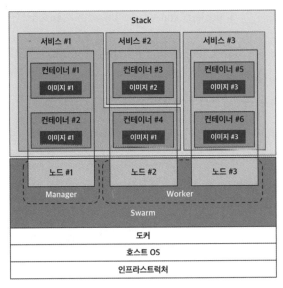

그림 16.5 미시적 관점의 도커 아키텍처

도커를 설명할 때 다양한 관점에서 다양한 컴포넌트들이 나열된다. 거시적 관점에서 아키텍처를 봤다면, 도커를 기반으로 한 서비스가 배포될 때 관여되는 컴포넌트들이 무엇인지 알아볼 필요가 있다. 실습 예제를 통해서 어떻게 동작하는지 추후에 알아보겠지만 여기에서는 각각의 컴포넌트들의 간단한 개념에 대해서 살펴보자.

- **인프라스트럭처**: 인프라스트럭처는 호스트머신들의 집합을 의미한다. 인프라스트럭처는 호스트머신이 여러 개일수도 있고 하나로 구성될 수도 있다. 심지어 호스트머신이 가상머신이 될 수도 있다. 즉 도커가 수행될 수 있는 모든 종류의 머신들의 집합체이다. 단순하게 컴퓨터 시스템만을 생각할 수 있는데, 실제 인프라스트럭처는 네트워크, 저장 시스템 등을 모두 포함한 개념이다.

- **호스트 OS**: 인프라스트럭처에 설치된 리눅스와 같은 운영체제이다.

- **도커**: 도커 데몬을 의미한다. 클라이언트로부터 들어오는 도커 관련 다양한 요청에 대해 작업을 수행한다.

- **노드**: 컨테이너가 수행되는 시스템이다. 그림 16.5에서는 총 3개의 노드가 존재한다. 인프라스트럭처 내의 독립적인 물리시스템 또는 가상머신이 될 수도 있다.

- **스웜**swarm: 도커 스웜은 도커 **노드**node들을 **클러스터**cluster로 묶어주는 컨테이너 오케스트레이션 도구이다. 도커 노드에 컨테이너를 배치하고 **로드 밸런싱**load balancing 등의 역할을 수행한다. 도커 스웜에 포함된 노드들은 워커 노드와 매니저 노드로 구분된다. 매니저 노드는 스웜 클러스터를 제어하는 역할을 하고 워커 노드에 적절한 컨테이너를 배치하는 역할을 한다. 워커 노드에서

도커 컨테이너가 실행된다.

- **서비스:** 도커 서비스는 동일한 목적을 위해 구성된 애플리케이션들의 집합으로 정의할 수 있다. 동일한 서비스 내에 속한 애플리케이션들은 컨테이너로 실행되고 스웜 워커 노드들에 분산되어 배치된다. 즉, 동일한 서비스에 포함된 컨테이너들이 동일한 노드에 있을 필요는 없다. 동일한 서비스 내의 컨테이너는 모두 동일한 이미지로부터 생성된다. Service #1에 속한 Container #1, Container #2, Container #3은 모두 Image #1에서 생성되었다.

  한 가지 주목할 점은 컨테이너가 동일한 노드에 존재한다고 동일한 서비스를 제공하는 것은 아니다. 예를 들어 Container #3과 Container #4는 동일한 노드에 존재하지만 서로 다른 서비스에 포함되어 있다.

- **스택**stack: 도커 스택은 서비스들을 **그루핑**grouping한 것이다. 스택 내에 있는 서비스들은 상호 연계되어 있어서, 종속적인 부분들을 공유하고 서비스들이 오케스트레이션될 때 같이 하나의 그룹으로 확대되거나 축소된다. 그림 16.5에서는 세 개의 서비스가 하나의 스택에 포함되어 있다.

16.1.4 도커 기반 기술

도커는 구글에서 개발한 Go 프로그래밍 언어로 작성되었고 리눅스 커널이 제공하는 네임스페이스, 컨트롤 그룹, **유니온 파일 시스템**union file system, UnionFS과 같은 기능을 활용한다. 유니온 파일시스템은 여러 파일시스템을 사용자 관점에서 통합적으로 보여주는 파일시스템이다. 물리적으로 서로 다른 파일시스템으로 관리되더라도 사용자에게는 논리적으로 하나의 파일시스템으로 보인다(그림 16.6).[10] 즉, 서로 다른 파티션들을 하나의 디렉터리에 마운트되게 하여 하나의 디렉터리에서 서로 다른 파일 시스템의 내용을 통합하여 보여준다.

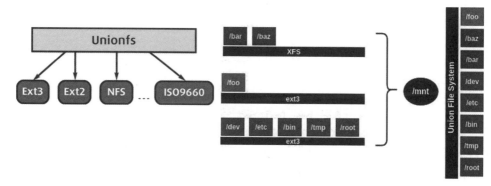

그림 16.6 **유니온 파일시스템 개념**

---

10 https://www.linuxjournal.com/article/7714

도커는 리눅스에서 제공하는 이러한 기능들을 **컨테이너 포맷**container format으로 만들어 단일 파일로 생성해낸다. 리눅스가 제공하는 네임스페이스는 앞서 살펴본 바와 같이 컨테이너에게 독립된 공간을 제공하는 역할을 하고, 컨트롤 그룹은 컨테이너가 사용할 CPU, 메모리와 같은 자원에 대해 제약한다.

도커 컨테이너는 도커 이미지의 실행 인스턴스이다. 도커 이미지에 대해서 알아보자. 도커 이미지는 레이어로 구성된 파일이다. 도커는 레이어들을 난계적으로 쌓아 최종적으로 도커 이미지를 빌드한다. 따라서 최상위에 있는 레이어는 하단에 있는 레이어에 의존성을 갖게 된다. 각 레이어들은 파일과 디렉터리로 구성되고 읽기전용이다. 만약 컨테이너가 읽기전용 레이어에서 제공하는 파일이나 디렉터리 등을 수정해야 할 경우 **COW**copy on write 메커니즘에 따라 해당 읽기 전용 레이어에 대한 읽기 쓰기가 가능한 레이어 하나를 생성하여 수정한다.

도커 이미지가 빌드될 때 기존 이미지와 **차이**diff를 새로운 레이어로 생성한다. 컨터이너가 실행될 때 생성되는 새로운 파일이나 디렉터리 등의 결과물은 새로운 레이어가 된다. 이를 새로운 레이어로 **커밋**commit되었다고 한다. 도커는 새로운 레이어가 생성될 때마다 이미지를 만든다.

그림 16.7은 도커 이미지 내의 레이어 구성을 보여준다.[11]

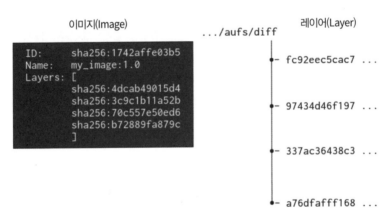

그림 16.7 **도커 이미지 구조**

SHA256secure hash algorithm을 레이어 콘텐츠에 적용하여 생성된 16진수 **해시값**hash value을 레이어의 ID로 사용한다. 만약 콘텐츠가 수정되면 레이어 콘텐츠에 SHA256를 적용할 때 값이 변하게 되어 도커는 레이어가 변경되었는지 쉽게 검사할 수 있다. 레이어는 레이어가 속한 이미지에 대한 정보를

---

11 https://windsock.io/explaining-docker-image-ids/

갖고 있지 않고 단순하게 파일과 디렉터리를 모아놓은 것에 불과하다.

도커 이미지는 레이어 리스트를 갖고 있어 도커 엔진이 쉽게 레이어들을 참조하여 컨테이너의 파일시스템을 만들어낼 수 있다. 도커 이미지 ID도 SHA256으로 생성된 값인데, 이미지를 이루는 레이어의 SHA256 값들을 포함하여 생성된 값이다.

도커 이미지에서 최하단의 레이어가 가장 근간이 되는 레이어이고, 다른 레이어들은 최하단의 레이어를 기반으로 빌드된다. 레이어를 **계층 구조**hierarchy로 관리함으로써 도커 이미지의 **라이프 사이클**lifecycle을 효율적으로 관리할 수 있다. 레이어들은 하단의 레이어와 의존 관계이기 때문에 빈번하게 수정되는 레이어는 최상단에 오도록 해야 한다. 도커는 레이어가 수정되면 해당 레이어뿐만 아니라 수정된 레이어를 기반으로 하는 다른 레이어도 같이 재빌드하기 때문이다.

도커 이미지로부터 생성되는 컨테이너는 도커가 쓰기 가능한 **컨테이너 레이어**container layer를 추가한다. 추가된 레이어에 컨테이너는 실행되는 동안 변경된 모든 정보를 담고 있다. 따라서 실행되고 있는 컨테이너는 최초 도커 이미지와 비교했을 때 유일하게 다른 부분이다.

그림 16.8은 도커 이미지로부터 컨테이너가 생성되고 생성된 컨테이너에 쓰기 가능한 레이어가 할당된 모습을 보여준다. 컨테이너가 동일한 이미지로부터 생성되고 각각의 컨테이너에 컨테이너 레이어가 추가되었다.[12]

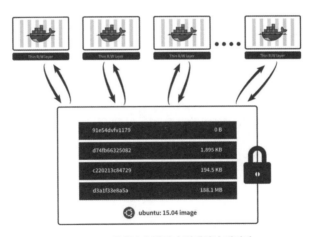

그림 16.8 **컨테이너 생성과 컨테이너 레이어**

---

12 https://www.waytoeasylearn.com/learn/docker-image-layers/

16.2 도커 실습

도커 예제를 통해서 도커를 활용하는 방법에 대해서 알아보자. 여기에 소개하는 예제는 도커에서 제공하는 튜토리얼[13]을 기반으로 작성되었고, CentOS가 설치된 가상머신을 기준으로 설명한다.

16.2.1 도커 설치하기

Clean CentOS 가상머신을 복제하여 Docker 가상머신을 생성한다. Docker 가상머신의 CPU는 4개, 메모리는 1GB로 설정한다. 생성된 Docker 가상머신의 호스트명을 docker.cloud.org로 변경하여 실습환경을 구축한다.[14]

도커에 관련된 패키지를 다음과 같이 설치해야 한다.

```
[root@docker ~]# yum install yum-utils
[root@docker ~]# yum install device-mapper-persistent-data
[root@docker ~]# yum install lvm2
```

yum-utils 패키지는 yum-config-manager를 이용하여 Yum 설정과 저장소를 관리하기 위해 설치하고, device-mapper-persistent-data 패키지는 리눅스 커널이 제공하는 물리 블록 디바이스들을 하이 레벨의 가상 블록 디바이스로 매핑하기 위해 필요한 툴들을 포함하고 있다. lvm2 패키지는 **LVM**logical volume manager를 이용하여(Device-Mapper 사용) 논리적인 볼륨을 만들 수 있는 툴들을 제공한다.

도커 Yum 리포지터리를 다음과 같이 추가한다.

```
[root@docker ~]# yum-config-manager --add-repo \
                https://download.docker.com/linux/centos/docker-ce.repo
...
repo saved to /etc/yum.repos.d/docker-ce.repo
[root@docker ~]#
```

도커 Yum 리포지터리가 저장되었다면, 이제 Yum 명령을 통해서 docker-ce, docker-ce-cli, containerd.io 패키지를 설치한다. 성공적으로 도커 패키지가 설치되었다면, 그룹에 docker가 생성된 것을 확인할 수 있다.

---

13 https://docs.docker.com/samples/
14 VirtualBox를 이용한 가상머신 생성과 환경설정은 이전 장들을 참고하기 바란다.

```
[root@docker ~]# yum install docker-ce docker-ce-cli containerd.io
[root@docker ~]#
[root@docker ~]# cat /etc/group | grep docker
docker:x:990:
[root@docker ~]#
```

docker-ce는 도커 **커뮤니티 에디션**community edition으로 개인 개발자나 작은 규모의 팀에서 서비스를 구축할 때 유용하다.[15] docker-ce는 도커 엔진으로 데몬 역할을 수행한다. docker-ce-cli 패키지는 도커 데몬과 통신하기 위한 **CLI**command line interface 툴이다. containerd.io 패키지는 containerd 데몬에 대한 패키지로 **OCI**Open Container Initiative[16] 프로젝트에서 정한 컨테이너 표준을 따라 도커가 만든 **컨테이너 런타임**container runtime이다.[17]

그림 16.9는 컨테이너 런타임, 컨테이너 엔진, 컨테이너 라이프 사이클 관리툴 컨테이너 플랫폼에서 위치와 관리 대상을 보여준다.[18]

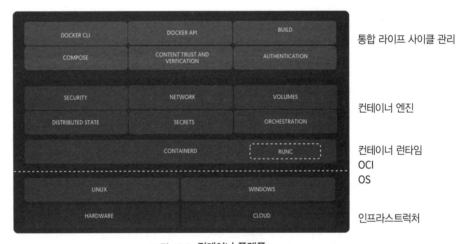

그림 16.9 **컨테이너 플랫폼**

도커를 실행시키고 데몬이 정상적으로 동작하는지 다음과 같이 확인해보자. 도커 데몬이 정상적으로 동작하고 있는 것을 확인할 수 있다.

```
[root@docker ~]# systemctl start docker
```

---

15 도커 엔터프라이즈 에디션(Enterprise Edition)의 경우 유료버전으로 엔터프라이즈급 서비스를 구축할 때 사용한다.

16 OCI는 도커와 구글 등이 중심이 되어 컨테이너와 관련한 표준을 만드는 기구이다.

17 레드햇, 인텔, IBM에서도 OCI의 표준을 따르는 쿠버네티스 전용 컨테이너 런타임 CRI-O을 만들었다.

18 https://www.docker.com/blog/what-is-containerd-runtime/

```
[root@docker ~]#
[root@docker ~]# systemctl status docker
● docker.service - Docker Application Container Engine
    Loaded: loaded (/usr/lib/systemd/system/docker.service; ...
    Active: active (running) since ...
    ...
[root@docker ~]#
```

도커 버전을 확인하고 hello-world 도커 이미지를 다운로드해 다음과 같이 컨테이너로 실행시켜 보자. 도커 버전 20.10.10이 설치되어 있음을 확인할 수 있다.

```
[root@docker ~]# docker --version
Docker version 20.10.10, build b485636
[root@docker ~]#
[root@docker ~]# docker run hello-world
Unable to find image 'hello-world:latest' locally
latest: Pulling from library/hello-world
2db29710123e: Pull complete
Digest: sha256:37a0b92b08d4919615c3ee023f7ddb068d12b8387475d64c622ac30f45c29c51
Status: Downloaded newer image for hello-world:latest

Hello from Docker!
This message shows that your installation appears to be working correctly.
...

[root@docker ~]#
```

docker run hello-world 명령은 hello-world 도커 이미지를 컨테이너로 실행시키라는 의미이다. 따라서 hello-world라는 도커 이미지가 존재해야만 한다. 먼저 도커는 로컬에서 해당 이미지가 존재하는지 찾는다. 메시지에서 확인할 수 있는 것처럼 로컬에 hello-world가 존재하지 않는다. 도커는 로컬에 이미지가 없다면 도커 허브에서 이미지를 다운로드한다. 따라서 도커 허브에서 hello-world를 찾아 다운로드해 컨테이너를 실행시켰다. hello-world 이미지로부터 생성된 컨테이너는 단순하게 "Hello from Docker!"와 부가적인 메시지를 출력한다. 도커가 호스트 시스템에서 정상적으로 설치되고 동작하는지 확인할 수 있다.

docker run hello-world 명령이 수행되는 과정을 도커 클라이언트와 도커 데몬 관점에서 다시 살펴보자. 도커 클라이언트가 명령 docker run hello-world를 도커 데몬에게 전달하고 도커 데몬은 hello-world 이미지를 도커 허브에서 찾아 호스트 시스템으로 다운로드한다. 도커 데몬은 다운로드한 hello-world 이미지를 이용하여 컨테이너를 생성하고 실행한다. 컨테이너는 메시지를 출력하는

데, 도커 데몬이 출력된 메시지를 도커 클라이언트로 전달하여 클라이언트 터미널에 해당 메시지가 출력된다.

hello-world 이미지를 다운로드했기 때문에 도커는 이미지를 관리하고 있어야 한다. 다음과 같이 현재 도커가 관리하고 있는 이미지를 확인할 수 있다.

```
[root@docker ~]# docker image ls
REPOSITORY     TAG       IMAGE ID       CREATED       SIZE
hello-world    latest    feb5d9fea6a5   6 weeks ago   13.3kB
[root@docker ~]#
```

hello-world 이미지가 등록되어 있는 것을 확인할 수 있다. 그렇다면 이미지로부터 생성되는 컨테이너는 어떻게 되었을까? docker container ls 명령으로 현재 컨테이너를 확인할 수 있다.

```
[root@docker ~]# docker container ls
CONTAINER ID   IMAGE     COMMAND   CREATED   STATUS   PORTS   NAMES
[root@docker ~]#
```

논리적으로 hello-world 컨테이너는 이미 종료가 되었다. 따라서 hello-world 컨테이너 정보가 출력되지 않는 것은 당연하다. 리눅스의 history 명령처럼 이전의 수행되었던 컨테이너를 —all 옵션을 주어 확인할 수 있다.

```
[root@docker ~]# docker container ls --all
CONTAINER ID   IMAGE         COMMAND    CREATED          STATUS        PORTS    NAMES
ba8bfbc42a3c   hello-world   "/hello"   26 minutes ago   Exited (0) 26 hungry_mendel
[root@docker ~]#
```

16.2.2 이미지, 프로세스, 접속, 모니터링

지금까지 도커를 설치하여 데몬을 실행시키고, 도커 허브로부터 이미지를 다운로드해 컨테이너를 실행하는 예제를 살펴보았다. 이제 좀 더 다양한 도커 관련 명령어들을 알아보자.

컨테이너는 이미지로부터 생성되는 실행 가능한 인스턴스이다. 따라서 컨테이너를 실행하기 위해서는 이미지가 존재해야 한다. 만약 우리가 사용하고자 하는 이미지를 누군가가 만들어놓았다면, 새로운 이미지를 만들 필요 없이 만들어진 이미지를 사용하면 좋을 것이다. 도커 이미지는 docker search 명령을 통해서 찾을 수 있다.

```
[root@docker ~]# docker search ubuntu
NAME        DESCRIPTION           STARS     OFFICIAL    AUTOMATED
ubuntu      Ubuntu is a Debian…   13097     [OK]
...
[root@docker ~]#
```

docker search 명령은 도커 허브에서 주어진 이름의 도커 이미지를 검색하여 결과를 리턴해준다. ubuntu 도커 이미지를 검색했을 때 다양한 종류의 도커 이미지가 검색되는 것을 확인할 수 있다. 검색 결과를 보여주는 필드들의 내용을 요약하면 다음과 같다.

- NAME: 이미지 이름
- DESCRIPTION: 이미지에 대한 설명
- STARS: 도커 허브에서 자주 찾는 빈도를 나타냄(별 수)
- OFFICIAL: 공식 이미지인지 여부를 나타냄
- AUTOMATED: **도커 파일**Dockerfile을 기반으로 자동 제작된 이미지인지 여부

hello-world 이미지를 도커 허브에서 가져왔듯이, docker create 명령으로 컨테이너를 생성할 수 있고 다음과 같은 **형식**을 갖는다.

docker create [OPTIONS] IMAGE [COMMAND] [ARG...]

docker create 명령은 IMAGE로 지정된 도커 이미지에 COMMAND에서 지정된 명령을 실행할 수 있는 쓰기 가능한 레이어를 추가한다. ubuntu 이미지를 도커 허브에서 다운로드해 컨테이너를 생성해보자.

```
[root@docker ~]# docker create --tty --interactive --name=dcon ubuntu bash
Unable to find image 'ubuntu:latest' locally
latest: Pulling from library/ubuntu
7b1a6ab2e44d: Pull complete
Digest: sha256:626ffe58f6e7566e00254b638eb7e0f3b11d4da9675088f4781a50ae288f3322
Status: Downloaded newer image for ubuntu:latest
fcd21248424a678b443f587c938ed7461f8dc36067ff59f8ee95cbda052ad20f
[root@docker ~]#
```

docker create 명령에서 --tty 옵션은 **TTY 모드**pseudo-TTY를 컨테이너에 할당하라는 의미인데, **배시**bash를 사용하려면 이 옵션을 넣어주어야 한다. 만약 --tty를 지정하지 않으면 입력은 가능하지만 셸이 표시되지 않는다. --interactive 옵션은 **표준입력**STDIN을 활성화하여 표준입력이 가능하도록 한다. 생성된 컨테이너의 이름을 dcon으로 지정하였다. 컨테이너를 생성하고 난 후 생성된 컨테이너

ID를 **표준출력**STDOUT으로 표시해준다. 예제에서 생성된 컨테이너 ID는 `fcd2...`로 시작하는 것을 확인할 수 있다.

ubuntu 이미지를 도커 허브로부터 다운로드했기 때문에 이미지가 정상적으로 받아졌는지 다음과 같이 확인할 수 있다. 2가지 명령이 수행되었는데 결과는 동일하다.

```
[root@docker ~]# docker images
REPOSITORY      TAG       IMAGE ID      CREATED       SIZE
ubuntu          latest    ba6acccedd29  3 weeks ago   72.8MB
hello-world     latest    feb5d9fea6a5  6 weeks ago   13.3kB
[root@docker ~]#
[root@docker ~]# docker image ls
REPOSITORY      TAG       IMAGE ID      CREATED       SIZE
ubuntu          latest    ba6acccedd29  3 weeks ago   72.8MB
hello-world     latest    feb5d9fea6a5  6 weeks ago   13.3kB
[root@docker ~]#
```

실행 중인 컨테이너들을 docker ps 명령으로 리스트할 수 있는데, docker container ls 명령과 결과는 동일하다.

```
[root@docker ~]# docker ps
CONTAINER ID   IMAGE     COMMAND   CREATED   STATUS    PORTS     NAMES
[root@docker ~]#
[root@docker ~]# docker container ls
CONTAINER ID   IMAGE     COMMAND   CREATED   STATUS    PORTS     NAMES
[root@docker ~]#
```

실행 중인 컨테이너뿐만 아니라 모든 컨테이너를 확인해보자. 다음 두 가지 명령은 모두 동일한 결과를 보여준다.

```
[root@docker ~]# docker ps --all
CONTAINER ID   IMAGE         COMMAND   CREATED            STATUS                     PORTS     NAMES
fcd21248424a   ubuntu        "bash"    About a minute ago Created                              dcon
2acc251812e7   hello-world   "/hello"  10 minutes ago     Exited (0) 10 minutes ago            hungry_
mendel
[root@docker ~]#
[root@docker ~]# docker container ls --all
CONTAINER ID   IMAGE         COMMAND   CREATED            STATUS                     PORTS     NAMES
fcd21248424a   ubuntu        "bash"    2 minutes ago      Created                              dcon
```

```
2acc251812e7  hello-world  "/hello"  10 minutes ago  Exited (0) 10 minutes ago       hungry_
mendel
[root@docker ~]#
```

hello-world 컨테이너를 만들 때는 별도의 이름을 지정하지 않았다. 도커는 임의로 hungry_mendel 를 부여하였다.

생성된 컨테이너는 컨테이너 ID와 컨테이너 이름을 통해서 실행할 수 있다. ubuntu 컨테이너는 bash 명령을 실행하는 컨테이너이고 컨테이너 ID는 fcd21248424a이다. 다음과 같이 컨테이너를 실행하고 실행된 컨테이너를 확인해보자.

```
[root@docker ~]# docker start fcd2
fcd2
[root@docker ~]#
[root@docker ~]# docker ps
CONTAINER ID   IMAGE      COMMAND      CREATED        STATUS         PORTS       NAMES
fcd21248424a   ubuntu     "bash"       5 minutes ago  Up 5 seconds               dcon
[root@docker ~]#
```

컨테이너 ID를 이용하여 컨테이너를 실행할 때 ID를 모두 기입할 필요는 없다. 컨테이너 ID를 구분이 가능한 수준에서 생략이 가능하다. 컨테이너 ID가 fcd21248424a인 컨테이너를 실행할 때 ID값의 일부인 fcd2만을 사용하였다.

실행 중인 컨테이너를 docker stop 명령으로 종료할 수 있다. 다음과 같이 종료해보자.

```
[root@docker ~]# docker stop fcd2
fcd2
[root@docker ~]#
[root@docker ~]# docker ps
CONTAINER ID   IMAGE      COMMAND      CREATED    STATUS     PORTS      NAMES
[root@docker ~]#
```

컨테이너를 실행하고 종료할 때 컨테이너 ID 대신 이름을 지정할 수 있다. 다음에 보여주는 예제는 이제까지 수행한 예제와 동일한 결과를 보여준다.

```
[root@docker ~]# docker ps --all | grep dcon
fcd21248424a   ubuntu         "bash"       7 minutes ago   Exited (0) 27 seconds ago
dcon
[root@docker ~]#
```

```
[root@docker ~]# docker start dcon
dcon
[root@docker ~]#
[root@docker ~]# docker ps
CONTAINER ID   IMAGE     COMMAND     CREATED        STATUS          PORTS     NAMES
fcd21248424a   ubuntu    "bash"      8 minutes ago  Up 8 seconds              dcon
[root@docker ~]#
[root@docker ~]# docker stop dcon
dcon
[root@docker ~]#
[root@docker ~]# docker ps
CONTAINER ID   IMAGE     COMMAND     CREATED    STATUS    PORTS     NAMES
[root@docker ~]#
```

dcon 컨테이너는 ubuntu 이미지를 기반으로 생성된 컨테이너인데 컨테이너를 생성할 때 읽고 쓸 수 있는 레이어를 얹고 bash를 실행하는 컨네이너이다. 읽고 쓸 수 있는 레이어는 파일시스템을 의미하고 dcon은 bash가 실행되기 때문에 dcon에 연결하여 내용을 다음과 같이 확인할 수 있다.

```
[root@docker ~]# docker start dcon
dcon
[root@docker ~]# docker attach dcon
root@fcd21248424a:/#
root@fcd21248424a:/# ls
bin   dev home lib32 libx32 mnt proc run  srv tmp var
boot  etc lib  lib64 media  opt root sbin sys usr
root@fcd21248424a:/#
root@fcd21248424a:/# exit
exit
[root@docker ~]#
```

docker attach로 컨테이너에 연결할 수 있는데 docker attach 명령은 로컬 표준입출력을 컨테이너에 연결해준다. 따라서, dcon 컨테이너에서 실행되고 있는 bash에 접근할 수 있다.

지금까지 살펴본 내용을 종합해보면 컨테이너는 명령을 실행할 수 있는 환경을 제공하고 지정된 명령만을 실행한다. 이 점은 완전한 형태의 서버를 제공하는 하이퍼바이저의 가상머신과는 다르다. 따라서 dcon 컨테이너는 일반적인 ubuntu 서버가 실행되는 것이 아니라, /bin/bash 명령어가 실행된다.

리눅스 컨테이너에서도 살펴보았지만, 컨테이너는 호스트 시스템에서 하나의 프로세스에 해당할 뿐이다. 도커 컨테이너 내부와 외부 간의 관계를 살펴보자. dcon을 실행시키고, 호스트 시스템에서 프로세스 관계와 dcon 내부에서 프로세스들을 살펴보자.

```
[root@docker ~]# pstree -n -p
systemd(1)─┬─systemd-journal(479)
           ...
           ├─containerd(1378)─┬─{containerd}(1380)
           │                  ...
           │                  └─{containerd}(1388)
           ├─dockerd(1386)─┬─{dockerd}(1389)
           │               ...
           │               └─{dockerd}(1583)
           └─containerd-shim(1682)─┬─{containerd-shim}(1683)
                                   ├─bash(1700)
                                   ...
                                   └─{containerd-shim}(1732)
[root@docker ~]#
[root@docker ~]# docker attach dcon
root@d85f0c87edb2:/#
root@d85f0c87edb2:/# ps -ef
UID        PID  PPID  C STIME TTY          TIME CMD
root         1     0  0 10:04 pts/0    00:00:00 bash
root         9     1  0 10:05 pts/0    00:00:00 ps -ef
root@d85f0c87edb2:/#
```

호스트에서 프로세스 트리를 확인해보면, containerd, dockerd, containerd-shim 프로세스는 systemd가 생성하였고 bash는 containerd-shim에서 실행한 것을 확인할 수 있다. 호스트에서 bash 는 PID 1700으로 동작하고 있고, dcon 컨테이너 내에서는 PID 1로 매핑된다.

containerd, dockerd, containerd-shim 프로세스들의 관계에 대해서 살펴보자. 그림 16.10은 도커 가 클라이언트로부터 도커 명령을 요청받았을 때 관여되는 프로세스들의 관계를 보여준다.[19]

---

19 https://medium.com/@avijitsarkar123/docker-and-oci-runtimes-a9c23a5646d6. gRPC는 구글에서 개발한 RPC(Remote Procedure Call) 시스템이다.

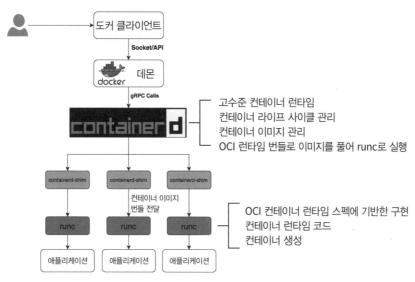

그림 16.10 **도커 컨테이너 실행 과정**

사용자는 도커 클라이언트를 통해 **도커 데몬**dockerd에 컨테이너와 관련한 요청을 하고 도커 데몬이 containerd에게 작업을 수행하도록 한다. 초기에 도커는 도커 엔진에서 컨테이너와 관련된 모든 작업을 처리하는 **모놀리식**monolithic 구조였다. 그런데 모놀리식 구조는 소프트웨어에 대한 유지보수 문제가 있고 빠르게 변하는 IT 환경에 대처하기가 어렵다는 단점이 있다. 따라서 도커는 **도커 데몬**과 컨테이너 **런타임**containerd를 분리하였다.

OCI를 통해서 표준이 정립되면서 컨테이너 런타임은 다시 저수준 컨테이너 런타임과 고수준 컨테이너 런타임으로 분리되는데, 도커에서 containerd가 고수준의 컨테이너 런타임이고 runc가 저수준의 컨테이너 런타임이다. containerd가 컨테이너 이미지와 컨테이너 라이프 사이클을 관리한다. 이외에도 containerd는 스토리지 관리, runc를 호출하여 컨테이너 실행, 네트워크 인터페이스 관리, 네트워크 네임스페이스 관리 등에 대한 업무를 수행한다. 도커 데몬인 dockerd가 컨테이너의 라이프 사이클을 관리한다고도 하는데, 실제로는 containerd를 활용하여 관리를 하는 것이다. runc는 OCI에서 정의한 컨테이너 런타임이다. containerd에서 runc를 OCI 표준 인터페이스를 통해서 호출하여 컨테이너를 생성하고 실행한다.

프로세스 트리에서 `containerd-shim PID 1682`의 실제 실행 파일은 `containerd-shim-runc-v2`인데, 컨테이너를 실행하는 runc와 containerd 간 중간자 역할을 한다.

```
[root@docker ~]# ps -ef | grep runc | grep -v grep
root    1682    1   0 19:28 ?    00:00:00 /usr/bin/containerd-shim-runc-v2
```

```
...
[root@docker ~]#
```

containerd-shim이 runc에서 컨테이너를 실행할 수 있도록 컨테이너 이미지 번들을 runc에 전달한다. 그러면 runc는 실제로 컨테이너를 생성하고 실행한다. 하지만, runc는 요청받은 컨테이너를 생성하여 실행해야 하기 때문에 runc는 컨테이너를 실행한 후 바로 종료된다. 실행되는 컨테이너 안에서 생성된 프로세스의 부모가 필요하게 되는데, containerd-shim 프로세스가 그 역할을 수행한다. 이러한 구조 덕분에 컨테이너를 생성하고 실행하기 위한 오랫동안 동작하고 있어야 하는 데몬이 필요없게 된다. 따라서 **데몬리스**Daemonless 컨테이너가 가능해진다.

예를 들어 mysql 컨테이너를 실행할 경우, 컨테이너 내부에서는 mysql 프로세스가 보이고 컨테이너 외부에서는 containerd-shim 프로세스만 보이게 된다. 다시 우리가 살펴본 예제를 기준으로 한다면, 컨테이너에서 실행되는 bash 프로세스는 PID 1이고 이 프로세스는 컨테이너 외부의 PID 1700으로 매핑되어 있다. 그리고 PID 1700의 부모는 PID 1682 containerd-shim 프로세스이다.

컨테이너 dcon을 실행시키고, 메모리 크기가 어느 정도인지 확인해보자.

```
[root@docker ~]# docker start dcon
dcon
[root@docker ~]#
[root@docker ~]# docker attach dcon
root@d85f0c87edb2:/#
root@d85f0c87edb2:/# cat /proc/meminfo | grep Mem
MemTotal:        1014764 kB
MemFree:          246228 kB
MemAvailable:     622144 kB
root@d85f0c87edb2:/#
```

/proc/meminfo를 통해서 나온 메모리의 크기는 **1014764KB**(약 1GB)인데, 이 메모리 크기는 Docker 가상머신 시스템 전체의 메모리 크기이다(그림 16.11).

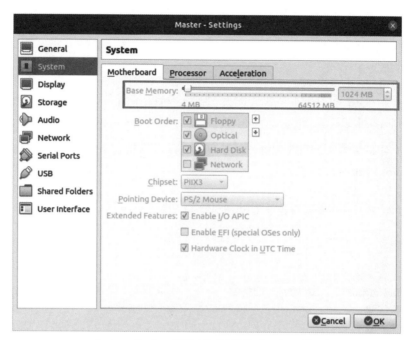

그림 16.11 **Docker 가상머신 시스템의 메모리 크기(1GB)**

/bin/bash를 수행하는 컨테이너로 1GB를 사용하는 것은 낭비일 수 있다. 도커 컨테이너가 사용할 수 있는 메모리 크기를 동적으로 변경할 수 있는데, 컨트롤 그룹을 통해서 메모리 사용량을 제한할 수 있다. 동적으로 변경한다는 의미는 컨테이너가 실행되고 있는 상태에서도 변경이 가능하다는 의미 이다. 메모리 크기를 동적으로 변경할 수 있는 기능은 컨테이너가 과도하게 메모리를 사용하는 것을 막아줄 수 있고 메모리가 더 필요할 때 확장할 수 있다.

다음과 같이 dcon 메모리 최대 크기를 500MB로 수정해보자. Terminal #1에서 dcon이 실행되고 있고 새로운 터미널(Terminal #2)에서 실행한다. --memory 옵션은 컨테이너가 사용할 메모리를 500MB로 제한하고 --memory-swap 옵션은 메모리 스왑에 대한 **리밋**limit을 지정한다. 스왑 리밋을 -1로 지정했는데, 이는 스왑 리밋에 제한이 없다는 뜻이다.

```
Terminal #2

[root@docker ~]# docker update --memory 500M --memory-swap -1 dcon
dcon
[root@docker ~]# docker inspect dcon | grep -i memory
        "Memory": 524288000,
        "KernelMemory": 0,
        "KernelMemoryTCP": 0,
        "MemoryReservation": 0,
```

```
        "MemorySwap": -1,
        "MemorySwappiness": null,
[root@docker ~]#
```

메모리는 컴퓨터 시스템의 자원이고 컨테이너가 메모리 자원을 사용하는 것이다. 컨테이너의 핵심기
술은 네임스페이스와 컨트롤 그룹이다. 컨트롤 그룹이 컨테이너별 자원 사용량을 지정하는 것이다.
따라서, dcon 컨테이너의 메모리에 대한 제약을 500MB로 지정했기 때문에, 컨트롤 그룹에 해당 내
용이 반영되어야 한다.

dcon 컨테이너의 메모리 리밋을 다음과 같이 확인할 수 있다.

```
Terminal #2

[root@docker ~]# docker ps
CONTAINER ID   IMAGE     COMMAND    CREATED       STATUS         PORTS      NAMES
d85f0c87edb2   ubuntu    "bash"     28 hours ago  Up 7 minutes              dcon
[root@docker ~]#
[root@docker ~]# cat /sys/fs/cgroup/memory/docker/d85f0c87edb2.../memory.limit_in_bytes
524288000
[root@docker ~]#
```

dcon 컨테이너 ID가 d85f0c87edb2로 시작하고 컨테이너에 대한 컨트롤 그룹 정보는 /sys/fs/
cgroup/memory/docker/ 디렉터리에서 확인할 수 있다.[20] 메모리 리밋에 대한 설정인 memory.
limit_in_bytes 파일의 값이 524288000바이트(500MB)임을 확인할 수 있다. 컨테이너 dcon이 실행
되고 있는 상태에서 컨트롤 그룹의 내용을 확인할 수 있다. 만약 내용이 보이지 않는다면 Termimal
#1에서 dcon 컨테이너를 실행한 후 해당 명령을 Terminal #2에서 수행해야 한다.

dcon 컨테이너에 할당된 자원에 대한 다양한 제약사항은 /sys/fs/cgroup/memory/docker/ 디렉터
리에 기술된다. 메모리에 대한 제약사항 값은 memory 디렉터리에서 확인할 수 있다.

```
Terminal #2

[root@docker ~]# ls /sys/fs/cgroup/memory/docker/d85f0c87edb2.../
cgroup.clone_children          memory.memsw.failcnt
cgroup.event_control           memory.memsw.limit_in_bytes
cgroup.procs                   memory.memsw.max_usage_in_bytes
```

---

20 디렉터리의 이름에 도커의 ID가 포함되고, 실행환경에 따라 달라지기 때문에 디렉터리에 접근할 때 Tab을 사용하여 자동완성 기능을 이용
한다.

```
memory.failcnt                          memory.memsw.usage_in_bytes
memory.force_empty                       memory.move_charge_at_immigrate
memory.kmem.failcnt                      memory.numa_stat
memory.kmem.limit_in_bytes               memory.oom_control
memory.kmem.max_usage_in_bytes           memory.pressure_level
memory.kmem.slabinfo                     memory.soft_limit_in_bytes
memory.kmem.tcp.failcnt                  memory.stat
memory.kmem.tcp.limit_in_bytes           memory.swappiness
memory.kmem.tcp.max_usage_in_bytes       memory.usage_in_bytes
memory.kmem.tcp.usage_in_bytes           memory.use_hierarchy
memory.kmem.usage_in_bytes               notify_on_release
memory.limit_in_bytes                    tasks
memory.max_usage_in_bytes
[root@docker ~]#
```

도커 컨테이너가 현재 사용 중인 자원의 통계정보를 docker stats 명령을 통해 실시간으로 확인이
가능하다.

```
Terminal #2

[root@docker ~]# docker stats dcon

CONTAINER ID   NAME    CPU %    MEM USAGE / LIMIT   MEM %   NET I/O    BLOCK I/O    PIDS
d85f0c87edb2   dcon    0.00%    560KiB / 500MiB     0.11%   656B / 0B  262kB / 0B   1
^C
[root@docker ~]#
[root@docker ~]# docker stats dcon --no-stream
CONTAINER ID   NAME    CPU %     MEM USAGE / LIMIT    MEM %    NET I/O     BLOCK I/O    PIDS
d85f0c87edb2   dcon    0.00%     560KiB / 500MiB      0.11%    656B / 0B   262kB / 0B   1
[root@docker ~]#
```

두 가지 명령의 결과를 보여주는데, docker stats은 dcon 컨테이너가 사용 중인 리소스의 상태를
스트리밍하여 주기적으로 보여준다. --no-stream 옵션을 사용하여 첫 결과만을 보여주게 할 수 있
다. 리소스 사용상태에서 확인할 수 있듯이 dcon 컨테이너 메모리 리밋이 500MB로 제한되어 있는
것을 확인할 수 있다.

CPU 자원에 대한 사용량을 제한해보자. 현재 Docker 가상머신은 CPU 코어가 4개인 시스템이다(그
림 16.12).

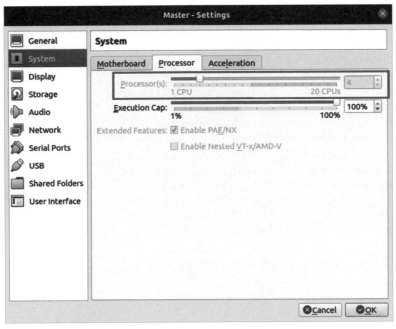

그림 16.12 **호스트 시스템의 CPU 코어수(4 코어)**

```
[root@docker ~]# grep -c processor /proc/cpuinfo
4
[root@docker ~]#
```

컨트롤 그룹을 통해 CPU 자원을 제한하는 예제를 살펴보기 위해서 htop[21] 패키지를 설치하고, progrium/stress[22] 컨테이너 이미지를 다운로드해 테스트해보자.

```
[root@docker ~]# yum install -y htop
[root@docker ~]#
[root@docker ~]# docker pull progrium/stress
Using default tag: latest
latest: Pulling from progrium/stress
...
Status: Downloaded newer image for progrium/stress:latest
docker.io/progrium/stress:latest
[root@docker ~]#
[root@docker ~]# docker images
```

---

21 htop은 top 명령을 그래픽 하게 보여주는 모니터링 툴이다.

22 리눅스 시스템의 CPU, 메모리, I/O에 대한 부하 테스트를 위해 stress를 사용하는데, progrium/stress 이미지는 도커 허브의 progrium 사용자가 만든 컨테이너 스트레스 테스트용 이미지이다(https://hub.docker.com/r/progrium/stress).

```
REPOSITORY          TAG         IMAGE ID        CREATED         SIZE
ubuntu              latest      ba6acccedd29    3 weeks ago     72.8MB
hello-world         latest      feb5d9fea6a5    7 weeks ago     13.3kB
progrium/stress     latest      db646a8f4087    7 years ago     282MB
[root@docker ~]#
```

컨테이너를 실행할 때 docker start 명령을 사용했는데, docker run을 통해서 수행할 수 있다.

```
[root@docker ~]# docker run --rm -it -d --name=stest progrium/stress  \
                    --cpu 4 --timeout 60s
34c468ec38a0a9b56970f5b02394a15676119f3915c6a9522ae4b06c6fee52d7
[root@docker ~]#
[root@docker ~]# htop
[root@docker ~]#
```

docker run 명령에 사용된 인자의 의미는 다음과 같다.

- --rm: 실행하고자 하는 컨테이너가 이미 존재한다면 삭제한다.
- -it: 컨테이너를 인터랙티브 모드(--interactive)와 --tty 모드로 실행한다. 두 옵션을 통해서 배시 셸에 입력과 출력을 할 수 있다.
- -d: 디태치 모드(--detach)로 컨테이너를 실행한다. 디태치 모드는 컨테이너를 백그라운드로 실행하고 컨테이너 ID를 출력해준다.
- --name: 컨테이너 이름을 지정한다.
- progrium/stress: 컨테이너가 사용할 이미지 이름이다.
- --cpu: sqrt() 함수를 연속으로 호출하여 CPU 부하를 주는 작업을 생성한다. 예제에서는 4개의 작업을 생성한다.
- --timeout: 스트레스 테스트를 진행하는 시간을 지정한다.

생성된 컨테이너 stest가 수행되는 동안, htop으로 CPU에 얼마나 많은 부하가 가해지는지 확인해 볼 수 있다. 그림 16.13은 CPU에 걸린 부하를 그래픽적으로 보여준다. 총 4개의 CPU가 100% 사용 중인 것을 확인할 수 있고, /usr/bin/stress 프로세스 4개가 수행되고 있는 것을 볼 수 있다.

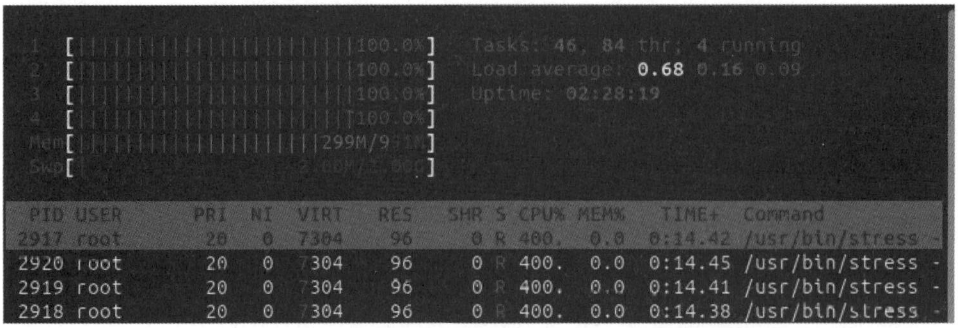

그림 16.13 **CPU 부하 테스트 (4코어 100% 사용)**

이제 컨트롤 그룹에서 CPU 자원에 대해 제한해보자. 총 4개의 CPU를 사용하는 것이 아니라, CPU 0번과 2번만을 stest 컨테이너에 할당하여 stest 컨테이너를 실행해보자.

```
[root@docker ~]# docker run --rm -it -d --cpuset-cpus=0,2 \
                   --name=stest progrium/stress  --cpu 4 --timeout 60s
e5266bafb7b665ff1923e89bb23bcfa78eeaec1b9f83c991fc0f026423de8c0e
[root@docker ~]#
[root@docker ~]# htop
```

--cpuset-cpus=0,2 옵션을 이용하여 CPU 코어 0번과 2번을 **지정**pinning하였다. 이전과 동일하게 작업은 4개를 실행하였다. htop을 통해 확인해보면, CPU 코어 0번(htop에서 1번)과 코어 2번(htop에서 3번)만이 100% 사용되고 있는 것을 확인할 수 있다(그림 16.14).

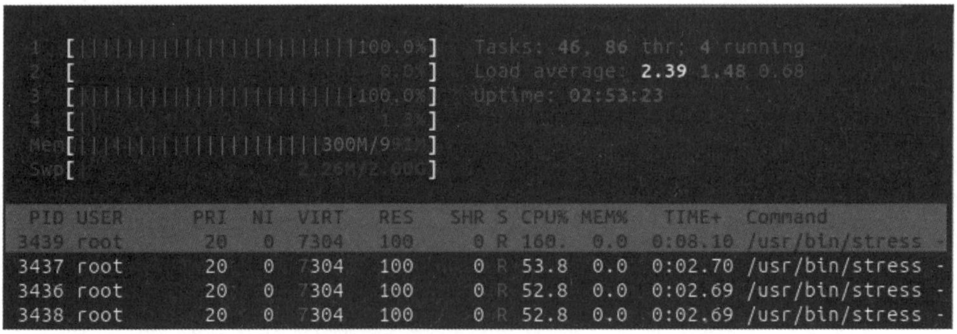

그림 16.14 **CPU 부하 테스트 (CPU 코어 0번, 2번 100% 사용)**

컨테이너가 수행될 CPU 코어를 지정하고 지정된 코어를 몇 %까지 사용할 수 있는지 --cpus 옵션을 사용하여 설정 가능하다. --cpus 옵션은 단일 CPU 코어를 기준으로 상대적인 **프로세싱 파워**processing power를 지정하는 것이다. 만약 호스트 CPU가 초당 100개의 인스트럭션을 처리한다고 가

정해보자. --cpus=0.15의 의미는 컨테이너가 초당 15개의 인스트럭션을 처리할 수 있다는 의미이고 --cpus=0.75는 컨테이너에 초당 75개의 인스트럭션을 처리할 수 있는 프로세싱 파워를 부여하라는 의미이다.

호스트가 1개의 CPU 코어를 가지는 경우 --cpus=1의 의미는 단일 CPU 코어 100%를 컨테이너가 활용한다는 의미이다. 만약 50%만을 사용하도록 지정하려면 --cpus=0.5로 지정한다. 만약 CPU 코어가 2개인 호스트 시스템일 경우 --cpus=2의 의미는 100%까지 활용할 수 있다는 의미이다. 프로세싱 파워의 50%만 컨테이너에 지정하기 위해서는 --cpus=1로 지정해야 한다.

Docker 가상머신의 CPU 코어 0번과 2번을 컨테이너 stest에 할당하고 지정된 2개의 CPU 프로세싱 파워의 50%만을 stest가 사용하도록 다음과 같이 제약할 수 있다.

```
[root@docker ~]# docker run --rm -it -d --cpuset-cpus=0,2 --cpus 1 \
                    --name=stest progrium/stress  --cpu 2 --timeout 20s
61016df7abdffdb39d78a4fb6fa65063d476193b0a809b552a515f6a62f12838
[root@docker ~]#
[root@docker ~]# htop
```

그림 16.15는 컨테이너에 2개의 CPU를 지정하고, 2개의 CPU 스트레스 테스트 작업을 수행할 때 htop으로 본 CPU별 부하를 보여준다.

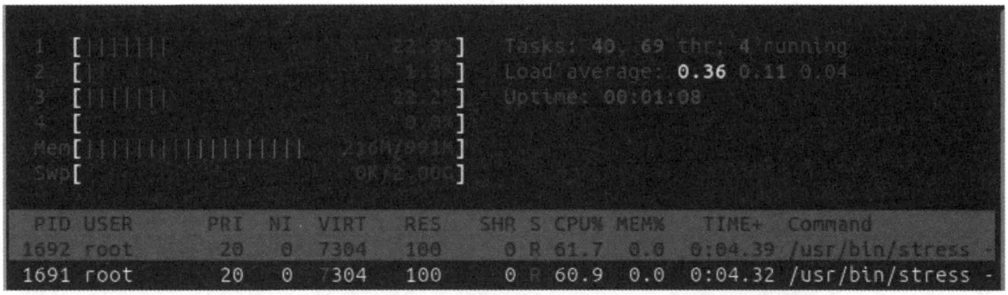

그림 16.15 **컨테이너가 사용할 수 있는 CPU 프로세싱 파워 제약**

Docker 가상머신의 특정 CPU 코어에서 여러 개의 컨테이너를 수행할 경우, 컨테이너 간 CPU 코어를 **공유**share해서 사용해야 한다. 컨테이너가 다른 컨테이너 대비 상대적인 비율로 CPU 코어 시간을 할당받을 수 있는데, --cpu-shares 옵션을 통해서 가능하다. 기본적으로 설정되어 있는 컨트롤 그룹의 값을 확인해보자.

```
[root@docker ~]# docker run --rm -it -d --cpuset-cpus=2 --cpus 1 --name=stest \
```

```
                        --cpu-shares=1024  progrium/stress  --cpu 1 --timeout 60s
a9671164c2372942ed7da2625cb37cb5461b9a37bb9a5b4f9d9f6ae4cec09818
[root@docker ~]#
[root@docker ~]# cat /sys/fs/cgroup/cpu/docker/a9671.../cpu.shares
1024
[root@docker ~]#
```

cpu.shares 기본값은 1024이다. 컨테이너 #1이 1024 값을 가지고 하나의 CPU 코어에서 동작한다
면 100% CPU 시간을 사용할 수 있다. 만약 컨테이너 #2 또한 1024 값을 갖고 동일한 CPU에서 수
행된다면, 컨테이너 #1과 컨테이너 #2는 각각 50% CPU 시간을 사용할 수 있다. 컨테이너 stest1과
stest2에 CPU 코어 1개를 지정하여 수행보고 htop으로 사용량을 확인해보자.

```
[root@docker ~]# docker run --rm -it -d --cpuset-cpus 2 --cpus 1 \
                    --cpu-shares 1024 --name stest1 progrium/stress  --cpu 1 --timeout 60s
d5ebbf55d4a48aad5b18a2f83766e43e3506358a8bf1efb5a5fbe4c30d651499
[root@docker ~]#
[root@docker ~]# docker run --rm -it -d --cpuset-cpus 2 --cpus 1 \
                    --cpu-shares 1024 --name stest2 progrium/stress  --cpu 1 --timeout 60s
119faab8e0b7ff04f310ad0f98b1bec45f6938f533f30e93980c3e38b2433108
[root@docker ~]#
[root@docker ~]# htop
```

stest1과 stest2 컨테이너 모두 cpu.shares = 1024로 동일하게 지정하였다. 그림 16.16은 htop의
수행 결과를 보여주는데, 지정된 CPU 코어의 활용율이 100%인 것을 확인할 수 있다. cpu.shares
값이 동일하기 때문에 stest1과 stest2 컨테이너는 CPU 시간을 50%를 할당받아 수행했기 때문에
전체 CPU 활용율은 100%가 되었다.[23]

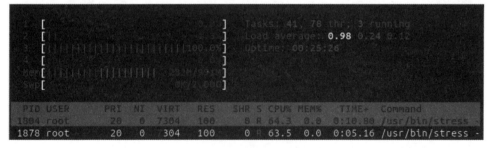

그림 16.16 동일 cpu.shares를 갖는 2개의 컨테이너 수행

---

23 docker run 명령에서 CPU 코어 1개를 지정하고 --cpus 1 옵션을 통해 100%까지 사용하도록 하였다.

만약 stest1의 cpu.shares 값을 512로 줄인다면, stest1 컨테이너에는 stest2의 절반에 해당하는 CPU 코어 시간을 할당받는다. 즉, stest1에는 25%, stest2에는 75%의 CPU 코어 시간이 할당된다.

컨테이너를 다른 호스트로 이동하는 방법에 대해서 알아보자. docker export 명령으로 도커 컨테이너 이미지를 아카이브 파일로 만들어 컨테이너를 실행할 호스트에 이미지로 등록하면 된다. 별도의 호스트에서 수행하지 않고 동일한 호스트에 이미지를 등록해보자.

```
[root@docker ~]# docker images
REPOSITORY        TAG       IMAGE ID       CREATED        SIZE
ubuntu            latest    ba6acccedd29   3 weeks ago    72.8MB
hello-world       latest    feb5d9fea6a5   7 weeks ago    13.3kB
progrium/stress   latest    db646a8f4087   7 years ago    282MB
[root@docker ~]#
[root@docker ~]# docker create -it --name dcon ubuntu bash
99da91e5d6083f9309786cf24cbf1cb7fe5bfca22e1f5bdacf34943e9bb5d9da
[root@docker ~]#
[root@docker ~]# docker export dcon > dcon.tar
[root@docker ~]#
[root@docker ~]# ls -l dcon.tar
-rw-r--r--. 1 root root 75157504 Nov 12 19:11 dcon.tar
[root@docker ~]#
[root@docker ~]# docker import dcon.tar
sha256:a22d6775f20d78f30bba9a9e0100894fad49992cea0cdff6d921fbd7490baf9e
[root@docker ~]#
[root@docker ~]# docker images
REPOSITORY        TAG       IMAGE ID       CREATED          SIZE
<none>            <none>    a22d6775f20d   4 seconds ago    72.8MB
ubuntu            latest    ba6acccedd29   3 weeks ago      72.8MB
hello-world       latest    feb5d9fea6a5   7 weeks ago      13.3kB
progrium/stress   latest    db646a8f4087   7 years ago      282MB
[root@docker ~]#
```

dcon 컨테이너를 dcon.tar로 만들어 이미지로 등록하였다. **이미지의 이름**REPOSITORY과 **태그**TAG값이 <none>으로 지정되지 않았다. 이미지를 등록할 때 다음과 같이 컨테이너 이미지의 이름과 태그를 지정할 수 있다. 이미지 이름은 dcon으로 태그는 cloud로 지정하였다.

```
[root@docker ~]# docker import dcon.tar dcon:cloud
sha256:dd579cebd81d299b38bb206412313661f5eb73e26ace8373245b13e27e6a7f23
[root@docker ~]#
[root@docker ~]# docker images
REPOSITORY   TAG       IMAGE ID       CREATED          SIZE
dcon         cloud     dd579cebd81d   3 seconds ago    72.8MB
<none>       <none>    a22d6775f20d   4 minutes ago    72.8MB
```

```
ubuntu            latest      ba6acccedd29    3 weeks ago     72.8MB
hello-world       latest      feb5d9fea6a5    7 weeks ago     13.3kB
progrium/stress   latest      db646a8f4087    7 years ago     282MB
[root@docker ~]#
```

등록된 도커 이미지는 docker rmi 명령으로 삭제할 수 있다. 생성한 2개의 이미지를 다음과 같이 삭제해보자.

```
[root@docker ~]# docker rmi dd579cebd81d
Untagged: dcon:cloud
Deleted: sha256:dd579cebd81d299b38bb206412313661f5eb73e26ace8373245b13e27e6a7f23
[root@docker ~]#
[root@docker ~]# docker rmi a22d6775f20d
Deleted: sha256:a22d6775f20d78f30bba9a9e0100894fad49992cea0cdff6d921fbd7490baf9e
Deleted: sha256:7a95b07b46c220eb5fb8413d9944d7f66a8ba3459ebd6f2009308b4b3d77727b
[root@docker ~]#
[root@docker ~]# docker images
REPOSITORY        TAG         IMAGE ID        CREATED         SIZE
ubuntu            latest      ba6acccedd29    3 weeks ago     72.8MB
hello-world       latest      feb5d9fea6a5    7 weeks ago     13.3kB
progrium/stress   latest      db646a8f4087    7 years ago     282MB
[root@docker ~]#
```

16.3 도커파일, 스웜, 스택

지금까지 도커 컨테이너를 생성할 때 CLI를 이용해서 직접 생성하였다. 이번에는 도커 컨테이너를 **도커파일**Dockerfile을 통해 생성하고, 생성된 여러 도커 컨테이너를 도커 스웜을 통해 오케스트레이션하여 로드 밸런싱하는 방법, 도커 스택의 개념에 대해서 살펴보도록 하자.[24]

16.3.1 실습 환경 구성

Clean CentOS를 복제하여 Master, Worker1, Worker2 가상머신을 만든다. 그리고 각각의 가상머신의 호스트명(/etc/hostname)과 고정 IP 주소를 다음과 같이 변경한다.

```
CentOS #1 Master
hostname: master.cloud.org
```

---

24 우리가 살펴볼 예제는 도커에서 제공한 예제 파일을 기반으로 알아본다. 도커 예제는 공식 웹 사이트 https://docs.docker.com/get-started에서 확인할 수 있다.

```
        IP:         192.168.56.101

        CentOS #2 Worker1
        hostname: worker1.cloud.org
        IP:         192.168.56.102

        CentOS #3 Worker2
        hostname: worker2.cloud.org
        IP:         192.168.56.103
```

도커 관련 패키지들을 master에 다음과 같이 설치한다.

```
[root@master ~]# yum install yum-utils
[root@master ~]# yum install device-mapper-persistent-data
[root@master ~]# yum install lvm2
[root@master ~]# yum-config-manager --add-repo \
            https://download.docker.com/linux/centos/docker-ce.repo
...
repo saved to /etc/yum.repos.d/docker-ce.repo
[root@master ~]# yum install docker-ce docker-ce-cli containerd.io
[root@master ~]# cat /etc/group | grep docker
docker:x:990:
[root@master ~]#
```

16.3.2 도커파일을 통한 컨테이너 생성

도커 컨테이너를 생성할 때 로컬에서 이미지를 만들거나 도커 허브에서 이미지를 다운로드해 생성했다. 단순한 컨테이너를 생성할 때는 번거롭지 않지만, 기본 도커 이미지에 다양한 패키지를 설치하고 컨테이너가 생성될 때 특정 애플리케이션이 자동으로 실행하도록 구성하고자 한다면 매번 커맨드 라인으로 입력하는 것은 비효율적인 작업이다. 이러한 번거로운 작업을 간소화하기 위해 도커파일을 사용한다.

도커파일은 컨테이너의 기본 이미지가 무엇이고, 어떠한 패키지들이 설치되어야 하는지, 어떤 애플리케이션을 수행할지, 그리고 애플리케이션이 수행될 때 필요한 환경변수 등을 지정할 수 있다. 도커파일은 스크립트 파일이고, 도커파일을 빌드하여 컨테이너 이미지를 만들어낸다. 그림 16.17은 도커파일을 통해서 컨테이너가 생성되는 과정을 보여준다.

| 도커파일(Dockerfile) | 도커 이미지 | 도커 컨테이너 |

그림 16.17 도커파일을 이용한 컨테이너 생성 과정

도커파일에는 생성할 컨테이너에 필요한 작업을 **지시자**directive를 이용하여 지정하는데, 예제에 사용된 지시자들에 대한 설명은 다음과 같다.

- FROM : 베이스 이미지를 지정
- WORKDIR : 컨테이너 작업 디렉터리를 지정
- COPY : 컨테이너에 복사할 파일 지정
- RUN : 베이스 이미지 위에 설치할 패키지를 지정
- EXPOSE : 컨테이너를 외부로 노출할 포트를 지정
- ENV : 컨테이너의 환경변수를 지징
- CMD : 컨테이너가 시작할 때 실행되는 커맨드를 지정

master 노드에서 mydocker 디렉터리를 만들고, 다음과 같은 도커파일을 생성한다. Dockerfile은 최종적으로 생성된 컨테이너 내부에서 python app.py를 실행하게 되는데, 이 명령을 수행하기 위해 필요한 작업을 Dockerfile에 기술하고 있다.

```
[root@master ~]# mkdir mydocker
[root@master ~]#
[root@master ~]# cd mydocker/
[root@master mydocker]#
[root@master mydocker]# vi Dockerfile
[root@master mydocker]#
[root@master mydocker]# cat Dockerfile
#Use an official Python runtime as a parent image
FROM python:2.7-slim

# Set the working directory to /app
WORKDIR /app

# Copy the current directory contents into the container at /app
COPY . /app
```

```
# Install any needed packages specified in requirements.txt
RUN pip install --trusted-host pypi.python.org -r requirements.txt

# Make port 80 available to the world outside this container
EXPOSE 80

# Define environment variable
ENV NAME World

# Run app.py when the container launches
CMD ["python", "app.py"]

[root@master mydocker]#
```

Dockerfile의 내용을 살펴보자. 베이스 이미지로 python:2.7-slim을 사용하고, 작업 디렉터리로 /app을 지정하였다. 만약 /app 디렉터리가 컨테이너 내부에 존재하지 않는다면 생성한다. 호스트의 현재 디렉터리(.)의 파일을 컨테이너의 /app으로 복사한다. pip install 명령으로 requirements.txt 파일에 기술된 패키지들을 베이스 이미지에 설치한다. 포트 번호 80을 오픈하여 컨테이너가 80 포트로 전달된 패킷을 수신할 수 있도록 지정한다.[25] 환경변수 NAME을 지정하고 값을 World로 지정하였다. 마지막으로 python app.py 커맨드가 컨테이너 시작 시에 수행된다.

Dockerfile에 기술된 requirements.txt 파일과 app.py 파일에 대해서 간단하게 살펴보자. requirements.txt 파일은 pip으로 설치할 파이썬 패키지들을 리스트하고 있다. pip 명령의 -r 옵션이 설치할 패키지 목록을 담고 있는 파일을 지정한다.

```
[root@master mydocker]# cat requirements.txt
Flask
Redis
[root@master mydocker]#
```

requirements.txt 파일에는 Flask와 Redis 패키지 목록이 기록되어 있다. Dockerfile을 통해서 Flask 패키지와 Redis 패키지를 설치하여 이미지를 생성한다. Flask는 파이썬 웹 프레임워크로 간단한 웹 사이트와 API서버를 만들 수 있다. Redis 패키지는 메모리 기반의 'Key-Value' 구조의 데이터 관리 시스템이다.[26]

---

25 Dockerfile에 EXPOSE로 포트를 지정하였다 하더라도 실제 포트가 열리는 것이 아니라 dockdr run -p 명령을 통해서 포트를 지정해야 한다.
26 Redis는 Remote Dictionary Server를 의미한다.

app.py는 Flask와 Redis를 이용한 간단한 웹서비스이다.

```
[root@master mydocker]# cat app.py

from flask import Flask
from redis import Redis, RedisError
import os
import socket

# Connect to Redis
redis = Redis(host="redis", db=0, socket_connect_timeout=2, socket_timeout=2)

app = Flask(__name__)

@app.route("/")
def hello():
    try:
        visits = redis.incr("counter")
    except RedisError:
        visits = "<i>cannot connect to Redis, counter disabled</i>"

    html = "<h3>Hello {name}!</h3>" \
            "<b>Hostname:</b> {hostname}<br/>" \
            "<b>Visits:</b> {visits}"

    return html.format(name=os.getenv("NAME", "world"),
                    hostname=socket.gethostname(), visits=visits)

if __name__ == "__main__":
    app.run(host='0.0.0.0', port=80)

[root@master mydocker]#
```

app.py의 내용을 간략하게 살펴보자. flask 패키지로부터 Flask 모듈을, redis 패키지로부터 Redis, RedisError 모듈을 **임포트**import한다. Redis 데이터베이스에 대한 연결을 하고, Flask 객체를 생성하고 객체 이름을 app으로 설정한다. 라우팅되는 곳이 /이면, hello() 함수에서 처리한 내용을 요청한 곳에 전달하여 웹 브라우저를 통해 표출되도록 한다.

hello()함수는 Redis 데이터베이스에서 counter를 하나씩 증가시킨 값을 visits에 저장하고, Redis에 접속할 수 없는 경우는 visits에 Redis에 연결할 수 없다는 메시지를 저장한다. html 변수에 출력할 HTML 내용을 저장한다. 저장할 때 사용한 변수 hostname은 gethostname() 함수를 호출하여 얻고, visits는 Redis에서 받은 visits 값으로 대체한다. 최종적으로 app.run()이 실행되어 포트 80으로 전달된 요청에 대해 hello()에서 처리한 내용을 보여준다.

master 노드에서 도커 컨테이너와 이미지에 대한 내용이 있다면 모두 삭제한다. 컨테이너와 도커 이미지가 있다면 도커 컨테이너는 docker ps rm <container id>로 이미지는 docker rmi <image id>로 삭제할 수 있다. 다음과 같이 컨테이너와 이미지가 모두 비어 있는 상태가 되도록 한다.

```
[root@master mydocker]# docker ps --all
CONTAINER ID   IMAGE     COMMAND   CREATED   STATUS   PORTS    NAMES
[root@master mydocker]#
[root@master mydocker]# docker images
REPOSITORY   TAG      IMAGE ID   CREATED   SIZE
[root@master mydocker]#
```

지금까지 Dockerfile, requirements.txt, app.py 파일을 생성하였다. 준비된 파일들을 이용하여 도커 이미지를 생성해보자. docker build 명령은 현재 디렉터리(.)에서 Dockerfile을 읽어 도커 이미지 friendlyhello를 생성한다.

```
[root@master mydocker]# ls
app.py  Dockerfile  requirements.txt
[root@master mydocker]#
[root@master mydocker]# docker build --tag=friendlyhello .
Sending build context to Docker daemon   5.12kB
Step 1/7 : FROM python:2.7-slim
...
Step 2/7 : WORKDIR /app
...
Step 3/7 : COPY . /app
...
Step 4/7 : RUN pip install --trusted-host pypi.python.org -r requirements.txt
...
Step 5/7 : EXPOSE 80

Step 6/7 : ENV NAME World
...
Step 7/7 : CMD ["python", "app.py"]

Successfully built 95b8a528a8e4
Successfully tagged friendlyhello:latest

[root@master mydocker]#
```

Dockerfile에 기술된 단계별로 이미지를 생성할 때 해당 단계가 수행된 것을 확인할 수 있다. 최종적으로 friendlyhello:latest 이미지가 생성되었다. 생성된 이미지를 확인해보자.

```
[root@master mydocker]# docker images
REPOSITORY      TAG       IMAGE ID        CREATED          SIZE
friendlyhello   latest    95b8a528a8e4    3 minutes ago    159MB
python          2.7-slim  eeb27ee6b893    19 months ago    148MB
[root@master mydocker]#
```

friendlyhello:latest 이미지는 Dockerfile을 통해 생성된 이미지이고, 이 이미지를 생성하기 위해 도커 허브로부터 python:2.7-slim 이미지가 다운로드되었다는 것을 확인할 수 있다.

friendlyhello 이미지로부터 도커 컨테이너를 다음과 같이 실행해보자.

```
[root@master mydocker]# docker run -p 4000:80 friendlyhello
 * Serving Flask app "app" (lazy loading)
 * Environment: production
   WARNING: This is a development server.
   Do not use it in a production deployment.
   Use a production WSGI server instead.
 * Debug mode: off
 * Running on http://0.0.0.0:80/ (Press CTRL+C to quit)
```

friendlyhello 컨테이너가 동작하고 있는 호스트에 포트 번호 4000으로 요청이 오면, 컨테이너의 포트 번호 80으로 매핑한 friendlyhello 컨테이너의 app.py가 요청에 대응하도록 했다. master 노드에서 수행되고 있는 friendlyhello 컨테이너는 **포그라운드**foreground로 동작하고 있기 때문에 외부에서 요청이 오면 터미널에 메시지를 확인할 수 있다.

웹 브라우저 하나를 열어, master노드의 IP 주소 192.168.56.101로 접근해보자(그림 16.18).

그림 16.18 **호스트 시스템에서 friendlyhello 컨테이너에 접근**

master 노드의 friendlyhello 컨테이너에서 표출되는 메시지를 확인해보면, vboxnet0 (192.168.56.1)을 통해 요청이 왔다는 것을 확인할 수 있다. 웹 브라우저는 Ubuntu 호스트 시스템에서 실행한 것으로 master에서 동작하고 있는 friendlyhello 컨테이너에 접근하기 위해서 vboxnet0를 통해서 요청을 한다.

```
[root@master mydocker]# docker run -p 4000:80 friendlyhello
...
* Running on http://0.0.0.0:80/ (Press CTRL+C to quit)
192.168.56.1 - - "GET / HTTP/1.1" 200 -        # 웹 브라우저에서 접근
```

worker1.cloud.org에서도 master의 컨테이너에 접근해보자. 정상적으로 master 노드의 웹 서버가 동작하고 해당 웹이 worker1 노드로 전달된 것을 확인할 수 있다.

```
[root@worker1 ~]# curl http://192.168.56.101:4000
<h3>Hello World!</h3><b>Hostname:</b> 5c4137d0e232<br/><b>Visits:</b>
 <i>cannot connect to Redis, counter disabled</i>
[root@worker1 ~]#
```

master 노드에서도 worker1 노드에서 요청이 왔다는 것을 확인할 수 있다.

```
[root@master mydocker]# docker run -p 4000:80 friendlyhello
...
* Running on http://0.0.0.0:80/ (Press CTRL+C to quit)
192.168.56.1 - - "GET / HTTP/1.1" 200 -        # 웹 브라우저에서 접근
192.168.56.102 - - "GET / HTTP/1.1" 200 -      # worker1에서 접근
```

컨테이너에서 출력되는 메시지를 확인하기 위해서 friendlyhello를 포그라운드로 실행하였다. 컨테이너를 백그라운드로 실행할 수 있는데, docker run 명령에서 -d 옵션을 이용하면 된다. 현재 실행 중인 friendlyhello를 종료하고(Ctrl+C)하고 백그라운드로 실행시켜보자.

```
^C[root@master mydocker]#
[root@master mydocker]# docker run -d -p 4000:80 friendlyhello
43755435a9f845695d645815e4036d76a99656bdf9705b0ffc0ab6449ad97442
[root@master mydocker]#
[root@master mydocker]# docker ps
CONTAINER ID    IMAGE           COMMAND         CREATED         STATUS          PORTS
NAMES
43755435a9f8    friendlyhello   "python app.py"  51 seconds ago  Up 49 seconds
0.0.0.0:4000->80/tcp, :::4000->80/tcp    zealous_hopper
[root@master mydocker]#
```

백그라운드를 실행시킬 때, 컨테이너 ID를 출력해준다. 현재 실행 중인 컨테이너를 확인해보면, 컨테이너 ID 43755435a9f8가 수행되는 것을 확인할 수 있다. 컨테이너 ID 43755435a9f8는 백그라운드로 실행되고 있는 도커 컨테이너 ID의 일부이다. 컨테이너 ID 전체를 사용할 필요는 없고, 다른 컨테이너와 구분 가능한 수준에서 일부만을 이용하여 명령을 수행할 수 있다. 현재 실행 중인 컨테이너를 ID의 일부인 4375만을 이용하여 다음과 같이 종료할 수 있다.

```
[root@master mydocker]# docker stop 4375
4375
[root@master mydocker]#
[root@master mydocker]# docker ps
CONTAINER ID    IMAGE      COMMAND    CREATED    STATUS    PORTS      NAMES
[root@master mydocker]#
```

16.3.3 도커 이미지 공유하기

지금까지 생성한 도커 이미지를 도커 허브를 통해 공유할 수 있다. 도커 이미지를 공유할 때 **리포지터리**repository와 **레지스트리**registry라는 용어가 나오는데, 리포지터리는 **도커 이미지를 모아놓은 것**collection of image이고, 레지스트리는 **리포지터리를 모아놓은 것**collection of repository이다.

먼저 도커 허브(https://hub.docker.com/)에 [Sign Up]을 통해 계정을 생성해야 한다(그림 16.19).

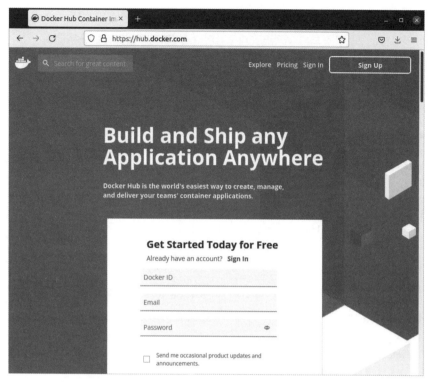

그림 16.19 **도커 허브 사이트 계정 생성**

계정을 생성했다면, 터미널을 통해서도 로그인할 수 있는데, 도커가 설치된 master 노드에서 도커 허브에 로그인해보자.[27]

```
[root@master mydocker]# docker login
...
Username: linuxphil              # 도커 허브 id 입력
Password:                        # 도커 허브 패스워드 입력
...
Login Succeeded
[root@master mydocker]#
```

로컬에 생성한 도커 이미지를 도커 허브에 등록하기 위해서는 이미지에 docker tag 명령으로 **태깅** tagging을 해야 한다. docker tag 명령은 다음과 같다.

docker tag SOURCE_IMAGE[:TAG] TARGET_IMAGE[:TAG]

---

27 도커 허브의 본인의 계정을 이용해야 한다.

SOURCE_IMAGE는 로컬에 있는 이미지이고 TARGET_IMAGE는 도커 허브에 업로드될 이미지이다. 도커 허브에 이미지는 도커 허브의 계정명, 리포지터리, 이미지 이름으로 구분할 수 있다. 따라서, friendlyhello 이미지를 도커 허브에 linuxphil계정의 mydocker 리포지터리에 webdocker 이미지로 업로드한다고 하면 다음과 같이 태깅할 수 있다.

```
[root@master mydocker]# docker tag friendlyhello linuxphil/mydocker:webdocker
[root@master mydocker]#
[root@master mydocker]# docker images
REPOSITORY            TAG         IMAGE ID        CREATED            SIZE
friendlyhello         latest      2c4d93da363d    About an hour ago  159MB
linuxphil/mydocker    webdocker   2c4d93da363d    About an hour ago  159MB
python                2.7-slim    eeb27ee6b893    19 months ago      148MB
[root@master mydocker]#
```

도커 이미지 linuxphil/mydocker:webdocker가 새로 생성된 것을 확인할 수 있다. 이 이미지는 friendlyhello:latest 이미지와 동일한 이미지 ID(2c4d93da363d)를 갖고 모든 것이 동일하다.

도커 허브로 webdocker 이미지를 docker push 명령으로 등록해보자.

```
[root@master mydocker]# docker push linuxphil/mydocker:webdocker
The push refers to repository [docker.io/linuxphil/mydocker]
...
webdocker: digest: sha256:33401203ba946e875e5b95448b0e25f4fdcb9783fba070d3be75a3ec4170415e
size: 1788
[root@master mydocker]#
```

webdocker가 성공적으로 도커 허브에 업로드되었는지 도커 허브 웹 사이트에서 확인해보자(그림 16.20). mydocker 리포지터리가 생성되었고, 리포지터리에 webdocker가 등록되어 있는 것을 확인할 수 있다.

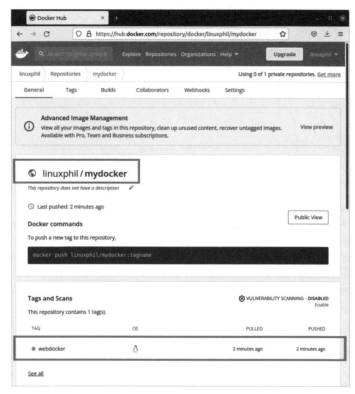

그림 16.20 **도커 허브에 webdocker 등록 확인**

도커 허브에 이미지가 정상적으로 등록되었기 때문에, 로컬의 이미지를 이용하는 것이 아니라 도커 허브에서 직접 이미지를 다운로드해 컨테이너를 생성할 수 있다. 도커 허브로부터 컨테이너를 실행하기 위해서 로컬에 존재하는 이미지와 컨테이너를 모두 삭제한다.

```
[root@master mydocker]# docker images
REPOSITORY          TAG         IMAGE ID        CREATED         SIZE
friendlyhello       latest      2c4d93da363d    2 hours ago     159MB
linuxphil/mydocker  webdocker   2c4d93da363d    2 hours ago     159MB
python              2.7-slim    eeb27ee6b893    19 months ago   148MB
[root@master mydocker]#
[root@master mydocker]# docker rm $(docker ps -a -q)
...
[root@master mydocker]#
[root@master mydocker]# docker image prune -a
WARNING! This will remove all images without at least one container associated to them.
Are you sure you want to continue? [y/N] y
Deleted Images:
...
[root@master mydocker]# docker images
```

```
REPOSITORY    TAG       IMAGE ID    CREATED    SIZE
[root@master mydocker]#
```

로컬 리포지터리에 어떠한 이미지도 컨테이너도 존재하지 않는다. 이제 도커 허브에서 webdocker를
다운로드해 컨테이너를 실행시켜보자.

```
[root@master mydocker]# docker run -p 4000:80 linuxphil/mydocker:webdocker
Unable to find image 'linuxphil/mydocker:webdocker' locally
webdocker: Pulling from linuxphil/mydocker
...
Status: Downloaded newer image for linuxphil/mydocker:webdocker
    * Serving Flask app "app" (lazy loading)
    * Environment: production
    WARNING: This is a development server. Do not use it in a production deployment.
    Use a production WSGI server instead.
    * Debug mode: off
    * Running on http://0.0.0.0:80/ (Press CTRL+C to quit)
```

정상적으로 동작하는 것을 확인할 수 있다. worker1 노드에서 master 노드의 webdocker 컨테이너
로 접근해보면, 로컬에서 빌드한 이미지로 실행했던 것과 동일한 결과를 확인할 수 있다.

```
[root@worker1 ~]# curl http://192.168.56.101:4000
<h3>Hello World!</h3><b>Hostname:</b> 0a3eeda66475<br/><b>Visits:</b>
<i>cannot connect to Redis, counter disabled</i>
[root@worker1 ~]#
```

```
[root@master mydocker]# docker run -p 4000:80 linuxphil/mydocker:webdocker
...
    * Running on http://0.0.0.0:80/ (Press CTRL+C to quit)
192.168.56.102 - - "GET / HTTP/1.1" 200 -      # worker1에서 접근
```

16.3.4 도커 서비스

대규모 서비스를 위해 컨테이너들이 생성되고 실행될 수 있는데, 컨테이너들이 동일한 목적을 위해
수행될 때 컨테이너들은 하나의 서비스 내에 있다고 한다. 즉, 서비스에는 여러 컨테이너가 수행되고
있고, 컨테이너는 모두 동일한 이미지에서 생성된 것이다. 특히 서비스에서 실행되는 컨테이너를 **태스
크**task라고 한다.

하나의 서비스 내에서 동작하는 컨테이너들은 동일한 호스트에서 동작할 필요는 없다. 예를 들어, 웹 서비스를 생각해보자. 웹 서비스에 포함된 웹 서버 컨테이너가 있고, 이 웹 서버 컨테이너를 통해서 수많은 외부의 요청을 대응한다고 할 때, 웹 서버에 접근이 단기간에 급증할 때 웹 서버를 다른 호스트에 위치시키고 대응하도록 하여 로드가 적절하게 분산되도록 구성해야 한다.

이처럼 여러 호스트에 적절하게 로드를 분산하기 위해서는 호스트들을 **도커 스웜**Docker swarm을 통해 클러스터로 구성해야 하고 클러스터에서 제공할 서비스의 확대와 축소는 `docker-compose.yml` 파일을 통해서 정의할 수 있다.

여러 컨테이너가 포함될 수 있는 서비스는 하나가 아닌 여러 개가 있을 수 있다. 상호 연계된 서비스들의 집합을 **스택**stack이라고 한다. 서비스 스택은 도커 스웜에서 동작한다. 그림 16.21은 도커 아키텍처에서 서비스, 스택, 스웜 간의 관계를 보여준다.

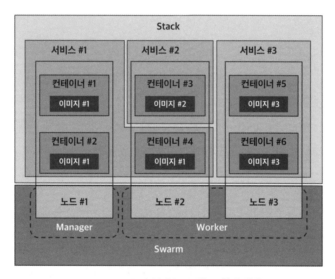

그림 16.21 **도커 서비스, 스택, 스웜의 관계**

도커 스택 내에서 서비스와 서비스들 간의 연계, 그리고 서비스들이 얼마만큼 실행되어야 하는지 `docker-compose.yml` 파일을 통해서 정의할 수 있다. **도커 컴포즈**Docker compose는 여러 개의 서비스를 한 번에 정의할 수 있도록 해준다. webdocker 이미지를 이용하여 서비스를 구성해보자. `docker-compose.yml` 파일을 다음과 같이 작성한다.

```
[root@master mydocker]# cat docker-compose.yml

version: "3"
```

```
services:
    web:
        # replace username/repo:tag with your name and image details
        image: linuxphil/mydocker:webdocker
        deploy:
            replicas: 5
            resources:
                limits:
                    cpus: "0.1"
                    memory: 50M
            restart_policy:
                condition: on-failure
        ports:
            - "4000:80"
        networks:
            - webnet
networks:
    webnet:

[root@master mydocker]#
```

docker-compose.yml 파일에 기술된 내용을 살펴보면, 도커 컴포즈의 버전은 3이고, web 서비스를 지정하고 있다. web 서비스는 도커 허브에서 webdocker를 이용하고, 최대 5개의 인스턴스를 만들고 CPU 사용율은 10%, 메모리는 50MB로 제약한다. 서비스 내의 컨테이너에 문제가 생기면, 재시작하고 호스트의 포트 4000과 컨테이너 포트 80을 매핑한다. 로드 밸런싱 네트워크 webnet은 포트 80을 공유한다.

여러 워커 노드들을 연결하여 오케스트레이션하는 방법과 여러 서비스들을 하나의 스택으로 관리하는 예는 16.4절과 16.4.3절에서 좀 더 자세히 알아보고, 여기에서는 단순하게 하나의 노드로 구성된 도커 스웜과 하나의 서비스로 구성된 도커 스택을 살펴보자.

서비스들의 모임을 스택이라고 했다. docker-compose.yml 파일을 이용해서 스택을 생성해보자. 스택에는 하나의 서비스만 존재한다. 스택은 도커 스웜에서 동작하므로, 도커 스웜 하나를 생성해야 한다.

```
[root@master mydocker]# docker swarm init --advertise-addr 192.168.56.101
Swarm initialized: current node (osjfjnde9w7mwt9niz2gu3ci1) is now a manager.

To add a worker to this swarm, run the following command:

    docker swarm join --token SWMTKN-1-5khhrartax6mwc0q0677deursmrrya3cv5cvub0getqdcy0msk-
2uwv5sjhkg6j322z8q6pzblwp 192.168.56.101:2377
```

```
To add a manager to this swarm, run 'docker swarm join-token manager' and follow the
instructions.

[root@master mydocker]#
```

도커 스웜은 매니저 노드와 워커 노드들로 구성되는데, master 노드를 매니저 노드로 지정하였다.
현재 도커 스웜은 하나의 노드를 가진 클러스터라고 볼 수 있다. 도커 스웜이 생성되었기 때문에 도
커 스웜에서 동작하는 서비스를 지정할 수 있다. docker stack 명령을 사용하여 서비스를 도커 스
웜에 **전개**deploy할 수 있다.[28]

```
[root@master mydocker]# docker stack deploy -c docker-compose.yml stacklab
Creating network stacklab_webnet
Creating service stacklab_web
[root@master mydocker]#
[root@master mydocker]# docker service ls
ID            NAME          MODE         REPLICAS  IMAGE                         PORTS
eka3348hd6gc  stacklab_web  replicated   5/5       linuxphil/mydocker:webdocker  *:4000->80/tcp
[root@master mydocker]#
```

stacklab_webnet 네트워크가 생성되었고 stacklab_web 서비스가 생성되었다. docker-compose.
yml에서 replicas: 항목을 5로 지정하였기 때문에 REPLICAS가 5/5로 표시되는데 총 5개의 인스턴
스가 동작하고 있음을 말해준다.

stacklab 스택과 연계된 서비스들만으로 한정하여 확인할 수도 있다. 서비스는 여러 개의 컨테이너
로 구성되고 서비스 내에서 실행되고 있는 컨테이너들을 태스크라고 했다. 서비스 내에서 실행되고
있는 태스크를 확인해보자.

```
[root@master mydocker]# docker service ps stacklab_web
ID            NAME            IMAGE      NODE    DESIRED STATE  CURRENT STATE  ERROR  PORTS
xqpqdmxy27rd  stacklab_web.1  webdocker  master  Running        Running
brjue29gtk0h  stacklab_web.2  webdocker  master  Running        Running
fx1y0iuk8f1k  stacklab_web.3  webdocker  master  Running        Running
iz3myspauzge  stacklab_web.4  webdocker  master  Running        Running
nn6uco6dpcjc  stacklab_web.5  webdocker  master  Running        Running
[root@master mydocker]#
```

---

28 도커 스웜이 동작하고 있지 않으면 docker stack 명령을 통해서 서비스를 실행할 수 없다.

총 5개의 태스크가 stacklab_web 서비스 내에서 실행 중인 것을 확인할 수 있다. 컨테이너가 실행되고 있기 때문에 docker ps 명령으로도 확인할 수 있다. docker service 명령을 통해 나온 결과와 비교해보기 바란다. docker service에서 보이는 ID는 태스크 ID인 반면, docker ps의 ID는 컨테이너 ID로 서로 다르다.

```
[root@master mydocker]# docker ps
CONTAINER ID   IMAGE       COMMAND          CREATED         STATUS   PORTS     NAMES
ef9806d91482   webdocker   "python app.py"  15 minutes ago  Up       80/tcp    stacklab_web.4
8e3adfb5f1b7   webdocker   "python app.py"  15 minutes ago  Up       80/tcp    stacklab_web.3
906aeae129eb   webdocker   "python app.py"  15 minutes ago  Up       80/tcp    stacklab_web.1
c84c12bb343e   webdocker   "python app.py"  15 minutes ago  Up       80/tcp    stacklab_web.5
66bd69cdcae0   webdocker   "python app.py"  15 minutes ago  Up       80/tcp    stacklab_web.2
[root@master mydocker]#
```

다음 예제를 위해서 컨테이너 ID만을 다음과 같이 추출해보자. docker ps 명령에서 -q 옵션은 컨테이너 ID를 의미한다. 따라서 현재 실행 중인 컨테이너의 ID를 출력해준다. stacklab_web 서비스에 총 5개의 컨테이너가 동작하고 있기 때문에 5개의 컨테이너 ID를 확인할 수 있다.

```
[root@master mydocker]# docker ps -q
ef9806d91482
8e3adfb5f1b7
906aeae129eb
c84c12bb343e
66bd69cdcae0
[root@master mydocker]#
```

웹 브라우저를 통해서 master 노드에 접근해보자. master 노드에는 app.py가 수행되고 있고 master 노드의 4000포트로 요청에 대응한다. app.py는 단순하게 Hostname과 Visits 정보를 되돌려준다. 여기에서 Hostname의 변화를 확인해야 한다. 컨테이너는 독립된 UTSUNIX Time Sharing 네임스페이스를 갖기 때문에 독립된 호스트이름을 갖게 된다. 총 5개의 컨테이너가 stacklab_web 서비스로 동작하고 있고 이 서비스는 현재 1개 노드로 구성된 도커 스웜에서 수행되고 있다. 도커 스웜은 로드밸런싱을 해주기 때문에, 웹 브라우저를 통해서 master 노드에 접근할 때마다 stacklab_web 서비스 내에 수행되는 컨테이너에게 적절하게 로드를 분산하게 된다. 웹 브라우저를 통해 master 노드에 4000번으로 요청을 하면 매번 Hostname이 변경되는 것을 확인할 수 있다(그림 16.22).

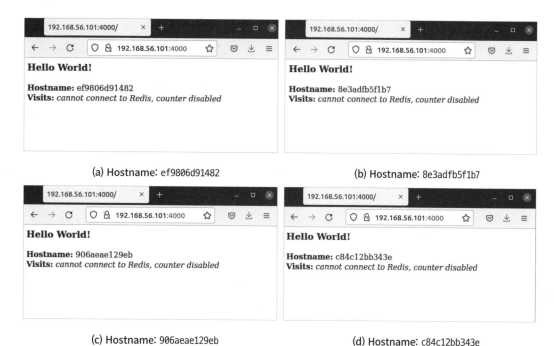

(a) Hostname: ef9806d91482   (b) Hostname: 8e3adfb5f1b7

(c) Hostname: 906aeae129eb   (d) Hostname: c84c12bb343e

그림 16.22 **stacklab_web 웹서비스 접근 시 로드 밸런싱(단일 노드)**

stacklab_web 서비스에 5개의 컨테이너가 생성되었는데, docker-compose.yml에 지정된 replicas 의 값이 5였기 때문이다. 이 값을 2로 변경하여 서비스에 생성되는 컨테이너 수를 동적으로 조정해 보자. docker-compose.yml을 복사하여 docker-compose-new.yml을 만들고, replicas의 값을 2로 수정하였다.

```
[root@master mydocker]# cp docker-compose.yml docker-compose-new.yml
[root@master mydocker]#
[root@master mydocker]# vi docker-compose-new.yml   # modify replicas: 2
[root@master mydocker]#
[root@master mydocker]# diff docker-compose.yml docker-compose-new.yml
8c8
<       replicas: 5
---
>       replicas: 2
[root@master mydocker]#
```

새로운 도커 컴포즈 파일 docker-compose-new.yml을 이용하여 스택 stacklab을 업데이트해보고, 컨테이너의 개수를 docker ps -q 명령으로 연속적으로 확인해본다.

```
[root@master mydocker]# docker stack deploy -c docker-compose-new.yml stacklab
```

```
Updating service stacklab_web (id: eka3348hd6gc6wqox6sul0x8g)
...
[root@master mydocker]#
[root@master mydocker]# docker ps -q
ef9806d91482
8e3adfb5f1b7
906aeae129eb
c84c12bb343e
66bd69cdcae0
[root@master mydocker]#
[root@master mydocker]# docker ps -q
906aeae129eb
66bd69cdcae0
[root@master mydocker]#
```

5개의 컨테이너가 2개로 축소된 것을 확인할 수 있다. 이처럼 도커 컴포즈 파일을 이용하여 도커 서비스 내의 컨테이너 수를 동적으로 수정할 수 있다.

현재까지 살펴본 예제는 하나의 스택에 하나의 서비스를 만들고 서비스에는 5개의 컨테이너가 수행되었다. 컨테이너는 한 개 노드로 구성된 도커 스웜에서 수행되었는데, master 노드에 접근하는 요청을 5개의 컨테이너를 이용하여 로드 밸런싱을 했다. 컨테이너의 수를 도커 컴포즈 파일을 이용하여 동적으로 변경할 수 있었지만, 컨테이너 인프라스트럭처가 확장되는 환경에서는 좀 더 좋은 방법이 필요하다. 여러 노드를 클러스터로 연결하고 여러 노드에서 로드 밸런싱을 하는 방법에 대해서도 알아볼 것이다.

다음 예제를 위해서 dockerlab 스택과 도커 스웜 노드를 다음과 같이 해제한다.

```
[root@master mydocker]# docker stack ls
NAME        SERVICES   ORCHESTRATOR
stacklab    1          Swarm
[root@master mydocker]#
[root@master mydocker]# docker stack rm stacklab
Removing service stacklab_web
Removing network stacklab_webnet
[root@master mydocker]#
[root@master mydocker]# docker stack ls
NAME        SERVICES   ORCHESTRATOR
[root@master mydocker]#
[root@master mydocker]# docker node ls
ID                          HOSTNAME          STATUS  AVAILABILITY  MANAGER STATUS  ENGINE VERSION
6a8j70qcnzjnjvi688rh *      master.cloud.org  Ready   Active        Leader          20.10.10
[root@master mydocker]#
```

```
[root@master mydocker]# docker swarm leave --force
Node left the swarm.
[root@master mydocker]#
```

docker swarm 명령의 --force 옵션은 도커 스웜에서 매니저 노드를 해제시킨다.

16.4 도커 스웜

16.4.1 도커 오케스트레이션 툴

도커는 하나의 이미지를 통해 여러 컨테이너를 생성하여 실행할 수 있었다. 컨테이너를 사용하여 쉽게 배포할 수 있었지만, 컨테이너의 수가 많아지고 서비스가 복잡해질수록 규모에 따른 고려해야 할 사항이 발생하게 된다.

- 컨테이너의 라이프 사이클을 쉽게 관리하는 방법
- 서비스 규모에 따른 컨테이너 수의 동적 제어
- 문제가 발생한 컨테이너에 대한 정책
- 컨테이너 라이브 업데이트

이러한 고려사항을 해결하기 위한 것이 바로 오케스트레이션orchestration 툴이다. 컨테이너 오케스트레이션 툴은 다양한데, 대표적으로 다음과 같은 종류가 있다.

- **쿠버네티스**Kubernetes: 구글에서 개발하여 오픈소스로 공개한 툴이다. 구글의 대규모 컨테이너 인프라스트럭처 관리에 활용된 만큼 오케스트레이션 툴로 가장 인지도가 높다. 내장된 기능이 많은 만큼 도입에 필요한 시간이 필요하며 작은 규모의 프로젝트에는 적합하지 않을 수 있다.
- **도커 스웜**Docker swarm: 도커에서 제공하는 툴로 도커 외에 별도의 툴을 설치할 필요가 없다. 다른 오케스트레이션 툴 대비 쉽게 접근이 가능하지만 대규모의 컨테이너 인프라스트럭처에서는 적합하지 않을 수 있다.
- **아파치 메소스**Apache Mesos: 아파치 재단에서 개발하였으며 트위터, 애플, 우버 등에서 사용된 만큼 대규모의 컨테이너 인프라스트럭처에 적합하고 자원 최적화 기능을 포함하고 있다. 쿠버네티스와 마찬가지로 학습에 시간이 필요하여 작은 규모의 프로젝트에 적합하지 않을 수도 있고 **Marathon**이라는 프레임워크가 컨테이너 관리에 추가적으로 필요하다.

이번 절에서는 도커 스웜 오케스트레이션 툴에 대해서 살펴볼 것이다. 도커 스웜을 구성하기 전에,

오케스트레이션 툴이 제공하는 기능들을 요약하면 다음과 같다.

- **스케줄링**scheduling: 도커 서비스를 위해 생성된 컨테이너들을 도커 스웜의 노드들에 적절하게 배치
- **고가용성**high availability: 도커 스웜을 구성하는 노드를 관리하는 매니저 노드를 여러 개 둘 수 있어 매니저 노드에 문제가 발생해도 서비스의 안정성 확보
- **멀티 호스트 네트워크**multi-host network: 오버레이 네트워크를 통해 도커 스웜 내의 여러 노드들을 하나의 네트워크로 연결하고 컨테이너별로 독립된 IP를 부여
- **서비스 디스커버리**service discovery: 특정 컨테이너가 수행되는 호스트를 찾을 수 있는 기능
- **순차적 업데이트**rolling update: 서비스 내의 태스크를 한 번에 업데이트하지 않고 시간을 설정하여 태스크를 순차적으로 업데이트하는 기능
- **상태 체크**health check: 컨테이너와 특정 프로세스가 정상적으로 동작하고 있는지 검사하는 기능.
- **비밀값 저장**secret management: 비밀번호를 저장할 수 있는 기능
- **로깅**logging: 도커 스웜 내의 실행 중인 서비스의 로그를 확인할 수 있는 기능
- **모니터링**monitoring: **프로메테우스**Prometheus와 **그라파나**Grafana를 이용한 모니터링 기능

컨테이너 오케스트레이션 툴인 도커 스웜을 여러 호스트에 적절하게 로드를 분산하기 위해서 호스트들을 클러스터로 구성해야 하고 **도커 컴포즈**Docker compose 파일을 통해서 클러스터에서 제공할 서비스의 규모를 정의한다.

그림 16.23은 도커 스웜의 구조를 보여준다.[29]

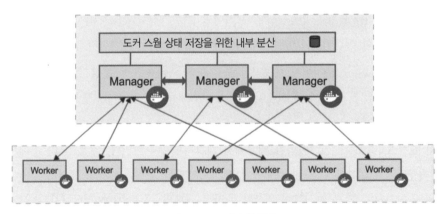

그림 16.23 **도커 스웜 구조**

---

29 https://hendro-wibiksono.web.id/2020/08/18/install-docker-swarm-di-ubuntu-16-04/

16.4.2 도커 스웜을 통한 서비스 구축

도커 스웜은 매니저 노드와 워커 노드로 구성되는데, 워커 노드와 매니저 워커 노드들을 클러스터로 구성하고 매니저 노드가 클러스터를 관리한다. docker swarm 명령으로 master 노드를 도커 스웜의 매니저 노드로 생성해보자.

```
[root@master mydocker]# docker swarm init --advertise-addr 192.168.56.101
Swarm initialized: current node (ncuxyqx0w9fd8qmcshk3s4qbl) is now a manager.

To add a worker to this swarm, run the following command:

    docker swarm join --token
    SWMTKN-1-3413g7wj37hly1gvytqjcymt6nb7svvpdk9eyfygpeuq5tn88b-c2t7smq0u22g97gld1mpfvpc4
    192.168.56.101:2377

To add a manager to this swarm, run 'docker swarm join-token manager'
and follow the instructions.

[root@master mydocker]#
```

워커 노드를 도커 스웜에 추가해보자. 매니저 노드를 만들 때 출력되는 메시지에 워커 노드를 추가하는 방법이 나와있다. worker1과 worker2에 도커를 실행하기 위해 필요한 패키지들을 설치해야 한다. 패키지가 설치되지 않았다면 docker swarm 명령이 수행되지 않는다. 패키지 설치는 master 노드에 도커 관련 패키지와 동일하게 다음과 같이 설치한다.

```
# worker1, worker2

[root@worker1 ~]# docker swarm join --token \
    SWMTKN-1-3413g7wj37hly1gvytqjcymt6nb7svvpdk9eyfygpeuq5tn88b-c2t7smq0u22g97gld1mpfvpc4 \
    192.168.56.101:2377
-bash: docker: command not found
[root@worker1 ~]#
[root@worker1 ~]# yum install -y yum-utils device-mapper-persistent-data lvm2
[root@worker1 ~]#
[root@worker1 ~]# yum-config-manager --add-repo \
                https://download.docker.com/linux/centos/docker-ce.repo
[root@worker1 ~]#
[root@worker1 ~]# yum install docker-ce docker-ce-cli containerd.io
[root@worker1 ~]#
[root@worker1 ~]# systemctl start docker
```

worker1과 worker2에 도커 관련 패키지 설치가 완료되었다면, worker1과 worker2 노드를 도커 스웜의 워커 노드로 추가한다.

```
# worker1 node

[root@worker1 ~]# docker swarm join --token \
    SWMTKN-1-3413g7wj37hly1gvytqjcymt6nb7svvpdk9eyfygpeuq5tn88b-c2t7smq0u22g97gld1mpfvpc4 \
    192.168.56.101:2377
This node joined a swarm as a worker.
[root@worker1 ~]#


# worker2 node

[root@worker2 ~]# docker swarm join --token \
    SWMTKN-1-3413g7wj37hly1gvytqjcymt6nb7svvpdk9eyfygpeuq5tn88b-c2t7smq0u22g97gld1mpfvpc4 \
    192.168.56.101:2377
This node joined a swarm as a worker.
[root@worker2 ~]#
```

master 노드에서 도커 스웜에 포함된 노드들을 docker node 명령으로 확인할 수 있는데, 도커 스웜에 총 3개의 노드가 있다.

```
[root@master mydocker]# docker node ls
ID                          HOSTNAME            STATUS   AVAILABILITY   MANAGER STATUS
ENGINE VERSION
ncuxyqx0w9fd8qmcshk3s4qbl * master.cloud.org    Ready    Active         Leader
20.10.10
mt069ubxh48761yvxdfqitewc   worker1.cloud.org   Ready    Active
20.10.10
l3oxl0nr1sci6gymt527j6qet   worker2.cloud.org   Ready    Active
20.10.10
[root@master mydocker]#
```

서비스를 생성할 때 도커 컴포즈(docker-compose.yml)를 사용하였다. replicas 값을 통해서 로드 밸런싱을 했었다. 하지만, 도커 스웜이 1개의 노드로만 구성되어 있었기 때문에, 하나의 노드에서 동작하는 컨테이너들이 서비스에 대한 요청에 대응하였다. 현재 구성된 도커 스웜은 3개의 노드로 구성되었기 때문에 하나의 서비스에 포함된 컨테이너들이 3개의 노드에 분산 배치되고 따라서 서비스 요청에 대해서도 3개 노드에 분산된 컨테이너들이 대응하게 된다. 로드 밸런싱 관점에서 기존 단일 노드보다 안정적이고 노드에 문제가 발생했을 때 대응력을 높일 수 있다.

docker-compose.yml을 복사하여 docker-compose-3nodes.yml을 만든다. docker-compose-3nodes.yml 내용은 기존과 동일하게 replicas의 값을 5로 설정한다.

```
[root@master mydocker]# cp docker-compose.yml docker-compose-3nodes.yml
[root@master mydocker]#
[root@master mydocker]# cat docker-compose-3nodes.yml

version: "3"
services:
    web:
        # replace username/repo:tag with your name and image details
        image: linuxphil/mydocker:webdocker
        deploy:
            replicas: 5
            resources:
                limits:
                    cpus: "0.1"
                    memory: 50M
            restart_policy:
                condition: on-failure
        ports:
            - "4000:80"
        networks:
            - webnet
networks:
    webnet:

[root@master mydocker]#
```

docker-compose-3nodes.yml을 이용하여 stacklab 스택을 생성해보자. 도커 컴포즈 파일에 기술한 것처럼 stacklab 스택에는 web 서비스가 포함되고 web 서비스는 총 5개의 태스크가 생성된다.

```
[root@master mydocker]# docker stack deploy -c docker-compose-3nodes.yml stacklab
Creating network stacklab_webnet
Creating service stacklab_web
[root@master mydocker]#
[root@master mydocker]# docker stack ls
NAME        SERVICES    ORCHESTRATOR
stacklab    1           Swarm
[root@master mydocker]#
[root@master mydocker]# docker service ls
ID            NAME           MODE        REPLICAS   IMAGE                          PORTS
cs6hbg8u6v5l  stacklab_web   replicated  5/5        linuxphil/mydocker:webdocker   *:4000->80/tcp
[root@master mydocker]#
```

```
[root@master mydocker]# docker stack ps stacklab
ID              NAME             IMAGE       NODE      DESIRED STATE   CURRENT STATE   ERROR   PORTS
ym70ik9wv4sw    stacklab_web.1   webdocker   master    Running         Running
r02rqtb1l8mq    stacklab_web.2   webdocker   worker1   Running         Running
mc6hxvib1mvy    stacklab_web.3   webdocker   worker2   Running         Running
sfk57sxl8sbp    stacklab_web.4   webdocker   master    Running         Running
fosls4rm2xzx    stacklab_web.5   webdocker   worker1   Running         Running
[root@master mydocker]#
```

stacklab 스택 내에 web 서비스인 stacklab_web 서비스가 생성되었고, stacklab에서 수행되고 있는 5개의 태스크들을 확인할 수 있다. 서비스 내에 있는 태스크는 stacklab_web.1부터 stacklab_web.5로, master에 2개, worker1에 2개, worker2에 1개가 할당된 것을 확인할 수 있다.

stacklab_web 서비스의 5개 태스크들은 컨테이너로 각각 대응되기 때문에 master 노드와 worker1에 각각 2개의 컨테이너가 수행되고 worker1에는 1개의 컨테이너가 수행되고 있어야 한다. docker ps -q 명령으로 각각의 노드에서 다음과 같이 확인해보자.

```
# master node
[root@master mydocker]# docker ps -q
cb939c433c49
8db0b4de113e
[root@master mydocker]#

# worker1 node
[root@worker1 ~]# docker ps -q
eee0439b2a9d
4eb08b787df6
[root@worker1 ~]#

#worker 2 node
[root@worker2 ~]# docker ps -q
bd7c80f6246e
[root@worker2 ~]#
```

5개의 컨테이너가 3개의 스웜 노드에서 분산되어 동작하고 있다. 이제, 웹 브라우저를 통해서 각각의 노드들에 적절하게 분산되어 요청되는지 확인해보자. 각각의 노드에 보이는 컨테이너 ID가 stacklab_web 서비스에서 리턴해주는 Hostname이다. 따라서 웹 브라우저를 **새로고침**refresh할 때마다 Hostname값이 변경되어야 한다(그림 16.24).

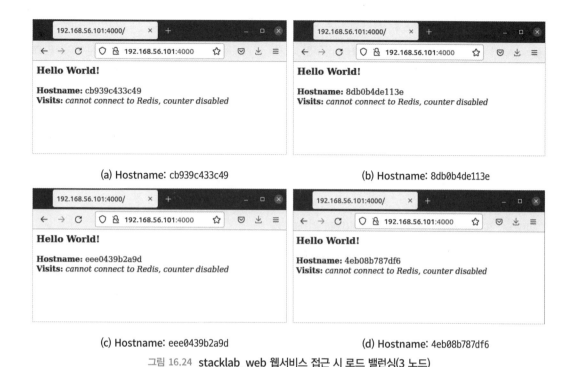

(a) Hostname: cb939c433c49   (b) Hostname: 8db0b4de113e

(c) Hostname: eee0439b2a9d   (d) Hostname: 4eb08b787df6

그림 16.24 **stacklab_web 웹서비스 접근 시 로드 밸런싱(3 노드)**

stacklab_web 서비스에 접근하기 위해서는 master 노드의 IP 주소 192.168.56.101을 사용했다. 도커 스웜에서 동작하는 서비스는 도커 스웜에 포함된 어떠한 노드의 IP 주소를 통해서도 서비스를 받을 수 있다. worker1과 worker2의 IP 주소를 통해서 stacklab_web 서비스에 웹 브라우저를 통해 접근해보자.

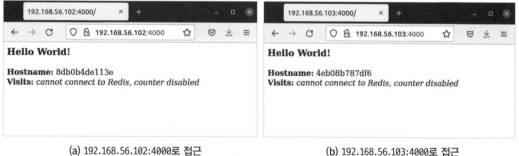

(a) 192.168.56.102:4000로 접근   (b) 192.168.56.103:4000로 접근

그림 16.25 **worker1, worker2를 통한 stacklab_web 웹서비스 접근**

그림 16.25는 worker1과 worker2의 IP 주소로 접근한 결과를 보여준다. master 노드의 IP 주소로 접근한 결과와 동일한 결과를 보여주며 로드 밸런싱 또한 수행되고 있는 것을 확인할 수 있다.

이처럼 서로 다른 IP 주소로 접근해도 동일한 결과를 얻을 수 있는 이유는 도커 스웜에 속한 worker1과 worker2 노드들이 **인그레스 라우팅 메시**ingress routing mesh에 포함되기 때문이다. **인그레스**ingress는 '진입', '입구'와 같은 의미를 갖고 있다. 즉, 도커 스웜에 속한 노드들이 외부에서 쉽게 접근할 수 있도록 모든 노드가 인그레스라고 불리는 가상 네트워크에 속해있다. master, worker1, worker2 노드에서 도커 네트워크를 확인해보면, 모든 노드들이 ingress 네트워크에 포함된 것을 확인할 수 있다.

```
# master node
[root@master mydocker]# docker network ls --filter scope=swarm
NETWORK ID        NAME              DRIVER      SCOPE
0k9q1fjlm84y      ingress           overlay     swarm
ux6bcc84rl34      stacklab_webnet   overlay     swarm
[root@master mydocker]#

# worker1 node
[root@worker1 ~]# docker network ls --filter scope=swarm
NETWORK ID        NAME              DRIVER      SCOPE
0k9q1fjlm84y      ingress           overlay     swarm
ux6bcc84rl34      stacklab_webnet   overlay     swarm
[root@worker1 ~]#

# worker2 node
[root@worker2 ~]# docker network ls --filter scope=swarm
NETWORK ID        NAME              DRIVER      SCOPE
0k9q1fjlm84y      ingress           overlay     swarm
ux6bcc84rl34      stacklab_webnet   overlay     swarm
[root@worker2 ~]#
```

도커 스웜에 2개의 **오버레이 네트워크**overlay network ingress와 stacklab_webnet을 확인할 수 있다. stacklab_webnet 오버레이 네트워크는 도커 스택 내의 서비스간 통신을 위해 생성한 네트워크이다. 이 부분은 **16.4.3**절에서 알아보도록 하고 ingress 오버레이 네트워크에 대해서 살펴보자.

오버레이 네트워크는 도커 스웜에 참여하는 도커 데몬 간의 통신을 위한 것이다. 오버레이가 의미하는 것처럼 도커 스웜에 참여된 노드들을 하나의 네트워크 내에 두는 것이다. 그림 16.26은 stacklab_web 서비스를 위해 구성한 도커 스웜과 ingress 오버레이 네트워크의 구성을 보여준다.

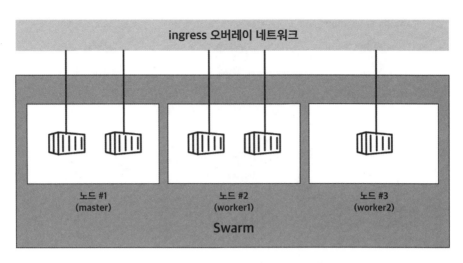

그림 16.26 **ingress 네트워크와 도커 스웜**

ingress 네트워크는 서로 다른 IP 주소로 서비스에 접근할 때 **라우팅 메시**를 이용하여 도커 스웜에 포함된 모든 노드에서 동일한 포트를 오픈하여 어떤 노드에 요청을 하더라도 노드에서 동작하는 태스크 컨테이너가 대응을 한다. docker-compose-3nodes.yml에 기술된 것처럼 외부에 포트 번호 4000을 오픈하였다. 도커 스웜에 속한 모든 노드들은 포트 번호 4000이 외부에 오픈 된다. netstat 명령을 통해서 오픈된 포트를 다음과 같이 확인할 수 있다.

```
# master node
[root@master mydocker]# netstat -tulnp | grep 4000
tcp6      0      0 :::4000     :::*      LISTEN      1078/dockerd
[root@master mydocker]#

# worker1 node
[root@worker1 ~]# netstat -tulnp | grep 4000
tcp6      0      0 :::4000     :::*      LISTEN      964/dockerd
[root@worker1 ~]#

# worker2 node
[root@worker2 ~]# netstat -tulnp | grep 4000
tcp6      0      0 :::4000     :::*      LISTEN      960/dockerd
[root@worker2 ~]#
```

ingress 오버레이 네트워크를 통해서 stacklab_web 서비스에 대한 요청을 서비스에 속한 5개의 컨테이너가 로드 밸런싱을 하면서 대응하게 된다. 그림 16.27은 ingress 네트워크를 통한 로드 밸런싱 개념을 보여준다.

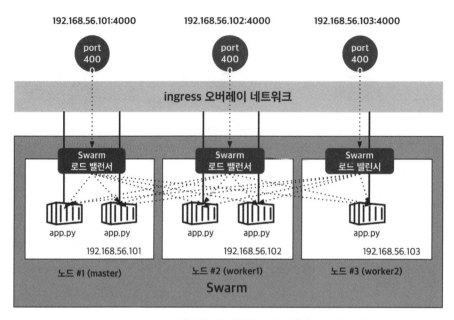

그림 16.27 ingress 네트워크를 이용한 도커 스웜의 로드 밸런싱

16.4.3 도커 스택

도커 스택에 대해서 알아보자. 도커 스택은 관련된 서비스들을 모아놓은 그룹으로 생각하면 된다. 지금까지 살펴본 stacklab 스택에는 하나의 서비스 stacklab_web만 존재하였다. 만약에 외부에서 stacklab_web의 웹에 접근한 수를 카운트하는 기능을 추가하고 카운트를 관리하는 별도의 서비스를 사용한다면, 두 서비스는 목적에 부합되게 상호 연계되어야 하고 서비스를 스케일업하고 다운할 때도 두 서비스는 같이 고려되어야 한다.

새로운 도커 컴포즈 파일을 이용하여 도커 스택을 만들기 위해서 기존에 생성한 stacklab을 삭제한다.

```
[root@master mydocker]# docker stack ls
NAME        SERVICES    ORCHESTRATOR
stacklab    1           Swarm
[root@master mydocker]# docker stack rm stacklab
Removing service stacklab_web
Removing network stacklab_webnet
[root@master mydocker]#
```

기존에 작성했던 도커 컴포즈 파일을 기반으로 web과 visualizer 2개의 서비스가 포함되어 있는 docker-compose-stack.yml을 다음과 같이 작성해보자.

```
[root@master mydocker]# cat docker-compose-stack.yml

version: "3"
services:
    web:
        # replace username/repo:tag with your name and image details
        image: linuxphil/mydocker:webdocker
        deploy:
            replicas: 5
            resources:
                limits:
                    cpus: "0.1"
                    memory: 50M
            restart_policy:
                condition: on-failure
        ports:
            - "4000:80"
        networks:
            - webnet

    visualizer:
        image: dockersamples/visualizer:stable
        ports:
            - "8080:8080"
        volumes:
            - "/var/run/docker.sock:/var/run/docker.sock"
        deploy:
            placement:
                constraints: [node.role == manager]
        networks:
            - webnet

networks:
    webnet:

[root@master mydocker]#
```

visualizer 서비스는 dockersamples/visualizer 이미지를 기반으로 컨테이너를 생성하는 서비스이고 도커 스웜 클러스터 환경을 시각적으로 보여준다. visualizer 서비스는 포트 번호 8080이 외부에 오픈되어 해당 포트로 요청할 경우 visualizer 서비스의 컨테이너가 대응한다. 도커 스웜에 포함된 모든 노드들은 인그레스 라우팅 메시에 포함되기 때문에 8080 포트는 모든 노드에서 외부에 오픈된다. visualizer 서비스가 배포될 노드를 지정할 수 있는데, constraints 항목에서 node.role을 통해 해당 컨테이너가 manager 노드에 배포되도록 지정하고 있다. 네트워크는 webnet 오버레이 네트워크에 포함되어 web 서비스와 동일한 네트워크에 포함된다.

3개의 노드로 구성된 도커 스웜이 동작하고 있는 상태에서 docker-compose-stack.yml을 이용하여 stacklab 스택을 생성해보자.

```
[root@master mydocker]# docker stack deploy -c docker-compose-stack.yml stacklab
Creating network stacklab_webnet
Creating service stacklab_visualizer
Creating service stacklab_web
[root@master mydocker]#
[root@master mydocker]# docker stack ls
NAME        SERVICES   ORCHESTRATOR
stacklab    2          Swarm
[root@master mydocker]#
[root@master mydocker]# docker service ls
ID            NAME                 MODE        REPLICAS  IMAGE                PORTS
trqo90gelpvr  stacklab_visualizer  replicated  1/1       visualizer:stable    *:8080->8080/tcp
j2v7i0xeha7a  stacklab_web         replicated  5/5       mydocker:webdocker   *:4000->80/tcp
[root@master mydocker]#
[root@master mydocker]# docker stack ps stacklab
ID            NAME                   IMAGE               NODE     DESIRED STATE CURRENT STATE
ERROR PORTS
vykq2qg52kab  stacklab_visualizer.1  visualizer:stable   master   Running       Running
03l54k7s9a37  stacklab_web.1         mydocker:webdocker  master   Running       Running
noxavj9k11ou  stacklab_web.2         mydocker:webdocker  worker1  Running       Running
kdiltoxoo76o  stacklab_web.3         mydocker:webdocker  worker2  Running       Running
71dl8932y4s6  stacklab_web.4         mydocker:webdocker  worker1  Running       Running
q42z4t82zdw9  stacklab_web.5         mydocker:webdocker  worker2  Running       Running
[root@master mydocker]#
```

stacklab_web 서비스와 stacklab_visualizer 서비스가 생성된 것을 확인할 수 있고, stacklab_web 서비스에는 5개의 컨테이너가(REPLICAS 5/5), stacklab_visualizer 서비스에는 1개의 컨테이너가 생성되었다. stacklab_web 서비스에 포함된 컨테이너는 도커 스웜의 master 노드에 1개, worker1과 worker2 노드에 각각 2개의 컨테이너가 배치된 것을 확인할 수 있다. 하지만, stacklab_visualizer 서비스의 컨테이너는 도커 컴포즈 파일에 constraints를 통해 매니저 노드에서 수행되도록 제한하였고 master 노드에서 실행되고 있는 것을 확인할 수 있다.

master 노드의 8080으로 웹 브라우저를 통해 접근해보자. 그림 16.28은 master 노드 IP 주소 192.168.56.101:8080로 접근한 결과를 보여준다.

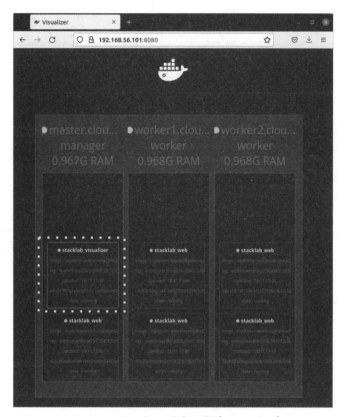

그림 16.28 **Visualizer 서비스 접근(master 노드)**

매니저 노드와 워커 노드에 수행되고 있는 컨테이너에 관한 이미지, 태그, 상태 등을 보여주고, 각 노드의 호스트명과 메모리 크기에 대한 정보를 시각적으로 보여준다. 도커 스웜에 포함된 모든 노드들은 ingress 오버레이 네트워크에 포함되어 8080 포트가 외부로 오픈되기 때문에 worker1과 worker2 노드로 접근했을 때에도 동일한 결과를 얻을 수 있다(그림 16.29).

(a) 192.168.56.102:8080 접근   (b) 192.168.56.103:8080로 접근

그림 16.29 worker1, worker2를 통한 Visualizer 웹서비스 접근

도커 스웜에는 2개의 서비스가 수행되고 있다. 4000번 포트로 접근했을 때 결과를 보면, 이전과 변화가 없다(그림 16.30). Hostname은 컨테이너의 호스트명을 표출하지만 Visits 정보는 Redis 데이터베이스 서비스가 stacklab 스택에 존재하지 않기 해당 정보를 표시할 수 없다.[30]

그림 16.30 4000 포트로 접근한 결과(master 노드)

Redis 데이터베이스 서비스를 stacklab 스택에 추가하기 위해서 docker-compose-stack.yml 파일을 수정하여 docker-compose-stack2.yml 파일을 다음과 같이 작성해보자.

---

30 Hostname이 변경된 것은 기존 도커 스웜을 리셋하여 재구성하였기 때문이다.

```
[root@master mydocker]# cat docker-compose-stack2.yml

version: "3"
services:
    web:
        # replace username/repo:tag with your name and image details
        image: linuxphil/mydocker:webdocker
        deploy:
            replicas: 5
            resources:
                limits:
                    cpus: "0.1"
                    memory: 50M
            restart_policy:
                condition: on-failure
        ports:
            - "4000:80"
        networks:
            - webnet

    visualizer:
        image: dockersamples/visualizer:stable
        ports:
            - "8080:8080"
        volumes:
            - "/var/run/docker.sock:/var/run/docker.sock"
        deploy:
            placement:
                constraints: [node.role == manager]
        networks:
            - webnet

    redis:
        image: redis
        ports:
            - "6379:6379"
        volumes:
            - "/tmp/docker/data:/data"
        deploy:
            placement:
                constraints: [node.role == manager]
        command: redis-server --appendonly yes
        networks:
            - webnet

networks:
    webnet:
```

```
[root@master mydocker]#
```

redis 서비스를 새롭게 정의하고 있고, redis 서비스의 컨테이너가 수행될 곳을 매니저 노드로 지정하였다. 컨테이너가 시작될 때 command: 항목에 기술한 것처럼 redis-server를 실행한다. 옵션으로 부여된 --appendonly는 데이터를 주기적으로 디스크에 저장할 것인지를 나타낸다. Redis는 인메모리 데이터베이스 시스템이기 때문에 서버가 재부팅되면 메모리에 있는 데이터를 모두 잃게 된다. 이를 방지하기 위한 옵션으로 데이터를 저장장치에 기록함으로써 서버가 재부팅될 때에도 기존의 값을 유지할 수 있다.

volumes: 항목에 redis 컨테이너가 사용할 디렉터리를 지정한다. 호스트 시스템의 /tmp/docker/data 디렉터리를 redis 컨테이너에서 사용하도록 하고 redis 컨테이너에서는 /data 디렉터리를 통해서 접근을 한다. 호스트 시스템에 해당 디렉터리를 생성하고 docker-compose-stack2.yml을 통해 stacklab을 업데이트해보자.

```
[root@master mydocker]# docker stack deploy -c docker-compose-stack2.yml stacklab
Updating service stacklab_visualizer (id: trqo90gelpvr0hxkzwwd631tt)
Creating service stacklab_redis
Updating service stacklab_web (id: j2v7i0xeha7abhf1won7jho18)
[root@master mydocker]#
[root@master mydocker]# docker service ls
ID            NAME                   MODE         REPLICAS   IMAGE                 PORTS
xzvtpyp4w9x8  stacklab_redis         replicated   1/1        redis:latest          *:6379->6379/tcp
trqo90gelpvr  stacklab_visualizer    replicated   1/1        visualizer:stable     *:8080->8080/tcp
j2v7i0xeha7a  stacklab_web           replicated   5/5        mydocker:webdocker    *:4000->80/tcp
[root@master mydocker]#
```

기존에 있던 서비스 stacklab_visualizer와 stacklab_web는 업데이트되었지만(실제로는 변경은 없음), 서비스 stacklab_redis는 새롭게 생성된 것을 확인할 수 있다.

stacklab_redis 서비스의 컨테이너가 master 노드에서 실행 중인 것을 알 수 있다.

```
[root@master mydocker]# docker stack ps stacklab
ID            NAME                    IMAGE                 NODE     DESIRED STATE   CURRENT STATE
ERROR PORTS
mxt33xg05ky2  stacklab_redis.1        redis:latest          master   Running         Running
vykq2qg52kab  stacklab_visualizer.1   visualizer:stable     master   Running         Running
03l54k7s9a37  stacklab_web.1          mydocker:webdocker    master   Running         Running
noxavj9k11ou  stacklab_web.2          mydocker:webdocker    worker1  Running         Running
kdiltoxoo76o  stacklab_web.3          mydocker:webdocker    worker2  Running         Running
```

```
71dl8932y4s6    stacklab_web.4    mydocker:webdocker  worker1   Running         Running
q42z4t82zdw9    stacklab_web.5    mydocker:webdocker  worker2   Running         Running
[root@master mydocker]#
```

새로운 stacklab_redis 서비스가 생성되었기 때문에 해당 컨테이너가 Visualizer에 표출되어야 한다. 그림 16.31은 8080 포트로 master 노드에 접근했을 때 결과를 보여준다. 정상적으로 stacklab_redis 컨테이너가 master 노드에서 수행되고 있는 것을 확인할 수 있다.

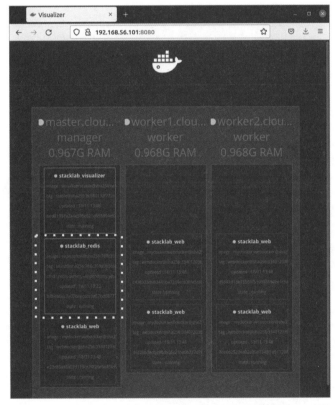

그림 16.31 Visualizer 서비스 접근하여 reids 서비스 확인(master 노드)

최종적으로 stacklab_redis 서비스가 정상 동작하는지, 4000 포트로 접속하여 결과를 확인해보자 (그림 16.32).

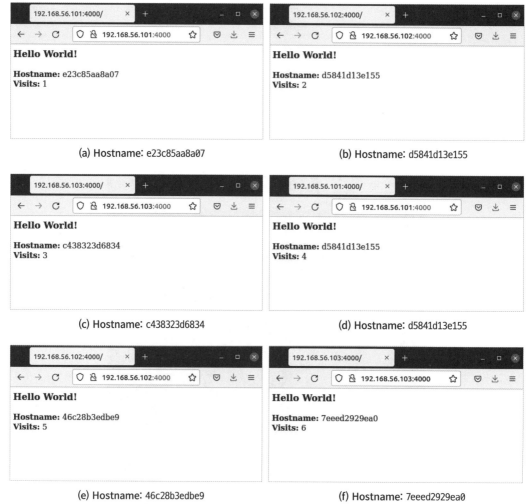

(a) Hostname: e23c85aa8a07

(b) Hostname: d5841d13e155

(c) Hostname: c438323d6834

(d) Hostname: d5841d13e155

(e) Hostname: 46c28b3edbe9

(f) Hostname: 7eeed2929ea0

그림 16.32 stacklab_web 웹서비스 접근 시 Visits 값 업데이트

mater, worker1, worker2 노드의 IP 주소로 접근해도 일관성 있게 Visits 값이 변경되는 것을 확인할 수 있다. 한 가지 더 확인해볼 것은 worker1 노드의 IP 주소 192.168.56.102:4000으로 접근했을 때(그림 16.32-(b)), 해당 요청을 처리한 컨테이너는 worker3 노드에서 수행 중인 컨테이너가 처리했다는 점이다. 특정한 노드에 요청을 하더라도 로드 밸런싱에 의해 도커 스웜 내에 속한 어떠한 노드에서도 요청을 처리할 수 있음을 의미한다.

다음과 같이 각 노드에서 수행 중인 컨테이너 ID를 확인해보고, 그림 16.32에 표출되는 Hostname과 비교해보기 바란다.

```
# master node
[root@master mydocker]# docker ps -q
b8beb0ec7e07          # redis
bed81997e2a4          # visualizer
e23c85aa8a07          # web
[root@master mydocker]#

# worker1 node
[root@worker1 ~]# docker ps -q
c438323d6834
46c28b3edbe9
[root@worker1 ~]#

# worker2 node
[root@worker2 ~]# docker ps -q
7eeed2929ea0
d5841d13e155
[root@worker2 ~]#
```

연습문제

1. 도커의 대안이될 수 있는 컨테이너를 조사하고 설명하라.

2. **컨테이너화**containerization에 대해서 설명하라.

3. 도커가 처음 외부에 공개된 시점과 당시 공개된 내용에 대해 조사하고 설명하라.

4. 리눅스 컨테이너와 도커를 비교 설명하라.

5. 도커의 모놀리식 구조에 대해 설명하고 어떤 점이 문제인지 기술하라.

6. REST API가 등장하게 된 배경과 동작 방식에 대해 설명하라.

7. 도커 이미지의 내부 구조에 대해서 설명하라.

8. 도커 아키텍처에서 도커 스웜, 서비스, 스택, 태스크의 관계에 대해 설명하라.

9. 유니온 파일시스템의 구조와 동작 방식에 대해 조사하고 설명하라.

10. **SHA256**secure hash algorithm 동작 방식에 대해 조사하고 설명하라.

11. 도커 실습환경을 Vagrant와 Ansible로 구축하고 수행 과정을 설명하라.

12. 도커 커뮤니티 에디션과 엔터프라이즈 에디션에 대해 조사하고 차이점을 설명하라.

13. 도커의 컨테이터를 관리하는 라이프 사이클에 대한 동작 과정을 설명하라.

14. 커스텀화된 도커 이미지를 생성하여 도커 허브에 등록하고 등록된 이미지를 이용하여 컨테이너를

실행하고 수행 과정을 기술하라.

15. 도커 컨테이너를 모니터링할 수 있는 외부 솔루션들을 조사하고 솔루션 중 하나를 구축하라. 구축 과정을 기술하라.

16. docker search 명령을 통해 나온 결과 중 AUTOMATED 항목이 의미하는 바가 무엇인지 설명하라. 왜 이 항목이 중요한지 설명하라.

17. Visualizer를 master가 아닌 워커 노드에서 실행되도록 구성하라. master 노드에서 동작하는 것과 워커 노드에서 동작하는 것에 차이가 있는지 설명하라.

18. Redis를 master가 아닌 워커 노드에서 실행되도록 구성하라. master 노드에서 동작하는 것과 워커 노드에서 동작하는 것에 차이가 있는지 설명하라.

19. CPU 활용에 대한 정보를 htop을 통해 확인하였다. 메모리에 대한 스트레스 테스트를 진행하고 수행 결과를 기술하라.

20. I/O에 대한 스트레스 테스트를 진행하고 수행 결과를 기술하라.

21. 프로메테우스와 그라파나를 연동한 모니터링 구성해보라.

22. 3개의 노드로 구성된 도커 스웜에 임의로 가상머신 하나를 비정상 종료시키고, 도커 스웜이 어떻게 변하는지 설명하라.

23. Ingress 오버레이 네트워크의 동작 방식을 설명하라.

## CHAPTER 17

쿠버네티스

도커 스웜이 컨테이너 클러스터로 구축하고 관리하는 오케스트레이션 솔루션이지만, 대규모의 컨테이너 환경에 적용하는 데 한계가 있다. 다양한 컨테이너 오케스트레이션 솔루션이 존재하지만, 구글에서 개발하여 오픈소스로 공개한 쿠버네티스가 가장 활발하게 사용되고 있고 사실상의 표준으로 인식되고 있다. 쿠버네티스에 대해서 알아보고, 이전에 도커 스웜으로 구축한 컨테이너 클러스터의 예제를 쿠버네티스로 구축해보는 실습을 통해서 쿠버네티스에 대한 개념을 알아보자.

17.1 쿠버네티스 등장 배경

쿠버네티스Kubernetes는 그리스어로 선박을 조정하는 **키잡이**helmsman 또는 **파일럿**pilot을 의미한다(그림 17.1). 영어 표기 Kubernetes를 짧게 앞의 'K'와 마지막 's'를 유지하고 중간의 여덟 개의 문자를 '8'로 축약하여 'K8s'로 표기하기도 한다.

그림 17.1 항해사의 키를 형상화한 쿠버네티스 로고

쿠버네티스가 왜 컨테이너 오케스트레이션의 사실상 표준으로 자리 잡게 되었는지 그 과정을 살펴보자. 가장 큰 이유는 소프트웨어를 개발하고 서비스로 배포할 때 그 환경이 지속적으로 변화되었기 때문이다. 그림 17.2는 소프트웨어가 배포되어 실행되는 환경의 변천 과정을 보여준다.

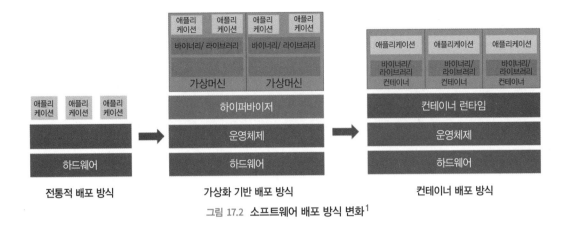

애플리 케이션 | 애플리 케이션 | 애플리 케이션 | 애플리 케이션
바이너리/ 라이브러리 | 바이너리/ 라이브러리
가상머신 | 가상머신
하이퍼바이저
운영체제
하드웨어

애플리케이션 | 애플리케이션 | 애플리케이션
바이너리/ 라이브러리 컨테이너 | 바이너리/ 라이브러리 컨테이너 | 바이너리/ 라이브러리 컨테이너
컨테이너 런타임
운영체제
하드웨어

애플리 케이션 | 애플리 케이션 | 애플리 케이션
하드웨어

전통적 배포 방식   **가상화 기반 배포 방식**   **컨테이너 배포 방식**

그림 17.2 **소프트웨어 배포 방식 변화**[1]

- **전통적인 배포 시대**traditional deployment era: 전통적인 배포의 시기에는 애플리케이션이 물리서버에 실행되었고 한 대의 물리서버에 여러 애플리케이션이 동작하기 때문에 애플리케이션별로 리소스 사용에 대한 제약을 정하기기 어려웠다.

  이는 하나의 애플리케이션이 물리서버의 전체 리소스를 사용할 수 있기 때문에 다른 애플리케이션의 성능을 지하시킬 수 있다. 최악의 경우는 리소스 사용에 대해 제약을 할 수 없었기 때문에 하나의 애플리케이션의 문제가 시스템 전체에 영향을 주어 다른 애플리케이션까지 영향을 받을 수 있어 서비스의 안정성 문제가 발생하였다.

  이러한 문제를 해결하기 위해서 물리서버의 수를 증설할 수 있지만, 서비스의 규모를 예측하기 어려운 경우 많은 서버를 구축해야 하므로 운영적인 측면과 비용적인 측면의 문제가 발생한다.

- **가상화 기반 배포 시대**virtualized deployment era: 전통적인 애플리케이션 배포의 문제를 해결하기 위해 가상화를 활용하기 시작하였다. 이 방법은 가상화가 단일 물리서버에 여러 가상머신을 생성할 수 있기 때문에 가상머신에 애플리케이션을 탑재하여 배포하는 방식이다. 가상머신에 할당된 리소스를 제한할 수 있어 전통적인 배포 방식의 문제점인 리소스 제약에 대한 문제도 해결할 수 있고, 또한 가상머신 간 독립적으로 운영되기 때문에 가상머신에 탑재된 애플리케이션 역시 상호 간섭을 원천적으로 제거할 수 있어 서비스의 안정성을 크게 향상시킬 수 있다.

  가상머신은 물리서버를 온전하게 가상화하기 때문에 가상머신에서 서비스되는 애플리케이션이 동작하기 위해서는 가상머신에 운영체제가 설치되어야 한다. 만약 여러 대의 가상머신이 하나의 물리서버에 생성되고 각각의 가상머신이 동일한 운영체제를 사용하고 있다면 가상머신에서 수행되는 애플리케이션의 관점에서 본다면 전체적으로 운영체제는 오버헤드가 아닐 수 없다.

---

1   https://kubernetes.io/docs/concepts/overview/what-is-kubernetes/

- **컨테이너 기반 배포 시대**container deployment era: 컨테이너는 하단의 운영체제를 공유하기 때문에 컨테이너로 배포되는 애플리케이션은 가상화 기반으로 배포되는 애플리케이션보다 가볍다. 컨테이너는 다양한 네임스페이스를 활용하여 독립적인 파일시스템, CPU, 메모리 등과 같은 리소스의 활용을 제약할 수 있기 때문에 컨테이너화된 애플리케이션이 상호 간섭을 하지 않고 독립적으로 운영될 수 있는 환경을 제공할 수 있다. 가상화와 동일하게 물리시스템과의 종속성이 제거되어 애플리케이션이 독립적으로 컨테이너에 구성되기 때문에 다양한 인프라 환경에 배포될 수 있다.

이처럼 컨테이너의 **가벼움**lightweight과 배포의 **유연성**flexibility 때문에 소프트웨어의 개발과 배포 방식이 빠르게 컨테이너 기반으로 이동하게 되었다. 컨테이너 기반의 서비스를 대규모로 운영하기 위해서는 컨테이너 클러스터를 구축하고 쉽게 운영할 수 있는 오케스트레이션 솔루션이 필요했다. 도커가 컨테이너를 활성화하는 데 큰 역할을 하였지만, 도커에서 제공하는 도커 스웜은 도커 API에 종속적이고 변경과 확장에 대한 제한이 있어 대규모의 컨테이너를 관리하기에는 안정성과 기능이 부족하다. 이러한 이슈를 해결하기 위해서 구글에서 컨테이너 오케스트레이션 솔루션인 쿠버네티스를 설계하고 개발하였다.

쿠버네티스는 2015년 7월에 버전 1.0이 출시되었고 출시와 함께 **클라우드 네이티브 컴퓨팅 재단**Cloud Native Computing Foundation, CNCF에 **시드 프로젝트**seed project로 제공하고 오픈소스화되었다.[2] 쿠버네티스 공식 홈페이지[3]에 쿠버네티스가 무엇인지 4개의 단어로 간단 명료하게 설명한다.

Production-Grade Container Orchestration

쿠버네티스는 대규모 서비스에 사용될 수 있는 컨테이너 오케스트레이션 솔루션이다. 쿠버네티스는 **컨테이너화된 애플리케이션**containerized application을 **관리**management, **자동 배포**automating deployment, **스케일링**scaling할 수 있는 기능을 제공하고 다음과 같은 3가지의 장점을 제공한다.

1. **대규모 확장성**: 수십억 개 이상의 컨테이너를 관리할 수 있도록 설계되어 있고 실제 구글은 쿠버네티스를 기반으로 서비스를 하고 있어 검증된 컨테이너 오케스트레이션 솔루션이다.
2. **무한한 유연성**: 단순한 테스트이건 대규모 글로벌 운영이든 사용자의 복잡하고 다양한 요구사항을 반영하여 애플리케이션을 끊김없이 쉽게 제공할 수 있다.
3. **어디에서나 실행**: 오픈소스로 제공되어 온-프레미스, 프라이빗, 퍼블릭, 또는 하이브리드 클라우드 인프라스트럭처 어디에서든지 실행될 수 있어 쿠버네티스 실행에 제약이 없다.

---

2 클라우드 네이티브 컴퓨팅 재단은 구글과 리눅스 재단이 파트너십을 통해 세운 재단이다.

3 https://kubernetes.io/

17.2 쿠버네티스 구조

쿠버네티스 구조에 대해서 살펴보자. 쿠버네티스를 통해서 클러스터를 구축할 때도 일반 클러스터를 구축할 때와 동일하게 **마스터 노드**master node와 **워커 노드**worker node 두 부분으로 기능적 역할이 구분된다. 쿠버네티스 클러스터에 속한 워커 노드는 여러 개로 구성될 수 있고 마스터 노드가 워커 노드를 컨트롤 한다. 마스터 노드 또한 **고가용성**high availability, HA을 위해서 여러 개로 구성될 수 있다. 그림 17.3은 쿠버네티스의 아키텍처를 보여준다.

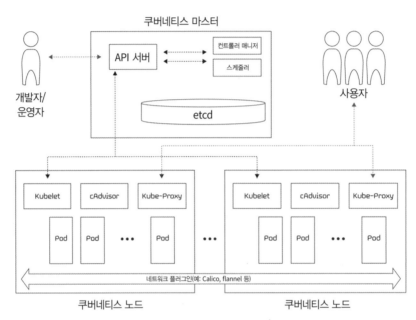

그림 17.3 **쿠버네티스 아키텍처**[4]

마스터 노드에는 쿠버네티스 **컨트롤 플레인**control plane이 설치된다. 컨트롤 플레인은 쿠버네티스 클러스터에 대한 전체적인 상태를 점검하고 정의된 상태(정상적인 상태)가 아닐 경우 정의된 상태가 되도록 쿠버네티스 클러스터를 관리한다. 예를 들어, 컨테이너를 디플로이할 때 요구되는 **레플리카**replica의 수가 5개인데 현재 3개만 수행되고 있다면 2개를 추가로 생성하여 정의된 상태인 5개로 만든다.

쿠버네티스는 원하는 상태를 정의하고 현재 쿠버네티스 클러스터의 상태가 정의된 상태인지 아닌지를 지속적으로 점검하여 원하는 상태가 되도록 유지하는 구조이다. 이러한 상태에 대한 정보는 컨트롤 플레인에서 동작하는 API 서버와 통신을 하면서 수행된다.

---

4 https://en.wikipedia.org/wiki/Kubernetes

마스터 노드는 컨트롤 플레인이 실행되는데 컨트롤 플레인에 속한 컴포넌트들은 다음과 같은 역할을 수행한다.

- **엣시디**etcd: 쿠버네티스 클러스터와 관련된 상태 값을 포함한 데이터를 저장하는 저장공간이다. **etcd**는 데이터를 **키-값**key-value 형태로 분산저장이 가능하고 복제하여 여러 곳에 둘 수 있다. 이러한 특성으로 인해 etcd에 문제가 발생하더라도 쉽게 복구할 수 있다. etcd의 가장 중요한 역할은 쿠버네티스 클러스터의 상태를 표현하는 데이터를 저장한다는 것이다.

- **API 서버**API server: 마스터 노드와 워커 노드 간 통신을 담당하는데, 쿠버네티스 클러스터가 etcd에 저장된 상태와 일치하는지 점검하고 요구된 상태가 될 수 있도록 관리한다. 개발자나 쿠버네티스 클러스터 운영자가 외부에서 API 서버와 통신할 때는 **큐브컨트롤**kubectl **커맨드 라인 인터페이스**command line interface, CLI를 이용한다.

- **컨트롤러 매니저**controller manager: 컨트롤러 프로세스를 실행하는 컴포넌트이다. 컨트롤러 프로세스는 쿠버네티스 클러스터가 요구되는 상태가 되도록 API 서버와 통신을 하면서 실질적인 역할을 수행한다.

  노드가 다운되었을 때 통지와 대응을 하는 **노드 컨트롤러**, 쿠버네티스 클러스터에 생성되어야 할 **레플리케이션**replication의 수에 맞게 파드를 유지시켜주는 **레플리케이션 컨트롤러**, 서비스와 파드를 연결시켜주는 **엔드포인트 컨트롤러**, 계정과 API에 접근용 토큰을 생성하는 **서비스 어카운트 & 토큰 컨트롤러** 등이 있다.

- **스케줄러**scheduler: 컨테이너를 담고 있는 파드가 생성될 때 파드를 실행할 쿠버네티스 클러스터의 노드를 선택하는 역할을 한다. 노드를 선택할 때는 자원의 가용성, 사용자가 지정한 제약사항, **QoS**quality of service, **데이터 지역성**data locality, **워크로드**workload 간의 간섭 등을 기반으로 생성된 파드를 워커 노드에 배치시킨다. 워커 노드에는 노드 컴포넌트가 실행되는데, 노드 컴포넌트는 모든 워커 노드에서 실행되며 실행 중인 파드를 유지시키고 쿠버네티스 런타임 환경을 제공한다.

- **큐블릿**kubelet: 각 워커 노드에서 실행되는 에이전트로 **파드 스펙**pod specification에 따라 컨테이너 런타임으로 보내고 컨테이너가 정상적으로 실행되고 있는지 관리한다. 단, 쿠버네티스에 의해 생성되지 않은 컨테이너는 관리하지 않는다.

- **큐브 프록시**kube-proxy: 각 워커 노드에서 실행되는 네트워크 및 로드 밸런싱 프록시로 파드 내에서 실행 중인 컨테이너를 외부로 노출시켜 외부에서 컨테이너에 접근할 수 있도록 해준다. 특정 포트와 IP 주소로 외부의 요청이 올 때 해당 요청에 대응하는 컨테이너로 네트워크 **트래픽**traffic을 전달하는 역할을 한다. 따라서 외부의 사용자들은 큐브 프록시를 통해서 컨테이너와 통신을 하게 된다.

- **cAdvisor**: 쿠버네티스 클러스터 환경이 정상적으로 동작하고 있는지 모니터링해야 하고 다양한 **메트릭**metric을 이용하여 모니터링하는데, cAdvisor를 통해서 각 노드별로 모니터링한다. cAdvisor는 노드의 자원 사용량, 컨테이너의 CPU, 메모리, 네트워크와 같은 시스템 정보를 수집하여 kubelet에 제공한다. cAdvisor에서 수집된 데이터는 장기간 보관되지 않기 때문에 **프로메테우스**Prometheus[5], **그라파나**Grafana[6]와 같은 별도의 모니터링 툴이 필요하다.

- **파드**pod: 파드는 한 개 이상의 컨테이너로 구성된 컨테이너 그룹이다. 쿠버네티스는 파드 단위로 노드에 할당하기 때문에 스케줄링의 기본 단위이다. 따라서 파드 내에 있는 모든 컨테이너는 동일한 노드에 위치하게 된다. 워커 노드에 배치된 파드에는 유일한 IP 주소가 할당되고 파드 내에 있는 애플리케이션은 서로 다른 포트 번호를 부여받는다. 동일한 파드 내의 컨테이너들은 상호 참조가 가능하고 스토리지 및 네트워크를 공유한다. 하지만 다른 파드에 있는 컨테이너와는 IP 주소를 통해 통신을 한다.

동일한 호스트에서 동작하는 애플리케이션이 있다고 하면 파드는 애플리케이션이 동작하는 컨테이너를 포함하는 **논리 호스트**라고 볼 수 있다. 그림 17.4는 다양한 타입의 파드들을 보여준다.

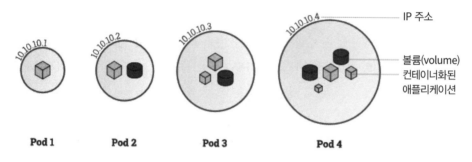

그림 17.4 다양한 타입의 파드[7]

파드에 속한 컨테이너를 실행하기 위해서는 컨테이너 런타임이 필요하다. 따라서 각 노드에는 컨테이너 런타임이 설치된다. 도커가 잘 알려진 컨테이너 런타임이지만 쿠버네티스는 도커 외에도 쿠버네티스 컨테이너 런타임 인터페이스를 구현한 containerd, CRI-O 등을 지원한다.

그림 17.5는 노드와 파드와의 관계를 보여준다.

---

5   시계열 데이터를 저장하고 쿼리 및 집계를 할 수 있는 툴(https://prometheus.io/)
6   시계열 데이터를 대시보드에 제공해주는 모니터링 툴(https://grafana.com/)
7   https://kubernetes.io/docs/tutorials/kubernetes-basics/explore/explore-intro/

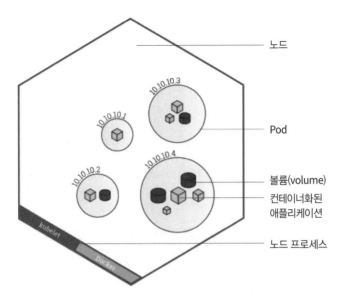

그림 17.5 **노드에서 동작하는 파드**

- **네트워크 플러그인**network plugin: 쿠버네티스 클러스터의 통신을 위해서 네트워크를 구성해야 한다. 클러스터 내의 네트워크는 **CNI**container network interface를 기반으로 구현된 네트워크 플러그인에 의해 생성되는데, CNI는 클라우드 네이티브 컴퓨팅 재단의 프로젝트이다. CNI는 컨테이너 간 네트워킹을 할 수 있는 표준을 만드는 것이고 CNI 표준을 따르는 네트워크 플러그인이 설치되어야 컨테이너 간 통신이 가능하다. flannel, Calico 등 다양한 네트워크 플러그인이 존재한다.

17.3 실습환경 구성

컨테이너가 실행될 쿠버네티스 클러스터를 만들어보자. 한 개의 마스터 노드와 두 개의 워커 노드로 구성된 클러스터를 구성할 것이다. 기존에 생성된 마스터와 워커 노드를 재사용하는 것보다는 새로운 가상머신을 생성하도록 한다.

Clean CentOS를 복제하여 Master(k8s), Worker1(k8s), Worker2(k8s) 가상머신을 만들고 가상머신의 호스트명(/etc/hostname)과 IP 주소를 다음과 같이 설정할 것이다.

```
CentOS #1
hostname: master.cloud.org
IP:       192.168.56.101


CentOS #2
```

```
            hostname: worker1.cloud.org
            IP:       192.168.56.102

            CentOS #3
            hostname: worker2.cloud.org
            IP:       192.168.56.103
```

쿠버네티스 마스터 노드 가상머신 Master(k8s)를 생성한다. 워커 노드의 경우 1 CPU에 1GB로 지정하여도 되지만 마스터 노드는 최소 2CPU, 2GB(2048MB) 이상으로 가상머신을 생성해야 한다(그림 17.6).

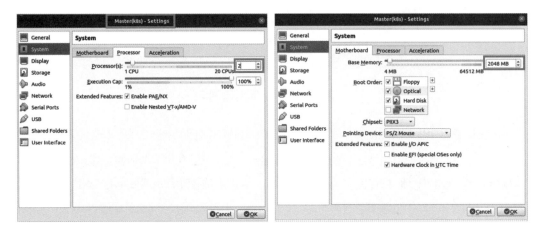

(a) CPU 수 최소 2 이상   (b) 메모리 최소 2GB 이상

그림 17.6 **마스터 노드 CPU 및 메모리 설정**

모든 가상머신은 2번째 네트워크 인터페이스인 Adapter 2를 Host-only Adapter로 활성화하고 vboxnet0에 속하도록 설정한다(그림 17.7).

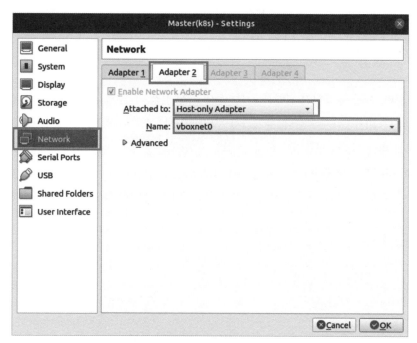

그림 17.7 **네트워크 인터페이스 생성**

마스터 노드를 부팅하여 활성화된 네트워크 인터페이스를 확인할 때 총 3개의 인터페이스가 존재해야 한다. enp0s8 인터페이스의 IP 주소는 이전에 클러스터를 구성했을 때와 동일하게 /etc/sysconfig/network-scripts/ifcfg-enp0s8 파일을 생성하여 192.168.56.101을 정적 IP 주소로 지정해준다.

```
[root@master ~]# ip -br addr
lo          UNKNOWN    127.0.0.1/8 ::1/128
enp0s3      UP         10.0.2.15/24 fe80::ced3:3018:96fc:711a/64
enp0s8      UP         192.168.56.101/24 fe80::9062:ae59:cb52:97ae/64
[root@master ~]#
```

쿠버네티스 클러스터에 포함된 모든 노드들(마스터 노드, 워커 노드)들이 호스트 이름으로 구분되도록 hostname과 hosts 파일을 다음과 같이 설정한다.

```
[root@master ~]# cat /etc/hostname
master
[root@master ~]#
[root@master ~]# cat /etc/hosts
...
192.168.56.101 master.cloud.org          master
```

```
192.168.56.102 worker1.cloud.org    worker1
192.168.56.103 worker2.cloud.org    worker2
[root@master ~]#
```

쿠버네티스 클러스터를 구축하기 위해서는 시스템에 **사전 설정**pre-configuration이 필요하다. 가장 먼저 **스왑**swap 기능을 비활성화해야 한다. 현재까지 쿠버네티스는 스왑이 활성화된 경우 메모리에서 제거되는 페이지에 대한 적절한 핸들링을 하지 못한다. 스왑이 활성화된 경우 컨테이너 간 공유되지 않아야 할 값들이 공유되어 컨테이너의 가장 중요한 **격리**isolation 기능이 정상적으로 되지 않아 kubelet의 동작에 영향을 준다. 다음과 같이 스왑이 활성화되어 스왑 파티션이 존재하는지 확인할 수 있다.

```
[root@master ~]# cat /proc/swaps
Filename        Type        Size        Used    Priority
/dev/dm-1       partition   2097148     0       -2
[root@master ~]#
```

스왑 파티션은 CentOS를 설치할 때 생성된 것으로 시스템이 부팅될 때 자동으로 마운트 된다. 파일 시스템 테이블인 /etc/fstab을 통해 확인할 수 있다.

```
[root@master ~]# cat /etc/fstab
...
/dev/mapper/centos-swap swap      swap     defaults       0 0
[root@master ~]#
```

현재 활성화된 스왑은 swapoff 명령으로 비활성화할 수 있다. 다음과 같이 스왑 기능을 비활성화 한다.

```
[root@master ~]# swapoff -a
[root@master ~]#
[root@master ~]# cat /proc/swaps
Filename        Type        Size        Used    Priority
[root@master ~]#
```

현재 시스템에 스왑이 비활성화되었지만, 시스템이 재부팅되면 fstab을 통해서 자동으로 스왑 파티션이 마운트 되므로, fstab의 스왑 파티션 마운팅 정보를 제거해야 한다. /etc/fstab 파일을 열어서 swap 라인에 #을 추가하여 해당라인을 주석 처리하면 된다. 여기에서는 sed 명령으로 해당라인을 다음과 같이 주석으로 처리해보자.

```
[root@master ~]# sed -i.old '/ swap / s/^\(.*\)$/#\1/g' /etc/fstab
[root@master ~]#
[root@master ~]# diff /etc/fstab /etc/fstab.old
11c11
< #/dev/mapper/centos-swap swap          swap        defaults        0 0
---
> /dev/mapper/centos-swap swap           swap        defaults        0 0
[root@master ~]#
```

스트림 에디터 sed는 /etc/fstab 파일의 백업본 fstab.old 파일을 생성하고 fstab 파일의 swap이 포함된 라인 첫 머리에 #을 추가한다. diff 명령을 통해서 fstab에 swap 파티션이 주석 처리된 것을 확인할 수 있다.

다음 단계는 br_netfilter 커널 모듈을 로드해야 한다. br_netfilter 모듈은 IP **마스커레이드** masquerade[8]를 통해서 하나의 IP로 내부와 외부 간 통신이 가능하도록 해준다.

```
[root@master ~]# modprobe br_netfilter
[root@master ~]#
[root@master ~]# lsmod ¦ grep br_netfilter
br_netfilter           22256  0
bridge                151336  1 br_netfilter
[root@master ~]#
```

시스템이 부팅될 때 자동으로 커널 모듈이 로딩될 수 있도록 k8s.conf 파일을 /etc/modules-load. d/에 생성한다.

```
[root@master ~]# cat /etc/modules-load.d/k8s.conf
br_netfilter
[root@master ~]#
```

쿠버네티스 클러스터의 컨테이너가 리눅스 브리지에 연결하는 경우 커널 파라미터인 net.bridge. bridge-nf-call-iptables 값을 1로 설정해야 한다. CentOS는 디폴트로 이 값이 0인데, 이 경우 리눅스 브리지를 통해 송수신되는 패킷이 iptables 설정을 우회한다는 의미이다. 따라서 컨테이너 의 네트워크 패킷이 iptables 설정에 따라 송수신되도록 값을 1로 지정해야 한다. /etc/sysctl.d/ k8s.conf 파일을 생성한다.

---

8 IP 마스커레이드는 리눅스에서 지원하는 네트워킹 기능으로 프라이빗 IP로 지정된 여러 대의 컴퓨터가 하나의 퍼블릭 IP를 통해서 외부와 통 신할 수 있도록 하는 기능이다.

```
[root@master ~]# cat /etc/sysctl.d/k8s.conf
net.bridge.bridge-nf-call-ip6tables = 1
net.bridge.bridge-nf-call-iptables = 1
[root@master ~]#
```

k8s.conf 파일에는 IPv4, IPv6에 대한 패킷이 iptables 규칙에 따라 송수신되도록 설정하였다. 새롭게 설정된 커널 파라미터는 sysctl 명령으로 런타임에 적용할 수 있다.

```
[root@master ~]# sysctl --system
...
* Applying /etc/sysctl.d/k8s.conf ...
net.bridge.bridge-nf-call-ip6tables = 1
net.bridge.bridge-nf-call-iptables = 1
* Applying /etc/sysctl.conf ...
[root@master ~]#
```

다음 단계로 쿠버네티스 클러스터의 구축 환경을 단순화하기 위해 **SELinux**selinux와 **방화벽**firewalld을 비활성화시킨다. 먼저 SELinux는 현재 상태를 확인하고 영구적으로 비활성화하기 위해서 /etc/selinux/config 파일을 수정한다. sed 명령은 단순하게 SELINUX=enforcing을 SELINUX=disabled로 대체한다.

```
[root@master ~]# getenforce
Enforcing
[root@master ~]# setenforce 0
[root@master ~]# getenforce
Permissive
[root@master ~]# sed -i 's/^SELINUX=enforcing$/SELINUX=disabled/' /etc/selinux/config
[root@master ~]# cat /etc/selinux/config
...
SELINUX=disabled
...
[root@master ~]#
```

방화벽 firewalld 서비스를 다음과 같이 비활성화하고 확인한다.

```
[root@master ~]# systemctl disable firewalld
[root@master ~]# systemctl status firewalld
● firewalld.service - firewalld - dynamic firewall daemon
   Loaded: loaded (/usr/lib/systemd/system/firewalld.service; ...
   Active: inactive (dead)
```

```
        Docs: man:firewalld(1)
[root@master ~]#
```

쿠버네티스의 컨테이너 런타임으로 도커를 사용할 것이므로 다음과 같이 도커를 설치하고 활성화시킨다.[9] 도커가 정상적으로 설치되고 동작하고 있는 것을 확인할 수 있다.

```
[root@master ~]# yum install -y docker
[root@master ~]# systemctl enable docker
[root@master ~]# systemctl start docker
[root@master ~]# systemctl status docker
● docker.service - Docker Application Container Engine
    Loaded: loaded (/usr/lib/systemd/system/docker.service; ...
    Active: active (running) since ...
    ...
[root@master ~]#
```

쿠버네티스를 설치할 기본적인 환경이 설정되었다. Yum을 통해 쿠버네티스를 설치하기 위해서는 Yum 리포지터리를 설정해야 한다. 다음과 같이 kubernetes.repo 파일을 생성한다.

```
[root@master ~]# cat /etc/yum.repos.d/kubernetes.repo
[kubernetes]
name=Kubernetes
baseurl=https://packages.cloud.google.com/yum/repos/kubernetes-el7-\$basearch
enabled=1
gpgcheck=0
repo_gpgcheck=0
[root@master ~]#
```

CentOS 7에 설치될 쿠버네티스의 패키지 저장소를 baseurl에 지정하였다. 패키지를 설치할 때 이 리포지터리가 항상 검색되도록 활성화(enabled=1)하였고 GPG Key와 관련된 설정은 모두 비활성화시켰다.

다음과 같이 쿠버네티스 클러스터 설치를 위한 kubeadm, kubectl, kubelet 패키지를 설치한다.

```
[root@master ~]# yum install kubeadm kubectl kubelet
```

---

9 새로운 가상머신이 아닌 도커 실습에 사용된 가상머신을 사용할 경우 docker-ce, docker-ce-cli 패키지를 yum remove docker-ce, docker-ce-cli와 같이 제거해야 한다.

- kubeadm: 쿠버네티스 클러스터 생성할 때 사용하는 명령
- kubectl: 쿠버네티스 클러스터와 통신을 하기 위한 커맨드 라인 유틸리티
- kubelet: 파드의 컨테이터들이 정상적으로 수행되고 있는지 모니터링하는 에이전트

패키지가 설치되었다면, kubelet 에이전트를 다음과 같이 부팅 시에 시작하도록 활성화하고 실행한다.

```
[root@master ~]# systemctl enable --now kubelet
```

모든 설정이 완료되었다면, 시스템을 재부팅하여 설정이 반영되도록 한다.

```
[root@master ~]# reboot
rsyoung@kant:~$
rsyoung@kant:~$ ssh 192.168.56.101
rsyoung@192.168.56.101's password:
[rsyoung@master ~]$
[rsyoung@master ~]$ su -
Password:
[root@master ~]#
```

쿠버네티스 마스터 노드에 대한 설정을 수행하였다. 지금까지 진행한 설정을 나열해보면 다음과 같고 쿠버네티스 클러스터를 구성할 2개의 워커 노드에 대해서도 유사한 설정을 해야 한다.

- (master): 최소 2CPU, 2GB 메모리
- (master, worker)
    - Host-only 네트워크 Adapter 2 생성
    - **스왑 기능 비활성화** swapoff
    - br_netfilter 커널 모듈 로딩
    - net.bridge.bridge-nf-call-iptables = 1 커널 파라미터 설정
    - **SELinux 비활성화** selinux
    - **방화벽 비활성화** firewalld
    - 도커 설치 및 활성화
    - **쿠버네티스 Yum 리포지터리 추가** Kubernetes.repo

- kubeadm, kubectl, kubelet 설치

- kubelet 실행 및 재부팅

리스트에서 worker에 해당되는 설정을 해야 한다. worker1 가상머신에 ifcfg-enp0s8 파일을 생성하여 IP 192.168.56.102를 부여한다.

```
[root@worker1 ~]# ip -br addr
lo           UNKNOWN   127.0.0.1/8 ::1/128
enp0s3       UP        10.0.2.15/24 fe80::9c38:6ab0:9e5d:665c/64
enp0s8       UP        192.168.56.102/24 fe80::9062:ae59:cb52:97ae/64 fe80::407c:cba5:3b2:fddb/64
[root@worker1 ~]#
```

다음과 같은 결과가 나오도록 hostname, host 파일을 수정한다.

```
[root@worker1 ~]# cat /etc/hostname
worker1
[root@worker1 ~]#
[root@worker1 ~]# cat /etc/hosts
...
192.168.56.101 master.cloud.org        master
192.168.56.102 worker1.cloud.org       worker1
192.168.56.103 worker2.cloud.org       worker2
[root@worker1 ~]#
```

마스터 노드에 수행했던 것과 동일하게 다음과 같이 worker1 노드를 설정한다.

```
[root@worker1 ~]# swapoff -a
[root@worker1 ~]# sed -i.old '/ swap / s/^\(.*\)$/#\1/g' /etc/fstab
[root@worker1 ~]# modprobe br_netfilter
[root@worker1 ~]# cat /etc/modules-load.d/k8s.conf
br_netfilter
[root@worker1 ~]# cat /etc/sysctl.d/k8s.conf
net.bridge.bridge-nf-call-ip6tables = 1
net.bridge.bridge-nf-call-iptables = 1
[root@worker1 ~]#
[root@worker1 ~]# sysctl --system
[root@worker1 ~]# sed -i 's/^SELINUX=enforcing$/SELINUX=disabled/' /etc/selinux/config
[root@worker1 ~]#
[root@worker1 ~]# cat /etc/selinux/config
...
SELINUX=disabled
...
```

```
[root@worker1 ~]#
[root@worker1 ~]# systemctl disable firewalld
[root@worker1 ~]# yum install docker
[root@worker1 ~]# systemctl enable --now docker
[root@worker1 ~]# cat /etc/yum.repos.d/kubernetes.repo
[kubernetes]
name=Kubernetes
haseurl=https://packages.cloud.google.com/yum/repos/kubernetes-el7-\$basearch
enabled=1
gpgcheck=0
repo_gpgcheck=0
[root@worker1 ~]# yum install kubeadm kubectl kubelet
[root@worker1 ~]# systemctl enable --now kubelet
[root@worker1 ~]#
[root@worker1 ~]# reboot
```

동일한 방법으로 worker2도 설정을 마친다. 최종적으로 각 노드 간 통신이 되는지 확인해본다.

```
# from master
[root@master ~]# ping -c 2 worker1
[root@master ~]# ping -c 2 worker2

# from worker1
[root@worker1 ~]# ping -c 2 master
[root@worker1 ~]# ping -c 2 worker2

# from worker1
[root@worker2 ~]# ping -c 2 master
[root@worker2 ~]# ping -c 2 worker1
```

17.4 쿠버네티스 클러스터 구성

master 노드, worker1, worker2 노드가 정상적으로 동작하므로, 이제 쿠버네티스 클러스터를 생성해보자. 먼저 master 노드와 worker1 노드로 클러스터를 구성한 후 worker2 노드를 클러스터에 단계적으로 추가해보자.

kubeadm init 명령으로 master 노드에 쿠버네티스 컨트롤 플레인을 활성화시켜 클러스터를 구성할 준비를 한다. kubeadm init은 쿠버네티스를 실행하는 데 필요한 사전 조건들을 검사한다. 만약 문제가 있다면 에러 메시지를 표출한다. 대표적으로 최소한으로 필요한 CPU의 개수나 메모리 크기 등을 체크한다. 모든 조건들이 만족하면 필요한 패키지들을 마스터 노드에 쿠버네티스 컨트롤 플레인 컴포넌트들을 설치한다. 다음과 같이 kubeadm init으로 쿠버네티스 클러스터 컨트롤 플레인 컴포넌트들을 설치한다.

```
[root@master ~]# kubeadm init --apiserver-advertise-address 192.168.56.101 \
               --pod-network-cidr=172.16.0.0/16 --token ktoken.1234567890123456
```

kubeadm init 명령에 사용된 옵션의 역할은 다음과 같다.

- --apiserver-advertise-address: 쿠버네티스 클러스터의 상태 등을 점검하는 API 서버가 위치하는 주소를 설정한다. master 노드에서 API 서버가 동작하므로 master 노드의 주소가 설정되었다.

- --pod-network-cidr: 쿠버네티스 클러스터 내부에서 컨테이너에 부여하는 네트워크 대역을 172.16.0.0/16로 설정하였다. 즉, 쿠버네티스 클러스터에 컨테이너가 생성된다면 172.16.0.0/16 대역에서 임의의 IP 주소가 할당된다.

- --token: 마스터 노드와 워커 노드 간 신뢰성 있는 연결을 위한 정보이다. 토큰은 다음과 같이 6자리 알파벳과 숫자로 이루어진 문자열, 점(.), 16자리 알파벳과 숫자로 이루어진 문자열 구조를 갖춰야 한다.

$$[a-z0-9]\{6\}.[a-z0-9]\{16\}$$

여기에서는 단순하게 ktoken.1234567890123456으로 지정하였다. 앞으로 살펴보겠지만, 워커 노드가 쿠버네티스 클러스터에 조인하기 위해서는 이 토큰 정보를 이용한다.

kubeadm init 명령 후 출력 결과를 확인해보면, 추가적으로 진행해야 하는 단계를 알 수 있다.

```
Your Kubernetes control-plane has initialized successfully!

To start using your cluster, you need to run the following as a regular user:

    mkdir -p $HOME/.kube
    sudo cp -i /etc/kubernetes/admin.conf $HOME/.kube/config
    sudo chown $(id -u):$(id -g) $HOME/.kube/config

Alternatively, if you are the root user, you can run:

    export KUBECONFIG=/etc/kubernetes/admin.conf

You should now deploy a pod network to the cluster.
Run "kubectl apply -f [podnetwork].yaml" with one of the options listed at:
```

```
https://kubernetes.io/docs/concepts/cluster-administration/addons/

Then you can join any number of worker nodes by running the following on each as root:

kubeadm join 192.168.56.101:6443 --token ktoken.1234567890123456 \
    --discovery-token-ca-cert-hash \
      sha256:433586d5dea9838ecd49ddaf1c799732190f696699e0d3ec88f9cc6ae712c96c
```

총 3가지 추가적인 작업이 필요하다.

1. **admin.conf 파일 노출**: kubectl을 사용하기 위해서 루트 사용자의 경우 admin.conf 파일의 위치를 담고 있는 KUBECONFIG 셸 변수를 생성하고 노출시킨다. 일반 사용자의 경우는 사용자 계정에 .kube 디렉터리에 config 파일로 복사하여 kubectl을 사용할 수 있도록 해준다. 루트 사용자이기 때문에 단순하게 KUBECONFIG 변수를 노출시키면 된다.

2. **네트워크 플러그인 설치**: CNI container network interface 기반의 **파드 네트워크 애드온**pod network add-on을 설치해야 한다. 파드 네트워크 애드온은 파드들이 고유 IP를 갖고 쿠버네티스 클러스터 내에서 파드 간 통신할 수 있는 **오버레이 네트워크**overlay network이다.[10]

3. **워커 노드 조인**join: 각각의 워커 노드에서 마스터 노드로 토큰을 이용하여 쿠버네티스 클러스터에 조인한다.

각 단계를 수행하여 쿠버네티스 클러스터를 구성하자. 먼저 루트 사용자이기 때문에 admin.conf 파일을 KUBECONFIG 셸 변수로 다음과 같이 노출시킨다.

```
[root@master ~]# export KUBECONFIG=/etc/kubernetes/admin.conf
[root@master ~]# echo $KUBECONFIG
/etc/kubernetes/admin.conf
[root@master ~]#
```

다음 단계는 파드 내의 컨테이너 간 통신을 위한 네트워크를 구성해야 한다. 이 네트워크는 기존에 구성된 쿠버네티스 클러스터의 마스터 노드와 워커 노드 간 통신이 가능한 네트워크와는 다른 네트워크이다. 쿠버네티스 클러스터에 속한 마스터 노드와 워커 노드는 프라이빗 IP 네트워크에 연결되어 있기 때문에 서로 통신이 가능하다. 마스터와 워커 노드의 네트워크 인터페이스에 192.168.56.0/24 네트워크 대역의 IP 주소를 할당함으로써 쿠버네티스 클러스터의 마스터와 워커 노드가 통신이 되는

---

10 오버레이 네트워크는 쿠버네티스 클러스터의 네트워크 구성 외에 논리적인 네트워크를 말한다. 오버레이 네트워크를 통해서 서로 다른 워커 노드의 파드가 동일한 네트워크 대역에 연결되어 통신할 수 있다.

것을 확인했었다(ping 테스트).

그런데, 워커 노드에 실행되는 파드는 고유 프라이빗 IP 주소를 갖고, 파드 내의 컨테이너는 파드의 IP 주소를 이용하여 다른 워커 노드에서 실행되는 파드의 컨테이너와 통신해야 한다. kubeadm init 명령에서 파드 내의 컨테이너 간 통신에 사용되는 네트워크 대역을 172.16.0.0/16으로 지정하였다. 따라서 워커 노드에 생성되는 파드는 172.16.0.0/16 네트워크 대역에서 임의의 IP가 할당되고 파드 내의 컨테이너는 이 IP 주소를 이용하여 다른 워커 노드의 파드의 컨테이너와 통신을 한다.

파드 간 통신을 해줄 수 있는 네트워크가 CNI 기반의 오버레이 네트워크이고 네트워크 플러그인 또는 파드 네트워크 애드온이라고 한다. kubeadm init 명령을 수행하면 플러그인 설치 방법을 친절하게 안내하고 있다.

```
You should now deploy a pod network to the cluster.
Run "kubectl apply -f [podnetwork].yaml" with one of the options listed at:
  https://kubernetes.io/docs/concepts/cluster-administration/addons/
```

그림 17.8은 쿠버네티스 클러스터에 설치할 수 있는 플러그인들을 보여준다.[11]

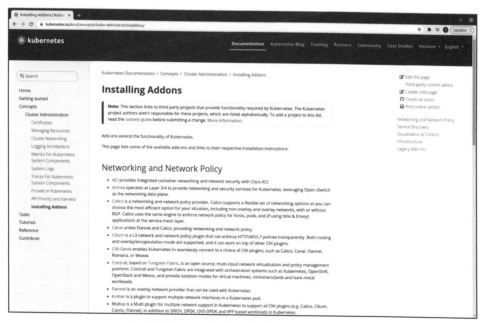

그림 17.8 **쿠버네티스에 설치 가능한 네트워크 애드온**

---

11 https://kubernetes.io/docs/concepts/cluster-administration/addons/

다양한 네트워크 애드온이 있지만, Calico로 오버레이 네트워크를 구성할 것이다. Calico 웹[12]은 Calico를 이용한 쿠버네티스 클러스터에 네트워크를 구성하는 방법을 소개하고 있는데, Calico 웹에서 제공하는 50노드 이하의 클러스터에 네트워크를 구성하는 가이드에 따라 네트워크를 구성해보자.[13] 다음과 같이 Calico 야믈YAML 파일을 다운로드해 `calico.yaml`로 저장 한 후 Calico 오버레이 네트워크를 구성한다.

```
[root@master ~]# curl https://projectcalico.docs.tigera.io/manifests/calico-typha.yaml \
                -o calico.yaml
[root@master ~]#
[root@master ~]# ls -al calico.yaml
-rw-r--r-- 1 root root 222019 Feb 17 01:57 calico.yaml
[root@master ~]#
[root@master ~]# kubectl apply -f calico.yaml
```

쿠버네티스 마스터 노드에 대한 작업은 모두 마쳤다. 마스터 노드에 설치된 쿠버네티스 컨트롤 플레인 컴포넌트들을 다음과 같이 확인할 수 있다.

```
[root@master ~]# kubectl get pods --all-namespaces
NAMESPACE     NAME                                        READY   STATUS    RESTARTS   AGE
kube-system   calico-kube-controllers-566dc76669-xzkr8    1/1     Running   0          39s
kube-system   calico-node-fg6kt                           0/1     Running   0          39s
kube-system   calico-typha-6c88886847-lm62c               0/1     Pending   0          39s
kube-system   coredns-64897985d-b75n8                     1/1     Running   0          69s
kube-system   coredns-64897985d-q9bxz                     1/1     Running   0          69s
kube-system   etcd-master                                 1/1     Running   0          82s
kube-system   kube-apiserver-master                       1/1     Running   0          83s
kube-system   kube-controller-manager-master              1/1     Running   0          82s
kube-system   kube-proxy-kz4mh                            1/1     Running   0          70s
kube-system   kube-scheduler-master                       1/1     Running   0          82s
[root@master ~]#
```

모든 컴포넌트들은 파드로 생성되고 지금까지 살펴본 **API 서버**kube-apiserver-master, **엣시디**etcd-master, **컨트롤 매니저**kube-controller-manager-master, **스케줄러**kube-scheduler-master, **큐브 프록시**kube-proxy, **Calico 컴포넌트**calico-*들을 확인할 수 있다. 동일한 역할을 하는 여러 개의 파드를 생성해야 할 경우 쿠버네티스는 이름 뒤에 랜덤으로 발생시킨 **해시코드**hash code를 삽입한다(예: **kube-proxy-**

---

12 https://projectcalico.docs.tigera.io/about/about-calico
13 https://projectcalico.docs.tigera.io/getting-started/kubernetes/self-managed-onprem/onpremises

kz4mh).

지금까지 논의되지 않았던 컴포넌트가 **Cluster DNS**CoreDNS인데, 쿠버네티스 클러스터의 **DNS**domain name system역할을 수행한다. CoreDNS 컴포넌트 coredns-*는 kubeadm init을 실행할 때 생성된다. 하지만, 실제 Calico와 같은 CNI 기반의 파드 네트워크가 구성되기 전까지 **실행되지 않는 상태**containercreating로 있다가 파드 네트워크가 구성되면 실행된다.

마스터 노드에 필요한 모든 작업이 완료되었다. 이제 마지막 단계로 워커 노드를 쿠버네티스 클러스터로 조인시켜보자. 워커 노드 worker1에서 다음과 같이 수행하여 쿠버네티스 클러스터에 조인한다.

```
[root@worker1 ~]# kubeadm join 192.168.56.101:6443 --token ktoken.1234567890123456 \
                  --discovery-token-unsafe-skip-ca-verification
...
Run 'kubectl get nodes' on the control-plane to see this node join the cluster.

[root@worker1 ~]#
```

192.168.56.101:6443은 쿠버네티스 클러스터에서 동작하고 있는 API 서버이고, --token 옵션을 통해서 토큰정보를 교환하여 워커 노드가 신뢰성 있는 노드임을 확인시켜준다. 쿠버네티스 클러스터를 단순하게 구성하기 위해서 **CA**certificate authority 인증을 하지 않고(**--discovery-token-unsafe-skip-ca-verification**) 워커 노드를 클러스터에 조인시켰다.

마스터 노드에서 쿠버네티스 클러스터의 모든 노드들을 확인해보자. 클러스터에 워커 노드 **worker1**이 정상적으로 조인된 것을 확인할 수 있다.

```
[root@master ~]# kubectl get nodes
NAME      STATUS   ROLES                  AGE     VERSION
master    Ready    control-plane,master   9m18s   v1.23.3
worker1   Ready    <none>                 11s     v1.23.3
[root@master ~]#
```

워커 노드 worker2를 동일한 방법으로 쿠버네티스 클러스터에 조인시킨다.

```
[root@worker2 ~]# kubeadm join 192.168.56.101:6443 --token ktoken.1234567890123456 \
                  --discovery-token-unsafe-skip-ca-verification
```

최종적으로 3개의 노드로 구성된 쿠버네티스 클러스터를 다음과 같이 확인한다.[14]

```
[root@master ~]# kubectl get nodes
NAME      STATUS    ROLES                  AGE     VERSION
master    Ready     control-plane,master   12m     v1.23.3
worker1   Ready     <none>                 3m25s   v1.23.3
worker2   NotReady  <none>                 6s      v1.23.3
[root@master ~]#
```

이렇게 구성된 쿠버네티스 클러스터에서 워커 노드를 제거해야 하는 경우가 발생할 수 있다. worker2 노드를 클러스터에서 제거하기 위해서는 master 노드에서 kubectl delete node 명령으로 다음과 같이 제거할 수 있다.

```
[root@master ~]# kubectl delete node worker2
node "worker2" deleted
[root@master ~]#
[root@master ~]# kubectl get nodes
NAME      STATUS    ROLES                  AGE     VERSION
master    Ready     control-plane,master   18m     v1.23.3
worker1   Ready     <none>                 9m12s   v1.23.3
[root@master ~]#
```

worker2를 클러스터에 적용시키기 위해서는 kubeadm reset[15] 명령 후에 클러스터에 조인시킨다.

```
[root@worker2 ~]# kubeadm reset
[reset] WARNING: Changes made to this host by 'kubeadm init' or 'kubeadm join' will be
reverted.
[reset] Are you sure you want to proceed? [y/N]: y
...
[root@worker2 ~]#
[root@worker2 ~]# kubeadm join 192.168.56.101:6443 --token ktoken.1234567890123456 \
                     --discovery-token-unsafe-skip-ca-verification
[root@worker2 ~]#
```

master 노드에서 확인해보면, 쿠버네티스 클러스터가 다시 정상적으로 3개의 노드로 구성되었음을 확인할 수 있다.

---

14 worker2의 상태가 NotReady인데, 클러스터에 조인된 시간이 얼마되지 않아서(6s) 그렇다. 시간이 지나면 Ready로 변경된다.

15 kubeadm reset 명령은 쿠버네티스 클러스터에 문제가 발생했을 때 사용하는 명령으로 kubeadm init이나 kubeadm join 명령으로 설정된 상태를 원상 복구시킨다.

```
[root@master ~]# kubectl get nodes
NAME      STATUS    ROLES                    AGE    VERSION
master    Ready     control-plane,master     19m    v1.23.3
worker1   Ready     <none>                   10m    v1.23.3
worker2   Ready     <none>                   8s     v1.23.3
[root@master ~]#
```

17.5 쿠버네티스에 서비스 올리기

도커 스웜에서 살펴보았던 간단한 예제를 지금까지 구축된 쿠버네티스 클러스터에서 실행해볼 것이다. 도커 스웜의 예제는 app.py을 Redis와 연결해서 웹페이지를 요청할 때마다 카운트되는 간단한 웹서비스였다. 도커 허브에 업로드된 mydocker:webdocker와 redis 이미지를 이용한다.

쿠버네티스가 생성하고 관리하는 가장 작은 단위가 파드이고 파드 내에 컨테이너가 속하게 된다고 했다. mydocker:webdocker 파드를 다음과 같이 생성해보자.

```
[root@master ~]# kubectl run webpod --image=linuxphil/mydocker:webdocker
pod/webpod created
[root@master ~]#
```

도커 허브에서 linuxphil 계정[16]의 mydocker:webdocker 이미지를 이용하여 webpod를 생성하라는 의미이다.

쿠버네티스 클러스터의 스케줄러에 의해 생성된 webpod는 워커 노드에 할당되고 실행된다. 다음과 같이 어느 노드에서 실행되는지 확인해보자.

```
[root@master ~]# kubectl get pods -o wide
NAME      READY   STATUS     RESTARTS   AGE     IP              NODE      NOMINATED NODE
webpod    1/1     Running    0          3m13s   172.16.189.65   worker2   <none>
[root@master ~]#
```

생성된 webpod는 worker2노드에서 실행상태이고, 파드에 할당된 IP 주소는 172.16.189.65임을 확인할 수 있다. 이 IP 주소는 kubeadm init으로 쿠버네티스 클러스터를 생성할 때 부여한 172.16.0.0/16 대역에 포함된 주소이고 Calico CNI 플러그인이 생성한 오버레이 네트워크를 통해서

---

16 도커 스웜 실습에서 이미지를 생성해서 도커 허브 계정에 올렸다면 해당 계정으로 대체해도 된다.

해당 파드와 통신을 할 수 있다.

master 노드와 worker1에서 webpod와 통신할 수 있는지 다음과 같이 확인해보자. 정상적으로 통신이 가능한 것을 확인할 수 있는데, Calico로 구성한 오버레이 네트워크가 잘 동작하고 있는 것이다.

```
# from master
[root@master ~]# curl 172.16.189.65
<h3>Hello World!</h3><b>Hostname:</b> webpod<br/><b>Visits:</b> <i>cannot connect to Redis,
counter disabled</i>
[root@master ~]#

# from worker1
[root@worker1 ~]# curl 172.16.189.65
<h3>Hello World!</h3><b>Hostname:</b> webpod<br/><b>Visits:</b> <i>cannot connect to Redis,
counter disabled</i>
[root@worker1 ~]#
```

app.py가 실행되는 파드가 쿠버네티스 클러스터에 정상적으로 생성되었기 때문에 webpod의 IP 주소로 쿠버네티스 클러스터 내부에서 app.py가 제공하는 데이터를 가져올 수 있다. app.py가 출력하는 Hostname의 값이 webpod인 것을 확인할 수 있는데, 컨테이너 관점에서 보면, 컨테이너가 속해있는 webpod 파드가 호스트인 것이다.

webpod는 단일 파드이다. 웹서비스를 담당하는 webpod에 부하가 발생하면, 동일한 역할을 하는 **레플리카 파드**replica pod를 생성하여 부하를 분산해야 할 필요가 있다. 레플리카 파드들의 집합을 **레플리카셋**ReplicaSet이라고 한다. 단일 파드는 손쉽게 파드를 생성할 수 있지만, 독립적으로 파드를 생성하게 되면 파드에 대한 관리를 유기적으로 하기 어렵다. 따라서 동일한 목적을 갖는 파드를 하나의 논리적 그룹으로 관리하여 대응할 필요가 있는데, 쿠버네티스에서는 **디플로이먼트**deployment를 생성하여 동일 목적의 동일한 레플리카 파드들을 관리할 수 있다. 파드가 디플로이먼트로 관리가 되면 동적으로 파드의 개수를 늘리고 줄일 수 있게 된다. webpod와 동일한 역할을 하는 webdeploy 디플로이먼트를 다음과 같이 생성해보자.

```
[root@master ~]# kubectl create deployment webdeploy --image=linuxphil/mydocker:webdocker
deployment.apps/webdeploy created
[root@master ~]#
[root@master ~]# kubectl get pods -o wide
NAME                        READY   STATUS    RESTARTS   AGE   IP              NODE      NOMINATED
webdeploy-69b69bc57-cmj4g   1/1     Running   0          5s    172.16.235.130  worker1   <none>
webpod                      1/1     Running   0          15h   172.16.189.65   worker2   <none>
```

```
[root@master ~]#
```

webdeploy 디플로이먼트가 생성되었고, 이 디플로이먼트에는 하나의 파드가 동작하고 있다. 파드의 이름은 디플로이먼트 이름(webdeploy)에 임의의 해시코드(69b69bc57-cmj4g)를 추가하여 지정된다.[17] 파드는 worker1 노드에서 동작하고 있고 파드에 할당된 IP 주소는 172.16.235.130이라는 것을 확인할 수 있다. webpod에서와 동일하게 webdeploy 디플로이먼트의 파드가 정상적으로 웹 요청에 대해 동작하는지 확인해보자.

```
# from master
[root@master ~]# curl 172.16.235.130
<h3>Hello World!</h3><b>Hostname:</b> webdeploy-69b69bc57-cmj4g<br/><b>Visits:</b> <i>cannot
connect to Redis, counter disabled</i>
[root@master ~]#

# from worker2
[root@worker2 ~]# curl 172.16.235.130
<h3>Hello World!</h3><b>Hostname:</b> webdeploy-69b69bc57-cmj4g<br/><b>Visits:</b> <i>cannot
connect to Redis, counter disabled</i>
[root@worker2 ~]#
```

디플로이먼트로 배포된 파드도 정상적으로 웹 요청을 처리하여 전달하고 있다. Hostname이 디플로이먼트 이름 webdeploy에 해시코드가 추가된 형태로 파드의 이름이 출력되는 것을 확인할 수 있다.

디플로이먼트로 배포된 파드를 사용할 것이므로, webpod를 다음과 같이 삭제한다.

```
[root@master ~]# kubectl delete pod webpod
pod "webpod" deleted
[root@master ~]#
[root@master ~]# kubectl get pods
NAME                         READY   STATUS    RESTARTS   AGE
webdeploy-69b69bc57-cmj4g    1/1     Running   0          3h27m
[root@master ~]#
```

webpod 파드가 정상적으로 삭제되었다. webdeploy는 디플로이먼트이므로 파드의 수를 임의적으로 늘리거나 줄일 수 있다. 디플로이먼트의 파드를 3개로 다음과 같이 확대해보자.

---

17 해시코드는 임의로 부여되는 값으로 실행되는 환경에 따라 다른 값을 가질 수 있다.

```
[root@master ~]# kubectl scale deployment webdeploy --replicas=3
deployment.apps/webdeploy scaled
[root@master ~]#
[root@master ~]# kubectl get pods -o wide
NAME                        READY   STATUS    RESTARTS   AGE    IP               NODE
webdeploy-69b69bc57-28v8p   1/1     Running   0          15m    172.16.235.131   worker1
webdeploy-69b69bc57-cmj4g   1/1     Running   0          3h47m  172.16.235.130   worker1
webdeploy-69b69bc57-tjhh8   1/1     Running   0          15m    172.16.189.69    worker2
[root@master ~]#
```

총 3개의 파드가 생성된 것을 확인할 수 있다. worker1에 2개의 파드가 worker2에 1개의 파드가 실행되고 있다. 디플로이먼트로 파드를 생성하면 동일한 목적의 파드를 쉽게 관리할 수 있어 특정 시간의 부하에 대해 적절하게 로드를 분산할 수 있다. 이제 3개의 파드를 5개로 늘려보자.

```
[root@master ~]# kubectl scale deployment webdeploy --replicas=5
deployment.apps/webdeploy scaled
[root@master ~]#
[root@master ~]# kubectl get pods -o wide
NAME                        READY   STATUS    RESTARTS   AGE    IP               NODE
webdeploy-69b69bc57-28v8p   1/1     Running   0          20m    172.16.235.131   worker1
webdeploy-69b69bc57-2bgwl   1/1     Running   0          8s     172.16.189.71    worker2
webdeploy-69b69bc57-cmj4g   1/1     Running   0          3h51m  172.16.235.130   worker1
webdeploy-69b69bc57-tjhh8   1/1     Running   0          20m    172.16.189.69    worker2
webdeploy-69b69bc57-x6npr   1/1     Running   0          8s     172.16.189.72    worker2
[root@master ~]#
```

worker1과 worker2 노드에서 각각 파드 하나씩이 추가되어 적절하게 파드가 배치된 것을 알 수 있다.

지금까지 쿠버네티스 클러스터에서 디플로이먼트 방식으로 파드를 배포하는 것을 살펴보았다. 그렇다면, 쿠버네티스 클러스터 외부에서 webdeploy 디플로이먼트에 속한 특정 파드에 접근하면 어떻게 될까?

그림 17.9는 webdeploy-69b69bc57-cmj4g 파드의 IP 주소 172.16.235.130과 webpod가 실행되고 있는 worker1 노드의 IP 주소 192.168.56.102로 접근한 결과를 보여주는데 모두 접근에 실패하고 있다.

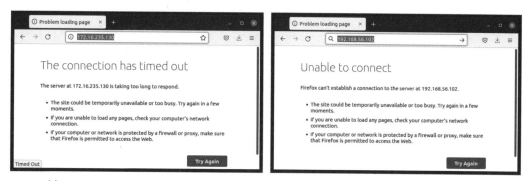

(a) webdeploy-69b69bc57-cmj4g IP로 요청   **(b)** worker1 IP로 요청

그림 17.9 **app.py**에 접근이 되지 않은 상태

쿠버네티스 클러스터 내부에서 curl 172.16.235.130으로 접근을 하게 되면, HTTP 80번 포트에 대응하는 webdeploy-69b69bc57-cmj4g 파드의 app.py가 탑재된 컨테이너가 대응하게 된다. 하지만, 해당 파드의 IP 주소 172.16.235.130은 클러스터 내부 IP 주소로 쿠버네티스 클러스터 외부에서는 접근이 불가하다.

따라서 쿠버네티스 클러스터의 IP 주소(192.168.56.101~192.168.56.103)는 80번 포트에 대한 요청을 webdeploy 디플로이먼트의 파드에서 대응하도록 설정해야 한다. 이처럼 쿠버네티스 클러스터 외부에서 내부로 연결하는 것을 **서비스**service라고 하는데, 파드에서 실행 중인 애플리케이션을 네트워크 서비스로 노출하는 것이다.

노드포트NodePort 서비스를 이용하여 외부에서 클러스터 내부로 접근하도록 해볼 것이다. 쿠버네티스 클러스터의 80번 포트를 열어두고 80번 포트에 대한 요청이 오면 webdeploy 디플로이먼트의 파드가 대응하도록 구성한다. 노드포트 서비스에 대한 정의를 YMAL 파일 web-np.yaml로 다음과 같이 정의 할 수 있다.

```
[root@master ~]# cat web-np.yaml

apiVersion: v1
kind: Service
metadata:
    name: web-np-svc

spec:
    selector:
        app: webdeploy
    ports:
        - name: http
```

```
            protocol: TCP
            port: 80
            targetPort: 80
            nodePort: 30000
      type: NodePort

[root@master ~]#
```

web-np.yaml 파일에 기술된 항목들의 의미는 다음과 같다.

- apiVersion: v1

  쿠버네티스 마스터 노드에 설치된 쿠버네티스 컨트롤 플레인의 핵심 역할을 하는 API 서버가 오픈한 API 버전을 의미한다. 필요에 따라 기능이 추가되고 삭제될 수 있기 때문에 API 서버에서 처리할 수 있는 버전 정보를 의미한다.

  버전 v1은 쿠버네티스의 API가 계속해서 발전을 하더라도 하위 **호환성**compatibility을 가장 강력하게 유지하는 버전이다. 사용가능한 API 버전 정보를 다음과 같이 확인할 수 있다.

  ```
  [root@master ~]# kubectl api-versions
  ...
  v1
  ```

- kind: Service

  쿠버네티스의 오브젝트 종류를 기술하는 것으로 서비스 오브젝트임을 기술하고 있다. 기본 오브젝트에는 파드, 네임스페이스, 볼륨, 서비스가 있다.

- name: web-np-svc

  새로운 서비스 오브젝트의 이름이 web-np-svc임을 나타낸다.

- app: webdeploy

  이 서비스는 webdeploy 레이블을 가진 파드에 대한 것임을 나타낸다.

- port: 80

  web-np-svc 서비스의 포트 번호를 의미한다. 이 포트 번호는 파드의 포트 번호 targetPort와 연결된다.

- targetPort: 80

  모든 수신 port: 80을 파드의 targetPort: 80으로 매핑한다.

- nodePort: 30000

  쿠버네티스 클러스터가 오픈하는 포트 번호를 의미한다. 즉, NodePort: 30000은 web-np-svc 서비스 포트(port: 80)로 매핑되고 web-np-svc 서비스 포트는 webdeploy 파드의 포트 번호 80(targetPort: 80)으로 매핑되어 외부의 요청에 대해서 내부 파드의 컨테이너가 대응하게 해준다. 노드포트 서비스의 경우 포트 번호는 30000 ~ 32767 대역의 포트 번호를 사용한다.

- type: NodePort

  서비스의 타입이 노드포트임을 기술한다.

web-np.yaml 파일을 이용하여 web-np-svc 서비스를 다음과 같이 생성해보자.

```
[root@master ~]# kubectl create -f web-np.yaml
service/web-np-svc created
[root@master ~]#
[root@master ~]# kubectl get services
NAME         TYPE        CLUSTER-IP      EXTERNAL-IP   PORT(S)        AGE
kubernetes   ClusterIP   10.96.0.1       <none>        443/TCP        44h
web-np-svc   NodePort    10.96.224.105   <none>        80:30000/TCP   8s
[root@master ~]#
```

web-np-svc 노드포트 서비스가 생성되었고 서비스 또한 고유한 IP 주소 10.96.224.105가 할당된 것을 확인할 수 있다. 또한 PORT(S)항에 80:30000/TCP는 외부의 포트 30000이 노드포트 서비스 web-np-svc의 80 포트와 매핑된 것을 나타내고 있다.

노드포트 서비스로 webdeploy 파드의 30000 포트가 외부에 노출되었기 때문에 쿠버네티스 클러스터의 모든 노드의 IP 주소를 이용하여 접근해보자. 그림 17.13은 쿠버네티스 클러스터에 속한 어떠한 노드의 IP 주소에 대해 포트 번호 30000로 들어오는 요청을 webdeploy 내의 컨테이너 애플리케이션 app.py가 정상적으로 대응하고 있음을 보여준다.

(a) master 노드 IP로 접근   (b) worker1 노드 IP로 접근

그림 17.10 **노드포트 서비스를 이용한 외부에서 파드 애플리케이션 연결**

그림 17.11은 webdeploy 디플로이먼트의 파드들과 web-np-svc 노드포트 서비스의 관계를 기반으로 외부에서 쿠버네티스 클러스터의 30000 포트로 들어오는 요청에 대해서 클러스터 내부에서 어떻게 매핑되어 동작하는지 보여준다.

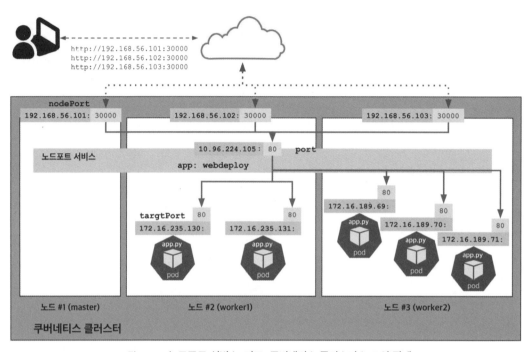

그림 17.11 **노드포트 서비스, 파드, 쿠버네티스 클러스터 노드의 관계**

이제 webdeploy에 속한 파드에 접근할 때마다 접근 횟수를 기록하는 Redis를 활성화해보자. 그림 17.12는 Redis에 접근하지 못해서 Vistis:에 값을 표출하지 못하는 것을 보여준다.

그림 17.12 **Redis에 연결되지 않아 오류 표출**

Redis도 mydocker:webdocker와 동일하게 디플로이먼트 방식으로 배포하고 컨테이너는 도커 허브의

redis 이미지를 이용하도록 한다. 다음과 같이 redis 디플로이먼트를 생성한다.

```
[root@master ~]# kubectl create deployment redis --image=redis
deployment.apps/redis created
[root@master ~]#
[root@master ~]# kubectl get pods -o wide
NAME                      READY   STATUS    RESTARTS   AGE   IP               NODE
NOMINATED NODE
redis-8464b6fbc9-pvpt5    1/1     Running   0          30s   172.16.235.132   worker1
<none>
...
[root@master ~]#
```

redis 디플로이먼트가 정상적으로 생성되었고 worker1 노드에 할당된 것을 확인할 수 있다. Redis 데이터베이스가 정상적으로 실행되고 있기 때문에, app.py가 실행되고 있는 webdeploy 디플로이먼트의 파드에서 접근을 할 수 있을 것으로 예상할 수 있다. 하지만 쿠버네티스 클러스터의 어떠한 노드의 IP 주소로 접근을 하더라도 Redis의 값이 정상적으로 표출되지 않는다.

app.py에서 Redis에 접근할 때 포트 6379를 사용하는데, 이 포트로 요청하는 서비스에 대한 대응 컨테이너가 정의되지 않았기 때문이다. 노드포트 서비스를 YMAL 파일로 정의했듯이 포트 6379에 대한 서비스를 생성해야 한다. 다만 차이점이 있다면, Redis는 쿠버네티스 클러스터 내부에서만 사용하기 때문에 외부에 노출될 필요는 없다. 다음과 같이 redis-svc.yaml 파일을 생성한다.

```
[root@master ~]# cat redis-svc.yaml

apiVersion: v1
kind: Service
metadata:
    name: redis
    labels:
        app: redis

spec:
    ports:
    - port: 6379
        targetPort: 6379
    selector:
        app: redis

[root@master ~]#
```

redis-svc.yaml 파일은 web-np.yaml과 동일한 서비스를 기술하는 YAML 파일이다. 다른점은 노드포트 서비스가 아니고 외부에 노출되지 않기 때문에 nodePort에 대한 지정도 없다. redis 서비스는 포트 번호 6739로 오는 요청에 대해 redis 애플리케이션으로 매핑하고 있고 있다.[18] redis 서비스를 다음과 같이 생성하고 정상적으로 생성되었는지 확인한다.

```
[root@master ~]# kubectl create -f redis-svc.yaml
service/redis-svc created
[root@master ~]#
[root@master ~]# kubectl get services
NAME          TYPE        CLUSTER-IP       EXTERNAL-IP   PORT(S)        AGE
kubernetes    ClusterIP   10.96.0.1        <none>        443/TCP        2d20h
redis         ClusterIP   10.111.111.112   <none>        6379/TCP       5s
web-np-svc    NodePort    10.96.224.105    <none>        80:30000/TCP   23h
[root@master ~]#
```

웹 브라우저를 이용해서 쿠버네티스 클러스터의 각각의 노드의 IP 주소를 이용하여 30000 포트로 접근을 해보자. 그림 17.13은 3개의 노드에 대해 2번씩 접근한 결과를 보여준다.

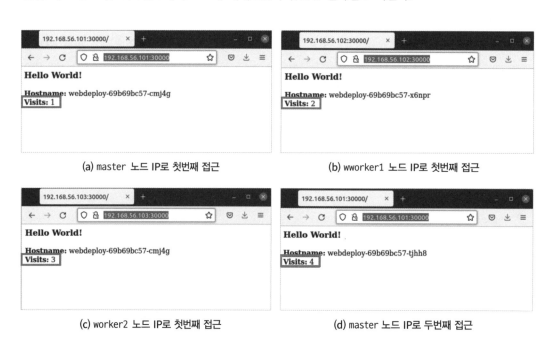

(a) master 노드 IP로 첫번째 접근	(b) wworker1 노드 IP로 첫번째 접근
(c) worker2 노드 IP로 첫번째 접근	(d) master 노드 IP로 두번째 접근

---

18 redis-svc.yaml에서 name 필드의 값을 redis-svc가 아닌 redis로 하였는데, 그 이유는 redis를 사용하는 app.py에서 외부에 요청하는 이름을 redis로 지정했기 때문이다.

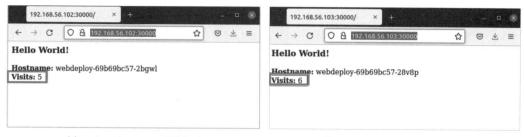

(e) worker1 노드 IP로 두번째 접근   (f) worker2 노드 IP로 두번째 접근

그림 17.13 **노드에 접근할 때마다 증가되는 Visits 값**

webdeploy 디플로이먼트와 redis 디플로이먼트가 생성되고 노드포트 서비스, reids 서비스가 생성
된 쿠버네티스 클러스터의 상태를 그림 17.14와 같이 나타낼 수 있다.

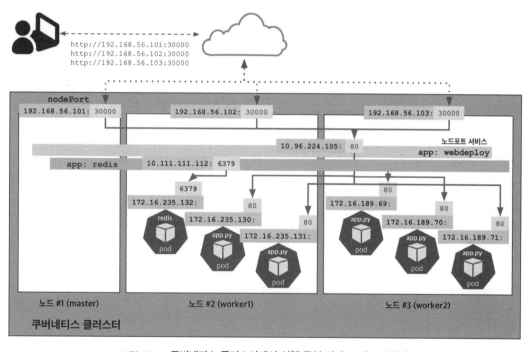

그림 17.14 **쿠버네티스 클러스터에서 실행 중인 서비스, 파드의 관계**

쿠버네티스를 이용하여 클러스터를 구성하고 클러스터에 파드를 생성하여 서비스로 오픈하는 방법을
도커 스웜의 예제를 기반으로 살펴보았다. 쿠버네티스는 컨테이너 기반의 서비스가 증가함에 따라 이
를 쉽게 관리하고 배포할 수 있는 환경을 제공하는 컨테이너 오케스트레이션 툴이다.

지금까지 생성된 서비스, 디플로이먼트들을 삭제하여 쿠버네티스 클러스터를 초기화해보자. YAML

파일을 통해서 쿠버네티스 객체를 생성했다면 동일한 파일을 이용하여 쉽게 쿠버네티스 객체를 제거할 수 있다. 노드포트 서비스와 reids 서비스를 YAML 파일을 이용하여 서비스를 다음과 같이 삭제해보자.

```
[root@master ~]# kubectl delete -f web-np.yaml
service "web-np-svc" deleted
[root@master ~]#
[root@master ~]# kubectl delete -f redis-svc.yaml
service "redis" deleted
[root@master ~]#
[root@master ~]# kubectl get services
NAME         TYPE        CLUSTER-IP   EXTERNAL-IP   PORT(S)    AGE
kubernetes   ClusterIP   10.96.0.1    <none>        443/TCP    2d21h
[root@master ~]#
```

web-np-svc 서비스와 redis 서비스가 정상적으로 삭제된 것을 확인할 수 있다.

이제 노드에서 실행되고 있는 webdeploy 디플로이먼트와 redis 디플로이먼트를 다음과 같이 제거해보자.

```
[root@master ~]# kubectl get pods
NAME                          READY   STATUS    RESTARTS   AGE
redis-8464b6fbc9-pvpt5        1/1     Running   0          118m
webdeploy-69b69bc57-28v8p     1/1     Running   0          2d
webdeploy-69b69bc57-2bgwl     1/1     Running   0          2d
webdeploy-69b69bc57-cmj4g     1/1     Running   0          2d4h
webdeploy-69b69bc57-tjhh8     1/1     Running   0          2d
webdeploy-69b69bc57-x6npr     1/1     Running   0          2d
[root@master ~]#
[root@master ~]# kubectl delete deployment webdeploy
deployment.apps "webdeploy" deleted
[root@master ~]#
[root@master ~]#
[root@master ~]# kubectl get pods
NAME                     READY   STATUS    RESTARTS   AGE
redis-8464b6fbc9-pvpt5   1/1     Running   0          124m
[root@master ~]#
[root@master ~]# kubectl delete deployment redis
deployment.apps "redis" deleted
[root@master ~]#
[root@master ~]# kubectl get pods
No resources found in default namespace.
[root@master ~]#
```

연습문제

1. 쿠버네티스의 시장규모를 확인하고 향후 전망은 어떻게 되는지 정보를 찾아 설명하라.

2. 쿠버네티스는 정의된 상태를 기술하면 쿠버네티스가 정의된 상태를 지속적으로 유지한다는 의미는 무엇이고 어떤 방식으로 구현되는지 설명하라.

3. 큐브 프록시의 역할과 동작 방식을 설명하라.

4. 쿠버네티스 클러스터를 Ansible과 Vagrant를 사용하여 구성하라.

5. 클라우드 네이티브 컴퓨팅 재단의 목적과 주요 프로젝트에 대해 조사하여 설명하라.

6. **CNI**container network interface의 구조에 대해서 조사하고 설명하라.

7. `containerd`의 구조와 동작 방식에 대해 조사하고 설명하라.

8. CRI-O의 구조와 동작 방식에 대해 조사하고 설명하라.

9. 쿠버네티스 환경을 GUI로 확인할 수 있는 툴을 설치하고 수행 과정을 기술하라.

10. 쿠버네티스를 설치할 때 `swapoff`를 하지 않을 경우 어떤 문제가 있는지 기술하라.

11. IP 마스커레이드의 동작 과정에 대해 조사하여 설명하라.

12. 실습에 사용한 Calico 대신 쿠버네티스에서 사용할 수 있는 다른 CNI 플러그인으로 네트워크를 구성하라.

13. 쿠버네티스 클러스터의 `master` 노드에는 파드가 생성되지 않았다. 그 이유를 찾아보고 `master` 노드에도 파드가 생성되도록 클러스터를 구성하라.

14. `webdeploy` 디플로이먼트가 정상적으로 동작하고 있는 상태에서 `webdeploy`의 임의의 파드를 삭제하면 어떻게 되는지 확인하고 그 이유를 설명하라.

15. 쿠버네티스 클러스터의 특정 워커 노드에서 파드가 실행되지 않도록 설정하라.

16. Redis 메모리 데이터베이스를 디플로이먼트로 생성했는데 Redis의 경우는 한 개의 파드로 충분하다. Redis를 디플로이먼트가 아닌 단일 파드로 구성해보라.

17. YAML 파일을 생성하여 쿠버네티스 오브젝트를 생성할 수 있다. `mydocker`와 `redis` 디플로이먼트를 YAML 파일로 기술하여 디플로이먼트를 생성하라.

18. 쿠버네티스와 도커가 어떻게 연관되어 있는지 설명하라.

19. 쿠버네티스와 도커 스웜의 주요한 차이점은 무엇인지 설명하라.

20. 일반 파드로 생성할 때와 디플로이먼트로 파드 생성할 때의 주요 차이는 무엇인지 설명하라.

21. 쿠버네티스를 프로덕션에 활용한 사례를 찾아보고 왜 쿠버네티스를 선택했는지 이유를 설명해 보라.

클라우드 활용

18

도커와 젠킨스를 이용한 CI/CD 파이프라인 구성

이번 장에서는 소프트웨어 개발에서 활발하게 활용되고 있는 **CI/CD**continuous integration/continuous deployment를 클라우드 컴퓨팅의 응용 예로서 살펴보고자 한다.

18.1 CI/CD 기본 개념

18.1.1 전통적인 소프트웨어개발 프로세스

전통적인 소프트웨어 개발 프로세스를 생각해보자. 개발자들은 주어진 모듈을 스펙에 따라 개발하고 자체 **테스트유닛**test unit을 이용하여 검증한 후 코드를 개발일정에 맞춰 **리포지터리**repository에 **커밋**commit을 한다. 모든 개발자들이 **머지데이**mergy day와 같은 특정 날까지 모든 커밋이 완료되면, 소스 코드를 통합하여 컴파일을 시작한다. 컴파일 과정 중에 문제가 발생하면 해당 문제에 대한 **빠른 수정**hot fix을 하여 최종적으로 실행 가능한 이미지를 생성한다(그림 18.1).[1]

---

[1] https://blog.oursky.com/2019/08/19/how-to-build-cicd-pipeline/

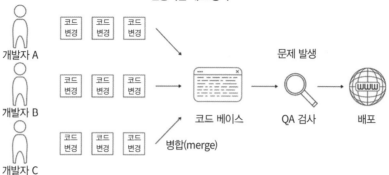

전통적인 배포 방식

그림 18.1 **전통적인 소프트웨어 개발 프로세스**

이렇게 생성된 통합 이미지는 기본 테스트 단계를 거치고, 문제가 발생할 경우 해당 문제가 개발자에게 통보된다. 문제가 해결될 때까지 프로젝트 관리 시스템에도 해당 이슈를 트랙킹한다. 기본 테스트까지 마치게 되면 **QA**quality assurance를 통해 좀 더 다양하고 세밀한 테스트가 진행되는데 이 과정에서 수많은 버그들이 발견된다. 발생한 오류들은 서비스 출시 전까지 모두 해결해야 되기 때문에 전통적인 소프트웨어 개발 프로세스에서는 이러한 단계적인 일들이 반복적으로 수행되어야 한다. 소프트웨어 개발과 배포 과정의 일련의 프로세스들이 일부 자동화가 되어 있기는 하지만 전통적인 소프트웨어 개발 프로세스에서는 많은 부분이 수동으로 이루어진다.

애플리케이션의 문제점을 빠르게 해결하고 개선사항을 반영한 버전을 신속하게 배포하는 것은 매우 중요한 일이다. 또한 개발자 관점에서도 자신이 수정한 소스가 빠르게 반영되어 배포된다면 소프트웨어 개발 과정의 시간을 단축하고 애플리케이션의 문제에 대해 빠르게 대응할 수 있는 장점이 있다. 이러한 일련의 소프트웨어 개발과 배포 과정을 자동화한 것이 CI/CD이다. CI/CD를 통해서 소프트웨어 개발을 자동화하고 배포주기를 단축하여 보다 빠르게 고객들에게 제공할 수 있다(그림 18.2).

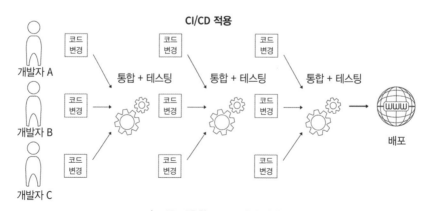

CI/CD 적용

그림 18.2 **CI/CD를 적용한 소프트웨어 개발 프로세스**

CI/CD는 CI와 CD를 자동화하여 소프트웨어 개발과 배포 주기를 빠르게 해주는 방법이라고 볼 수 있다. CI/CD에서 CD는 크게 2가지 의미를 담고 있다. 첫 번째는 **지속적인 제공**continuous delivery이고 두 번째는 **지속적인 배포**continuous deployment이다. CI/CD가 지속적인 통합과 지속적인 제공을 의미할 수 있고, 지속적인 통합, 지속적인 제공, 지속적인 배포의 파이프라인을 의미할 수 있다(그림 18.3).[2]

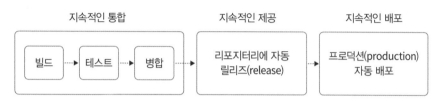

그림 18.3 **지속적인 통합, 지속적인 제공, 지속적인 배포 파이프라인**

CI/CD는 소프트웨어를 개발하여 실제 서비스로 이루어지는 과정을 자동화한 파이프라인으로 표현할 수 있고 개발 과정에서 지속적인 자동화와 모니터링이 추가된다. 개발 프로세스에서 자동화가 어디까지 관여하는지에 따라 CI/CD의 의미가 달라질 수 있다.

CI/CD의 구성요소인 지속적인 통합으로서 CI와 지속적인 제공과 배포로서 CD를 알아보자.

18.1.2 지속적인 통합: CI

지속적인 통합continuous integration은 개발자 관점에서 개발자가 작성한 코드가 특정 시간이 아닌 지속적으로 배포되어야 할 통합본에 통합되는 것을 의미한다. 애플리케이션에 특별한 기능을 추가하고자 할 경우 전통적인 소프트웨어 개발 프로세스에서는 소스 코드 수정, 통합, 빌드, 검증, 배포의 공식적인 단계를 거쳐야 하지만, 지속적인 통합환경이 구축된다면, 언제든지 필요에 따라 수정된 코드가 반영되고 통합되어 자동으로 배포될 수 있게 된다.

CI는 크게 **코딩 단계**coding stage, **빌딩 단계**building stage, **테스팅 단계**testing stage로 구분된다. 코딩 단계에서는 개발자들은 로컬에서 자신의 개발환경을 이용하여 자유롭게 개발을 진행한다. 개발자가 변경한 코드들은 Git과 같은 버전관리 시스템의 공유 리포지터리에 작은 단위로 자주 **커밋**commit되고 병합된다. 코드가 커밋되기 전에 추가적으로 코드에 대한 유닛 테스트가 수행되게 할 수 있다. 즉, 새롭게 변경된 코드에 대해서 유닛 테스트를 자동으로 수행함으로써 초기 단계에서 오류와 버그들을 검출하여 수정할 수 있다.

---

2 https://www.redhat.com/en/topics/devops/what-is-ci-cd

빌딩 단계에서는 코드가 리포지터리에 커밋되었을 때 자동으로 시작된다. 이 단계에서는 의존성해소를 위한 라이브러리 다운로드, 필요한 툴 설치, 컴파일 과정 등을 포함한다.

테스팅 단계에서는 다양한 테스팅이 진행되는데, 예를 들어 빌드된 애플리케이션의 보안성 체크, 정적코드 분석툴을 이용한 코드의 강건성 체크, 테스트 케이스를 이용한 검증, 의존성에 의해 파생되는 취약점 분석 등을 수행한다. 이 단계에서 수행 결과가 통합적으로 관리되고 오류 등이 개발자들에게 통보된다. 오류에 대해서 개발자는 수정을 진행하고 모든 테스트를 통과한 코드는 주 리포지터리에 머지된다.

CI는 초기단계에서 작은 단위로 빈번하게 통합을 수행함으로써 전통적인 소프트웨어 개발 프로세스에서 발생할 수 있는 '**통합의 지옥**merge hell or integration hell'[3] 함정에 빠지는 것을 피할 수 있다.

CI를 통해서 얻을 수 있는 장점은 다음과 같이 요약할 수 있다.

- **적은 오류 발생**: 개발자가 소프트웨어를 개발하고 커밋하여 코드가 통합될 때 작성된 코드에 대한 테스팅과 검증이 전통적인 개발 프로세스보다 더 많이 진행된다. CI가 구축된 환경에서는 개발자들이 큰 단위의 소스 코드보다는 작은 단위로 변경된 코드가 리포지터리에 통합된다. 따라서 코드를 리뷰하거나, 오류를 해결하기에 전통적인 소프트웨어 개발 프로세스보다 단순화되어 버그 발생을 크게 감소시킬 수 있다.
- **효율적인 테스팅**: CI 환경에서는 코드가 커밋될 때 동시에 테스팅이 되기 때문에 일반적인 소프트웨어 개발 프로세스보다 더 많은 테스트와 검증을 하게 된다. 테스팅 관점에서 2가지 장점이 있다. 첫 번째는 더 많은 테스팅과 검증을 하게 되어 테스트의 범위가 이전보다 넓어진다. 두 번째는 QA팀의 오버헤드를 줄여 품질관리의 효율성을 높일 수 있다.
- **수작업 감소**: 소프트웨어를 빌드, 테스트할 때 수작업을 통해 진행되는 과정들이 자동화되기 때문에 수작업에서 발생할 수 있는 사람에 의한 오류를 줄일 수 있고, 자동화에 의한 인적투입 비용을 줄일 수 있다.

18.1.3 지속적인 제공과 배포: CD

CD는 지속적인 제공과 배포를 내포하고 있다. 그렇지만, 지속적인 제공과 배포는 구분되는 개념이다. 두 개념을 구분하기 위해서 다음과 같은 상황을 생각해보자. 인터넷으로 *A*라는 물건을 주문했다면 **딜리버리 서비스**delivery service에 의해 패키지 *A*가 배달된다. 패키지 *A*가 나에게 배달되는 단계까

3 　리포지터리에 변경된 내용이 너무 많아 자신이 개발한 코드를 커밋하기 전에 반영해야 할 내용이 많아지는 상황

지가 바로 **제공**delivery 단계이다. 패키지 *A*를 오픈하여 이것 저것 살펴본 후 내가 생각하는 물건이 아니었을 경우 *A*를 반송한다. 그렇지 않다면, *A*를 사용할 준비가 된 **배포**deployment 단계가 된다.

지속적인 제공은 CI 단계에서 통합된 소스를 리포지터리로 자동으로 릴리즈하는 단계를 의미한다. 따라서 지속적인 제공이 되기 위해서는 개발 프로세스에서 CI 단계가 구축되어 있어야 한다. 지속적인 제공은 프로덕션 수준의 배포를 위한 **코드베이스**codebase를 항상 준비하는 것이 목표이다. 지속적인 제공의 마지막 단계에서 배포는 수동으로 이루어진다. 즉, 릴리즈가 준비된 상황에서 **일별**daily, **주별**weekly, **월별**monthly과 같은 단위로 배포할 수 있다.

지속적인 배포는 지속적인 제공 단계에서 준비된 빌드를 사람의 개입 없이 자동으로 릴리즈 하는 단계이다. 프로덕션으로 릴리즈하기 위해서는 지속적인 배포 이전 단계에서 다양한 테스트에 대한 자동화가 구축되어야 한다. 지속적인 배포가 애플리케이션 개발 프로세스에 위치할 경우 '**릴리즈 데이** release day'와 같은 이벤트를 제거할 수 있다. 지속적인 배포가 구축된 환경에서는 개발자가 사용자의 요구사항을 받아 소프트웨어를 수정하고 곧바로 CI/CD 파이프라인을 거쳐 수정된 애플리케이션이 배포된다.

지속적인 제공과 배포, 즉 CD 구축의 궁극적인 목표는 소프트웨어를 언제든지 신뢰할 수 있는 수준으로 릴리즈가 가능하도록 하는 것이다. 지속적인 제공과 배포를 모두 포함하는 CD를 통해서 얻을 수 있는 장점은 다음과 같다.

- **개발자 생산성 향상**: 자동화를 통해서 개발자의 수동 작업을 최소화여 애플리케이션을 바로 배포할 수 있기 때문에 개발자가 소프트웨어의 품질과 버그 관리에 좀 더 집중할 수 있다. 릴리즈를 위해 별도의 준비가 필요하지 않다.
- **빠른 업데이트**: 새로운 요청에 대한 코드변경을 자동으로 빌드, 테스트하고 배포할 수 있어 신속하게 사용자의 업데이트 요청에 대응할 수 있다. 사용자는 개선된 애플리케이션을 매우 빠르게 받아 볼 수 있어, 전통적인 방식에서 수 개월 걸리는 릴리즈를 하루 단위로 업데이트된 애플리케이션을 사용할 수 있다.
- **품질관리 수월성**: 자동화된 테스트와 검증이 초기단계에서 이루어지기 때문에 버그와 오류를 이른 시기에 찾고 수정할 수 있다. 따라서 견고한 애플리케이션을 생성하여 배포할 수 있는 환경은 비즈니스 관점에서 제품의 품질관리가 수월해진다.

18.2 CI/CD 파이프라인 실습환경 구성

다양한 CI/CD를 제공하는 툴들이 존재하지만, 우리는 **젠킨스**Jenkins를 이용하여 CI/CD 파이프라인을 구축한다.

18.2.1 CI/CD 파이프라인 구성 개념

CI/CD 소프트웨어 개발 파이프라인을 구성하기 위해서 **도커**Docker와 **젠킨스**Jenkins를 AWS의 인스턴스에 설치하고 GitHub와 연동할 것이다. 컨테이너 형태의 간단한 웹 서비스의 배포 과정을 CI/CD 파이프라인으로 구성할 것이다.

GitHub에 develop, main **브랜치**branch를 생성하여 develop 브랜치에 코드를 **푸시**push하면 젠킨스가 설치된 서버에 수정한 코드를 반영하여 테스트용 Nginx 서비스가 실행된다. 테스트를 마치고 develop 브랜치를 main 브랜치에 머지했을 때, 젠킨스에서 main 브랜치의 코드로 도커 이미지를 빌드한 뒤 빌드된 이미지를 도커 허브에 푸시한다. 도커 허브에 이미지가 푸시되면, 젠킨스는 새롭게 푸시된 이미지를 배포용 서버에 배포하게 된다. 전체적인 구성은 그림 18.4와 같다.

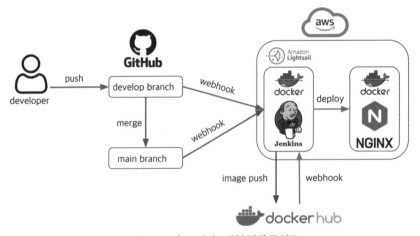

그림 18.4 **CI/CD 파이프라인 전체 구성도**

AWS 서비스를 이용하기 위한 AWS[4], 소스 코드 저장을 위한 GitHub[5], 도커 이미지 저장소인 도커 허브[6]에 각각 계정을 생성한다.[7]

---

4   https://aws.amazon.com/ko/

5   https://github.com/

6   https://hub.docker.com

7   계정을 생성하는 것은 이전 장들을 참고하기 바란다.

18.2.2 AWS Lightsail 인스턴스 생성 및 설정

Lightsail[8] 서비스는 EC2보다 이용료가 저렴하고, 설정이 더 간단하여 빠르게 인스턴스를 생성하고 사용할 수 있다. CentOS-1, CentOS-2 총 두 개의 Lightsail 인스턴스를 생성하여 사용한다.

그림 18.5는 AWS 콘솔에 로그인한 상태를 보여준다. 지역(❶)이 서울(Seoul)이 아니라면, **[아시아 태평양(서울)](❷)**으로 변경한다.

그림 18.5 **아시아 태평양(서울) 선택**

그림 18.6은 AWS 콘솔에서 Lightsail 서비스를 검색하는 과정을 보여준다. Lightsail을 이용하기 위해서 검색창에 Lightsail을 입력하고(❶), Lighsail 서비스 페이지로 이동한다(❷).

그림 18.6 **Lightsail 서비스 검색**

[인스턴스 이미지 선택] 항목(그림 18.7)에서 플랫폼은 **[Linux]**(❶), 블루프린트는 **[OS 전용]**(❷), **[CentOS 7]**(❸)을 선택한다.

---

8 https://lightsail.aws.amazon.com/ls/docs/ko_kr/

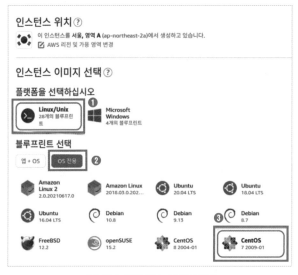

그림 18.7 **인스턴스 이미지 선택**

Lightsail 인스턴스를 생성하고 인스턴스에 접근할 때 SSH를 이용하여 접근한다. SSH로 접근하기 위한 키 페어를 생성해야 한다. **[SSH 키 페어 관리자]** 항목(그림 18.8, ❶)에서 **[기본 키]**를 선택하고(❷) **[다운로드]** 버튼을 클릭하여 기본 키를 다운로드한다(❸).

그림 18.8 **Lightsail 기본 키 다운로드**

해당 키를 이용해 Lightsail 인스턴스에 접속할 수 있다. 다운로드한 키(LightsailDefaultKey-ap-northeast-2.pem)를 다음과 같이 확인할 수 있다.

```
rsyoung@kant:~/Downloads$ ls
LightsailDefaultKey-ap-northeast-2.pem
rsyoung@kant:~/Downloads$
```

젠킨스 실행 시 차지하는 메모리가 약 700MB이기에 **[인스턴스 플랜 선택]**(그림 18.9, ❶)에서 메모리가 1GB이고 vCPU가 1인 **[5$]** 플랜(❷)을 선택한다.

그림 18.9 **인스턴스 설정**

[인스턴스 확인] 항목(그림 18.10, ❶)에서 이름은 CentOS로 변경하고, 개수는 2로 설정한다(❷). 최종적으로 **[인스턴스 생성]**으로 마무리한다(❸).

그림 18.10 **인스턴스 확인**

그림 18.11과 같이 두 개의 인스턴스가 실행 중 상태가 될 때까지 기다린다.[9] 두 인스턴스는 CentOS-1, CentOS-2로 자동으로 구분되었다.

---

9   부팅이 완료될 때까지 시간이 걸릴 수 있다.

그림 18.11 **인스턴스 생성 완료**

18.2.3 도커 설치

도커를 사용하기 위해, 앞에서 생성한 Lightsail 인스턴스에 도커를 설치한다. CentOS-1에 설치하는 과정만 설명하며, CentOS-2에도 동일하게 진행해야 한다. 먼저 CentOS-1로 접속하기 위해서 CentOS-1의 터미널 아이콘(그림 18.12-(a), ❶)을 클릭하면, 그림 18.12-(b)와 같은 터미널로 연결된다.

그림 18.12 **CentOS-1 인스턴스 터미널 접속**

CentOS-1에 접속한 다음, 이제 도커를 설치해보자. stable 버전의 도커를 편리하게 설치할 수 있는 스크립트 get-docker[10]를 curl을 이용해 다음과 같이 다운로드한다.

```
[centos@ip-172-26-4-101 ~]$ curl -fsSL https://get.docker.com -o get-docker.sh
[centos@ip-172-26-4-101 ~]$ ls
get-docker.sh
[centos@ip-172-26-4-101 ~]$
```

다운로드한 get-docker.sh 스크립트를 실행한다. 이때 반드시 sudo를 이용하여 **슈퍼유저**superuser 권한으로 실행하도록 한다. Lightsail을 생성했을 때 기본으로 생성되는 계정은 sudo 권한이 이미 부여되어 있다.

---

10 https://get.docker.com/

```
[centos@ip-172-26-4-101 ~]$ sudo sh get-docker.sh
```

설치 작업이 완료되면, 도커 버전을 출력하는 명령어를 이용해 도커가 정상적으로 설치되었는지 확인한다. 설치 스크립트는 최신 stable 버전을 설치하기 때문에 버전이 다르게 표시될 수도 있다.

```
[centos@ip-172-26-4-101 ~]$ docker --version
Docker version 20.10.7, build f0df350
[centos@ip-172-26-4-101 ~]$
```

현재 접속 중인 centos 계정을 docker 그룹에 추가한다. centos 계정에 접속한 상태로 docker 명령어를 sudo를 사용하지 않고 수행할 수 있다.

```
[centos@ip-172-26-4-101 ~]$ sudo usermod -aG docker centos
```

설치된 도커를 systemctl start로 실행한다. 그리고 인스턴스가 재부팅되어도 자동으로 도커가 실행되도록 enable 설정한다.

```
[centos@ip-172-26-4-101 ~]$ sudo systemctl start docker
[centos@ip-172-26-4-101 ~]$ sudo systemctl enable docker
```

현재 실행 중인 컨테이너의 목록을 출력하는 docker ps명령어를 사용하면, 아래와 같이 권한 문제가 발생한다. 위에서 centos 계정을 docker 그룹에 추가했지만, 아직 현재 접속 중인 터미널 세션에 적용이 되지 않았기 때문이다.

```
[centos@ip-172-26-4-101 ~]$ docker ps
Got permission denied while trying to connect to the Docker daemon
socket at unix:///var/run/docker.sock: ...
do
```

접속 중인 터미널 창을 종료한 뒤, 다시 접속하여 docker ps 명령을 사용하면 권한 문제없이 정상적으로 동작한다.

```
[centos@ip-172-26-4-101 ~]$ docker ps
CONTAINER ID IMAGE COMMAND CREATED STATUS PORTS NAMES
```

CentOS-1에 도커 설치 및 설정이 끝났다. 동일한 작업을 CentOS-2에서 수행하여 도커를 설치한다.

18.2.4 젠킨스 설치 및 설정

젠킨스를 설치하고, 젠킨스에서 도커 명령어를 사용할 수 있도록 설정할 것이다. 젠킨스는 도커를 이용해 컨테이너 형태로 CentOS-1 인스턴스에 설치 및 실행된다. CentOS-1 인스턴스에 접속하여 다음과 같은 명령어를 이용해 젠킨스를 컨테이너 형태로 실행해보자.

```
[centos@ip-172-26-4-101 ~]$ docker run -v /var/run/docker.sock:/var/run/docker.sock \
                                       -v /srv/jenkins/home:/var/jenkins_home \
                                       -p 8080:8080 --name jenkins jenkins/jenkins

Unable to find image 'jenkins/jenkins:latest' locally
latest: Pulling from jenkins/jenkins
a46f3468e2c0: Pull complete
...
Status: Downloaded newer image for jenkins/jenkins:latesttouch: cannot touch
'/var/jenkins_home/copy_reference_file.log': Permission denied Can not write to
/var/jenkins_home/copy_reference_file.log. Wrong volume permissions?
```

만약 Permission denied 문구가 출력된다면 /srv/jenkins/home의 소유권한을 centos로 변경한 후 종료 상태인 젠킨스 컨테이너를 제거한 후 다시 실행한다.

```
[centos@ip-172-26-4-101 ~]$ ls -l /srv/jenkins/
total 0
drwxr-xr-x. 2 root root 6 Mar 26 00:10 home
[centos@ip-172-26-4-101 ~]$
[centos@ip-172-26-4-101 ~]$ sudo chown -R centos:centos /srv/jenkins/home/
[centos@ip-172-26-4-101 ~]$ ls -l /srv/jenkins/
total 0
drwxr-xr-x. 2 centos centos 6 Mar 26 00:10 home
[centos@ip-172-26-4-101 ~]$
[centos@ip-172-26-4-101 ~]$ docker rm jenkins
jenkins
[centos@ip-172-26-4-101 ~]$ docker run -v /var/run/docker.sock:/var/run/docker.sock \
                                       -v /srv/jenkins/home:/var/jenkins_home \
                                       -p 8080:8080 --name jenkins jenkins/jenkins
```

다음과 같은 문구가 출력될 때까지 기다린다. 웹 페이지를 통해 젠킨스에 최초로 접속할 때 필요한 패스워드이므로 메모장 등에 기록해 두도록 한다.

```
***********************************************************************
Jenkins initial setup is required. An admin user has been created and
a password generated.
Please use the following password to proceed to installation:
f39d09ea2b744425ab9e6e275aeeb0f0
This may also be found at: /var/jenkins_home/secrets/initialAdminPassword
***********************************************************************
```

[Ctrl+C]를 입력하여 현재 실행 중인 젠킨스 컨테이너를 종료한다.

```
^C  ... [id=22]INFOwinstone.Logger#logInternal: JVM is
terminating. Shutting down Jetty
[centos@ip-172-26-4-101 ~]$
```

종료 상태인 젠킨스 컨테이너를 삭제한 후 컨테이너를 백그라운드로 실행하는 d 옵션을 추가하여 다시 젠킨스 컨테이너를 다음과 같이 실행한다.

```
[centos@ip-172-26-4-101 ~]$ docker rm jenkins
jenkins
[centos@ip-172-26-4-101 ~]$ docker run -v /var/run/docker.sock:/var/run/docker.sock \
                              -v /srv/jenkins/home:/var/jenkins_home \
                              -p 8080:8080 -d --name jenkins jenkins/jenkins
```

젠킨스가 컨테이너로 동작하고 있으므로, 젠킨스에 접속하여 설정을 진행해보자. 웹 브라우저를 통해 젠킨스에 접속하기 위해 8080 포트 접속을 허용해야 한다. 해당 작업을 Lightsail 대시보드에서 수행할 수 있다. 그림 18.13은 Lightsail 대시보드를 보여준다. 메뉴(❶)를 클릭하여 나타나는 메뉴 중에서 [관리] 메뉴(❷)로 이동한다.

(a) CentOS-1 설정 메뉴 선택　　　　　　　　　(b) 관리 메뉴 선택

그림 18.13 CentOS-1 관리 메뉴 선택

관리 메뉴로 이동하면 CentOS-1 인스턴스와 관련된 다양한 설정을 수행할 수 있다. [네트워킹] 탭으로 이동한다(그림 18.14, ❶). 인스턴스에 접속할 때 사용되는 퍼블릭 IP 주소를 확인할 수 있다(❷).

그림 18.14 **네트워킹 탭의 퍼블릭 IP 주소 확인**

[IPv4 방화벽] 항목으로 이동한다(그림 18.15, ❶). [규칙 추가] 버튼을 클릭하고(❷), 프로토콜에 TCP, 포트 또는 범위에 8080을 입력한 뒤(❸) [생성]을 클릭하여 규칙을 추가한다(❹).

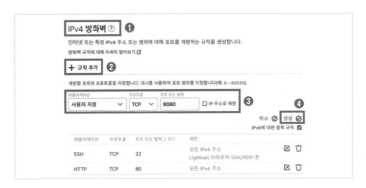

그림 18.15 **IPv4 TCP 포트 8080 포트 추가**

웹 브라우저에서 퍼블릭 IP 주소의 8080 포트로 접속할 수 있다(그림 18.16). 젠킨스 컨테이너를 처음 실행했을 때 출력되었던 비밀번호를 입력한다.

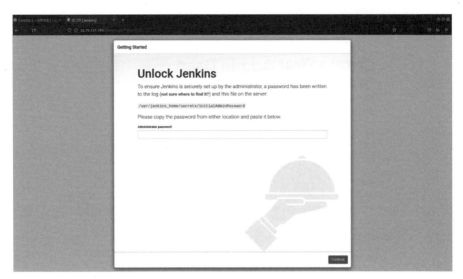

그림 18.16 **젠킨스 웹에 접속**

젠킨스 웹에 접속하고 관리자 계정으로 성공적으로 로그인하였다면, 젠킨스에 플러그인을 설치하여 **커스터마이징**cutomization을 할 수 있다(그림 18.17). [**Install suggested plugins**]를 선택하여 플러그인들을 설치한다.[11]

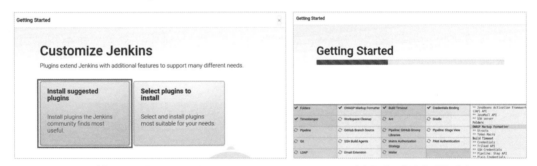

(a) 추천 플러그인 설치 선택   (b) 플러그인 설치 진행 과정

그림 18.17 **젠킨스 추천 플러그인 설치**

설치가 완료되었다면 [**Continue**] 버튼을 클릭하여 다음 단계로 이동하여 젠킨스의 admin 계정을 생성한다(그림 18.18). 계정생성 화면에서 [**Save and Continue**] 버튼을 클릭하여 다음 단계로 이동한다.

---

11 만약 플러그인 설치에 실패하면 **Retry** 버튼을 클릭하여 설치를 재시도한다.

그림 18.18 admin 계정 생성

젠킨스 URL이 퍼블릭 IP와 8080포트로 잘 설정되었는지 확인 후 [**Save and Finish**]로 설정을 마무리하고 [**Start using Jenkins**]를 클릭하여 젠킨스를 시작한다(그림 18.19).

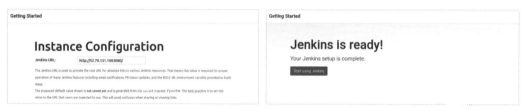

(a) 젠킨스 URL 확인   (b) 젠킨스 시작

그림 18.19 **젠킨스 URL 확인 및 시작**

젠킨스에 플러그인, 어드민 설정이 정상적으로 진행되었다면, 젠킨스 대시보드를 확인할 수 있다(그림 18.20).

그림 18.20 **젠킨스 대시보드**

다음 단계로 컨테이너 내부에서 도커 명령어를 사용할 수 있도록 설정한다. 이를 **DooD**Docker out of

Docker라고 한다. 먼저 CentOS-1에 접속해서 설치된 도커 버전과 docker 그룹의 그룹 ID를 확인한다.

```
[centos@ip-172-26-4-101 ~]$ docker --version
Docker version 20.10.7, build f0df350
[centos@ip-172-26-4-101 ~]$ cat /etc/group | grep docker
docker:x:994:centos
[centos@ip-172-26-4-101 ~]$
```

도커 바이너리Docker Binary를 다운로드 사이트(**https://download.docker.com/linux/static/stable/x86_64/**)에 접속하여, 버전에 맞는 링크를 우클릭하여 링크 주소를 복사한다(그림 18.21).[12]

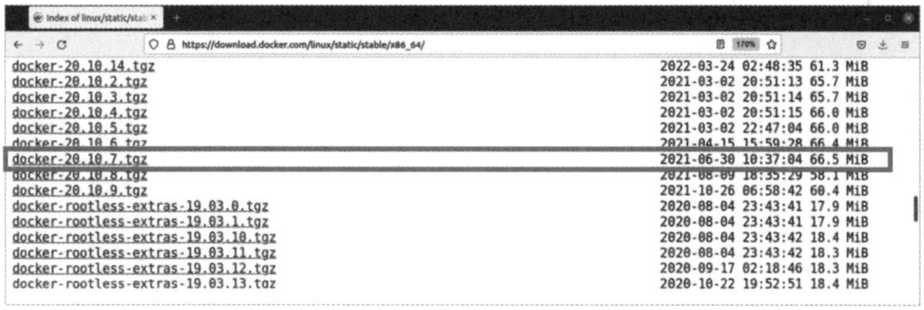

그림 18.21 **설치된 도커 버전의 URL 복사**

jenkins 도커 컨테이너에 다음과 같이 루트로 접속한다. -u 0 옵션은 사용자(--user)를 루트(0)로 접속하라는 의미이다.

```
[centos@ip-172-26-4-101 ~]$ docker exec -it -u 0 jenkins bash
root@ffa428389974:/#
```

복사한 다운로드 링크와 curl 명령을 이용해 도커 바이너리 압축 파일을 다운로드한다.

```
root@ffa428389974:/# curl -fsSL https://download.docker.com/linux/static/stable/x86_64/
docker-20.10.7.tgz -o docker-20.10.7.tgz

root@ffa428389974:/# ls -l docker-20.10.7.tgz
-rw-r--r--. 1 root root 69725147 Mar 26 02:20 docker-20.10.7.tgz
root@ffa428389974:/#
```

---

12 도커 버전은 달라질 수 있으므로 CentOS-1에 설치된 도커 버전에 해당하는 링크의 URL을 복사해야 한다.

다운로드한 도커 바이너리 파일을 압축해제를 하고 docker 실행 파일을 /usr/bin 디렉터리로 복사한다.

```
root@ffa428389974:/# tar xvfz docker-20.10.7.tgz
docker/
docker/docker-proxy
docker/containerd
docker/dockerd
docker/docker
docker/containerd-shim-runc-v2
docker/ctr
docker/docker-init
docker/runc
docker/containerd-shim
root@ffa428389974:/# cp ./docker/docker /usr/bin/
root@ffa428389974:/# ls -l /usr/bin/docker
-rwxr-xr-x. 1 root root 60073904 Mar 26 02:21 /usr/bin/docker
root@ffa428389974:/#
```

젠킨스 컨테이너 내부에 docker 그룹을 추가해준다. 이때 CentOS-1의 docker 그룹과 동일한 ID(994)로 추가한다.

```
root@ffa428389974:/# groupadd -g 994 docker
root@ffa428389974:/# cat /etc/group | grep docker
docker:x:994:
root@ffa428389974:/#
```

젠킨스 컨테이너 내부의 docker 그룹에 jenkins 계정을 추가한다. jenkins 계정이 docker 그룹에 포함된 것을 확인할 수 있다.

```
root@ffa428389974:/# usermod -aG docker jenkins
root@ffa428389974:/# id jenkins
uid=1000(jenkins) gid=1000(jenkins) groups=1000(jenkins),994(docker)
root@ffa428389974:/#
```

root 계정으로 접속을 종료하고 젠킨스 컨테이너에 jenkins 계정으로 접속한 뒤, docker 명령이 가능한지 확인한다. -u 옵션을 사용하지 않고 접속하면 jenkins 계정으로 접속하게 된다.

```
root@ffa428389974:/# exit
```

```
exit
[centos@ip-172-26-4-101 ~]$ docker exec -it jenkins bash
jenkins@ffa428389974:/$ docker ps
CONTAINER ID    IMAGE              COMMAND              CREATED
ffa428389974    jenkins/jenkins    "/sbin/tini -- /usr/…"    About an hour ago
jenkins@ffa428389974:\$
```

jenkins 계정으로 접속한 상태로 docker login 커맨드를 실행하여 로그인 작업을 수행한다. 입력하는 정보는 자신의 도커 허브의 정보이다. 로그인에 성공하면 성공했다는 메시지가 출력된다. 이 작업을 통해 도커 허브에 이미지를 업로드할 수 있게 된다.

```
jenkins@ffa428389974:/$ docker login
Login with your Docker ID to push and pull images from Docker Hub. If you
don't have a Docker ID, head over to https://hub.docker.com to create one.
Username:
Password:
...
Login Succeeded
```

젠킨스에서 도커 명령어를 사용하기 위한 작업이 끝났다. 젠킨스 컨테이너 접속을 종료하고, docker restart 커맨드를 이용해 재시작해준다.

```
jenkins@ffa428389974:/$ exit
exit
[centos@ip-172-26-4-101 ~]$ docker restart jenkins
jenkins
[centos@ip-172-26-4-101 ~]$
```

18.3 CI 구성: GitHub, 젠킨스 연동 설정

GitHub는 **푸시**push 이벤트가 발생했을 때, HTTP POST 요청을 통해 알리는 **웹훅**webhook 기능을 제공한다. 이를 이용해 젠킨스와 GitHub의 특정 **리포지터리**repository를 연동하는 작업을 수행할 수 있다.

18.3.1 GitHub example 리포지터리 생성

GitHub에 로그인한 뒤, example 리로지토리 생성한다(그림 18.22). [Repository name] 항목에 example로 지정하고(❶), example 리포지터리를 [Public]으로 설정한다(❷). [Add a README file]

(❸)을 체크하고 [Create repository](❹) 버튼을 클릭하여 example 리포지터리를 생성한다.

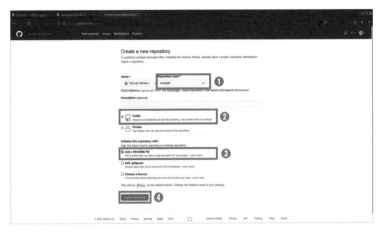

그림 18.22 **example 공개 리포지터리 생성**

생성한 example 리포지터리로 이동한 뒤, 웹훅을 지정해보자(그림 18.23). [Settings] 탭을 선택하고
(❶) [Webhooks] 메뉴로 이동한다(❷). [Add webhook] 버튼을 클릭해 웹훅을 추가한다(❸).

그림 18.23 **example 리포지터리의 Webhook 메뉴 이동**

그림 18.24는 example 리포지터리에 웹훅 추가 과정을 보여준다. [Payload URL]에 젠킨스 컨테이
너가 실행 중인 CentOS-1의 퍼블릭 IP와 8080포트, github-webhook/을 추가한다(❶). URL 포맷은
http:// CentOS-1 IP:8080/github-webhook/ 형식을 갖춰야 한다. 최종적으로 [Add webhook]
(❷)을 클릭하여 웹훅 추가를 마무리한다.

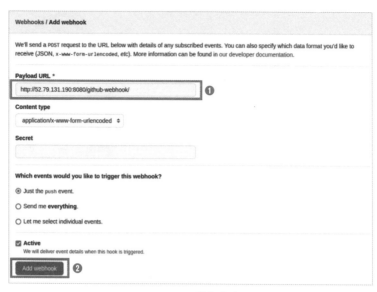

그림 18.24 **웹훅 추가**

웹훅 페이지를 새로고침했을 때(그림 18.25, ❶), 등록된 웹훅이 보이고 왼쪽에 초록색 체크표시(❷)가 보이면 웹훅이 정상적으로 동작하고 있는 것이다.

그림 18.25 **웹훅 동작 확인**

18.3.2 develop 아이템 생성 및 설정

현재 GitHub의 example 리포지터리에 푸시 이벤트가 발생하면 젠킨스로 웹훅이 전송되도록 설정된 상태이다. 이제 푸시가 어떤 브랜치에서 발생했는지를 구분하여 각 브랜치마다 다른 동작을 하도록 설정해야 한다.

그림 18.26은 개발자가 example 리포지터리의 develop 브랜치에 코드를 푸시할 때 젠킨스와 연동되는 과정을 보여준다. 개발자가 자신이 수정한 코드를 develop 브랜치로 푸시(❶)하면 GitHub에 설정된 웹훅에 의해서 젠킨스로 웹훅이 전송되고(❷) 젠킨스는 develop 브랜치의 코드를 가져오고(❸), CentOS-1에서 nginx 서비스를 시작한다(❹).

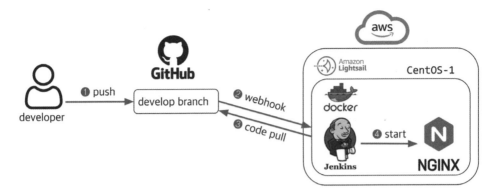

그림 18.26 develop 브랜치에 푸시될 때 흐름도

그림 18.26과 같은 환경을 구축하기 위해서 젠킨스에 develop 아이템item을 생성해야 한다. 젠킨스 대시보드로 접속한 뒤, [새로운 Item] 메뉴를 선택하여 아이템 생성을 시작한다(그림 18.27). [Enter an item name]에 develop 브랜치에 대한 아이템임을 구분할 수 있는 이름 github-develop-item 을 입력한다(❶). [Freestyle project](❷)를 선택한 뒤 [OK] 버튼을 클릭하여 다음 단계를 진행한다.

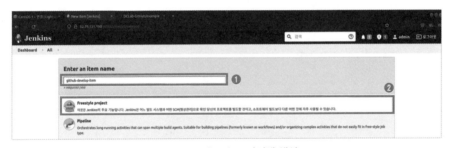

그림 18.27 develop 아이템 생성

그림 18.28은 example 리포지터리 URL과 브랜치를 설정하는 과정을 보여준다. [소스 코드 관리](❶) 를 선택한 후 [Git]을 선택하고 [Repository URL]에 example 리포지터리의 URL을 입력한다(❷). [Branches to build]에는 */develop(❸) 입력하여 develop 브랜치에 푸시가 되면 앞으로 설정할 빌드 과정이 진행되도록 한다.

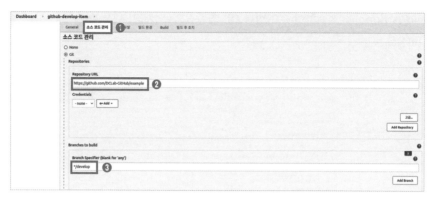

그림 18.28 example 리포지터리 URL 및 브랜치 설정

그림 18.29는 [**빌드 유발**](❶) 항목을 보여준다. 빌드 유발에 [**Github hook trigger**](❷)를 체크한다. [**Build**](❸)에는 [**Add build step**] 클릭 후 [**Execute shell**]을 추가한다.

그림 18.29 **빌드 과정 설정**

[**Command**] 창에 수행할 명령어를 다음과 같이 입력한다(❹).

```
docker build -t nginx:test . && sh container_check.sh
```

로컬에 있는 Dockerfile을 이용하여 nginx 이미지를 만들고 이미지에 test라는 태그를 부여한다. 그 후 container_check.sh 스크립트를 수행하라는 의미이다. container_check.sh는 나중에 다시 확인하겠지만 nginx 컨테이너를 도커 허브에서 가져와 시작한다. 만약 nginx 컨테이너가 수행 중이라면 현재 수행 중인 컨테이너를 삭제하고 도커 허브에서 새로운 이미지를 받아와 재시작한다.

빌드가 유발된 상황에 대한 설정을 완료했다면, 빌드 후 취해야 할 내용을 설정해야 한다(그림 18.30). [**빌드 후 조치**](❶) 탭을 클릭하면 나타나는 메뉴 중 [**빌드 후 조치 추가**]에 [**Delete workspace** when build is done]을 선택하여 추가한다(❷). 최종적으로 [저장] 버튼(❸)을 클릭하여 빌드 후 조치 설정을 마친다.

그림 18.30 **빌드 후 조치 설정**

18.3.3 develop 브랜치에 코드 푸시

GitHub example 리포지터리에 코드를 푸시하여 젠킨스에서 설정한 대로 동작하는지를 테스트해보자. Lightsail의 인스턴스가 아닌 git이 설치되어 있는 로컬 호스트(Ubuntu)에서 진행하도록 한다. 먼저 example리포지터리를 Ubuntu 호스트머신에 클로닝cloning한다.[13] GitHub URL은 자신의 GitHub 주소로 변경해야 한다(DCLab 사용자 계정).

```
rsyoung@kant:~$ git clone https://github.com/DCLab-GitHub/example.git
Cloning into 'example'...
...
Unpacking objects: 100% (48/48), 184.03 KiB | 3.35 MiB/s, done.
rsyoung@kant:~$ cd example/
rsyoung@kant:~/example$
```

develop 브랜치를 생성한 뒤 develop 브랜치로 이동한다.

```
rsyoung@kant:~/example$ git branch develop
rsyoung@kant:~/example$ git checkout develop
Switched to branch 'develop'
rsyoung@kant:~/example$
```

---

13 로컬 호스트머신은 윈도우에서 수행해도 관계없다.

nginx 서비스에 사용할 html, css, javascript 예제 파일을 startbootstrap 사이트(https://startbootstrap.com/theme/freelancer)에서 다운로드한다. 직접 사이트에서 다운로드해도 되고 wget 커맨드를 이용해 다운로드할 수도 있다.

```
rsyoung@kant:~/example$ wget \
          https://github.com/startbootstrap/startbootstrap-freelancer/archive/gh-pages.zip
rsyoung@kant:~/example$ ls
gh-pages.zip  README.md
rsyoung@kant:~/example$
```

압축을 해제한 뒤, 해제한 폴더 안의 폴더와 파일만 현재 위치에 복사하고 원본 압축 파일은 삭제한다.

```
rsyoung@kant:~/example$ unzip gh-pages.zip
rsyoung@kant:~/example$ cp -r startbootstrap-freelancer-gh-pages/* ./
rsyoung@kant:~/example$
rsyoung@kant:~/example$ ls
assets css gh-pages.zip index.html js README.md startbootstrap-freelancer-gh-pages
rsyoung@kant:~/example$
rsyoung@kant:~/example$ rm -rf gh-pages.zip startbootstrap-freelancer-gh-pages/
rsyoung@kant:~/example$ ls
assets  css  index.html  js  README.md
rsyoung@kant:~/example$
```

Dockerfile의 내용이 다음과 같도록 작성한다. 해당 파일을 이용해서 도커 이미지를 빌드할 수 있다.

```
rsyoung@kant:~/example$ vi Dockerfile
rsyoung@kant:~/example$
rsyoung@kant:~/example$ cat Dockerfile

FROM nginx:latest
COPY . /usr/share/nginx/html

rsyoung@kant:~/example$
```

nginx 컨테이너가 실행 중이면 기존 컨테이너를 종료한 뒤 재실행하거나 또는 nginx 컨테이너가 실행 중이 아니면 바로 nginx 컨테이너를 실행하는 스크립트 container_check.sh을 다음과 같이 생성한다.

```
rsyoung@kant:~/example$ vi container_check.sh
rsyoung@kant:~/example$
rsyoung@kant:~/example$ cat container_check.sh
```

```
NGINX_CONTAINER_ID=`docker ps -aq --filter 'name=nginx'`

if [ -n "$NGINX_CONTAINER_ID" ];
    then
        echo "nginx container exist"
        docker stop $NGINX_CONTAINER_ID
        docker rm $NGINX_CONTAINER_ID
        docker run -d -p 80:80 --name nginx nginx:test
    else
        echo "nginx container not exist"
        docker run -d -p 80:80 --name nginx nginx:test
fi

rsyoung@kant:~/example$
```

최종적으로 현재 디렉터리에 있어야 하는 폴더 및 파일 목록은 아래와 같다.

```
rsyoung@kant:~/example$ ls
assets  container_check.sh  css  Dockerfile  index.html  js  README.md
rsyoung@kant:~/example$
```

이제 새롭게 추가된 폴더 및 파일들을 develop 브랜치에 푸시한다.

```
rsyoung@kant:~/example$ git add .
rsyoung@kant:~/example$ git commit -m "ADD test files"
rsyoung@kant:~/example$ git push -u origin develop
```

웹 브라우저에서 CentOS-1의 퍼블릭 IP로 접속하면 startbootstrap의 예제가 적용된 화면을 확인
할 수 있다(그림 18.31).

그림 18.31 **CentOS-1에 접속**

index.html을 웹 브라우저로 표시할 때 왼쪽 상단에 보이는 [**START BOOTSTRAP**]이라는 문구를 [**SOFTWARE**] 문구로 수정한 뒤, develop 브랜치에 푸시해보자. index.html 파일을 index.html. old 파일로 복사하고 index.html 파일의 23번째 라인의 Start Bootstrap을 Software로 변경한다.

```
rsyoung@kant:~/example$ cp index.html index.html.old
rsyoung@kant:~/example$ vi index.html
rsyoung@kant:~/example$
rsyoung@kant:~/example$ diff index.html.old index.html
23c23
<               <a class="navbar-brand" href="#page-top">Start Bootstrap</a>
---
>               <a class="navbar-brand" href="#page-top">Software</a>
rsyoung@kant:~/example$
rsyoung@kant:~/example$ git add index.html
rsyoung@kant:~/example$ git commit -m "FIX change to Software"
rsyoung@kant:~/example$ git push
```

웹 브라우저에서 CentOS-1의 퍼블릭 IP로 접속하면 왼쪽 상단의 문구가 [**SOFTWARE**]로 변경된 것을 확인할 수 있다(그림 18.32). 이것으로 develop 아이템 설정이 끝났다.

그림 18.32 index.html파일 수정 후 CentOS-1 접속

18.3.4 젠킨스 main 아이템 설정

GitHub 리포지터리에 대한 푸시가 `main` 브랜치에서 발생했을 때 GitHub example 리포지터리의 `main` 브랜치의 소스 코드로 도커 이미지를 빌드하고 빌드된 이미지를 도커 허브에 푸시하는 동작을 하도록 설정해보자(그림 18.33).

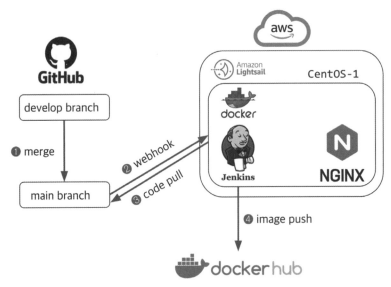

그림 18.33 **main 브랜치에 푸시될 때 흐름도**

젠킨스 대시보드에서 [새로운 Item]을 선택하고 [Enter an item name] 항목에 `github-main-item`

으로 지정하고 [Freestyle project]를 선택한 후 [OK] 버튼을 클릭하여 아이템 설정화면으로 이동한다.[14]

그림 18.34는 main 브랜치에 대한 푸시가 발생되었을 때 젠킨스에서 수행되어야 할 github-main-item 아이템 설정 과정을 보여준다. [소스 코드 관리](❶) 탭을 선택한다. [Repository URL]에는 GitHub의 example 리포지터리 URL을 develop 아이템과 동일하게 입력한다(❷). [Branches to build]에는 */main을 입력한다(❸).

그림 18.34 main 아이템 생성

그림 18.35는 [빌드 유발](❶) 항목을 보여준다. 빌드 유발에 [Github hook trigger](❷)를 체크한다. [Build](❸)에는 [Add build step] 클릭 후 [Execute shell]을 추가한다.

그림 18.35 빌드 과정 설정

---

14 젠킨스 대시보드에서 아이템을 생성하는 초기 단계는 github-develop-item을 생성하는 과정과 동일하다.

[Command] 항목에 다음과 같은 명령을 입력한다.

```
docker build -t dclabdockerhub/nginx:prod . &&
docker push dclabhodckerhub/nginx:prod
```

로컬에 있는 Dockerfile을 이용하여 현재 디렉터리에 dclabdockerhub/nginx 이미지를 만들고 이미지에 prod라는 태그를 부여한다. 도커 이미지 빌드가 성공적으로 수행되었다면 해당 nginx 이미지를 **도커 허브의 계정**(dclabdockerhub)으로 업로드한다. 여기에서 dclabdockerhub 대신 개인 도커 허브 아이디를 입력하도록 한다.

빌드가 유발된 상황에 대한 설정을 완료했다면, 빌드 후 취해야 할 내용을 develop 아이템을 설정했을 때와 동일하게 [**빌드 후 조치**] 탭을 클릭하여 [**빌드 후 조치 추가**]에 [**Delete workspace when build is done**]을 선택하여 추가한후 [**저장**]하고 설정을 마친다.[15]

GitHub example 리포지터리로 이동(그림 18.36)하여 [**Compare & Pull request()**]를 클릭하여 develop 브랜치를 main 브랜치로 머지한다.

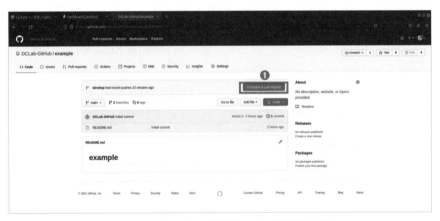

그림 18.36 develop 브랜치를 main 브랜치로 머지

도커 허브에 로그인하여 도커 이미지가 푸시되었는지 확인한다(그림 18.37). 젠킨스 컨테이너에서 푸시한 nginx 이미지를 도커 허브에서 확인할 수 있다. 젠킨스의 main 아이템이 정상적으로 동작한 것이다.

---

15 해당 설정은 develop 아이템 설정과 동일하다. 그림 18.30을 참고하기 바란다.

그림 18.37 **도커 허브에 업로드된 nginx 이미지 확인**

18.3.5 젠킨스 플러그인 추가 설치 및 설정

지금까지 모든 작업은 CentOS-1에서 진행되었다. 이제 main 브랜치의 코드로 빌드된 도커 이미지가 도커 허브에 푸시되었을 때, 푸시된 이미지로 nginx 서비스가 CentOS-2에서 자동으로 실행되도록 설정할 것이다. 이를 위해 젠킨스에 추가적으로 **Publish Over SSH** 플러그인과 **Dockerhub Notification** 플러그인을 설치해야 한다. 두 플러그인의 기능은 다음과 같다.

* **Publish Over SSH**: SSH 통신을 기반으로하여 원격으로 **커맨드**command를 실행시킬 수 있도록 하는 플러그인이다.

* **Dockerhub Notification**: 도커 허브에서 보내는 웹훅을 수신하고 처리할 수 있도록 해주는 플러그인이다.

젠킨스 대시보드에 접속한 뒤(그림 18.38) **[Jenkins 관리](❶)** 메뉴를 선택한후 **[플러그인 관리](❷)** 메뉴를 클릭하여 다음 단계로 이동한다.

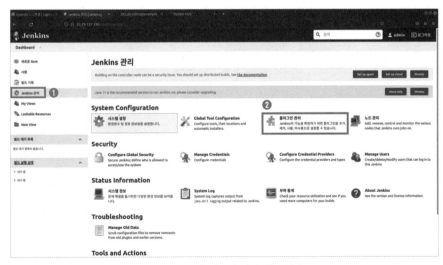

그림 18.38 **플러그인 관리 메뉴 선택**

[플러그인 관리]로 이동하여(그림 18.39), **[설치 가능]**(❶) 탭을 선택하고 플러그인 탐색 창(❷)에 publish over SSH 플러그인을 검색한다. 검색 결과로 나온 **[Publish Over SSH]**에 체크한다(❸).

그림 18.39 Publish Over SSH 플러그인 선택

다음으로 Dockerhub Notification 플러그인을 선택해야 한다(그림 18.40). 검색창에 dockerhub로 플러그인을 검색하고(❶), 검색 결과인 **[CloudBase Docker Hub/Registry Notification]**을 선택한 다(❷). 설치는 재시작을 하지 않는 **[Install without restart]**(❸)를 클릭하여 플러그인 설치를 진행한다.

그림 18.40 Dockerhub Notification 플러그인 선택

Publish Over SSH 플러그인을 설정해보자. SSH 통신방식을 이용해 원격으로 CentOS-2에 커맨드를 실행시키기 위한 설정을 진행한다. 먼저 Lightsail 인스터스 생성시에 다운로드했던 프라이빗 키 파일의 내용을 복사한다.

```
rsyoung@kant:~/Downloads$ cat LightsailDefaultKey-ap-northeast-2.pem
-----BEGIN RSA PRIVATE KEY-----
MIIEogIBAAKCAQEAr+YxTNvrsCDiRlCdxMN0teUmzmuJU9liUjIi85GQWhrcPDlj
...
zvdJW30yT1MDkett6/rQEP9G93B3zSICi5Ft/+E93jf/kQpUwLo=
-----END RSA PRIVATE KEY-----
rsyoung@kant:~/Downloads$
```

젠킨스 대시보드에 접속한 후(그림 18.41) **[Jenkins 관리](❶)** 메뉴로 이동한다. 다음으로 **[시스템 설정]** (❷) 메뉴를 선택한다.

그림 18.41 Jenkins 관리에서 시스템 설정 선택

[Publish over SSH] 설정 부분으로 이동한 후(그림 18.42, ❶), **[Key](❷)** 입력란에 복사해둔 Lightsail 키를 붙여 넣는다. 이때 `---BEGIN RSA PRIVATE KEY---`와 `---END RSA PRIVATE KEY---`를 포함한 키의 모든 내용을 복사해야 한다. 다음으로 **[추가](❸)** 버튼을 클릭한다.

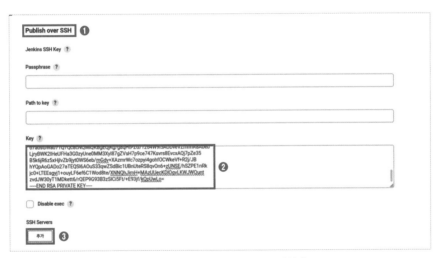

그림 18.42 Publish over SSH 키설정

키 입력을 추가하였다면 그림 18.43과 같이 SSH 서버에 대한 설정을 해야 한다. **[SSH Servers]** 항목(❶)의 **[Name]** 필드에 `github-production-server`로 지정한다. 다른 이름으로 변경해도 상관없다. **[Hostname]**에는 CentOS-2의 퍼블릭 IP 주소를 입력한다. **[Username]**에는 `centos`를 입력한다. 입력 후, **[Test Configuration](❷)**을 클릭한다. 성공적으로 테스트가 수행되었다면, **[Success]** (❸) 문구가 출력된다.[16] 최종적으로 **[저장](❹)** 버튼을 클릭하여 설정을 마무리한다.

---

16 성공하지 못했다면 CentOS-1의 퍼블릭 IP 주소와 SSH 퍼블릭 키가 제대로 복사되었는지 확인해야 한다.

그림 18.43 **SSH Server 설정**

18.4 CD 구성: 도커 허브와 젠킨스 연동 설정

CD는 지속적인 전달과 지속적인 배포를 포함하고 있다. GitHub에 통합된 소스를 기반으로 도커 허브에 이미지가 업로드 되었다면, 해당 이미지를 자동으로 배포하는 환경을 구축해보자. 이를 위해서 도커 허브와 젠킨스를 연동한다.

도커 허브는 도커 이미지가 푸시되었을 때 웹훅을 보내는 기능을 자체적으로 지원하고 있다. 이 기능을 이용하기 위해 도커 허브에서 웹훅을 보내도록 설정하고, 웹훅을 젠킨스에서 받아서 nginx 서비스를 CentOS-2 인스턴스에 배포하도록 설정한다. 그림 18.44는 우리가 구축할 CD의 구성요소를 보여준다.

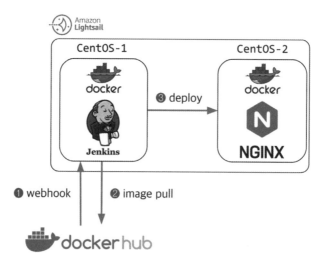

그림 18.44 **도커 허브 흐름도**

18.4.1 도커 허브 웹훅 설정

도커 허브에 새로운 도커 이미지가 푸시되면 젠킨스로 웹훅을 보내도록 설정해보자. 먼저 도커 허브에 접속한 뒤, 젠킨스의 main 아이템에서 푸시된 이미지인 nginx:prod가 있는 nginx 리포지터리로 이동한다(그림 18.45). 도커 이미지의 이름은 name과 tag로 이루어져 있다. 이미지가 구분되는 단위는 tag이다. 즉, nginx라는 리포지터리에 tag로 구분되는 여러 이미지가 존재하게 된다.

그림 18.45 도커 허브 리포지터리 확인

그림 18.46은 웹훅을 추가하는 과정을 보여준다. [Webhooks] 탭(❶)으로 이동하여 [New Webhook] 항목(❷)에 웹훅을 추가한다. 추가한 웹훅은 [Current Webhooks] 항목에 보인다(❸).

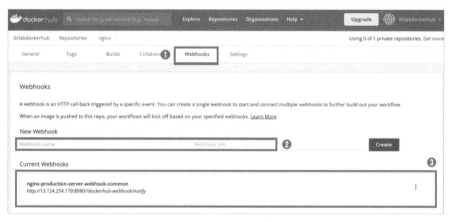

그림 18.46 도커 허브 웹훅 추가

[Webhook name]과 [Webhook URL]을 각각 다음과 같이 지정한다.

```
Webhook name: nginx-production-server-common
Webhook URL: http:// Jenkins IP:8080/dockerhub-webhook/notify
```

18.4.2 dockerhub 아이템 설정

도커 허브에 새로운 이미지가 업로드될 경우 이에 대해 배포 작업을 수행하기 위해서 젠킨스 대시보드에서 dockerhub 아이템을 생성해야 한다. dockerhub 아이템의 생성 과정은 이전에 생성한 develop 아이템, main 아이템과 동일하다.

그림 18.47은 젠킨스 대시보드에서 **[새로운 Item]**을 선택한 상태를 보여준다. **[Enter an item name]**에 github-dockerhub-item로 지정하고(❶) **[Freestyle]**로 생성한다(❷).

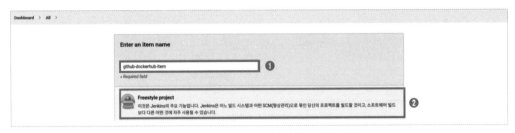

그림 18.47 **dockerhub 아이템 빌드 유발 설정**

빌드 유발 항목을 설정해야 한다(그림 18.48). **[빌드 유발]** 탭(❶)을 선택하고 항목에서 도커 허브 관련 항목을 모두 체크한다(❷). **[Repositories]**에 dclabhodckerhub/ngnix와 같이 도커 허브 ID/nginx 를 입력한다(❸). 이렇게 설정하면 nginx 리포지터리에 새로운 이미지가 푸시되었을 때, 다음에 설정 할 빌드 과정이 실행되게 된다.

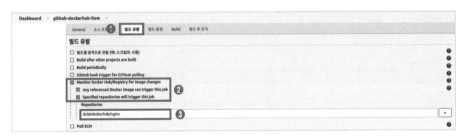

그림 18.48 **dockerhub 아이템 빌드 유발 설정**

새로운 이미지가 푸시되었을 때 빌드 과정을 설정하도록 한다(그림 18.49).

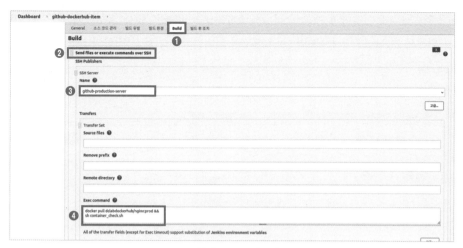

그림 18.49 **dockerhub 아이템 빌드 설정**

[Build] 탭(❶)의 [Add build step]에서 [Send files or execute commands over SSH]를 추가한다(❷). [Name]에 Lightsail 키를 등록한 CentOS-2 서버로 설정한다(❸). 그리고 [Exec command]에 다음과 같은 명령을 추가한다(❹).

```
docker pull dclabdockerhub/ngnix:prod && sh container_check.sh
```

도커 허브에 새로운 이미지가 업로드되면 `nginx:prod`를 로컬로 다운로드하고 `container_check.sh` 스크립트를 실행시킨다. `container_check.sh`는 새로 갱신된 이미지를 기반으로 컨테이너를 실행시키기 때문에 가장 최근에 도커 허브로 전달된 이미지를 기반으로 컨테이너가 배포된다. `docker pull` 명령어 뒤에 개인 도커 허브 ID를 대신 입력하도록 한다. [저장]을 클릭하여 dockerhub 아이템을 **저장**한다.

지금까지 진행한 설정을 통해서 도커 허브로부터 웹훅을 받으면 젠킨스는 SSH를 통해 CentOS-2에 도커 허브에서 이미지를 받아오고, `container_check.sh` 스크립트 파일을 실행하여 갱신된 이미지 기반의 컨테이너를 실행하게 된다.

18.4.3 배포 인스턴스 설정 및 테스트
`nginx` 서비스 배포용으로 사용될 CentOS-2의 설정을 마무리하도록 한다. 설정한 빌드 과정대로 동작하는지 `develop` 브랜치에서 다시 수정된 `index.html` 파일을 푸시한 후 `main` 브랜치로 병합했을 때 `nginx` 서비스가 배포되는지 테스트한다.

CentOS-2 인스턴스에 접속하여 배포 스크립트 container_check.sh를 작성해야 한다. CentOS-2에 접속하기 위해서 Lightsail 대시보드의 CentOS-2의 터미널 아이콘을 클릭하여 CentOS-2에 접속한다 (그림 18.50, ❶).

그림 18.50 **CentOS-2 인스턴스에 터미널 접속**

container_check.sh 파일은 CentOS-2의 centos 계정 홈 디렉터리에 존재해야 한다. 왜냐하면 SSH 를 통해 원격으로 커맨드를 실행할 때의 위치가 로그인한 계정(centos)의 홈 디렉터리이기 때문이다.

```
[centos@ip-172-26-12-246 ~]$ vi container_check.sh
[centos@ip-172-26-12-246 ~]$ ls
container_check.sh
[centos@ip-172-26-12-246 ~]$
[centos@ip-172-26-12-246 ~]$ cat container_check.sh

#/bin/sh

NGINX_CONTAINER_ID=`docker ps -aq --filter 'name=nginx'`

if [ -n "$NGINX_CONTAINER_ID" ];
  then
    echo "nginx container exist"
    docker stop $NGINX_CONTAINER_ID
    docker rm $NGINX_CONTAINER_ID
    docker run -d -p 80:80 --name nginx dclabdockerhub/nginx:prod
  else
    echo "nginx container not exist"
    docker run -d -p 80:80 --name nginx dclabdockerhub/nginx:prod
fi

[centos@ip-172-26-12-246 ~]$
```

index.html을 수정한 뒤, develop 브랜치에 푸시한다. 수정할 위치는 아래와 같이 23번째 라인과 43번째 라인이다.

```
rsyoung@kant:~/example$ cp index.html index.html.old
rsyoung@kant:~/example$ vi index.html
rsyoung@kant:~/example$ diff index.html.old index.html
23c23
<       <a class="navbar-brand" href="#page-top">Software</a>
---
>       <a class="navbar-brand" href="#page-top">Production</a>
43c43
<       <h1 class="masthead-heading text-uppercase mb-0">Start Bootstrap</h1>
---
>       <h1 class="masthead-heading text-uppercase mb-0">Cloud Computing</h1>
rsyoung@kant:~/example$
```

develop 브랜치에 다음과 같이 푸시를 진행한다.

```
rsyoung@kant:~/example$ git add index.html
rsyoung@kant:~/example$ git commit -m "FIX Production, Cloud Computing"
rsyoung@kant:~/example$ git push
```

develop 브랜치로 푸시된 코드는 GitHub의 웹훅에 의해서 CentOS-1에서 동작하는 젠킨스가 develop 브랜치의 코드를 받아와 nginx 이미지를 생성하고 이미지를 기반으로 nginx 컨테이너를 실행시킨다. CentOS-1의 퍼블릭 IP로 접속하면 수정한 대로 반영이 되었음을 확인할 수 있다(그림 18.51).

그림 18.51 CentOS-1 접속 확인

develop 브랜치를 main 브랜치로 머지해보자(그림 18.36). main 브랜치에 코드가 통합될 때, 젠킨스는 코드를 받아 nginx 이미지를 생성하고 생성된 이미지를 도커 허브에 업로드한다. 도커 허브에 새로운 이미지가 업로드되면, 도커 허브에서 젠킨스에 웹훅을 보내 새로운 이미지를 CentOS-2에서 컨테이너로 실행한다. CentOS-2의 퍼블릭 IP로 접속하면 수정한 대로 반영되었음을 확인할 수 있다(그림 18.52).

그림 18.52 CentOS-2 접속 확인

연습문제

1. 전통적인 소프트웨어 개발 프로세스의 문제점이 무엇인지 기술하라.

2. 전통적인 소프트웨어 개발 프로세스에서 자동화할 수 있는 부분은 무엇인지 설명하라.

3. 지속적인 통합, 지속적인 전달, 지속적인 배포의 역할에 대해서 설명하라.

4. 소프트웨어 개발 프로세스에서 지속적인 통합 단계에 포함될 수 있는 과정은 무엇인지 설명하라.

5. 소프트웨어 개발 프로세스에서 지속적인 전달 단계에 포함될 수 있는 과정은 무엇인지 설명하라.

6. 소프트웨어 개발 프로세스에서 지속적인 배포 단계에 포함될 수 있는 과정은 무엇인지 설명하라.

7. 지속적인 통합, 지속적인 전달, 지속적인 배포를 통해서 얻을 수 있는 장점에 대해서 설명하라.

8. Unit Testing과 Integration Testing에 대해 설명하라.

9. CI/CD를 이용한 응용을 찾고 어떻게 CI/CD를 구축할 것인지 기술하라.

10. AWS 서비스를 이용하여 실습에서 구축한 CI/CD를 자동화하라.

11. 젠킨스 이외에 CI/CD 도구들이 어떤 것이 있는지 조사하고 각각의 특징과 차이점을 설명하라.

12. 단일 컨테이너가 아닌 여러 컨테이너를 docker-compose를 이용해 구성하라.

13. docker-compose로 구성한 서비스를 CI/CD에 적용하라.

## CHAPTER 19

클라우드 기술의 데이터 센터 활용

클라우드 서비스는 대규모의 컴퓨팅 인프라를 구축하고 있는 데이터 센터에서 제공된다. 이번 장에서는 클라우드 컴퓨팅을 위한 데이터 센터의 구성요소에 대해서 알아본다. 클라우드 서비스가 가능하기 위해서는 다양한 기술과 기술적 조합이 필요하다. 우리는 크게 데이터 센터의 내부 구조, 데이터 센터의 당면 과제, 효율적인 IT 인프라, 데이터 센터에 활용되는 클라우드 기술에 대해 살펴본다.

19.1 데이터 센터의 구조

클라우드 서비스를 제공하기 위해서는 일반적으로 대규모의 컴퓨팅 인프라 자원이 필요하다. 이러한 대규모의 자원을 운영하는 곳을 우리는 **컴퓨팅 센터**computing center라 한다. 하지만, 현재는 데이터의 중요성 때문에 컴퓨팅 센터라는 이름보다는 **데이터 센터**data center라고 통칭해서 불린다. 데이터 센터는 지엽적 의미로는 데이터를 관리하고 제공하는 의미로 쓰였지만, 대규모의 컴퓨팅 인프라까지 포괄적으로 관리하는 핵심 시설로 인식되고 있다.

19.1.1 데이터 센터의 내부 구조

클라우드 서비스를 제공하는 다양한 기업에서는 자체적으로 데이터 센터를 구축하고 운영하고 있다. 그림 19.1은 구글이 운영 중인 구글 데이터 센터를 보여준다.

그림 19.1 **구글 데이터 센터**

데이터 센터는 여러 층으로 구성되어 있는데, 컴퓨팅 인프라, UPS와 발전시설, 항온항습 시설, 업무
시설 등을 갖추고 있다(그림 19.2).[1] 데이터 센터를 설계할 때는 단순하게 컴퓨팅 인프라의 규모만 고려
해서는 안 되며, 컴퓨팅 인프라의 규모에 맞는 기반 시설까지 충분히 고려하고 향후 확장성까지 계산
하여 데이터 센터를 설계하여야 한다.

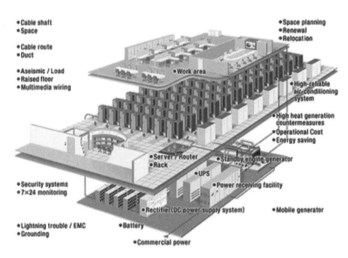

그림 19.2 **데이터 센터의 층별 구조**

데이터 센터는 일반적으로 컴퓨팅 인프라를 설치하는 공간보다도, 컴퓨팅 인프라를 위한 보조적인 시
설에 대한 공간이 더 많이 필요하다. 컴퓨팅 인프라는 전기를 사용하는 장비로 안정적인 전력의 공급
이 중요하다. 전력은 **PDU**power distribution unit을 통해 컴퓨팅 자원에 공급된다. PDU로 전송되는 전

---

1   https://www.ntt-f.co.jp/english/service/data_cor/

력은 안정적으로 공급되어야 하므로 불안정한 전력을 안정화하고 전력의 일시적인 정전에 대비하는 장비인 **UPS**uninterruptible power supply가 필수적이다.

UPS는 외부에서 들어오는 전력을 안정화하고 일시적인 정전과 같은 상황에 대비하기 위해 배터리 시설로부터 전원을 같이 공급받는다. 일시적으로 전원이 공급이 끊기면 배터리 시설을 통해 전원을 지속적으로 공급하여 컴퓨팅 인프라에 전원 공급이 중지되는 것을 방지할 수 있다. 배터리는 컴퓨팅 인프라의 규모와 서비스를 종료하는 데 필요한 시간을 고려하여 용량을 산정한다. 예를 들어 컴퓨팅 인프라의 서비스를 30분 내에 종료하는 경우라면 배터리를 통해서 30분의 전력을 공급할 수 있도록 해야 한다. 만약 정전 시간이 길어지고, **크리티컬**critical한 서비스가 지속되어야 할 경우 추가적인 전원 공급장치가 필요한데 주로 디젤 기반의 발전기를 통해서 전력을 공급한다. 발전기를 통해 전력을 공급하는 경우는 전력을 제공하는 회사(예: 한국전력)와 정전이 언제 복구되는지 확인한 후 결정하게 된다.

그림 19.3은 외부전력이 데이터 센터로 인입되는 지점부터 실제 컴퓨팅 인프라에 공급되는 과정을 보여준다.[2] 한 가지 중요한 점은 전력이 중요한 만큼 전력을 이중화하여 안정성을 높이도록 데이터 센터를 설계해야 하는 것이다.

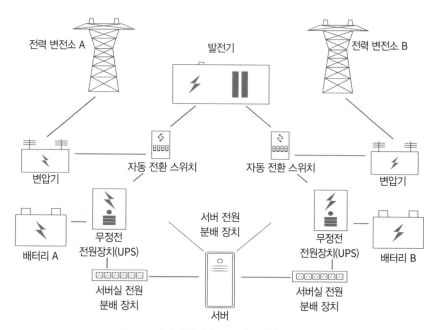

그림 19.3 데이터 센터에 공급되는 전력 시스템 구성

---

2 http://metrodatacenter.com/wp-content/uploads/2017/03/electrical-system-metro-data-center.jpg

그림 19.4는 우리나라에서 가장 큰 슈퍼컴퓨터인 한국과학기술정보연구원의 누리온 시스템을 보여준다. 컴퓨팅 인프라가 설치되는 전산실과 전원 및 항온항습을 공급하는 기반 시설이 슈퍼컴퓨팅 센터에 설치되어 있다.

그림 19.4 **슈퍼컴퓨팅 센터의 누리온 컴퓨팅 인프라**

19.1.2 확장가능한 데이터 센터

데이터 센터의 컴퓨팅 인프라의 규모는 일반적으로 계속 증가하는데, 컴퓨팅 인프라를 지원하는 시설의 규모는 확장하기 어렵다. 따라서 지원시설의 한계 용량에 도달하게 되면 컴퓨팅 인프라 규모를 확대하는 것은 제한이 될 수밖에 없다. 일반적으로 데이터 센터를 설계할 때 30년을 내다보고 설계를 한다고 하더라도 IT기술의 발전과 전력소비량, 발열량, 냉각환경 등이 급속하게 변경될 수 있기 때문이다. 데이터 센터를 구축하는 데 부지 비용과 환경 등을 복합적으로 고려해야 하기 때문에 데이터 센터를 만드는 데 여러 가지 제약사항이 발생할 수 있다.

이러한 문제를 해결하기 위해서 최근에는 컨테이너에 컴퓨팅 인프라와 인프라에 필수 요소인 기반 시설을 갖춘 컨테이너 기반의 데이터 센터가 등장하고 있다(그림 19.5). 컨테이너를 이용할 경우는 구축이 수월하고 이동이 가능하며, 컴퓨팅 인프라에 필수적인 요소들만으로 공간 집약적으로 구축할 수 있다는 장점이 있다. 실제 컴퓨팅 인프라는 일반적으로 네트워크를 통해서 **원격**remote으로 접속하여 작업을 수행한다. 따라서 전산실을 크게 갖출 필요가 없고 컴퓨팅 인프라 하드웨어 점검을 할 수 있을 정도의 공간만 있으면 된다. 또한 컨테이너 기반이기 때문에 컨테이너를 쌓을 수 있어서 데이터 센터의 확장에 유리하다.

그림 19.5 **컨테이너 기반의 데이터 센터**

데이터 센터의 컴퓨팅 인프라는 물리적 시스템과 가상화 시스템을 모두 포함하며, 공간 집적도를 최적으로 구성해야 공간의 효율성을 높일 수 있다. 공간 효율성이 높을수록 작은 공간에 컴퓨팅 파워를 높일 수 있는 장점이 있다. 또한 컴퓨팅 인프라에서 발생하는 발열은 컴퓨팅시스템의 오작동의 원인이 되기 때문에 항온항습기를 통해서 발열을 제어해야 한다. 따라서 공간 효율성이 좋을수록 냉각의 집중도를 높일 수 있다.

공간 효율성을 높이기 위해서는 컴퓨팅 인프라가 표준화된 모듈방식이어야 한다. 대부분의 데이터 센터는 업계 표준이 적용된 모듈방식의 컴퓨팅 인프라를 도입한다. 모듈화를 통해서 데이터 센터의 공간 효율성을 높이고 컴퓨팅 인프라를 확장하는 데 용이하다. 모듈방식은 하드웨어 문제에 신속하게 대체할 수 있다. 다른 한편으로는 업계 표준을 사용함으로써 제품조달, 하드웨어의 쉬운 확보, 신속한 서비스 구축, 유지보수의 비용절감을 얻을 수 있다.

그림 19.6은 Facebook 데이터 센터에서 사용되고 있는 모듈방식의 서버 시스템과 스토리지 시스템을 보여준다.[3]

3　https://datacenterfrontier.com/facebooks-accelerates-data-center-expansion/, https://blogs.cisco.com/datacenter/is-facebooks-new-storage-platform-performance-hungry

그림 19.6 Facebook의 모듈방식 서버 시스템과 스토리지 시스템

19.2 데이터 센터의 당면 과제

현대의 데이터 센터는 다양한 당면 과제가 있다. 미래형 데이터 센터로 가기 위한 여러 가지 기술과 방안들이 나오고 있지만, 그럼에도 불구하고 데이터 센터가 당면한 현실적인 과제를 살펴보자. 인프라의 규모가 커지지만 운영 인력은 정체되어 있어 자동화와 원격 관리가 중요하다. 다양한 위협으로부터 데이터 센터의 안정성을 확보할 수 있는 방안이 필요하다. 대규모의 컴퓨팅 인프라가 소비하는 막대한 전력을 효율화할 필요가 있다. 앞서 기술한 3가지 당면 과제에 대해서 알아보자.

19.2.1 자동화와 원격 관리

데이터 센터의 컴퓨팅 인프라는 적은 인력으로 최대한 많은 인프라를 관리할 수 있는 환경이 구축되어야 한다. 하드웨어적인 문제뿐만 아니라 소프트웨어적인 문제를 포함하여 서비스 중단이 없도록 관리해야 하는데, 이를 위해서는 인프라를 관리하는 많은 부분이 **자동화**automation되어야 한다. 자동화에는 컴퓨팅 자원을 시기적절하게 배포할 수 있는 **프로비저닝**provisioning, 서비스 등 환경에 대한 **설정**configuration, 오류에 대한 **패칭**patching, 시스템에 대한 **모니터링**monitoring을 포함하며 대규모의 인프라를 자동화할 수 있는 플랫폼이 필요하다.

데이터 센터에서는 다양한 오픈소스 소프트웨어를 활용하여 자동화 시스템을 구축한다. 그림 19.7은 자주 활용되는 자동화 툴을 보여준다.[4]

---

4 https://www.rogerperkin.co.uk/network-automation-tools/

그림 19.7 **자동화에 활용되는 오픈소스 소프트웨어**

데이터 센터의 컴퓨팅 인프라는 전산실에 신규시스템을 도입할 때와 하드웨어적 문제가 있을 때를 제외하고는 대부분 리모트로 관리된다. 따라서 원격으로 접속하여 데이터 센터 컴퓨팅 인프라와 기반 시설의 상태를 확인할 수 있는 솔루션이 필요한데, 이를 **DCIM**data center infrastructure management 툴이라 한다. DCIM 툴을 통해 **랙**rack에 대한 정보, 각 서버의 상태, 발열량, 서비스 동작상태 등을 실시간으로 모니터링할 수 있다(그림 19.8).

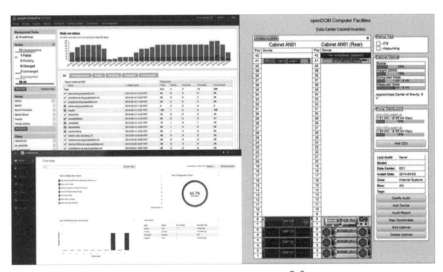

그림 19.8 **DCIM을 통한 원격 관리**[5, 6]

---

5   https://www.theforeman.org/

6   https://www.unixmen.com/opendcim-free-open-source-data-center-management-tool/

19.2.2 데이터 센터의 안정성 확보

데이터 센터에서 운영하는 컴퓨팅 인프라와 서비스는 안정성이 중요하다. 안정성을 확보하는 방법은 동일한 시스템을 복수로 구성하는 방법이다. 동일한 시스템을 이중화하면 하나의 시스템에 문제가 발생하더라도 다른 시스템을 통해서 서비스를 지속적으로 제공할 수 있다. 이런 이중화 개념을 데이터 센터에 일반적으로 적용한다.

데이터 센터의 인프라적인 측면과 서비스적인 측면에서 이중화는 크게 3가지를 구분해서 생각해볼 수 있다. 첫 번째는 데이터 센터의 컴퓨팅 인프라를 안정적으로 운영하기 위해서는 전력, UPS와 같은 기반 시설이 필요하기 때문에 이런 기반 시설을 이중화하는 것이다. 두 번째는 모든 서비스가 네트워크를 통해서 이루어지므로 네트워크의 안정성이 중요하기 때문에 네트워크를 이중화하는 것이다. 마지막으로 데이터 센터에서 제공하는 서비스를 이중화하여 안정성을 높이는 것이다(그림 19.9).

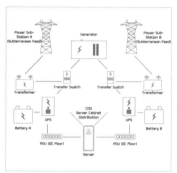
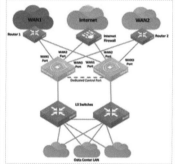
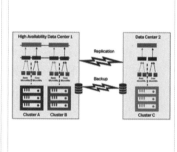

(a) 고가용 시설 (b) 고가용 네트워크 (c) 고가용 서비스

그림 19.9 **이중화를 통한 안정성 확보**

데이터 센터는 이중화를 기본으로 설계하여 서비스 중단에 따른 피해를 최소화하고, 비즈니스의 연속성을 최대한으로 보장한다. 또한 이중화를 통해서 유지보수할 때에도 무중단 서비스가 가능하다.

이중화뿐만 아니라 데이터 센터는 네트워크에 크게 의존하기 때문에 항상 외부의 불특정 다수에게 노출되어 있다. 따라서 **보안 이슈**security issue에 데이터 센터가 신뢰성 있게 대처하지 못한다면 데이터 센터의 안정성이 크게 훼손된다. 따라서, 데이터 센터는 데이터 센터로 들어오거나 나가는 **네트워크 트래픽**network traffic에 대해 상시 모니터링 시스템이 구축되어 있어야 한다.

데이터 센터는 데이터의 빈번한 전송과 수신이 일어나는데 일시적인 대용량 데이터의 전송에 대한 이벤트를 검사하여 정상적인 데이터 전송인지 여부를 확인해야 한다. 또한 데이터 센터는 대규모의 컴퓨팅 인프라를 운영하기 때문에 컴퓨팅 인프라를 확실하게 통제해야 한다. **보안 취약점**security hole을 통해 외부 침입자가 컴퓨팅 인프라에 대한 제어 권한을 탈취하지 못하도록 보안 취약점에 대한 정기적인 업데이트가 이루어져야 하고 이상징후에 대한 모니터링이 강화되어야 한다. 데이터 센터에서는 이러한 보안 문제를 해결하기 위해서 **방화벽**firewall을 이용한다(그림 19.10).[7]

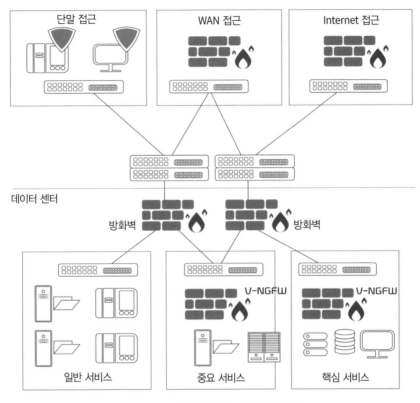

그림 19.10 **방화벽이 적용된 데이터 센터**

리눅스 운영체제는 소프트웨어적으로 방화벽을 활성화할 수 있지만, 이 경우는 서비스 성능에 영향을 주기 때문에 데이터 센터에 들어오는 네트워크의 초입부분에 하드웨어 방화벽을 설치하여 특정한 포트, 특정한 IP 대역, 특정 서비스 등에 제어를 수행하여 데이터 센터의 안정성을 높일 수 있다. 그림 19.11은 Cisco사의 Firepower 9300 방화벽 하드웨어를 보여준다.

7   https://www.alibaba.com/product-detail/Huawei-UTM-Firewall-Hardware-appliance-USG6650_60722649418.html

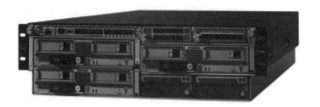

그림 19.11 **Cisco Firepower 9300 방화벽**

19.2.3 에너지 효율적인 데이터 센터

데이터 센터에서 컴퓨팅 인프라를 운영하는 데는 많은 전력이 필요하다. 전력에 대한 비용은 지속적으로 증가되고 있어 데이터 센터의 에너지 효율성이 중요해지고 있다. 데이터 센터로 들어오는 전력이 서비스를 위한 컴퓨팅 인프라에 많이 활용될수록 에너지 효율이 높은 데이터 센터라고 말할 수 있다. 컴퓨팅 인프라 자체보다는 부대시설에 전력을 많이 사용한다면 효율이 낮아지는 것이다.

에너지 효율을 측정하여 데이터 센터가 얼마나 에너지 효율적으로 운영되는지 확인할 수 있는데 대표적으로 사용되는 지표가 **PUE**power usage effectiveness이다. PUE는 다음과 같이 계산된다.

$$PUE = \frac{Total\ FaciltiyEnergy}{IT\ Equipment\ Energy} = 1 + \frac{Non\ IT\ Facility\ Energy}{IT\ Equipment\ Energy}$$

데이터 센터로 들어오는 전력을 IT 장비가 사용하는 전력으로 나눈 것이다. 즉, 이 값이 작으면 작을수록 에너지 효율이 높은 데이터 센터라고 생각할 수 있다. 그림 19.12는 구글 데이터 센터의 PUE를 보여준다. 약 1.1로 전력의 90%를 IT 장비가 사용하고 있다고 볼 수 있다.[8]

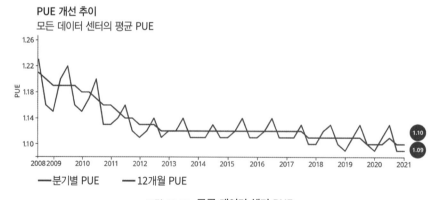

그림 19.12 **구글 데이터 센터 PUE**

---

8 https://www.google.com/about/datacenters/efficiency/

구글은 상당히 높은 수준의 PUE를 달성하고 있는 것을 볼 수 있다. 하지만, 전력이 파워플랜트에서 에너지를 생성하기 위해 100이 소요된다면, 실제 데이터 센터에 전달되는 것은 에너지원의 30% 수준만 전달된다. 데이터 센터에 전달된 전력은 다시 다양한 장비에 의해서 소진되는데, 일반적으로 전력 소모량은 다음과 같다.

- IT 장비: 30% ~ 50%
- 냉각 장비: 35% ~ 50%
- 기타전략 변환, 조명, 보안 및 감시시설: 10% ~ 20%

컴퓨팅 인프라인 IT 장비는 데이터 센터에서 대규모 에너지를 소비하고 전산실의 온도를 높이는 발열의 원천이다. 따라서 IT장비의 에너지 효율을 높이면서 발열량을 줄이는 것은 데이터 센터 에너지 효율에 직접적인 영향을 준다. 데이터 센터의 컴퓨팅 인프라를 도입할 때 IT장비의 에너지 총량을 감소하는 방향으로 도입을 해야 한다. 여기에는 2가지 방향이 있다.

1. IT 장비 자체의 에너지 효율성을 높이는 방향
2. IT 장비의 수를 줄여 에너지 총량을 줄이는 방향

첫 번째 방향은 에너지 효율이 높은 IT장비를 설계하고 생산하여 사용하는 방법이고, 두 번째는 유휴한 IT장비의 수를 줄여서 에너지 낭비를 줄여 에너지 효율을 높이는 방향이다. 에너지 절감효과 측면과 비용 측면에서 두 번째 방향이 큰 효과를 거둘 수 있다.

저전력 서버의 도입은 일정부분 도움이 되지만 획기적이 개선이 어렵고 IT 장비의 대수를 줄이는 방향이 에너지 소비량 감소에 직접적인 영향을 준다. 현재 시장에 출시되는 대부분의 IT 장비들의 에너지 효율성이 높은 수준에 도달한 상태이므로, 별도의 저전력 IT장비를 구매하는 방향은 높은 비용을 초래한다. 예를 들어, 총 200W를 소비하는 20대의 서버를 운용할 때 에너지 효율이 높은 CPU와 전원공급기를 사용하여 서버 1대당 에너지 소비를 40W로 감소시킬 수 있다면, 총 $20 \times 40W = 800W$를 감소시킬 수 있다. 하지만, 서버의 수를 20대에서 15대로 줄이면 $5 \times 200W = 1,000W$를 감소시킬 수 있다.

에너지 효율을 높이기 위해 서버를 통합하는 방안이 효과적임을 알 수 있다. **서버 통합**server consolidation은 크게 2가지 방안이 있다.

- **물리적 서버 통합**

    서버 레벨에서 에너지 효율화를 구현할 수 있는 가장 기본적인 전략으로 동일한 운영 환경에서 수

행되는 서버들을 통합하는 방법이다. 서버 통합을 통해 전력 사용량을 감소시켜 전체적인 발열량을 감소시킬 수 있다. 또한 서버 통합을 통해 마련된 전산실의 공간을 활용할 수 있는 장점이 있다.

물리적 서버 통합은 **서비스 마이그레이션**service migration의 위험과 인력 비용이 발생하는 단점이 있다. 그림 19.13은 4대의 컴퓨팅 자원에서 동작하는 8개의 서비스를 하나로 통합한 것이다. 각 서버는 10% 정도의 자원을 활용하고 있고 4KW 정도의 전력을 사용한 반면, 서버 통합을 통해 서버 활용률을 70%로 높이고 전력은 4KW 정도만 사용하여 에너지 효율성과 컴퓨팅 인프라 자원 효율성을 동시 높일 수 있다.

그림 19.13 **물리적 서버 통합을 통한 에너지 효율성 증대**

- **가상화 기반 서버 통합**

애플리케이션과 서버 간 종속적인 물리적 결합을 제거하여 가상화를 통한 서버 통합 방법이다. 가상화 환경을 구축하여 낮은 활용율을 갖는 서버를 제거하고 활용율이 높은 서버 쪽으로 서비스를 이동시킨다. 물리적 서버 통합의 경우 동일한 운영 환경이 필요하여, 서버 통합의 경우에 위험성이 증가되는 반면 가상화 기반 서버 통합 방법은 애플리케이션이 완전히 다른 운영체제를 요구한다고 하더라도 쉽게 마이그레이션이 가능하다.

그림 19.14는 가상화 기반의 서버 통합 개념을 보여준다. 물리적 서버 통합 방법과 차이점은 **가상화** virtualization 환경이 추가되어야 한다는 점이다.

그림 19.14 **가상화 기반 서버 통합을 통한 에너지 효율성 증대**

19.3 효율적인 IT 인프라

IT인프라는 클라우드 서비스의 핵심 요소 중의 하나다. 클라우드 서비스를 제공하기 위해 데이터 센터에서 도입하는 컴퓨팅 장비, 스토리지 장비, 네트워크 장비들의 개념을 알아본다.

19.3.1 컴퓨팅 장비

클라우드 서비스에서 핵심적인 역할을 하는 하드웨어는 바로 컴퓨팅 장비이다. 컴퓨팅 장비는 서버라고 불리고 통상적으로 **표준 랙**standard rack에 장착된다. 데스크톱 형태로는 대규모의 서버 장비를 공간 제약이 있는 전산실에 갖출 수 없기 때문에 서버는 표준 랙에 장착될 수 있도록 **랙마운트 폼 팩터** rackmount form factor로 서버가 제작된다(그림 19.15)

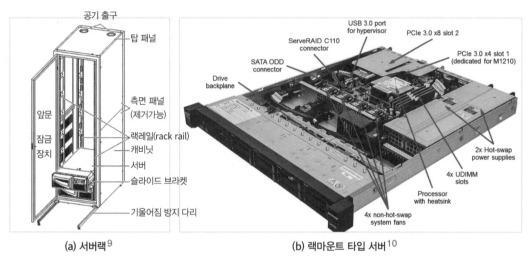

(a) 서버랙[9] (b) 랙마운트 타입 서버[10]

그림 19.15 **서버랙 및 서버**

서버랙은 작은 공간에 많은 서버를 장착할 수 있도록 설계되어 있다. 랙은 서버뿐만 아니라 스토리지 장치, 네트워크 장치까지 설치할 수 있다. 랙에 장착되는 서버는 일반 컴퓨터의 장치를 최적으로 집적화하여 공간의 낭비를 최대한 줄일 수 있다.

서버 장비의 경우 **앞쪽**front에 하드디스크를 장착하고 항온항습기에서 토출되는 차가운 공기를 흡수하여 장치들의 열을 식힌 후 **뒷편**back의 **팬쿨러**fan cooler를 통해 장치 밖으로 내보낸다. 이러한 과정을 통해서 항상 일정 수준으로 온도를 유지한다. 서버는 **멀티코어**multi core 아키텍처로 작은 공간에

---

9   https://docs.oracle.com/cd/E19088-01/v445.srvr/819-5730-10/rackmount.html

10 https://lenovopress.lenovo.com/lp0096-system-x3250-m6-intel-xeon-e3-1200-v5-core-i3-pentium-celeron-g-series

밀집된 프로세싱 코어를 장착하고 있고, 하드디스크, 전원공급장치, 네트워크 인터페이스, 스토리지 컨트롤 카드 등이 장착되어 있다. 높이가 낮고 길이기 긴 형태를 띄고 전자제품의 집합체이기 때문에 발열에 취약하다.

IT인프라를 구축할 때 표준 랙을 사용하는데, 표준 랙은 19인치 표준 랙과 23인치 표준 랙이 있다.

- 19인치 표준 랙: 600mm(W)×900mm(D)×2100mm(H)
- 23인치 표준 랙: 750mm(W)×900mm(D)×2100mm(H)

그림 19.16-(a)는 19인치 42U 표준 랙의 보여준다. 단위 U는 장치의 높이를 의미하고 1U는 4.4cm이다. 만약 서버가 1U 타입의 장비라면 높이가 4.4cm라는 의미이다. 서버가 2U장비라면 8.8cm 높이를 갖는다. 서버 장비에 장착되는 부품의 특성에 따라서 1U 또는 2U 등으로 서버가 제작된다. 스토리지 장치와 네트워크 장치도 표준 랙에 장착되기 위해서는 U 단위로 설계되어야 한다.

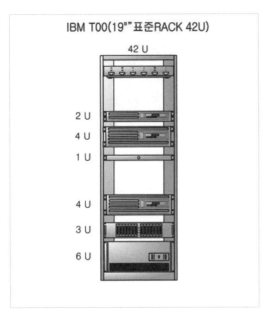

(a) IBM T00 19인치 42U 표준 랙[11]

(b) 랙간 연결을 통한 확장[12]

그림 19.16 **표준 랙과 랙 간 연결을 통한 확장**

대규모 컴퓨팅 인프라는 병렬로 연결되어 서비스들에 대한 **로드 밸런싱**load balancing이 되어야 하기 때문에 컴퓨팅 인프라간 네트워크로 연결되어야 한다. 서버들은 표준 랙에 장착되어 있기 때문에 표

---

11 https://www.coolpeace.co.kr/128

12 https://support.huawei.com/enterprise/en/doc/EDOC1100023542?section=j00c&topicName=tor

준 랙들이 서로 연결되어 있어야만 랙에 장착된 서버들도 연결성을 유지하면서 확장될 수 있다(그림 19.16-(b)).

19.3.2 스토리지 장비

데이터를 저장하고 관리하는 클라우드 서비스는 필수적으로 대용량의 스토리지 장비가 필요하다. 일반적으로 클라우드 컴퓨팅에 사용되는 대용량의 스토리지 장비는 저장을 위한 별도의 장치로 구성된다(그림 19.17).[13] 스토리지 장비에는 **입출력을 위한 캐싱**I/O caching 기능, **전원을 내리지 않고 하드디스크를 교체할 수 있는 기능**hot-swappable hard disk, **스토리지 가상화**storage virtualization 기능, **빠른 데이터 복제**fast replication mechanism 기능을 제공해야 한다.

그림 19.17 **2U 스토리지 장비**

스토리지 장비는 여러 개의 **하드디스크 배열**hard disk array로 만들어 데이터를 나누고 복제하여 성능의 안정성을 확보한다. 하드디스크 배열 기술의 대표적인 방식이 **RAID**redundant arrays of independent disks 방식이 활발하게 사용되고 있다. RAID는 기술은 RAID 0, RAID 1과 같이 번호를 부여하여 데이터가 어떻게 관리되는지 나타낸다. 대표적인 RAID 0, RAID 1, RAID 5, RAID 6는 다음과 같이 동작한다.

- **RAID 0: 데이터를 분리하여**stripping하여 각각의 조각을 디스크 배열 전체에 저장하는 방식이다(그림 19.18).[14] 데이터는 균일하게 디스크 전체에 골고루 저장되고 **패러티 비트**parity bit는 사용되지 않는다. 저장공간을 디스크 배열의 크기만큼 사용할 수 있는 장점이 있지만, 패러티 비트가 사용되지 않기 때문에 디스크 오류에 의한 데이터 복구는 불가능하다.

---

13 https://cp-techusa.com/rugged-solutions/rugged-servers/storage-arrays/2u-storage-systems/
14 https://en.wikipedia.org/wiki/Standard_RAID_levels

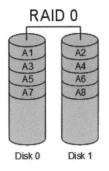

그림 19.18 **RAID 0**

- **RAID 1**: 이 방식은 데이터를 **미러링**mirroring하여 데이터를 저장한다. 즉, 하나의 하드디스크에 저장된 동일한 데이터가 다른 하드디스크에 저장되는 방식이다. 패러티 비트를 사용하지 않지만, 하나의 디스크에 오류가 발생해도 다른 디스크를 통해서 데이터를 복구할 수 있다. 하지만, 동일한 데이터를 그대로 복사하기 때문에 저장공간의 낭비는 피할 수 없다. 따라서 RAID 1 구성은 데이터의 안정성이 심각하게 중요한 경우 고려할 수 있다(그림 19.19).

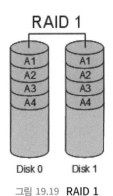

그림 19.19 **RAID 1**

- **RAID 5**: 데이터를 스트립핑할 때 블록 단위로 나누어 하드디스크 배열에 저장하고 패러티 비트 또한 분산해서 저장한다. 패러티가 분산되어 저장될 때 원본 데이터와 패러티 비트를 이용하여 짝수나 홀수를 만들어 데이터를 저장한다. 예를 들어, 짝수 패러티 비트를 사용한다면, 데이터가 0 0 0 이렇게 저장될 때 마지막 디스크에 패러티 0이 저장되어 전체적으로 짝수를 만드는 방식이다. 만약 0 1 0 이렇게 데이터가 저장된다면, 마지막에 패러티 비트는 1이 된다.

  패러티 비트가 분산되어 저장되기 때문에 하나의 디스크에 오류가 발생하더라도 패러티 비트를 통해서 데이터를 유추하여 복구할 수 있다(그림 19.20). 만약 2개의 디스크가 동시에 오류가 발생한다면 데이터를 완전하게 복구할 수는 없다.

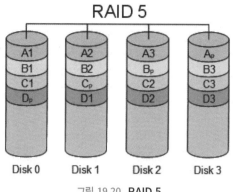

그림 19.20 **RAID 5**

* **RAID 6**: 블록 단위로 나누어 하드디스크 배열에 저장하고 패러티 비트도 분산해서 저장하는데, 패러티 디스크로 2개를 사용하여 RAID 5보다 안정성을 높인 방식이다. 2개의 패러티 비트 블록이 디스크 배열 전체에 분산되어 저장된다. 이 경우 두 개의 하드디스크가 동시에 문제가 발생해도 데이터를 복구할 수 있다(그림 19.21).

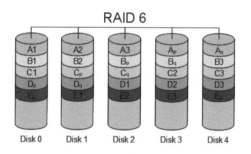

그림 19.21 **RAID 6**

스토리지 시스템은 크게 **DAS**directed attached storage, **NAS**network attached storage, **SAN**storage area network 스토리지로 구분할 수 있다. DAS는 서버 장비에 **HBA**host bust adapter를 통해 직접 연결된 형태이고, NAS는 **LAN**local area network을 통해서 연결된 스토리지 장비를 말한다. SAN 스토리지의 경우는 스토리지를 위한 **전용 네트워크**fiber channel를 구성한 방식이다(그림 19.22).[15]

---

15 https://ensxoddl.tistory.com/286

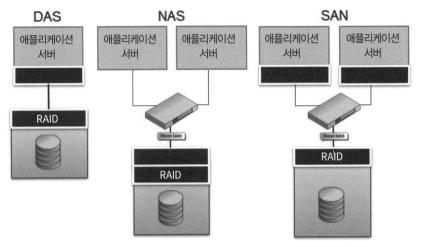

그림 19.22 **DAS, NAS, SAN 스토리지 구성 방식**

그림 19.22에서 **파일시스템**file system의 위치를 살펴보기 바란다. DAS는 파일시스템을 통해 직접 RAID로 구성된 디스크에 접근할 수 있다. NAS는 파일시스템이 네트워크에 연결된 외부 저장장치에 설치된다. 반면 SAN은 DAS와 유사한 구조지만, 외부의 대규모 스토리지 시스템으로부터 네트워크를 통해 블록을 할당받아 독립적인 파일시스템을 구성하여 활용한다. 테이블 19.1은 DAS, NAS, SAN 스토리지의 장점과 단점을 보여준다.

테이블 19.1 **DAS, NSA, SAN 장단점 비교**

구성	장점	단점
DAS	• 전통적 방법, 가장 많이 사용 • 전용라인의 사용으로 성능 보장 • 안정성이 뛰어남	• 저장장치에 따른 접속방법이 상이하여 저장장치 간 공유 문제 • 파일시스템 공유하는 기술 없음 • 확장성 및 유연성이 떨어짐
NAS	• 파일서버를 통한 파일시스템 공유 • 데이터 저장장치와 서버 간 독립성 • LAN을 통한 클라이언트, 서버, 파일 서버 연결	• 파일서버의 스토리지 용량제한 • 데이터 접근 병목현상 발생 • 파일서버가 지원하는 스토리지 종류만 설치 가능 • 파일서버 셧다운 시 접근불가
SAN	• 고속 디스크 I/O • 다수의 서버가 파이버 채널fiber channel을 통해 하나의 스토리지 공유 • 물리적 디스크 분할사용 가능 • 물리계층의 오버헤드가 적음	• 이기종 서버환경을 지원하지 않음 • 여러 서버들 사이에 특정 파일 공유 시 락lock 일관성 문제 발생 • 공유 가능한 파일시스템과 데이터형식 제한 • 파이버 채널 거리 제약(10km) • SAN 구성 및 백업을 위한 관리 도구의 취약

19.3.3 네트워크 장비

클라우드 서비스를 위해서 네트워크 하드웨어는 필수 IT 장비이며 일반적으로 대규모의 네트워크 장비기 필요하다. 클라우드 서비스는 데이터 센터의 **LAN**과 광역 통신망 **WAN**wide area network 간 끊임없는 통신을 통해 서비스가 이루어진다. WAN과 LAN사이에 백본 라우터를 통해 연결된다(그림 19.23).[16]

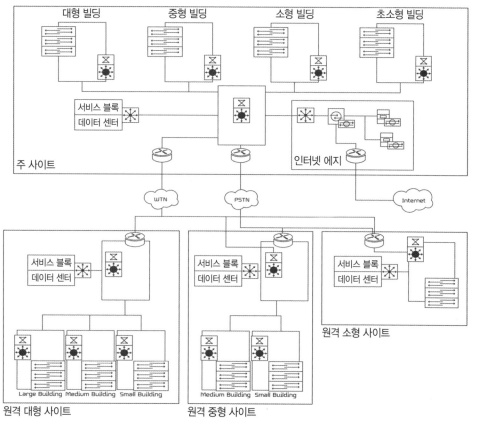

그림 19.23 **네트워크 구성의 예**

클라우드 서비스를 제공하는 데이터 센터의 네트워크 관점에서 LAN **패브릭**fabric, **SAN 패브릭**, **NAS 게이트웨이**gateway에 대해서 살펴보자.

데이터 센터의 네트워크를 이야기할 때 **패브릭**이라는 용어가 자주 사용된다. 패브릭은 '직물', '천', '짜임새', '구조', '구성'을 의미한다. 따라서 네트워크 패브릭은 **네트워크를 구성하는 구조** 정도로 이해하면 된다.

---

16 https://www.cisco.com/c/en/us/td/docs/solutions/Enterprise/Medium_Enterprise_Design_Profile/MEDP/chap2.html

데이터 센터의 내부 LAN 패브릭은 고속 네트워크와 **고가용성**high availability를 제공하도록 구성되어 있다. 최근에는 **VLAN**virtual LAN을 구성하여 논리적으로 LAN을 나누거나, 물리적인 LAN을 통합하여 대용량의 네트워크를 구성할 수 있다. 네트워크의 부하량에 따라 적절한 로드 밸런싱을 하고 네트워크 이중화를 통해서 하나의 네트워크에 문제가 발생하면 **페일오버**failover 기능을 수행하여 네트워크 서비스의 중단을 최소화한다.

SAN 패브릭은 대용량의 데이터를 관리하기 위한 스토리지 전용 네트워크를 말한다. 스토리지 네트워크를 통해서 관리되는 스토리지 시스템의 일부를 분할하여 서버에 할당하고 서버는 독립적으로 자신에게 할당된 저장공간을 사용할 수 있다. 일반적으로 서버와 스토리지 시스템간 연결을 위해서 **파이버 채널**fiber channel, FC이 사용된다. FC는 스토리지 네트워킹에 쓰이는 **기가비트**gigabit 속도의 네트워크 기술이다. 초고속 네트워크 통신을 위한 슈퍼컴퓨터에 초기에 주로 사용했지만, 이제는 SAN의 표준이 되고 있다.

그림 19.24는 SAN 기반 네트워크 구성을 보여준다. LAN에 연결된 클라이언트 컴퓨터는 서버에 접근을 하고 서버는 SAN을 통해 대용량 스토리지에 접근할 수 있다. SAN을 통해 연결될 수 있는 스토리지는 RAID 기반 디스크 저장장치, 광디스크 기반 저장장치, 테이프 저장장치 등이 포함된다.[17]

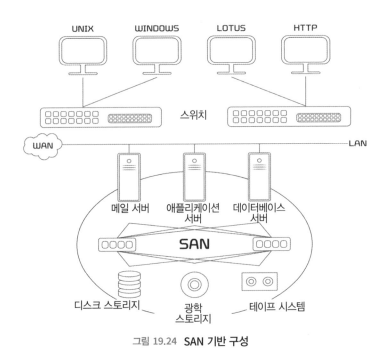

그림 19.24 **SAN 기반 구성**

---

17 http://www.nemengine.com/m/case/san/9.html

대용량의 저장시스템은 SAN을 통해 네트워크를 구성하는데, 저장장치는 SAN 스위치에 연결되어야한다. 그림 19.25는 SAN 네트워크를 구성할 때 사용되는 28포트용 SAN 스위치를 보여준다. SAN 스위치에 저장장치와 서버가 연결되는 구조이다.

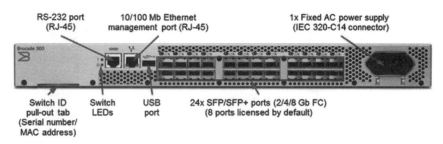

그림 19.25 **SAN 스위치**[18]

서버에서도 SAN 스위치에 연결되어야 한다. 이를 위해 **HBA**host bus adapter를 이용하는데, FC를 사용할 수 있도록 서버에 설치할 수 있는 카드이다(그림 19.26).[19]

그림 19.26 **Host Bus Adapter**

NAS 게이트웨이에 대해서 알아보자. LAN 기반의 네트워크와 SAN 기반의 네트워크를 연결해주는 역할을 하는 것이 NAS 게이트웨이다. SAN의 앞단에 NAS **게이트웨이**를 설치하여 LAN에 연결된 클라이언트들이 SAN에 접근할 수 있도록 해준다. 이 방식은 도입한 SAN 스토리지의 일부 공간을 NAS처럼 이용하고자 할 때 사용한다. 즉, NAS를 새로 도입하지 않고 기존에 구축된 SAN 스토리지에서 일부를 NAS 게이트웨이에 할당하여 NAS처럼 사용할 수 있도록 하는 것이다. 이렇게 함으로써 NAS를 신규로 도입하는 비용을 줄일 수 있다. 그림 19.27은 SAN 스토리지에 NAS 게이트웨이를 설치한 구조를 보여준다.[20]

---

18 https://lenovopress.com/lp0044-brocade-300-fc-san-switch

19 https://ttend.tistory.com/702

20 https://slidetodoc.com/module-7-networkattached-storage-nas-emc-proven-professional/

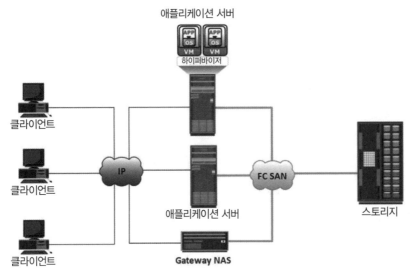

애플리케이션 서버

클라이언트

클라이언트

IP

클라이언트

하이퍼바이저

애플리케이션 서버

FC SAN

스토리지

Gateway NAS

그림 19.27 NAS 게이트웨이

19.4 데이터 센터에 활용되는 가상화 기술

클라우드 서비스의 핵심기술 중 하나가 **가상화 기술**virtualization technology이다. 가상화는 물리적 IT 자원을 가상 IT 자원으로 변환하는 것을 의미한다. 가상 IT 자원은 논리적 자원으로, 물리적 자원을 통해 서비스할 때 어려운 점인 유연한 자원의 확장과 축소가 가능해진다. 심지어, 물리적으로 갖추지 못한 하드웨어까지 논리적으로 생성하여 서비스할 수도 있다.

가상화 기술은 서버, 스토리지, 네트워크 장비와 같은 IT 자원의 대부분을 가상화할 수 있다. 심지어 물리적 **UPS**uninterruptible power supply, **PDU**power distribution unit까지도 가상화할 수 있고 소프트웨어적으로 구현되고 하드웨어적으로 지원을 받기도 한다. 가상화 소프트웨어를 가상머신 관리자, **가상머신 모니터**virtual machine monitor, VMM, 또는 **하이퍼바이저**hypervisor라고 한다는 것이 이 책 전반에 걸쳐 언급되었다.

19.4.1 서버 가상화

물리적 시스템을 통해서 서비스를 구현하는 경우, 해당 시스템에 맞는 소프트웨어를 설치하고 환경설정을 해야 하는 경우가 빈번하게 발생한다. 만약 물리적 시스템에 문제가 생겨서 서비스를 새로 설치해야 한다면, 동일한 순서대로 하나씩 환경설정을 다시 해야 하는 문제가 발생하는데, 이는 서비스를 복구할 때 걸리는 시간을 크게 증가시키는 요인이라 할 수 있다.

가상화를 통해서 서비스에 필요한 모든 환경을 갖춘 가상시스템을 구성하고 필요할 때마다 복사하여 사용할 수 있다. 가상화는 IT 하드웨어를 소프트웨어적으로 **에뮬레이션**emulation한다. 따라서 물리적 시스템의 특성에 의존하지 않고 독립적으로 생성할 수 있는 장점이 있다. 이를 통해서 하드웨어와 소프트웨어간 호환성 문제를 해결할 수 있다. 에뮬레이터와 유사한 개념으로 **시뮬레이터**simulator가 있다. 시뮬레이터는 어떤 프로세스나 시스템의 동작 방식을 모방하는 것이다. 시뮬레이터가 유사하게 결과를 만들어내는 것에 반해 **에뮬레이터**emulator는 동일한 환경을 만들어 낸다. 예를 들어 에뮬레이터를 통해서 x86 기반 아키텍처에 ARM 기반의 소프트웨어가 동작할 수 있도록 할 수 있다.

가상화를 통해서 얻을 수 있는 다양한 이점 중 하나로 에너지효율 관점에서 **서버 통합**server consolidation이 있다. 하이퍼바이저를 통해 하나의 물리시스템에 다양한 가상머신을 생성함으로써 여러 대의 물리시스템에 흩어진 서비스들을 통합하여 IT 자원을 절약하고 동시에 에너지 효율화를 달성할 수 있다. 절약된 물리시스템은 다른 서비스에 할당되거나 집중화된 서비스의 부하를 낮추는 데 투입될 수 있어 IT 자원을 최적으로 운영할 수 있는 환경을 제공한다.

가상머신은 마치 하나의 파일처럼 다뤄지기 때문에 쉽게 생성과 삭제가 가능하고 우리가 원하는 만큼의 자원을 생성할 수 있어 데이터 센터의 유연성을 높일 수 있는 기술이다. 일반적으로 데이터 센터에서 운영되는 서버는 전체용량의 15~30% 정도만이 사용되고 있는 것으로 알려져 있다. 효율성이 낮은 서버들을 통합함으로써 전체 활용율을 80% 이상까지 높일 수 있다. 그림 19.28은 가상화를 통한 서버 통합의 개념을 보여준다.[21]

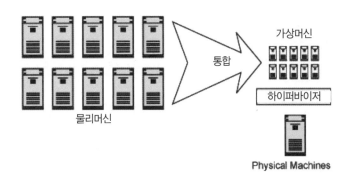

그림 19.28 **가상화를 통한 서버 통합**

가상화를 통해서 생성되는 가상머신은 실제 **이미지 파일**image file이다. 이미지 파일은 바이너리 파일로 가상머신에 대한 정보를 가지고 있다. 따라서 우리가 가상머신을 복제한다고 한다면, 이 파일

---

21 https://www.programmersought.com/article/72681555798/

을 복제하면 되는 것이다. 또는 동일한 가상머신 이미지 파일을 기반으로 여러 개의 가상머신 인스턴스를 생성할 수도 있다. 그림 19.29는 VirtualBox에서 관리하는 가상머신 이미지 파일을 보여준다. VirtualBox에서는 가상머신과 가상머신에 필요한 디스크를 **가상 디스크 이미지**virtual disk image, VDI 파일로 관리한다.

그림 19.29 **VirtualBox에서 관리하는 VDI 파일**

이미지로 관리되는 가상머신은 파일 삭제, 복사, 이동과 같은 명령을 통해서 관리할 수 있으며 다음과 같은 이점이 있다.

- 가상머신에 대한 사전 **환경설정**pre-configuration을 할 수 있어 손쉬운 배포가 가능하다.
- 가상머신을 신속하게 서버에서 실행하고 변경할 할 수 있어 **수평적 확장**scale out, **수직적 확장**scale up이 가능하다.
- 가상머신을 하나의 물리시스템에서 다른 물리시스템으로 쉽게 **마이그레이션**migration할 수 있어 서비스의 **영속성**continuity과 **신뢰성**reliability을 향상할 수 있다.
- 가상머신은 파일이고 현재 인스턴스의 상태를 **스냅숏**snapshot 파일로 만들어 저장 가능하여 비정상적인 상태에 대해 정상 스냅숏을 통해 복구가 용이하다.

19.4.2 스토리지 가상화

서버 가상화뿐만 아니라 저장장치인 스토리지도 가상화할 수 있다. 스토리지에서 가상화라는 용어가 사용될 때는 가상서버와는 조금 차이가 있다. 서버가상화를 이야기할 때는 에뮬레이션을 통해서 없는 장치도 생성하는 의미를 가지고 있지만, 스토리지 가상화에서는 물리적 스토리지 시스템을 가상화를 통해 이기종의 스토리지를 통합하여 논리적으로 제공하는 것이다. 스토리지 가상화를 통해서 물리적 스토리지를 **추상화**abstract한다. **가상 볼륨**virtual volume은 물리 스토리지를 통해서 가상머신이나 실제 물리시스템에 할당되는 구조이다.

스토리지 가상화를 통해서 얻을 수 있는 장점은 다음과 같다.

- 가상 스토리지를 **다운타임**downtime 없이 추가하거나 제거 가능하다.
- **TCO**total cost of ownership를 감소시켜 스토리지 가용성을 증가시킨다.
- 스토리지 장치 간 **비파괴적 데이터 마이그레이션**non-distruptive data migration이 가능하다.
- 서로 다른 이기종 시스템, 벤더 종속적인 스토리지 시스템 지원이 가능하다.
- 스토리지 시스템의 관리 단순화할 수 있다.

스토리지 가상화를 적용하는 시스템에 따라 3가지로 구분할 수 있다.

1. **컴퓨터 시스템에 적용**

    스토리지 가상화를 통해서 가상머신에 필요한 저장공간을 할당할 수 있다. 여기에는 가상머신을 저장하기 위한 저장공간과 가상머신이 동작할 때 필요한 저장공간을 모두 포함한다. 그림 19.30은 가상머신에 제공되는 스토리지를 개념화한 모습을 보여준다.

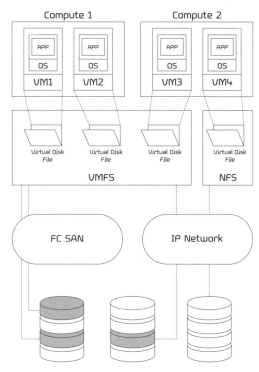

그림 19.30 **가상머신을 위한 스토리지**

2. 네트워크에 적용

네트워크 레이어에 스토리지 가상화를 추가하는 방법이다. 이기종의 스토리지 리소스를 통합하여 저장공간을 지원하는데, 여기에는 블록 레벨 스토리지를 제공하는 방법과 파일 레벨의 스토리지를 제공하는 방법 2가지가 있다. 블록 레벨은 SAN 스토리지에 파일 레벨은 NAS 스토리지에 적용된다(그림 19.31).[22]

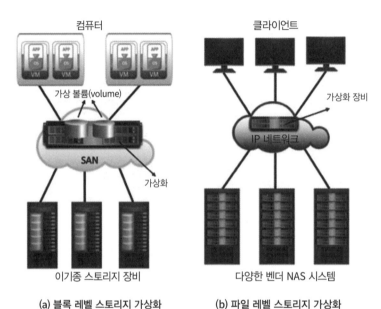

(a) 블록 레벨 스토리지 가상화   (b) 파일 레벨 스토리지 가상화

그림 19.31 네트워크 기반의 스토리지 가상화

블록 레벨 스토리지 가상화는 SAN 스토리지와 컴퓨터 서버 간 SAN에 **추상 레이어**abstract layer를 생성한다. 실제 컴퓨터 서버는 추상 레이어 하단을 구성하는 스토리지 시스템에 대해 고민할 필요가 없다. 반면, 파일 레벨 스토리지 가상화는 NAS서버에 추상 레이어를 제공하여, 파일과 파일이 저장되는 위치와의 관계를 논리적으로 만들어 물리적 의존 관계를 제거한다. 클라이언트는 파일을 논리적 이름으로 접근할 뿐 하단의 물리적 위치에 대해서는 고민하지 않아도 된다.

3. 스토리지에 적용

스토리지 가상화를 스토리지에 적용하는 것에는 크게 **신 프로비저닝**thin provisioning과 **스토리지 티어링**storage tiering 2가지가 있다.

컴퓨터 시스템의 저장 볼륨은 **LUN**logical unit number들로 구성되는데 신 프로비저닝은 이러한

---

22 https://slideplayer.com/slide/5383365/

LUN을 컴퓨터 시스템에 제공하는 역할을 한다. 이 때 컴퓨터 시스템이 요구하는 모든 용량을 한 번에 제공하는 것이 아니라, 최소로 필요한 공간만을 할당하고 할당된 용량이 부족할 경우에 한해서 순차적으로 요구한 용량을 채워나가는 방식이다.

일반적으로 컴퓨터 시스템이 요구하는 공간이 모두 사용되지는 않는다는 점에 착안한 것으로 **공용으로 관리되는 스토리지 풀**shared storage pool을 효율적으로 사용할 수 있는 장점이 있다. 그림 19.32는 컴퓨터 시스템이 10TB의 스토리지를 요구했고 실제 물리적으로는 3TB, 4TB, 3TB가 각각 할당된 모습을 보여준다.

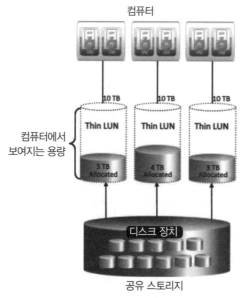

그림 19.32 **신 프로비저닝**

스토리지 티어링 방식은 스토리지 타입에 따라 성능에 차이가 난다는 점을 착안하여 가장 많이 사용하는 데이터를 가장 성능이 좋은 저장매체에서 관리하고 액세스 빈도가 낮을수록 성능이 낮은 저장매체에서 관리하도록 한다. 각각 **티어**tier를 이루는 저장 매체는 읽고 쓰기에 대한 특성, 비용 등을 고려하여 구성된다. 그림 19.33은 4레벨 티어링을 보여준다.

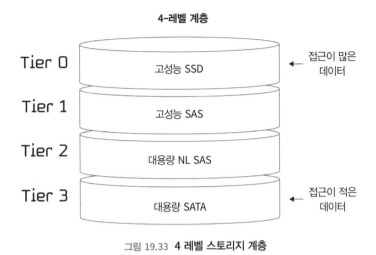

4-레벨 계층

Tier 0 — 고성능 SSD ← 접근이 많은 데이터

Tier 1 — 고성능 SAS

Tier 2 — 대용량 NL SAS

Tier 3 — 대용량 SATA ← 접근이 적은 데이터

그림 19.33 **4 레벨 스토리지 계층**

19.4.3 네트워크 가상화

데이터 센터의 네트워크는 한번 구성되면 변경 없이 고정되는 것이 아니다. 필요에 따라 수시로 환경 설정 등을 변경할 필요가 있다. 데이터 센터의 네트워크를 구성할 때 가상화를 사용하지 않았을 경우, 일반적으로 하드웨어와 소프트웨어가 하나의 패키지로 구성되어 동작되었다. 즉, 소프트웨어는 하드웨어에 종속되어 서비스되는 구조였다. 이러한 구조는 서버가상화에서도 살펴보았듯이 유연성이 낮고 하드웨어를 통합적으로 사용할 수 없는 단점이 있다. 즉, 소프트웨어와 하드웨어가 분리되지 않아 충분한 네트워크 하드웨어가 존재한다고 하더라도 이를 바로 서비스에 사용하기에는 어려움이 있다.

네트워크 가상화에는 크게 3가지로 구분된다.

1. **네트워크 가상화**network virtualization, NV

2. **네트워크 기능 가상화**network function virtualization, NFV

3. **소프트웨어 정의 네트워킹**software defined networking, SDN

NV는 네트워크 장비를 소프트웨어적으로 제공하는 것을 의미한다. NV는 여러 네트워크 장비를 통합하여 하나로 제공하는 방법과 하나의 네트워크 장비를 분리하여 가상 네트워크로 서비스하는 것 모두를 의미한다. NV는 **링크 가상화**link virtualization, **라우터 가상화**router virtualization, **스위치 가상화**switch virtualization를 포함한다. NV는 네트워크 하드웨어를 논리적(가상화)으로 분할하는 것이다.

- **링크 가상화:** 네트워크 인터페이스network interface를 가상화하는 것으로 호스트머신에 설치된 네트워크 인터페이스(네트워크 카드)를 여러 개처럼 사용할 수 있게 하는 것이다. 네트워크 인터페이스에는 **맥 주소**media access control address, MAC address가 부여되는데, 가상의 여러 맥 주소를 할당하여 마치 여러 개의 네트워크 인터페이스로 활용하는 방식이다.
- **라우터 가상화:** 하나의 물리적 라우터를 여러 대의 가상 라우터로 구성하는 기술이다. 가상 라우터는 독립적인 라우팅 프로토콜을 이용하여 독립된 네트워크를 구성할 수 있다.
- **스위치 가상화:** 네트워크 인터페이스에 가상 스위치를 생성하거나 같은 네트워크 대역의 네트워크 인터페이스를 하나로 구성하여 가상 스위치를 구성하는 방식이 있다.

최근에는 NFV 개념이 새로운 트렌드로 자리 잡고 있는데 NV가 하드웨어를 논리적으로 구분하거나 통합하는 개념이라면 NFV는 네트워크 기능을 어떻게 배치할 것인지에 관한 것이다. NV를 통해 논리적으로 구분된 자원에 가상 서비스를 구성할 수 있도록 한다. 예를 들어, 네트워크에 방화벽을 설치한다고 할 경우 전체 네트워크를 대상으로 설치한다면 방화벽 도입비용이 증가할 것이다. 대신 논리적으로 구분된 네트워크에 방화벽 기능을 구현한다면 도입비용을 줄일 수 있다.

NFV는 방화벽, 로드 밸런서와 같은 어플라이언스 기반 네트워크 기능을 제공하고 전용 하드웨어가 아닌 범용 x86 기반의 하드웨어에서 수행된다(그림 19.34).[23]

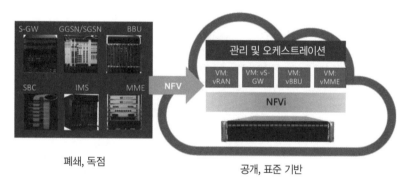

폐쇄, 독점

공개, 표준 기반

그림 19.34 **NFV 개념**

NV와 NFV는 네트워크 하드웨어를 논리적으로 구성하고 기능을 제공하지만, SDN은 물리적 네트워크를 프로비저닝하고 관리할 수 있는 네트워크 가상화 기술이다. SDN은 프로그래밍을 통해 네트워크 경로 설정, 제어, 관리 등을 용이하게 할 수 있다. SDN 이전에는 네트워크 장비에서 제어부분을

---

23 https://www.rcrwireless.com/20180910/network-function-virtualization-nfv/nfv-virtualized-acceleration-offloads

분리할 수 없었지만, SDN은 네트워크 **컨트롤 플레인**control plane과 **데이터 플레인**data plane을 분리하여 소프트웨어적으로 프로그래밍이 가능한 인프라를 구현할 수 있다.

그림 19.35는 제어부와 전송부가 분리된 SDN이 적용된 네트워크를 보여준다. A 지점에서 Z 지점으로 데이터를 전송할 때 라우터에서는 라우팅 테이블을 각각 관리하면서 최적의 경로를 계산하였다. SDN은 경로를 계산하는 제어부와 데이터를 전송하는 전송부를 분리하여 라우터는 데이터 전송에 집중하도록 한다. SDN에서 제어부와 전송부를 분리한 이유는 데이터 전송 기술이 발전할수록 제어부의 복잡성이 증가하여 하드웨어 스펙이 높아지고 비용이 상승하게 된다. 라우터의 제어부를 분리하여 범용 컴퓨터 서버에서 제어부 역할을 수행하고 실제 라우터는 전송 기능만을 갖추게 하여 장비의 가격과 기능의 유지관리 측면에서 유리한 결과를 얻을 수 있다.

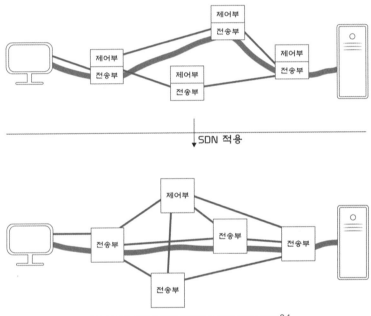

그림 19.35 **SDN에서 제어부와 전송부의 분리**[24]

19.5 클라우드 데이터 센터의 연결 기술

클라우드 서비스를 제공하는 데이터 센터의 내부에서 운영 중인 IT 인프라와 기술들에 대해서 살펴보았다. 클라우드 서비스를 제공하는 데이터 센터가 존재한다고 하더라도 데이터 센터의 외부의 사용

---

24 https://www.netmanias.com/ko/post/blog/13359/sdn-nfv-sk-telecom/sdn-nfv-in-the-5g-era-1-how-will-sdn-change-the-world

자에게 서비스를 제공하기 위해서는 데이터 센터까지 연결할 수 있는 광대역 네트워크가 필요하다.

19.5.1 인터네트워크

클라우드 서비스를 제공받기 위해서는 광대역 네트워크는 필수적인 기술 중 하나이다. 클라우드 서비스는 기본적으로 외부에 있는 컴퓨팅 자원을 네트워크로 연결하여 자원을 할당받아 사용하는 것이 핵심이기 때문이다. 하나의 네트워크는 다른 네트워크와 **상호 연결**internetwork되어야 한다. 그렇지 않으면, 접속하고자 하는 클라우드 서비스를 네트워크로 접속을 할 수 없을 것이다. 인터네트워크 상태에서만 언제든지 외부에 있는 컴퓨팅 자원에 접속하여 활용하고 결과를 받아 볼 수 있다.

그림 19.36은 클라우드 사용자가 인터네트워크를 통해서 클라우드 서비스 제공자의 컴퓨팅 자원에 접속하는 것을 보여준다.

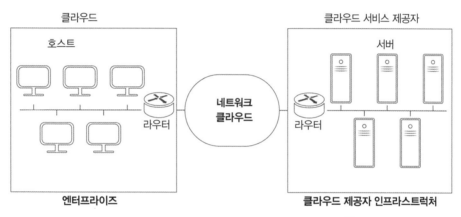

그림 19.36 **클라우드 서비스 접속을 위한 인터네트워크**[25]

클라우드 서비스를 내부에 프라이빗으로 구축할 경우에는 인터네트워크가 불필요할 수도 있다. 이 경우는 내부 사용자에게 제공하는 클라우드 서비스이므로 외부에서 접속하거나 외부의 네트워크와 연결이 필요 없는 경우이다. 또한 프라이빗 네트워크를 이용하여 클라우드 서비스를 구성할 수 있는데, 이 경우는 클라우드 서비스가 공개되지 않고 프라이빗 네트워크 내에서만 서비스가 가능하다.

프라이빗으로 클라우드를 구성하지 않는다고 가정하면, 우리는 네트워크를 통해서 외부 클라우드 서비스에 접근해야 한다. 이를 위해 인터네트워크가 필수적인데, 그렇다면 어떻게 인터네트워크를 통해서 클라우드에 접근하게 되는 것일까? **인터넷 서비스 제공자**internet service provider, ISP는 자신들의 네

---

25 https://www.cisco.com/c/en/us/about/press/internet-protocol-journal/back-issues/table-contents-45/123-cloud1.html

트워크 **백본**backbone을 구성하고 네트워크 백본들이 상호 연결되는 구조를 갖는다. 그림 19.37은 다양한 ISP 간 인터네트워크를 보여준다.[26]

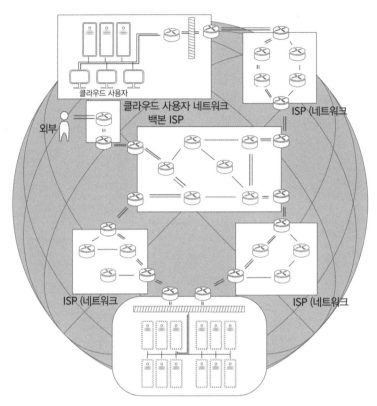

그림 19.37 ISP간 인터네트워킹을 통한 메시지 전송

인터넷상에서 ISP는 상호 연결되어 있기 때문에 한 ISP에서 다른 ISP를 통해 통신을 하기 위해서는 ISP를 구별할 수 있는 고유번호가 필요하다. 이 고유번호가 **AS**autonomous system **번호**이다. ISP에서 관리되는 라우터들의 그룹에 부여된 번호라고 생각하면 된다. AS번호는 16비트로 구성되어 있어 2^{16} 개의 번호(0~65,535)까지 가질 수 있다. 우리나라의 대표적인 ISP 회사의 AS번호는 다음과 같다.

- KT AS 번호 : 9659
- SK 브로드 밴드 AS 번호 : 10059
- LG 유플러스 AS 번호 : 9318

---

26 https://patterns.arcitura.com/cloud-computing-patterns/basics/broadband-networks-and-internet-architecture/internet_service_providers

인터네트워크상의 가장 상단에 위치하는 AS에는 ISP가 관리하는 네트워크들이 존재한다. 관리되는 네트워크 내에 인터넷에 접근하기 위한 컴퓨터, 모바일 기기와 같은 다양한 장치들이 연결되어 있다. 이러한 구성을 **토폴로지**topology라고 한다.

19.5.2 데이터 센터 접근을 위한 다양한 프로토콜

인터넷 토폴로지는 컴퓨터 네트워크의 요소들을 물리적으로 연결한 것이다. 물리적으로 연결된 클라우드 서비스 제공자의 IT 인프라와 사용자간 통신을 하기 위해서는 사전에 정의된 규약이 필요한데 이를 **프로토콜**protocol이라고 한다.

그림 19.38은 프로토콜의 개념을 보여준다.[27] 두 사람이 대화(통신)할 때를 생각해보면, 인사를 하면 (메시지를 전달) 상대방이 응답을 한다. 만약 상대방이 응답이 없다면 메시지가 전송되지 않은 것으로 인지하고 다시 메시지를 전달하려고 할 것이다. 동일한 개념을 컴퓨터 네트워크에 적용할 수 있는데, 컴퓨터에서 데이터를 전송하고 상대 측에서 데이터에 대한 응답을 받는다면 통신이 정상적으로 이루어지고 있음을 알 수 있고 만약 그렇지 않다면 네트워크에 문제가 있거나 메시지를 전달받는 컴퓨터에 문제가 있다고 판단하고 네트워크를 우회하거나 하는 대안을 찾을 것이다.

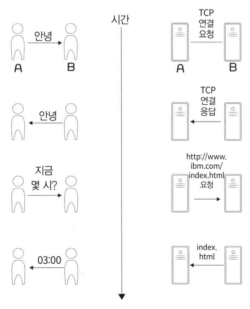

그림 19.38 **네트워크 프로토콜의 개념**

---

27 https://www.net.t-labs.tu-berlin.de/teaching/computer_networking/01.02.htm

네트워크상에서 패킷을 전송하기 위해서는 목적지까지 패킷을 전송할 수 있는 경로를 파악해야 한다. 이를 **라우팅**routing이라고 하는데, 라우팅을 위해서 규약, 즉 프로토콜이 있어야 한다. 그림 19.39 는 다양한 프로토콜의 관계를 보여준다.[28]

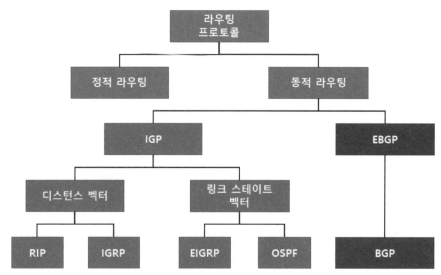

그림 19.39 **라우팅 프로토콜 범주화(Classification)**

정적 라우팅 프로토콜static routing protocol은 네트워크 관리자가 직접 경로를 지정하는 방식이다. 패킷 을 어디로 보낼지 사전에 정해 라우터가 경로를 찾아야 하는 부하를 줄이고 고속으로 데이터를 전송 하는 것이 가능하다. 하지만, 이 방법은 네트워크 관리자가 모든 경로에 대해 직접 설정해야 하는 부 담이 있고 만약 네트워크에 문제가 발생할 경우 패킷 전송이 안 된다는 단점이 있다.

이에 반해 **동적 라우팅 프로토콜**dynamic routing protocol은 관리자의 개입을 없애고 라우터가 동적으 로 네트워크의 상태를 파악해 경로에 대한 정보를 업데이트해 가면서 경로를 찾는 방법이다. 동적 라 우팅 프로토콜은 **IGP**inter gateway protocol와 **EGP**exterior gateway protocol로 구분된다. IGP는 AS내에 서 라우팅하는 프로토콜을 의미하고 이 범주에 속하는 프로토콜은 **RIP**Routing Information Protocol, **IGRP**Interior Gateway Routing Protocol, **EIGRP**Enhanced Interior Gateway Routing Protocol, **OSPF**Open Shortest Path First 프로토콜이 있다. EGP는 서로 다른 AS 간에 라우팅하는 프로토콜을 의미하고 이 범주에 속하는 프로토콜에는 **BGP**Border Gateway Protocol가 있다.[29]

---

28 https://needjarvis.tistory.com/159
29 EGP 프로토콜은 1980년대 중반에 1990년대 중반까지 사용되다 BGP 프로토콜이 나오면서 BGP로 대체되었다.

라우팅 프로토콜은 경로를 찾기 위해 경로에 대한 테이블인 **라우팅 테이블**을 관리한다. 이 라우팅 테이블을 관리하는 방식에 따라 IGP는 **디스턴스 벡터**distance vector 방식과 **링크 스테이트**link state 방식으로 구분된다.

- **디스턴스 벡터 방식**: 목적지까지 모든 경로에 대한 정보를 테이블에 저장하는 것이 아니라 **목적지까지의 거리**hop count와 목적지까지 가기 위한 인접 라우터들에 대한 벡터정보를 저장한다. 모든 라우팅 정보를 저장하지 않기 때문에 메모리를 절약할 수 있고 구성이 간단하다는 장점이 있다.

  단점으로는 주기적으로 라우팅 테이블을 교환해서 정보가 최신으로 업데이트되었는지 확인해야 하기 때문에 네트워크 트래픽 부하가 발생한다. 이 방식은 주로 작은 규모의 네트워크를 구성할 때 사용한다.

- **링크 스테이트 방식**: 목적지까지 모든 경로에 대한 정보를 라우팅 테이블에 저장하는 방식이다. 즉, 라우터는 네트워크에 대한 연결 정보를 그래프로 관리한다. 각 라우터는 독립적으로 가장 최적의 경로를 계산하고 이렇게 계산된 최적의 경로로 라우팅 테이블을 구성한다. 이 방식은 테이블 교환이 자주 발생하지 않아 네트워크 트래픽을 줄일 수 있는 장점이 있지만, 모든 라우팅 정보를 관리해야 하기 때문에 메모리가 상대적으로 많이 소모된다. 주로 대규모의 네트워크를 구성할 때 사용한다.

디스턴스 벡터 방식의 프로토콜로 RIP와 IGRP가 있고 링크 스테이트 방식으로 OSPF 프로토콜이 있다.

라우팅 프로토콜을 통해서 경로를 찾아가는데, 다음과 같이 네트워크의 규모에 따라 3개의 **계층**tier으로 구분할 수 있다.

- **1계층**: 국가 간 연결
- **2계층**: 국가 내 연결
- **3계층**: 지역적 연결

그림 19.40은 ISP의 계층구조를 보여준다.[30] 계층 1 네트워크는 다른 모든 네트워크와 통신할 수 있는 **IP**Internet Protocol를 사용하는 네트워크로 다른 계층 1 네트워크와 통신을 할 때 비용이 발생하지 않는다. 반면, 계층 2의 일부와 계층 3의 모든 네트워크는 다른 네트워크에 데이터를 전송하기 위해서는 비용을 지불해야 한다.

---

30 https://en.wikipedia.org/wiki/Tier_1_network

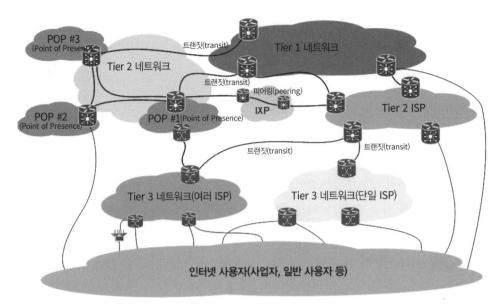

그림 19.40 ISP의 다양한 계층 구조

19.5.3 데이터의 전송과 패킷

라우팅 프로토콜을 통해서 네트워크상의 목적지까지 데이터를 전송할 수 있다. 송신 호스트에서 수신 호스트까지 데이터를 전송한다고 할 때 데이터는 작은 단위의 **패킷**packet으로 분리되어 전송된다. 그런데 이 경우 패킷은 하나의 정해진 경로로만 가는 것이 아닌 다양한 경로를 통해서 목적지까지 전달된다. 즉, 패킷들이 송신 호스트에서 순차적으로 분리된 조각으로 전송되더라도 수신 호스트에서는 순서에 맞지 않게 도착할 수 있다는 의미이다. 따라서 수신 호스트와 송신 호스트 간에 패킷이 정상적으로 도달했는지 그리고 순서가 맞는지 상호 체크해야 하는 프로토콜이 필요하다.

그림 19.41은 송신 호스트에서 수신 호스트로 데이터를 패킷으로 분리하여 보내는 모습을 보여준다. 패킷은 독립적으로 전송되기 때문에 비순차적으로 수신 호스트에 도착할 수 있음을 알 수 있다.

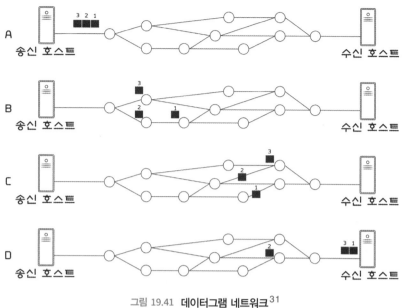

그림 19.41 **데이터그램 네트워크**[31]

송신 호스트에서 전송되는 조각난 데이터는 5계층 네트워크 **레이어**layer를 걸치면서 부가적인 정보가 추가된다. 그림 19.42는 **애플리케이션 계층**application layer에서 **물리 계층**physical layer까지 5계층의 TCP/IP 스택을 보여준다.

파일전송 애플리케이션을 생각해보자. 만약 `sent.zip` 파일을 전송한다고 가정하면, `sent.zip` 파일은 s_1부터 s_n까지 n개의 조각으로 분리되어 전송될 것이다. 이때 **전송 계층**transport layer으로 내려가면서 **TCP**Transmission Control Protocol 프로토콜에 필요한 정보가 추가된다. TCP 정보와 Data 정보가 하나의 **세그먼트**segment를 이루어 하위 계층으로 내려간다. **네트워크 계층**network layer에서 **IP**Internet Protocol 정보가 추가되어 IP + TCP + Data 정보가 하나의 전송 단위가 되는데 이를 우리는 **패킷**packet이라고 한다. **데이터 링크 계층**data link layer에서는 장치의 하드웨어 주소를 이용하여 데이터를 전송하는데 이에 필요한 정보가 추가된다.

---

31 https://gotwo.tistory.com/107

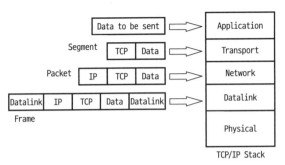

그림 19.42 **각 계층별로 추가되는 정보**[32]

송신 호스트에서 수신 호스트까지는 여러 라우터를 거쳐서 데이터가 전송된다. 라우터는 독립된 IP 주소를 갖고 있다. 즉, 3계층인 네트워크 계층으로 패킷이 라우터에서 라우터로 전송되어 최종 목적지까지 전달된다. 라우터는 패킷을 전송할 경로인 라우팅 테이블에 정보를 유지하면서 최적의 경로로 패킷을 전송하게 된다. 하지만 최적의 경로라는 것이 항상 일정한 경로를 의미하지는 않는다. 상황에 따라 경로가 변경될 수 있다. 즉, 라우터를 통해서 전달되는 패킷의 순서가 비순차적으로 전달될 수 있다는 의미이다. 하지만 최종 목적지 수신 호스트에서는 패킷에 부여된 번호와 송신 호스트와 통신을 통해서 패킷을 순차적으로 정렬하여 해당 애플리케이션에서 오류 없는 데이터를 전송받을 수 있도록 한다(그림 19.43).

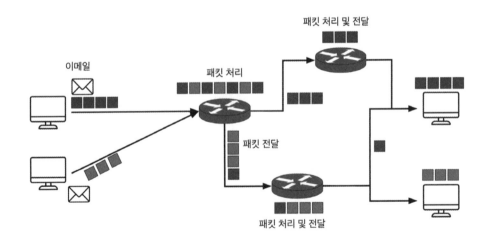

그림 19.43 **라우터에서의 패킷 처리와 다음 목적지로 패킷 전달**

TCP/IP 5계층 레이어를 보면, 각 계층별로 사용되는 다양한 데이터 전송을 위한 프로토콜이 존

---

32 https://www.rfwireless-world.com/Terminology/Segment-vs-Packet-vs-Frame.html

재한다(그림 19.44). 애플리케이션 계층에서 사용하는 프로토콜은 **HTTP**Hypertext Transfer Protocol, **SMTP**Simple Mail Transfer Protocol, **FTP**File Transfer Protocol 프로토콜 등이 있다. HTTP는 웹페이지의 정보를 전송하거나 요청할 때 사용하는 프로토콜이고 웹 브라우저 애플리케이션이 사용한다. SMTP 는 이메일 전송과 수신을 위해 사용되는 프로토콜로 이메일 클라이언트와 서버 간 통신에 사용된다. FTP는 파일 전송을 위한 프로토콜로 FileZilla와 같은 파일 전송 애플리케이션에서 사용한다.

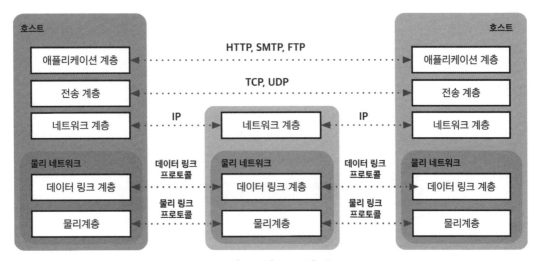

그림 19.44 **TCP/IP 5계층에서 사용되는 프로토콜**

트랜스포트transport 계층에서 사용되는 대표적인 프로토콜로는 **UDP**User Datagram Protocol와 **TCP**Transmission Control Protocol가 있다. UDP는 일반적으로 **데이터그램**datagram이라고 하는 단위로 송수신을 하는데 데이터그램의 도착 순서가 바뀌거나 중복되고 누락되기도 한다. 즉, 신뢰성이 낮은 통신에 사용된다. 따라서 오류 검사와 수정이 필요 없는 애플리케이션에 유용하다. 예를 들어 영화 스트리밍의 경우 데이터그램이 몇개 손실된다고 하더라도 영화를 시청하는 데는 크게 무리가 없다.[33]

TCP 프로토콜은 신뢰성 있는 데이터전송을 위해 사용하는 프로토콜이다. 예를 들어 FileZilla와 같은 파일 전송 프로그램에서 파일 전송 시에 파일의 일부가 누락되면 안 될 것이다. 신뢰성 있는 통신을 위해서 수신하는 측에서 Acknowledgement를 전송하여 데이터가 정상적으로 수신되었는지를 확인하는 과정이 필요하다. 따라서 부가적인 네트워크 송수신 과정이 요구된다.

---

33 UDP 기반의 애플리케이션 중 임베디드 시스템에서 많이 사용하는 **TFTP**Trivial File Transfer Protocol는 FTP라는 명칭 때문에 TCP 기반일 것이라 생각하는데 TFTP는 UDP 기반으로 작동한다. UDP를 사용하더라도 데이터 그램 송수신 시 Acknowledgement를 사용하여 신뢰성 있는 통신이 가능하다.

인터네트워킹 계층에서 사용하는 **IP**Internet Protocol는 IP 주소를 기반으로 통신하는 프로토콜로 3계층 레이어이다. 라우터가 IP 주소를 이용하는데 이 때문에 라우터 장비를 3계층 장비라고도 한다.

데이터 전송에서 중요한 요소가 네트워크 **대역폭**bandwidth이다. 아무리 좋은 네트워크 기술이 있다고 하더라도 대역폭이 작아 데이터를 송수신하는 데 많은 시간이 소요된다면 클라우드 서비스는 시장에서 외면 받았을 것이다. 클라우드 서비스가 네트워크에 크게 의존하고 있기 때문에 신뢰성 있는 네트워크 기술과 더불어 사용사의 체감 시간을 줄여주는 대역폭의 증가는 클라우드 서비스가 활성화되는 데 큰 기여를 했다.

네트워크 대역폭이 클수록 대용량의 데이터를 전송할 때 걸리는 시간이 줄어든다. 즉, 많은 통신이 발생할 때 대역폭은 **지연시간**latency을 줄여주는 역할을 한다(그림 19.45).[34]

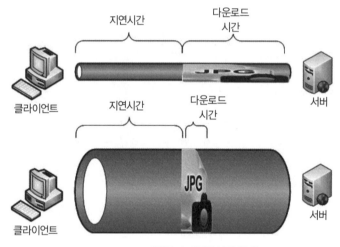

그림 19.45 **대역폭과 레이턴시의 관계**

패킷이 라우터를 통해서 송수신될 때 패킷이 라우터를 거칠 때마다 패킷을 처리하는 시간이 필요하다. 따라서 라우터를 거치는 단계가 많아질수록, 즉 거리가 멀수록 레이턴시는 커진다. 그림 19.46은 aws.amazon.com까지 레이턴시를 측정한 것을 보여준다. 충북대에서 아마존 AWS까지의 **라운드 트립 시간**round trip time이 약 **6ms**임을 알 수 있다.

---

34 https://rigor.com/blog/bandwidth-internet-connections-web-performance/

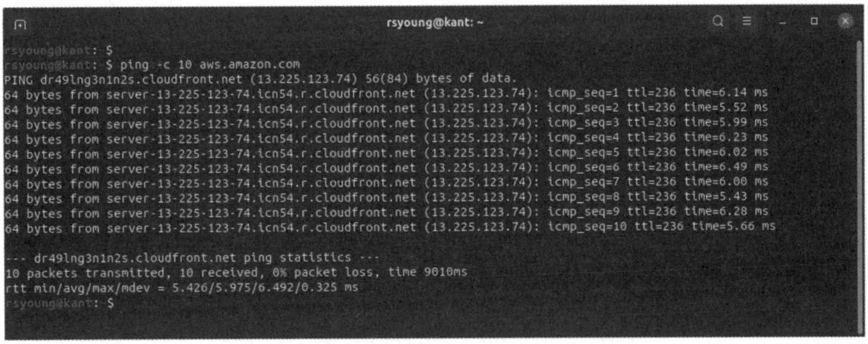

그림 19.46 **aws.amazon.com까지 레이턴시 측정**

네트워크 대역폭과 레이턴시는 네트워크가 혼잡할수록 영향을 받기 때문에 클라우드 서비스를 제공하거나 받을 때 서비스품질에 영향을 줄 수 있는 중요한 요소이다.

연습문제

1. 클라우드 서비스를 위한 데이터 센터를 구축하고자 할 때 필요한 컴퓨팅 인프라와 기반 시설들을 기술하라.

2. 에너지 효율을 위해 데이터 센터에 필요한 것이 무엇인지 기술하라.

3. 데이터 센터의 에너지 효율을 나타내는 지표들을 조사하고 해당 지표에 대해 기술하라.

4. 데이터 센터에 적용할 수 있는 클라우드 컴퓨팅 기술은 어떤 것이 있고 어떤 장점이 있는지 기술하라.

5. 클라우드 서비스를 제공하는 데이터 센터의 서비스 장애가 발생할 경우 발생한 비용에 대한 사례를 조사하라.

6. 확장가능한 모듈화 데이터 센터에 대해서 조사하고 어떤 방식으로 모듈화가 가능한지 설명하라.

7. 데이터 센터의 등급에 대해서 조사하고 등급의 기준에 대해 설명하라.

8. 미래형 데이터 센터에 대해서 조사하고 설명하라.

9. 데이터 센터의 항온항습은 매우 중요한 요소이다. 서버, 스토리지, 네트워크 장비가 정상적으로 동작하기 위한 온도 범위를 조사하고 설명하라.

10. 데이터 센터의 컴퓨팅룸의 온도가 $1℃$ 상승할 때 온도를 유지하기 위한 비용은 얼마나 필요한지 조사하고 설명하라.

11. 데이터 센터의 인프라를 자동으로 관리할 수 있는 도구들에 대해서 조사하고 설명하라.

12. 데이터 센터의 서비스 안정화를 위한 전략을 설명하라.

13. 에너지 효율화를 위한 서버 통합 방법에 대해 설명하라.

14. 아마존 AWS까지 라우팅 패스를 추적해보고 지도상에 라우터 위치를 개략적으로 표시하라.

15. 스토리지 가상화에 대해 설명하고 서버 가상화와의 차이점을 기술하라.

16. 네트워크 가상화에는 어떤 기술들이 있는지 나열하고 각각에 대해서 설명하라.

17. 사용자가 클라우드 서비스를 제공하는 데이터 센터까지 접속하는 과정을 네트워크 관점에서 기술하라.